Politik & Co.

Sozialkunde
für das Gymnasium

Rheinland-Pfalz

herausgegeben
von Hartwig Riedel

für die Jahrgangsstufen 9 und 10

bearbeitet von
Erik Müller
Stephan Podes
Hartwig Riedel
Martina Tschirner

C.C.Buchner Bamberg

Politik & Co.

Sozialkunde für das Gymnasium Rheinland-Pfalz
herausgegeben von Hartwig Riedel

Bearbeiter: Erik Müller (Kapitel 1, 5)
Stephan Podes (Kapitel 4, 6)
Hartwig Riedel (Kapitel 4, 7, 8)
Martina Tschirner (Kapitel 2, 3)

1. Auflage, 3. Druck 2015
Alle Drucke dieser Auflage sind, weil untereinander unverändert, nebeneinander benutzbar.
Dieses Werk folgt der reformierten Rechtschreibung und Zeichensetzung.

Redaktion: Andreas Gerster
Grafische Gestaltung und Herstellung: Wildner + Designer GmbH, Fürth
Druck- und Bindearbeiten: creo Druck & Medienservice GmbH, Bamberg

www.ccbuchner.de

ISBN 978-3-661-**71000**-6

Zur Arbeit mit dem Buch

Der reformierte Lehrplan für den gesellschaftswissenschaftlichen Bereich im Fach Sozialkunde stellt mit der Kompetenzorientierung die Ergebnisse von Lernprozessen in den Vordergrund. Das Schulbuch Politik & Co. wurde deshalb neu konzipiert. Schülerinnen und Schüler soll es motivieren und befähigen, sich als mündige Bürger in unserer Demokratie zu beteiligen und diese mitzugestalten. Lehrerinnen und Lehrer möchte es bei der Vermittlung von Sach-, Methoden-, Urteils- und Kommunikationskompetenzen unterstützen.

Zum Aufbau des Buches

Basis- B, **Erweiterungs-** E **und Vertiefungsinhalte** V sind im Inhaltsverzeichnis durch die entsprechenden Icons **klassifiziert**.

Die **Auftaktseiten** jedes Kapitels sind als ansprechende Bildcollage gestaltet. Die Aufgabenstellungen dazu dienen der **Lernstandserhebung** und der Annäherung an das Thema. Zu erwerbende **Kompetenzen werden für jedes Kapitel ausformuliert** und machen den Schülerinnen und Schülern transparent, über welches Wissen und Können sie am Ende des Kapitels verfügen sollten.

Durch die Arbeit mit dem **Materialienteil** können die Schülerinnen und Schüler die Sach-, Methoden-, Urteils- und Kommunikationskompetenzen schrittweise erwerben und sinnvoll miteinander verknüpfen. Die authentischen Quellen (Zeitungsartikel, Bilder, Karikaturen, Grafiken ...) wurden sorgfältig ausgewählt und um verständliche Autorentexte ergänzt.

Die **differenzierten Aufgabenstellungen** ermöglichen ein selbständiges Erschließen der auf **Doppelseiten** übersichtlich präsentierten Themen. Sie beziehen sich häufig auf konkrete Problemlösungen oder Entscheidungssituationen und fördern so die Nachhaltigkeit des Lernens. **Angebote zur Binnendifferenzierung** ermöglichen es der Lehrkraft, auch heterogenen Lerngruppen gerecht zu werden. Zusatzaufgaben sind mit einem + gekennzeichnet. Hilfen mit einem ✎.

Da fachspezifische Methodenkompetenzen unabdingbar für die Erschließung des Sachwissens sind, werden sie auf deutlich hervorgehobenen **Methodenseiten** ausführlich erklärt. Sie sind immer auf konkrete Inhalte bezogen.

Die Rubrik **„Was wir wissen – was wir können“** dient der Sicherung der Kompetenzen. Das grundlegende Sachwissen des Kapitels wird auf der Seite „Was wir wissen“ für Schülerinnen und Schüler übersichtlich und verständlich zusammengefasst. Die Seite „Was wir können“ beinhaltet Angebote zur Überprüfung des Sachwissens.
Als Neuerung finden sich zu einigen Materialien in der Randspalte QR- bzw. Mediencodes, über die unterhaltsame und verständliche **Erklärfilme zu wichtigen Grundbegriffen** direkt abgerufen werden können. Den Mediencode bitte einfach auf der Seite www.ccbuchner.de in die Suchmaske eingeben und Film starten.

Ein **Glossar** zum Nachschlagen wichtiger Grundbegriffe und ein **Register** zum Auffinden von Querverweisen sind wichtige Hilfsmittel und erleichtern das selbständige Arbeiten mit dem Buch.

Hinweis: Materialien ohne Quellenangaben sind von den Autoren verfasst.

Inhalt

Stadt- und
Landkreise in
Rheinland-Pfalz
Nordrhein-
Westfalen
Hessen
BELGIEN
LUXEM-
BURG
Saarland
FRANKREICH
Baden-
Württemberg
Altenkirchen
Westerwaldkreis
Neuwied
Ahrweiler
Mayen-Koblenz
Ko
Rhein-Lahn-Kreis
Vulkaneifel
Cochem-
Zell
Eifelkreis Bitburg-Prüm
Bernkastel-
Wittlich
Rhein-
Hunsrück-
Kreis
Ma
Mainz-Bingen
Bad Kreuznach
Alzey-
Worms
Wo
Tr
Trier-Saarburg
Birkenfeld
Donnersbergkreis
Kusel
Fr
Bad Dürkheim
Lu
Rhein-
Pfalz-Kreis
Kaisers-
lautern
Ka
Ne
Sp
Zw
Südwestpfalz
La
Pi
Südliche
Wein-
straße
Germers-
heim
Fr Frankenthal
Ka Kaiserslautern
Ko Koblenz
La Landau in der Pfalz
Lu Ludwigshafen am Rhein
Ma Mainz
Ne Neustadt an der Weinstraße
Pi Pirmasens
Sp Speyer
Tr Trier
Wo Worms
Zw Zweibrücken

1

Mitwirkung in Schule und Gemeinde

Politik heißt mitbestimmen und mitgestalten. Viele Entscheidungen in der Schule und der Gemeinde sind beeinflussbar und veränderbar – wenn du es willst. Dazu musst du natürlich deine Interessen formulieren, Farbe bekennen, dich mit anderen zusammentun und auseinandersetzen. So kannst du wünschenswerte Ziele verwirklichen oder wenigstens Veränderungen erreichen.

Kompetenzen

Am Ende dieses Kapitels solltest du Folgendes können:

- verschiedene Formen der Mitwirkung in der Schule beschreiben
- am Beispiel von Klassensprecherwahlen und SV-Arbeit Möglichkeiten demokratischer Interessenvertretung erklären
- Konfliktsituationen regelgeleitet klären
- Chancen und Möglichkeiten politischer Einflussnahme auf Schul- und Gemeindeebene nennen und beurteilen
- darstellen, wie Politik in der Gemeinde funktioniert
- Aufgabenbereiche und Finanzen einer Gemeinde erläutern
- Angemessenheit des Wahlalters beurteilen

Was weißt du schon?

- Nenne jeweils drei Möglichkeiten, wie du
  a) das Schulleben mitgestalten und
  b) Einfluss auf die Politik in deiner Gemeinde nehmen kannst.
  Sammelt anschließend eure Ergebnisse.

1.1 Mitwirkung in der Schule

Wer soll Klassensprecher werden?

M 1 Die Situation nach den Ferien

Am ersten Tag nach den Sommerferien kommt Herr Busse, der Deutschlehrer der 9c, der auch Klassenlehrer ist, pünktlich in den Unterricht. Er begrüßt die Schülerinnen und Schüler, prüft, ob alle anwesend sind, erkundigt sich, wie es ihnen nach den Ferien geht, und stellt die Inhalte für den Deutschunterricht vor. Bevor er mit dem Unterricht beginnen kann, meldet sich Silke und erinnert an die anstehenden Wahlen zum Klassensprecher bzw. zur Klassensprecherin. Der neu in die Klasse gekommene Schüler Jan wendet sofort selbstbewusst ein, dass er seine neue Mitschülerinnen und Mitschüler noch nicht kennt. Da könne er gar nicht wissen, wer für das Amt geeignet sei. Herr Busse weist die Schülerinnen und Schüler auf das streng geregelte Verfahren hin: erst die Wahl und dann der Unterricht! Im Übrigen sei die Aufgabe des Klassensprechers oder der Klassensprecherin nicht so wichtig. Wichtig sei, dass man gut untereinander auskomme und daher sei es am günstigsten, wenn Lukas sich noch einmal bereit fände, das Amt zu übernehmen. Dann könne man sich die Wahl auch sparen. Die Unterrichtszeit im kommenden Schuljahr sei äußerst knapp. Auf den Einwand von Jan geht Herr Busse gar nicht ein.

M 2 Mitwirkung in der Schule

§ 31 Vertretungen für Schülerinnen und Schüler

(1) Bei der Verwirklichung des Bildungs- und Erziehungsauftrags der Schule wirken die Schülerinnen und Schüler durch ihre Vertretungen eigenverantwortlich mit. [...]

(4) Vertretungen für Schülerinnen und Schüler sind die Klassenversammlung, die Versammlung der Klassensprecherinnen und Klassensprecher sowie die Versammlung der Schülerinnen und Schüler. Sonstige Vertretungen werden nach Bedarf gebildet.

§ 32 Klassenversammlung

(1) Die Klassenversammlung hat die Aufgabe, in allen Fragen, die sich bei der Arbeit der Klasse ergeben, zu beraten und zu beschließen; sie fördert die Zusammenarbeit in der Klasse. Die Klassenleiterin oder der Klassenleiter unterrichtet die Klassenversammlung über Angelegenheiten, die für die Klasse von Bedeutung sind.

(2) Die Klassenversammlung besteht aus den Schülerinnen und Schülern der Klasse. Sie wählt aus ihrer Mitte die Klassensprecherin oder den Klassensprecher; diese oder dieser vertritt die Belange der Klasse gegenüber der Schule.

Schulgesetz (SchulG) für Rheinland-Pfalz, vom 30.3.2004

M 3 Kandidatenprofile

Phung ist eine sehr gute, aber auch stille Schülerin. Sie ist selten im Unterricht aktiv, schreibt aber ausschließlich Einsen und Zweien. Sie ist sehr freundlich zu allen und bekommt immer gute Noten. Sie lässt auch andere in der Klassenarbeit und von ihren Hausaufgaben abschreiben. Phung ist zwar schüchtern, kommt aber mit allen gut aus. Ihre Schwester ist die Schülersprecherin.

Philipp ist ein recht guter Schüler, der sich in allen Fächern stark beteiligt. Vor allem die Lehrer mögen Philipp, weil er sehr zuverlässig ist und den Unterricht trägt. Wenn jemand krank geworden ist, wird Philipp beauftragt, die Hausaufgaben zu übermitteln. Viele Schüler bewundern ihn, weil er im örtlichen Sportverein ein erfolgreicher Fußballspieler ist, der auch bei überregionalen Turnieren eingesetzt wird. Die Schule geht bei Philipp aber trotzdem immer vor.

Tim ist ein hervorragender Schüler in Sport und Englisch. Seine Mutter ist Amerikanerin und Tim verbringt meistens die Ferien bei Verwandten in Chicago. Er hat immer die neueste Kleidung und tolle technische Geräte, gibt aber überhaupt nicht damit an. Tim ist sehr großzügig und lädt zu seinem Geburtstag die ganze Klasse zu sich nach Hause ein. Wenn es Konflikte in der Klasse gibt, dann versucht Tim sich immer neutral zu verhalten, so kommt er mit allen gut aus.

Lea ist eine mittelmäßige Schülerin, die aber in Diskussionen und bei der Projektarbeit sehr engagiert ist. Sie kleidet sich sehr lässig und hat guten Kontakt zu den älteren Schülerinnen und Schülern. In Konfliktfällen setzt sie sich sehr entschlossen für Schwächere ein. Einige Lehrer mögen Lea nicht sehr, weil sie häufig im Unterricht Musik hört oder Zeitung liest. Es wird auch behauptet, dass Lea raucht.

Aufgaben

1. Setzt euch mit der Meinung des Klassenlehrers Busse (M 1) auseinander, und notiert das Ergebnis.
2. Bearbeitet die folgenden Aufgaben zu M 3 nach dem Placemat-Verfahren (siehe Abbildung).
   a) Jeder schreibt in sein Feld, welchen der vier Klassensprecher-Kandidaten er wählen würde. Begründet eure Wahl, indem ihr die Eigenschaften notiert, die für euch wichtig sind. Notiert weitere Eigenschaften, die ein Klassensprecher eurer Auffassung nach haben sollte. Dreht das Blatt dann solange, bis alle die Notizen der anderen Gruppenmitglieder gelesen haben.
   b) Einigt euch dann in der Gruppe auf drei Eigenschaften, die ein Klassensprecher auf jeden Fall haben sollte. Diese schreibt ihr in das Mittelfeld des Blattes. Stellt das Ergebnis der Klasse vor.

Das Placemat („Platzdeckchen")

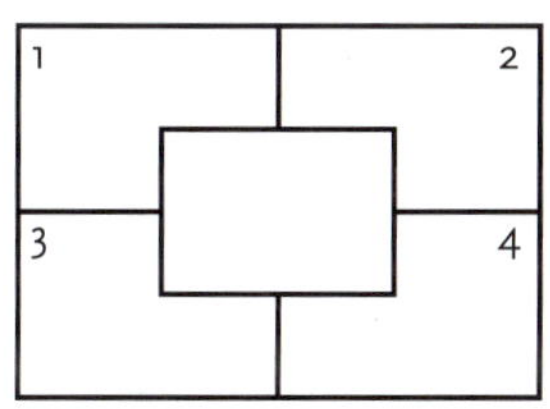

Wie wird der Klassensprecher gewählt?

M 4 Wie wird gewählt?

Die Wahl des Klassensprechers und des Stellvertreters wird in den ersten vier Wochen nach Unterrichtsbeginn im neuen Schuljahr durchgeführt. Alle Wahlberechtigten haben bei jeder Wahl eine Stimme. Die Wahlperiode beträgt ein Schuljahr. Das Stimmrecht kann von den Wahlberechtigten nur persönlich ausgeübt werden. Abwesende Wahlberechtigte sind wählbar, wenn ihre schriftliche Zustimmung zur Kandidatur der Wahlleiterin oder dem Wahlleiter vorliegt.

Die Wahlleiterin oder der Wahlleiter stellt fest, wie viele Wahlberechtigte anwesend sind und erläutert das Wahlverfahren. Sie oder er nimmt die Wahlvorschläge entgegen, prüft die Wählbarkeit der vorgeschlagenen Schülerinnen und Schüler und gibt deren Namen bekannt. Anwesende vorgeschlagene Schülerinnen und Schüler erklären, ob sie bereit sind, zu kandidieren.

Die Wahlen sind grundsätzlich geheim. Bei geheimer Wahl erhalten die Wahlberechtigten für jeden Wahlgang einen Stimmzettel. Stimmzettel, aus denen der Wille der Wählerinnen und Wähler nicht eindeutig hervorgeht, sind ungültig. Eine offene Wahl findet nur statt, wenn alle anwesenden Wahlberechtigten zustimmen. Bei offener Wahl wird durch Handzeichen gewählt. Über jeden Wahlvorschlag wird gesondert abgestimmt.

Gewählt ist, wer die meisten gültigen Stimmen erhalten hat. Bei Stimmengleichheit findet eine Stichwahl statt. Ergibt die Stichwahl keine Entscheidung, entscheidet das Los.

Nach: LandesschülerInnenvertretung Rheinland Pfalz, Du hast Recht. Die rechtlichen Grundlagen der SV-Arbeit, Mainz o.J., S. 33 ff.

M 5 Grundsätze einer fairen Wahl

1. Allgemeine Wahl: Alle Mitglieder der Gemeinschaft (Klasse, Schule, Land u. a.) sind wahlberechtigt, wenn sie die Voraussetzungen (Anmeldung, Wohnsitz, Alter) erfüllen. Niemand darf aus sozialen, politischen oder wirtschaftlichen Gründen ausgeschlossen werden.

2. Freie Wahl: Niemand darf zu einer bestimmten Wahlentscheidung gezwungen oder gedrängt werden. Nach der Wahl darf niemand wegen seiner Entscheidung benachteiligt werden.

3. Unmittelbare Wahl: Die Wähler geben ihre Stimme direkt für die Kandidaten oder Parteien ab. Es darf niemand dazwischen eingesetzt werden, z. B. „Wahlmänner", die dann deine Stimme für dich weitergeben.

4. Gleiche Wahl: Alle Wahlberechtigten haben gleich viele Stimmen. Jede Stimme zählt gleich viel.

5. Geheime Wahl: Jeder muss seine Stimme so abgeben können, dass niemand anderes feststellen kann, wie er gewählt hat.

M 6 Aufgaben des Klassensprechers

Welche Aufgaben sollte die Klassensprecherin oder der Klassensprecher wahrnehmen? Was sollte der Klassensprecher nicht sein? Die Klasse 9c hat dazu eine Liste verfasst.

Der Klassensprecher
- vertritt die Interessen der Schüler der Klasse;
- gibt Anregungen, Vorschläge und Wünsche einzelner Schüler oder der ganzen Klasse an Lehrer, Schulleiter oder Elternvertreter weiter;
- trägt Beschwerden und Kritik den Lehrern oder dem Schulleiter vor;
- unterstützt einzelne Schüler in der Wahrnehmung ihrer Rechte;
- vermittelt bei Streit unter Schülern;
- vermittelt bei Schwierigkeiten zwischen Klasse und Lehrer;
- leitet die Klassenschülerversammlung und beruft sie ein;
- leitet die Diskussion und sorgt dafür, dass Beschlüsse auch ausgeführt werden;
- nimmt an den Sitzungen des Schülerrates teil und informiert die Klasse darüber;
- wirkt bei Aufgaben mit, die der Schülerrat sich selber stellt;
- ...

Der Klassensprecher darf nicht
- der verlängerte Arm des Klassenlehrers sein;
- der Aufpasser in der Pause sein;
- derjenige sein, der alles alleine machen soll;
- der Streber der Klasse sein;
- derjenige sein, der alle Probleme lösen kann;
- derjenige sein, der alle Dummheiten der Klasse mitmacht;
- ein „Supergenie" sein, das alle Ideen liefern soll;
- einer sein, den man wählt und dann im Stich lässt;
- einer sein, der nur mit dem Lehrer redet, wenn er Kritik anbringen muss;
- ...

nach: ZippZapp, Das Praxisbuch für SMV- und Jugendarbeit

Aufgaben

1. Fertigt in Partnerarbeit eine „Checkliste" für den Ablauf der Wahl an. Die Liste sollte in der richtigen Reihenfolge der einzelnen Handlungsschritte angelegt an. Berücksichtigt auch, worauf ihr achten müsst, damit die einzelnen Wahlrechtsgrundsätze (M 5) eingehalten sind.
2. Führt in der Klasse eine komplette Klassensprecherwahl nach dem Verfahren in M 4 durch. Es kandidieren die Schülerinnen und Schüler der 9c (Phung, Philipp, Tim, Lea).
3. Wählt aus M 6 drei Aufgaben aus, die euch besonders wichtig erscheinen, und begründet eure Entscheidung.

Wie können Schüler ihre Interessen vertreten?

M 7 Geht das so?

1 Pia möchte in der fristgerecht beantragten Klassenversammlung über einen Beschluss des Schülervorstands informieren. Frau Müller, ihre Klassenlehrerin, möchte aber lieber Englischunterricht machen, da bald eine Klassenarbeit bevorsteht.

2 Die Kurse in der Oberstufe sind dieses Jahr eigenartig zusammengestellt. Markus, Mitglied des Schulvorstands, möchte wissen, warum das so ist. Der Schulleiter hat gerade keine Zeit und antwortet: „Das hat schon seine Gründe."

3 Ayshe hat sich in letzter Zeit sehr für die SV engagiert und dabei immer wieder auch gegen seinen Klassenlehrer durchgesetzt. Der hat ihr jüngst mit der Begründung eine schlechte mündliche Note gegeben, sie engagiere sich ja wohl mehr außerhalb des Unterrichts.

4 Der Schulvorstand möchte im Schulausschuss mit darüber abstimmen, ob die Ganztagsschule eingeführt werden soll. Der Schulleiter entgegnet, Schüler hätten im Schulausschuss leider kein Stimmrecht.

5 Die SV verteilt auf einer schulischen Veranstaltung eine Zeitung, die Karikaturen von Schülern und Lehrern enthält. Manche Schüler und Lehrer fühlen sich ungerecht behandelt und auch die beratende Lehrkraft sieht die Karikaturen zum ersten Mal. Der Schulleiter verbietet die Verteilung in der Schule.

M 8 Grundlagen der Schülermitwirkung

Auszüge aus der Verwaltungsvorschrift

Benachteiligungsverbot für Vertretungen für Schülerinnen und Schüler. Wegen der Tätigkeit als Vertretung für Schülerinnen und Schüler darf keine Schülerin und kein Schüler benachteiligt werden. […]

2 Arbeit der Vertretung für Schülerinnen und Schüler in der Schule
2.1 Informationspflichten der Schule
Der Vorstand der Vertretung für Schülerinnen und Schüler wird über alle die Schülerschaft betreffenden Belange informiert und in die Entscheidungsfindung einbezogen, Entsprechendes gilt auch für die Klassen-, Kurs- und Stufensprecherinnen und -sprecher. Mindestens alle 4 Wochen soll ein gemeinsames Gespräch zwischen dem Vorstand der Vertretung für Schülerinnen und Schüler, der Schulleiterin oder dem Schulleiter und der Verbindungslehrerin oder dem Verbindungslehrer stattfinden.

Die Schulleitung unterrichtet die Versammlung der Klassensprecherinnen und Klassensprecher über alle die Schülerinnen und Schüler betreffenden Vorschriften (Rundschreiben, Verwaltungsvorschriften, Verordnungen, Gesetze) und erläutert sie.

2.2 Klassenversammlung

Die Klassenversammlung, die eine Besprechung über schulische und unterrichtliche Fragen wünscht, erhält hierzu auf Antrag eine Wochenstunde während der allgemeinen Unterrichtszeit als Stunde der Vertretung für Schülerinnen und Schüler (SV-Stunde); der Antrag ist bei der Klassenleiterin oder dem Klassenleiter zu stellen. Jede Klasse kann in der Regel einmal im Monat eine solche Unterrichtsstunde erhalten. Die Klassensprecherin oder der Klassensprecher bereitet die SV-Stunde vor und leitet sie in der Regel in Anwesenheit einer Lehrkraft, im begründeten Fall zeitweise auch ohne Anwesenheit einer Lehrkraft. [...]

2.6 Konferenzteilnahme

An allen Konferenzen, mit Ausnahme der Zeugnis- und Versetzungskonferenzen, können die Schülersprecherin oder der Schülersprecher bzw. der Vorstand der Vertretung für Schülerinnen und Schüler und die weiteren Schülervertreterinnen und Schülervertreter im Schulausschuss mit beratender Stimme teilnehmen und Angelegenheiten zur Sprache bringen, die zur Zuständigkeit der Konferenz gehören.

Aufgaben, Wahl und Verfahrensweise der Vertretungen für Schülerinnen und Schüler, Verwaltungsvorschrift des Ministeriums für Bildung, Wissenschaft, Jugend und Kultur vom 1.3.2007

Schulgesetz

§ 36 – Schülerzeitungen

(1) Die Schülerinnen und Schüler haben das Recht im Rahmen der durch das Grundgesetz und die Verfassung für Rheinland-Pfalz garantierten Meinungs- und Pressefreiheit Schülerzeitungen herauszugeben und auf dem Schulgelände zu vertreiben. Die eine Schülerzeitung herausgebenden Schülerinnen und Schüler entscheiden darüber, ob diese in ihrer alleinigen Verantwortung oder im Rahmen einer schulischen Veranstaltung erscheint. Eine Zensur findet nicht statt.

(3) Erfolgt die Herausgabe der Schülerzeitung im Rahmen einer schulischen Veranstaltung, so arbeiten die Schülerinnen und Schüler mit der beratenden Lehrkraft zusammen, die von ihnen gewählt wird. Sie berät und unterstützt die Schülerinnen und Schüler. Die Schulleiterin oder der Schulleiter kann den Vertrieb einer Schülerzeitung als schulische Veranstaltung auf dem Schulgelände verbieten, wenn der Inhalt der Schülerzeitung die Grenzen der Meinungs- und Pressefreiheit überschreitet oder gegen den Erziehungs- und Bildungsauftrag der Schule verstößt.

Schulgesetz vom 30.3.2004

Arbeitet arbeitsteilig in Gruppen. Jede Gruppe prüft einen Fall.

Aufgabe

Überprüfe mit Hilfe der Auszüge aus der Verwaltungsvorschrift und dem Schulgesetz, ob gegen Rechte oder Interessen der Schüler verstoßen wurde. Begründe deine Entscheidung mit den entsprechenden Regelungen (M 7, M 8).

Methode

M 9 Demokratie im Klassenzimmer – der Klassenrat

1. Klassenrat – was ist das?

Der Klassenrat ist ein Rat aller Schüler einer Klasse. Im Klassenrat können alle Fragen behandelt werden, die die Klasse betreffen: gemeinsame Projekte und Ausflüge, aktuelle Ereignisse, Konflikte, positive und negative Aspekte des Klassen- und Schullebens. Der Klassenrat ist kein Gremium, das die Interessen der Klasse „verwaltet“, sondern ein lebendiges Diskussionsforum, an dem alle Mitglieder der Klasse gleichberechtigt teilnehmen. Er ist ein Instrument für mehr Demokratie in der Klasse. Der Klassenrat unterscheidet sich auch von einzelnen SV-Stunden, in denen aktuelle Fragen und Probleme besprochen werden, denn der Klassenrat findet regelmäßig statt, z. B. wöchentlich oder alle zwei Wochen.

Beispiel für eine Wandzeitung

Damit diese regelmäßigen Sitzungen gut funktionieren, müsst ihr in eurer ersten Sitzung klären, mit welcher Mehrheit (einfache Mehrheit oder z. B. 2/3 Mehrheit) ihr Beschlüsse im Klassenrat fassen wollt und ab welcher Personenzahl der Klassenrat beschlussfähig ist.

2. Wie funktioniert der Klassenrat?

Sitzung vorbereiten

Hängt im Vorfeld der Sitzung eine Wandzeitung aus, auf die jeder aus der Klasse seine Wünsche, Themen, Probleme oder Ängste notieren kann, die im Klassenrat besprochen werden sollen. Ihr müsst daraus dann eine Tagesordnung für den Klassenrat erstellen, d. h. eine Liste der Punkte, die in dieser Sitzung besprochen werden sollen. Bei Problemen in der Klasse können Wünsche auch anonym an die Vorbereitungsgruppe übergeben werden.

Sitzung durchführen

Die Sitzungen des Klassenrates finden immer im Sitzkreis statt, damit ihr offen miteinander diskutieren könnt. Der Diskussionsleiter eröffnet die Sitzung und gibt die Themen der Tagesordnung bekannt. Nun können sich alle zu den einzelnen Punkten äußern. Achtet in der Diskussion unbedingt darauf, dass die Diskussionsregeln eingehalten werden. Wenn die Diskussion beendet ist, könnt ihr über die einzelnen Punkte abstimmen.

Diskussionsregeln

- Jeder hat Rederecht.
- Jeder, der etwas im Klassenrat sagen will, muss sich melden. Führt dazu eine Rednerliste.
- Jeder darf ausreden.
- Jede Meinung muss respektiert werden.
- Es darf keine Beleidigungen und persönlichen Angriffe geben.
- Die Gesprächspartner müssen sich immer direkt ansprechen.
- Im Klassenrat sollte nicht über Abwesende gesprochen werden.

- Betroffene Schüler oder Lehrer dürfen zuerst Stellung nehmen und einen Vorschlag zur Lösung des Problems machen, bevor der Klassenrat darüber diskutiert.

Sitzung nachbereiten

Die Protokollanten sammeln die Ergebnisse der Klassenratssitzung und fertigen ein Protokoll an, das sich jeder Schüler anschauen darf. Wenn es Probleme in der Klasse oder im Unterricht gab, dann könnt ihr – auch mithilfe des Protokolls – in der folgenden Sitzung darüber sprechen, ob eure Maßnahmen, die ihr beschlossen habt, erfolgreich waren oder nicht.

Wenn ihr erste Erfahrungen mit dem Klassenrat gesammelt habt, dann solltet ihr eine Sitzung abhalten, in der ihr über Chancen, Möglichkeiten, Vor- und Nachteile des Klassenrates diskutiert.

Welche Ämter müssen für den Klassenrat besetzt werden?

Da der Klassenrat ein Rat aller Schüler einer Klasse ist, gibt es kein Amt, das immer von der gleichen Person ausgeführt wird. Jeder sollte im Laufe eines Schuljahres verschiedene Ämter ausüben. Einigt euch dabei auf Regeln, wie die Ämter verteilt werden.

- *Die Vorbereitungsgruppe:* Die Vorbereitungsgruppe wertet die Wandzeitung aus und bereitet die Tagesordnung vor.
- *Der Diskussionsleiter:* Ein Schüler aus der Vorbereitungsgruppe übernimmt die Diskussionsleitung und achtet darauf, dass die Diskussionsregeln eingehalten werden.
- *Die Zeitwächter:* Sie achten darauf, dass sich die Teilnehmer an die Redezeit halten, und sie erinnern zehn Minuten vor Ende der Stunde an die Zeit, damit ihr noch abstimmen könnt oder den Klassenrat in Ruhe beenden oder vertagen könnt.
- *Die Protokollanten:* Sie notieren die Beschlüsse des Klassenrats und fertigen zu Hause ein Protokoll an und heften es im Protokollordner ab.
- *Die Beobachter:* Sie notieren Störungen der Diskussionsregeln oder andere Probleme und bringen diese kurz vor Ende des Klassenrats zur Sprache.
- *Der Lehrer:* Er leitet zu Beginn den Klassenrat. Nach und nach übergibt er die Leitung an die Schüler. Auch der Lehrer ist Mitglied des Klassenrats und muss sich deshalb an die Diskussionsregeln halten.

Der Klassenrat entscheidet über alle Probleme und Fragen, die die Klasse betreffen.

Wie können wir Konflikte in der Klasse lösen?

M 10 Ein Konflikt in der Klasse

Zwischen Michael und Fatih gab es schon seit längerem Spannungen. Immer wieder hatte sich Fatih über Michael lustig gemacht, weil dieser einen kleinen Sprachfehler hatte, den sonst eigentlich keiner bemerkte. In der letzten Pause gerieten die beiden dann richtig aneinander. Dabei beschimpfte Michael seinen Klassenkameraden mit den Worten „Du Scheiß-Ausländer".

M 11 Das Klassenklima

Ergänze den Fragebogen um weitere Aussagen zur Ermittlung des Klassenklimas.

	JA	NEIN
Ich fühle mich in meiner Klasse wohl		
Mitschüler lassen mich nicht zu Wort kommen		
Was ich sage oder mache, wird ständig von Mitschüler(innen) kritisiert		
Mitschüler wollen nicht mit mir zusammenarbeiten		
Ich werde von anderen wie Luft behandelt		
Mitschüler sprechen hinter meinem Rücken schlecht über mich		
Mitschüler machen mich vor anderen lächerlich		
Jemand macht mein Aussehen oder meine Kleidung lächerlich		
Ein Mitschüler droht mir mit körperlicher Gewalt		
Ich fühle mich von meinen Lehrern ernst genommen		
Ich bin schon häufiger von meinen Lehrern unfair behandelt worden		
…		

M 12 Wenn zwei sich streiten, ist das ein Fall für Annica

Annica ist Konfliktlotsin an ihrer Schule. Ihre Aufgabe: Streit schlichten und Frieden schaffen.

Annica ist 15 Jahre alt, sie geht in die 9. Klasse. Und manchmal kommt sie zu spät zum Unterricht. Wie andere auch. Nur: Annica darf das. Die 15-Jährige ist seit einem halben Jahr eine sogenannte Konfliktlotsin oder Mediatorin, wie es in der Fachsprache heißt. Übersetzt heißt das: Als Michael aus der 7. Klasse auf dem Schulhof seinen Klassenkameraden mit „Scheiß-Ausländer" anbrüllte und dazu die Faust reckte, hatte Annica ihren ersten Fall. Sie sollte den Streit schlichten. Die Lehrer schickten die beiden Gegner zu ihr.

Annica hatte an diesem Tag im Mai

Sprechstunde – im ehemaligen Erste-Hilfe-Zimmer. Jeden Tag wartet hier in der Pause ein Zweier-Team der Schlichter darauf, dass entweder zwei Streitende freiwillig kommen oder die Lehrer Druck machen. Die große Pause reichte für Michael und seinen Klassenkameraden nicht. Eine weitere Pause und eine Sitzung nach der Schule waren notwendig. Eineinhalb Stunden dauerte das Gespräch insgesamt, bis die beiden Jungs friedlich auseinandergingen – „jeder im Gefühl, gewonnen zu haben", sagt Annica. „Wir haben die Lösung dann schriftlich in einem Vertrag festgehalten. Das Wichtigste ist, dass wir uns neutral verhalten."

Nach: Matthias Eggert, fluter – Magazin der Bundeszentrale für politische Bildung, Heft 08/2003, S.48 f.

M 13 Fünf Schritte zur Konfliktlösung

1. Schritt: Die Streitschlichter erklären den Streitenden wichtige Regeln. Dazu zählen:
- Wenn einer spricht, hört der andere ihm zu und unterbricht ihn nicht.
- Jeder sagt, was er denkt, offen und ehrlich.
- Beleidigungen sind strengstens verboten.

2. Schritt: Jeder erhält die Gelegenheit, die eigene Sicht des Streites ausführlich darzustellen. Bei Unklarheiten kann der Streitschlichter nachfragen.

3. Schritt: Der Schlichter fordert die Streitenden dazu auf, die Sichtweise des jeweils anderen einzunehmen und sich in dessen Gefühle zu versetzen. Beide sollen damit Verständnis füreinander entwickeln.

4. Schritt: Die Streitparteien entwickeln eigene Vorschläge zur Streitlösung und verständigen sich. Nur im Notfall bzw. auf Wunsch der jeweiligen Parteien können Vorschläge auch durch die Streitschlichter erfolgen.

5. Schritt: Die Lösung wird schriftlich festgehalten und von den Streitenden vertraglich besiegelt. Nach der Unterschrift reichen sich die ursprünglichen Kontrahenten zur Versöhnung die Hand.

Aufgaben

1. Nenne weitere typische Ursachen für Konflikte in der Klasse (M 10).
2. Ermittelt mit Hilfe des Fragebogens (anonym), wie das Klima in eurer Klasse ist. Wiederholt die Umfrage zu einem späteren Zeitpunkt und vergleicht die Ergebnisse (M 11).
3. Beschreibe die Arbeit eines Konfliktlosen (M 12).
4. Formuliert Vorschläge, wie der Streit zwischen Michael und Fatih gelöst werden könnte (M 10, M 13).
5. Arbeitet anschließend einen Streitschlichter-Vertrag für Michael und Fatih aus. Legt dazu genau fest, was in dem Vertrag stehen soll (M 13).

zu Aufgabe 4
Spielt das Streitschlichtungsverfahren in einem Rollenspiel nach.

Was wir wissen

Der Klassensprecher
M 2, M 4 – M 6

Schülerinnen und Schüler können ihre Interessen im Schulalltag durch unterschiedliche Gremien gegenüber Lehrern und Schulleitung wahrnehmen. Zu Beginn des Jahres wählt jede Klasse eine Klassensprecherin oder einen Klassensprecher und einen Stellvertreter. Er vertritt die Klasse gegenüber den Lehrkräften und gegebenenfalls gegenüber der Schulleitung. Der Klassensprecher muss kein Superstar sein. Er sollte aber eine ausgleichende Persönlichkeit sein und für die Klasse sprechen können. Die Versammlung der Klassensprecherinnen und Klassensprecher ist für alle Belange der Schülerinnen und Schüler zuständig, welche die Schule in ihrer Gesamtheit angehen. Die Schulleiterin oder der Schulleiter unterrichtet die Versammlung über Angelegenheiten, die für die Schule von allgemeiner Bedeutung sind.

Interessenvertretung in der Schule
M 7

Wichtigste Vertretungen für Schülerinnen und Schüler sind die Klassenversammlung, die Versammlung der Klassensprecherinnen und Klassensprecher sowie die Versammlung der Schülerinnen und Schüler. Die Versammlung der Klassensprecher (oder alternativ die Versammlung der Schüler) wählt die Schülersprecherin oder den Schülersprecher und deren bzw. dessen Stellvertreter. An allen Konferenzen und im Schulausschuss (mit Ausnahme der Zeugnis- und Versetzungskonferenzen) können die Schülersprecher und weitere Vertreter der Schülerschaft mit beratender Stimme teilnehmen und Angelegenheiten zur Sprache bringen, die in die Zuständigkeit der jeweiligen Gremien fallen.
Darüber hinaus besteht die Möglichkeit, seine Meinung zum Beispiel durch die Herausgabe einer Schülerzeitung zu vertreten.

Konflikte

Um seine Interessen wirksam vertreten zu können, sollte man seine Rechte kennen. Viele Konflikte lassen sich entschärfen, wenn man weiß, was erlaubt ist und was nicht. Pauschale Vorwürfe, Beleidigungen und Unterstellungen verhindern eine konstruktive Konfliktlösung. Positiv wirkt es sich aus, wenn man dem anderen zuhört, ihn ausreden lässt, kompromissbereit ist und respektvoll miteinander umgeht.

Streitschlichtung
M 12, M 13

Vielfach ist es sinnvoll, wenn bei schwierigen Konflikten neutrale Streitschlichter vermitteln. Sie versuchen in Gesprächen, das Problem genau zu benennen, damit die Streitparteien auf dieser Basis eine Lösung selbst erarbeiten können, die beide Seiten akzeptieren. Die Lösung sollte schriftlich festgehalten werden, damit sie mehr Verbindlichkeit erhält.

Was wir können

Begriffsreihen

1.	Klassensprecher	Schülersprecher	Schulleiter	Schüler-versammlung
2.	Geheime Wahl	Meinungsumfrage	Stimmzettel	Kandidaten
3.	Konflikt	Lösung	Streitschlichter	Eltern
4.	Gewalt	Mobbing	Klassenklima	Pause

Aufgabe
Welcher Begriff passt nicht in die Reihe? Begründe deine Entscheidung.

Qual der Wahl

In der 9 a stehen Wahlen zum Klassensprecher an. Frau Tönnes, die Lehrerin der 9 a, gibt vor der Wahl bekannt, dass nur die Stimmen der Schülerinnen und Schüler gezählt werden, die im Fach Politik mindestens die Zeugnisnote „befriedigend" hatten. Die Stimmen derjenigen mit der Note „sehr gut" zählen doppelt. Sie schlägt vor, dass die Wahl der Einfachheit halber durch Handzeichen entschieden werden soll. Die Kandidaten werden an die Tafel geschrieben und nacheinander aufgerufen. Die Wunschkandidaten von Frau Tönnes werden mit einem kleinen Sternchen markiert. Die Lehrerin zählt dann die per Handzeichen abgegebenen Stimmen. Derjenige, der die meisten Stimmen erhalten hat, gewinnt die Wahl. Der mit der zweithöchsten Stimmenzahl wird zum Stellvertreter ernannt.

Aufgabe
Prüft in Partnerarbeit, welche der Wahlrechtsgrundsätze in diesem Beispiel verletzt wurden. Beschreibt, wie deren Einhaltung bei der Klassensprecherwahl sichergestellt werden kann. Übertragt dazu die Tabelle in euer Heft.

Wahlrechtsgrundsätze	verletzt ja/nein	Begründung	Einhaltung sichern durch ...

1.2 Politik in der Gemeinde

Ein Streitfall in der Gemeinde – Bürger mischen sich ein

M 1 Freibad-Schließung droht

Viele Gemeinden können sich teure Freibäder nicht mehr leisten.

Unabhängige Wähler-Partei fordert Schließung – Bürgerinitiative gegründet

Große Aufregung herrscht in der 15.000 Einwohner zählenden Gemeinde Oberotterlingen. Die Fraktion der Unabhängigen Wähler-Partei (UWP) hatte in der letzten Sitzung der Gemeindevertretung die Schließung des Freibads gefordert. Nun formiert sich Widerstand bei den Einwohnern.

Als letzte Woche bekannt wurde, dass das beliebte Freibad saniert werden muss und die Stadt mit Kosten in Höhe von etwa 350.000 Euro rechnet, wurde in der Sitzung der Gemeindevertretung darüber beraten, wie das finanziert werden könne. Einig waren sich die Fraktionen darüber, dass über eine Erhöhung des Eintrittspreises dieser Betrag nicht aufgebracht werden kann. Auch der Landkreis wird sich an der Sanierung nicht beteiligen.

Die Fraktionen der Gemeindevertretung brachten unterschiedliche Lösungsvorschläge in die Diskussion ein. Der Gemeindevorstand schlug vor, durch den Verkauf von städtischen Wohnhäusern den notwendigen Betrag zu beschaffen.

Die UWP würde das Freibad gerne schließen, da der Unterhalt des Bades die Stadt jedes Jahr viel Geld koste und man dies dann für andere Zwecke nutzen könne.

Die anderen Fraktionen hatten noch keine abschließende Meinung geäußert, sind der Sanierung gegenüber aber eher zurückhaltend eingestellt.

Am nächsten Tag schlossen sich mehrere Oberotterlinger zusammen und gründeten eine Bürgerinitiative zur Erhaltung des Freibades.

M 2 Die Interessen der Betroffenen

Felix Martenstein, Bürgermeister von Oberotterlingen:

„Das Freibad ist ein Freizeitmagnet für die gesamte Region. So kommen im Sommer täglich einige hundert Besucher aus den umliegenden Gemeinden in unser Freibad. Deshalb muss es erhalten bleiben. Die Sanierung könnte finanziert werden, wenn wir die Eintrittspreise erhöhen und der Bau des neuen Abenteuerspielplatzes aufgeschoben würde."

Jutta Weber-Scheuermann, UWP-Vorsitzende:

„Der Erhalt des Freibades ist seit vielen Jahren ein großes Verlustgeschäft für die Stadt. Mit dem gesparten Geld könnten andere, längst fällige Vorhaben realisiert werden. Ich denke da z.B. an die Renovierung der Schulgebäude."

Toni Sandronella, Eisdielenbesitzer: „Von der hohen Besucherzahl des Freibades profitieren auch die örtlichen Restaurants, Cafés und Biergärten. Nach dem Schwimmbadbesuch kommen viele Gäste in die zahlreichen Gastronomiebetriebe. Bei einer Schließung müssten wir mit erheblichen finanziellen Einbußen rechnen."

Naomi Kerner, Vorsitzende der Naturschutzjugend Oberotterlingen: „Natürlich hätte ich auch gerne ein Freibad in Oberotterlingen. Aber man sollte bedenken, dass die Vögel im angrenzenden Naturschutzgebiet durch das Verkehrsaufkommen und den Lärm beim Brüten erheblich gestört werden. Wozu zeichnet man ein Naturschutzgebiet aus, wenn die Natur dort doch nicht geschützt wird?"

Christina Prosinka, Gründerin der Bürgerinitiative „Pro-Freibad": „Unsere Kinder haben im Sommer keine Möglichkeit, sich zu erfrischen. Das nächste Schwimmbad ist zwanzig Kilometer entfernt, ein Freibad gibt es in der näheren Umgebung überhaupt nicht. Nachdem von der Gemeindevertretung im letzten Jahr der Plan eines kommunalen Kinos abgelehnt wurde, muss die Stadt nun endlich beweisen, dass sie nicht immer auf Kosten der Kinder und Jugendlichen sparen will."

Bürgerinitiative
Ein von Parteien und Verbänden meist unabhängiger Zusammenschluss von Bürgern, die sich zu einer Aktionsgruppe zusammenfinden, um ein gemeinsames Ziel zu verfolgen. Meist richtet sich eine Bürgerinitiative gegen ein verkehrspolitisches Projekt (Bau einer Straße oder eines Flughafens) oder gegen die Bebauung von Naturschutzgebieten.
Im Unterschied zu politischen Parteien versuchen sie nicht, über Wahlen politische Macht zu erlangen.
Es gibt mehrere tausend Bürgerinitiativen in der Bundesrepublik Deutschland.

M 3 Ablaufmodell einer Bürgerinitiative

Phase 1
Einzelne Bürger empfinden bestehende Verhältnisse als misslich oder wollen die Verwirklichung öffentlicher Planungen verhindern.

Phase 2
Die Bürger betreiben Öffentlichkeitsarbeit: Flugblätter, Zeitungsanzeigen, Artikel in der Lokalzeitung.

Phase 3
Briefe an Verwaltung, Gemeinderat, Fraktionen und Parteien. Sie bleiben ohne Erfolg.

Phase 4
Gründung einer Bürgerinitiative (Schaffung eines organisatorischen Rahmens; Wahlen) Öffentlichkeitsarbeit, Gewinnung von Mitstreitern, Einschaltung von Experten.

Phase 5
Parteien schalten sich ein: Presseerklärungen, Anfragen an die Verwaltung.

Phase 6
Verwaltung und Mehrheitsfraktion(en) suchen nach Kompromissmöglichkeiten.

Phase 7
Mögliche Kompromisslösungen prüfen. Die Bürgerinitiative muss sich entscheiden, ob sie sich zufrieden geben und auflösen will oder eine neue Aktion einleitet.

Horst Pötzsch, Die deutsche Demokratie, 4. Aufl., Bonn 2005, S. 48

Methode

M 4 Mit einfachen Modellen arbeiten – Konflikte analysieren

Die Menschen haben unterschiedliche Interessen und Wertvorstellungen. Dort, wo viele Menschen zusammen leben, kommt es deshalb immer wieder zu Konflikten. Natürlich ist nicht jeder Konflikt ein politischer Konflikt. Wenn sich zwei Nachbarn um einen Gartenzaun streiten, dann ist dies nicht von öffentlichem Interesse. Ein politischer Konflikt betrifft die Allgemeinheit viel stärker, z. B. wenn darüber entschieden werden muss, wofür die Gemeinde ihr Geld ausgeben soll oder man sich streitet, ob eine Straße gebaut werden soll oder nicht. Aufgabe der Politik ist es, für gesellschaftliche Konflikte eine gerechte und verbindliche Lösung zu finden, die von der Mehrheit akzeptiert werden kann. Die Konfliktlösung erfolgt so in geordneten Bahnen. Es kann hilfreich sein, Konflikte in einem Modell grafisch darzustellen. Ein Modell versucht, die Wirklichkeit vereinfacht abzubilden. Dabei wird nur das Wesentliche dargestellt, auf die Darstellung unwichtiger Einzelheiten wird verzichtet.

Folgende Leitfragen sollten beantwortet werden:

- Wer streitet sich mit wem? Welche unterschiedlichen Interessen haben die beteiligten Gruppen und welche Machtmittel haben sie zur Durchsetzung ihrer Interessen?
- Worum geht es? Worüber wird denn gestritten? Was ist das „Gut“, das so umstritten ist?
- Wie kann der Streit gelöst werden? Bedarf der Streit einer allgemein verbindlichen Lösung? Wer darf eine Entscheidung treffen (z. B. der Bürgermeister oder die Gemeindevertretung)?
- Wie kann ein gerechter Interessenausgleich aussehen?

Schema eines Konfliktmodells:

Fall: Eine Gemeinde hat beschlossen, einen Skaterpark zu errichten. Nun wird gestritten, wo dieser errichtet werden soll. Ein Standort in einem Wohngebiet wird diskutiert.

Was darf in einem Wohngebiet gebaut werden?

Interessen der Skater
- Wollen einen Skaterpark haben
- Skaterpark soll zentral sein und gut zu erreichen
- Wollen nicht ins Industriegebiet abgeschoben werden

Interessen der Anwohner
- Wollen den Skaterpark nicht in ihrem Wohngebiet haben
- Wollen nicht gestört werden und ihre Ruhe haben
- Skaterpark soll ins Industriegebiet
- Haben Angst, dass ihre Häuser an Wert verlieren

Konflikt

Hier sind die finanziellen Mittel vorhanden. Es geht um die Frage des Standorts.

M 5 Was erwarten Jugendliche von ihrer Gemeinde?

„Von der Gemeinde erwarte ich, dass in die Schulen investiert wird. Wir Schüler wünschen uns moderne Gebäude, die auch gut mit modernen Medien ausgestattet sind, schließlich hängt unsere berufliche Zukunft ganz stark von unserer Schulbildung ab."
Markus (17)

„Unsere Gemeinde ist sehr klein und etwas ab vom Schuss. Ohne die Busverbindung in unsere Nachbarstadt wäre ich ganz schön vom Leben abgeschnitten, da meine Eltern mich nicht immer fahren können. Ich erwarte, dass die Gemeinde die Busverbindungen erhält."
Theresa (15)

„Mitbestimmen. Es ist nicht in Ordnung, dass die älteren Menschen immer das Sagen haben, denn sie kümmern sich nicht wirklich um die Interessen der Jugendlichen. Ich fordere, dass endlich ein Jugendparlament gegründet wird."
Acun (16)

M 6 Wie kann man sich einbringen?

- einen Brief an den Bürgermeister oder die Gemeindevertretung schreiben
- an einer Demonstration teilnehmen
- einen Infostand organisieren
- sich für einen Bürgerentscheid einsetzen
- ein Ehrenamt übernehmen
- einer Partei beitreten
- Unterschriften sammeln
- an einer Bürgerversammlung teilnehmen
- wählen gehen
- Zeitung lesen
- an einer Bürgerinitiative mitwirken
- ein Flugblatt verfassen
- Rechtsmittel einlegen
- Bürgersprechstunden nutzen
- Leserbrief an die Zeitung schreiben

Aufgaben

1. Zeichne ein Konfliktmodell wie in M 4 und fasse in einem Satz zusammen, wie die verschiedenen Beteiligten zur Freibadschließung stehen (M 1 – M 4).
2. Ordne die Beteiligten in „Entscheidungsträger" und „Betroffene" (M 2).
3. Erläutere, in welcher Phase sich die Bürgerinitiative „Pro Freibad" befindet (M 2, M 3).
4. Sammelt ausgehend von M 5 weitere Erwartungen, die ihr an eine „ideale Gemeinde" habt. Prüft anschließend, ob die Gemeinde für die genannten Aspekte zuständig ist (folgende Seiten) und überlegt, was ihr unternehmen könntet, um eure Ziele zu erreichen (M 6).
5. Lege eine Tabelle an und ordne die Beteiligungsformen den Kategorien a) „sich informieren", b) „seine eigene Meinung zum Ausdruck bringen" und c) „sich organisieren" zu. Welche Beteiligungsformen hältst du für besonders wirkungsvoll (M 6)?

+ Wende das Konfliktmodell auf einen aktuellen Streitfall aus deiner Gemeinde an. Recherchiere dazu in der Tageszeitung und im Internet.

+ Entwirf ein Flugblatt, mit dem du für bzw. gegen die Schließung des Freibades wirbst.

Welche Aufgaben hat die Gemeinde?

M 7 Die Gemeinde betrifft uns

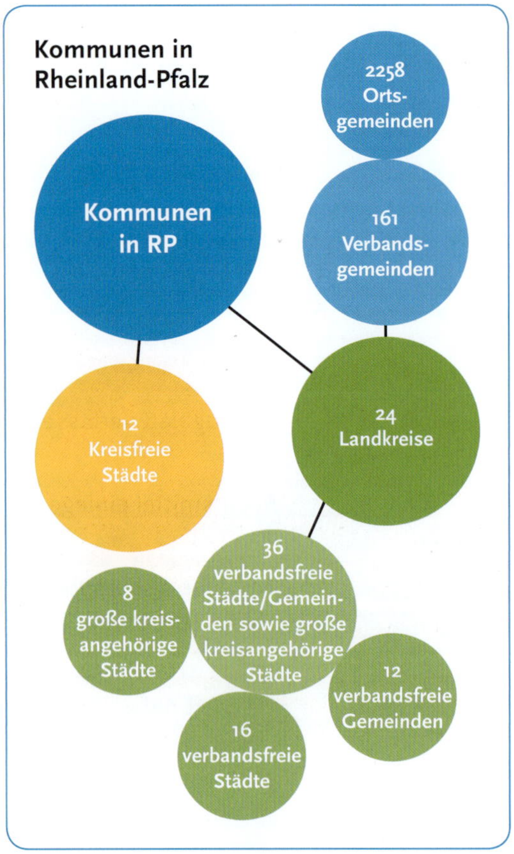

Jeder lebt in einer Stadt oder Gemeinde („Kommune") und nimmt täglich ihre Leistungen in Anspruch. Ob wir mit dem Bus fahren, zur Schule gehen, das Schwimmbad oder die Bibliothek besuchen – die Gemeinden regeln alle Angelegenheiten der örtlichen Gemeinschaft. So steht es im Grundgesetz. Rechtlich werden Gemeinden als Gebietskörperschaften bezeichnet. Die Landtage erlassen die Gemeindeordnungen, in denen die wichtigsten gesetzlichen Bestimmungen, wie z. B. das Wahlrecht oder die Rechte der Gemeindevertretung, festgelegt sind. Diese gelten auch für Städte. Das Land Rheinland-Pfalz setzt sich aus 12 kreisfreien Städten und 24 Landkreisen zusammen. Die Landkreise sind für die Aufgaben zuständig, die über das Gemeindegebiet hinausgehen (z. B. Krankenhäuser, Landstraßen). Es gibt 36 Städte und Gemeinden, die keiner Verbandsgemeinde angehören, davon 12 verbandsfreie Gemeinden, 16 verbandsfreie Städte und acht große kreisangehörige Städte. Darüber hinaus gibt es 161 Verbandsgemeinden mit 2.258 Ortsgemeinden.

In § 1 der rheinland-pfälzischen Gemeindeordnung wird die Gemeinde als „Grundlage und zugleich Glied des demokratischen Staates" bezeichnet.

M 8 Wofür ist die Gemeinde zuständig?

Die Gemeinde sorgt für Wasser und Energie, für Verkehrswege und deren Beleuchtung, kümmert sich um ein öffentliches Angebot für den Personennahverkehr; sie beseitigt Abwässer und Müll, baut Schulen, Kindergärten und Seniorenheime, unterhält Krankenhäuser und Friedhöfe, Gemeindehallen und Museen, Volkshochschulen und Theater. Sie bietet Freizeiteinrichtungen wie Parks und Schwimmbäder an. Die Gemeinde erschließt Gewerbegebiete und versucht, Betriebe zu gewinnen, die sich ansiedeln wollen. Auf diese Weise kümmert sie sich auch um Arbeitsplätze. Sie baut auch selbst Wohnungen. Einige dieser Aufgaben muss die Gemeinde erfüllen, bei anderen Aufgaben kann sie selbst entscheiden, ob sie dies möchte. Deshalb unterscheidet man:

<table>
<tr><th colspan="2">Pflichtaufgaben</th><th>Freiwillige Aufgaben</th></tr>
<tr><td colspan="2">Die Kommunen sind verpflichtet, die Grundversorgung der Bevölkerung mit öffentlichen Einrichtungen sicherzustellen. Zur Sicherstellung dieser Grundversorgung sind viele Aufgaben zu erledigen, die den Kommunen vom Bund oder dem Land gesetzlich auferlegt oder übertragen worden sind.
Es gibt zwei Arten von Pflichtaufgaben:</td><td rowspan="2">Freiwillige Aufgaben sind Aufgaben, bei denen die Kommune selbst entscheidet, ob und in welcher Form sie tätig wird. Im Gegensatz zu den Pflichtaufgaben stellt sich die Kommune die freiwilligen Aufgaben selbst.</td></tr>
<tr><td>Die „weisungsfreien Pflichtaufgaben“, bei denen die Kommune nur darüber entscheiden kann, wie sie die Aufgaben erledigt.</td><td>Die Pflichtaufgaben zur „Erfüllung nach Weisung“, bei denen die Kommune keinen Entscheidungsspielraum hat, wie die Aufgaben erledigt werden sollen.</td></tr>
<tr><td>z. B. Verkehrswege, öffentlicher Nahverkehr, Energie- und Wasserversorgung, Müllentsorgung, Katastrophenschutz …</td><td>z. B. Einwohnermeldeangelegenheiten oder die Durchführung von Wahlen</td><td>z. B. Beratungsstellen, Museen, Bibliotheken, Jugendeinrichtungen Sportplätze, Freibäder, Freizeitangebote, Tierparks und vieles mehr</td></tr>
</table>

Aufgaben

1. Ordne die Bilder den einzelnen Aufgabenbereichen zu (M 7, M 8). Sammle weitere Aufgaben der Gemeinde und ordne sie den Aufgabentypen in M 8 zu.
2. Erstellt in Gruppen ein Porträt eurer Stadt / Gemeinde, und gestaltet dazu eine Wandzeitung. Die Wandzeitung könnt ihr auch mit selbst gemachten Fotos aus eurer Stadt / Gemeinde versehen.

Brauchen wir (mehr) direkte Demokratie in der Gemeinde?

M 9 Bürgerentscheid gegen Badschließung geplant

Mit einem Bürgerbegehren wollen die Gegner der geplanten Schließung des Hallen-Bewegungsbades in Bad Münster am Stein-Ebernburg mobil machen: Einstimmig beschloss der „Arbeitskreis Bürgerbegehren / Bürgerentscheid", in dem mehrere Vereine vertreten sind, vor kurzem die Vorbereitung, die Fragestellung und die Begründung eines Bürgerbegehrens, das Voraussetzung für die Durchführung eines Bürgerentscheides ist.
Ziel ist es, die Schließung des Hallen-Bewegungsbades zu verhindern. Am Samstag, 11. August, wollen die Vereine auf dem Goetheplatz ab 10 Uhr mit einem Informationsstand für ihr Anliegen werben, es besteht die Möglichkeit zum Gespräch und zur Unterschriftenabgabe.
Der Bürgerentscheid ist ein in der Gemeindeordnung Rheinland-Pfalz vorgesehenes Verfahren, mit dem sich Bürgerinnen und Bürger gegen Entscheidungen ihrer Volksvertreter wenden können.
Im „Arbeitskreis Bürgerbegehren / Bürgerentscheid" vertretenen sind der Förderverein Schwimmbad, die DLRG, das DRK, die Rheuma-Liga, der Turnverein, die IG Handel- und Gewerbe und der Ortsverein der SPD.

Kb, Wochenspiegel, 2.8.2012

M 10 Bürgerbegehren und Bürgerentscheid in Rheinland-Pfalz

§ 17a Bürgerbegehren und Bürgerentscheid

(1) Die Bürger einer Gemeinde können über eine Angelegenheit der Gemeinde einen Bürgerentscheid beantragen (Bürgerbegehren). Der Gemeinderat kann beschließen, dass über eine Angelegenheit der Gemeinde ein Bürgerentscheid stattfindet. […]

(3) Das Bürgerbegehren ist schriftlich bei der Gemeindeverwaltung einzureichen; richtet es sich gegen einen Beschluss des Gemeinderats, muss es innerhalb von vier Monaten nach der Beschlussfassung eingereicht sein. Es muss die zu entscheidende Gemeindeangelegenheit in Form einer mit „Ja" oder „Nein" zu beantwortenden Frage, eine Begründung und einen nach den gesetzlichen Bestimmungen durchführbaren Vorschlag für die Deckung der Kosten der begehrten Maßnahme enthalten sowie bis zu drei Personen benennen, die berechtigt sind, das Bürgerbegehren zu vertreten. […]

(7) Bei einem Bürgerentscheid ist die gestellte Frage in dem Sinne entschieden, in dem sie von der Mehrheit der gültigen Stimmen beantwortet wurde, sofern diese Mehrheit mindestens 20 v. H. der Stimmberechtigten beträgt. Bei Stimmengleichheit gilt die Frage als mit „Nein" beantwortet. Ist die nach Satz 1 erforderliche Mehrheit nicht erreicht worden, hat der Gemeinderat über die Angelegenheit zu entscheiden. […]

(8) Der Bürgerentscheid, der die nach Absatz 7 Satz 1 erforderliche Mehrheit erhalten hat, steht einem Beschluss des Gemeinderats gleich.

Gemeindeordnung (GemO) Rheinland-Pfalz in der Fassung vom 31. Januar 1994

Das Bürgerbegehren muss von mindestens 10 v. H. der bei der letzten Wahl zum Gemeinderat festgestellten Zahl der wahlberechtigten Einwohner unterzeichnet sein, jedoch

1. in Gemeinden mit bis zu 50.000 Einwohnern, höchstens von 3.000 Einwohnern,
2. in Gemeinden mit 50.001 bis 100.000 Einwohnern, höchstens von 6.000 Einwohnern,
3. in Gemeinden mit 100.001 bis 200.000 Einwohnern, höchstens von 12.000 Einwohnern,
4. in Gemeinden mit mehr als 200.000 Einwohnern, höchstens von 24.000 Einwohnern.

M 11 Zwei Formen der Demokratie

Es gibt unterschiedliche Formen der Demokratie. Eine Form ist die **direkte Demokratie**, bei der das Volk (z. B. in Gestalt einer Volksversammlung) die Staatsgewalt unmittelbar (das heißt direkt) ausübt. Es entscheidet mit Volksabstimmungen („Plebiszit") über alle politisch wichtigen Anliegen, einschließlich der Wahl und Abwahl wichtiger Amtsträger in Staat und Gesellschaft.

Im Gegensatz zur direkten Demokratie wird die Herrschaft in der **repräsentativen Demokratie** mittelbar (das heißt indirekt) über vom Volk gewählte „Abgeordnete" ausgeübt. Diese sind „Repräsentanten" des Volkes und sollen für dieses in eigener Verantwortung zeitlich befristet handeln, wobei ihr Auftrag sich in regelmäßig stattfindenden Wahlen bewähren muss und erneuert werden kann.

Direkt-Demokratie unter freiem Himmel: Volksabstimmung im Schweizer Kanton Appenzell-Innerrhoden.

M 12 Kontrovers diskutiert: direkte Demokratie

Demokratie heißt Regierung durch das Volk und für das Volk. Das Volk sollte also auch entscheiden können, wo es lang geht.

Viele Leute sind überfordert mit der Entscheidung politischer Fragen. Sie haben nicht die Zeit, sich ausreichend zu informieren.

Wenn Bürger selbst entscheiden (müssen) und dadurch direkt in die Verantwortung genommen werden, sind sie eher bereit, eventuelle negative Folgen zu ertragen.

http://www.jugendnetz.de (12.6.2011)

Aktuelle Stimmungslagen beeinflussen das Ergebnis. Was ist, wenn in einer Volksabstimmung kurz nach dem Bekanntwerden eines schweren Verbrechens die Einführung der Todesstrafe beschlossen wird?

Politische Probleme sind kompliziert, sie lassen sich oft nicht einfach in eine Ja/Nein-Abstimmungsvorlage pressen.

Volksabstimmungen reduzieren die Gefahr, dass die Politiker abheben und sich zu weit von den Bürgerinnen und Bürgern entfernen.

Im Deutschen Bundestag stimmen die Abgeordneten über ein Gesetz ab.

Aufgaben

1. Stelle sämtliche Bedingungen dar, die für einen erfolgreichen Bürgerentscheid erfüllt sein müssen. Nimm anschließend zu dem Vorwurf Stellung, die „Hürden" für einen Bürgerentscheid seien zu hoch (M 8, M 9).
2. Diskutiert am Beispiel des Bürgerbegehrens gegen die Badschließung das Spannungsverhältnis von direkter und repräsentativer Demokratie (M 9 – M 12).

Recherchiert Informationen und Hintergründe zu aktuellen Bürgerentscheiden in Rheinland-Pfalz und stellt sie vor.

Wie funktioniert eine Gemeinde?

M 13 Der Aufbau der Gemeinden

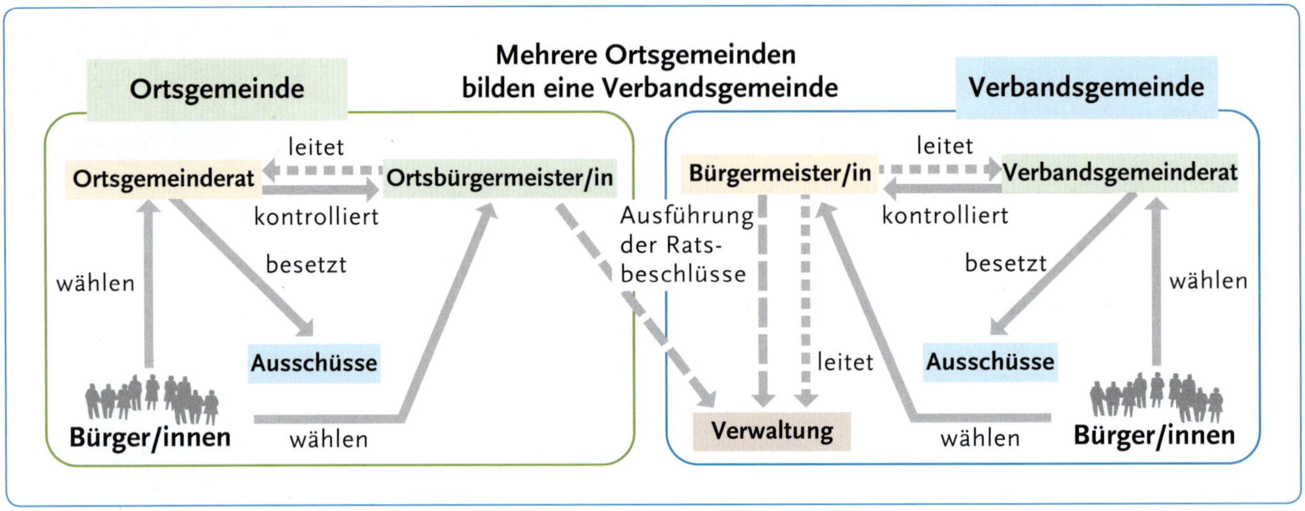

Autorengrafik

Gemeinden sind die Verwaltungseinheiten, die den Bürger am unmittelbarsten betreffen. Art. 28 Grundgesetz garantiert den Gemeinden das Selbstverwaltungsrecht. Alle Probleme vor Ort kann die Gemeinde selbst regeln, sofern nichts anderes gesetzlich bestimmt ist. Dörfer (und ihnen zugeordnete Höfe, Weiler und Ortsteile) haben als Ortsgemeinden allerdings nur eine begrenzte eigene Verwaltung. Verwaltungsinstanz der Dörfer sind die Verbandsgemeinden, zu denen sich Dörfer und kleinere Städte in den siebziger Jahren zusammengeschlossen haben.

M 14 Gemeinderat und Bürgermeister – wer lenkt die Gemeinde?

Die Gemeindeordnung beschreibt Aufgaben und Rechte der einzelnen Organe der Gemeinde.

§ 28

(1) Organe der Gemeinde sind der Gemeinderat und der Bürgermeister. Sie verwalten die Gemeinde nach den Bestimmungen dieses Gesetzes.

(2) Der Gemeinderat führt in den Städten die Bezeichnung Stadtrat. Der Bürgermeister führt in den kreisfreien und in den großen kreisangehörigen Städten die Amtsbezeichnung Oberbürgermeister, in den übrigen Gemeinden die Amtsbezeichnung des ihm übertragenen Amtes.

§ 29 Bildung des Gemeinderats, Zahl der Ratsmitglieder

(1) Der Gemeinderat besteht aus den gewählten Ratsmitgliedern und dem Vorsitzenden. Die Ratsmitglieder werden von den Bürgern der Gemeinde in allgemeiner, gleicher, geheimer, unmittelbarer und freier Wahl auf die Dauer von fünf Jahren gewählt. Das Nähere bestimmt das Kommunalwahlgesetz.

§ 32 Aufgaben des Gemeinderats

(1) Der Gemeinderat ist die Vertretung der Bürger der Gemeinde. Er legt die Grundsätze für die Verwaltung der Gemeinde fest und beschließt über alle Selbstverwaltungsangelegenheiten der Gemeinde, soweit er die Entscheidung nicht einem Ausschuss übertragen hat oder soweit nicht der Bürgermeister kraft Gesetzes zuständig ist oder der Gemeinderat ihm bestimmte Angelegenheiten zur Entscheidung übertragen hat. Der Gemeinderat überwacht die Ausführung seiner Beschlüsse.

§ 33 Unterrichtungs- und Kontrollrechte des Gemeinderats

(1) Der Gemeinderat ist vom Bürgermeister über alle wichtigen Angelegenheiten der Gemeinde, insbesondere über das Ergebnis überörtlicher Prüfungen zu unterrichten. Die Prüfungsmitteilungen sind den Ratsmitgliedern auf Verlangen auszuhändigen.

Gemeindeordnung (GemO) in der Fassung vom 31. Januar 1994

Der Bürgermeister – das Gemeindeoberhaupt

§ 36 Vorsitz

(1) Den Vorsitz im Gemeinderat führt der Bürgermeister.

§ 47 Stellung und Aufgaben des Bürgermeisters

(1) Der Bürgermeister leitet die Gemeindeverwaltung und vertritt die Gemeinde nach außen. Neben den ihm gesetzlich oder vom Gemeinderat übertragenen Aufgaben obliegen ihm

1. die Vorbereitung der Beschlüsse des Gemeinderats im Benehmen mit den Beigeordneten und der Beschlüsse der Ausschüsse, soweit er selbst den Vorsitz führt;
2. die Ausführung der Beschlüsse des Gemeinderats und der Ausschüsse;
3. die laufende Verwaltung;
4. die Erfüllung der Gemeinde gemäß § 2 übertragenen staatlichen Aufgaben.

§ 52 Amtszeit der Bürgermeister und Beigeordneten

(1) Die Amtszeit der hauptamtlichen Bürgermeister und Beigeordneten beträgt acht Jahre.

§ 53 Wahl der Bürgermeister

(1) Der Bürgermeister wird von den Bürgern der Gemeinde in allgemeiner, gleicher, geheimer, unmittelbarer und freier Wahl gewählt.

Gemeindeordnung (GemO) in der Fassung vom 31. Januar 1994

Sitzung des Stadtrats in Koblenz.

Nehmt an einer öffentlichen Sitzung des Gemeinderats teil und verfasst einen Bericht dazu.

Aufgaben

1. Beschreibt die beiden Hauptorgane der Gemeinde: Gemeinderat und Bürgermeister.
   Achtet dabei auf folgende Aspekte (M 13, M 14):
   - Wie werden die beiden Organe besetzt?
   - Welche Aufgaben haben sie zu erfüllen?
2. Weder der Bürgermeister noch der Gemeinderat kann die Politik in einer Gemeinde alleine bestimmen. Erläutere das Zusammenspiel von Gemeinderat und Bürgermeister in der Beschlussfassung auf kommunaler Ebene (M 13, M 14).
3. „Der Bürgermeister ist der mächtigste Akteur auf kommunaler Ebene." Bewerte diese Aussage (M 13, M 14).

Jugendvertretungen – mehr Mitbestimmung für Jugendliche?

M 15 Warum kandidieren?

Ich möchte in den Jugendgemeinderat, weil ich meine Meinung sagen und den Jugendlichen Perspektiven zeigen möchte. Mir macht es Spaß, vor anderen Menschen zu sprechen.

Tamina Erkrad, 14 Jahre, Jacob-Haller-Realschule

Ich möchte mich im Jugendgemeinderat beteiligen, um Bolz-, Spiel- und Sportplätze für junge Menschen attraktiver zu machen und euer Ansprechpartner für Verbesserungsvorschläge zu werden.

Julia Roggensted, 14 Jahre, Neustadt-Gymnasium

Ich kandidiere für den Jugendgemeinderat, weil ich eure Interessen und Vorschläge gewissenhaft gegenüber der Stadt vertreten und mich für ganzjährige Freizeitangebote, z. B. eine Eisbahn, einsetzen werde.

Paolo Ricacelli, 16 Jahre, Neustadt-Gymnasium

Wir junge Menschen finden doch kein Gehör und die Politiker machen nur das, was die älteren Wähler wollen. Wir Jungen brauchen eine Stimme in der Gemeinde.

Jakob Erzberger, 11 Jahre, Jacob-Haller-Realschule

Namen und Aussagen fiktiv

M 16 Beteiligungsrechte von Kindern und Jugendlichen in der Gemeinde

§ 16 c Beteiligung von Kindern und Jugendlichen

Die Gemeinde soll bei Planungen und Vorhaben, die die Interessen von Kindern und Jugendlichen berühren, diese in angemessener Weise beteiligen. Hierzu soll die Gemeinde über die in diesem Gesetz vorgesehene Beteiligung der Einwohner hinaus geeignete Verfahren entwickeln und durchführen.

Gemeindeordnung (GemO) Rheinland-Pfalz in der Fassung vom 31. Januar 1994

M 17 Junge Bürger mischen sich ein – der Jugendgemeinderat in Haßloch

Der Jugendgemeinderat vertritt die Belange der minderjährigen Einwohnerinnen und Einwohner durch Beratung, Anregung und Unterstützung der Organe der Gemeinde. Er soll Kinder und Jugendliche mit demokratischen Entscheidungsstrukturen vertraut machen und ihr Interesse an kommunaler Aufgabenstellung fördern. Dem Jugendgemeinderat obliegt außerdem die Anregung von Veranstaltungen und sonstigen Maßnahmen für Kinder und Jugendliche.

§ 1 Satzung zur Einrichtung einer Jugendvertretung in der Gemeinde Haßloch vom 26.05.1999

M 18 Aktionen des Jugendgemeinderats in Haßloch

HASSLOCH-MAGAZIN

Jugendgemeinderat entfernt rechte Parolen
Der Jugendgemeinderat will am Samstag, 5. Mai, unter dem Motto „Gemeinsam gegen rechts – Für ein Nazisticker-freies Haßloch" erneut ein Zeichen gegen Rechtsextremismus setzen und an diesem Nachmittag diskriminierende Aufkleber an Laternenmasten und auf öffentlichen Plätzen entfernen. Die Jugendlichen suchen noch weitere Mitstreiter, die sie bei dieser Aktion tatkräftig unterstützen wollen. Treffpunkt der Teilnehmer ist um 14 Uhr vor dem Rathaus. Reinigungsmittel werden gestellt, Getränke und wetterfeste Kleidung bringt jeder Teilnehmer selbst mit. (stbe)

HASSLOCH-MAGAZIN

Jugendgemeinderat Haßloch präsentiert

Hallenturnier
für alle Kinder & Jugendlichen

Sonntag 21.04.

Kinder (bis JG '96): 09 Uhr
Jugend (ab JG '95 – '92): 14 Uhr

Neue Sporthalle
Raiffeisenstraße, Haßloch

HASSLOCH-MAGAZIN

Jugend hilft Senioren
Beim neuen „Senioren-Internetcafé" wollen die Jugendlichen älteren Mitbürgern den Umgang mit dem Web erleichtern. Als Tutoren im neuen „Internetcafé für Senioren im Alten Feuerwehrhaus sollen die Jugendgemeinderäte auf Anfrage des Seniorenbeirats älteren Mitbürgern helfen, sich im Netz zurechtzufinden.

http://www.jugendgemeinderat-hassloch.de

Aufgaben

1. Diskutiert in der Klasse, was für bzw. gegen ein Engagement in einer Jugendvertretung spricht (M 15).
2. Erkläre, wie der Jugendgemeinderat Einfluss auf die Entscheidungen des Gemeinderats nehmen kann. Welche weiteren Modelle der Mitwirkung und Mitbestimmung sind denkbar (M 16, M 17)?
3. In M 18 sind Beispiele für Aktionen des Jugendgemeinderats in Hassloch genannt. Sammelt weitere mögliche Aktivitäten.
4. „Wer sich nicht einmischt, der verliert sein Recht, sich zu beschweren." Nimm Stellung zu dieser Aussage.

Ladet einen Vertreter eines Jugendgemeinderats in eure Klasse ein und befragt ihn nach seinen Erfahrungen.

Wie kommen die Politiker ins Rathaus?

M 19 Um Stimmen werben

Die Qual der Wahl – Kommunalwahlkampf

Egal ob Bürgermeister oder Gemeinderäte – jeder, der ins Rathaus gelangen will, muss sich der Wahl durch die Bürgerinnen und Bürger einer Gemeinde stellen. Die verschiedenen Kandidaten kämpfen im Wahlkampf um Wählerstimmen. Dazu müssen sie die Wählerinnen und Wähler von sich und ihrem Programm überzeugen. Im Kommunalwahlkampf findet eine ganz intensive Auseinandersetzung über die politischen Streitfragen der Stadt oder Gemeinde statt. Die Bürgerinnen und Bürger können sich auf Wahlkampfveranstaltungen, durch Plakate oder Informationsstände der Parteien einen Überblick über die Kandidaten und ihre Einstellungen und Ziele verschaffen. Wahlkampf auf kommunaler Ebene zeichnet sich auch dadurch aus, dass die Persönlichkeit der Kandidaten eine sehr große Rolle spielt und Fragen der Parteizugehörigkeit oft nicht so wichtig sind. In kleinen Gemeinden kennt fast jeder die Kandidaten persönlich. Diese können direkt gewählt werden.

M 20 Kommunalwahl – wer die Wahl hat …

Wer darf wählen und wer darf gewählt werden?

Ihre Stimme abgeben („aktives Wahlrecht") dürfen bei den Kommunalwahlen alle Unionsbürger, also alle Deutschen im Sinne des Art. 116 Abs. 1 des Grundgesetzes und alle Staatsangehörigen der übrigen Mitgliedstaaten der Europäischen Union, wenn sie das 18. Lebensjahr vollendet haben und seit mindestens drei Monaten im Wahlgebiet ihre Hauptwohnung haben.

Für die Wählbarkeit („passives Wahlrecht") zum Rats- oder Kreistagsmitglied gelten diese Wahlrechtsgrundsätze gleichermaßen. Die Kandidaten für eine Bürgermeister- oder Landratswahl müssen darüber hinaus am Tage der Wahl das 23. Lebensjahr vollendet haben und die Gewähr dafür bieten, dass sie jederzeit für die freiheitlich demokratische Grundordnung im Sinne des Grundgesetzes eintreten.

Wahl der Ortsvorsteher, Bürgermeister und Landräte

Sie werden durch Direktwahl gewählt. Gewählt ist, wer mehr als die Hälfte der abgegebenen gültigen Stimmen erhalten hat (absolute Mehrheit). Ist das keinem Bewerber gelungen, findet unter den beiden Kandidaten mit den meisten Stimmen eine Stichwahl statt, gewählt ist dann, wird die meisten Stimmen hat (relative Mehrheit).

Wahl der Rats- bzw.- Kreistagsmitglieder

Wie viele Stimmen haben die Wähler? Die Anzahl der Stimmen, die die Wähler auf dem Stimmzettel vergeben dürfen, ist von der Zahl der zu vergebenden Mandate, also von der Anzahl der Ratsmitglieder abhängig; sie schwankt bei den Gemeinderatswahlen zwischen 6 in Gemeinden bis zu 300 Einwohnern und 60 in den Großstädten mit mehr als 150.000 Einwohnern. Bei den Kreistagswahlen hat die Wählerin oder der Wähler entweder 34, 38, 42, 46 oder 50 Stimmen, je nach der Einwohnerzahl des Landkreises.

Landeswahlleiter, Kommunalwahlen in Rheinland-Pfalz, o.O., o.J.

Stimmzettel für die Wahl zum Gemeinderat der Gemeinde Musterdorf
am 7. Juni 2009
Sie haben 12 Stimmen ← Anzahl Ihrer Stimmen!

Sie können die Stimmen wie folgt abgeben:
- Sie können alle **12** Stimmen an Bewerberinnen/Bewerber eines oder mehrerer Wahlvorschläge vergeben, dabei können Sie einer Bewerberinnen/einem Bewerber – auch einer/einem mehrfach benannten Bewerberin/Bewerber – höchstens 3 Stimmen geben (kumulieren), [x| |] oder [x|x|] oder [x|x|x].

oder
- Sie können, wenn Sie nicht alle **12** Stimmen einzeln vergeben wollen, in der Kopfleiste einen Wahlvorschlag ankreuzen ⊗ mit der Folge, dass die restlichen Stimmen den Bewerberinnen/Bewerbern des angekreuzten Wahlvorschlags zugute kommen.

oder
- Sie können auch nur den Wahlvorschlag, den Sie wählen wollen, in der Kopfleiste ankreuzen ⊗ mit der Folge, dass jeder/jedem aufgeführten Bewerberin/Bewerber eine Stimme zugeteilt wird; bei Mehrfachbenennungen erhalten dreifach aufgeführte Bewerberinnen oder Bewerber drei Stimmen, doppelt aufgeführte Bewerberinnen oder Bewerber zwei Stimmen.

Wahlvorschlag 1 **Partei A**	**A**	[x]	
1. Wagner, Helmut	x	x	
2. Krämer, Norbert			
3. Lottner, Klara	x		
4. Schwaab, Franz-Joseph			
5. Jäger, Ulrike	x		
6. Meckes, Albert			
7. Lehner, Hiltrud	x	x	x
8. Dr. Foohs, Ludwig			
9. Theobald, Jutta	x		
10. Häfner, Claudia			
11. Schuck, Stefanie	x		
12. Nastoff, Waltrud			

Wahlvorschlag 2 **Partei B**	**B**	○	
1. Vogt, Sieglinde			
Vogt, Sieglinde			
Vogt, Sieglinde			
2. Schreiber, Maria			
Schreiber, Maria			
3. Molitor, Hans			
Molitor, Hans			
4. Dr. Jung, Max			
5. Schmitz, Walter			
6. Engelmann, Gerda	x		
7. Fischer, Harald			
8. Bögler, Franz	x		

Wahlvorschlag 3 **Wählergruppe**	**C**	○	
1. Böhme, Josef			
Böhme, Josef			
Böhme, Josef			
2. Back, Marianne			
Back, Marianne	x		
Back, Marianne			
3. Glaser, Anna			
Glaser, Anna			
4. Dr. Schulz, Albert			
Dr. Schulz, Albert			
5. Kuhn, Petra			
Kuhn, Petra			

kumulieren = mehrere Stimmen – bis zu drei – an eine Bewerberin/einen Bewerber vergeben

Panaschieren = Stimmen an Bewerberinnen/Bewerber in unterschiedlichen Wahlvorschlägen vergeben

Aufgaben

1. Erläutere, warum die Kandidaten Wahlkampf betreiben (M 19).
2. Überprüft die folgenden Aussagen mit Hilfe von M 20:
   a) Wählen dürfen alle Einwohner einer Gemeinde, die mindestens 16 Jahre alt sind.
   b) Im Gegensatz zur Bundestagswahl muss man sich nicht für eine Partei entscheiden.
   c) Für jede Partei, die antritt, hat der Wähler eine Stimme.
   d) Kommunalwahlen sind oft Personenwahlen. Deswegen darf man auch einem Kandidaten drei Stimmen geben.

zu Aufgabe 2
Formuliere weitere Aussagen zum Kommunalwahlrecht und lasse sie von deinem Nachbarn prüfen.

Recherchiere im Internet oder direkt im Rathaus:
a) Wie viele Ratsmitglieder gibt es in eurer Gemeinde?
b) Welche Parteien und Wählergruppen sind in eurer Gemeinde vertreten?

Wählen mit 16 – soll das Wahlalter gesenkt werden?

M 21 Wahlrecht für 16-Jährige bei Kommunal- und Landtagswahlen?

Der 16-jährige Felix von Mülmann gibt am 22.5.2011 in Bremen seinen Stimmzettel für die Bürgerschaftswahl ab.

Jugendministerin Irene Alt fordert eine Wahlrechtsreform und die Absenkung des Wahlalters bei Kommunal- und Landtagswahlen in Rheinland-Pfalz auf 16 Jahre sowie die Stärkung der Jugendpartizipation.

Entsprechende Anträge haben die Koalitionsfraktionen von SPD und Bündnis 90/Die Grünen eingebracht. „Jugendliche sind mit 16 Jahren alt genug, um politische Zusammenhänge zu begreifen und sie haben ein großes Interesse daran zu wählen und so politisch mitzubestimmen. Außerdem würde die Absenkung des Wahlalters vermutlich zu einer höheren Anerkennung politischer Institutionen führen", begründete Ministerin Alt ihre Forderung vor dem Landtag.

http://mifkif.rlp.de/aktuelles/einzelansicht/archive/2012/november/article/ministerin-alt-fordert-wahlrecht-fuer-16-jaehrige-bei-kommunal-und-landtagswahlen/ (5.6.2013)

M 22 Die Entwicklung des Wahlalters in Deutschland

Es war der 31. Juli des Jahres 1970, als die Abgeordneten des Deutschen Bundestages entschieden, das Mindestwahlalter, das bis dahin bei 21 Jahren lag, zu senken. Seitdem steht in Artikel 38 des Grundgesetzes: „Wahlberechtigt ist, wer das achtzehnte Lebensjahr vollendet hat." Die Geschichte der Demokratie ist auch eine Geschichte der Auseinandersetzung über das „richtige" Wahlalter. Trotz der Senkung des Wahlalters auf 18 Jahre blieb die Frage auf der politischen Tagesordnung und ist bis heute unterschiedlich geregelt. In einigen Bundesländern gibt es das Wahlrecht ab 16 auf kommunaler Ebene. Es wurde in Niedersachsen 1995 erstmals eingeführt.
Anschließend haben weitere fünf der 16 Bundesländer das Wahlalter auf Gemeindeebene herabgesetzt. In Rheinland-Pfalz (Stand 2013) dürfen jedoch nach wie vor nur 18-Jährige über die Zusammensetzung der Gemeinderäte abstimmen und bei Direktwahlen mitentscheiden, wer neuer Bürgermeister wird. Auch bei Landtags-, Bundestags- und Europawahlen gilt nach wie vor bundesweit das Wahlrecht ab 18 Jahren – mit einer Ausnahme: In Bremen dürfen seit 2011 16- und 17-Jährige die Bürgerschaft (vergleichbar mit einer Landtagswahl) mitwählen. Als erster Staat in Europa hat unser Nachbar Österreich 2007 das Wahlalter generell auf 16 Jahre gesenkt – und damit gute Erfahrung gemacht. Die Diskussion um das richtige Wahlalter wird deshalb auch im Land Rheinland-Pfalz weitergehen.

Wahlalter international

ab 16	Österreich, Brasilien, Nicaragua, Kuba, in Bosnien-Herzegowina, Slowenien, Kroatien bei Berufstätigkeit
ab 17	Seychellen, Indonesien
ab 18	fast weltweit
ab 20	Japan, Südkorea
ab 21	Fidschi, Gabun, Kuwait

M 23 Das Jugendwahlrecht in der Diskussion

Auch viele Erwachsene sind „politische Analphabeten“ und leicht beeinflussbar. Warum sollte man von Jugendlichen höhere Qualifikationen fordern? Sie müssen heute schon sehr früh Entscheidungen treffen und Verantwortung übernehmen.

16-Jährige sind politisch unreif. Auch wenn sie heute einen höheren Bildungsstand haben als früher, sind sie noch nicht fähig, sich ein vernünftiges Urteil in einer Welt zu bilden, die immer komplizierter wird. Deshalb sind sie leicht manipulierbar.

Demokratie darf Jugendliche nicht ausschließen. Repräsentative Wahlstatistiken zeigen: Das Wahlverhalten von Erstwählern weicht nicht eklatant von dem anderer Bevölkerungsteile ab. Die Ausgrenzung fördert erst die Neigung zur Radikalität.

Jugendliche haben eine Abneigung gegen Parteien und Mandatsträger. Deshalb neigen sie zu politischem Extremismus. Das ist eine Gefahr für die Stabilität der Demokratie.

16- und 17-Jährige haben existenzielle Interessen, die von Erwachsenen wenig oder gar nicht vertreten werden. Außerdem erhalten Jugendliche ab dem 16. Lebensjahr eine Reihe von Rechten zugesprochen wie zum Beispiel Ehefähigkeit, Eidesfähigkeit usw.

Wer wählen will, der muss auch volljährig und strafmündig sein. Wer strafrechtlich nicht voll verantwortlich ist für sein Verhalten, kann auch nicht verantwortlich sein für das Schicksal des Staates.

Jugendliche stehen Parteien, Mandatsträgern und Wahlen ablehnend gegenüber. Ein früherer Zugang zu Wahlen trifft deshalb die Interessen der Jugendlichen nicht. Es ist sinnvoller, die von Jugendlichen favorisierten Elemente direkter Politik auszubauen und ihnen die Chance zu geben, in Jugendparlamenten oder Anhörungen etc. zu Wort zu kommen.

Jugendliche haben das Gefühl, nicht ernst genommen zu werden. Die Politikverdrossenheit unter jungen Menschen wird abnehmen, wenn sie durch das aktive Wahlrecht in die politische Entscheidungsfindung einbezogen werden: Wer weiß, dass er etwas bewirken kann, hat auch mehr Interesse an Politik.

Nach: Valentin Nann, fluter – Magazin der Bundeszentrale für politische Bildung, Heft 03/2002, S. 16 f.

Aufgaben

1. Wann ist ein Mensch „reif“ für die Demokratie? Markiert im Klassenraum eine Strecke von 0-18 Jahren (z. B. vom Fenster bis zur Tür). Jeder von euch platziert sich dort, wo dieser Zustand seiner persönlichen Meinung nach erreicht ist. Begründet euren Standpunkt.
2. Beschreibe Stand und Entwicklung des Wahlalters in Deutschland (M 22).
3. Diskutiert, ob das Wahlalter generell auf 16 Jahre gesenkt werden sollte (M 21 – M 23).

zu Aufgabe 3
Stelle zunächst Pro- und Kontraargumente stichwortartig gegenüber. Ergänze gegebenenfalls weitere Argumente.

Wie finanziert sich eine Gemeinde?

M 24 Leere Kassen im Stadtbad

Gerhard Mester, Baaske Cartoons, Müllheim

M 25 Woher bekommt die Gemeinde Geld?

Alles das, was in der Gemeinde gestaltet, gebaut und unterhalten werden soll, kostet selbstverständlich Geld. Aber woher nimmt die Gemeinde das Geld für die vielfältigen Aufgaben? Einen Großteil davon erhält sie durch Steuern. Steuern sind allgemeine Abgaben der Bürger und Unternehmen, für die sie keine konkrete Gegenleistung erwarten können. Manche dieser Steuern erhebt die Gemeinde selbst, wie zum Beispiel die Gewerbesteuer für Unternehmen, die Grundsteuer für Hausbesitzer oder die Hundesteuer für Hundehalter. Von anderen Steuern, die das Land oder der Bund erheben, bekommt die Gemeinde einen Anteil. Außerdem bekommt die Gemeinde Zuschüsse von Bund und Land für konkrete Projekte. Wenn du ins Schwimmbad gehst und dort Eintritt bezahlst, zählt das auch zu den Einnahmen einer Gemeinde. Genauso wie die Gebühren für die Abwasserentsorgung und die Müllabfuhr. Auch das Geld für Strafzettel fließt in die Gemeindekasse. Wenn die Gemeinde nicht genügend Geld hat, um alle Ausgaben zu finanzieren, kann sie auch einen Kredit aufnehmen, d. h., dass sie sich zusätzlich Geld z. B. von einer Bank leihen muss.

M 26 Übersichtlich soll es sein – der Haushalt einer Gemeinde

Um vernünftig planen zu können, erstellt die Gemeinde für jedes Jahr eine Übersicht der geplanten Ausgaben und der erwarteten Einnahmen. Diese Übersicht wird „Haushalt" genannt. Der Haushaltsplan gilt jeweils für den Zeitraum vom 1. Januar bis zum 31. Dezember. Er ist ein Arbeits- und Wirtschaftsplan, der verdeutlicht, welche Vorhaben eine Gemeinde verwirklichen möchte und wo sie ihre Schwerpunkte setzt (z. B. Wirtschaft oder Soziales). Der Gemeinderat muss diesem Plan zustimmen. Der Haushalt ist deshalb auch so wichtig, weil Gemeindevertreter und Bürger schwarz auf weiß sehen können, wofür die Gemeinde das Geld der Bürgerinnen und Bürger ausgibt. Der Haushalt einer Gemeinde setzt sich aus zwei Einzelhaushalten zusammen: dem Verwaltungshaushalt und dem Vermögenshaushalt.

Im **Verwaltungshaushalt** werden alle laufenden, d.h. regelmäßig wiederkehrenden Ausgaben und Einnahmen erfasst. Finanziert werden diese Ausgaben v. a. über Steuereinnahmen, staatliche Zuweisungen an die Gemeinde und Verwaltungs- und Betriebseinnahmen (z. B. Eintrittsgelder). Im **Vermögenshaushalt** werden demgegenüber nicht regelmäßige Ausgaben und Einnahmen erfasst, sondern Ausgaben, die ein längerfristig oder gar dauerhaft nutzbares Vermögen schaffen. Während Kosten für Personal jedes Jahr wiederkehren, schaffen Investitionen, z. B. in Straßen, ein Vermögen, von dem die Stadt über viele Jahre profitieren kann. Oft achten die Menschen in einer Gemeinde ganz besonders auf den Vermögenshaushalt, geht es hier doch um große Projekte wie Baumaßnahmen oder Anschaffungen.

Der Haushalt der Stadt Baselberg

Verwaltungshaushalt			
Einnahmen	**€**	**Ausgaben**	**€**
Gewerbe- und Grundsteuer	43,4 Mio.		
Gemeindeanteil an der Einkommens- und Umsatzsteuer	34,8 Mio.		
Staatliche Zuweisungen	21,2 Mio.		
Verwaltungs- und Betriebseinnahmen	35,9 Mio.	Sonstige Ausgaben	15,3 Mio
Summe			
Vermögenshaushalt			
Einnahmen	**€**	**Ausgaben**	**€**
Zuweisungen durch Bund und Land	7,6 Mio.		
Entnahme aus Rücklagen	7,4 Mio.		
Kreditaufnahme	3,3 Mio.		
Summe			

M 27 Die Ausgaben der Stadt Baselberg

Gestaltung der Landesgartenschau: 3,0 Mio. €

Kosten für die schulischen Bildungseinrichtungen: 24,0 Mio. €

Sanierung der Konzerthalle: 7,4 Mio. €

Neubau der Mainbrücke: 2,2 Mio. €

Neubau der Umgehungsstraße: 1,5 Mio. €

Sanierung des Stadions: 1,7 Mio. €

Energetische Sanierung der Schulen: 2,5 Mio. €

Soziale Sicherung (z. B. Sozial- und Jugendhilfe, Hartz IV ...): 37,2 Mio. €

Verwaltungspersonal, Berufsfeuerwehr, Ensemble des Theaters: 58,8 Mio. €

Aufgaben

1. Verfasse zur Karikatur M 24 einen kurzen Dialog zwischen Kassiererin und Besuchern des Stadtbads.
2. Erläutere, woher eine Gemeinde Geld bekommt (M 25). Kennst du weitere Einnahmequellen?
3. Entscheide zuerst, ob es sich bei den einzelnen Posten um wiederkehrende Ausgaben handelt oder nicht. Ordne die Ausgaben dann dem Verwaltungshaushalt oder dem Vermögenshaushalt zu und begründe deine Entscheidung (M 26, M 27).
4. Die Gemeinde Baselberg bekommt ein Problem: Aufgrund einer Wirtschaftskrise brechen die Einnahmen aus der Gewerbe- und der Einkommenssteuer um 4 Mio. € ein. Die Gemeinde muss jetzt sparen. Bildet Gruppen und versetzt euch in die Rolle von Ratsmitgliedern. Überlegt, welcher Haushalt zuerst betroffen ist und welche Vorhaben ihr streichen oder kürzen wollt. Berücksichtigt dabei, dass ihr als gewählte Ratsmitglieder für alle Bürgerinnen und Bürger verantwortliche Entscheidungen treffen müsst. Präsentiert und diskutiert eure Pläne in der Klasse (M 26, M 27).

Was wir wissen

Aufgaben der Gemeinde
M 7, M 8

Die Aufgaben einer Gemeinde sind umfassend und betreffen das tägliche Leben. Dazu gehören Pflichtaufgaben (z. B. Trinkwasserversorgung, Energieversorgung, Abfallentsorgung, Unterhalt von Straßen ...) und freiwillige Aufgaben (Freibäder, Sporthallen, Theater, Bibliotheken ...). Im Auftrag von Bund und Land muss die Gemeinde darüber hinaus als untere Verwaltungsbehörde staatliche Aufgaben erfüllen (Pass- und Meldewesen, Gesundheitsämter, Katastrophenschutz, Durchführung von Wahlen ...).

Politische Beteiligung in der Gemeinde
M 3 – M 6, M 10 – M 12

Demokratie lebt vom Engagement der Bürger. Auch Jugendliche haben viele Möglichkeiten, sich für ihre Belange einzusetzen. Sie können an öffentlichen Versammlungen, Fragestunden, Diskussionen und Anhörungen teilnehmen, Leserbriefe schreiben, an Bürgerinitiativen und Demonstrationen mitwirken oder für den Jugendgemeinderat kandidieren.
Die Gemeindeordnung in Rheinland-Pfalz räumt den Bürgern darüber hinaus Möglichkeiten der direkten Demokratie ein. So können die Bürger einer Gemeinde über einen Einwohnerantrag erreichen, dass der Gemeinderat sich mit einem Thema befasst oder einen Bürgerentscheid beantragen (Bürgerbegehren). Der Gemeinderat kann außerdem selbst beschließen, dass über eine Angelegenheit der Gemeinde ein Bürgerentscheid stattfindet.

Der Gemeinderat
M 13, M 14

Der Gemeinderat (in Städten: Stadtrat) ist das Hauptorgan der Gemeinde. Er entscheidet über wichtige Fragen, die die Gemeinde betreffen, z. B. über den Gemeindehaushalt und die Höhe der gemeindlichen Abgaben. Die Ratsmitglieder sind überwiegend ehrenamtlich tätig und werden von der wahlberechtigten Bevölkerung auf fünf Jahre gewählt.

Der Bürgermeister
M 13, M 14

Die Bürgermeisterin oder der Bürgermeister leitet die Gemeindeverwaltung. Er hat im Gemeinderat kraft seines Amtes Antrags-, Rede- und Stimmrecht. Der Bürgermeister informiert die Einwohner über wichtige Angelegenheiten der Gemeinde und repräsentiert die Gemeinde nach außen. Er wird auf acht Jahre von den stimmberechtigten Einwohnern direkt gewählt.

Kommunalwahlen
M 19, M 20

Auch auf kommunaler Ebene werben die verschiedenen Parteien und Kandidaten mit ihren Programmen um Wählerstimmen. Eine Besonderheit bei den Kommunalwahlen ist, dass man die Stimmen auf verschiedene Kandidaten (auch von unterschiedlichen Parteien) verteilen (panaschieren) oder einem Kandidaten bis zu drei Stimmen geben kann (kumulieren).

Die Finanzen der Gemeinde
M 25, M 26

Um ihre Aufgaben zu finanzieren, brauchen die Gemeinden Geld. Sie sind berechtigt, Steuern, Verwaltungsgebühren, Benutzungsgebühren sowie Beiträge zu erheben. Zusätzlich erhalten sie Anteile aus dem Steueraufkommen von Bund und Land und zweckgebundene Zuweisungen. Der Haushalt einer Gemeinde gibt Auskunft über die Zusammensetzung der Einnahmen und Ausgaben.

Was wir können

Rollenspiel zu einem Konflikt in der Gemeinde

Das Rollenspiel ist eine Methode, bei der Entscheidungssituationen auf der Grundlage vorgegebener Fakten nachgespielt werden können. Probleme oder Konflikte werden im Rollenspiel bearbeitet und es wird eine Lösung herbeigeführt. Zunächst werden die für das Spiel vorgesehenen Rollen verteilt (Gruppen) und auf Grundlage der Rollenkarten und der Spielsituation das wahrscheinliche Rollenverhalten der Spielteilnehmer erarbeitet. Die jeweilige Rollensituation wird innerhalb der Gruppen diskutiert, die Gruppenziele und -interessen festgelegt sowie Strategien zur Durchsetzung der Interessen erarbeitet. Die von den Gruppen bestimmten Spielteilnehmer schlüpfen dann in die definierten Rollen und spielen die gegebene Situation. Dabei halten sie sich an den beschriebenen Ablauf. Gespielt wird im Klassenraum, die Spielsituation sollte aber mit den gegebenen Mitteln so gut wie möglich nachempfunden werden. Für die Auswertung des Spiels werden Beobachter bestimmt. Am Ende steht die gemeinsame Auswertung des Rollenspiels: Wie wurden die Rollen ausgefüllt? Wie entwickelte sich der Spielverlauf? Wie ist das Ergebnis zu bewerten? ...

Ein Problem in der Gemeinde Beerenbach

Die Gemeinde Beerenbach hat ein Problem. Der Fußballplatz kann kaum noch genutzt werden und auch das Vereinsheim hat schon bessere Tage gesehen. Die Kosten sind beachtlich: 120.000 € müsste die Gemeinde aufbringen.

Gleichzeitig beklagen die örtlichen Handwerksbetriebe, dass sie sich vergrößern wollen, aber keine geeignete Gewerbeflächen finden. Sie haben bereits viele Gespräche mit dem Bürgermeister geführt und drohen nun offen, ihre Betriebe in eine andere Gemeinde zu verlagern. Auf die Gemeinde kommen für den Fall, dass sie das Gewerbegebiet erweitert, Ausgaben in Höhe von 220.000 € zu. Es stehen aber im Haushaltsjahr nur 250.000 € zur Verfügung und so kann die Gemeinde auf keinen Fall beide Projekte verwirklichen. Sportplatz oder Gewerbegebiet – heute findet die entscheidende Sitzung des Gemeinderates statt, in der über die beiden Projekte abgestimmt werden soll. Anwesend sind der Bürgermeister, die gewählten Gemeinderäte, Vertreter des Jugendparlaments und Vertreter der örtlichen Tageszeitung.

Vertreter des Jugendgemeinderats

Ihr seid die beiden Vertreter des Jugendgemeinderats und tretet für die Rechte der Jugendlichen ein. Macht euch mit den beiden Projekten vertraut und formuliert eine schriftliche Stellungnahme. Abstimmen dürft ihr nicht. Ihr könnt aber Kontakt zur örtlichen Presse aufnehmen.

Presse

Ihr seid Journalisten (maximal zwei Vertreter) der örtlichen Zeitung. Die Leser eurer Zeitung haben den Streit in Beerenbach mit großem Interesse verfolgt. Täglich kommen neue Leserbriefe. Da die Sitzung des Rates öffentlich ist, könnt ihr die Debatte verfolgen und einen Bericht schreiben. Bei der anschließenden Pressekonferenz habt ihr die Möglichkeit, den Bürgermeister zu befragen. Formuliert anschließend einen Bericht, in dem ihr das Ergebnis und die Reaktionen der Betroffenen darstellt.

Bürgermeister

Du bist Bürgermeister und leitest die Sitzung des Rates. Du gehörst zwar der Partei des Wohlstands an, heute willst du dich aber erst einmal zurückhalten, um herauszufinden, wie die Stimmung im Rat ist. Die nächsten Bürgermeisterwahlen finden Anfang des kommenden Jahres statt.
Begrüße alle Anwesenden und stelle den Ablauf der Sitzung vor. Fasse noch einmal kurz die Problematik der heutigen Sitzung zusammen. Fordere zuerst die Vertreter des Jugendgemeinderats auf, ihren Standpunkt zu äußern. Anschließend haben die Vertreter der beiden Parteien die Möglichkeit, ihre Positionen zu äußern. Leite anschließend die Diskussion. Formuliere einen Antrag, was beschlossen werden soll, und führe die Abstimmung durch. Du selbst bist stimmberechtigt. Achte darauf, dass die Vertreter des Jugendgemeinderats nicht abstimmen dürfen. Verkünde das Ergebnis auf einer Pressekonferenz und beantworte die Fragen der Journalisten.

Partei des Wohlstands

Ihr seid die Vertreter der Partei des Wohlstands und entsendet vier Gemeinderäte. Nach vielen Gesprächen mit den örtlichen Handwerkern und Unternehmern seid ihr zum Ergebnis gekommen, dass Beerenbach dringend ein neues Gewerbegebiet braucht. Die Drohungen, dass die Unternehmen ins Nachbardorf abziehen könnten, nehmt ihr sehr ernst. Allerdings wisst ihr nicht, ob ihr euch in der Abstimmung durchsetzen könnt, obwohl ihr mit dem Bürgermeister über fünf Stimmen verfügt. Überlegt euch deshalb einen Kompromissvorschlag, den ihr in die Debatte einbringen könnt.

Partei der Jungen Familien

Ihr seid die Vertreter der Partei der Jungen Familien und entsendet vier Gemeinderäte. Nach vielen Gesprächen in der Nachbarschaft, in Schulen und Vereinen seid ihr zum Ergebnis gekommen, dass Beerenbach dringend neue Sportanlagen braucht. Die Drohungen, dass die Unternehmen ins Nachbardorf abziehen könnten, nehmt ihr nicht sehr ernst. Trotzdem formuliert ihr einen Kompromissvorschlag, den ihr in die Debatte einbringen könnt. Nur wenn ihr den Bürgermeister für eure Position gewinnen könnt, könnt ihr die Abstimmung für euch entscheiden.

Aufgaben

1. Analysiere den politischen Konflikt in der Gemeinde und stelle die Interessen der Beteiligten dar.
2. Erläutere, welche Möglichkeiten die verschiedenen Gruppen haben, Einfluss auf die Entscheidung zu nehmen.
3. Beurteile anschließend, wie die Chancen stehen, dass sie ihre Interessen durchsetzen können.
4. Formuliere mögliche Kompromissvorschläge zur Lösung des Konflikts.

2

Familie in Gesellschaft und Staat

Die Familie hat sich in den vergangenen Jahrzehnten deutlich verändert. Neben die „klassische" Vater-Mutter-Kinder-Familie sind viele andere Lebens- und Beziehungsformen mit und ohne Kinder getreten. Aber nicht nur die Familie und die Beziehungsformen erleben einen Wandel, auch die Gesellschaft verändert sich, weil immer weniger Kinder geboren werden und die Bevölkerung immer älter wird.

Kompetenzen

Am Ende dieses Kapitels solltest du Folgendes wissen und können:

- die unterschiedlichen Formen des menschlichen Zusammenlebens innerhalb und außerhalb der Familie beschreiben
- die Aufgaben, die die Familie für den Einzelnen und die Gesellschaft übernimmt, erklären
- erläutern, wie der Staat den Familien hilft und sie unterstützt
- den demografischen Wandel der Gesellschaft und seine Auswirkungen beschreiben und in einzelnen Aspekten erklären können

Was weißt du schon?

1. Was bedeutet die Familie für euch? Schreibt die Begriffe auf Karteikarten, unterscheidet nach positiven und negativen Begriffen. Tauscht euch mit dem Tischnachbarn / der Tischgruppe darüber aus, welche Begriffe für euch die wichtigsten sind.
2. Auf welchen Fotos der Collage sind Familien abgebildet? Begründet.

2.1 Leben in der Familie

Wie Familien heute leben

M 1 Ganz schön bunt und vielfältig

Leoni Hildebrandt (15) lebt mit ihrer Mutter, deren Freund und dessen 18-jährigem Sohn zusammen. Neben diesem Stiefbruder hat Leoni noch eine ältere Schwester, die zurzeit in England ist. Leonis Vater hat mit seiner neuen Lebensgefährtin eine kleine Tochter. Sie wohnen in einem Haus gegenüber. Leonis Mutter arbeitet als Bürokraft, ihr Vater fährt Taxi.

Lasse Koth (15) hat zwei ältere Brüder, der älteste ist schon von zu Hause ausgezogen. Lasses Eltern, ein Lehrer und eine Erzieherin, sind bald 18 Jahre verheiratet.

Thorbjörn Keppler (15) wächst als Einzelkind bei seiner Mutter auf, sie ist beim Kreis Dithmarschen angestellt. Thorbjörns Eltern sind geschieden. Seinen Vater, der in Mecklenburg-Vorpommern als Förster arbeitet, sieht er etwa alle zwei Wochen.

SPIEGEL: Ihr lebt in sehr unterschiedlichen Elternhäusern. Was hält eurer Meinung nach eine Familie zusammen?

Leoni: Liebe auf jeden Fall, bei allen Mitgliedern einer Familie. Das ist wichtig.

Lasse: Gemeinsamkeiten sind wichtig, und dass man sich auch mal streitet, dass man miteinander über alles redet. Vertrauen und so was. Vor allem auch gegenseitiges Interesse.

SPIEGEL: Wie äußert sich das?

Lasse: Mein Vater spielt Fußball, er geht zu den Spielen vom FC St. Pauli. Da hat er mich als Kind immer mitgenommen. Ich spiele Eishockey, da guckt er dann auch meistens zu und fiebert mit. So haben wir Sachen, über die wir reden können.

Thorbjörn: Ich denke, man muss viel reden und auch Zeit miteinander verbringen. Jeder sollte Zeit für sich haben, aber wer alles alleine macht, versteht sich mit anderen nicht wirklich gut. Dann hat es auch nicht mehr so viel mit Familie zu tun.

Leoni: Ja, die Eltern müssen schon nachhaken, was die Kinder machen, mit welchen Leuten sie zu tun haben, die Freunde vielleicht auch kennen lernen, wenn es denn sein muss. Eltern sollten Kinder nicht zu sehr einengen, sie auch mal allein lassen, aber sich doch sehr um sie kümmern und sie nicht vernachlässigen.

SPIEGEL: Aycan, deine Familie stammt aus Kurdistan, du hast viele Geschwister. Hast du das Gefühl, dass die deutschen Familien weniger Zusammenhalt haben als ihr?

Aycan: Nein, ich denke sogar manchmal, die haben mehr.

SPIEGEL: Woran machst du das fest?

Aycan: In deutschen Familien wird sehr viel miteinander geredet. Wir sprechen auch miteinander, aber bei uns setzen sich nicht alle zusammen und diskutieren. Wir reden eher zu zweit.

SPIEGEL: Deine Mutter ist alleinerziehend, du bist das älteste von fünf Kindern. Wann habt ihr Zeit, euch zu unterhalten?

Aycan: Abends, wenn die anderen schlafen. Dann sitzen wir vor dem Fernseher und reden [...]

SPIEGEL: Wie ist das bei euch anderen: Wann und worüber sprecht ihr mit euren Eltern?

Lasse: Wenn es Essen gibt, dann sitzen wir alle zusammen, und dann schnackt man, wie der Tag war. Dann lässt man ein bisschen Frust ab. [...]

SPIEGEL: Würdest du dir wünschen, dass deine Eltern mehr mitreden?

Lasse: Nee, eher ein bisschen weniger.

SPIEGEL: Wo mischen sie sich denn ein?

Lasse: Schule, Freunde, Sport, was auch immer. In wirklich alles.

SPIEGEL: Wie reagierst du darauf, wenn du eigentlich in Ruhe gelassen werden willst?

Lasse: Einfach genervt. [...]

Leoni: Mit meiner Mutter ist das

auch immer so. Immer wenn ich esse, kommt sie mit der Schule an. Das stört mich total, vor allem beim Essen. [...]

SPIEGEL: Leoni, [...] wie ist das bei dir in deiner Patchwork-Familie?

Leoni: Für mich ist meine Familie gar nicht ungewöhnlich.

SPIEGEL: Bist du in deinem Freundeskreis keine Ausnahme mit deinen Stief- und Halbgeschwistern?

Leoni: So habe ich das noch gar nicht gesehen. Für mich ist das eine ganz normale Familie. Wir hatten letztes Jahr auch mal ein Jahrestreffen mit der ganzen Verwandtschaft, darunter auch welche, die nur entfernt mit uns verwandt sind. Das waren über 50 Leute, meine Mutter hat das organisiert.

SPIEGEL: Hattest du bei den vielen Menschen das Gefühl, die sind meine Familie?

Leoni: Nein. Es war schon lustig, aber ich kenne die ja gar nicht.

SPIEGEL: Wer gehört für euch zur Familie?

Thorbjörn: Ich finde, es gibt drei verschiedene Familien. Einmal Frau, Mann, Kinder, dann Oma, Opa, Tanten, Cousins und Cousinen und schließlich noch alle, die mit einem verwandt sind.

SPIEGEL: Wie sehr hängt ihr an euren Großeltern?

Leoni: Sie sind mir sehr wichtig. Wenn mein Opa oder meine Oma Geburtstag haben, fahren wir hin und feiern mit denen.

Thorbjörn: Meine Oma und mein Opa wohnen auf dem Land, da bin ich total gerne.

Spiegel Spezial Nr. 4/2007, S. 80-83

Aycan Atug (16) kam mit ihrer Familie vor zehn Jahren aus Kurdistan nach Deutschland. Sie hat vier jüngere Geschwister. Vor sechs Jahren verließ der Vater die Familie, Aycan hat keinen Kontakt mehr zu ihm. Ihre Mutter ist alleinerziehend, sie arbeitet als Putzfrau in einem Hotel und spricht kaum Deutsch. (...) Aycan möchte in drei Jahren ihr Abitur machen.

M 2 Formen des Zusammenlebens

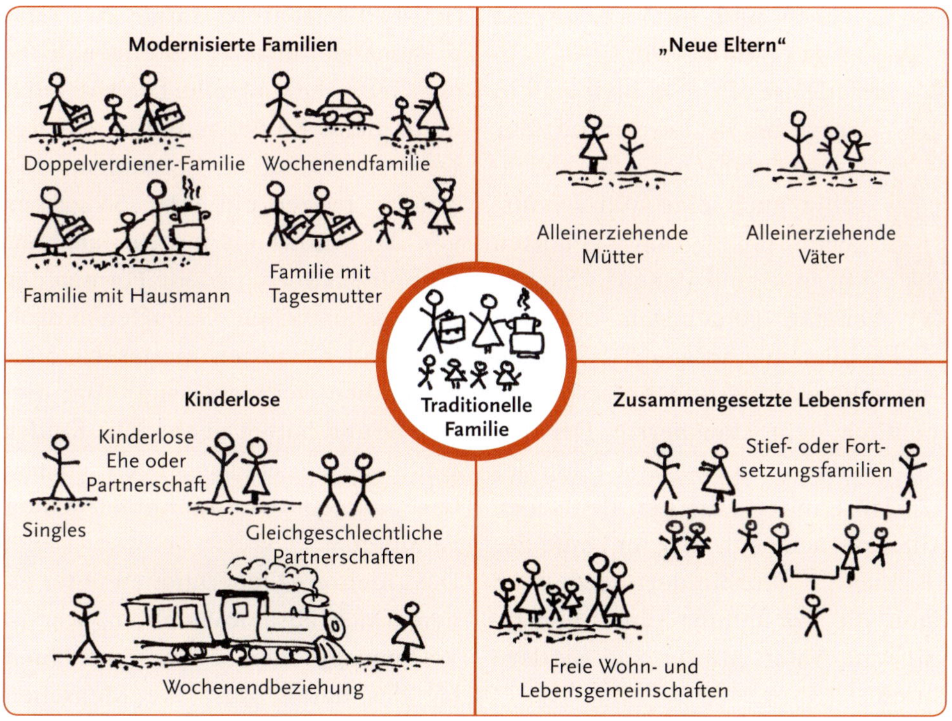

M 3 In welchen Familienformen wachsen Kinder heute auf?

Von 100 Kindern leben in:

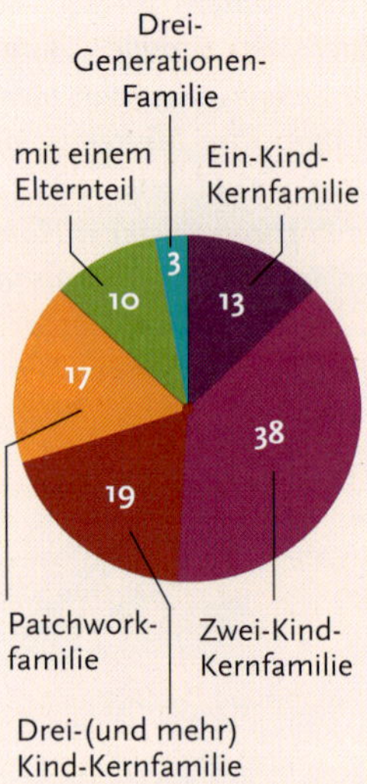

Kinder im Alter von 8-11 Jahren

Quelle: TNS Infratest, 2007

Vom Groß- zum Kleinsthaushalt (1900 – 2012)

Von je 100 privaten Haushalten in Deutschland bestanden/bestehen aus so vielen Personen

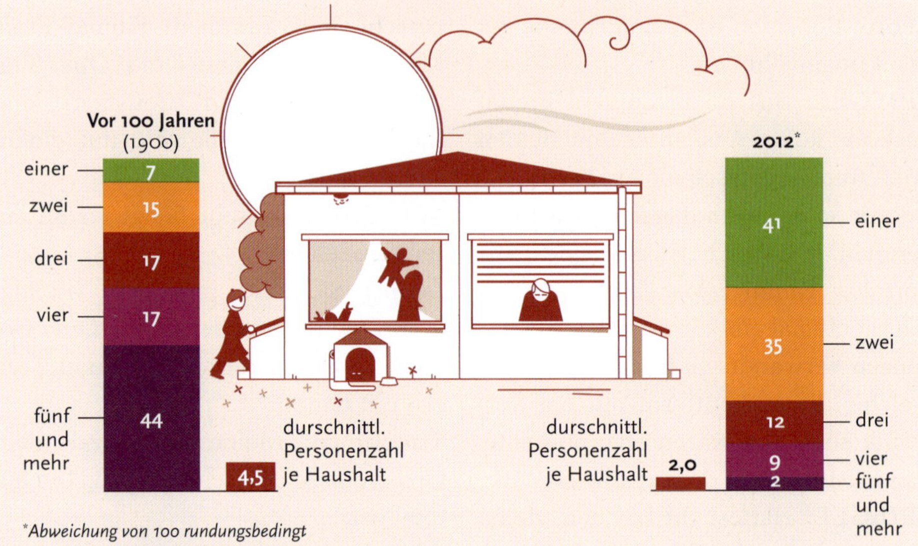

*Abweichung von 100 rundungsbedingt

Globus Grafik 2121; Quelle: Statistisches Bundesamt

M 4 War früher alles besser?

Familie um 1900

Mitgift = Geld oder andere Vermögensgüter, die die Eltern der Tochter bei der Heirat mitgaben (Aussteuer).

Bei Griechen und Römern zählten Sklaven zur familia, wie sie in Rom hieß. Dieses Prinzip hielt sich in Europa bis in die Neuzeit: Zur Hausgemeinschaft, die gleichzeitig auch eine Wirtschaftsgemeinschaft war, gehörten Knechte und Mägde. Sie arbeiteten gemeinsam mit den Familienangehörigen, wohnten im selben Haus und unterstanden rechtlich dem Hausherrn. Der Begriff „Familie" tauchte erst Ende des 17. Jahrhunderts in der deutschen Alltagssprache auf. Erst im Laufe des 18. und 19. Jahrhundert setzte sich dann die Vorstellung einer Kernfamilie aus Vater, Mutter und Kindern durch.

In Nordwesteuropa sorgte das relativ hohe Heiratsalter für eine natürliche Geburtenkontrolle. Die war auch nötig, denn Kinder mussten versorgt werden: Mädchen brauchten eine Mitgift, Jungen ein Erbe. So gab es von der Antike bis ins 19. Jahrhundert hinein verschiedene Formen der „nachgeburtlichen Geburtenkontrolle": Kinder wurden ausgesetzt oder absichtlich vernachlässigt. Aus diesem Grund hatten uneheliche Kinder weniger Überlebenschancen, ebenso wie Spätgeborene in kinderreichen Familien.

Dass mehrere Generationen unter einem Dach zusammenlebten, war in Westeuropa eher selten. Zum einen lag das daran, dass die Menschen früher nicht so lange lebten und viele Eltern deshalb nie Großeltern wurden. Zum anderen gründeten verheiratete Paare im römischen Reich und in Nordwesteuropa oft einen eigenen Haushalt. Zahlen aus England zeigen, dass zwischen dem 16. und 18. Jahrhundert durchschnittlich 4,75 Personen in jedem Haushalt lebten, Eltern, Kinder und Bedienstete eingeschlossen. Erst im 20. Jahrhundert gab es häufig Drei- oder sogar Vier-Generationen-Haushalte.

ZEIT Wissen 01/2010, http://www.zeit.de/zeit-wissen/2010/01/Familienmythen

Familie heute

M 5 Wie hat sich die Familie verändert?

Schon oft wurde die traditionelle Kleinfamilie zum Auslaufmodell erklärt. Die Fakten scheinen eindeutig: Fast jeder fünfte Jugendliche zwischen 14 und 18 Jahren lebte 2008 bei Mutter oder Vater, wobei der Anteil der alleinerziehenden Mütter deutlich höher ist. (...) Noch immer werden drei Viertel aller Kinder und Jugendlichen bei Ehepaaren groß. Allerdings beinhaltet das neben der Normfamilie auch alternative Formen, zu denen neben Stief-, Adoptiv- und Pflegefamilien auch die Patchworkfamilie gehört. Aber auch die Regenbogenfamilie, also Familien, in denen Kinder bei zwei gleichgeschlechtlichen Eltern leben, oder die Mehrgenerationenfamilie lassen sich dazu zählen. Die Familie als solche hat sich nicht überlebt – wohl aber sind ihre Erscheinungsformen vielfältiger geworden. Nach der Familie kommt die Familie! Nur erscheint sie eben in facettenreichen Gewändern. Das kann der Einpersonenhaushalt, die Wohngemeinschaft, die kinderlose Ehe, die Fernbeziehung oder eine polyamore (viele liebende) Partnerschaft sein.

Patricia Wolf, Tagesspiegel, 4.4.2010

Aufgaben

1. Arbeite aus dem Gespräch der vier Jugendlichen heraus, was ihnen am Familienleben jeweils wichtig ist (M 1).
2. Stelle dar, welche Vorteile und welche Nachteile das Leben in den Familien der Jugendlichen deiner Auffassung nach mit sich bringen könnte (M 1).
3. Führt in der Schule eine anonyme Umfrage nach den Familienformen eurer Mitschüler durch und vergleicht die Ergebnisse mit M 3.
4. Wie hat sich das Zusammenleben der Menschen in den vergangenen hundert Jahren verändert?
   Formuliere Aussagesätze (M 3).
   Beispiel: „Im Jahr 1900 lebten in 44 von 100 Haushalten fünf und mehr Personen, 2012 lebten hingegen in zwei von 100 Haushalten fünf und mehr Personen."
5. Erläutere, wie sich die Bedeutung der Familie im Lauf der Zeit verändert hat (M 3 – M 5).

Methode

M 6 Mit Zahlen, Statistiken und Schaubildern umgehen

Interpretationen von Statistiken und Schaubildern

Eine *Statistik* ist die systematische Sammlung und Ordnung von Informationen in Form von Zahlen. Diese Zahlen werden entweder in *Tabellen* oder optisch aufbereitet als *Diagramme* und *Schaubilder* ausgewertet und dargestellt. Statistiken helfen uns in vielen Alltagssituationen. So gibt es u. a. Statistiken zu den Bereichen Bevölkerung, Beschäftigung, Gesundheit, Kriminalität, Wohnungen, Verkehr, Wirtschaft. Aus diesen Statistiken können wichtige Erkenntnisse zum Beispiel für die Verkehrsplanung oder den Bau von Kindergärten und Schulen gezogen werden.

Die Zahlen oder auch Daten müssen nach strengen Regeln erhoben werden. Die meisten Daten sammelt das Statistische Bundesamt in Wiesbaden, das seine zusammengefassten Ergebnisse in den Statistischen Jahrbüchern veröffentlicht. Viele Daten stellt das Bundesamt aber auch ins Internet, wo sie unter www.destatis.de abgerufen werden können. Das Statistische Bundesamt ist zur Neutralität verpflichtet. Andere Organisationen, die Daten erheben und veröffentlichen, verfolgen möglicherweise auch eigene Interessen.

Weil Zahlen sehr abstrakt sind, stellt man sie gerne in Diagrammen dar. Es gibt unterschiedliche Formen von Diagrammen: *Kreis- oder Tortendiagramm, Säulendiagramm, Balkendiagramm, Kurvendiagramm.*

Zahlen kann man als *absolute* (genaue, gerundete) *Zahlen* oder als *Prozentzahlen* angeben.

Prozentzahlen verdeutlichen den Anteil an einer Gesamtmenge.

Beispiele

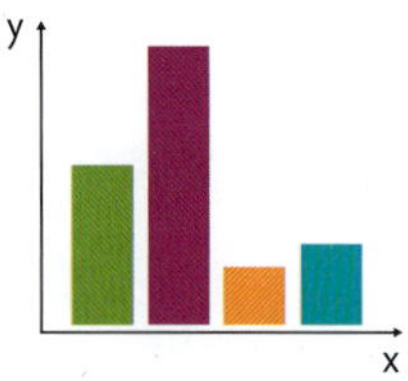

Säulen-/Balkendiagramm

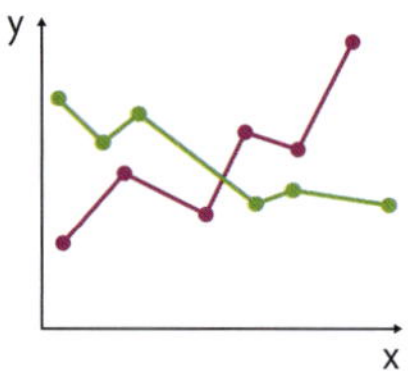

Kurven-/Liniendiagramm

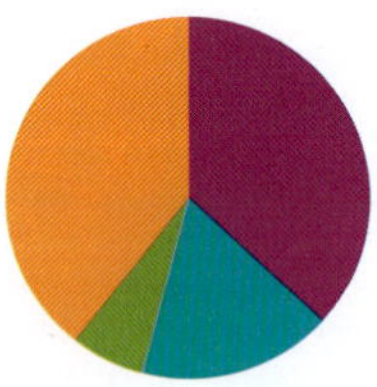
Kreis-/Tortendiagramm

Auswertung und Interpretation

Beim Umgang mit Zahlen, Statistiken und Diagrammen ist Vorsicht geboten. Uns sollte immer bewusst sein, dass man mit der Unterstützung von Zahlenmaterial Tatsachen verfälscht darstellen kann. Häufig werden damit ganz bestimmte Interessen verfolgt. Dies gilt v. a. in der Wirtschafts- und Sozialstatistik. Deshalb ist es notwendig, nicht nur nach der Quelle einer Statistik zu fragen, sondern auch kritisch zu überprüfen, wie die Zahlen in einer grafischen Darstellung präsentiert wurden. Denn mit unterschiedlichen Darstellungen lassen sich bei denselben Zahlen durchaus unterschiedliche Wirkungen erzielen.

Folgende Punkte solltest du bei jeder Untersuchung von Datenmaterial besonders kritisch hinterfragen:

Wird die Quelle der Daten angegeben? Handelt es sich um eine seriöse Quelle – z. B. amtliche Stellen (Behörden, Statistisches Bundesamt, Ministerien usw.)? Besonders skeptisch sollte man bei Angaben wie „eigene Erhebung“ sein.

- Aktualität der Daten
- Auswahl des Zeitraums
- Maßstab der Darstellung:
  Welcher Maßstab auf den Achsen ist gewählt und wie ist das Verhältnis der beiden Achsen zueinander? Ist die Einteilung auf den Achsen sinnvoll gewählt?

- Stimmen Überschrift und Text mit der Aussage des Datenmaterials überein?
- Verfolgt der Verfasser eine manipulative Absicht?

Arbeitsschritte

1. **Beschreiben**
- Woher stammen die Daten? Wer hat sie erfasst und veröffentlicht? (Quelle)
- Welcher Sachverhalt wird dargestellt? Wie lautet das Thema? Welcher Zeitraum wird dargestellt?
- Welche Darstellungsform wurde gewählt? (Säulen-, Balkendiagramm...?)
- Absolute oder relative Zahlen?

2. **Auswerten**
- Welche Entwicklung ist zu erkennen? (Dabei sind hohe und niedrige Werte, Trends, Veränderungen zu beachten!)

3. **Erklären**
- Erst wenn du das Diagramm / die Tabelle genau beschrieben und ausgewertet hast, kannst du versuchen, deine Aussagen zu erklären oder Schlussfolgerungen zu ziehen.

4. **Bewerten**
- Wurden die Zahlen sinnvoll im Diagramm umgesetzt? Wurden die Abstände auf den Achsen richtig gewählt?
- Sind die Zahlen noch aktuell?

Beispiel für eine Auswertung

Bei dem Schaubild mit der Überschrift „Vom Groß- zum Kleinsthaushalt" (M 3) handelt es sich um zwei Säulendiagramme. Dargestellt werden die Anteile unterschiedlicher Haushaltsgrößen an allen Haushalten (100 %) in Deutschland im Jahr 1900 und im Jahr 2012 in Prozent. (Hierbei handelt es sich um eine Sonderform des Säulendiagramms – die gestapelte Säule. Ein gestapeltes Säulendiagramm zeigt Wertanteile in vertikal gestapelten Rechtecken an.) Die Daten stammen vom Statistischen Bundesamt und wurden als Globus-Grafik veröffentlicht. Von je 100 Haushalten bestanden im Jahr 1900 sieben Prozent der Haushalte aus nur einer Person, im Jahr 2012 waren 41 % aller Haushalte Singlehaushalte. Gab es im Jahr 1900 nur 15 % Zwei-Personen-Haushalte, so waren es im Jahr 2012 35%. Die Anzahl hat sich also gegenüber 1900 mehr als verdoppelt. Das bedeutet, dass in über 3/4 aller deutschen Haushalte nur ein oder zwei Personen leben. Während im Jahr 1900 in 44 % aller Haushalte noch fünf und mehr Personen lebten, so traf dies im Jahr 2012 noch gerade einmal auf zwei Prozent zu. Die durchschnittliche Haushaltsgröße betrug im Jahr 1900 4,5 Personen, 2012 hingegen nur noch 2,0 Personen. Damit hat sich die durchschnittliche Haushaltsgröße innerhalb von 100 Jahren mehr als halbiert. Die in Deutschland vorherrschende Lebensform ist der Ein- oder Zwei-Personen-Haushalt. Dies lässt sich zum Beispiel mit den Veränderungen in den Lebensformen (Zunahme von Ehescheidungen, Rückgang der Geburten), aber auch mit der Alterung der Gesellschaft insgesamt erklären. So werden die Menschen viel älter als früher und leben dann meistens nur noch zu zweit oder alleine und nicht wie zumeist vor 100 Jahren in der Familie ihrer Kinder.

Welche Aufgaben hat die Familie?

M 7 Wie wird man ein Mitglied der Gesellschaft?

Zunächst sorgt die Familie dafür, dass aus einem Säugling langsam ein Mitglied der Gesellschaft wird. Später wird diese Aufgabe auch von anderen übernommen. So wirken unterschiedlichste Einflüsse aus Nachbarschaft, Freundeskreis, Kindergarten, Schule, Fernsehen, Werbung usw. auf das Kind ein. Der Einfluss kann planvoll und beabsichtigt (Erziehung), aber auch unabsichtlich geschehen. Den gesamten Prozess, den ein Mensch durchläuft, um seine Persönlichkeit auszubilden und ein Mitglied in der Gesellschaft zu werden, nennt man **Sozialisation**.

Während der Sozialisation werden uns Normen und Wertvorstellungen vermittelt, die für das Zusammenleben innerhalb der Gesellschaft notwendig sind. Normen kann man als Regeln bezeichnen, die von den Mitgliedern der Gesellschaft akzeptiert werden müssen. Für den Einzelnen können Normen aber auch Einschränkungen bedeuten. Wenn man die Regeln bricht, macht man sich unbeliebt oder wird vielleicht aus der Gruppe ausgeschlossen. Ihr könnt das mit dem Sport vergleichen. Ein Fußballspiel zum Beispiel verläuft nach festen Regeln, an die sich alle Spieler halten müssen, denn sonst bricht Chaos aus. Fußballer, die gegen die Regeln verstoßen oder sich beim Spiel unsportlich verhalten, werden vom Platz gestellt.

M 8 Soziale Rollen: „Die ganze Welt ist eine Bühne“

In der Umgangssprache gebrauchen wir sehr häufig den Begriff der Rolle. Mit den sprachlichen Bildern wird sehr schnell deutlich, was mit dem soziologischen Begriff Rolle gemeint ist. Die soziale Rolle beschreibt unser eigenes Verhältnis zur Gesellschaft.

Mit der Geburt betreten wir die „Bühne der Gesellschaft“. Nach und nach lernen wir, diesen oder jenen „Part“ und damit unterschiedliche Rollen zu spielen. Manchmal müssen wir auch unterschiedliche Masken aufsetzen, um schließlich mit dem Tod wieder von der Bühne abzutreten. Dann übernehmen andere unsere Rollen. Alles geschieht unter den kritischen Augen der Zuschauer und auch der Mitspieler. Jeder erwartet von uns, dass wir unseren Text kennen. Jeder erwartet von uns etwas anderes. Die Rollen, die wir einnehmen, können ganz unterschiedlich sein. So sind wir Sohn oder Tochter, Freund oder Freundin, Mitglied im Chor oder Torwart der Schulauswahl, Schülerin oder Schüler, freiwilliger Feuerwehrmann, Pfadfinderin usw. Aber nicht immer erfüllen wir auch die Erwartungen, die an uns formuliert werden, und so kann es dann zu einem Rollenkonflikt kommen.

nach: Hans Peter Henecka, Grundkurs Soziologie, 9. Aufl., Konstanz 2009, S. 101 ff.

„Die ganze Welt ist eine Bühne
Und alle Frau'n und Männer bloße Spieler.
Sie treten auf und gehen wieder ab,
Sein Leben lang spielt einer manche Rollen,
Durch sieben Akte hin.“
William Shakespeare, Wie es euch gefällt (II 7)

M 9 Die Leistungen der Familie

Auf die Leistungen der Familie wird das Augenmerk gerichtet, wenn man betrachtet, wie Familien und ihre Mitglieder ihre Aufgaben erfüllen. […]

Persönlicher Zusammenhalt und emotionale Zuwendung

Die Familie soll für Eltern und deren Kinder den Raum bieten, in dem sie in besonders engen und vertrauten Beziehungen sozialen Zusammenhalt und persönliche emotionale Zuwendung erfahren können. […] Gut funktionierende persönliche Beziehungen in Familien fördern nicht nur das individuelle Wohlbefinden und die seelische wie körperliche Gesundheit der Familienangehörigen, sondern ermöglichen es ihnen auch, sich als handlungsfähige, autonome Akteure in der modernen Gesellschaft erfolgreich zu behaupten. […]

Unterstützung im Alltag

Familien sind keine Produktionsgemeinschaften im klassischen Sinne mehr. Heute wird von dem Zusammenleben in einem Familienhaushalt erwartet, dass es eine effiziente Basis für die Alltagsorganisation und gegenseitige Hilfe der Menschen bietet. In dieser Hinsicht hat es Vorteile im Vergleich zum Alleinleben. Aufgaben können im Familienhaushalt (und darüber hinaus) aufgeteilt werden. Familienmitglieder, die füreinander einspringen, entlasten sich gegenseitig zeitlich und körperlich. […]

Fortpflanzung

Die Familie wird als die soziale Basis der Nachwuchssicherung angesehen, in Familien sollen nach Möglichkeit Kinder heranwachsen. In Erfüllung dieser Aufgabe leistet die Familie den physischen Erhalt der Gesellschaft. […]

Erziehung und soziale Integration der Kinder

Die Familie ist für die Erziehung und für grundlegende Bereiche der Bildung der Kinder verantwortlich. Für Kinder bietet sie den idealen Raum, in dem sie sich entwickeln und entfalten können. Der deutsche Sozialanthropologe und Soziologe Dieter Claessens hat dies in seinem Konzept der Sozialisation in sehr plastischer Weise beschrieben: Die erste Phase ist die „Soziabilisierung" als zweite, „soziokulturelle Geburt" des Menschen, in deren Verlauf den Kindern emotionale Grundlagen, erste Kategorien von Weltverstehen und -vertrauen sowie eine erste soziale Positionsbestimmung in dieser Welt vermittelt werden. Es folgt die Phase der „Enkulturation", in der die Heranwachsenden im Zusammenspiel mit Eltern und Bezugspersonen ihre spezifische individuelle Formung bzw. „sozio-kulturelle Prägung" erfahren und auf die Übernahme ihrer sozialen Rolle in der Gesellschaft vorbereitet werden.

Johannes Huinink, in: Informationen zur politischen Bildung (Heft 301), Familie und Familienpolitik, hg. von der Bundezentrale für politische Bildung, Bonn 2009, S. 8 ff.

Aufgaben

1. Sozialisation ist ein lebenslanger Prozess. Finde Beispiele dafür, dass man auch als Erwachsener sozialisiert wird (M 7).
2. Nenne ausgehend von M 8 unterschiedliche Rollen, die du einnimmst. Unterscheide vorgegebene und selbst gewählte Rollen.
3. Erläutere, welche Leistungen die Familie für die Gesellschaft erbringt (M 9).

Erziehung – eine wichtige Aufgabe der Familie

M 10 Alles Erziehungssache?

Häufigstes Streitthema: Chaos im Kinderzimmer

Die 14-jährige Julia lebt mit ihrer Mutter in einer kleinen Wohnung. Da die Mutter vor Kurzem eine Vollzeit-Arbeitsstelle annehmen musste, vereinbarte sie mit Julia, dass diese bestimmte kleinere Aufgaben im Haushalt übernimmt. Das funktionierte bisher aber oft nicht, weil Julia die Aufträge vergaß, keine Lust dazu hatte oder so lange mit Freunden zusammen war, dass keine Zeit blieb, die Arbeit zu erledigen. Die Mutter kritisiert auch, dass Julia so unordentlich ist. Nicht nur in Julias Zimmer bricht regelmäßig das Chaos aus, sondern sie lässt auch im Wohnzimmer, das der Mutter als Schlafzimmer dienen muss, alles liegen. Die Mutter ist sehr sauer, wenn sie nach der Arbeit erst einmal eine halbe Stunde oder mehr aufräumen muss. […] Als die Mutter ihrer Freundin ihr Leid klagt, hört sie von dieser: „Das ist Erziehungssache!"

Bernd Werdich, Bundeszentrale für politische Bildung (Hrsg.), Zeitlupe Nr. 30 / 1994, S. 9

Erziehung
So bezeichnet man alle zielgerichteten und absichtsvollen Maßnahmen, die Eltern, Lehrer u. a. unternehmen, um Heranwachsenden dabei zu helfen, selbständig handelnde und urteilende Persönlichkeiten zu werden. Dabei geht es um das Erlernen von Verhaltensregeln und die Übertragung von Gefühls- und Denkmustern der Gesellschaft.

M 11 Erziehungsmittel

Liebesentzug	unterstützen	drohen	strafen
Vorbild sein	schlagen	überzeugen	helfen
loben	fördern	tadeln	befehlen

M 12 Es muss ohne Gewalt gehen …

Professor Kai-D. Bussmann von der juristischen Fakultät der Universität Halle-Wittenberg leitete die Studie „Gewaltfreie Erziehung" des Familienministeriums. Im Interview spricht er über den Wertewandel in der Erziehung.

sueddeutsche.de: […] Was genau ist nun aber Gewalt und wo fängt sie an?

Bussmann: Das Gesetz sagt ganz eindeutig: Körperliche Bestrafungen sind unzulässig. Dazu gehört auch schon die Ohrfeige, der Klaps auf den Po ist hier die Grenze zur Gewalt. Früher war die Ohrfeige durch das Erziehungsrecht gerechtfertigt, heute ist es eine strafbare Körperverletzung. […]

sueddeutsche.de: Welche Folgen ergeben sich für die Kinder, die seelische oder körperliche Gewalt zuhause erfahren mussten?

Bussmann: Jeder dritte Jugendliche, der aus einem gewaltbelasteten Elternhaus kommt, wird selbst verhaltensauffällig und gewalttätig. Die Jugendlichen zeigen meist schwere psychosoziale Verhaltensweisen wie Aggressivität, zugleich Ängstlichkeit und Kontaktarmut. Dabei gleichen die Jugendlichen doppelten Opfern: Sie sind in der Familie geschlagen worden und werden von anderen Jugendlichen wegen ihres Verhaltens ausgeschlossen.

Interview: Miriam Müller, Süddeutsche Zeitung, 23.3.2004

M 13 Streiten will gelernt sein – aus einem Ratgeber für Eltern

Gestritten wird überall: in der Ehe mit dem Partner, in der Familie mit den Kindern, im Bekanntenkreis mit Freunden und im Beruf mit Kollegen. Doch damit ein Streit sich positiv [...] auswirken kann, sind ein paar Grundregeln [...] zu berücksichtigen – und es ist auch ein gewisses Maß an Streit-„Kultur" notwendig. Insbesondere für Kinder ist die Art und Weise der Auseinandersetzung zwischen und mit den eigenen Eltern prägend und dient als gutes oder schlechtes Vorbild für die spätere, eigene Konfliktbewältigung.

Regeln für faires Streiten

1. Stell dich dem Konflikt und gehe die Probleme möglichst schnell an, denn Probleme, die runtergeschluckt werden, werden nur noch größer.
2. Wähle einen sinnvollen Zeitpunkt für die Aussprache, nicht unbedingt dann, wenn der andere gerade eine wichtigen Termin hat.
3. Überlege dir unbedingt schon vorher, was du sagen möchtest.
4. Versuche, Übertreibungen (z. B. mit Worten wie „nie" oder „immer") zu vermeiden. Sage also nicht „Nie habt ihr Zeit für mich!", besser: „Ich würde gerne mehr Zeit mit euch verbringen!".
5. Vorwürfe bringen nichts, formuliere besser konkrete Wünsche.
6. Sprich deine Gefühle an und formuliere „Ich-Botschaften".
7. Vergangenes sollte man nicht „aufwärmen".
8. Lass dein Gegenüber ausreden und zwinge dich dazu, ihm gut zuzuhören.
9. Merke: Es gibt in Konfliktsituationen nur selten eindeutig einen Schuldigen und keinen Sieger.

nach: www.elternimnetz.de/cms/paracms.php?site_id=5&page_id=195 (18.6.2009)

Aufgaben

1. Wie sollte sich Julias Mutter deiner Meinung nach verhalten? Welche der genannten Erziehungsmittel sollte sie anwenden, auf welches verzichten (M 9, M 10)? Begründe deine Auswahl.
2. Erläutere, warum Kinder und Jugendliche aus gewaltbelasteten Elternhäusern „doppelte Opfer" sind (M 11).
3. Kann man mit einem Gesetz Gewalt in Familien verhindern? Beurteile, was mit dem Gesetz für eine gewaltfreie Erziehung erreicht werden kann (Randspalte).
4. Ergänze weitere Regeln, die für ein faires Streiten wichtig sind (M 12).

Aus dem Bürgerlichen Gesetzbuch (BGB)

§ 1626 Elterliche Sorge, Grundsätze

(1) Die Eltern haben die Pflicht und das Recht, für das minderjährige Kind zu sorgen (elterliche Sorge). [...]

(2) Bei der Pflege und Erziehung berücksichtigen die Eltern die wachsende Fähigkeit und das wachsende Bedürfnis des Kindes zu selbständigem verantwortungsbewusstem Handeln. Sie besprechen mit dem Kind, soweit es nach dessen Entwicklungsstand angezeigt ist, Fragen der elterlichen Sorge und streben Einvernehmen an. [...]

§ 1631 Inhalt und Grenzen der Personensorge

(1) Die Personensorge umfasst insbesondere die Pflicht und das Recht, das Kind zu pflegen, zu erziehen, zu beaufsichtigen und seinen Aufenthalt zu bestimmen.

(2) Kinder haben ein Recht auf gewaltfreie Erziehung. Körperliche Bestrafungen, seelische Verletzungen und andere entwürdigende Maßnahmen sind unzulässig.

[...]

Wie hilft der Staat den Familien?

M 14 Nur wegen des Elterngeldes ...?

Thomas Plaßmann, Baaske Cartoons, Müllheim

M 15 Aus dem Grundgesetz

Art. 1

(1) Die Würde des Menschen ist unantastbar. Sie zu achten und zu schützen ist Verpflichtung aller staatlichen Gewalt.

(2) Jeder hat das Recht auf Leben und körperliche Unversehrtheit.

Art. 6

(1) Ehe und Familie stehen unter dem besonderen Schutze der staatlichen Ordnung.

(2) Pflege und Erziehung der Kinder sind das natürliche Recht der Eltern und die zuvörderst ihnen obliegende Pflicht. Über ihre Betätigung wacht die staatliche Gemeinschaft.

(3) Gegen den Willen der Erziehungsberechtigten dürfen Kinder nur auf Grund eines Gesetzes von der Familie getrennt werden, wenn die Erziehungsberechtigten versagen oder wenn die Kinder aus anderen Gründen zu verwahrlosen drohen.

(4) Jede Mutter hat Anspruch auf den Schutz und die Fürsorge der Gemeinschaft.

(5) Den unehelichen Kindern sind durch die Gesetzgebung die gleichen Bedingungen für ihre leibliche und seelische Entwicklung und ihre Stellung in der Gesellschaft zu schaffen wie den ehelichen Kindern.

M 16 Wie der Staat Familien unterstützt

Familien sind die soziale Mitte unserer Gesellschaft und für die Mehrheit der Menschen der Lebensmittelpunkt. Familien bilden ein verlässliches soziales Netz, bieten Schutz und Nähe. Die Familie sorgt dafür, dass Staatsbürgerinnen und -bürger geboren werden und erfüllt zentrale Aufgaben bei der Erziehung von Kindern sowie bei der Betreuung alter und kranker Menschen. Deshalb steht die Familie unter dem besonderen Schutz des Staates. Unter Familienpolitik versteht man alle politischen Maßnahmen, die dafür sorgen sollen, dass es den Familien im Staat möglichst gut geht. Die Bundesregierung in Berlin, die Bundesländer und die Städte und Gemeinden teilen sich dabei die Aufgaben zum Schutz und zur Unterstützung der Familien. Die Familien erhalten nicht nur finanzielle Unterstützung, es gibt darüber hinaus viele Regelungen, die die Vereinbarkeit von Familie und Berufstätigkeit der Eltern fördern sollen. Auch die Bereitstellung von Kindergarten- und Kinderhortplätzen, der Bau von Kinderspielplätzen, das Bildungswesen sind Teil der Familienpolitik.

Auswahl staatlicher Leistungen zur Förderung von Familien

Kindergeld	Pro Kind bezahlt der Staat für das 1. und 2. Kind 184 €, für das 3. Kind 190 €, für das 4. Kind und weitere 215 €, bei Niedrigeinkommen wird ein Kinderzuschlag von 140 € pro Kind/Monat gewährt.
Steuererleichterungen	Der Staat gewährt pauschale Freibeträge für jedes Kind, die zu einer Reduzierung der Steuerlast führen, außerdem können 2/3 der Kosten, die für die Kinderbetreuung aufgewendet werden müssen, steuerlich abgesetzt werden.
Elternzeit	Eltern, die ihr Kind selbst betreuen, haben Rechtsanspruch auf drei Jahre Elternzeit. Mütter und Väter können auch gleichzeitig Elternzeit nehmen. Wer Elternzeit nimmt, kann bis zu 30 Stunden arbeiten. Bei Betrieben mit mehr als 15 Beschäftigten besteht Anspruch auf Teilzeitarbeit. Während der Elternzeit darf der Arbeitgeber nicht kündigen.
Elterngeld	Das Elterngeld ist eine Familienleistung für alle Eltern, die sich in den ersten 14 Lebensmonaten der Betreuung ihres Kindes widmen und nicht voll erwerbstätig sind. Elterngeld erhält ein Elternteil max. 12 Monate, der andere Elternteil 2 Monate, Alleinerziehende 14 Monate. Die Höhe des Elterngeldes beträgt 65 – 67 % des vorherigen Nettoeinkommens aus Erwerbstätigkeit (Jahresdurchschnitt vor Geburt des Kindes.) Das Elterngeld beträgt mindestens 300 € und höchstens 1.800 €.
Sonstige Leistungen	Alle 1-3-Jährigen haben ein Rechtsanspruch auf einen Betreuungsplatz in einer Tageseinrichtung, Anspruch auf einen Kindergartenplatz haben alle 3-6-Jährigen. Die Ganztagsangebote werden weiter ausgebaut.

M 17 Elterngeld verändert Verhalten der Väter

Jeder fünfte Vater in Deutschland nimmt das seit rund drei Jahren angebotene Elterngeld in Anspruch. Mit 21 Prozent stößt diese staatliche Leistung auf weit mehr Zuspruch als das bis 2006 gezahlte Bundeserziehungsgeld, das im Schnitt 3,5 Prozent der Väter in Anspruch nahmen. Das Statistische Bundesamt in Wiesbaden berichtete am Dienstag für 2008 geborene Kinder von großen regionalen Unterschieden: Mehr als jeder vierte Vater in Bayern, Berlin und Sachsen bekam die staatliche Leistung – im Saarland war der Anteil mit zwölf Prozent am niedrigsten. Bundesfamilienministerin Kristina Schröder (CDU) sah die Arbeit der Regierung darin bestätigt: „Das Elterngeld ist ein Erfolgsmodell. Jeder fünfte Vater nimmt inzwischen Partnermonate – und gilt damit als gutes Vorbild und nicht mehr als Exot." Ein Sprecher des Statistischen Bundesamts sagte, dass die Väter in der Regel nur zwei Monate lang Elterngeld beziehen, die Mütter hingegen ein Jahr.

dpa, Financial Times Deutschland, 3.8.2010

M 18 Noch ein weiter Weg

Kindertagesbetreuung: Wunsch und Wirklichkeit

Anteil der Kinder unter drei Jahren in Kindertagesbetreuung (Betreuungsquote) und der tatsächliche Betreuungsbedarf in Deutschland

	Quote* in Prozent	Bedarf** in Prozent	Differenz in Prozentpunkten
Deutschland gesamt	27,6	39,4	- 11,8
Westdeutschland	22,3	35,3	- 13,0
Ostdeutschland	49,0	56,1	- 7,1

*Stand 2012, *Stichtag 1. März* ***Umfrage unter Eltern*

Globus-Grafik 5337; Quelle: Statistisches Bundesamt, Deutsches Jugendinstitut, Bundesfamilienministerium

Info
In Ostdeutschland hat die Betreuung der Kinder außerhalb der Familie eine lange Tradition, da fast alle Frauen in der DDR berufstätig waren.

M 19 Wann sollte der Staat Kinder vor ihren Eltern schützen?

Von welchem Moment an muss der Staat ein Kind vor seinen Eltern schützen? Diese Entscheidung ist immer wieder eine Gratwanderung – für das Jugendamt und für das Familiengericht. Wie schmal dieser Grat ist, zeigt der Fall eines Kindes im Kindergartenalter, der „gerade noch mal gut gegangen ist", wie Wolf Andrée-Röhmholdt berichtet, der Familienrichter am Stuttgarter Amtsgericht ist. Das Kind wurde praktisch in letzter Minute vom Rettungsdienst ins Krankenhaus gebracht. Es war kurz vorm Verhungern. Der Allgemeine Sozialdienst des Jugendamts hatte die Familie betreut und den Rettungsdienst alarmiert. Das Kind wurde gerettet. Auf die Eltern kommt wohl eine Anklage zu.

Bei der Frage, wie das Wohlergehen von Kindern in kritischen Familienverhältnissen sichergestellt werden kann, wenden die Behörden oftmals ein mehrstufiges Verfahren an. Reichen die Appelle des Jugendamts an die Eltern nicht aus, so meldet dieses den Fall an das Familiengericht weiter. [...] Manchmal, so der Familienrichter (Andrée-Röhmholdt), gehe es auch nur darum, den Eltern klarzumachen, dass sie mit dem Kind zum Arzt gehen sollen. „In der Regel sind sie einsichtig." Auch wenn er sich an Fälle erinnert, in denen sechs Gesprächstermine notwendig waren, bis die Eltern die gewünschten Maßnahmen ergriffen. [...]

Manchmal, so berichtet Andrée-Röhmholdt, gibt es für das Gericht auch gar keine andere Wahl, als den Eltern das Sorgerecht zu entziehen, etwa wenn die Eltern schwerst drogenabhängig seien. „Ein schwerst Drogenabhängiger ist nicht mehr imstande, die Bedürfnisse eines Kindes angemessen wahrzunehmen." [...] Andererseits, und auch darauf legt der Familienrichter Wert, können die Eltern das Sorgerecht für ihr Kind auch wieder zurückerlangen. Das Elternrecht habe einen so hohen Stellenwert, dass diese Option von Amts wegen sogar regelmäßig überprüft werden müsse. Im Falle der drogensüchtigen Eltern bedeute das: diese müssen clean sein – und das auch nachweisen. [...] Die meisten Eltern akzeptieren die Gerichtsentscheidung, wie Wolf Andrée-Röhmholdt berichtet, aber nicht alle. [...] Manche Eltern fühlten sich vom Entzug des Sorgerechts zutiefst verletzt, was der Stuttgarter Familienrichter gut verstehen kann. Doch die Prügel dafür müssten häufig die Mitarbeiter des Jugendamts einstecken. Das geht zuweilen bis hin zu persönlichen Schmähungen im Internet und zu der Behauptung, dass Mitarbeiter des Allgemeinen Sozialdienstes handgreiflich geworden seien.

Inge Jacobs, Stuttgarter Zeitung, 21.10.2008

Projektvorschlag

Erkundet, wie familienfreundlich eure Stadt oder Gemeinde (in einzelnen Bereichen) ist. Legt dazu zunächst Kriterien fest, die für die Familienfreundlichkeit stehen. Mögliche Gesichtspunkte:

- Angebot an Kita-Plätzen
- Öffnungszeiten von Kitas und Kindergärten
- Vereinbarkeit von Familie und Beruf für Bedienstete der Stadt
- Verkehrsführung, Parkplätze
- ...

Aufgaben

1. Familie Weber hat drei Kinder: Larissa ist acht und besucht die Grundschule mit angeschlossenem Kinderhort, Bruder Julian ist fünf Jahre und geht in einen Ganztageskindergarten, Baby Aline ist drei Monate alt. Die Eltern, Kristin und Marc Weber, waren beide berufstätig und hatten ein Nettoeinkommen von jeweils 2.000 €. Sie teilen sich die Erziehung von Aline. Stelle dar, welche familienpolitischen Leistungen des Staates Familie Weber in Anspruch nehmen kann (M 15).
2. Familien werden in Deutschland mit einem erheblichen finanziellen Aufwand durch den Staat unterstützt, obwohl es eine private Entscheidung ist, ob man Kinder bekommen möchte oder nicht. Diskutiert, ob die Unterstützung für Familien gerechtfertigt ist (M 14 – M 16).
3. In Deutschland fehlen Betreuungsplätze, gleichzeitig werden die Zahlungen des Staates an die Familien erhöht. Diskutiert, ob direkte Leistungen wie z. B. das Kindergeld gekürzt und zur Finanzierung von Betreuungsplätzen verwendet werden sollten (M 18).
4. Erläutere, warum es eine „Gratwanderung" ist, wenn der Staat Kinder vor ihren Eltern schützt (M 14, M 19).

Wer macht was? – Aufgabenverteilung in der Familie

M 20 Ich hab' dir mal ein Konzept entwickelt …

Rollenklischee
Als Rolle bezeichnet man das Verhalten, welches von einem Einzelnen innerhalb der Gesellschaft erwartet wird. Eine Rollenerwartung ist z. B., dass Lehrerinnen und Lehrer alle Schülerinnen und Schüler gleich behandeln sollen. Als ein Rollenklischee bezeichnet man eine veraltete oder eingefahrene Denkweise zum Beispiel über das erwartete Verhalten von Männern und Frauen, Jungen und Mädchen. Beispiele: Mädchen spielen mit Puppen und Jungen mit Bauklötzen, Männer sind Ernährer und Oberhaupt der Familie und die Frauen kümmern sich um Haushalt und Familie.

Gerhard Mester, Baaske Cartoons, Müllheim

M 21 Er arbeitet, sie macht den Haushalt – gilt das immer noch?

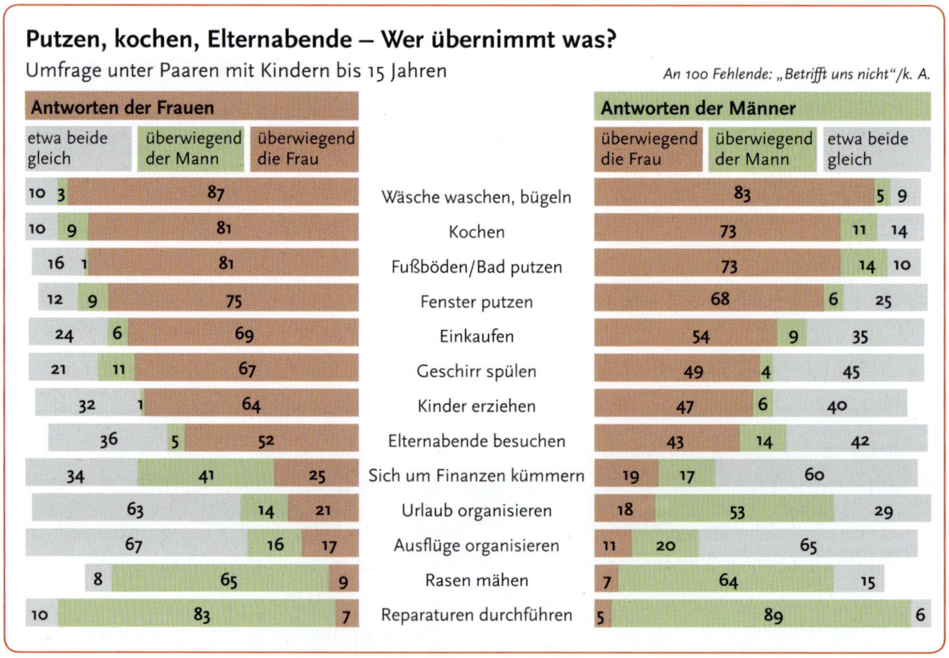

Globus-Grafik 4491; Quelle: Vorwerk, IFD Allensbach, 15.9.2011

⊕
Mache einen Zeitsprung von 20 Jahren. Du hast nun selbst Familie (Vater, Mutter, Kind (m), Kind (w)). Erstelle eine Liste von alltäglichen Hausarbeiten und entscheide, welches Mitglied deiner Familie diese verrichten soll. Vergleicht eure Ergebnisse.

M 22 Wie man den Haushalt schmeißt

„Die Schuhe dürfen Sie gerne anlassen! Ich habe zwar heute geputzt, aber die Kinder machen sowieso gleich wieder alles dreckig!", sagt Martin Rottmüller an der Tür. Die Wohnung jedenfalls ist noch sehr sauber, macht einen fröhlichen Eindruck und ist gemütlich eingerichtet. Lukas und Emma rennen vergnügt auf dem Gang und im Wohnzimmer herum. Zwei aktive Kinder, für die jemand viel Zeit zu haben scheint. In der Tat: Der Systemadministrator Martin Rottmüller hat sich 6 Jahre Elternzeit genommen und sieht seinen Chef nun nur noch einmal pro Woche. „Dieser eine Arbeitstag pro Woche muss sein", sagt er, „den brauch' ich zur Erholung." [...]

„Viele Dinge gleichzeitig tun zu können – diese Fähigkeit braucht man bei der Kindererziehung", meint der 35-Jährige. Wie die meisten, die zu Hause bei den Kindern bleiben, hat Martin Rottmüller einen 14-Stunden-Tag: Um 6 Uhr aufstehen, frühstücken, die Frau in die Arbeit verabschieden, die Kinder anziehen, aufräumen, spazieren gehen, die Frau in der Arbeitsstelle besuchen, Mittagessen vorbereiten, die Kinder füttern, mit ihnen spielen, Abendessen machen, essen, die Kinder ins Bett bringen. Dass man so wenig Zeit für sich selbst hat, hat sich Martin Rottmüller zunächst kaum vorstellen können. Zwar kriegt er ein wenig Unterstützung, weil die arbeitsame Oma, die mit ihrem Mann in der Wohnung unten wohnt, wäscht und bügelt. Aber besonders mit kleinen Kindern hat man kaum fünf Minuten Ruhe. [...]

Susanna Rottmüller ist selbständig und führt einen Blumenladen mit einigen Angestellten in Seeshaupt. Zwei Mal die Woche muss sie um 4 Uhr aufstehen. Samstags arbeitet sie auch. Wie gut, dass sie weiß, dass nicht nur ihr eigener, sondern auch der Laden zu Hause läuft.

Dass Susanna Rottmüller arbeiten geht und Martin Rottmüller zu Hause bleibt, war von vorneherein klar, als sich der Nachwuchs ankündigte, denn Susanna Rottmüller liebt ihren Beruf so sehr, dass sie ohne ihren Laden schlichtweg nicht leben könnte. Ihr Mann hingegen konnte sich schon immer vorstellen, eine Zeitlang zu Hause nach dem Rechten zu sehen.

„Wo sind denn Ihre Kinder?", wird Susanna Rottmüller hin und wieder gefragt, wenn sie so viel im Geschäft ist und erntet anerkennende Blicke, wenn sie erzählt, dass ihr Mann zu Hause bleibt und sich um alles kümmert.

Henrike Holzwarth, www.goethe.de/ins/eg/prj/jgd/the/ges/de2237844.htm (10.10.2009)

Die Rottmüllers – eine Ausnahmefamilie?

Befrage deine Großeltern, wie die Aufgabenverteilung in ihren Familien ausgesehen hat. Berichte der Klasse darüber.

Aufgaben

1. Interpretiere die Karikatur M 19. Zeige, inwiefern darin mit Rollenklischees gespielt wird.
2. Beschreibe das Familienleben der Rottmüllers (M 21). Diskutiert, woran es liegen könnte, dass die Arbeitsteilung bei den Rottmüllers so gut funktioniert.
3. Sammle Maßnahmen, die aus deiner Sicht notwendig sind, damit sich Väter noch stärker an der Erziehung der Kinder beteiligen.

Was wir wissen

Vielfalt der Familienformen
M 2 – M 5

In unserer modernen Industrie- und Dienstleistungsgesellschaft ist die Verschiedenheit der Familien- und Lebensformen die Regel. So wird Familie heute ganz unterschiedlich gelebt: Verheiratete und nicht verheiratete Eltern, die ihre Kinder gemeinsam erziehen, Väter und Mütter, die ihre Kinder alleine erziehen, Patchwork- oder Stieffamilien, Adoptionsfamilien, Pflegefamilien. Es gibt aber auch immer mehr Menschen, die sich bewusst gegen eine Familie entscheiden und lieber als Single oder als Paar ohne Kinder durch das Leben gehen.

Aufgaben der Familie
M 6 – M 9

Die Familien bilden die soziale Mitte unserer Gesellschaft. Die Familie trägt Sorge für die äußeren Lebensbedingungen (Wohnung, Nahrung, Kleidung usw.) und stellt somit die Existenz ihrer Mitglieder sicher. Daneben trägt die Familie auch Sorge dafür, dass die Kinder die Fähigkeiten erwerben, die sie benötigen, um mit anderen Menschen in der Gesellschaft leben zu können. Man spricht davon, dass die Familie eine Sozialisationsfunktion hat. Die Familie sorgt auch dafür, dass die Gesellschaft nicht ausstirbt, denn die Familie ist der wichtigste Bereich, in dem Kinder geboren werden und aufwachsen. Diese Funktion der Familie nennt man Reproduktionsfunktion. Darüber hinaus hat die Familie auch einen entscheidenden Einfluss darauf, welche soziale Position ein Mensch in Schule, Arbeitswelt und Gesellschaft einnimmt (Platzierungsfunktion).

Familienpolitik
M 14 – M 17

Der Schutz von Ehe und Familie ist im Grundgesetz rechtlich verankert (Art. 6 GG). Deshalb unterstützt der Staat mit einer gezielten Familienpolitik die Familien bei ihren wichtigen Aufgaben, die sie für die Gesellschaft wahrnehmen. Im Mittelpunkt der staatlichen Familienpolitik steht die finanzielle Unterstützung der Familien durch das Kindergeld und durch steuerliche Entlastungen wie zum Beispiel Freibeträge für Kinder. Außerdem bezahlt der Staat seit 2007 für 12-14 Monate Elterngeld in Höhe von 65-67 % des wegfallenden Nettoeinkommens der Mutter oder des Vaters. Darüber hinaus regelt der Staat auch die Dauer der Elternzeit und schafft so Rahmenbedingungen, damit Eltern Familie und Berufstätigkeit zum Beispiel durch eine Teilzeitbeschäftigung besser vereinbaren können. Zur Familienpolitik zählt auch, dass der Staat für Bildungseinrichtungen sorgt und Betreuungsangebote (Kindertagesstätten, Ganztagsschulen) schafft.

Schutz der Familie
M 18

Auch wenn der Staat nach dem Grundgesetz zum Schutz der Familie verpflichtet ist, so muss er sich nach vorherrschendem Verständnis weitgehend aus den Familienangelegenheiten heraushalten. Nur als letztes Mittel und nur auf Anordnung eines Richters kann das Jugendamt als Vertreter des Staates eine Familie trennen, eine Heimunterbringung veranlassen oder auch Pflegeeltern für Kinder suchen, wenn die Eltern durch missbräuchliche Ausübung der elterlichen Sorge das körperliche, geistige oder seelische Wohl des Kindes beeinträchtigen.

Kinder sind hier unerwünscht

Es ist ein einfacher Zettel, der für Empörung bei den Eltern [...] sorgt. Ein Zettel, der seit einigen Tagen am Fenster des Cafés Sahnesteif in der Glauburgstraße [in Frankfurt am Main] hängt – auf dem mit vielen Worten aber unmissverständlich steht: Kinder sind hier nicht erwünscht. „Das ist unmöglich", ärgert sich eine Mutter auf einem der Spielplätze im Stadtteil. „Kinder gehören zur Gesellschaft dazu, die kann man doch nicht einfach ausgrenzen." Sie ist nicht die einzige, die sich über den Zettel empört. [...] Gerade hier im Nordend, da ist sich die Elternschaft einig, könne ein Café mit Kinderverbot gar nicht funktionieren. Nicht in dem Stadtteil, durch den Tag für Tag ganze Kinderwagenkolonnen ziehen, der eine der höchsten Geburtenraten in ganz Deutschland aufweist. [...] „Es muss hier auch Räume für Erwachsene geben, in denen sie sich erholen können", sagt Hanne Tesch, Mitbetreiberin des Sahnesteifs. „Viele Gäste wollen bei uns Zeitung lesen, arbeiten, eine Pause einlegen." Herumrennende Kinder störten dabei nun mal. Also hat Tesch den Zettel ans Fenster geklebt. Dass das Café kein Kinderhort und kein heimisches Wohnzimmer sei, sondern ein Rückzugsort für Erwachsene. Ein solches Vorgehen hätte sich Tesch noch vor knapp einem Jahr, als das Sahnesteif eröffnete, nicht vorstellen können. „Wir haben uns auf die jungen Familien im Stadtteil gefreut", sagt sie. „Doch was dann auf uns zukam, hat uns überrascht und auch enttäuscht." Denn mit dem Benehmen der Eltern und Kinder im Café kamen die Besitzer nicht klar. „Möbel wurden als Hüpfburg missbraucht, Scheiben beschmiert und in aller Öffentlichkeit gewickelt", erzählt die Inhaberin. Nicht selten wurden zudem Spieldecken einfach ausgebreitet und Teile des Cafés mit Hockern als Krabbelecke abgetrennt. „Das geht aber nicht, es muss auch Raum für die anderen da sein", sagt Tesch. „Und mal ganz ehrlich gesagt: Das Geschrei möchte ich hier auch nicht wirklich haben." [...] Das alles habe nichts mit Kinderfeindlichkeit zu tun. „Denn es geht ja gar nicht um die Kinder bei allem – sondern um die Eltern", sagt Tesch. „Die Kinder können ja nichts dafür, dass sie nicht erzogen werden und keine Grenzen gesetzt bekommen."

Sandra Busch, Frankfurter Rundschau, 3.3.2011

Aufgabe

Seitdem das Café Sahnesteif den Aushang im Fenster hat, ist es im Stadtteil zu heftigen Diskussionen gekommen. Es wurden sogar einige Stimmen laut, die einen Boykott des Café forderten.
Führt eine Podiums-Diskussion zum Thema „Wie familienfreundlich ist unser Stadtteil" durch.
An der Diskussion nehmen teil:

- die Café-Betreiberin Hanne Tesch
- Anna Blum, die Leiterin der Kindertagesstätte „Rasselbande"
- Max Rose, der Vorsitzende des örtlichen Kinderschutzbundes
- Wiebke Fromme, Pastorin der evangelischen Christusgemeinde
- Frauke Heise-Schulte, Schulleiterin der Astrid-Lindgreen-Grundschule
- Enno Ernst, Ortsvorsteher / Stadtteilbürgermeister

Ihr könnt das Podium selbstverständlich noch erweitern, z. B. durch Vertreterinnen und Vertreter der politischen Parteien im Stadtparlament. Auch das Publikum kann sich in die Diskussion einbringen. Ihr könnt die Podiumsdiskussion in Gruppen vorbereiten. Sammelt dazu Aussagen, die der jeweilige Diskussionsteilnehmer vortragen könnte.

2.2 Die demografische Entwicklung als Herausforderung für Staat und Gesellschaft

Der demografische Wandel in Deutschland

M 1 Bevölkerung wächst bei sinkender Geburtenrate

Thomas Plaßmann, Baaske Cartoons, Müllheim

Die Zahl der Geburten in Deutschland ist auf den niedrigsten Stand in der Geschichte der Bundesrepublik gesunken. Im vergangenen Jahr kamen 663.000 Kinder lebend zur Welt, 15.000 oder 2,2 Prozent weniger als 2010. Das waren noch nicht einmal halb so viele wie 1964. Damals wurden knapp 1,4 Millionen Babys in Deutschland geboren, es war das Jahr mit den meisten Geburten seit 1946. Wie das Statistische Bundesamt in Wiesbaden [...] mitteilte, starben im vergangenen Jahr (2011) 852.000 Menschen, ein leichter Rückgang um 0,7 Prozent. [...] Schon seit 40 Jahren sterben in Deutschland mehr Menschen als Kinder geboren werden. 2011 ist die Einwohnerzahl in Deutschland aber trotzdem gestiegen, denn es kamen deutlich mehr Zuwanderer ins Land. Es zogen insgesamt rund 279.000 mehr Menschen nach Deutschland als abwanderten. Das ist die höchste Zahl seit zehn Jahren. Deshalb sei 2011 ein Einwohnerplus von fast 100.000 zu verzeichnen, sagte Destatis-Experte Reinhold Zahn. Langfristig ist der Bevölkerungsrückgang aber nach Angaben der Statistiker nicht aufzuhalten. Weniger Geburten bedeuten nämlich auch – in einigen Jahrzehnten – weniger Mütter. Sind die jetzt geborenen Mädchen erwachsen und haben wie die Frauen heute ebenfalls durchschnittlich weniger als 2,1 Kinder, wird die Zahl der Babys zwangsläufig weiter sinken.

Gießener Anzeiger, 2.7.2012

M 2 Warum es in Deutschland immer weniger Kinder gibt

Geburtenrückgang

- Neue Familienformen
- Frauenerwerbstätigkeit
- Fehlende Betreuungseinrichtungen
- steigende Scheidungsraten
- Wirtschaftliche Gründe
- Fehlen einer kindgerechten Umwelt
- Unvereinbarkeit von Familie und Beruf
- Berufliche Mobilität

M 3 Bevölkerungsentwicklung und Altersstruktur

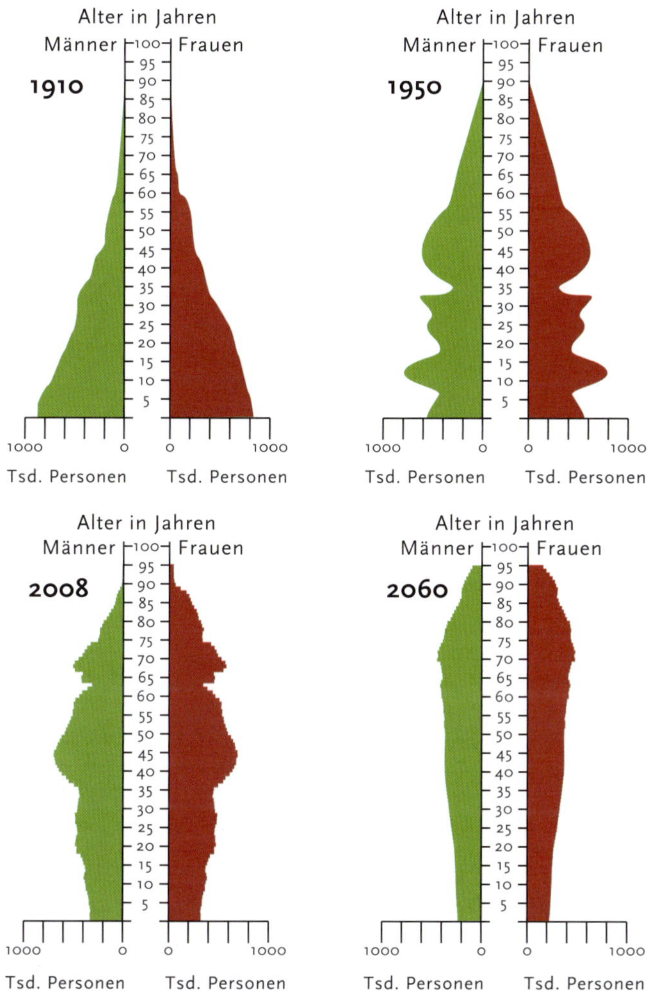

Erklärung zur Lesart der Alterspyramide: X-Achse: Anzahl oder Anteil Menschen zu einem Jahrgang (Lebensalter); Y-Achse: Lebensalter der Menschen; Durch die Anordnung der Y-Achse in der Mitte der X-Achse werden in die eine Richtung der X-Achse die Anteile der Frauen (rechts) und in die andere Richtung der X-Achse die Anteile der Männer (links) dargestellt.

Statistisches Bundesamt, Wiesbaden 2010

Demografie
Demografie bedeutet die wissenschaftliche Erfassung und Analyse der Zusammensetzung und der Entwicklung der Bevölkerung. Oft wird der Begriff mit Bevölkerungsentwicklung gleichgesetzt. Für die Zukunft eines Staates ist z. B. ganz wichtig, ob die Bevölkerung schrumpft oder wächst, ob der Altersdurchschnitt der Bevölkerung steigt oder sinkt, ob ausreichend Erwerbstätige da sind, um Steuern zu zahlen oder die Sozialversicherungssysteme zu finanzieren.

Demografischer Wandel
In Deutschland werden immer weniger Kinder geboren und gleichzeitig werden die Menschen immer älter und sterben später. Bald werden deshalb mehr alte als junge Menschen in Deutschland leben. Diese Veränderung der Bevölkerung wird als „demografischer Wandel“ bezeichnet.

Aufgaben

1. Interpretiere die Karikatur M 1 vor dem Hintergrund der statistischen Angaben.
2. Zeichne die Mindmap ab und vervollständige sie um weitere Äste und Zweige (M 2).
3. Beschreibe den Wandel des Bevölkerungsaufbaus in den dargestellten Jahren. Zeichne den Bevölkerungsaufbau im Jahr 2100 (M 3).

Recherchiere die Bevölkerungsentwicklung in deiner Gemeinde / Stadt und vergleiche sie mit der Entwicklung im Bundesgebiet.

Soziale Sicherung in der alternden Gesellschaft

M 4 Deutschlandtrend …

Thomas Plaßmann, Baaske Cartoons, Müllheim

M 5 Generationenvertrag in Gefahr

vgl. dazu auch Kapitel 4.4

Im Rahmen der demografischen Verschiebungen ist mit einem wachsenden Bedarf an Gesundheitsleistungen zu rechnen, da die gesundheitlichen Risiken mit dem Alter wachsen. Besonders relevant zur Abschätzung des künftigen Pflegebedarfs ist der abzusehende Anstieg der Anzahl an Hochbetagten (80 Jahre und älter), welche ein überdurchschnittliches Pflegerisiko aufweisen.

Ein wichtiger Aspekt in der Renten-, Kranken- und Pflegeversicherung ist die Umverteilung der finanziellen Mittel von Jung zu Alt. […] Der Generationenvertrag sei am Beispiel der Gesetzlichen Krankenversicherung erklärt. In den höheren Altersstufen werden im Durchschnitt mehr und kostenintensivere Leistungen in Anspruch genommen. In der Regel sind jedoch ihre Einnahmen aus den sozialversicherungspflichtigen Renteneinkommen deutlich niedriger als die Ausgaben. Hier herrscht eine „Unterdeckung" der verursachten Ausgaben vor. Bei den jüngeren Erwerbstätigen ist umgekehrt eine „Überdeckung" zu beobachten. Die Überschüsse in den jungen Altersgruppen werden zur intergenerativen Umverteilung verwendet. Kommen die Erwerbstätigen selbst in den Ruhestand, können sie erwarten, dass die nachrückende Generation sie in gleicher Weise unterstützt. Doch wie ist der Generationenvertrag einzuhalten, wenn immer weniger junge Beitragszahler für die (voraussichtlich steigenden) Ansprüche ihrer Vorgängergeneration aufkommen müssen? Die Finanzierung der sozialen Leistungen kann unter den genannten demografischen Bedingungen - weniger potenzielle Beitragszahler bei gleichzeitig mehr Leistungsempfängern - unter Druck geraten. Hier gilt es, Arbeitslosigkeit abzubauen und die Potenziale in der Erwerbsbevölkerung auszuschöpfen, um einen möglichst hohen Beschäftigungsgrad in sozialversicherungspflichtigen Arbeitsverhältnissen zu erreichen.

Bundesinstitut für Bevölkerungsforschung und Statistisches Bundesamt, Daten, Fakten, Trends zum demographischen Wandel in Deutschland, Wiesbaden 2008, S. 68 ff.

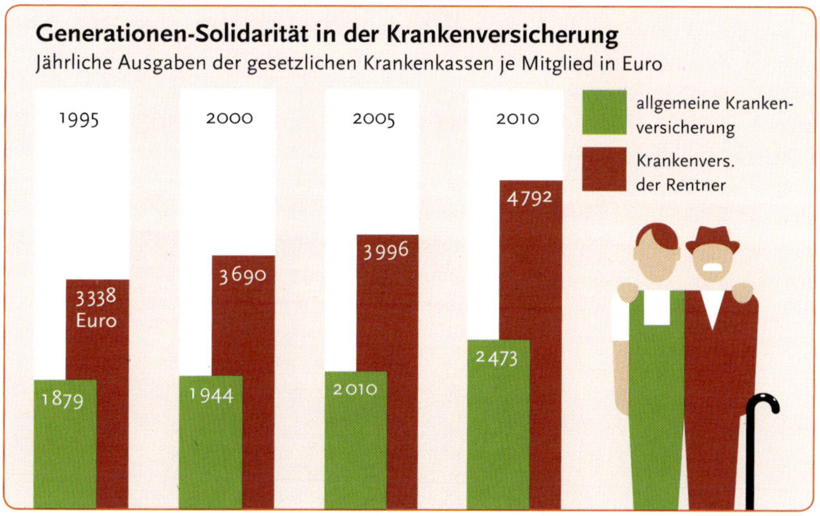

Globus-Grafik 4747; Quelle: BMG

M 6 Rosige Zukunftsaussichten?

Interview mit dem Professor für Statistik Gerd Bosbach:

DIE WELT: Werden die Jungen im Jahre 2050 [...] unter der Last der Alten zusammenbrechen?

Bosbach: Bleiben wir dabei, dass alles so eintritt, wie von den Demografen prognostiziert. Selbst dann muss die wachsende Zahl der Alten nicht zwangsläufig zur Last werden. Ältere Menschen können noch sehr produktiv sein, wenn sie nur die Möglichkeit dazu bekommen. Wenn dann zum Beispiel das Renteneintrittsalter nur um wenige Jahre erhöht wird, sieht auch im Jahr 2050 das Verhältnis zwischen Erwerbstätigen und Ruheständlern schon viel entspannter aus. [...]

DIE WELT: Das sind ja geradezu rosige Zukunftsaussichten. Sehen Sie denn gar keine Schattenseiten?

Bosbach: In den vergangenen Jahrzehnten ist es gelungen, die rasante Alterung der Gesellschaft durch höhere Produktivität zu kompensieren (auszugleichen). Immer weniger Junge können so immer mehr Alte versorgen. Da sehe ich auch in Zukunft keine Probleme. Voraussetzung ist allerdings, dass es der Gesellschaft gelingt, die Arbeitslosigkeit in den Griff zu bekommen. [...]

DIE WELT: Müssen wir das magische Ersatzniveau von 2,1 Kindern pro Frau unbedingt erreichen?

Bosbach: [...] Die Berechnungen für das Jahr 2050 basieren auf einer Geburtenrate von 1,4 Kindern pro Frau. Dann gibt es in Deutschland rund sieben Millionen Menschen weniger als heute. Ich sehe darin kein ökonomisches Problem. Deutschland ist ein attraktives Land und wird auch in Zukunft bei Bedarf genügend Arbeitskräfte anziehen.

Interview: Claudia Ehrenstein, Die Welt, 3.6.2004

Aufgaben

1. Erarbeite aus dem Text M 5 die möglichen Folgen der demografischen Entwicklung für die sozialen Sicherungssysteme.
2. Stimmst du der Einschätzung von Gerd Bosbach zu. Nimm Stellung (M 6).

Wie wirkt sich der demografische Wandel aus?

M 7 Sehen so die Städte der Zukunft aus?

Wittenberge im Nordwesten Brandenburgs gilt als ein Musterbeispiel einer schrumpfenden Stadt: Die Einwohnerzahl hat sich seit 1990 auf 19.000 Menschen halbiert. Einst stand hier mit der Firma „Singer" die modernste Nähmaschinenfabrik der Welt. Mittlerweile gibt es kein Krankenhaus mehr, überall steht Wohnraum leer, die Stadt „vergreist". Schrumpfende Städte sind durch den Rückgang der Bevölkerung (demografischer Wandel, Abwanderung) und eine nachlassende wirtschaftliche Entwicklung gekennzeichnet.

M 8 Kein Job, keine Frau

Stellen wir uns zusammen den Lebensweg eines im Jahr 2000 geborenen Jungen aus einer ländlichen Region in Sachsen-Anhalt vor, mit Eltern, die mittlere Angestellte sind, keine größeren finanziellen oder gesundheitlichen Probleme, durchschnittlicher Ausbildungsweg. Wo wird er 2020 sein?

Wenn er in Sachsen-Anhalt bleibt, wird er zu einer Minderheit gehören. Wenn man in den Gebieten, von denen ich eben gesprochen habe (Ostdeutschland, Saarland), Umfragen unter jungen Leuten macht, stellt sich immer heraus, dass sie fast alle dort wegziehen wollen. Die Bereitschaft dazu steigt mit höherem Bildungsabschluss […]

Das heißt, unser Junge ist 2020 ziemlich allein.

Das kann man so sagen. Das ist leider das Schicksal einer ganzen Reihe von jungen Leuten in diesen ländlichen Gebieten, und zwar von mehr Männern als Frauen, da die noch viel häufiger in den Westen abwandern.

Die Männer, die zurückbleiben, kann man oft so beschreiben: nicht qualifiziert, kein Job, keine Frau.

Würde Ihre Antwort also anders ausfallen, wenn wir uns ein Mädchen vorgestellt hätten?

Ja. Die Mädchen sind in der Regel besser in der Schule, und finden so auch meist leichter einen Ausbildungsplatz, sie sind auch flexibler und eher bereit, Jobs im Dienstleistungsbereich zu übernehmen [...] Dort gibt es auch mehr Arbeitsplätze [...].

Wie kann man den Jugendlichen in den sogenannten strukturschwachen Gebieten Mut machen?

Man muss diesen Jugendlichen sagen, dass im Prinzip alle Regionen Potenziale haben. Man muss aber gleichzeitig sagen, dass der Trend bei einer schwindenden Bevölkerung in die Zentren geht. Der Wandel zu einer Wissensgesellschaft beschleunigt den Drang in die Städte zusätzlich. In Volkswirtschaften wie unserer, die kreative Ökonomien sind, gehen die Kreativen zu anderen Kreativen. Und die sitzen in den Städten, und nicht auf dem mecklenburg-vorpommerischen Land. [...]

Wie kann sich ein einzelner Jugendlicher um einen sinnvollen Umgang damit bemühen, dass sich bestimmte Regionen so schlecht entwickeln, wie Sie es in Ihren Studien beschreiben?

Schauen, wo Entscheidungen getroffen werden. Schauen: Was macht unser Bürgermeister eigentlich? Wenn ein Jugendklub geschlossen werden soll, fragen, woran es liegt: Fehlt das Geld? Fehlt es an Leuten, die sich engagieren? Meistens ist es das. Es kann tatsächlich jeder was bewirken, der sich entschließt, sich zu engagieren und zum Beispiel die Jüngsten im Fußballklub zu trainieren. Gerade in den Problemregionen auf dem Land brauchen wir extrem viel von dieser Art Zivilgesellschaft.

Interview mit Reiner Klingholz, Direktor des Berlin-Instituts für Bevölkerung und Entwicklung, fluter Nr. 34/2010, S. 32 ff.

M 9 Teufelskreis der schrumpfenden Städte

M 10 Man braucht Ideen

Hiddenhausen, zwischen Teutoburger Wald und Wiehengebirge gelegen, hat wie viele Kommunen mit zwei gravierenden Phänomenen zu kämpfen. Die Gemeinde […] ist stark zersiedelt, zudem nimmt die Zahl der Einwohner ab. Derzeit leben rund 20.000 Personen in sechs Ortsteilen. Um die Zersiedelung einzudämmen ohne zugleich die Einwohnerzahl durch Wegzüge noch weiter zu minimieren, hat die Kommune 2007 ihr Förderprogramm „Jung kauft Alt" aufgelegt. Die Grundidee besteht darin, dass junge Familien besser in gebrauchte, mindestens 25 Jahre alte Häuser ziehen sollen, als sich auf der grünen Wiese ein neues Eigenheim zu bauen. Um Interessenten die Angst davor zu nehmen, ein „Fass ohne Boden" zu kaufen, übernimmt Hiddenhausen die Kosten eines Gutachtens. Zudem gibt es sechs Jahre lang eine jährliche Förderung in Höhe von 600 Euro; für jedes Kind kommen 300 Euro dazu.

Mittlerweile kann Andreas Homburg, Amtsleiter für Gemeindeentwicklung, auf Erfolge verweisen: 150 Förderanträge bewilligte die Verwaltung; 243 Erwachsene mit 116 Kindern sind derzeit Nutznießer. Schon 16 Kinder wurden in den „Projekt-Familien" geboren. Zwar schrumpft Hiddenhausen noch immer, doch verzeichnet die Kommune nun erstmals seit vielen Jahren wieder mehr Zu- als Wegzüge. Amtsleiter Homburg freut sich darüber, dass fast zwei Drittel der Antragsteller zuvor nicht in Hiddenhausen gewohnt haben. Er spricht von einem Gewinn für alle: Der Leerstand von älteren Häusern und damit auch das „Leerlaufen" der bestehenden Infrastruktur werde ebenso vermieden wie der parallele Bau neuer Straßen, Leitungen und anderer Einrichtungen. Zudem werde der Flächenverbrauch eingedämmt, der Verfall der Immobilienwerte sei gestoppt. „Das Projekt rechnet sich – und das, obwohl wir weder von der EU noch vom Bund oder vom Land Nordrhein-Westfalen unterstützt werden, sondern die bisher 264.000 Euro allein aus dem Gemeindeetat getragen haben", berichtet Homburg, der mittlerweile ein gefragter Referent ist.

Reiner Burger, Frankfurter Allgemeine Zeitung, 14.1.2011

M 11 Fehlen wirklich so viele Fachkräfte, weil die Gesellschaft altert?

Der demografische Wandel krempelt Arbeitsmarkt und Gesellschaft kräftig um. „Wegen des demografischen Wandels suchen die Firmen händeringend nach Fachkräften" – das erklären die Industrie- und Handelskammern, das schreiben viele Zeitungen und das hört man in Funk und Fernsehen. Die Aussage klingt erst einmal plausibel. Nur: Was plausibel klingt, muss nicht richtig sein. Tatsächlich haben die aktuell beobachteten Schwierigkeiten von Firmen bei der Rekrutierung bestimmter Fachkräfte noch nichts mit dem demografischen Wandel zu tun. [...] Unterm Strich kann man sagen: Noch hat der Bevölkerungsrückgang den Arbeitsmarkt nicht im Griff. Im Gegenteil, wir befinden uns beim Arbeitskräfteangebot in der Nähe eines Allzeithochs. Wenn wir Rekrutierungsengpässe etwa bei Ingenieuren oder in bestimmten Sozial- und Gesundheitsberufen beobachten, dann muss dies andere Ursachen haben.

Seit Mitte der sechziger Jahre sinken in Deutschland die Geburtenzahlen. Mit entsprechender Zeitverzögerung kommt diese Entwicklung auch am Arbeitsmarkt an. Bisher wurde der Rückgang allerdings durch Zuwanderung sowie durch steigende Erwerbsquoten der Frauen und der Älteren (und insbesondere der älteren Frauen) ausgeglichen. Das Angebot an Arbeitskräften ist deshalb in den letzten Jahren nicht gesunken, sondern sogar gestiegen. Sicher ist allerdings auch, dass das nicht so bleiben wird. Schon in wenigen Jahren wird der demografische Wandel immer stärker auf den Arbeitsmarkt durchschlagen. [...]

Selbst unter günstigen Annahmen [...] lässt sich künftig das Schrumpfen des Erwerbspersonenpotentials nicht mehr aufhalten. In einem realistischen Szenario wird der Rückgang bis 2025 gut drei Millionen und bis 2050 sogar rund zehn Millionen betragen.

Das ist kein Grund, ein Schreckensbild zu malen, denn langfristig ist die Wirtschaftsleistung pro Kopf entscheidend, und die hängt nicht von der Größe der Bevölkerung ab. In den kommenden Jahrzehnten wird es jedoch eine Übergangsphase geben, in der die schrumpfende und alternde Bevölkerung Gesellschaft und Arbeitsmarkt tiefgreifend verändert. Das betrifft allerdings die Zukunft. Hingegen haben die heute beklagten Fachkräfteengpässe, etwa bei Ingenieuren oder allgemeiner in den sogenannten MINT-Berufen (Mathematik, Informatik, Naturwissenschaft, Technik), damit nichts zu tun. Hierfür sind andere Faktoren verantwortlich, deren Ursachen teilweise Jahrzehnte zurückliegen. Beispiel Ingenieurmangel: Absolventen ingenieurwissenschaftlicher Studiengänge hatten nach der schweren Rezession 1993/94 durchaus Probleme, eine Stelle zu finden. Große Firmen verhängten Einstellungsstopps. Kein Wunder, dass die Studierneigung in diesen Fächern zurückging. Das ist lange her, aber die Auswirkungen sind bis auf den heutigen Tag zu spüren.

Joachim Möller, Der Spiegel, 11.6.2012

Dokumentiert mit dem Fotoapparat Zeichen des demografischen Wandels in eurer Stadt / Gemeinde.

Aufgaben

1. Viele Städte wie Wittenberge geraten in eine Art „Teufelskreis". Erstelle mit Hilfe der Begriffe aus M 9 eine Grafik, die zeigt, wie dieser funktioniert (M 7 – M 9).
2. Die Gemeinde Hiddenhausen ist mittlerweile zum Vorbild für viele andere Kommunen geworden. Zeige an diesem Beispiel auf, wie aus einem Teufelskreis eine „Erfolgsspirale" werden kann (M 10).
3. Arbeite heraus, ob der vielfach beklagte Fachkräftemangel mit der Alterung der Gesellschaft zusammenhängt (M 11).

Was wir wissen

Demografischer Wandel
M 1 – M 3

Fehlender Nachwuchs und eine steigende Lebenserwartung führen zu einer nachhaltigen Veränderung des Bevölkerungsaufbaus in der Bundesrepublik Deutschland. Aufgrund des seit den sechziger Jahren beobachtbaren Geburtendefizits, bei dem die Elterngeneration nicht mehr voll ersetzt wird, wandelt sich die „Bevölkerungspyramide“ zu einer „Urne“ und schließlich zu einem „Pilz“. Dies bedeutet einen steigenden Altersdurchschnitt bei gleichzeitig schrumpfender Gesamtbevölkerung.
Im Ergebnis wird der Anteil der über 65-Jährigen von 20 Prozent im Jahr 2008 auf 30 Prozent im Jahr 2060 ansteigen. Zudem wird die Gruppe der Hochbetagten über 80 Jahren in den kommenden Jahrzehnten zahlenmäßig voraussichtlich überproportional wachsen.
Dieser sogenannte demografische Wandel der Bevölkerung in Deutschland erweist sich wegen seiner Folgen als eine der größten gesellschaftlichen Herausforderungen in den kommenden Jahren.

Soziale Sicherung
M 5, M 6

Alle Sozialversicherungszweige sind von einem ausgeglichenen Verhältnis von Beitragszahlern und Beitragsempfängern abhängig, da sie auf dem Generationenvertrag beruhen. Durch den demografischen Wandel entsteht hier ein immer größer werdendes Missverhältnis, da die Beitragszahler weniger werden und die Leistungsempfänger immer mehr. Gleichzeitig werden die Leistungen auch länger beansprucht. Die Situation verschärft sich dadurch, dass die Gesundheitskosten durch mehr ältere und damit krankheitsanfällige Menschen steigen werden. Ebenso wird ein vermehrter Pflegebedarf durch die wachsende Zahl der Hochbetagten entstehen.

Wirtschafts- und Arbeitswelt
M 8 – M 11

Da die Personen im Erwerbsalter durchschnittlich älter werden und ihre Zahl weniger, sehen manche die ökonomische Leistungsfähigkeit in Deutschland als gefährdet an. Die Erhaltung der Leistungsfähigkeit älterer Erwerbspersonen gewinnt deshalb zukünftig für die Wirtschaft an Bedeutung. Investitionen in die Arbeitskraft alternder Belegschaften werden damit zu einem zentralen Handlungsfeld der Wirtschaft. Der demografische Wandel muss nicht zwingend einen Fachkräftemangel bewirken, wenn man frühzeitig beginnt, betroffene Berufe attraktiver zu machen.

Auswirkungen auf die Infrastruktur

Der demografische Wandel wirkt sich auch auf die Infrastruktur von Städten und Gemeinden aus. Weil ganze Wohnviertel vergreisen oder leer stehen, Schulen oder Kindergärten geschlossen werden müssen und der Bedarf an altersgerechten Wohnungen, Altenheimen und Pflegeeinrichtungen steigt, müssen Stadtplaner nach neuen Lösungen suchen. Wichtige Bausteine zur Stärkung des Zusammenhalts entstehen vor allem auf kommunaler Ebene durch die Gestaltung von generationsübergreifenden Wohn- und Lebensräumen.

Was wir können

Karikatur: Rudolf Schoepper

Karikatur: Thomas Plaßmann, Baaske Cartoons, Müllheim

Aufgabe
Wähle eine der beiden Karikaturen aus und setze sie in Bezug zu den Auswirkungen des demografischen Wandels.

3

Leben in der Mediengesellschaft

Heutzutage ist in jedem deutschen Haushalt mindestens ein Computer oder Laptop vorhanden. Neun von zehn Jugendlichen besitzen ein eigenes Handy. Der Durchschnittsbürger konsumiert fast zehn Stunden täglich Fernsehen, Radio, Computer und Co. Zweifellos beeinflussen die Medien unseren Alltag immer stärker. Aber werden wir durch die Medien auch richtig informiert?

Kompetenzen

Am Ende dieses Kapitels solltest du Folgendes wissen und können:

- Medienlandschaft und Mediennutzung in Deutschland beschreiben
- Den Nutzen und die Gefahren des Medienkonsums beurteilen
- Die Bedeutung unterschiedlicher Medien für Politik und Gesellschaft beurteilen
- Die Aufgaben der Medien in der Demokratie erklären
- Chancen von E-Democracy beurteilen

Was weißt du schon?
Nenne die Medien, die für dich am wichtigsten sind.
Erläutere, auf welches Medium du am ehesten verzichten könntest.

3.1 Medien in unserem Alltag

Welche Medien bestimmen unseren Alltag?

M 1 Alina – 24 Jahre: Ich vertrau keinem Medium alleine

Ich schaue mir im Internet auf *www.tagesschau.de* die Nachrichten an (zwanzig Minuten) und im Internet-TV auf *www.ehrensenf.de* die aktuellen Sendungen (dreißig Minuten). Die schaue ich mir ab und zu an, weil sie einen lustigen Wochenüberblick bieten und ich die dort vorgestellten Weblinks interessant finde. Auf *www.gmx.de* lese und schreibe ich meine E-Mails (dreißig Minuten). Ich höre gern nebenbei Musik, über das Internet auf *www.lastfm.de* (circa drei Stunden) oder im Hörfunk auf *Radio Eins* (circa dreieinhalb Stunden). In der *Zeit* lese ich etwa zwanzig Minuten: Im Feuilleton interessieren mich ein Bericht über Heinrich Hoffmann und den Struwwelpeter sowie über den 80. Geburtstag von Jürgen Habermas.

Ich vertraue keinem Medium alleine. Ich vergleiche die Informationen in der Tageszeitung, in der Tagesschau und den Radionachrichten sowie in anderen Medien, um zu sehen, wo etwas Wahres dran ist. In zwanzig Jahren wird es nach meiner Einschätzung mehr ungedruckte Medien geben als heute. Die Printauflagen werden sinken, die Menschen werden verstärkt das Internet nutzen und Fernsehen schauen.

Nicole Walter, www.fluter.de, 11.8.2009

M 2 Mediennutzung

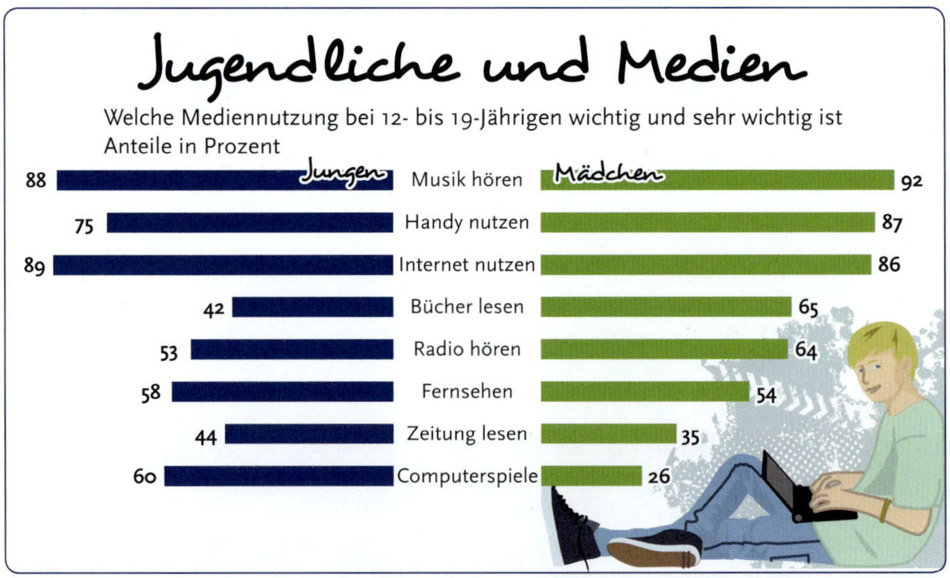

Globus-Grafik 5189, Quelle: JIM-Studie; Stand 2011

M 3 Die Veränderung der Gesellschaft durch das Internet

In nicht einmal 10 Jahren ist das Internet zum Massenmedium aufgestiegen, nach der ARD/ZDF-Onlinestudie sind gegenwärtig fast 60 % der Bundesbürger online. Weltweit verbindet das Internet inzwischen 1,2 Mrd. Menschen. Diese Zahlen belegen, dass durch den Gebrauch des Internets die Mediennutzung sich massiv geändert hat und somit ein neuer Raum für Öffentlichkeit entstanden ist. Webseiten, Blogs, Foren, Communities etc. beeinflussen heutzutage die öffentliche Meinung nicht unwesentlich mit, vom einfachen DVD-Tipp bis hin zur politischen Wahlentscheidung. Die Auswirkungen des Internet lassen sich über drei verschiedene Blickwinkel erfassen, die mit den Schlagwörtern Dezentralisierung, Zugang und Virtualität umschrieben werden.

Mit Blick auf die *Dezentralisierung* scheint durch das Internet die Notwendigkeit von zentralen, hierarchischen Instanzen zur Koordination von Prozessen geringer zu werden. Beispiele dafür sind Blogs und Wikipedia, die die Entscheidung darüber, was als Wahrheit oder Nachricht gelten kann, nicht mehr in der Hand einiger Redakteure belässt, sondern auf eine breite Masse von Internetnutzern verteilt. Solche Prozesse der Dezentralisierung, die sich auch in anderen Bereichen beobachten lassen, führen zu einer Verschiebungen gesellschaftlicher Machtpositionen.

Mit dem zweiten Schlagwort *„der Zugang"* wird der schnelle Zugang zu Informationen jedweder Art umschrieben. Angefangen bei Personen, über Produktbewertungen aus verschiedensten Quellen, bis hin zu Informationen über Behandlungsmöglichkeiten von Krankheiten, bietet das Internet Zugang zu Informationen, die unsere Sicht auf die soziale Umwelt gravierend verändern können. Ein gutes Beispiel dafür ist die Entstehung von Foren, in denen sich Menschen mit seltenen Interessen (seltenen Krankheiten, Lebensstile) austauschen und so von einem unverstanden Individuum zum Teil einer Gruppe mit ähnlichen Interessen werden können.

Mit dem Blickwinkel *der Virtualität* wird auf die Folgen der Entwicklung von Handlungsräumen hingewiesen, die sich mehr oder weniger von körpergebundenen Handlungszusammenhängen entfernen. Dies fängt beim Umgang mit der eigenen Identität im Rahmen von Chats oder social network services (z. B. facebook) an und reicht bis hin zu virtuellen Welten wie World of Warcraft oder Second Life. Hier können soziale Handlungszusammenhänge entstehen, in denen soziale Rollen und Regeln freier verhandelbar sind.

Andrej Schmidt, http://www.wi.hs-wismar.de/~laemmel/Lehre/WA/Artikel0906/schmidt_internet.pdf (12.5.2013)

Dezentralisierung = Verteilung weg vom Mittelpunkt, Aufgliederung

hierarchisch = von oben nach unten geordnet

Aufgaben

1. Verfasse ein Medientagebuch ähnlich wie das Alinas (M 1). Notiere, welche Medien du nutzt, welchen du vertraust, wie deiner Meinung nach die Medienlandschaft der Zukunft aussieht. Vergleicht eure Darstellungen.
2. Macht eine Umfrage in der Klasse zur Mediennutzung und vergleicht die Ergebnisse mit dem Schaubild (M 2).
3. Erläutere anhand von Beispielen, wie das Internet die Gesellschaft verändert (M 3).

Das Internet – sind wir in Zukunft immer online?

M 4 Hab' dir eine Mail geschickt

Karikatur: Peter Gaymann

M 5 Erst mal meine Mails checken …

50 Millionen Deutsche sind inzwischen online und viele denken kaum noch darüber nach: Die Zeiten, als man „ins Internet ging" sind vorbei. Das Netz ist einfach da: Auf dem PC im Büro, auf dem Notebook mit drahtloser Internet-Verbindung zu Hause oder auf dem Smartphone in der Hosentasche, das jede eingehende E-Mail mit einem warmen Surren anzeigt. […]

Doch diese Allgegenwart hat ihre Schattenseiten: zum Beispiel den nahezu zwanghaften Drang, ständig seine E-Mails zu checken oder bei jeder auftauchenden Frage sofort zur Suchmaschine zu greifen. Der Neurobiologe Kent Berridge macht dafür den Botenstoff Dopamin verantwortlich, der oft als „Glückshormon" beschrieben wird. Die Dopamin-Ausschüttung bei einer erfolgreichen Suche oder einer interessanten E-Mail ist eine Belohnung für das Gehirn, so dass wir immer wieder danach streben – selbst wenn die meisten E-Mails, die den Tag über in unser Postfach gelangen, alles andere als interessant sind.

Oliver Buschek, Redaktion: Wolfgang Kasenbacher, www.br.de, 10.1.2012

M 6 Kannst du dir ein Leben ohne Facebook vorstellen?

Mira, 15:
Mittlerweile wieder. Aber lange nicht. Ich hatte mal einen ganz großen Facebook-Account, mit 5.000 Freunden. Natürlich kannte ich die nicht alle. Das waren Leute, die vom Aussehen her irgendwie passten. Angefangen hat es damit, dass ich ungefähr hundert Leuten Freundschaftsanfragen geschickt habe, dann ging es weiter und weiter. Ich wurde geadded, und ich habe jeden angenommen. Wir haben uns meistens nur über Klamotten unterhalten. Aber irgendwann haben mich dann Leute auf der Straße erkannt und angesprochen, die ich nicht kannte. Da habe ich den Account geschlossen. Mein Vater hatte es mitgekriegt und darauf bestanden. [...]
Ich habe ja auch andere Sachen am Computer gemacht, Hausaufgaben zum Beispiel, und alles Mögliche nachgelesen. Man kann sich kaum noch vorstellen, dass Leute dafür früher in Bibliotheken gehen mussten.
Ich muss im Nachhinein schon sagen, dass mir das entglitten ist. Irgendwann hat es mich richtig aus der Bahn geworfen. Ich traf zwar noch Freunde, war also nicht nur in einer Ersatzwelt, aber wenn ich zu Hause war, war ich immer online und über Facebook erreichbar. Ich habe kein Buch mehr gelesen, nie mehr im Gras gelegen. Und ich war abhängig von den „Likes", also Komplimenten, die ich bekommen habe. Für mein Aussehen, für Fotos, die ich reinstellte, für meinen Status. [...] Ich bin auf die Art auch mit schrägen Menschen in Kontakt gekommen. „Möchtest du die Frau sein, die mich zerstört?" hat mir einer mal geschrieben, es war als Angebot gemeint. [...]
Zu Hause wird mein Konsum [inzwischen] limitiert. Aber es geht mir viel besser heute. Jetzt habe ich 105 Freunde. Ich kenne sie alle. Ich gehe dreimal in der Woche auf Facebook, aber ich liege wieder im Gras. Und ich stelle fest, wie viel Kraft mir Facebook geraubt hat.

Protokoll: Gabriela Herpell, Süddeutsche Zeitung, 12.8.2012

Aufgaben

1. Erstelle eine Mind-Map zu den Formen der Internet-Nutzung (Ausgangspunkt: „Wofür ich das Internet nutze"). Vergleicht eure Ergebnisse.
2. Interpretiere die Karikatur. Berücksichtige dabei, wie das Internet die Art zu kommunizieren verändert hat (M 4).
3. Stelle die Vor- und Nachteile der Handy- und Internetkommunikation gegenüber (M 5).
4. Im Frühjahr 2013 haben 45 Braunschweiger Gymnasiasten im Alter von 15 und 16 Jahren in einem Selbstversuch getestet, wie es ist, eine Woche auf das Handy bzw. Smartphone zu verzichten. Es fiel ihnen leichter als zunächst gedacht. Diskutiert den Sinn und Zweck eines solchen Versuches und überlegt, was es für euch bedeuten würde, eine Woche auf das Handy zu verzichten (M 6).

Fernsehen – wandern die Zuschauer ins Web?

M 7 Programmangebote im Fernsehen

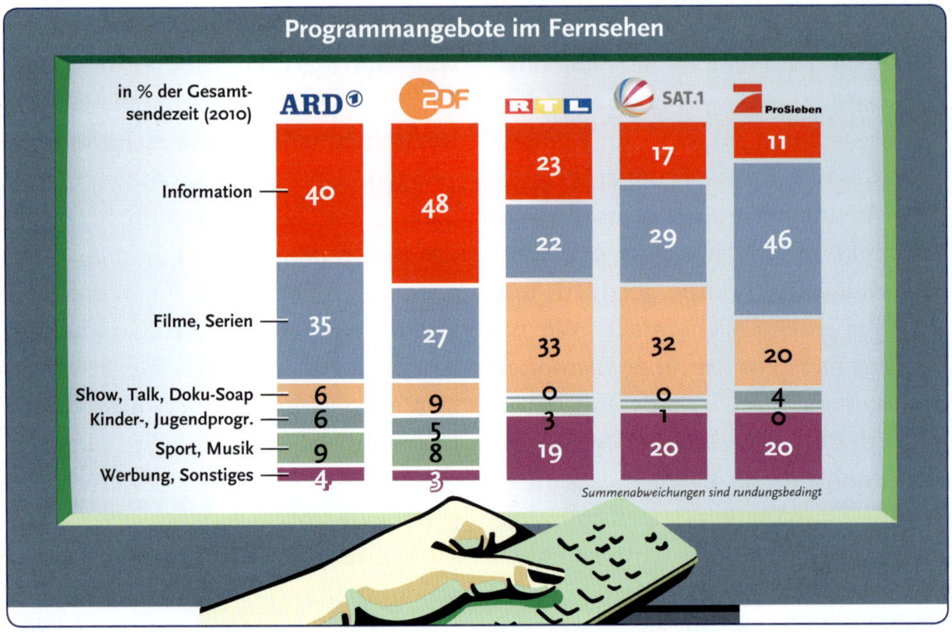

© Bergmoser + Höller Verlag AG, Zahlenbilder 538 102; Quelle: Media Perspektiven

M 8 Das duale Rundfunksystem in Deutschland

Mit der Einführung des Privatfernsehens im Jahr 1985 etablierte sich in Deutschland ein **duales Fernsehsystem**, in dem **öffentlich-rechtliche und private Programme** um die Gunst der Zuschauer konkurrieren. Die Tabelle zeigt die wichtigsten Unterschiede:

	Öffentlich-rechtliche Sendeanstalten	Private Sendeanstalten
Zielsetzung	Gesetzlicher Informations- und Bildungsauftrag	Gewinnerwirtschaftung für die privaten Investoren
Kontrolle	Rundfunkräte, die sich aus Vertretern unterschiedlicher gesellschaftlicher Gruppen (z. B. Kirchen, Frauenverbände, Gewerkschaften, Parteien usw.) zusammensetzen	Keine Kontrolleinrichtungen
Finanzierung	Gebühren aller Rundfunkteilnehmer, (wenn sie nicht aus sozialen Gründen davon befreit sind) und begrenzte Werbefinanzierung	Werbeeinnahmen
Programmangebot	Orientiert sich am Programmauftrag, Programme sollen gleichermaßen bilden, informieren und unterhalten	Orientiert sich an den Vorlieben der Zuschauer und der Werbung

ProSiebenSat.1 Media AG

Ordne die Sender den öffentlich-rechtlichen oder privaten Programmen zu.

M 9 Das Fernsehen im Wandel – die Jugend wandert ins Web

Nach einer repräsentativen Erhebung, in der das Marktforschungsinstitut IPSOS 1.000 Personen ab 14 Jahren befragt hat, sind vier von zehn Bundesbürgern (41 %) mittlerweile davon überzeugt, dass die klassischen Fernsehsender in den nächsten zehn bis zwanzig Jahren verschwinden. Die Begründung dafür lautet: „Die Menschen werden sich in Zukunft überwiegend über das Internet ihr persönliches Programm aus Nachrichten, Filmen und Sport selbst zusammenstellen". Nicht einmal jeder dritte Befragte unter 35 Jahren (31 %) sieht Fernsehen heute als das wichtigste Medium im Lebensalltag der Menschen. Zukunftsforscher Opaschowski: „Was für die demografische Entwicklung in Deutschland gilt – die Bevölkerung altert und schrumpft – spiegelt sich auch im TV-Konsum wider: Das Fernsehen altert und schrumpft. Das Fernsehen verliert seine junge werberelevante Zielgruppe. Die Jugend wandert ins Web. Und die Fernsehanstalten müssen umdenken: TV braucht Web – Web braucht kein TV".

Der Anspruchswandel der TV-Zuschauer wird einen Strukturwandel der Programm-Macher notwendig machen. Denn die nächste Mediengeneration hat keinen langen Atem für langweilige Sendungen mehr. Den Programm-Mix will sie selbst bestimmen. „Fernsehen stirbt nicht", so Opaschowski, „sondern bleibt auch in Zukunft ein wichtiges und unverzichtbares Alltagsmedium für Information und Unterhaltung. Fernsehen wird aber weniger programmatisch sein. Die Zuschauer basteln sich ihre Programmzeitschrift selbst – und wollen nichts mehr vorgesetzt bekommen." [...]

Gut zwei Drittel der Bevölkerung (70 %) sind davon überzeugt, dass „das Internet zunehmend unser Leben bestimmt und unseren Lebensstil prägt". Eine neue Nutzergeneration von „Viewsern" (Viewern und Usern zugleich) lebt dann ganz selbstverständlich mit den Alleskönnern TV und PC, Smartphone und Internet.

Horst W. Opaschowski, http://www.ipsos.de/publikationen-und-presse/pressemitteilungen/2013/web-frisst-fernsehen (12.4.2013)

Aufgaben

1. Vergleicht das Programmangebot der Fernsehsender und erklärt die Unterschiede (M 7, M 8).
2. Erläutere, wie sich das Fernsehverhalten in Zukunft verändern wird (M 9).
3. Immer wieder wird die Forderung erhoben, die öffentlich-rechtlichen Rundfunkanstalten zu privatisieren. Diskutiert die Vor- und Nachteile dieser Forderung (M 7 – M 9).

Die Zeitung – ein Auslaufmodell?

M 10 Schrumpfende Auflagen

Anzahl der Tageszeitungen in Deutschland

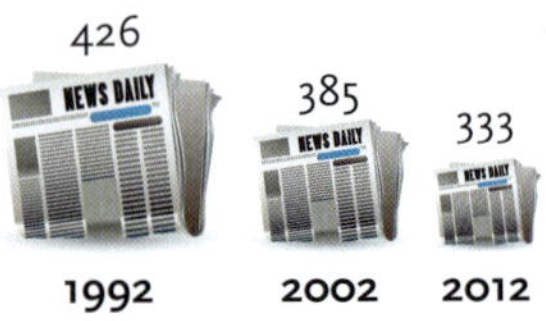

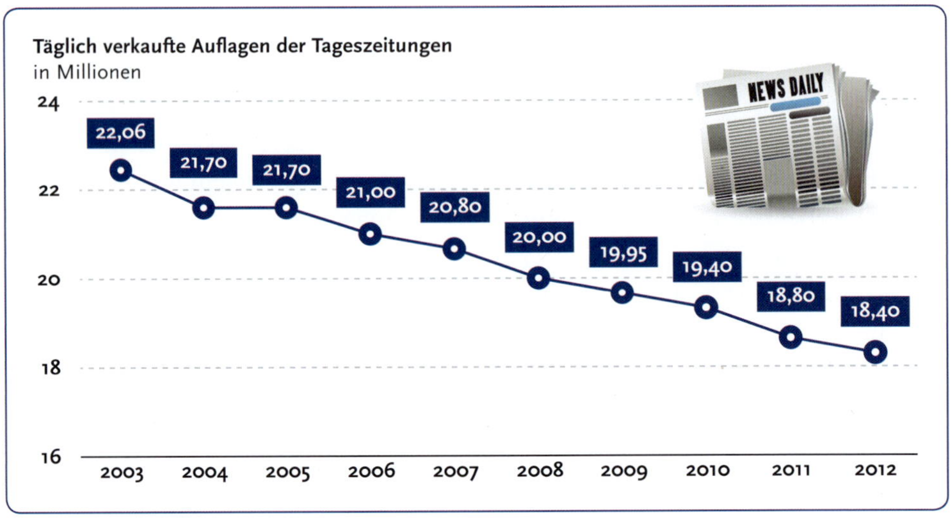

Statista, Das Statistikportal, Quellen: BCZV, IVW

M 11 Deutschland – noch lebt die Zeitung

periodisch = regelmäßig wiederkehrend

Deutschland gehört weltweit zu den Spitzenreitern mit einer „Zeitungsdichte" von immerhin noch 300, während in den USA und Frankreich nur rund 150 Zeitungen pro 1.000 Einwohner gedruckt werden, in Italien etwa 100 und in vielen anderen Teilen der Welt noch weit weniger. Fast 70 Prozent der Deutschen geben bei Umfragen an, täglich Zeitung zu lesen, durchschnittlich knapp eine halbe Stunde lang. Manche Blätter haben nur eine Auflage von wenigen hundert Exemplaren, die anderer geht in Millionenhöhe […].

Zeitungen und Zeitschriften haben die Einführung des Radios überdauert und die Durchsetzung des Fernsehens. Im Zeitalter des Internets steht die Presse vor neuen Herausforderungen: Nicht wenige prophezeien zumindest der gedruckten Tageszeitung den Untergang: Warum noch Informationen und Unterhaltung auf Papier, „toten Bäumen", konsumieren, wenn man sie auch „angereichert mit bewegten Bildern und O-Tönen und versehen mit Links zu anderen Quellen" über PC, Notebook oder Mobiltelefon „in Echtzeit" und scheinbar gratis beziehen kann? […]

So steht das älteste periodische Medium vor vielen neuen Herausforderungen. Es muss auf dem Anzeigenmarkt konkurrenzfähig bleiben und gleichzeitig im Internet präsent sein. Zeitungs- und Zeitschriftenverlage erstellen eigene Webauftritte, liefern Apps für das iPhone und das iPad. Geld verdient wird dabei allerdings bislang noch kaum.

Markus Behmer u. a., Bundeszentrale für politische Bildung, Informationen zur politischen Bildung, Massenmedien, Bonn 3/2010, S. 19 ff.

M 12 Bedrohte Vielfalt

Deutschland steht in einer weltweiten Rangliste der Pressefreiheit auf Platz 17 von 179 untersuchten Ländern. Die Organisation *Reporter ohne Grenzen* untersuchte weltweit Faktoren wie den Zugang zu Informationen, Repressalien, Gewalt gegen Journalisten, Medienvielfalt und -gesetze, Internetzugang und -zensur. An der Spitze der bis November 2012 erhobenen internationalen Rangliste mit 179 Ländern stehen Finnland, die Niederlande und Norwegen. Schlusslichter sind unverändert Eritrea, Nordkorea und Turkmenistan.

An der Situation in Deutschland kritisierte Reporter ohne Grenzen besonders die abnehmende Vielfalt der deutschen Presse. Aus Geldmangel arbeiteten immer weniger Zeitungen mit eigener Vollredaktion, stattdessen lieferten Reporterpools und Mantelredaktionen die identischen Inhalte an mehrere Redaktionen, hieß es in der Begründung. Zum ersten Mal wurden 2012 mehrere Zeitungstitel komplett geschlossen, die bekannteste von ihnen war die „Financial Times Deutschland".

Zugleich bemühten sich Unternehmen und PR-Agenturen immer mehr, ihre Inhalte in Medien unterzubringen. Dabei würden werbliche Inhalte bewusst nicht als solche gekennzeichnet. „In Anbetracht der oben skizzierten Situation ist diese Strategie ausgesprochen erfolgreich, denn Redakteure haben immer weniger Zeit zu recherchieren und Informationen zu prüfen", erklärte ROG. Fünf Bundesländer haben noch kein Informationsfreiheitsgesetz verabschiedet, kritisierte ROG weiter. Auch dort, wo solche existierten, würden sie von den Behörden unterschiedlich umgesetzt. Anfragen würden mitunter nur sehr langsam oder gegen hohe Gebühren bearbeitet. [...] Dennoch gehört Deutschland zu den zehn Prozent der Länder mit der höchsten Pressefreiheit weltweit.

http://www.tagesschau.de/ausland/reporterohnegrenzenrangliste102~mobil.html (12.1.2013)

Zeitungsvielfalt

Lokale / Regionale Tageszeitungen: Berichten täglich über Politik, Wirtschaft, Kultur und Sport v.a. in der Region, aber auch bundesweit.

Überregionale Tageszeitungen: Berichten ausführlich über Politik, Wirtschaft, Kultur und Sport. Sie werden in ganz Deutschland gelesen.

Wochenzeitungen: Sie sehen aus wie Tageszeitungen, erscheinen aber einmal in der Woche. Deshalb können sie die aktuellen Themen auch ausführlicher behandeln, weil sie mehr Zeit zur Recherche und mehr Platz zur Darstellung haben.

Nachrichtenmagazine: Erscheinen meist wöchentlich und berichten einer breiten Leserschaft ausführlich zumeist über politische und wirtschaftliche Themen. Sie ähneln einer Zeitschrift, enthalten aber mehr Text als Bilder.

Informationsfreiheitsgesetz

Das Gesetz gewährt jeder Person den voraussetzungslosen Zugang zu amtlichen Informationen von Behörden.

Aufgaben

1. Erläutere, welche Entwicklungen den Zeitungsmarkt prägen (M 9 – M 12).
2. Erkläre den Zusammenhang zwischen der Veränderung der Zeitungslandschaft in Deutschland und der Pressefreiheit, wie er von „Reporter ohne Grenzen" hergestellt wird (M 12). Diskutiert die dargestellte Position.
3. Erkundet die Medienlandschaft in eurer Region: Wie viele regionale Tageszeitungen gibt es? Verfügen diese über eigene Vollredaktionen oder kaufen sie den „Mantel" ein? Gibt es darüber hinaus auch regionale Online-Angebote, die über die Lokalpolitik informieren?
4. Erörtere die Frage: Hat die gedruckte Tageszeitung noch eine Zukunft?

Was geht im Internet?

M 13 Post vom Anwalt

Laura R. hat keine Ahnung, was ihr 13-jähriger Sohn nach Schulschluss im Internet tut – die alleinerziehende Mutter ist berufstätig und tagsüber nicht zu Hause. Als sie eines Tages Post von einem Anwalt bekommt, fällt sie aus allen Wolken. Ihr Sohn soll sich bei einer Tauschbörse im Netz illegal ein Musik-Album heruntergeladen haben. Man fordert sie auf, Anwaltskosten und Schadensersatz zu bezahlen und eine Unterlassungserklärung zu unterschreiben.

dpa / luko, sueddeutsche.de, 29.7.2011

M 14 Was geht und was geht nicht?

Erfinde weitere Fälle und lege sie deinem Nachbarn zur Prüfung vor.

	Geht	Geht nicht
Murat tauscht auf seiner Facebookprofilseite sein Foto gegen ein Superman-Bild aus.		
Luisa postet auf Selmas Profilseite das Bild einer kleinen gelben Gummiente, die sie im Netz entdeckt hat.		
Jan hat ein tolles Youtube-Video gefunden. Er lädt es herunter, schneidet und unterlegt es mit Musik und bindet den Schnipsel in seine Profilseite ein.		
Lena hat ihre Lieblings-CD gebrannt und verschenkt sie an Dana.		
Kenan hat ein Video über die Sehenswürdigkeiten von Trier gedreht und in sein Profil eingebunden.		
Mira hat auf soundclick.com einen tollen Song mit einer Creative-Commons-Lizenz (CC) angehört. Sie lädt ihn herunter und fertigt ein MP3 davon an.		

Urheberrecht
Das Urheberrecht entsteht durch den tatsächlichen kreativen Akt der Schöpfung. Das Recht entsteht nach dem so genannten Schöpferprinzip beim Urheber, also demjenigen, der die geistige Schöpfung erbracht hat. Das Urheberrecht selbst ist auch nicht übertrag- oder verzichtbar. Der Urheber kann durch die (meist vertragliche) Vergabe von Nutzungsrechten anderen lediglich die Verwertung des Werkes gestatten.

Linktipp
www.klicksafe.de/themen/downloaden/urheberrecht/

M 15 Gesetze gelten auch im Internet

Im Internet gelten Gesetze, wie das Gesetz zum Persönlichkeitsschutz, das Recht am eigenen Bild, das Urheberrecht und natürlich das deutsche Strafrecht. Zuwiderhandlungen sind mit zivilrechtlichen und strafrechtlichen Sanktionen belegt.
Persönlichkeitsrecht / Datenschutz: Name, Wohnadresse, E-Mail, Geburtsdatum, Handynummer usw. sind persönliche Daten. Diese dürfen in der Regel nur mit Zustimmung der jeweiligen Person weitergegeben werden, denn in Deutschland gibt es ein Recht auf informationelle Selbstbestimmung. Das heißt, jede / r darf selbst darüber entscheiden, welche Informationen über sie / ihn wo veröffentlicht werden. Bei Heranwachsenden müssen auch die Erziehungsberechtigten ihre Erlaubnis geben!

Recht am eigenen Bild: Jede/r hat das *„Recht am eigenen Bild"*. Und wie bei den personenbezogenen Daten dürfen Fotos oder Videos nur mit Einwilligung der gezeigten, erkennbaren Person veröffentlicht oder verbreitet werden (§ 22 Kunsturhebergesetz).

Die Einwilligung muss schriftlich erfolgen und bei Kindern bis 12 Jahren ist die Einwilligung der Eltern einzuholen. Bei Kindern und Jugendlichen zwischen 12 und 18 Jahren entscheiden diese mit ihren Eltern gemeinsam. Bei Verstößen kann es zu einer Freiheitsstrafe von bis zu drei Jahren oder zu einer Geldstrafe kommen. Eine kleine Ausnahme bilden Aufnahmen von berühmten Persönlichkeiten oder von öffentlichen Ansammlungen mit vielen Menschen.

Zu beachten ist: Jedes Recht ist Auslegungssache und die Rechtslage ist nicht immer eindeutig. Bei Unklarheit sollten Sie auf die Veröffentlichung verzichten oder eine juristische Auskunft einholen.

Höchstpersönlicher Lebensbereich: In den eigenen vier Wänden oder in anderen ähnlich privaten Situationen (z. B. auf der Schultoilette) darf niemand gegen seinen Willen fotografiert oder etwa gefilmt werden. Hier stellt schon das Fotografieren selbst eine Straftat dar (§ 201a StGB).

[...] Es kann davon ausgegangen werden, dass (fast) alles, was im Internet veröffentlicht ist, urheberrechtlich geschützt ist. Und wer fremde Werke online einstellen will, muss bei den Rechteinhaber/innen nachfragen. Das gilt auch für aufgezeichnete TV-Sendungen, die nicht einfach bei YouTube hochgeladen werden dürfen. Hier ist die private Nutzung eindeutig überschritten. Erlaubt ist es hingegen, eigene Inhalte im Netz zu veröffentlichen (solange bei Fotos keine Persönlichkeitsrechte verletzt werden) oder auch Inhalte zu verwenden, die von den Urheber/innen explizit zur Verwendung freigegeben sind.

Was tun bei einer Abmahnung?
Abmahnungen verschicken Anwälte zum Beispiel im Auftrag einer Plattenfirma, wenn jemand das Urheberrecht verletzt hat. Da die enthaltenen Forderungen häufig zu hoch sind und nicht alle Abmahnungen berechtigt sind, sollte man:

1. Sofort mit den Eltern sprechen
2. Sorgfältig prüfen, ob bei der Abmahnung alles stimmt
3. Die Eltern bitten, einen Anwalt zu beauftragen.

www.klicksafe.de (19.2.2013)

creative commons

Bilder, Musik, Texte usw. mit einer Creative Commons Lizenz (CC) darf man kopieren, weitergeben und sogar online stellen. Dabei ist zu beachten: In der Regel muss man den Urheber angeben und darf die Inhalte nicht verändern.

Aufgaben

1. Beantwortet spontan die in M 14 genannten Fälle. Überprüft die Fälle anschließend mit Hilfe von M 15 und eigener Recherchen.
2. Viele Netzaktivisten fordern einen freieren Umgang mit dem Urheberrecht im Internet. Diskutiert diese Forderung in der Klasse.

Weiß das Netz alles über dich?

M 16 Du stehst auf blonde Frauen, oder?

Der Artikel fängt nett an. „Herzlichen Glückwunsch zum Geburtstag“, wünscht der Verfasser, aber schon dann wird es gruselig: „Wir dürfen doch du sagen, Michel, nicht wahr? Gewiss, du kennst uns nicht. Aber wir wissen sehr viel über dich. Du bist heterosexuell und single. Im Frühjahr 2008 hattest du eine Geschichte mit Claudia, charmant, kleine Brüste, kurzes Haar, schöne Beine.“ Dazu druckte das Magazin Bilder: Eine Umarmung am 31. Mai, Händchenhalten am 22. Juni.

Als der 29-jährige Michel aus Mérignac seine Geschichte im Magazin „Le Tigre“ gelesen hatte, konnte er mehrere Nächte nicht schlafen. Danach entschloss er sich, gegen das Medium, das so ungeniert aus seiner Privatsphäre geplaudert hatte, zu klagen. Doch die Anwälte machten ihm wenig Hoffnung: Denn alles, was „Le Tigre“ verbreitet hatte, war zuvor von Michel selbst ins Netz gestellt worden; auf Seiten wie „Youtube“, „Facebook“ und „Flickr“. Aber erst der gedruckte Artikel hatte ihm vor Augen geführt, wie viel er von sich schon preisgegeben hatte.

Constanze Wißmann, fluter – Magazin der Bundeszentrale für politische Bildung, 31/2009, S. 13

M 17 Deinen Datenschatten wirst du nicht mehr los ...

Datenschutz
Beim Datenschutz geht es nicht darum, die Daten um ihrer selbst willen zu schützen. Es geht vielmehr um den Schutz der Personen, denen die Daten zugeordnet werden. In Deutschland gibt es sogar ein Grundrecht, wonach jeder ein Recht auf informationelle Selbstbestimmung (Grundrecht auf Datenschutz) hat. Dieses Recht gibt jedem einzelnen die Gewähr, grundsätzlich über die Preisgabe und Verwendung seiner persönlichen Daten selbst zu bestimmen.

Sich völlig anonym durch den Alltag zu bewegen, ist heutzutage so gut wie unmöglich. Ob beim Telefonieren, beim Einkaufen im Supermarkt, bei der Urlaubsbuchung, beim Arztbesuch oder beim Surfen im Internet – fast immer werden jede Menge persönliche Daten erfasst. Teils offensichtlich, oft aber auch ohne unser Wissen. Für einen Teil der verfügbaren Daten von uns sind wir aber auch selbst verantwortlich, weil wir ausgesprochen freizügig mit Angaben zur eigenen Person umgehen. [...] Immer öfter und selbstverständlicher informieren wir uns im Internet, kommunizieren online und kaufen im Netz ein. Die Frage „Bist du auch auf Facebook?“ ist dir wahrscheinlich nicht fremd. Interaktive Webplattformen wie Chats, Blogs, Diskussionsforen und Soziale Netzwerke sind aus dem Online-Alltag nicht mehr wegzudenken. Kein Wunder, denn nirgendwo sonst kann man so einfach Kontakte pflegen, sich selbst im Netz präsentieren, neue Leute kennenlernen, mit anderen Fotos und Videos austauschen und dadurch dem Internet ein „persönliches Gesicht“ geben. Doch vor allem bei der Nutzung von Communitys befindet man sich häufig in einem Zwiespalt: Die Verwendung von Facebook, Google+ & Co. macht nur Sinn, wenn man etwas von sich preisgibt. Umgekehrt kann allzu große Freizügigkeit unangenehme Folgen haben. Was dabei oft vergessen wird: Das Publikum im Internet ist riesengroß und was einmal online ist, lässt sich oft nicht mehr entfernen. Außerdem gilt: Nicht alles, was im Internet über dich existiert, muss von dir selbst dort veröffentlicht worden sein. In solchen Fällen ist es meist noch schwieriger, den eigenen „Datenschatten" im Netz loszuwerden.

www.saferinternet.at / Österreichisches Institut für angewandte Telekommunikation, Schutz der Privatsphäre im Internet, 3. Aufl., Wien 2011, S. 9 f.

M 18 Gefahren beim Umgang mit eigenen Daten

Email	Viele sagen: „E-Mails sind Postkarten, die mit Bleistift geschrieben sind." Das Problem sind die „Authentizität" (ist der Absender echt?) und die „Integrität" (ist der Inhalt verändert?)
ICQ	Dein öffentliches Profil in ICQ kann jeder ICQ-Nutzer einsehen. Die Inhalte werden von der Firma icq.com gespeichert.
Facebook	Dein öffentliches Profil kann jeder Nutzer einsehen.
Eigene Fotos und Filme	Fotos oder Filme können von deinem Profil oder deiner Seite kopiert und woanders gespeichert werden. Jeder kann sie sehen.
Flash-Cookies	Die so genannten Flash-Cookies werden nicht im Browser gespeichert, sondern im Adobe Flash Player.
Internet-Telefonie	Der Inhalt des Telefonats kann abgehört werden.
Browser	Deine besuchten Seiten, die Cookies und andere Daten werden gespeichert.
Chat	Alle Daten sind von allen Nutzern einsehbar, du weißt nie genau, wer dein Gegenüber wirklich ist.
Anmeldungen Websites	Du musst personenbezogene Daten angeben, damit du dich anmelden kannst.
Passwörter	„Schwache" Passwörter können leicht erraten oder geknackt werden.
Blogs und Foren	Deine Veröffentlichungen in Blogs und Foren können von allen gelesen werden.

Aufgaben

1. Stelle in einem Selbstversuch alle Daten zusammen, die du mit einer einfachen Namenssuche über dich im Internet findest (M 16).
2. Schreibe auf, wo und zu welcher Gelegenheit du Datenspuren hinterlässt (M 17).
3. Erstellt zu jedem Problem in M 18 Tipps für eine Lösung des Problems.
4. Wähle aus den in der Randspalte genannten persönlichen Daten jene aus, die du im Internet veröffentlichen würdest und begründe deine Entscheidung.
5. „Wer nichts zu verbergen hat, braucht sich um Datenspuren keine Gedanken zu machen." Diskutiert diese Aussage, die man immer wieder hört, wenn es um den Datenschutz geht.

Private Daten

Mein Alter
Meine Adresse
Abwesenheitszeiten meiner Eltern
Meine Schuhgröße
Meine Schule
Meine Krankheiten
Meine Telefonnummer
Meine Hobbys
Mein Gewicht
Meine Pickelcreme
Mein Lieblingsessen
Meine letzte Mathematik-Note
Meine Lieblings-Fernsehserie
Vorname meines besten Freundes
Die Farbe meiner Unterwäsche
Meine Lieblingsband
Mein heimlicher Schwarm
Meine Religionszugehörigkeit
Ein Foto von mir in der Badewanne
Meine E-Mail-Adresse
Ein Foto von meinem Gesicht
Mein Taschengeld
Mein Geburtstag

Nach: http://www.saferinternet.at

Was wir wissen

Medien bestimmen unseren Alltag
M 2, M 3

Medien lassen sich aus unserem Alltag nicht mehr wegdenken. Fernsehen, Zeitung, Internet, Handy oder Smartphone nutzen wir täglich zum Teil über mehrere Stunden, viele Menschen verbringen darüber hinaus viel Zeit in sozialen Netzwerken. Immer häufiger ersetzt der virtuelle Kontakt die reale Begegnung im Leben. Die Medien verbinden uns mit der Welt, sie verändern aber auch unser Leben und das Zusammenleben mit anderen. So werden Informationen immer weniger gefiltert (z. B. durch professionelle Redaktionen), sondern gelangen schnell und direkt von Nutzer zu Nutzer.

„Alte" und „neue" Medien
M 8 – M 12

Fernsehen und (Tages-) Zeitung gehören immer noch zu den wichtigsten Informationsquellen, ihre Bedeutung nimmt aber ab. So sind immer mehr Menschen davon überzeugt, dass das Internet künftig die Rolle der „alten Medien" übernehmen wird, da sich dort alle Medienformen integrieren lassen und ihre Nutzung unabhängig von starren Programmzeiten erfolgt. Insbesondere die Tageszeitungen haben es schwer, der Konkurrenz durch die „neuen Medien" standzuhalten. Zeitungen müssen ihr Erscheinen einstellen, weil sie nicht mehr genügend Leser erreichen und Anzeigenkunden ausbleiben. Dies geht zulasten der Vielfalt und der Qualität auf dem Zeitungsmarkt.

Das Internet – kein rechtsfreier Raum
M 15, M 17

Der Umgang mit dem Internet ist nicht so einfach, wie er auf den ersten Blick erscheint. Denn auch im Internet gibt es Regeln, die man einhalten muss. So müssen unbedingt das Urheberrecht und die Persönlichkeitsrechte anderer geachtet werden, sonst drohen Schadensersatzforderungen bzw. strafrechtliche Konsequenzen.

Problematisch ist auch, dass durch die Digitalisierung immer mehr Daten über Personen gespeichert werden (können) und sich die Gefahr des Datenmissbrauchs dadurch erhöht. Verschärft wird diese Problematik durch einen häufig allzu sorglosen Umgang mit persönlichen Daten durch die Nutzer. Nicht nur die eigenen, sondern auch die persönlichen Daten anderer sind ein hohes Gut, das man schützen sollte, denn das „Netz vergisst nichts!"

Nach Auswertung der Informationen ...

Thomas Plaßmann, Baaske Cartoons, Müllheim

Das ist Tanja

- Sie wurde am 10.10.1996 geboren und macht gerade eine Ausbildung zur Bankkauffrau.
- Sie fährt einmal im Monat mit dem Zug von Mainz nach Köln.
- Musikalisch steht sie auf Hiphop und lädt sich regelmäßig Musik aus dem Internet herunter.
- Hin und wieder überzieht sie ihr Konto.
- Ihren Urlaub verbringt sie sehr gerne auf Mallorca.
- Im Internet gibt es einen Film, der sie und ihre beste Freundin Maike bei einer Party am Strand von Palma de Mallorca zeigt.
- Sie hat Konfektionsgröße 38 und Schuhgröße 40.
- Tanja hat besonders empfindliche Haut.
- Den neuesten James-Bond-Film hat sie gleich zweimal im Kino angeschaut.
- Am liebsten liest sie Krimis.

Aufgaben

1. Stelle für jeden der Punkte dar, wie und wo Tanja „digitale Spuren“ hinterlassen haben könnte.
2. Begründe, ob Tanja dasselbe passieren könnte wie dem in der Karikatur dargestellten Jungen.
3. Verfasst einen Flyer, in dem ihr Tanja Tipps gebt, wie sie mit ihren Daten sorgsamer umgehen könnte.

3.2 Medien in der Demokratie

Welche Rolle spielen die Medien in der Demokratie?

M 1 Pressetexte haben viele Funktionen

Das Wetter am Montag

Die Sparpolitik der Regierung ist unsozial
Die Zeche zahlen die Schwachen

Am Wochenende ist Tag der offenen Tür

Spendenskandal bei UNICEF aufgedeckt
FR-Redakteure Thieme und Schindler mit dem Wächterpreis ausgezeichnet – Vorbilder für guten Journalismus

Debatte
Die Boni mancher Banker sind unmoralisch

Fronten sind verhärtet
Noch keine Annäherung beim Streit um „Stuttgart 21"

Bankraub in der Frankfurter Straße
Täter erbeuten 250.000 Euro

Kuschel-Nachwuchs im Nürnberger Tiergarten

Aktuelles Lexikon
Gesundheitsfonds

Betrug am Patienten
Kritische Journalisten decken Skandal um falsche Arztabrechnungen auf

M 2 Funktionen der Massenmedien

Informationsfunktion
Die Massenmedien sollen so vollständig, sachlich und verständlich wie möglich informieren, damit ihre Nutzerinnen und Nutzer in der Lage sind, das öffentliche Geschehen zu verfolgen. Da unsere Gesellschaft viel zu großräumig geworden ist, kommen wir mit dem direkten Gespräch, der unmittelbaren Kommunikation, nicht mehr aus. Wir als Einzelne und die vielfältigen Gruppen, die in dieser Gesellschaft bestehen, sind darauf angewiesen, miteinander ins Gespräch gebracht zu werden – dafür sollen die Massenmedien sorgen. Dabei müssen wir uns der Tatsache bewusst sein, dass wir die Welt zum großen Teil nicht mehr unmittelbar erfahren; es handelt sich überwiegend um eine durch Medien vermittelte Welt.

Meinungsbildungsfunktion
Bei der Meinungsbildung fällt den Massenmedien ebenfalls eine bedeutsame Rolle zu. Dies ergibt sich aus der Überzeugung, in der Demokratie sei allen am meisten damit gedient, wenn Fragen von öffentlichem Interesse in freier und offener Diskussion erörtert werden. Es besteht dann die Hoffnung, dass im Kampf der Meinungen das Vernünftige die Chance hat, sich durchzusetzen. Da in einer modernen, differenziert strukturierten Gesellschaft eine Vielzahl von mehr oder weniger großen, zum Teil in Konkurrenz zueinander stehenden Interessengruppen existiert, gehört es auch zu den Aufgaben der Mas-

Der „Wächterpreis der Tagespresse" wird jährlich für kritische Berichterstattung vergeben. Recherchiere auf *www.waechterpreis.de*, welche Missstände von den Preisträgern aufgedeckt wurden. Wähle einen Fall aus, der dich besonders beeindruckt, und stelle den Fall z. B. auf einem Infoplakat vor.

senmedien, diesen Meinungspluralismus in einem angemessenen Verhältnis widerzuspiegeln.

Kritik- und Kontrollfunktion

[...] Ohne Presse, Hörfunk und Fernsehen, die Missstände aufspüren und durch ihre Berichte unter anderem parlamentarische Anfragen und Untersuchungsausschüsse anregen, liefe die Demokratie Gefahr, der Korruption oder der bürokratischen Willkür zu erliegen. Wie die Wirkungsforschung hervorhebt, haben viele Medien über die erwähnten Funktionen hinaus weitere übernommen, zum Beispiel die Thematisierungsfunktion. Diese „agenda setting function", wie sie in den USA heißt, bedeutet, dass diejenigen, die die unterschiedlichen Medien lesen, hören und sehen, genau die Themen für wichtig halten, die darin behandelt werden. Die Medien sind jedoch nicht nur entscheidend dafür verantwortlich, welche Themen auf der Tagesordnung stehen, sondern sie legen auch fest, in welcher Rangfolge der Dringlichkeit diese Themen behandelt werden.

Hanni Chill, Hermann Meyn, Informationen zur politischen Bildung Nr. 260, Massenmedien, hg. von der Bundeszentrale für politische Bildung, Bonn 3/1998

„Agenda-Setting"
Medien bestimmen, welche Themen besondere Bedeutung in der öffentlichen Debatte haben.

M 3 Mediendemokratie – was heißt das?

Der Begriff Mediendemokratie bezeichnet eine Form der Demokratie, in der sich die politische Meinungs- und Willensbildung im Wesentlichen über Massenmedien vollzieht. Deutlich wird dies v.a. in Wahlkampfzeiten: So nennen die Wähler in Deutschland und anderen europäischen Staaten nach mehreren Wahlen in den letzten Jahren das Fernsehen als die wichtigste Informationsquelle für ihre Wahlentscheidung. Meinungsbildung über Medien beinhaltet, dass die Medien durch die Auswahl und Ausgestaltung von Inhalten darüber bestimmen, was auf welche Weise zum öffentlichen Thema wird. [...]

Politikvermittlung durch Medien bedeutet darüber hinaus, dass sich die Politik bzw. die Politiker mediengerecht präsentieren, um Erfolg zu haben. Denn die Bevölkerung tendiert dazu, nur ihre Medienexistenz mit den dazugehörenden Images wahrzunehmen. Die Medien sind demnach nicht nur Beobachter, Kritiker und Kontrolleure politischer Ereignisse und staatlicher Macht („vierte Gewalt"). Sie stellen vielmehr einen Faktor dar, der politische Einstellungen und Stimmungen beeinflusst und ein bestimmtes Meinungsklima zugunsten oder zuungunsten einer Partei, einer Person oder einer politischen Forderung vermittelt. Medien bestimmen dadurch die Politik mit.

Schülerduden Politik und Gesellschaft, 5. Aufl., Mannheim 2005, S. 260

Aufgaben

1. Ordne die Schlagzeilen in M 1 den Funktionen der Massenmedien in M 2 zu und begründe deine Zuordnung.
2. „Die Politik und die Politiker brauchen die Medien – die Medien brauchen die Politik und die Politiker" – Erläutere diese Aussage (M 3).

Presse- und Meinungsfreiheit – ein hohes Gut

M 4 Die Säulen der Demokratie ...

Karikatur: Ed Stein

M 5 Was wäre, wenn ...

Was wäre, wenn es nur noch einen staatlichen Fernsehkanal gäbe, in dem ausschließlich wiedergegeben würde, was die gerade jeweils Regierenden für gut und nützlich halten? Was wäre, wenn Journalisten alles, was sie schreiben, einem Zensor vorlegen müssten, der – mangels besseren Wissens – alles streicht, was er nicht versteht? Freie, vor allem auch kritische Medien, sind aus einer echten Demokratie nicht wegzudenken. Demokratie, das lehrt uns nicht nur die Theorie, sondern einfach auch die Erfahrung, braucht Kontrolle. Tagtäglich. Wenn in einer abgelegenen Region Russlands [...] Sozialabgaben dazu benutzt werden, dem lokalen Machthaber eine neue Datscha zu bauen und ein mutiger Lokalreporter dem Skandal auf die Spur kommt, geschieht Folgendes: Der Journalist wird von seinem Chefredakteur gelobt – und erhält die Auskunft, dass man dies unmöglich veröffentlichen könne, er wisse schon, der lokale Machthaber habe so gute Verbindungen bis hinauf nach Moskau. Wenn der Journalist dann trotzdem darauf besteht, seine Rechercheergebnisse dem staunenden Leser zu vermitteln, wird er eines Abends vor seiner Wohnung auf brutale Schläger treffen – und im besten Fall lediglich im Spital landen. [...] Journalismus ist ein schwieriges Handwerk – das steht außer Frage. Und ein sehr viel verantwortungsvolleres, als viele glauben. Ohne journalistische Kontrolle aber gerät die Demokratie erstaunlich schnell in Schieflage.

Susanne Scholl, www.mein.salzburg.com, 11.5.2010

Presse- und Meinungsfreiheit im Grundgesetz
„Jeder hat das Recht, seine Meinung in Wort, Schrift und Bild frei zu äußern und zu verbreiten und sich aus allgemein zugänglichen Quellen ungehindert zu unterrichten. Die Pressefreiheit und die Freiheit der Berichterstattung durch Rundfunk und Film werden gewährleistet. Eine Zensur findet nicht statt.“
Artikel 5 (1) GG

M 6 Die rechtliche Stellung der Medien

Die rechtliche Stellung der Medien

Freiheit der Medien

Art. 5 (1) GG:
- Pressefreiheit, Freiheit der Berichterstattung durch Rundfunk und Film
- Meinungs- und Informationsfreiheit
- Zensurverbot

Zeugnisverweigerungsrecht für Journalisten

Gefährdung z.B. durch:
- Pressekonzentration
- Verflechtungen von Medien und Politik
- mangelnde Berufsethik von Journalisten

Einschränkungen

gesetzlich

Art. 5 (2) GG:
Schranken durch:
- allg. Gesetze
- gesetzl. Bestimmungen zum Schutz der Jugend
- Persönlichkeitsrechte

Gegendarstellungsrecht bei Tatsachenbehauptungen

freiwillige Selbstverpflichtung

Pressekodex des Deutschen Presserats

aber: keine rechtlichen Sanktionsmöglichkeiten

M 7 Pressefreiheit in Deutschland in Gefahr?

In Deutschland ist die Pressefreiheit weniger vom Staat bedroht; bei Verletzung des Redaktionsgeheimnisses durch Sicherheitsbehörden greift das Bundesverfassungsgericht ein und lehrt die Staatsbehörden den Wert der Pressefreiheit für die Demokratie. Die Bedrohung der Pressefreiheit besorgen die Medien heute in erster Linie selber. Die Qualität des Journalismus sinkt, weil Medienunternehmen mit den Medien mehr Geld verdienen wollen als früher. [...]

In Redaktionskonferenzen ist das diskussionsfreudige Klima verschwunden, offenbar haben die wirtschaftlichen Schwierigkeiten, in die viele Zeitungen geraten sind, und die Existenzängste nicht weniger Redakteure damit zu tun. [...] Zu beklagen ist die Verquickung von Journalismus, Politik und Wirtschaft, zu beklagen ist also die Tatsache, dass sich immer mehr Journalisten zu Büchsenspannern und Handlangern vor allem von Wirtschaftslobbys machen lassen. [...]

Gelegentlich werden Fälle bekannt, in denen die Staatsanwaltschaft und Polizei die Telefone von Journalisten überwacht haben. Schlimmer als diese staatlichen Lauscher sind Medien-Manager und Finanzinvestoren, für die Zeitungen nur Produkte zum Geldverdienen sind wie andere auch – und die Redaktionen immer billiger machen wollen.

Heribert Prantl, Pressefreiheit in Deutschland, http://www.goethe.de, Abruf am 10.11.2010

Aufgaben

1. Formuliere die Kernaussage der Karikatur in M 4. Stimmst du der Sichtweise des Karikaturisten zu?
2. Überlege, ob und ggf. wodurch sich die Säulen ersetzen ließen (M 4).
3. Nenne Gründe, warum die Pressefreiheit ein so hohes Gut ist (M 5).
4. Erläutere, wodurch der Verfasser in M 7 die Pressefreiheit in Deutschland gefährdet sieht.

Medien zwischen Information und Sensation

Presserat
Der Deutsche Presserat ist eine gemeinsame Organisation der großen deutschen Verleger- und Journalistenverbände. Sie tritt für die Pressefreiheit und die Wahrung des Ansehens der deutschen Presse ein. Die schärfsten Maßnahmen sind Rügen, die der Presserat dann ausspricht, wenn eine Zeitung oder Zeitschrift gegen den Pressekodex verstößt. Rügen werden vom Presserat öffentlich gemacht und müssen auch in dem jeweiligen Medium veröffentlicht werden. Dazu haben sich die Medien selbst verpflichtet. Aber nicht immer halten sich die Medien auch an diese Selbstverpflichtung.

M 8 Presserat rügt Satiremagazin Titanic

Der Deutsche Presserat hat gegen die Satirezeitschrift „Titanic" wegen des Papst-Titelbildes eine öffentliche Rüge ausgesprochen. Das teilte der Presserat am Donnerstag in Berlin mit. Die Darstellung von Papst Benedikt XVI. als inkontinent und mit Fäkalien beschmiert sei entwürdigend und ehrverletzend, urteilte der zuständige Beschwerdeausschuss. Gegen das Papst-Bild der „Titanic" waren 182 Beschwerden eingegangen. Das Cover vom Juli zeigte Papst Benedikt XVI. unter anderem mit einem gelben Fleck auf der Soutane. Auf dem Titel hieß es in Anspielung auf den „Vatileaks"-Skandal um den Verrat von Interna: „Halleluja im Vatikan – Die undichte Stelle ist gefunden!" Die öffentliche Rüge ist die höchste Kategorie einer Unmutsäußerung durch den Presserat, faktisch bleibt sie jedoch – wie alle Sanktionen des Presserats – folgenlos.

kuz/dapd, Der Spiegel, 27.9.2012

M 9 Aus dem Pressekodex

Nicht alles, was von Rechts wegen zulässig wäre, ist auch ethisch vertretbar. Deshalb hat der Presserat die Publizistischen Grundsätze, den sogenannten Pressekodex, aufgestellt. Darin finden sich Regeln für die tägliche Arbeit der Journalisten, die die Wahrung der journalistischen Berufsethik sicherstellen, so z. B.:

- Achtung vor der Wahrheit und Wahrung der Menschenwürde
- Gründliche und faire Recherche
- Klare Trennung von redaktionellem Text und Anzeigen
- Achtung von Privatleben und Intimsphäre
- Vermeidung unangemessen sensationeller Darstellung von Gewalt und Brutalität

http://www.presserat.info/inhalt/der-pressekodex/einfuehrung.html (17.2.2013)

M 10 Die Macht der Medien – der Fall Wulff und die Bild-Zeitung

Christian Wulff trat im Februar 2012 als Bundespräsident zurück, nachdem die Staatsanwaltschaft ein Ermittlungsverfahren gegen ihn eröffnet hatte und wochenlang in den Medien über den Verdacht auf Korruption berichtet wurde. Am 12. Dezember 2011 hatte Wulff durch einen Anruf bei der Bildzeitung versucht, einen Bericht über einen von ihm aufgenommenen Privatkredit zu verhindern. Über diesen Anruf berichtete „Bild". Ein Gespräch mit Medienforscher Lutz Hachmeister.

Haben die deutschen Medien in Deutschland überhaupt die Macht, einen Politiker zu Fall zu bringen?

Ja, sicher. [...] Wenn man einen Politiker zu Fall bringen will, muss er allerdings bestimmte [...] Schwächen zeigen und sich zu Fall bringen lassen. Außerdem muss der Affärencharakter für die Bevölkerung so eindeutig sein, also [...] Regeln müssen so stark verletzt werden, dass ein Meinungsklima entsteht, in dem sich am Schluss alle einig sind: Dieser Mann oder diese Frau muss gehen. Im Fall von Christian Wulff war das so. Interessant war, dass die meisten Deutschen die Vorwürfe gegen ihn anfangs läppisch fanden und dafür waren, dass er im Amt bleibt. Am Ende haben Umfragen dann ergeben, dass 70 Prozent ihm noch nicht mal den Ehrensold (= Pension als ehemaliger Bundespräsident) geben wollten. Das hat sich komplett gedreht. „Bild" hat dabei eine große Rolle gespielt, aber auch andere Medien wie die „Frankfurter Allgemeine Zeitung" und „Spiegel Online". Das ist übrigens ein dritter Faktor: Allein schafft es ein Blatt nicht. Auch nicht „Bild". Um eine hochrangige Person der Öffentlichkeit zu stürzen, müssen sich führende Medien einig sein.

Die „Bild"-Zeitung hat jahrelang sehr wohlwollend über Christian Wulff berichtet. [...] Warum hat sich „Bild" auf einmal gegen ihn gewendet?

Es gibt Hinweise darauf, dass Christian Wulff in der Zeit als Bundespräsident seine Rolle neu definierte und versucht hat, „Bild" klar zu machen, dass er und seine Frau nicht mehr exklusiv für Fotos und Interviews zur Verfügung stehen. Und wie in einer enttäuschten Liebesbeziehung hat sich daraus eine wechselseitige Entfremdung ergeben. Diese hatte schon über ein Jahr vor der Affäre angefangen und zu Reibereien mit dem Springer-Konzern geführt. [...]

War Christian Wulff also ein leichtes Opfer der Medien?

Er war auf alle Fälle sehr naiv, was die Medienwirkung und das Verhältnis zwischen Politikern und Journalisten angeht. [...] Die deutsche Gesellschaft ist mittlerweile erstaunlich offen und tolerant, aber das Publikum merkt schnell, ob ein Politiker komplett aus seiner Rolle fällt. Die Medien liefern natürlich die Vorlage, doch für einen Stimmungsumschwung muss auch das Publikum bereit sein, bestimmte Argumentationen mitzutragen.

Interview: Katja Hanke, Goethe-Institut e. V., Internet-Redaktion, Mai 2012

Am 17.2.2012 trat Bundespräsident Wulff nach einer wochenlangen Medienschlacht von seinem Amt zurück.

Aufgaben

1. Diskutiert, was im Fall des Titanic-Titels mehr Bedeutung hat, das Persönlichkeitsrecht des Papstes oder die Meinungsfreiheit der Zeitschrift (M 8).
2. Erörtere, ob die Rüge, die der Presserat als Mittel zur Bestrafung aussprechen kann, ausreichend ist, um den Pressekodex durchzusetzen (M 8, M 9).
3. Stelle dar, wie die Medien im Fall Wulff Druck ausüben konnten (M 10).

Mehr Internet – mehr Demokratie?

Themen auf Liquid Friesland

Erweiterung einer Gesamtschule um eine gymnasiale Oberstufe

Privatisierung der Wasserwerke

Kostenlose Schülerbeförderung in der Sekundarstufe II

Verteilung der Haushaltsmittel im Schulbereich

M 11 Mitmachdemokratie: Friesen an die Laptops

Bürger, die mitdiskutieren über Radwege, Bildung oder Haushaltsgelder – das fand der Landrat von Friesland eine gute Idee und rief ein Experiment ins Leben: „Liquid Friesland" heißt das Projekt. Für zunächst ein Jahr können die Friesen online in der Politik mitbestimmen. Dann wird entschieden, ob es die Internet-Plattform weiterhin geben soll.

[...] Teilnehmen können nur die Einwohner des Landkreises Friesland. Sie müssen sich zunächst registrieren, bevor sie Diskussionsbeiträge schreiben oder Themenvorschläge machen können. Der Grund dafür ist, dass auf dieser Plattform Entscheidungen für den Kreistag vorbereitet werden.
Nach der Registrierung kann man innerhalb verschiedener Themenfelder eine Initiative starten und sie begründen. Sobald sie gespeichert ist, ist sie auch für andere Besucher der Plattform sichtbar. Nun durchläuft das Thema mehrere Phasen, bevor es in den Kreistag kommt. Andere Benutzer können zum Beispiel Ideen zum neuen Anliegen hinzufügen. Dann geht man mit seinem Anliegen auf Stimmenfang. Je mehr Stimmen, desto größer die Wahrscheinlichkeit, dass es auch später in der realen Politik behandelt wird.
Die Abstimmungen in Liquid Friesland erzeugen ein Meinungsbild. Aber die endgültige Entscheidung fällen die Politiker. „Das steht im Gesetz, und daran können wir auch mit dem Web 2.0 nicht rütteln", sagt [Sönke] Klug [der Pressesprecher des Landkreises Friesland].

Britta Lumma, Radio Bremen, 29.11.2012, Ergänzungen in eckigen Klammern durch den Bearbeiter

E-Demokratie
(auch Cyberdemokratie) ist eine Theorie bzw. ein Modell einer bestimmten Form von Demokratie, die den Bürgern durch das Internet mehr Beteiligung und Diskussionsmöglichkeiten eröffnen möchte.

E-Partizipation
ist so etwas wie die Benutzerschnittstelle für die Bürger. Damit sind alle internetgestützten Verfahren, die Bürger aktive Teilhabe an politischen Entscheidungsprozessen ermöglichen, gemeint.

M 12 Mehr Demokratie mit „E-Petitionen"?

Ein Gespräch mit dem Bürgerbeauftragten des Landes Rheinland-Pfalz, Dieter Burgard.

Was versprechen Sie sich von der „E-Petition"?

Burgard: „Ich denke, das ist eine Form, neue Bürger zu interessieren für politische Themen. Junge Leute vor allem, die das Medium Internet sowieso nutzen. Aber auch, um Bürger aufmerksam zu machen auf bestimmte Probleme. Die öffentliche Petition hatte ich schon als Abgeordneter in der SPD-Fraktion vorgestellt. Und dann war ich am 28. April 2010 plötzlich Bürgerbeauftragter und konnte das dann umsetzen."

Mitte März ging das Projekt online. Wie ist es angelaufen?

Burgard: „Wir hatten praktisch um Mitternacht die erste Petition – zum Hochmoselübergang. Die hat heute schon gut 1.200 Mitzeichner. Und auch das Diskussionsforum ist eröffnet. Das Interessante war, dass wirklich sehr viele aus Rheinland-Pfalz, aus der ganzen Bundesrepublik, aus Amerika, aus England, aus Frankreich mitgezeichnet haben. Ich habe das mal überflogen: Ungefähr 60 Prozent der Mitzeichner kommen aus der Region, aus den Nachbardörfern, und 40 Prozent sind überregional."

Viele Menschen sehnen sich ja nach mehr Beteiligung. Aber was bewirkt die Petition im Internet eigentlich?

Burgard: „Letztendlich entschieden wird in der Politik, das bleibt nach wie vor bei den Volksvertretern. Das muss man den Bürgern deutlich machen. Aber es ist vielleicht ein Medium, über das Politiker sich mit Fragen beschäftigen, die den Leuten auf den Nägeln brennen. Wo Bürger und Bürgerinnen sagen: ‚Da müsst ihr mal hinschauen.' Auch das Petitionsrecht als solches wird noch mal mehr bewusst."

Interview: Julia Kilian, Rhein Zeitung, 23.4.2011

M 13 Eine E-Petition

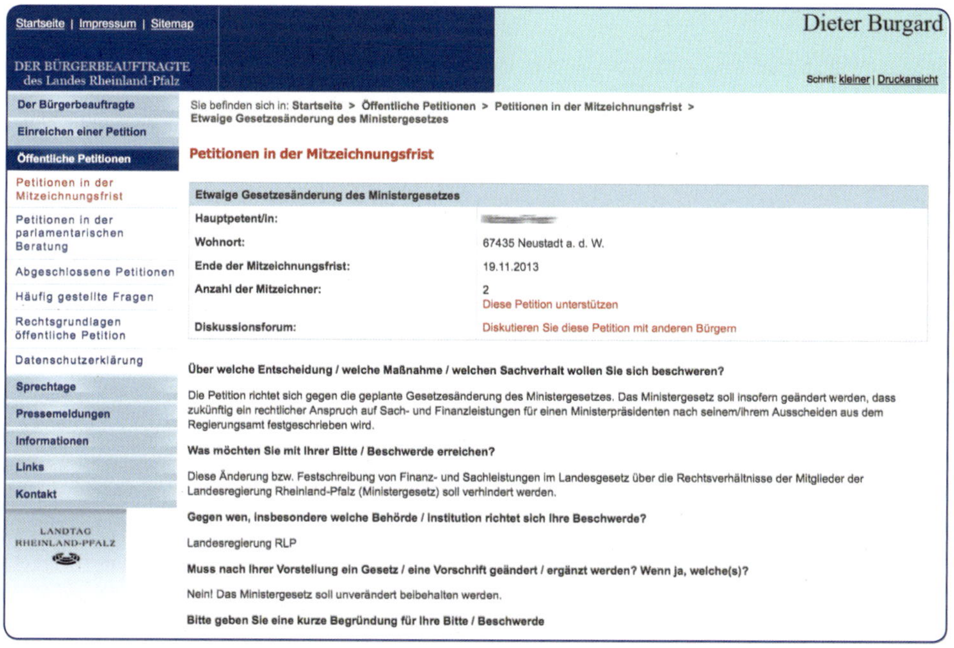

Aufgaben

1. Das Verfahren, das der Landkreis Friesland anwendet, wird auch als „liquid democracy" (flüssige Demokratie) bezeichnet. Erläutert dieses Verfahren in Friesland (M 11).
2. Erörtere die Vor- und Nachteile dieser Form der Bürgerbeteiligung an der Kommunalpolitik. Diskutiert, inwiefern es sich bei diesem Verfahren um ein „Mehr" an Demokratie handeln soll, wenn am Ende doch wieder die Politiker entscheiden.
3. Erläutert die Unterschiede zwischen der Beteiligung bei Liquid Friesland und dem Petitionsrecht in eurem Bundesland (M 11 – M 13) .

Petition
Eine Petition ist eine schriftliche Bitte, die von jedem Bürger bei den Landesparlamenten oder dem Bundestag vorgebracht werden kann. Die Parlamente müssen sich mit dieser Bitte beschäftigen und sie beantworten, was allerdings nicht heißt, dass sie auch erfüllt wird. Für die Beratung haben die Parlamente in der Regel so genannte Petitionsausschüsse eingerichtet. Heutzutage werden sehr vielen Petitionen auch öffentlich im Internet gestellt (E-Petition). Dazu stellen die Parlamente spezielle Plattformen zur Verfügung. Allerdings müssen sie mindestens 50.000 Menschen unterzeichnen, damit sich beispielsweise der Petitionsausschuss des Bundestages mit ihr beschäftigt.

zu Aufgabe 2
Denkt z. B. daran, wer Zugang zum Internet hat und welche Kenntnisse man haben muss.

Diskutiert die Chancen einer Einführung von „liquid democracy" im Rahmen eurer Schülervertretung.

Recherchiert, welche Projekte es in eurer Stadt / Gemeinde gibt, um die Bürger mehr an der Politik zu beteiligen.

Was wir wissen

Funktionen der Medien
M 1 – M 3

Wir leben in einer immer komplexer werdenden Welt und sind deshalb auf die Berichterstattung durch die Medien angewiesen. Die verschiedenen Medien machen Informationen öffentlich verfügbar, indem sie über ausgewählte Ereignisse und Themen berichten. Der Leser, Zuschauer, Zuhörer kann sich aus dem vielfältigen Angebot die Themen auswählen, für die er sich interessiert. Dabei wirken die Medien auch an der individuellen Meinungsbildung mit, da sie zu (politischen) Ereignissen Informationen beschaffen und verbreiten und z. B. durch Kommentare selbst dazu Stellung beziehen. Jeder Einzelne kann sich so mit Hilfe der Medien selbst ein politisches Urteil bilden. Damit stellen die Medien zugleich eine Verbindung zwischen dem Volk und seinen gewählten Vertretern her. Politiker erfahren, was die Bürgerinnen und Bürger denken und wollen, die Bürgerinnen und Bürger erfahren von den Vorhaben der Politiker. Die Medien ermöglichen so die für eine funktionierende Demokratie so wichtige politische Kontrolle. Sie werden deshalb häufig auch als „Wächter" bezeichnet.

Meinungs- und Pressefreiheit
M 4 – M 10

Damit die Medien ihre Informations- und Kontrollfunktion auch ausüben können, wurde mit Art. 5 die Presse- und Meinungsfreiheit als Grundrecht im Grundgesetz verankert. Jeder – nicht nur die Medien – hat das Recht, seine Meinung öffentlich frei zu äußern. Ohne die Presse- und Meinungsfreiheit kann es keine freiheitliche Demokratie geben. Die Pressefreiheit ist aber zunehmend durch die Konzentration der Presselandschaft und die Tatsache gefährdet, dass Medienunternehmen auch Wirtschaftsunternehmen sind, denen es auch um den wirtschaftlichen Erfolg und die Vermehrung der Gewinne geht.

Der Presserat sorgt in Deutschland dafür, dass sich die Berichterstattung an rechtlichen und moralischen Prinzipien (Pressekodex) orientiert. Dennoch kommt es immer wiedervor, dass Medien gegen den Kodex verstoßen. Die Medien haben großen Einfluss auf die Politik, z. B. durch das Setzen von Themen oder kritische bzw. wohlwollende Berichterstattung über einzelne Politiker. Umgekehrt sind die Medien auch darauf angewiesen, von der Politik ausreichend und umfassend informiert zu werden.

Mehr Demokratie durch das Internet?
M 11 – M 13

Das Internet eröffnet den Bürgerinnen und Bürgern neue Möglichkeiten, sich an politischen Entscheidungen zu beteiligen. So probieren mittlerweile Gemeinden die „flüssige Demokratie" (liquid Democracy) aus und stellen ihren Bürgerinnen und Bürgern eine Plattform zur Verfügung, auf der sie Vorschläge für die Kommunalpolitik unterbreiten oder ein Meinungsbild entwickeln können. Auch Petitionen, Bitten der Bürgerinnen und Bürger an die Parlamente, sind auf der Bundes- und Landesebene mittlerweile elektronisch möglich geworden. Kritiker befürchten, dass diese Möglichkeiten aber nicht von allen Menschen wahrgenommen werden können, weil es große Teile der Bevölkerung gibt, die sich mit dem Internet nicht auskennen oder auskennen wollen oder auch keinen Zugang zum Internet haben.

WikiLeaks

Dürfen wir alles wissen?

„We open governments“ ist das Motto von WikiLeaks: „Wir machen Regierungen transparent“. Die Organisation bietet eine Internetseite für sogenannte Whistleblower. Das sind Personen, die geheime Informationen an die Öffentlichkeit bringen. [...] Eine wichtige Veröffentlichung auf WikiLeaks ist unter dem Namen Cablegate bekannt geworden: Im November 2010 hat Wikileaks mit der Veröffentlichung von etwa 250.000 Berichten US-amerikanischer Diplomaten begonnen. Neben Depeschen, die US-Botschafter über internationale Politiker angefertigt hatten, kamen auch weitere Informationen zu den von Amerika geführten Kriegen ans Licht, aber auch Einschätzungen zur Situation Nordkoreas, zu den Staaten Südamerikas und zum iranischen Atomprogramm.

Frida Thurm, www.blog.zeit.de, 8.12.2010

Pro und Kontra WikiLeaks – Hat die Öffentlichkeit ein Recht auf alle Informationen?

Werner Weidenfeld, Jahrgang 1947, ist Professor für Politische Wissenschaften an der Ludwig-Maximilians-Universität München; Sascha Lobo, Jahrgang 1975, ist Blogger, Unternehmer und Berater.

Weidenfeld: Nein. Im Gegenteil. Sie müssen in Demokratien verschiedene Formen der Kommunikation zulassen. Die Regierung etwa muss die Möglichkeit haben, bestimmte Dokumente als geheim zu kennzeichnen. Sonst würde sich ja die Kommunikation der Politik darauf beschränken, was sie sowieso öffentlich sagen wollen in Fernsehauftritten oder in Interviews. Damit wäre die Politik reduziert auf einen ganz minimalen Prozentsatz ihrer Kommunikation. Und das würde alle beschädigen. [...] Im diplomatischen Dienst gehören solche durchaus subtilen, sensiblen Beurteilungen zum Kerngeschäft. Unter den Vorzeichen der Indiskretion sind die kaum mehr möglich.

subtil = fein
Indiskretion = Verrat

Lobo: Die Öffentlichkeit hat ein Recht auf mehr Informationen, als sie im Moment bekommt. Regierungen neigen offenbar dazu, Dinge im Geheimen zu besprechen, obwohl sie eigentlich in Volkes Auftrag handeln sollten. Dinge werden als geheim klassifiziert, auf die die Öffentlichkeit durchaus ein Recht hat. Zu dieser Kontrolle ist ja die freie Presse da. WikiLeaks ist eine Art Verlängerung der freien Presse in das Internetzeitalter – als Quelle für investigativen Journalismus. Nicht umsonst arbeitet WikiLeaks mit den renommiertesten publizistischen Organen weltweit zusammen.

investigativ = enthüllend, nachforschend

Claudia Witte, www.tagesschau.de, 29.3.2011

Aufgabe

Hat die Öffentlichkeit ein Recht auf alle Informationen? Entscheide dich für eine der beiden gegensätzlichen Positionen und begründe deine Entscheidung.

Manch-
mal wird einem die
Frage gestellt, welche drei Dinge
man auf eine einsame Insel mitnehmen würde. Für Daniel Defoes Helden im berühmten Roman „Robinson Crusoe“ (1719) ist diese Frage bitterer Ernst. Der junge Engländer kann sich als einziger Überlebender eines Schiffbruchs auf eine einsame Insel retten.

Nachdem ich mein Gemüt mit der erfreulichen Seite meiner Lage getröstet hatte, [...] schwand meine Freude bald wieder, und ich fand meine Errettung, kurz gesagt, furchtbar, denn ich war durchnässt, hatte keine Kleidung zu wechseln oder irgendetwas Ess- oder Trinkbares [...]. Mit einem Wort, ich hatte nichts bei mir außer einem Messer, einer Tabakspfeife und ein bisschen Tabak in der Dose. Ich ging ungefähr eine Achtelmeile vom Ufer fort, um Trinkwasser zu suchen; zu meiner großen Freude fand ich auch welches, und nachdem ich getrunken hatte, nahm ich ein wenig Tabak in den Mund, um dem Hunger vorzubeugen.

Daniel Defoe, Robinson Crusoe, Erster Teil, München 1981, übersetzt von Lore Krüger, S. 68 ff.

Robinson gelingt es schließlich, das gestrandete Schiff zu erreichen und mit Hilfe eines Floßes Gegenstände auf die Insel zu transportieren.

4

Wirtschaft und Wirtschaftsordnung

Jeden Tag treffen Menschen sehr viele Entscheidungen, die zum großen Bereich des Wirtschaftens, der Ökonomie, gehören. Was kann ich mir vom nächsten Taschengeld leisten? Soll ich sparen oder Geld ausgeben? Welches Produkt soll ich kaufen? Wie alles aus deiner Sicht als Verbraucher zusammenhängt, erfährst du in diesem Kapitel.

Kompetenzen

Am Ende dieses Kapitels solltest du Folgendes können:

- erklären, warum wir wirtschaften und grundlegende ökonomische Fachbegriffe anwenden
- wirtschaftliche Zusammenhänge mit Hilfe des einfachen Kreislaufmodells beschreiben
- erläutern, wie sich Preise auf Märkten bilden
- verschiedene Einflüsse auf Kaufentscheidungen kennen und eine verantwortliche Konsumentscheidung treffen
- die Wirtschaftsordnung der Sozialen Marktwirtschaft beschreiben und aktuelle Probleme beurteilen
- typische Konflikte in der Arbeitswelt kennen und Lösungsansätze beurteilen

Was weißt du schon?

- Stelle ein Warenmagazin für Robinson zusammen und ordne die Güter nach ihrer Dringlichkeit.
- Nenne Bedürfnisse, die sich Robinson wohl nicht erfüllen kann.

4.1 Jugendliche als Konsumenten

Das Grundproblem – knappe Güter und grenzenlose Bedürfnisse

M 1 Ich überlegte mir, was ich am dringlichsten brauchte …

[N]achdem ich gründlich darüber nachgedacht hatte, was ich am nötigsten brauchte, holte ich mir zunächst die drei Seemannskisten, die ich aufgebrochen und geleert hatte, und ließ sie auf das Floß hinab; die erste davon füllte ich mit Vorräten, und zwar mit Brot, Reis […]. Nach langem Suchen fand ich die Kiste des Schiffszimmermanns, die tatsächlich eine nützliche Beute und damals wertvoller für mich war als eine Schiffsladung Gold. […] Als nächstes kümmerte ich mich um Waffen und Munition. In der großen Kajüte hingen zwei ausgezeichnete Vogelflinten und zwei Pistolen; diese sicherte ich mir […]. Trotz meiner Annahme, ich hätte die Kajüte so gründlich durchsucht, dass nichts mehr zu finden war, entdeckte ich ein Spind mit Schubladen und in einer davon drei Rasiermesser, eine große Schere sowie 10 oder 12 gute Messer und Gabeln; in einer anderen fand ich ungefähr sechsunddreißig Pfund in Bargeld, einige europäische und brasilianische Münzen sowie spanische Pesos, ein paar in Gold, ein paar in Silber. Ich lächelte innerlich bei dem Anblick des Geldes. „Oh du Rauschmittel", sagte ich laut, „wozu bist du nütze? Es lohnt nicht einmal dass ich dich vom Boden aufhebe […]."

Daniel Defoe, Robinson Crusoe, Erster Teil, München 1981, übersetzt von Lore Krüger, S. 68 ff.

M 2 Leben im Schlaraffenland

Pieter Brueghel, Das Schlaraffenland (1567)

Die Menschen im legendären Schlaraffenland kennen keine Arbeit, alles, was sie brauchen, ist im Überfluss vorhanden. Wenn sie hungrig sind, öffnen sie ihre Münder und schon fliegt die leckerste Speise in ihren Rachen. Sind sie durstig, fließt das köstlichste Getränk ihre Kehle hinunter. Das Klima ist so ausgeglichen, dass die Menschen weder Bekleidung noch Behausung benötigen. Da es keine gefährlichen Tiere gibt, benötigen sie auch keinen Schutz vor ihnen. Das Faulenzen ist im Schlaraffenland eine Tugend, deshalb sieht man viele Schlaraffianer unter schönen Bäumen liegen.

M 3 Die Erde – kein Schlaraffenland

Eigentlich ist das Leben ganz einfach. Wenn man Hunger hat, muss man was essen, wenn man Durst hat, etwas trinken. Außerdem braucht man ein Dach über dem Kopf, das einen gegen die Unbilden des Wetters schützt.

Der Mensch hat also Grundbedürfnisse, die er befriedigen muss, die grundsätzlichsten sind sicherlich Nahrung und Schutz. Um diese Bedürfnisse zu befriedigen, muss er allerdings aktiv werden. [...] Auch die Steinzeitmenschen haben schon gewirtschaftet. Wirtschaft ist nämlich nichts anderes als eine planmäßige Auseinandersetzung des Menschen mit der Natur, um die eigenen Bedürfnisse zu befriedigen. Der Mensch hat keine Wahl, ob er „an der Wirtschaft teilnehmen" möchte oder nicht. Wenn er seine Grundbedürfnisse nicht befriedigt, kann er nicht existieren, er verhungert, verdurstet, erfriert. [...] Sobald die elementaren Notwendigkeiten befriedigt sind, entstehen weitere materielle und kulturelle Bedürfnisse.

Eckard Stratenschulte, Wirtschaft in Deutschland, Bonn 2006, S. 18

M 4 Die Rangordnung der menschlichen Bedürfnisse

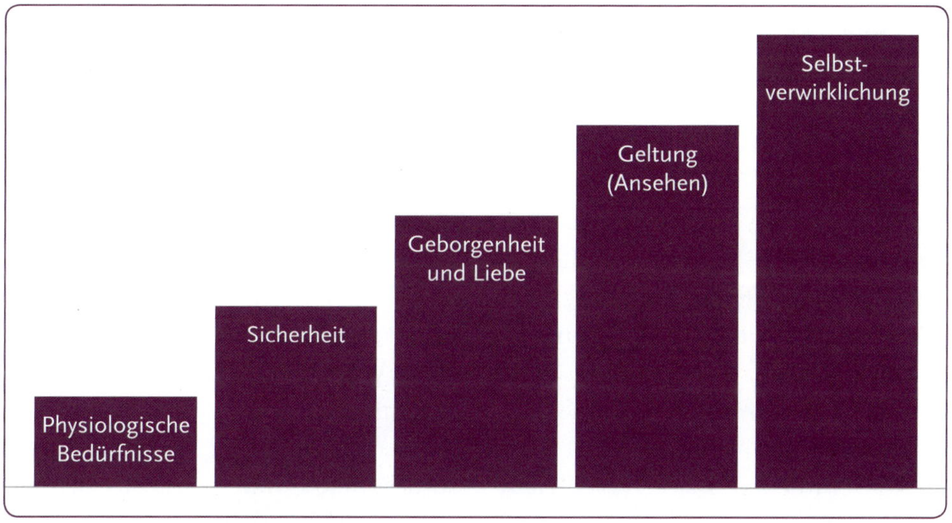

Die Stufenleiter der Bedürfnisse wurde von dem amerikanischen Forscher Abraham Maslow (1908 - 1970) entwickelt. Die ersten vier Bedürfnisse nennt Maslow auch „Defizitbedürfnisse", da sie ein Gefühl des Mangels hervorrufen und negative Folgen wie z. B. Krankheit zu erwarten sind, wenn diese Bedürfnisse nicht ausreichend befriedigt werden. Wenn ein Bedürfnis erfüllt ist, tritt das nächst höhere an seine Stelle. Je höher das Bedürfnis, desto später in der Entwicklung einer Person entsteht es und desto weniger wichtig ist es für das reine Überleben, denn es kann leichter aufgeschoben werden.

Aufgaben

1. Ordne die Bedürfnisse Robinsons (M 1) und die Bedürfnisse, die sich aus deinem zusammengestellten Warenmagazin ergeben, den Stufen in M 4 zu.
2. Erläutere, welche Bedürfnisstufen Robinson auf der Insel wohl kaum erklimmen kann (M 1, M 4).
3. Stelle dar, worin sich die Situation auf der Insel bzw. der Erde von der im Schlaraffenland unterscheidet (M 1 – M 4).
4. Diskutiert, ob das Leben auf Schlaraffia für euch erstrebenswert erscheint.
5. Robinson (M 1) hält nicht viel von den Geldstücken, die er findet, obwohl diese auf der Insel rar sind. Gib eine Erklärung dafür.

Knappe Güter – wie handeln wir?

M 5 Knappheit und das ökonomische Prinzip

Sauberes Trinkwasser – aus einem ehemals freien Gut ist ein knappes Gut geworden.

Maximalprinzip

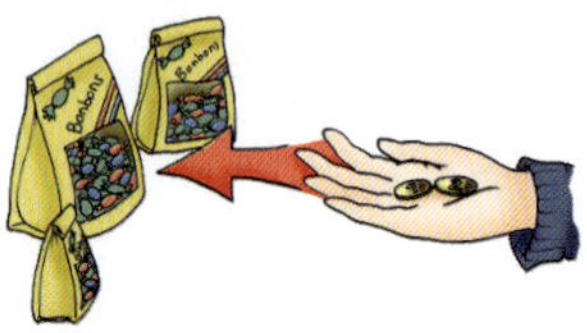

Minimalprinzip

Um überleben zu können, braucht der Mensch ausreichend Nahrung, Kleidung, Behausung und Ausbildung. Zur Befriedigung solcher Grundbedürfnisse benötigt der Mensch Güter bzw. Mittel, die ihm von der Natur in der Regel nicht frei, d. h. ausreichend und konsumreif, zur Verfügung gestellt werden. Man spricht deshalb von knappen Gütern. Die Knappheit von Gütern zur Bedürfnisbefriedigung ist der Grund dafür, dass Menschen wirtschaftlich handeln. Im Mittelpunkt des Lebens steht deshalb die Anstrengung, sich Güter zur Bedürfnisbefriedigung zu beschaffen, was nichts anderes ist als eine Umschreibung von menschlicher Arbeit.

Da die Güter zur Bedürfnisbefriedigung knapp sind, muss der Mensch sich die vorhandenen Mittel einteilen. Wirtschaften heißt insofern angesichts knapper Güter, eine möglichst optimale Verwendung der vorhandenen Mittel anzustreben. Wir handeln dann nach dem sogenannten „ökonomischen Prinzip". Das ökonomische Prinzip hat zwei Ausprägungen: Wenn wir mit unserem Taschengeld versuchen, möglichst viele Bedürfnisse zu befriedigen, handeln wir nach dem Maximalprinzip. Wenn wir ein Bedürfnis, z. B. den Kauf einer Limonade, mit dem geringsten Mitteleinsatz befriedigen, handeln wir nach dem Minimalprinzip.

In unserer heutigen Gesellschaft spielt neben der Befriedigung der Grund- oder Existenzbedürfnisse eine Vielzahl weiterer Bedürfnisse eine immer wichtigere Rolle. Denken wir an den Wunsch nach modischer Kleidung, schönen Einrichtungsgegenständen, besonderem Essen, Musikhören, Konzerte zu besuchen, Urlaubsreisen zu machen etc. Wenn diese Wünsche nicht erfüllt werden, empfinden wir dies als Mangel. Unser Bestreben ist es, diesen Mangel zu beseitigen, indem wir das Bedürfnis befriedigen. Grundsätzlich empfindet jeder Mensch Bedürfnisse unterschiedlich dringlich. So verwendet ein Jugendlicher sein Taschengeld hauptsächlich für sein Handy, während ein anderer ein Großteil seiner Mittel für seinen Lieblingssport ausgibt.

M 6 Welche Güter gibt es?

Nur sehr wenige Güter sind unbegrenzt vorhanden, d. h. frei verfügbar. Zu diesen freien Gütern zählen Wind, Sonnenlicht oder Meerwasser. Sie kosten kein Geld.

Im Gegensatz zu den freien Gütern ist die große Mehrheit der Güter, die wir zum Leben brauchen, knapp. Man nennt sie wirtschaftliche Güter, weil ihre Herstellung Kosten verursacht. Sie haben einen Preis. Bei den wirtschaftlichen Gütern gilt es zwischen Sachgütern, Dienstleistungen und Rechten zu unterscheiden. Sachgüter sind dingliche Güter (Waren), die zur Herstellung anderer Güter (Produktionsgüter) benötigt werden oder ge- und verbraucht (Konsumgüter) werden können. Dienstleistungen können wir nicht sehen oder anfassen. Wir nehmen sie in Anspruch, wenn wir zum Frisör gehen oder auf der Bank Geld abheben. Auch für Rechte müssen wir bezahlen, z. B. für das Recht, ein Musikstück aus dem Internet herunterladen und anhören zu dürfen.

M 7 Wirtschaftliches Handeln im Alltag

Matthias hat 500 € für seinen Urlaub gespart und sucht nun im Internet nach einem Angebot, das ihm einen möglichst langen Urlaub in einem möglichst weit entfernten Land ermöglicht.

Eine Werft benötigt für die Produktion ihrer Schiffe sehr viel Strom, da die meisten Maschinen relativ alt sind. Die Unternehmensleitung beschließt gemeinsam mit den Mitarbeitern, neue Maschinen zu kaufen, die bei gleicher Leistung weniger Strom als die alten Maschinen benötigen.

In einer Jeans-Fabrik werden Bluejeans hergestellt. In der Fertigungsabteilung wird versucht, möglichst viele Jeansteile aus den Stofflagen auszuschneiden. Die unterschiedlichen Teile und Größen werden daher mit Hilfe eines Computers zu einem optimalen Gesamtschnittbild zusammengestellt.

Die Bahnstrecke zwischen Nürnberg und München soll zu einem möglichst niedrigen Preis ausgebaut werden, um sie mit einer Höchstgeschwindigkeit von 320 km/h befahrbar zu machen.

Aufgaben

1. Veranschauliche den Zusammenhang zwischen Knappheit und Handeln nach dem ökonomischen Prinzip durch ein Schaubild (M 5).
2. Erstelle für die einzelnen Güterarten, wie sie in M 6 beschrieben sind, eine übersichtliche Struktur (zum Beispiel ein Baumdiagramm), und nenne jeweils ein weiteres Beispiel.
3. Erläutere, nach welchem ökonomischen Prinzip die Menschen in M 7 handeln. Finde weitere Beispiele für das Handeln nach dem Maximalprinzip und Minimalprinzip aus deinem Alltag (M 7).

zu Aufgabe 2
Auch Dienstleistungen lassen sich nach Konsum- und Produktionsgütern unterscheiden. Finde Beispiele dafür.

Wie beeinflusst uns Werbung?

M 8 Werbeslogans

Just do it.
Nichts ist unmöglich.
Have a break, have a …
… sonst nichts.
Besser ankommen.
Think different.
… macht Kinder froh und Erwachsene ebenso.
Nicht immer, aber immer öfter.
Vorsprung durch Technik.
Quadratisch, praktisch, gut.
Die schönsten Pausen sind lila.
… und der Hunger ist gegessen.

M 9 Warum gibt es Werbung?

Wir begegnen Werbung überall: Auf Bahnhöfen, in Einkaufszentren, an Bushaltestellen und Plakatwänden, in Schaufenstern und als bunte Inszenierung auf den Straßen. Aber nicht nur außer Haus, auch in den Familien begegnen wir ihr, denn Zeitungen und Zeitschriften, Radio, Fernsehen und das Internet sind ihre wichtigsten Träger. Warum gibt es Werbung? Ganz allgemein dient Werbung dazu, die Verkaufszahlen eines Produktes zu steigern. Der Kunde soll über neue Produkte und deren Eigenschaften informiert und motiviert werden, sich näher mit dem Produkt auseinanderzusetzen und es schließlich zu kaufen. Dazu muss die Werbung den Kunden zunächst auf das Produkt aufmerksam machen, d. h. der Umworbene muss die Werbung zunächst hören oder sehen. Die Werbebotschaft, also die Grundaussage der Werbung, soll dem Umworbenen im Gedächtnis bleiben. Aufgrund der Werbung soll ein Kaufwunsch entstehen, weil der Umworbene mit der Ware positive Gefühle verbindet, die durch die Werbung vermittelt werden. Gute Werbung ist deshalb in der Regel nicht langweilig. Nicht zu vergessen ist, dass Werbung ein wichtiger Wirtschaftszweig ist, in dem über 600.000 Menschen arbeiten und der viele attraktive Berufsfelder bietet. Außerdem finanzieren sich die Medien zu einem nicht geringen Teil durch Werbeeinnahmen.

M 10 Umworbene Verbraucher

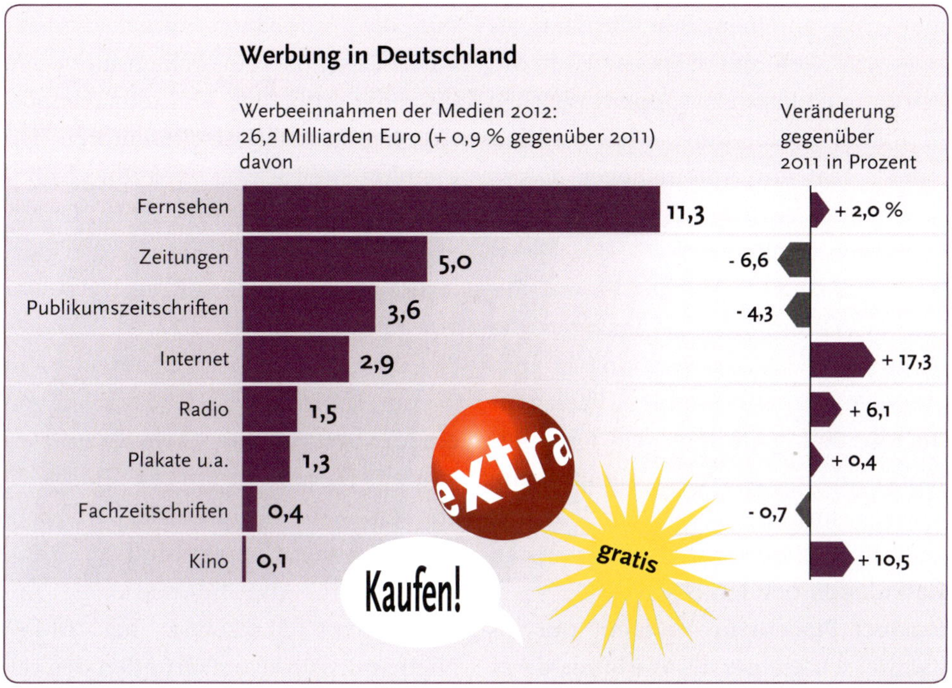

Globus-Grafik 5476; Quelle: Nielsen

M 11 James Bond – im Dienste der Werbung

Krachend zermalmt 007 gleich in den ersten Szenen des Films mit einem Bagger drei VW Beetle. Die Wracks kullern wie erschlagene Käfer von dem rasenden Zug, auf dem der Kampf Bond gegen Böse tobt. „Nagelneue Autos", seufzt Bond-Girl Eve.

Die Fan-Gemeinde ist begeistert von „Skyfall" – Volkswagen dagegen bestürzt: „Wir sind nicht glücklich darüber, wie unsere Fahrzeuge in diesem Film präsentiert werden", sagt ein VW-Manager. „Hätte man uns um Erlaubnis gefragt, wäre das abgelehnt worden."

Die Frage, welches Modell wann, wie lange und in welchem Kontext durchs Bild rollt, ist Gegenstand harter Verhandlungen. „Da geht es um viel Geld, oft um Millionenbeträge", sagte Ken, ein Insider, der „Welt am Sonntag". „Und Regel Nummer eins bei diesen Geschäften lautet allerdings: Nicht öffentlich über die Deals reden", verrät Ken.

Gesicherte Zahlen zu bekommen ist daher schwer. Im Fall von „Skyfall" ist immerhin durchgesickert, dass Firmen verschiedener Branchen insgesamt bis zu 45 Millionen Dollar dafür gezahlt haben, dass ihre Produkte in der Story eine Rolle spielen. Das wäre knapp ein Drittel der Produktionskosten für den neuesten Streifen mit Agent 007, dem zweitteuersten seit dem Vorgängerfilm „Ein Quantum Trost" von 2008.

Die Unternehmen sollen Schlange ge-

Im Auftrag ihrer Majestät und vieler Marken im Einsatz: Bond-Darsteller in „Skyfall". In der Nebenrolle: ein Land Rover

Werbefaustformel AIDA
Werbung soll die Aufmerksamkeit des Kunden erregen (**a**ttention), sein Interesse an dem Produkt wecken (**i**nterest), zu einem Kaufwunsch führen (**d**esire) und schließlich eine Kaufhandlung auslösen (**a**ction).

standen haben, um einen Platz für ihre Produkte in dem Film zu bekommen. „Was in einem Bond-Streifen gezeigt wird, geht um die ganze Welt, die Wirkung ist kaum zu toppen. Welches Modell er gerade fährt, weiß wirklich jeder", sagt ein Automanager. Dagegen wirke konventionelle Werbung fast schon hilflos. [...]

Natürlich sind die Macher der 007-Filme bei Weitem nicht die Einzigen, die in großem Umfang Werbung in ihre Storys einbauen. Product Placement im Kino hat spätestens seit den 70er-Jahren in der gesamten Filmbranche System, und die Einnahmen daraus gehören bei vielen Studios zur festen Kalkulation bei den Drehs.

Product Placement sei nicht nur im Zweifel wirksamer als Werbung, da es authentischer wirke, sondern oft auch günstiger. „In einem Hollywood-Film muss man 200.000 bis zwei Millionen Dollar investieren, um sein Produkt zu platzieren. Im deutschen Privatfernsehen kann ein Werbeblock von knapp 30 Sekunden zur besten Sendezeit 50.000 bis 65.000 Euro kosten." ...

Für die Autobauer, zumal die der Oberklasse, ist ein Schaufahren bei 007 eine einmalige Marketingchance. Die Figur des Bestsellerautoren Ian Fleming steht – egal, wer ihn spielt – für Männlichkeit und Erfolg, Draufgängertum und Stil. Das ist die ideale Projektionsfläche für die Hersteller von Premiumautos.

„Es geht bei Product Placement nicht darum, sofort höhere Stückzahlen von einem bestimmten Modell zu verkaufen. Es geht darum, das Image zu stärken, also um langfristige Markenbildung", sagt Claudia Müller, verantwortlich für das Internationale Entertainment Marketing bei BMW. Niemand würde aus Gründen des reinen Nutzens eines der Modelle kaufen, die ein James Bond fährt. Diese Autos sind reiner Luxus, den man sich gönnt, wenn er für etwas steht. Für einen Kerl wie 007 zum Beispiel ...

Nikolaus Doll, Die Welt, 18.11.2012

M 12 Werbung – zwei Meinungen

Pro: Werbung informiert einen darüber, was gerade „hip" und „cool" ist. Damit können wir uns einen guten Überblick über das Marktangebot verschaffen. Werbung fördert den Wettbewerb der Anbieter. Sie ist oft schön und originell gemacht und die Sprüche sind manchmal sehr lustig, sodass wir gut unterhalten werden. Die Werbebranche bietet zahlreiche interessante Arbeitsplätze und durch die Einnahmen aus Werbung finanzieren sich zahlreiche Medien. Viele Arbeitsplätze können deshalb erhalten werden oder neu geschaffen werden.

Kontra: Werbung setzt einen unter Druck, weil sie einem das Gefühl gibt, blöd zu sein, wenn man ihr nicht folgt. Sie will einem vorschreiben, was schön oder gut für einen ist. Werbung wurde erfunden, um Menschen Dinge anzudrehen, die sie eigentlich nicht brauchen oder wollen. Werbung versucht uns also zu manipulieren. Die Werbung gaukelt uns eine heile Welt vor und weckt bei uns Illusionen. Unternehmen schlagen die Kosten für Werbung auf die Produktpreise drauf, sodass die Produkte teurer werden.

Methode

M 13 Werbung analysieren

Bei der Analyse sollten folgende Punkte beachtet werden:

- Welches Produkt wird beworben?
- Wie wird das Produkt präsentiert (Personen, Text, Farben, Aufmachung, Gestaltung)?
- Welche Zielgruppe soll das Bild ansprechen?
- Welche Bedürfnisse und Gefühle werden angesprochen?
- Welche Sprache wurde gewählt?
- Wie lautet die Werbebotschaft, die vermittelt werden soll?
- Spricht dich die Werbung an?

Tipp: Die Methode der Verfremdung ermöglicht es, sich (Text-)Inhalte und Bilder anders zu erschließen. Beim Verfremden erzählt man einen Text oder eine Geschichte anders oder zeichnet ein Bild um, so dass damit gegen die Erwartungen der Zuhörenden, Lesenden oder Betrachtenden bewusst verstoßen wird. Das führt zu überraschenden Ergebnissen. Probiert es einfach mal aus. Oder ihr gestaltet selbst ein Werbeplakat für ein Produkt eurer Wahl.

Fernseh- oder Kinospots, Anzeigen in Zeitschriften, Bannerwerbung im Internet – abgesehen vom Radio ist das Bild das wichtigste Mittel der Werbung.

Aufgaben

1. Ordne die Werbeslogans den einzelnen Produkten / Unternehmen zu. Kennst du weitere Slogans? Haben die Werbemacher ihre Ziele bei denen, die die Produkte kannten, erreicht (M 8)?
2. Was spricht für, was gegen Werbung? Diskutiert in der Klasse (M 9 – M 12).
3. Sammelt Werbeanzeigen und bringt sie mit in den Unterricht. Analysiert die Anzeigen mit Hilfe von M 13.

Ist die Marke wichtig?

M 14 Warum gibt es Jeans für 9 und für 900 Euro?

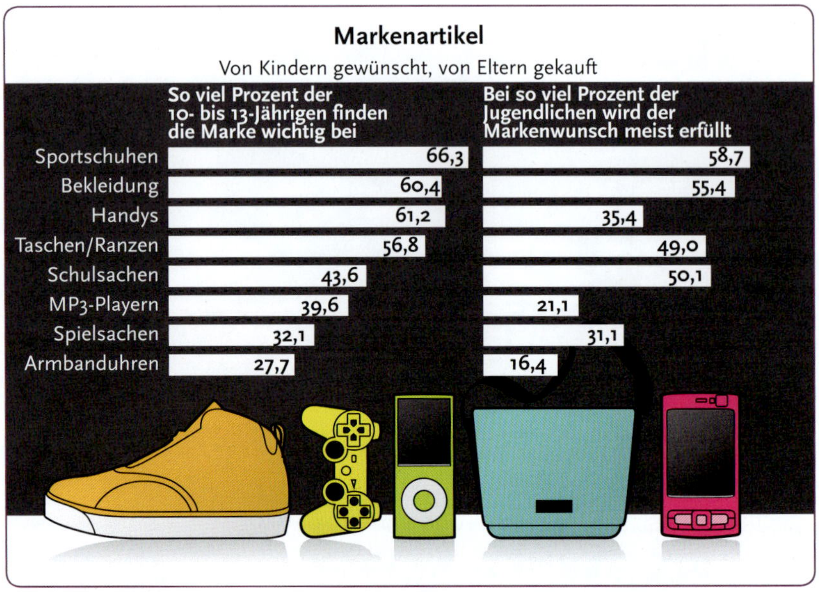

Quelle: KVA 2011, Globus-Grafik 3052

8,99 Euro für eine Jeans – solche Angebote finden wir immer wieder in den Prospekten der Discounter. Und gleichzeitig gibt es auf der Welt Läden, in denen Jeans mehr als 900 Euro kosten. Der Designer Roberto Cavalli verlangt sogar manchmal mehr als 2.000 Euro. Die Jeans unterscheiden sich durch ein paar Stickereien – und dadurch, dass die teuren oft deutlich älter aussehen. Trotzdem finden Jeans in beiden Preisklassen Käufer. Warum?

Weil auf der teuren Jeans auch ein Name aufgestickt ist, zum Beispiel der von Roberto Cavalli. Dass die Jeans von ihm kommt, macht sie für einige Käufer hundertmal so wertvoll wie die unbestickte Jeans vom Discounter: Cavallis Name ist zur Marke geworden. Und dass Markenartikel teuer sind, hat eine lange Tradition. Schon im alten Mesopotamien sollen Händler ihre Transportkrüge mit speziellen Siegeln markiert haben. Im Mittelalter wurde diese Praxis noch populärer: Sogar Käse zeigte spezielle Herkunftsmarken, und Michelangelo hinterließ auf seinen Werken seine Meistermarke. Der Grund war immer der gleiche: Der Verkäufer wollte den Preis für seine Ware in die Höhe treiben, indem er mit seinem Zeichen für die Qualität bürgte. [...] Doch blicken wir auf unsere Jeans: Sind Roberto Cavallis Hosen mehr als den 100-fachen Preis wert, weil sie länger halten? Sicher nicht. Angenommen, die Discounter-Jeans hält mindestens ein halbes Jahr: Dann müsste man die Cavalli-Jeans mindestens 50 Jahre tragen – und in dieser Zeit auch noch die Kleidergröße halten.

Es muss also noch etwas anderes geben, das uns dazu bringt, 900 Euro für eine Jeans auszugeben. [...]

Die Wissenschaftler sehen: Wenn wir einkaufen, findet im Gehirn ein Kampf statt. [...] Das Engelchen, das ist die Schmerzregion in der Nähe der Schläfen. Sie ärgert sich darüber, dass wir so viel Geld ausgeben wollen. Das Teufelchen ist das Lustzentrum, das zum Teil direkt hinter den Augen und zu einem anderen Teil tief im Gehirn sitzt. Dort hat nicht nur die Freude an gekauften Dingen ihre Heimat, sondern beispielsweise auch der Kick beim Drogenrausch. Die Entscheidung lässt sich recht einfach zusammenfassen: Wenn das Teufelchen im

Lustzentrum aktiver ist als das Engelchen im Schmerzzentrum, dann schlagen wir zu.

[...] Und welche Belohnung verspricht nun die 900-Euro-Jeans? Individualismus. Sie grenzt die Käufer von all denen ab, die so eine Jeans nicht haben. Das sei eine der wichtigsten Belohnungen überhaupt. Die Abgrenzung kann an unterschiedlichen Eigenschaften erfolgen: Wir fühlen uns schlauer, cooler oder trendiger als andere. Oder eben reicher. Kurz gesagt – wir sind deshalb bereit, so viel Geld für die 900-Euro-Jeans zu zahlen, weil sie so teuer ist.

Patrick Bernau, Frankfurter Allgemeine Sonntagszeitung, 18.11.2007

M 15 Kontrovers diskutiert: Schulbekleidung gegen Markenterror?

Pro: stärkeres Gemeinschaftsgefühl

Der Hauptgrund für eine Schuluniform ist die Stärkung des Gemeinschaftsgefühls der Schüler untereinander. Das Bestreben, die Mitschüler durch teure Markenkleidung zu übertrumpfen, kann so besser unterbunden werden. Uniformen fördern den Ausdruck charakterlicher Individualität, die sich eben nicht auf teure Markenkleidung beschränkt. Auch die finanzielle Situation der einzelnen Schüler ist nicht gleich ablesbar. Besonders in Ländern mit starkem sozialen Gefälle schätzen Eltern, dass ihre Kinder für den Schulbesuch Schuluniformen tragen. Diese sind relativ preiswert zu erwerben. Hochwertige Kleidung können sich viele für ihre Kinder nicht leisten. Laut einer Studie der Universität Gießen lernen Schüler besser, welche einheitliche Kleidung tragen; außerdem sind sie rücksichtsvoller und können sich besser konzentrieren.

Kontra: Eingriff in Selbstbestimmungsrecht

Eine Schuluniformpflicht stellt einen Eingriff in das Selbstbestimmungsrecht der Kinder und ihrer Eltern dar. Da Erwachsene oft einen anderen Geschmack als Kinder oder Jugendliche haben, wird von Schülern bei der einheitlichen Kleidung ein langweiliger Stil befürchtet. Auch wird der Konkurrenzkampf durch Schuluniformen nur gelindert, nicht beendet, denn Schüler versuchen sich von anderen abzugrenzen, zum Beispiel mit auffälligem Haarschnitt, teuren Schuhen oder Schmuck. Man darf auch nicht übersehen, dass einheitliche Kleidung auch Konkurrenz und Konflikte zwischen verschiedenen Schulen und insbesondere Schultypen hervorrufen kann.

nach: wikipedia.de (Stichwort: Schuluniform)

zu Aufgabe 2
Unterscheide zunächst die im Text genannten Argumente. Formuliere in eigenen Worten und ordne die Argumente anschließend nach ihrer Wichtigkeit.

Aufgaben

1. a) Sammle für dich die Produkte, bei denen du Wert auf eine bestimmte Marke legst. Vergleicht die Ergebnisse in der Klasse und versucht, eine Erklärung dafür zu finden (Grafik in M 14).
   b) Erläutere, warum Menschen teure(re) Markenprodukte kaufen (M 14).
2. Diskutiert ausgehend von M 15 die Frage, ob einheitliche Schulkleidung ein Weg ist, um dem „Markenterror“ zu entgehen.

Wie wichtig sind Verbraucherinformationen?

M 16 Wie zuverlässig sind Gütesiegel?

Ausgewählte Produktsiegel

Sie sind sechseckig oder rund, grün, blau oder bunt. Sie prangen auf vielen Produkten und sollen den Verbraucher über Anbau- und Produktionsbedingungen informieren. Es gibt sie für biologische und konventionelle Lebensmittel, für Holz aus nachhaltigem Anbau, für Textilien, die unter fairen Bedingungen hergestellt werden, für Fische die umweltgerecht gefangen werden. Und es werden immer mehr […].

Ignorieren können Verbraucher beim Einkauf getrost wohlklingende Aufschriften wie „aus kontrolliertem Anbau", „unabhängig kontrolliert" oder aus „nachhaltiger" Landwirtschaft, mit denen Hersteller häufig auf ihre konventionellen Lebensmittel aufmerksam machen. Sie suggerieren dem Konsumenten nur den Kauf gesunder Lebensmittel. Tatsächlich betreiben die Verkäufer damit einen gewaltigen Etikettenschwindel, genauso wie bei Formulierungen wie „umweltschonender Anbau" oder „unter unabhängiger Kontrolle". So ausgezeichnete Lebensmittel sind keine Biowaren, mögen die Verpackungen auch grüne Weiden und glückliche Kühe zeigen. […]

Ein wirkliches Gütesiegel, das rein für die umweltverträgliche Herstellung, beispielsweise von Lebensmitteln steht, gibt es bislang überhaupt nicht. Es gibt zwar die beiden Bezeichnungen „Bio" und „Öko", die durch EG-Rechtsvorschriften geschützt sind und dafür stehen, dass Hersteller bei der Produktion auf bestimmte Dinge achten. „Beispielsweise auf schädliche Düngemittel oder Gentechnik verzichten", sagt Buschmann von der Verbraucherzentrale in NRW. „Bio" und „Öko" helfen dem Verbraucher besonders, um feststellen zu können, ob ein Produkt für ihn gesund ist. Weniger aussagekräftig sind die Siegel, wenn es um die umweltschonende Herstellung der Waren geht. Naturbelassen gibt es wohl nur in der Werbung. Statt 300 Zusatzstoffe wie bei konventionellen sind bei Ökoprodukten nur 47 erlaubt. Dazu zählen jedoch auch umstrittene Produkte wie Carrageen (E407). Es wird gerne bei der Milchverarbeitung eingesetzt, um zu verhindern, dass die Milch einen Rahm bildet. Carrageen wird aus Rotalge gewonnen und führte bei Tierversuchen mit Nagern unter anderem zu Darmgeschwüren sowie zu einer Beeinflussung des Immunsystems. […]

90 Prozent der Verbraucher wünschen sich laut einer Studie des Bundesumweltministeriums ein einziges produktübergreifendes Zeichen, an dem man sich orientieren kann. Dieser Wunsch nach klaren, einfachen und vertrauenswürdigen Orientierungshilfen besteht in allen Bevölkerungsgruppen.

Caspar Dohmen, Stuttgarter Zeitung, 30.12.2010

suggerieren = einreden, einflüstern

Tipp
Unter *www.iporex.com* findet sich ein internationales Verzeichnis von Bio-Produzenten und -Händlern, die von Fleisch bis Ahornzucker alles im Angebot haben.
Unter *www.utopia.de* finden sich Informationen über nachhaltig und nur scheinbar nachhaltig erzeugte Produkte und ihre Produzenten.
Unter *www.oeko.de* findet man einen Überblick über aktuelle Probleme bei ökologischer Produktion.

M 17 Stiftung Warentest testet Foto-Entwickler

Discounter, Drogerie oder Online-Dienste – wer Digitalfotos entwickeln möchte, hat die Qual der Wahl. Die Stiftung Warentest hat zwölf Anbieter getestet. Zwei schnitten dabei besonders gut ab.

Digitale Abzüge sind in den letzten fünf Jahren deutlich besser geworden. Hat die Stiftung Warentest im Test von 2005 die Bildqualität noch bestenfalls mit „befriedigend" beurteilt, ist sie heute oft „gut". Zwölf Anbieter von digitalen Fotodiensten haben die Prüfer bewertet. Am besten schnitt Aldi ab. Der Discounter liefert Abzüge im 10er-Format für neun Cent pro Stück und bietet damit das beste Preis-Leistungs-Verhältnis.

Auf Platz zwei hat es Foto Quelle geschafft. Bildqualität, Angebotsumfang und Bestellabwicklung waren bei beiden Diensten für Fotos wie für Poster immer mindestens „gut". Das gilt zwar auch für die Anbieter dm, Saturn und Schlecker – allerdings sind bei ihnen die Fotos teurer als bei den Testsiegern. Hinzu kommt: Nur Aldi und Foto Quelle gehen auch „gut" mit Nutzerdaten um.

Bei fast allen Anbietern lief die Bestellung weitgehend problemlos. Auf ihre Fotos mussten die Besteller im Schnitt zwei Tage warten, auf Poster einen Tag länger. Am schlechtesten bewertete die Stiftung Warentest den Dienst Foto.com. Die entwickelten Fotos waren dort „befriedigend", die bestellten Poster nur „ausreichend" und die Website gar „mangelhaft". Am Online-Auftritt hapert es, aber nicht nur dort: Als einziger Anbieter hat Lidl für die Website die Note „gut" bekommen. Alle anderen Internetseiten sind „befriedigend" oder schlechter.

ino, http://www.n-tv.de/ratgeber/Am-besten-geht-s-bei-Aldi-article1357451.html (26.8.2010)

Stiftung Warentest
Die Stiftung Warentest ist eine deutsche Verbraucherschutzorganisation, die mit dem Anspruch der Unabhängigkeit Waren und Dienstleistungen verschiedener Anbieter untersucht und vergleicht. Die Ergebnisse der Warentests, Dienstleistungsuntersuchungen und Verbraucherinformationen werden z. B. im Internet, in Zeitschriften, Sonderheften, Ratgebern oder Jahrbüchern veröffentlicht (*www.test.de*).

STIFTUNG WARENTEST
GUT (1,9)
test
www.test.de

Aufgaben

1. Mit welchen Informationsquellen für den Verbraucher hast du schon Erfahrungen gemacht? Berichte darüber und notiere jeweils Beispiele.
2. Die Siegel in der Randspalte geben dem Käufer zusätzliche Informationen über ein Produkt. Recherchiert weitere Siegel und sammelt Informationen dazu: Wofür stehen die Siegel, wer vergibt sie, welche Kriterien muss ein Produkt erfüllen, um das Siegel zu erhalten? Beurteilt abschließend, ob das Siegel für den Verbraucher nützlich ist (M 16).
3. Arbeite aus M 17 heraus, nach welchen Kriterien die Foto-Entwickler getestet wurden.
4. Diskutiert, ob ihr die Angaben auf Lebensmittelverpackungen für ausreichend haltet. Welche weiteren Informationen hättet ihr gerne beim Kauf eines Lebensmittels?
5. Bildet Gruppen. Wählt ein Produkt, das ihr testen wollt, und entwickelt geeignete Kriterien für euren Test.

Umweltschutz – ein wichtiger Aspekt der Kaufentscheidung?

M 18 Wenn viele Menschen ...

„Wir wissen, dass der weiße Mann unsere Art nicht versteht. Er behandelt seine Mutter, die Erde, und seinen Bruder, den Himmel, wie Dinge zum Kaufen und Plündern, zum Verkaufen wie Schafe oder glänzende Perlen. Sein Hunger wird die Erde verschlingen und nichts zurücklassen als eine Wüste."
(Häuptling Seattle[1])

„Die Navajo-Indianer kamen mit 263 Gegenständen in ihrem Leben aus; wir haben heute 10.000 in unseren Haushalten, 100.000 im Warenangebot und dieses Angebot nimmt ständig zu."
(Alan During)

„Es ist genug da zur Befriedigung jedermanns Bedürfnisse, nicht jedoch zur Befriedigung jedermanns Gier"
(Mahatma Gandhi)

„Viele kleine Leute an vielen kleinen Orten, die viele kleine Schritte tun, können das Gesicht der Welt verändern."
(Afrikanisches Sprichwort)

[1] Adaption einer Rede, die Häuptling Seattle 1855 an den Präsidenten der Vereinigten Staaten gerichtet haben soll. Der Text ist eine freie Bearbeitung eines Redetextes, der erstmalig publiziert wurde im „Seattle Sunday Star" 1887 und später auch in der „Washington Historical Quaterly" erschienen ist. Die deutschen Rechte liegen bei der Dedo Weigert Film GmbH, München.

M 19 Weltreise einer Jeans

Um gute Gebrauchs-, Trage- und Pflegeeigenschaften zu erreichen, sind für eine Jeans viele Bearbeitungsschritte nötig. Die Baumwolle für die Herstellung einer Jeans wird in Kasachstan von Hand oder mit der Maschine geerntet. Anschließend wird die Baumwolle nach China versandt und dort mit schweizer Maschinen gesponnen, auf den Philippinen wird die Baumwolle mit blauem Farbstoff aus Deutschland gefärbt. In Polen wird sie mit deutschen Maschinen verwebt. Anschließend wird der Stoff nach Marseille transportiert, Washinglabel und Innenfutter stammen aus Frankreich, Knöpfe und Nieten aus Italien. Alle Zutaten werden nun erneut auf die Philippinen geflogen und dort zusammengenäht. Schnittmuster und Design stammen aus Deutschland. In Griechenland erfolgt noch die abschließende Bearbeitung der Jeans mit Bimssteinen, um ihr das typische Aussehen zu geben. Die fertige Jeans wird nach Deutschland transportiert und dort verkauft. Wenn sie nicht mehr getragen wird, kommt sie oft in die Altkleidersammlung. In Betrieben in den Niederlanden werden die Kleidungsstücke sortiert. Die Secondhand-Jeans wird nun eventuell auf dem afrikanischen Kontinent wieder verkauft und erneut getragen.

Dieter Simon, Eine Welt in der Schule, Heft 3/ September 2001, S. 3

M 20 Belastungen durch die Produktionskette

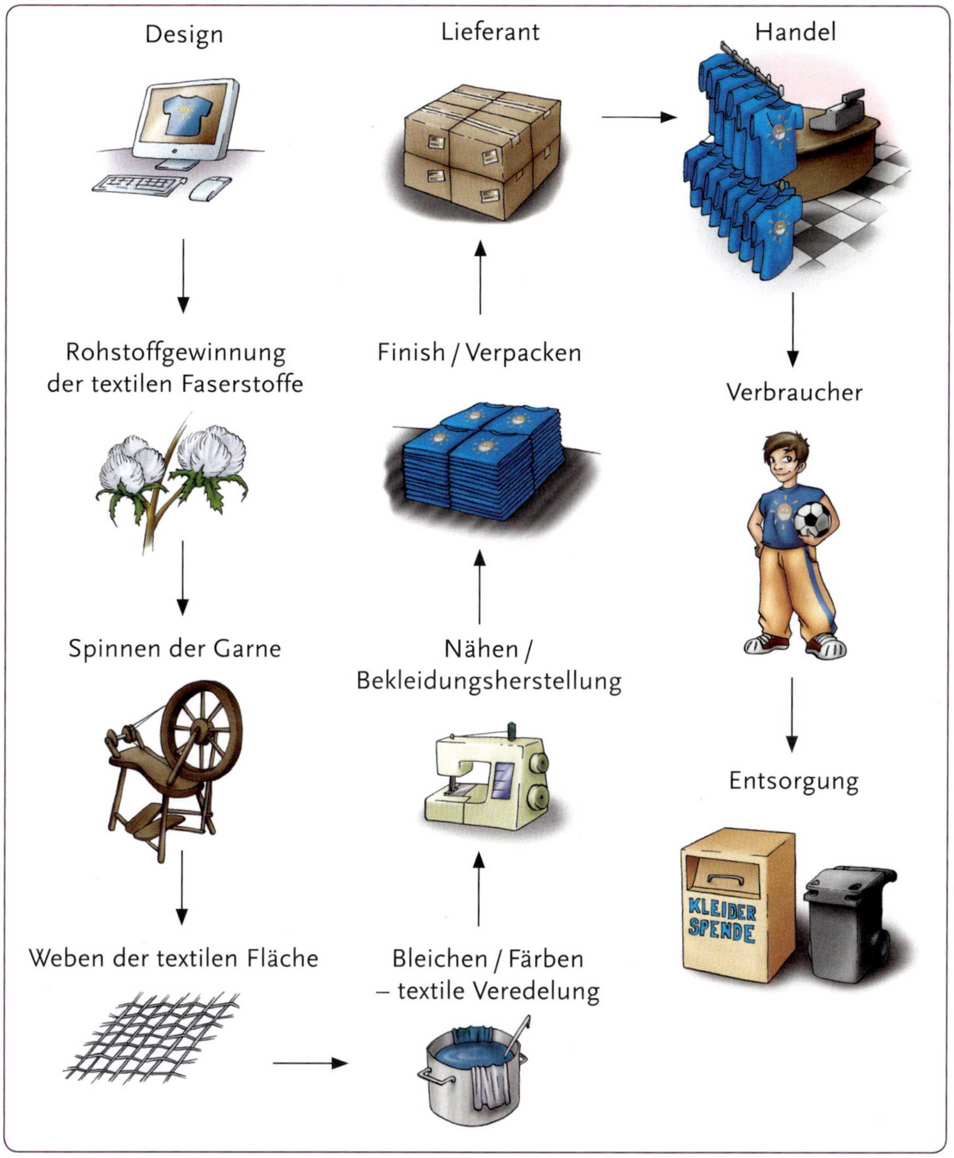

nach: http://www.fair-zieht-an.de/wp-content/uploads/textile_kette_MARA.png (6.3.2011)

Primärproduktion, Baumwolle: hoher Landschaftsverbrauch durch Baumwollanbau, hoher Einsatz von Insektiziden, Herbiziden und Entlaubungsmitteln, Einsatz von Konservierungsstoffen bei Transport und Lagerung von Baumwolle, hoher Wasserbedarf mit ökologisch negativen Folgen, Düngemitteleinsatz (Nitrifizierung des Bodens)

Produktion, von Fasern, Garnen, Flächengebilden: Energiebedarf beim Spinnen und Weben, Einsatz von Hilfsmitteln, die bei nachfolgenden Verarbeitungsschritten zu Emissionen führen, Staub- und Lärmbelästigungen, textile Abfälle

Veredelung: Einsatz großer Mengen an Textilhilfs- und Ausrüstungmaterialien, Emissionen in die Umweltkompartimente Wasser und Luft, hoher Energieverbrauch, hoher Wasserbedarf, Klärschlammanfall

Gebrauch: mögliche schädliche Wirkungen der Textilchemikalien auf den Verbraucher, Einsatz von Wasch- und Reinigungsmitteln, Verteilung ökologisch relevanter Stoffe durch Auswaschung (diffuser Eintrag in das Abwasser), Einsatz ökotoxischer Stoffe bei der chemischen Reinigung, hoher Energieeinsatz für die Jeanspflege (Waschen, Trocknen, Bügeln)

Entsorgung: Beanspruchung von Deponieraum, Emissionen bei Müllverbrennung und Deponie

Aufgaben

1. Verteilt vier Plakate mit jeweils einem Zitat im Klassenraum. Wählt ein Zitat aus, welches euch gefällt, und schreibt auf, was die Zitate mit dem Thema Konsum zu tun haben (M 18).
2. Fasse die Umweltbelastungen bei der Herstellung einer Jeans zusammen (M 19, M 20).
3. Diskutiert Möglichkeiten der Verringerung von Umweltbelastungen bei der Jeansproduktion (M 20).

Wie teuer ist billig?

M 21 Geiz ist geil, oder?

Die Textilkette Kik boomt auch in der Krise – mit konkurrenzlos niedrigen Preisen. Doch die Zeche zahlen junge Näherinnen in Bangladesch, unterbezahlte Beschäftigte und oft auch die Kunden.

Näherinnen in einer südostasiatischen Textilfabrik.

Vor 15 Jahren gründete Stefan Heinig den Textildiscounter Kik. Seither arbeitet der ehemalige Handelsassistent daran, die Preise zu drücken. Er verkauft den Deutschen die billigsten Klamotten, die es gibt. Heißt es. Jeans kosten bei Kik mitunter nur 2,99 Euro. Mit Hilfe der „Bild"-Zeitung deckte Heinig die Nation im Frühjahr mit „Volks-T-Shirts" ein, für 1,99 Euro. Hauptsache billig – mit dieser simplen Idee hat Heinig ein Geschäftsimperium aufgebaut, das trotz Krise immer weiter wächst. Selbst auf Sylt finden sich zwei Geschäfte der Billigkette, 2.800 Filialen in sechs Ländern gibt es mittlerweile, und es werden immer mehr. Der Umsatz des Unternehmens, das zum Tengelmann-Konzern gehört, lag im abgelaufenen Geschäftsjahr bei 1,1 Milliarden Euro.

Doch der Erfolg beruht auf einer Täuschung. Genau genommen sind Kiks Preise nicht billig – sie kommen Mitarbeiter, Zulieferer und oft auch Kunden teuer zu stehen. Den höchsten Preis für den hiesigen Geiz zahlen die Näherinnen in den Fabriken in Bangladesch. Fast die Hälfte der Waren stammt von dort. Es sind Mädchen wie Sathi Akhter, die für Heinigs vermeintliche „Volks"-Preise sorgen. Sathi Akhter ist 16 Jahre alt. Sie arbeitete in einer Kik-Zulieferfabrik in der Hauptstadt Dhaka, 10, 12, manchmal 16 Stunden pro Tag – für umgerechnet 25 Euro im Monat. Mit ihren Eltern und ihrem Bruder teilt sie sich einen knapp sechs Quadratmeter großen Verschlag als Wohnung. Frisches Wasser, erzählt Sathi Akhter, gebe es in der Fabrik nicht, oft nicht mal Spülwasser in den dreckigen Toiletten. Zusammen mit zwei Kolleginnen berichtet sie vom Fabrikmanager, der „regelmäßig zuschlage", zu spät bezahle und Überstunden oft gar nicht vergüte. Und davon, dass in der Fabrik Kinder unter 14 Jahren beschäftigt würden, was auch in Bangladesch verboten ist. Und dennoch: Selbst für solche Jobs findet sich immer irgendwer in diesem Land, in dem 156 Millionen Menschen leben und 35 Millionen hungern.

Nils Klawitter, Spiegel online, 26.9.2009

M 22 Was kann ein Einzelner tun?

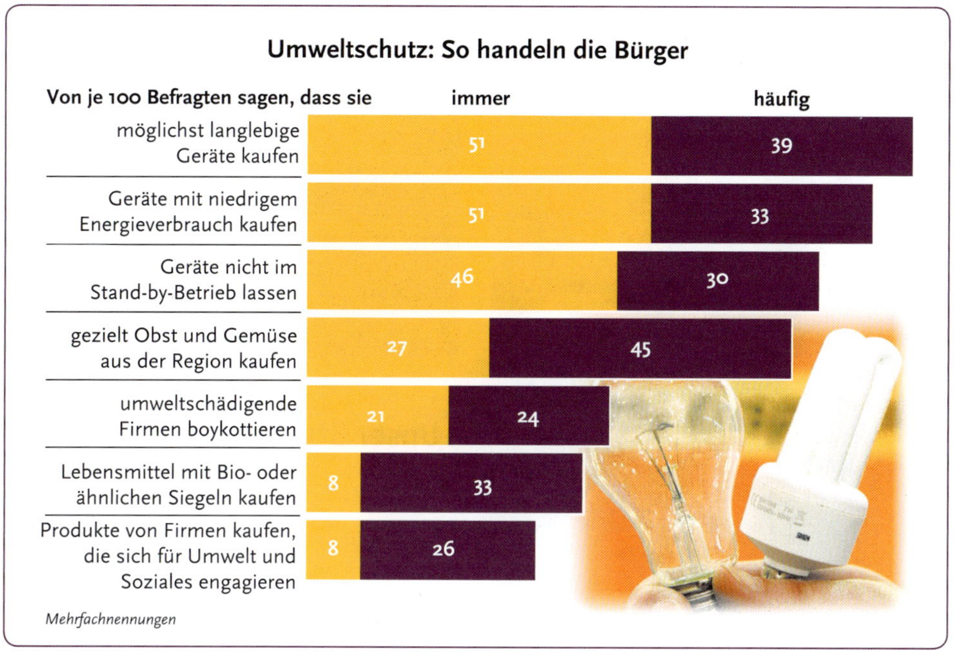

Quelle: BMU, Globus-Grafik 1307, Stand 2006

M 23 Nachhaltige Kaufentscheidungen

Allgemein bedeutet Nachhaltigkeit, die Bedürfnisse der Gegenwart so zu befriedigen, dass die Möglichkeiten künftiger Generationen, ihre Bedürfnisse zu befriedigen, nicht beschränkt werden. So wenigstens im Verständnis der Konferenz von Rio de Janeiro 1992. Wichtig ist hier vor allem, die Auswirkungen heutigen Handelns auf die Zukunft stärker zu berücksichtigen. Folgende Leitsätze können dazu beitragen:

- Die Nutzung einer erneuerbaren Ressource darf nicht größer sein als ihre Regenerationsrate.
- Die Freisetzung von Stoffen darf nicht größer sein als die Aufnahmefähigkeit der Umwelt.
- Die Nutzung nicht erneuerbarer Ressourcen muss minimiert werden. Ihre Nutzung soll nur in dem Maße geschehen, indem ein physisch und funktionell gleichwertiger Ersatz in Form erneuerbarer Ressourcen geschaffen wird.
- Das Zeitmaß der menschlichen Eingriffe muss in einem ausgewogenen Verhältnis zum Zeitmaß der natürlichen Prozesse stehen, sei es der Abbauprozesse von Abfällen, der Regenerationsrate von erneuerbaren Rohstoffen oder Ökosystemen.

Aufgaben

1. Erläutere, warum billig manchmal teuer sein kann (M 21).
2. Verfasst in Gruppen einen Einkaufsratgeber für nachhaltigen Konsum. Stellt dann in der Klasse Produkte vor, die euren Kriterien entsprechen (M 22, M 23).

Jugendliche in der Schuldenfalle?

M 24 Leben im Soll

M 25 Warum verschulden sich Jugendliche?

Verschuldung
bedeutet, dass man alle Forderungen in absehbarer Zeit tilgen kann. Die Aufnahme eines Kredites und damit eine Verschuldung ist ein normaler wirtschaftlicher Vorgang und sagt noch nichts über die Zahlungsfähigkeit an sich aus.

Überschuldung
Hier sind die monatlichen Gesamtausgaben beständig höher als die Summe der Einnahmen mit der Folge, dass sich die Forderungen stetig erhöhen und unmöglich begleichen lassen.

Gründe für die Verschuldung von Jugendlichen gibt es viele. Hier ist auch das Verhalten der Erwachsenen, insbesondere der Eltern, zu nennen. Kinder sehen, wie ihre Eltern sorglos mit Krediten und Schulden umgehen. In einem solchen Umfeld schrecken Schulden und die damit verbundenen Konsequenzen nicht ab. Erwachsene wie Jugendliche werden täglich zum Kauf von Konsumgütern durch Werbung animiert. Was Nachbarn, Bekannte oder Freunde konsumieren und kaufen, möchte man ebenso haben, weil man glaubt, sonst nicht mithalten zu können und nicht den erwünschten gesellschaftlichen Status zu besitzen (Statusdenken). Gerade bei Jugendlichen übt häufig der Freundes- und Bekanntenkreis versteckt oder offen Druck aus: Wenn man dazu gehören will, muss auch genügend Geld für z. B. Markenklamotten, I-Phone, Urlaubsreisen vorhanden sein. Kinder und Jugendliche verlieren leicht den Überblick über ihre finanzielle Situation, weil sie sich ihr Haushaltsbudget nicht ausrechnen und es ihnen die Banken teilweise leicht machen, das Konto zu überziehen oder nach der Volljährigkeit Kredite aufzunehmen. Für viele ist es sehr schwer, aus eigener Kraft aus der Schuldenspirale herauszukommen, weil es in aller Regel nur über Einschränkungen des Konsums und/oder höhere Einnahmen und Einteilung der vorhandenen Geldmittel möglich ist. Hilfen bieten die Schuldnerberatungsstellen. Die Beratung ist kostenlos. Bei einem Gespräch können Experten die Situation des Schuldners analysieren und mögliche Lösungswege erarbeiten.

M 26 Die Rolle der Banken

Für unerfahrene Bankkunden dürfte das überraschend sein: Sie bringen Geld zur Bank und zahlen es auf ihr Konto ein. Aber ihr Geld bleibt dort gar nicht liegen. Es wird zwar in Büchern und auf dem Kontoauszug vermerkt, dass der Kunde einen Betrag auf sein Konto eingezahlt hat. Aber das Geld wird gleich weiter verliehen. Die Bank arbeitet damit und macht mit dem Geld Geschäfte [...]. Es kann sich sogar zufällig Folgendes ergeben: Ein Arbeiter zahlt einen 100-Euro-Schein auf sein Konto ein. Die Bank verleiht den Schein an den Chef des Arbeiters. Der Chef gibt ihn später dem Arbeiter, der ihn wieder auf sein Girokonto einbezahlt. Das Girokonto des Arbeiters wächst, die Schulden des Chefs wachsen und die Bank macht gute Geschäfte. Und das alles mit einem einzigen 100-Euro-Schein. [...] Eine der wichtigsten Tätigkeiten der Bank ist das Kreditgeschäft – so nennt man es, wenn Banken Geld verleihen und dafür einen Zins nehmen. Der Zins ist der Preis, den die Banken für das Geldverleihen verlangen: Ein Kunde bekommt beispielsweise 100 € von der Bank für ein Jahr geliehen und muss dann 110 € zurückzahlen. Die Differenz zwischen dem geliehenen und dem zurückzuzahlenden Geld ist der Zins. Er ist der Grund, weswegen die Vergabe von Krediten für die Bank ein Geschäft ist. [...] Wenn gewöhnliche Banken Geld brauchen, holen sie sich die Scheine bei der Zentralbank auf Kredit. Der Zins für diesen Kredit, den die Zentralbank erhebt, heißt Leitzins. Das ist der wichtigste Zins überhaupt.

Winand von Petersdorff, Das Geld reicht nie, 2. Aufl., Frankfurt a.M. 2008, S. 97, 106

Bankdienstleistungen
- Abwicklung von Zahlungsvorgängen (bargeldloses Zahlen Überweisungen, Daueraufträge)
- Angebote für Geldanlagen, Vermögensbildung (Sparbuch, Sparbrief, Aktien, ...)
- Finanzierung der Produktion und des Konsums (Vergabe von kurz- oder langfristigen Krediten)
- Sonstige Dienstleistungen (z. B. Vermögensverwaltung)

Aufgaben

1. Diskutiert, für welchen der Konsumwünsche die Aufnahme eines Kredits sinnvoll sein könnte (M 24).
2. Nenne Gründe, warum sich Jugendliche verschulden. Formuliert Ratschläge, wie eine Überschuldung vermieden werden kann (M 25).
3. Erläutere, wie eine Bank funktioniert (M 26).
4. Julia (18) möchte sich einen gebrauchten Kleinwagen kaufen. Sie nimmt von ihrer Bank für ein Jahr einen Kredit in Höhe von 5.000 Euro auf. Die Bank berechnet dafür Zinsen in Höhe von 164 Euro. Die einmalige Bearbeitungsgebühr beträgt 1 % der Kreditsumme. Berechne die monatliche Rate (Tilgung + Zins).

Methode

M 27 Haushalt und Betrieb im einfachen Wirtschaftskreislauf

Modelle sind die Landkarten der Volkswirtschaftslehre

Modelle spielen in der Volkswirtschaftslehre eine wichtige Rolle. Vereinfacht handelt es sich dabei um Landkarten, die es uns ermöglichen, uns in einer sehr komplexen Realität zurechtzufinden. Und ähnlich wie für Landkarten gilt auch für Modelle, dass keines für alle Bedürfnisse gleichermaßen geeignet ist. So ist es für eine Autoreise von Frankfurt nach Hamburg am besten, wenn man eine gute Autobahnkarte mit einem kleinen Maßstab hat. Will man aber dieselbe Strecke mit dem Fahrrad bewältigen, ist man mit einer Wanderkarte mit großem Maßstab sehr viel besser bedient. Ob ein Modell gut oder schlecht ist, hängt also vor allem davon ab, ob es dem Anwender eine Einsicht in ökonomische Zusammenhänge vermitteln kann. Dazu ist es unumgänglich, dass Modelle immer nur ein vereinfachtes Abbild der Realität darstellen. [...] Eine mangelnde Realitätsnähe ist dabei nicht von vornherein als ein Nachteil eines Modells [...] anzusehen. [...] Problematisch wird es erst, wenn manche Ökonomen Landkarten von Regionen entwickeln, die nur noch in ihren Köpfen existieren und dabei den Anspruch erheben, eine Orientierungshilfe für die reale Welt zu bieten.

Peter Bofinger, Grundzüge der Volkswirtschaftslehre, 2. Aufl., München 2007, S. 61

Haushalte und Betriebe im einfachen Wirtschaftskreislauf

Um die Vielzahl der wirtschaftlichen Verflechtungen in einer Volkswirtschaft überschaubar darzustellen, fasst man die Akteure in einer Wirtschaft zu Sektoren zusammen. Dabei werden bestimmte Vereinfachungen vorgenommen. So geht man von der Annahme aus, dass ökonomisch relevante Entscheidungen (z. B. über eine bestimmte Anschaffung, d. h. über die Verwendung der erzielten Einkommen) in der Regel von den einzelnen Mitgliedern des in einer Wohneinheit zusammenlebenden sozialen Verbundes (z. B. einer Familie) gemeinsam getroffen werden. Es wird also unterstellt, dass mehrere Individuen als Einheit handeln. Diese Einkommens- und Konsumeinheit wird in der Ökonomie als „privater Haushalt" bezeichnet. Und die Gesamtheit dieser privaten Haushalte in einer Volkswirtschaft wird in einem weiteren Schritt zum „Sektor der privaten Haushalte" zusammengefasst. Auch mit diesem Schritt sind wieder erhebliche Vereinfachungen verbunden, denn schließlich gibt es ganz unterschiedliche Haushaltstypen. Man unterscheidet u. a. nach der Haushaltsgröße, der Höhe der Haushaltseinkommen, der sozialen Stellung des Haupteinkommensbeziehers oder der sozialen Lebensform (Paar mit Kindern, Alleinerziehende usw.).

In gleicher Weise werden so verschiedene Unternehmen wie ein großer Automobilkonzern oder das kleine Lebensmittelgeschäft im „Sektor Unternehmen" zusammengefasst. Auch in diesem Sektor gibt es in der Realität natürlich große Unterschiede, zum Beispiel nach Branchen: Industrie, Gesundheit, Telekommunikation, Finanzdienstleister, Informationstechnologie, Rohstoffe, Energie usw. Diese Unterschiede bleiben bei der Reduzierung auf einen Sektor aber

unberücksichtigt, denn sie sind für den Zweck, den das Modell erfüllen soll, nicht wichtig.
Sowohl Haushalte als auch Unternehmen haben Einnahmen und Ausgaben. Familie Muster z.B. gibt einen Teil ihres Haushaltseinkommens für die Beschaffung von Waren und Dienstleistungen aus (Konsumausgaben). Diese Ausgaben sind gleichzeitig Einnahmen der Unternehmen, die Waren und Dienstleistungen auf den Märkten anbieten (siehe Abbildung).
In einem komplexeren Modell fasst man zusätzlich zu den Wirtschaftssektoren Haushalt und Unternehmen noch den Staat, die Banken und das Ausland zu Sektoren zusammen.

Der einfache Wirtschaftskreislauf

Aufgaben

1. Im einfachen Kreislaufmodell wird davon ausgegangen, dass die Haushalte ihre Einkünfte vollständig für den Konsum ausgeben und die Unternehmen ihren Gewinn für Löhne und Gehälter. Überlege, inwiefern das Modell hier von der Wirklichkeit abweicht und in welcher Beziehung z. B. die Banken zu den Sektoren Haushalt und Unternehmen stehen (M 27).
2. Unternehmen und die Arbeitnehmervertretungen einigen sich auf höhere Löhne. Erkläre anhand des einfachen Kreislaufmodells, wie sich dies auf die Ströme zwischen Unternehmen und privaten Haushalten auswirken könnte (M 27).

Was wir wissen

Güter und Bedürfnisse M 3 – M 6	Den prinzipiell unbegrenzten Bedürfnissen der Menschen stehen begrenzte Güter und Mittel gegenüber. Auf der Erde herrscht Knappheit an Gütern. Deshalb muss der Einzelne wirtschaftlich handeln. Wirtschaften heißt also allgemein, die vorhandenen Mittel zur Bedürfnisbefriedigung möglichst wirksam (effizient) einzusetzen. Dies ist das ökonomische Prinzip.
Die Kaufentscheidung	In der modernen Wirtschaft lassen sich Bedürfnisse durch Konsum befriedigen. Auf die Konsumentscheidungen wirkt eine Vielzahl von Aspekten ein. Der Preis hat häufig den größten Einfluss auf die Kaufentscheidung. Wer etwas benötigt, will möglichst wenig dafür bezahlen.
Werbung M 9, M 10, M 12	Neben dem Preis beeinflusst Werbung unsere Kaufentscheidung. Ziel jeder Werbung ist, das beworbene Produkt so positiv darzustellen, das es von den Kunden gekauft wird und Umsatz und Ertrag der Unternehmen steigen. Werbung informiert deshalb (einseitig) über die Eigenschaften des beworbenen Produkts und verschafft dem Konsumenten so einen Überblick über die angebotenen Güter. Zu beachten gilt jedoch, dass über ausgefeilte Strategien häufig „künstliche" Bedürfnisse erzeugt, Preise verschleiert und die Nachteile eines Produkts verheimlicht werden. Der Konsument bezahlt die Werbung schließlich über höhere Produktpreise.
Marken M 14, M 15	Die Orientierung an Marken, die bei Jugendlichen ausgeprägt ist, wird vor allem durch die Anerkennung und das Ansehen in der Gruppe bestimmt. Markenprodukte sind somit auch Statussymbole. Die Nutzung der Güter zu ihrem Gebrauch tritt in den Hintergrund zu Gunsten des Nutzens, welcher zum Beispiel aus der Anerkennung in der Gruppe gewonnen wird.
Verbraucherinformationen M 16, M 17	Es gibt eine Vielzahl von Möglichkeiten, sich unabhängige Verbraucherinformationen über einzelne Produkte zu beschaffen. Wichtige Informationsquellen sind Produktsiegel, Verbraucherberatungen und unabhängige Verbraucherschutzorganisationen, die in unabhängigen Tests die Qualität von Produkten beurteilen.
Nachhaltige Kaufentscheidungen M 19, M 23	Jeglicher Konsum hat Auswirkungen auf Mensch und Umwelt. Menschen leiden unter unwürdigen Arbeitsbedingungen, die Produktion verschlingt knappe Ressourcen. Und auch bei der Entsorgung der Produkte entstehen neue Belastungen für die Umwelt. Die Konsumenten können durch ihren Kauf oder Nichtkauf letztlich darüber entscheiden, was produziert wird. Doch oft ist es schwierig, zuverlässige Informationen über die Umwelt- und Sozialverträglichkeit von Produkten zu erhalten.
Verschuldung M 25, M 26	Konsumverhalten, das regelmäßig die eigenen finanziellen Möglichkeiten übersteigt, führt zu Verschuldung. Häufig wird nämlich übersehen, dass „geliehenes Geld" (ein Kredit) meist teuer bezahlt werden muss und zusätzliche Kosten in Form von Zinszahlungen und Gebühren verursacht. Sparen bedeutet dagegen, auf Konsum zu verzichten, und ermöglicht finanzielle Handlungsspielräume und mehr Sicherheit für die Zukunft.

Simulation einer Kaufhandlung

Bei einer bewussten und überlegten Kaufentscheidung sind viele Kriterien zu beachten. Mit Hilfe einer Tabelle (Entscheidungsmatrix) können die Motive für die Wahl eines bestimmten Produkts besser verdeutlicht werden. Dazu müssen zunächst die für die Entscheidung bedeutsamen Kriterien ausgewählt werden (z. B. Preis, Qualität, Umweltverträglichkeit, ...). Für jedes Produkt sind allerdings andere Kriterien wichtig. Für jede Alternative (Produkt A, Produkt B, Produkt C, ...) gibt es eine Spalte in der Tabelle. In die Spalte einer Alternative wird bei jeder Merkmalsausprägung die Bewertung mit Punkten (von 1-5) eingetragen, wobei 1 die schlechteste, 5 die beste Bewertung ist. Anschließend werden die Bewertungen der Kriterien jeder Alternative addiert. Am besten schneidet die Alternative mit der höchsten Summe der Bewertungen ab.
Zur Vertiefung: Die einzelnen Kriterien können zusätzlich gewichtet werden. Dabei werden jedem Kriterium Prozentzahlen (z. B. Preis = 30 %) zugewiesen und mit den Bewertungen multipliziert. Die Summe der Gewichtungen muss 100 % betragen.

Beispiel für eine einfache Matrix:

	MP3-Player A	MP3-Player B	MP3-Player C
Preis	5	3	3
Display	5	4	2
Design/Marke	4	3	5
Speicher	3	5	1
Akkulaufzeit	3	2	2
Summe	20	17	13

Beispiel für eine Gewichtung:
Sarah hat viel Geld und viele Lieder. Sie gewichtet ihre Kriterien so: Preis 10 %, Display 10 %, Design 20 %, Speicher 40 %, Akku 20 %. Für sie wäre mit 370 Punkten Player B die Wahl.

Aufgabe
Erstellt in Gruppen für ein Produkt eurer Wahl eine Entscheidungsmatrix. Begründet eure Auswahl an Kriterien und die Vergabe der Bewertungen. Stellt eure Entscheidung in der Klasse vor.

4.2 Wie viel Staat braucht die Marktwirtschaft?

Der Markt – vom Wirken der unsichtbaren Hand

M 1 Die Märkte – der Markt

Rossmarkt um 1900

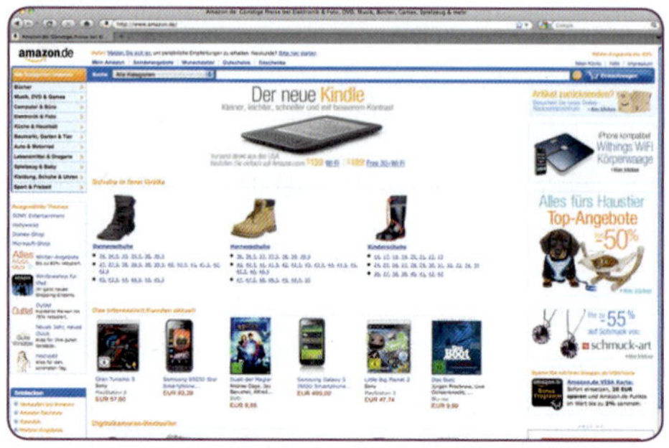

Virtueller Marktplatz

Börse in Frankfurt

Flohmarkt

Märkte sind eine der erstaunlichsten Entwicklungen der Menschheit. Es gab sie zu allen Zeiten und überall auf der Welt. Niemand hat jemals das Prinzip des Marktes „erfunden", die Menschen entwickelten es unbewusst, indem sie einfach ihren eigenen Bedürfnissen nachgingen. Es funktionierte auf den Wochenmärkten im Mittelalter nicht anders als auf den Basaren der arabischen Städte, auf Flohmärkten oder an den modernen Börsen: Wer etwas anzubieten hat, möchte dieses möglichst teuer verkaufen, wer etwas braucht, will dafür möglichst wenig bezahlen.

nach: Nikolaus Piper, Geschichte der Wirtschaft, Weinheim u. a. 2002, S. 52

M 2 Das Angebot – wieso sind die Regale im Supermarkt so voll?

In Deutschland entscheidet keine Regierung, kein Parlament und kein Beamter über die Sortimente im Supermarkt. Die Entscheidung trifft der Supermarktbesitzer. Er sorgt für genug Brot, Marmelade und Tiefkühlpizza. Die Entscheidung fällt er, weil er sich davon etwas verspricht: Er glaubt, die Waren verkaufen zu können und damit Geld zu verdienen.
Der Supermarktbesitzer muss dazu die Ware zunächst selbst einkaufen.

Er kauft Marmelade zum Beispiel für 1 Euro das Glas ein und verkauft sie für 1,69 Euro. 69 Cent bleiben also erst einmal für ihn. Wenn er am Tag 30 Marmeladengläser verkauft, summiert sich das zu rund 20 Euro. […]

Geld bleibt für den Supermarkt-Chef unter einer Bedingung übrig: Er verkauft die Produkte teurer, als er sie einkauft. Der Kaufmann will Gewinn machen, und zwar möglichst viel davon: Gewinn ist der Rest, der übrig bleibt, wenn er von seinen gesamten Einnahmen seine gesamten Ausgaben abzieht. Kürzer gesagt: Gewinn gleich Einnahmen minus Ausgaben.

Ausgaben hat er nicht nur, weil er die Marmelade selbst beim Großhändler oder bei der Marmeladenfabrik einkaufen muss. Er muss auch seine Kassiererinnen bezahlen, den Strom für Licht und Heizung, die Preisetikettiermaschine und die Scannerkasse. Der Chef hat deshalb ein Ziel: Er will seine Preise für Marmelade und alle anderen Produkte so hoch setzen, dass für ihn möglichst viel Gewinn übrig bleibt. […]

Ökonomen glauben, dass die Menschen von Grund auf eigennützig sind. Und sie nehmen an, dass dieser Eigennutz eine der Hauptursachen ist, warum ein Markt funktioniert: Der Kaufmann will viel Geld für sich und seine Familie einnehmen. Deswegen sucht er Produkte – Schokoladenriegel oder Tütensuppen, Zahnpasta oder Spaghetti –, die andere Menschen haben wollen. Er stellt sie ins Regal und bietet sie ihnen zum Verkauf an. Ganz schlicht ausgedrückt: Sein Egoismus macht die Regale voll. […] Tütensuppen verkaufen ist für den Kaufmann nützlicher als Tütensuppen verschenken.

Das bedeutet nicht, dass Menschen im Weltbild der Ökonomen kaltherzig sind. Denn der Nutzen des einen ist nicht unbedingt der Schaden des anderen. Im Gegenteil: Der Händler liefert Tütensuppen, weil er auf mein Geld scharf ist. Ich gebe ihm mein Geld, weil ich auf seine Tütensuppen scharf bin. Beide, ich und er, sind wir nach dem Geschäft ein Stück zufriedener.

Winand von Petersdorff, Das Geld reicht nie, 2. Aufl., Frankfurt 2008, S. 16 – 20

Adam Smith (1723 – 1790), englischer Philosoph und Ökonom

In seinem wichtigsten Werk, das 1776 veröffentlicht wurde, „Der Wohlstand der Nationen" (auch unter „Der Reichtum der Nationen" bekannt), erklärte der berühmte Schotte Adam Smith so präzise und allgemeingültig wie kein anderer vor allem eins: Er zeigte, inwiefern Individuen im Marktgeschehen letztlich das Interesse der Allgemeinheit voranbringen, obwohl sie nur auf ihren eigenen Vorteil bedacht sind. Es ist jene berühmte „unsichtbare Hand", die den Einzelnen dazu bringt, einen Zweck zu erfüllen, der keineswegs in seiner Absicht liegt. Obwohl er nur seine persönlichen Interessen verfolgt, arbeitet er damit oft auf wirkungsvollere Weise für das Interesse der Gesellschaft, als wenn er sich dies zum Ziel gesetzt hätte.

André Fourçans, Die Welt der Wirtschaft, Frankfurt/New York 1998, S. 26 f., übersetzt von Sabine Schwenk

M 3 Die Nachfrage – wie man Egoisten zähmt

Im Frühjahr 2007 tourte die Sängerin Beyoncé Knowles durch Deutschland. In vier Städten machte sie Station. Die Hallen fassten zehntausende Plätze. Die Karten kosteten zwischen 50 und 90 Euro. Das ist viel Geld für die zumeist 12 bis 16 Jahre alten Besucher. Trotzdem waren die Konzerte schnell ausverkauft.

Wie begehrt die Karten waren, zeigte sich im Internetauktionshaus Ebay, wo 70-Euro-Karten für 100 Euro gehandelt wurden. Vor der Frankfurter Festhalle standen am Konzerttag Leute, die ihre Karten für 150 bis 250 Euro weiter verkaufen wollten.

Die Karten waren knapp. Und mehr gab es nicht. Deshalb wetteiferten die Leute um die wenigen Karten, die noch da waren. Jeder versuchte, dem Kartenbesitzer mehr Geld zu bieten als die anderen. So stieg der

Preis der Karte. Sie ging schließlich an den, der am meisten dafür bot.

Die Regel dazu lautet: Übersteigt die Nachfrage (nach Karten) das Angebot (an Karten), dann steigt der Preis solange, bis die überzähligen Nachfrager abgesprungen sind und die Nachfrage (nach Karten) gleich dem Angebot (nach Karten) ist.

Wenn doch alle Beyoncé lieben, hätte sie möglicherweise die Tickets für ihre Konzerte noch teurer machen können, um mehr Geld zu verdienen. Warum hat sie das nicht gemacht? [...]

Wird Beyoncé zu teuer, verlieren selbst große Anhänger das Interesse an ihr. Denn sie wollen trotzdem weiter nicht aufs Handytelefonieren verzichten und trotzdem weiter ab und zu mal ins Kino gehen können. Die Freiheit der 1981 geborenen Sängerin, Tickets teuer zu machen, wird begrenzt durch das Taschengeld ihrer treuen Kunden. [...]

Grundsätzlich steht Beyoncé aber trotzdem vor folgendem Zwiespalt: Verlangt sie zu viel Geld für das Ticket, bricht ihr das Publikum weg. Verlangt sie zu wenig Geld, bricht ihr der Gewinn weg. Beyoncé muss genauso praktisch denken wie ein Bäcker oder ein Kaufmann. Das tut sie auch.

Offensichtlich hängen Preis und Nachfrage (Kaufwunsch) zusammen. Kunden kaufen etwas, wenn sie es haben wollen und wenn sie Geld dafür locker machen können. Der Anbieter hingegen setzt den Preis hoch genug, damit für ihn Gewinn bleibt, und so hoch wie gerade möglich, ohne Kunden abzuschrecken. Er will für sich das Beste herausholen: viel Gewinn.

Der Trost aus diesem Mechanismus lautet: Wir Kunden sind Verkäufern, Sängern und anderen Anbietern nicht hilflos ausgeliefert. Sie müssen aus Eigennutz unsere Wünsche und unsere Zahlungsbereitschaft ergründen und respektieren, damit sie nicht auf ihrer Ware sitzen bleiben.

Winand von Petersdorff, Das Geld reicht nie, 2. Aufl., Frankfurt 2008, S. 20-23

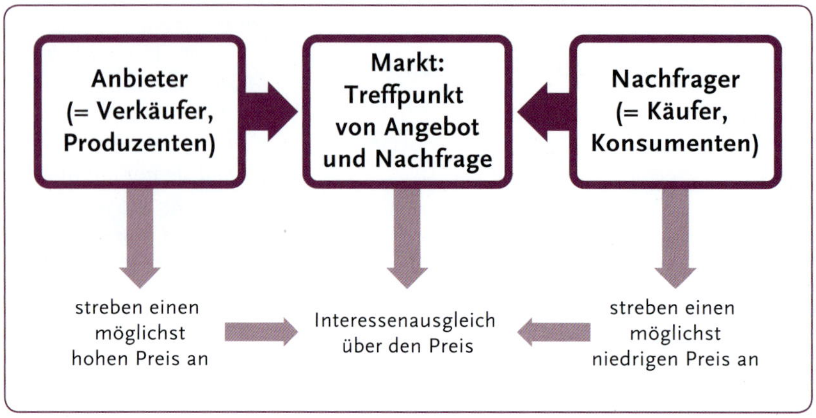

Aufgaben

1. Vergleiche die abgebildeten Märkte. Was haben sie gemeinsam, was unterscheidet sie (M 1)?
2. Erkläre, warum die Regale in Supermärkten so gut gefüllt sind und welche Rolle der Eigennutz der Menschen dabei spielt (M 2).
3. Erläutere, wie sich Preise bilden und welche Funktion sie haben (M 2 und M 3).

M 4 Preisbildung im Modell: „Preis-Mengen-Diagramm“

Ein paar Worte zur Methode

Ja, es gibt nichts Praktischeres als eine gute Theorie. Jedes Weltbild, jede Analyse folgt einer Theorie oder einem Modell. Anders könnte man die Realität nicht erfassen. Uns fehlte einfach die Handlungsgrundlage. Aber warum? Weil die Welt so „komplex“ ist, dass zu ihrem auch nur annähernden Verständnis eine – oft erschreckend – vereinfachte Darstellung nötig ist. [...] Es ist deshalb unsinnig, ein Modell zu kritisieren, weil es zu einfach und nicht „realistisch“ genug sei. Modelle sind naturgemäß nicht realistisch, und kein Ökonom ist so blind, das nicht zu sehen. Er überlegt sich ja gerade eine Theorie, um jene Phänomene, die zu komplex für unsere Hirne sind, in ihrem Kern zu erfassen; von daher auch die zwingende Notwendigkeit, sich eine vereinfachte, „unrealistische“ Darstellung dieser Phänomene auszudenken. Nach dieser Methode arbeiteten schon die Wissenschaftler im Mittelalter. Physiker verwenden extrem vereinfachte Modelle von Atomen, Wirtschaftswissenschaftler benutzen nicht weniger vereinfachte Modelle von Märkten.

Daraus lässt sich allerdings nicht ableiten, dass alle Theorien gleichermaßen gültig sind. Es gilt auch nicht, Modelle zu konstruieren, die so einfach sind, dass sie absurd werden. Oder, um es mit Paul Valery zu sagen: Was einfach ist, ist falsch, was komplex ist, ist nicht brauchbar. Eine Theorie sollte so gestaltet sein, dass darin alle unwichtigen Aspekte eines Phänomens unbeachtet bleiben. Das zu erreichen ist nicht nur eine Wissenschaft, sondern auch eine Kunst.

André Fourcans, Die Welt der Wirtschaft, 4. Aufl., Frankfurt 1999, S. 19 f.

Preisbildung unter der Lupe

Um das Prinzip der Preisbildung zu verstehen, bedient man sich eines Modells. In diesem Modell wird angenommen, dass sich Angebot und Nachfrage unabhängig voneinander bilden. Betrachten wir also zunächst die Nachfrageseite:

Für Schüler und Lehrer einer Schule soll ein Mittagessen angeboten werden. Jeden Donnerstag sollen Gemüseburger verkauft werden. Lehrer und Schüler stellen die Nachfrage auf dem Gemüseburgermarkt dar. Natürlich unterscheiden sich die Nachfrager: Manche haben mehr, manche weniger Hunger, einige haben mehr Geld für den Mittagstisch zur Verfügung als andere, nicht alle mögen Gemüseburger, für viele ist es ihr Leibgericht. Wie könnte sich also die Nachfrage nach den Bratlingen entwickeln? Nehmen wir an, 100 Schüler und Lehrer wären bereit, 3 € für ihren Gemüseburger auszugeben. Bei einem niedrigeren Preis von 2 € wären schon weitere 100 Schüler und Lehrer geneigt, den Mittagssnack zu kaufen. Nochmals 100 Schüler und Lehrer würden die Burger nachfragen, wenn der Preis dafür nur 1 € betragen würde.

Es ist einleuchtend, dass die Schüler und Lehrer, die bereit gewesen wären, 2 oder 3 € für den vegetarischen Burger auszugeben, auch für 1 € kaufen würden. Sie freuen sich lediglich, dass sie ihn so günstig bekommen. Wie man erkennen kann, ist die Nachfrage bei einem niedrigen Preis höher. Umgekehrt ist die Nachfrage geringer, wenn der Preis hoch ist. Deshalb addiert sich die Nachfrage der einzelnen Käufer mit abnehmendem Preis. Im Modell spricht man von der aggregierten (zusammengefassten) Nachfrage. Sie lässt sich grafisch so darstellen:

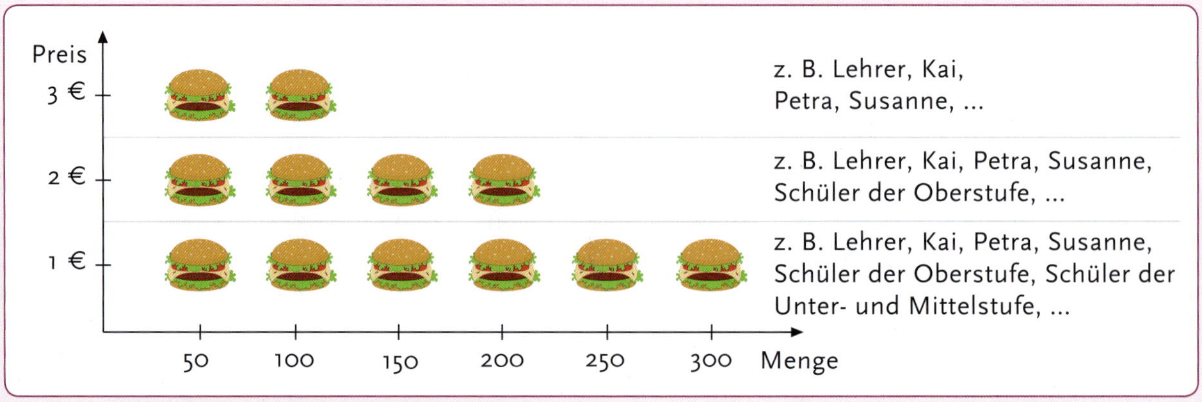

Ein gezeichneter Burger steht für 50 „echte" Burger.

Betrachten wir nun die Angebotsseite: Hausmeister, Eltern und ein Catering-Service wären bereit, die Gemüseburger anzubieten. Der Hausmeister, so nehmen wir an, könnte mit seiner Frau 100 vegetarische Bratlinge für 1 € verkaufen. Die Eltern könnten zusammen 100 Gemüseburger für 2 € anbieten, da ihr Herstellungsaufwand etwas größer wäre. Sie müssten sich abstimmen, wer wie viele Burger produziert, und den Transport zur Schule organisieren. Der Catering-Service mit hohen Personalkosten könnte weitere 100 Burger für 3 € anbieten. Selbstverständlich würden Hausmeister und Eltern auch für 3 € ihre Gemüseburger anbieten können. Hier addiert sich also das Angebot bei steigendem Preis. Man spricht vom aggregierten (zusammengefassten) Angebot. Je höher der Preis, desto größer ist die angebotene Menge. Je niedriger der Preis, desto geringer das Angebot, weil nur wenige Anbieter in der Lage sind, zu diesem Preis zu produzieren. Anbieter, die bei einem niedrigeren Preis nicht mehr gewinnbringend produzieren können, werden einfach vom Markt verdrängt. Die Angebotsseite im Beispiel lässt sich grafisch so darstellen:

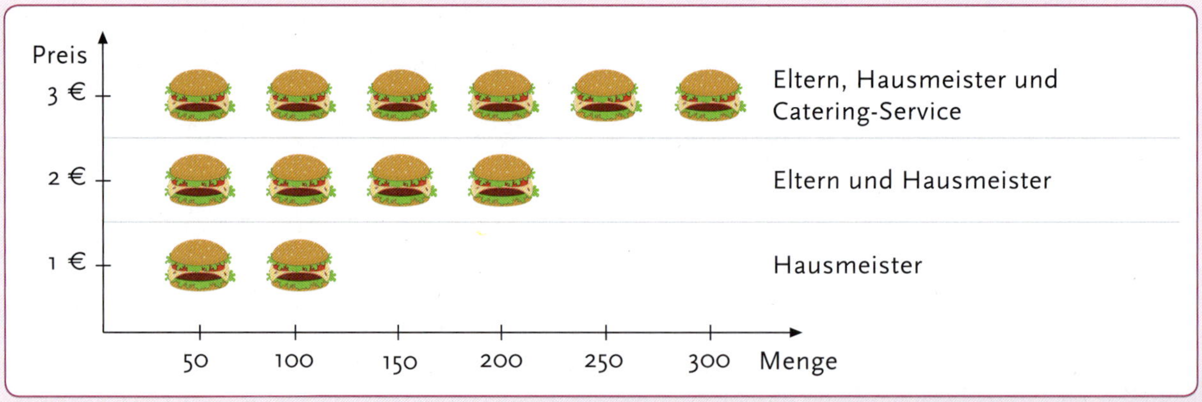

Ungleichgewichte von Angebot und Nachfrage

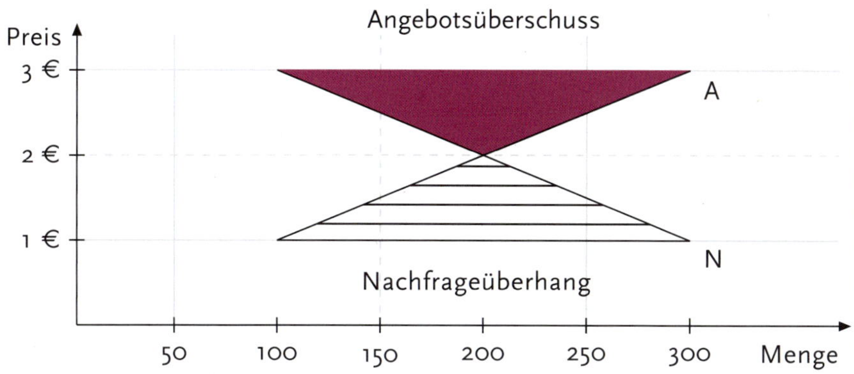

Ist der von den Anbietern festgesetze Preis höher als der Gleichgewichtspreis, so kommt es zu einer Nachfragelücke bzw. zu einem Angebotsüberschuss. Ist der Preis niedriger als der Gleichgewichtspreis, so kommt es zu einem Nachfrageüberhang.

Zum Preis von 3 € pro Gemüseburger beträgt die Nachfrage in der Schulkantine nur 100 Stück, angeboten würden jedoch 300 Burger. Die Differenz bezeichnet man als Angebotsüberschuss. Konkret bleiben diese Burger einfach übrig. Da sie nicht haltbar sind, werden die Anbieter sich überlegen, ob sie ihre Preispolitik (oder ihre Mengenpolitik) ändern. Sobald aber klar ist, dass diese Menge nur zu einem erheblich niedrigeren Preis verkäuflich ist, wird sich der Catering-Service zurückziehen. Für weniger als 3 €/Stück kann er seine Kosten nicht mehr decken. Das Angebot geht zurück, es bleiben Eltern und Hausmeister, die den Gemüseburger auch für einen Verkaufspreis von 2 € rentabel produzieren können.

Aufgaben

1. Übertrage die Werte und zeichne die Nachfragekurve (Liniendiagramm) und die Angebotskurve (Liniendiagramm) in ein Koordinatensystem ein (M 4).
2. Der Gleichgewichtspreis ist der Preis, zu dem sich die beiden Geraden schneiden. Hier ist der Umsatz (Menge x Preis) am höchsten. Bestimme den Gleichgewichtspreis, und berechne den Höchstumsatz.
3. Fasst in Gruppenarbeit in einer Tabelle zusammen, von welchen Faktoren die Bereitschaft, Gemüseburger zu kaufen und zu verkaufen, abhängig ist (M 4).
4. Überprüfe, ob die von dir zusammengestellten Einflussfaktoren auf Angebot und Nachfrage auch allgemein gelten.

Erkläre anhand der Grafik, was man unter einem Angebotsüberschuss bzw. Nachfrageüberhang versteht (M 4).

Marktformen und Wettbewerb

M 5 Unterschiedliche Marktformen – wie wirken sie?

Es gibt Märkte für Autos, Füller, Handys, Benzin oder Energie. Sie alle sind unterschiedlich beschaffen und nur wenige gleichen dem Idealmodell vom freien Markt - das hat Folgen für die Anbieter und Nachfrager. Folgende Marktformen können grundsätzlich unterschieden werden:

Polypol: Wenn auf einem Markt eine Vielzahl von Anbietern einer großen Zahl von Nachfragern begegnet, so herrscht vollständige Konkurrenz. Diese eher seltene und ideale Marktform gibt es zum Beispiel noch im Einzelhandel.

Oligopol: Wenn nur einige wenige Anbieter die Verbraucher mit Waren versorgen, so herrscht eingeschränkte Konkurrenz. Das ist zum Beispiel bei der Mineralölindustrie der Fall, wo nur wenige Anbieter den Markt bedienen.

Monopol: Bei dieser Marktform gibt es nur einen Anbieter, der den entsprechenden Markt beherrscht. Er muss keine Konkurrenz fürchten. Das trifft vor allem bei staatlichen Dienstleistungen zu, zum Beispiel beim öffentlichen Nahverkehr.

M 6 Die Macht des Wettbewerbs

Nehmen wir mal einen Wettbewerb im Sport, sagen wir: einen 100-Meter-Lauf. Acht Läufer rennen, kämpfen sich ab - und am Schluss ist zumindest einer glücklich über das Ergebnis, nämlich der Sieger.

Stellen wir uns aber vor, an den 100-Meter-Lauf schlösse sich sofort ein zweiter an. Und noch einer, und noch einer ... Wer unaufhörlich um seinen Platz kämpfen muss, wird das schnell ziemlich anstrengend finden. Selbst die besten Läufer hätten von ständigen Wettrennen wohl bald die Nase voll.

Im Prinzip geht es Managern in der Wirtschaft genauso: Sie haben keine Lust, ständig mit anderen zu konkurrieren. Weltweit sehen 70 Prozent der Manager Wettbewerb sogar als größte Bedrohung für ihr Geschäft, hat der Personaldienstleister Accenture erfragt.

Das Schreckgespenst Wettbewerb ist einfach erklärt: Wenn möglichst viele verschiedene Anbieter um die billigsten Preise konkurrieren, um den besten Service und um die neuesten Erfindungen, so ist das schlicht unbequem. Um dem lästigen Wettbewerb zu entgehen, lassen sich die Unternehmen daher einiges einfallen.

Sie kaufen Konkurrenten auf. Sie verschenken ihre Produkte, um die Konkurrenz in die Pleite zu treiben. Und wenn das nichts hilft, sprechen sie die Preise mit anderen Anbietern ab.

Solche Aktionen zu verhindern, ist Aufgabe des Staates. Er ist damit gut beschäftigt. In Deutschland gibt es gleich drei Einrichtungen, die den Wettbewerb schützen sollen:

Markt versagt und ein Angebot gar nicht, nicht in genügendem Maße oder nur mit ungewünschten Nebenwirkungen zustande kommt. „Leistungsstaat" bedeutet allerdings nicht, dass der Staat die Leistung auch selber erbringen muss. Meistens genügt es, wenn er durch Regulierungen, Anreize und Sanktionen lediglich dafür sorgt, dass Marktversagen verhindert wird oder fehlende Märkte neu geschaffen werden. So kann der Staat private Wachdienste dafür bezahlen, dass sie für die Sicherheit der Bürger sorgen. Er kann Private beauftragen, Bahn, Post, Flughäfen, Schulen und Theater zu betreiben. [...]
Schließlich liefert die Gerechtigkeit einen dritten Rechtfertigungsgrund für den Staat. Der Markt sorgt nicht für eine gerechte Einkommensverteilung. Er verteilt Einkommen nach Leistung und nicht nach Bedarf. Aus gesellschaftspolitischen Gründen ist daher eine Umverteilung durch den Staat angezeigt.

Thomas Straubhaar, Frankfurter Allgemeine Sonntagszeitung, 10.12.2006

Erklärfilm zu „Konjunkturzyklen"

Mediencode: 71000-01

M 15 Warum betreibt der Staat Wirtschaftspolitik?

Sowohl die Überhitzung der Konjunktur als auch eine Wirtschaftskrise schaffen soziale und damit auch politische Probleme. Lahmt die Konjunktur, so steigt die Arbeitslosigkeit, dem Staat entgehen Einnahmen und er kann weniger ausgeben. Bei einer Überhitzung der Konjunktur drohen Preissteigerungen und ein jäher Absturz. Insgesamt erschwert ein unsicherer Wirtschaftsverlauf die Entscheidungen der Wirtschaftsakteure. Sie meiden Risiken und neigen zu vermehrtem Sparen, dies schadet der wirtschaftlichen Entwicklung. Um eine möglichst stetige Wirtschaftsentwicklung zu erreichen, betreibt der Staat Stabilitätspolitik. Gesetzliche Grundlage ist das **Stabilitäts- und Wachstumsgesetz von 1967**, das die wirtschaftspolitischen Ziele festschreibt: **Stabilität des Preisniveaus, hoher Beschäftigungsstand (geringe Arbeitslosigkeit), außenwirtschaftliches Gleichgewicht, stetiges und angemessenes Wirtschaftswachstum.**
Der Bund und die Länder sind zu einer an den „Erfordernissen des gesamtwirtschaftlichen Gleichgewichts" orientierten Wirtschafts- und Finanzpolitik verpflichtet. Da es – wegen wechselseitiger Abhängigkeiten – schwer bzw. unmöglich ist, die Ziele gleichzeitig zu erfüllen, werden sie auch als „magisches Viereck" bezeichnet. Auch der Schutz der natürlichen Lebensgrundlagen, eine gerechte Einkommensverteilung und die Rückführung der Staatsverschuldung werden mittlerweile als wichtige wirtschaftspolitische Ziele anerkannt.

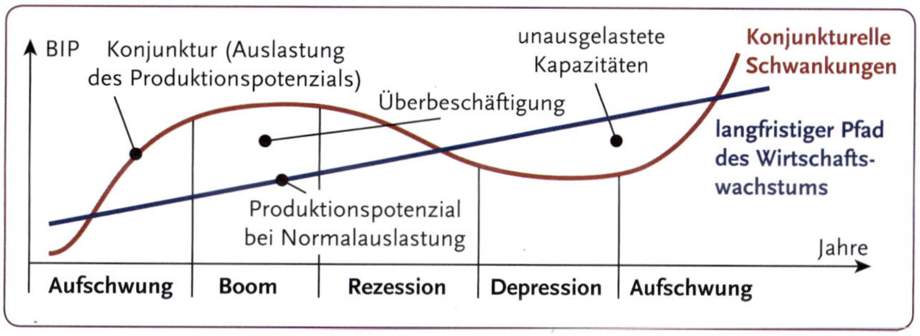

Darstellung eines idealtypischen Konjunkturzyklus. Im Aufschwung sinkt die Arbeitslosigkeit, die Investitionsneigung der Unternehmen ist hoch, die Preise steigen. Im Abschwung (Rezession) sind die Preise noch hoch, aber die Nachfrage geht zurück. Die Arbeitslosigkeit steigt, Unternehmen investieren nicht mehr.

Bruttoinlandsprodukt (BIP)
Gesamtwert aller Güter (Waren und Dienstleistungen), die innerhalb eines Jahres in einer Volkswirtschaft hergestellt werden und dem Endverbrauch dienen.

nominales BIP
Wert der in einem Jahr produzierten Güter, gemessen in den Preisen, die tatsächlich dafür gezahlt wurden. Das so ermittelte BIP ist über längere zeitliche Abstände nicht gut vergleichbar, weil auf lange Sicht das allgemeine Preisniveau ansteigt (Inflation).

reales BIP
Um das BIP unabhängig von einer Veränderung der Preise zu betrachten, wird das reale BIP berechnet. Dabei wird das Wachstum des nominalen BIP mit der Inflationsrate verrechnet.

Erklärfilm „Bruttoinlandsprodukt"

Mediencode: 71000-02

M 16 Die Leistung unserer Wirtschaft

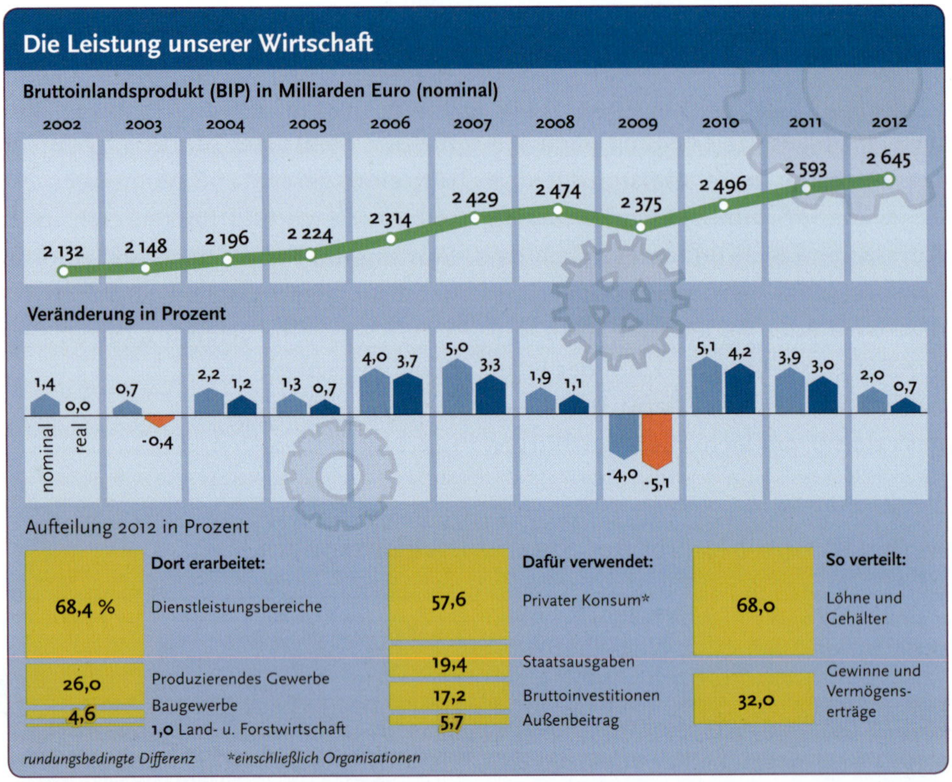

Globus-Grafik 5457; Quelle: Stat. Bundesamt

M 17 Wirtschaftspolitik und Wachstum – wenn es doch so einfach wäre

Wenn das Bruttoinlandsprodukt – abgekürzt: BIP – wächst, ist die Chance größer, dass es allen besser geht. […] Das BIP hängt von der gesamtwirtschaftlichen Nachfrage ab. Die entsteht, wenn alle vier wichtigen Mitspieler der Wirtschaft einkaufen gehen: Nummer eins sind die Privatleute. Sie konsumieren (shoppen), etwa indem sie einen Kühlschrank kaufen. Nummer zwei sind die Unternehmen. Sie investieren in eine neue Fabrik oder Maschine, wofür sie auch Geld ausgeben. Der Staat, die Nummer drei, gibt Geld aus, um eine Straße oder eine Schule zu bauen. Nummer vier schließlich sind die anderen Länder. Regierungen oder Bürger aus dem Ausland kaufen auch in Deutschland ein, zum Beispiel Maschinen oder ein paar Autos. Rechnet man die Summen auf dem Kassenzettel und Rechnungen aller dieser vier Mitspieler zusammen, so kommt man auf die gesamtwirtschaftliche Nachfrage.

Wie entsteht jetzt Wachstum? […] Wachstum entsteht, wenn mindestens einer der vier Mitspieler in Deutschland für mehr Geld kauft oder investiert als im Jahr davor. […] Hier haben wir einen ersten Ansatz

für Wirtschaftspolitik, um das BIP zu steigern. Die Regierung kann durch Instrumente wie zum Beispiel Steuersenkungen das verfügbare Einkommen des Privatmannes erhöhen, damit er Lust aufs Shoppen bekommt. Kauft er dann mehr als bisher, steigt das BIP.

Steuersenkungen können auch Unternehmen glücklich machen. Sie können dann mehr von ihrem Gewinn behalten, in Bürogebäude, Aufzüge, Förderbänder oder Mähdrescher investieren, neue Leute anstellen oder ihren Angestellten höhere Gehälter zahlen. Woraufhin diese mehr einkaufen gehen können. Steuersenkungen sind ein Mittel der Wirtschaftspolitik, das helfen kann, das BIP und damit Wachstum zu stimulieren.

Die Idee der Wirtschaftspolitik ist es, dann einzugreifen, wenn es von selbst nicht läuft. Eine Vorstellung dabei lautet, dass der Staat die gesamtwirtschaftliche Nachfrage erhöht.

Neben Steuersenkungen kann die Regierung ihre eigenen Ausgaben erhöhen, indem sie Bürgern Geld schenkt – etwa durch eine Erhöhung des Kindergeldes – oder indem sie Aufträge an Firmen vergibt. Sie kann beispielsweise Straßen bauen lassen. Dafür stellen die Unternehmen Rechnungen an den Staat, der muss sie bezahlen, und so kann auch das BIP wachsen. Ein Verfechter dieser Idee, durch Erhöhung der Staatsausgaben Wachstum in Schwächephasen zu erzeugen, war einer der berühmtesten Ökonomen des vergangenen Jahrhunderts: John Maynard Keynes.

[...] Aber dieses Beispiel wollen wir uns noch etwas genauer angucken, um ein Gefühl dafür zu bekommen, wie kompliziert Wirtschaftspolitik wirklich ist. [...]

Die aktuelle Regierung hat hohe Schulden und gibt ohnehin schon jedes Jahr mehr Geld aus, als sie einnimmt. Wenn sie die Ausgaben erhöhen möchte, wie Keynes das sagt, dann muss sie entweder einen zusätzlichen Kredit aufnehmen oder aber die Steuern erhöhen.

1. Wenn der Staat seine Steuern erhöht, so sinkt das verfügbare Einkommen der Bürger, und die Unternehmen haben weniger von ihrem Gewinn übrig. Der positive Effekt der höheren Staatsausgaben kann schnell verschwinden. Dazu kommen die oben erwähnten Probleme: Die Leute halten ihr Geld zurück oder produzieren weniger.

2. Wenn der Staat nicht knausert, sondern noch mehr Schulden macht, dann hat das auch Auswirkungen. Der Staat muss sich noch mehr Geld leihen. [...] [W]enn viele Gruppen – Regierungen und Unternehmen und Privatleute – Kredite haben wollen, dann werden Kredite teuer, weil die Banken mehr Zinsen verlangen. [...] Das schadet der Wirtschaft.

3. Noch ein Problem taucht auf: Was ist, wenn die Privatleute die Steuersenkung zwar zum Shoppen nutzen – aber nicht in Deutschland, sondern auf Mallorca? Die Deutschen lieben Auslandsurlaub. Oder wenn sie nur ausländische Autos kaufen?

Eine Lehre hieraus ist, dass Eingriffe in die Wirtschaft Folgen haben, weil alle Mitspieler zusammenhängen. Das macht Wirtschaftspolitik so schwierig für die Regierung.

Winand von Petersdorff, Das Geld reicht nie, Frankfurt a.M. 2008, S. 119-123

John Maynard Keynes (1883 – 1946), britischer Ökonom und Regierungsberater, gilt als Begründer der nachfrageorientierten Wirtschaftspolitik.

M 18 Zwei Strategien der Wachstums- und Beschäftigungspolitik

Nachfrageorientierung

Nachfrageorientierung
Grundüberlegung: Die Nachfrage nach Konsum- und Investitionsgütern ist ausschlaggebend für das Wachstum

↓

Ausgangslage: Rezession
zu geringe Nachfrage nach Konsumgütern (durch Haushalte) und Investitionsgütern (durch Unternehmen)

↓

Staatliches Eingreifen: Nachfrage steigern
Ausgaben des Staates (z. B. für Infrastruktur) steigern, um geringe Nachfrage auszugleichen

↓

Wirkung 1: Beschäftigung
Steigerung bzw. Aufrechterhaltung der Beschäftigung in den betroffenen Branchen (z. B. Bau, Zulieferer)

↓

Wirkung 2: Einkommen
Steigerung bzw. Aufrechterhaltung des Einkommens der Beschäftigten in den betroffenen Branchen

↓

Wirkung 3: Nachfrage nach Konsumgütern
Steigerung der Nachfrage nach Konsumgütern durch die Beschäftigten (Haushalte)

↓

Wirkung 4: Nachfrage nach Investitionsgütern
Steigerung der Nachfrage nach Investitionsgütern durch die Unternehmen, die Konsumgüter herstellen

verstärkender Effekt
Gestiegene Investitionsgüternachfrage führt zu steigender Beschäftigung

Angebotsorientierung

Angebotsorientierung
Grundüberlegung: Attraktive Rahmenbedingungen für Unternehmen sind ausschlaggebend für das Wachstum

↓

Ausgangslage: Rezession
zu geringe Investition der Unternehmen, weil die Rahmenbedingungen (Kreditzinsen, Lohnhöhe, Steuern und Abgaben) unattraktiv sind

↓

Staatliches Eingreifen: Investitionsbedingungen verbessern
z. B. Steuern für Unternehmen senken, Zinsen senken

↓

Wirkung 1: Ertragskraft der Unternehmen
Verbesserung der Situation der Unternehmen durch niedrigere Kosten, damit steht Kapital für Investitionen zur Verfügung

↓

Wirkung 2: Nachfrage nach Investitionsgütern
Unternehmen investieren ihre Gewinne, um wettbewerbsfähig zu bleiben

↓

Wirkung 3: Beschäftigung
Steigerung bzw. Aufrechterhaltung der Beschäftigung in den betroffenen Branchen (Investitionsgüter-Industrie)

↓

Wirkung 4: Nachfrage nach Konsumgütern
Steigerung der Nachfrage nach Konsumgütern durch die Beschäftigten (Haushalte)

verstärkender Effekt
Gestiegene Konsumgüternachfrage führt zu steigenden Einnahmen der Unternehmen

M 19 Milliarden für die Konjunktur

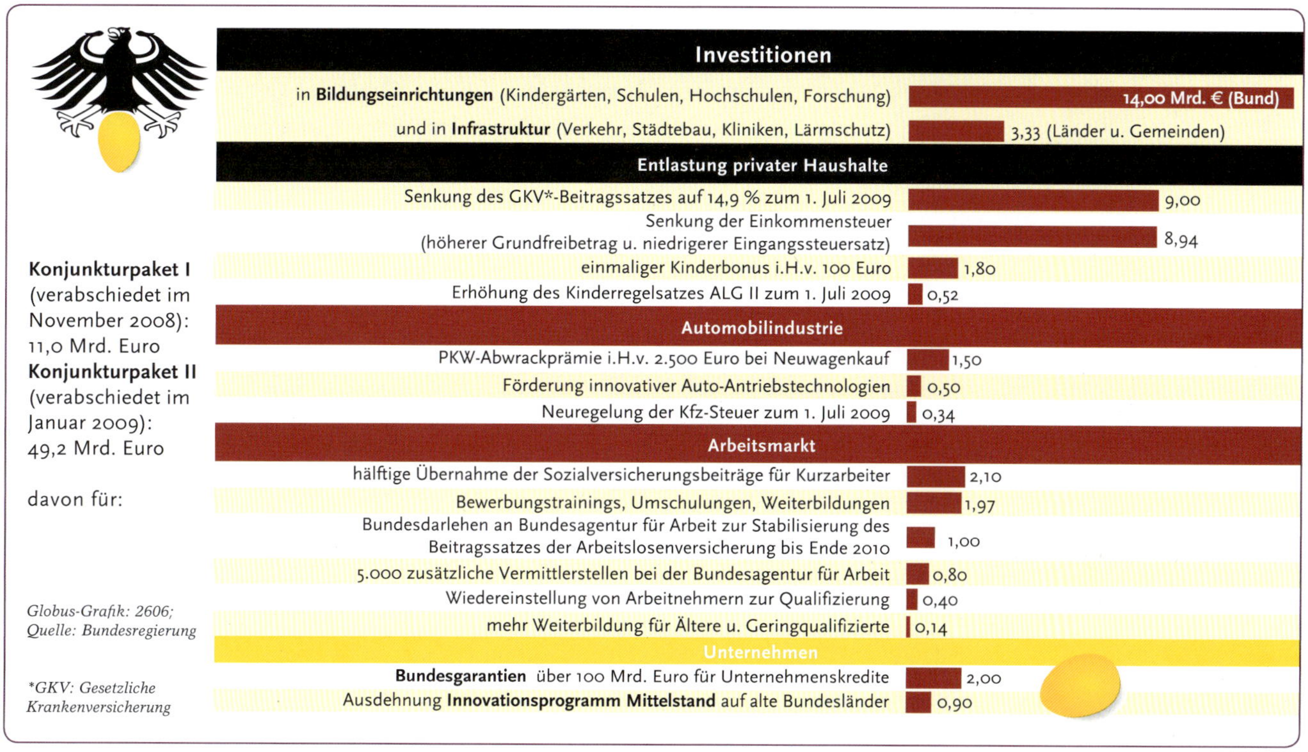

Aufgaben

1. Erläutere die Rechtfertigungsgründe, warum der Staat in das Wirtschaftsgeschehen eingreift. Finde Oberbegriffe für die verschiedenen Gründe (M 14, M 15).
2. Ordne die in M 13 genannten Beispiele für staatliches Handeln den Oberbegriffen aus Aufgabe 1 zu.
3. Angenommen, die gesamte Volkswirtschaft eines Minilandes würde aus nur einer Bäckerei bestehen: Der Bäcker verkauft im Jahr 1 Brot für 5.000 €. Im Jahr 2 beträgt die Inflationsrate 2 %.
   Wenn der Bäcker im Jahr 2 seine Produktion steigert und Brot für 5.350 € verkauft: Wie hoch ist das nominale Wachstum, wie hoch ist das reale Wachstum (M 16)?
4. Beschreibe in Form von Wirkungsketten, mit welchen Maßnahmen der Staat das Wachstum ankurbeln kann. Bedenke auch, durch welche Faktoren die Wirkungsketten „gestört" werden könnten (M 17, M 18).
5. In der Wirtschaftskrise 2008 / 2009 reagierte der Staat mit der Verabschiedung eines Konjunkturpakets. Stelle für drei ausgewählte Maßnahmen dar, bei welchem Mitspieler sie ansetzten, was sie bewirken sollten und welcher wirtschaftspolitischen Strategie sie zuzuordnen sind (M 18, M 19).

Erklärfilm „Inflation"

Mediencode: 71000-03

Was wir wissen

Wirtschafts-ordnungen
M 1 – M 9

Als Wirtschaftsordnung bezeichnet man sämtliche Regeln, die den organisatorischen Aufbau und den Ablauf der wirtschaftlichen Tätigkeiten innerhalb eines Landes bestimmen. Entscheidend für die Charakterisierung einer bestimmten Wirtschaftsordnung sind dabei solche Regeln, die die Planung der Produktion, die Eigentumsformen, die Markt- und Preisbildungsformen und Unternehmensformen bestimmen. In der Planwirtschaft werden die Güter nach einem zentralen Plan produziert und zu festen Preisen verteilt. Es gibt vielfache Beschränkungen des Eigentums. In der Marktwirtschaft werden die Güter dezentral durch eine Vielzahl von Einzelentscheidungen der Unternehmen produziert. Die Preise bilden sich auf den Märkten und Eigentum wird gewährleistet.

Preisbildung
M 4

Auf freien Märkten bilden sich die Preise durch Angebot und Nachfrage. Ist die Nachfrage nach Gütern größer als das Angebot, so steigt der Preis. Ist das Angebot an Gütern größer als die Nachfrage, so sinkt der Preis. Der Gleichgewichtspreis ist der Preis, zu dem der größte Güterumsatz erfolgt. Der Preis spiegelt somit auch immer den Wert wider, der den einzelnen Gütern zugeschrieben wird. Das Modell der Preisbildung funktioniert nur bei einem freien Wettbewerb der Anbieter und Nachfrager. Der Wettbewerb ist das wichtigste Gestaltungselement der Marktwirtschaft. Gibt es nur einen Anbieter, so sinkt der Anreiz, qualitativ hochwertige Produkte zu niedrigen Preisen zu produzieren. Wenige Anbieter neigen dazu, ihre Preise abzusprechen.

Soziale Marktwirtschaft
M 10 – M 12

Das Modell der Sozialen Marktwirtschaft beruht auf der Idee, die Freiheit auf dem Markt mit dem Prinzip des sozialen Ausgleichs zu verbinden. Diese Idee stammt von Ludwig Erhard (1897-1977), dem ersten deutschen Wirtschaftsminister nach dem Zweiten Weltkrieg und Bundeskanzler von 1963-1966. Die Wirtschaftsordnung der Sozialen Marktwirtschaft erfordert einen Staat in der Rolle des Schiedsrichters. Er garantiert die Ordnung und überwacht die Spielregeln, mischt sich selbst aber möglichst wenig in das Wirtschaftsgeschehen ein. So sichert er zum Beispiel den Wettbewerb, indem er Kartelle verbietet. Denn nur dann kann die Wirtschaftsordnung zu sozialem Fortschritt führen, nämlich unter anderem in Form einer wachsenden Wirtschaft und steigender Massenkaufkraft der Verbraucher. Daneben gilt als weitere Staatsaufgabe eine umfassende Gesellschaftspolitik überall dort, wo der Markt nicht automatisch zu guten Ergebnissen führt, also zum Beispiel im Bereich des Umweltschutzes.

Wirtschaftspolitik
M 14 – M 18

Weltweit haben Marktwirtschaften mit regelmäßigen Wachstumsschwankungen zu kämpfen, die mit Arbeitslosigkeit, Preisanstiegen und Wohlfahrtverlusten einhergehen. Zur Stabilisierung der wirtschaftlichen Entwicklung greift der Staat in der Sozialen Marktwirtschaft in das Wirtschaftsgeschehen ein. Gesetzliche Grundlage für die Stabilitätspolitik ist das Stabilitätsgesetz, das 1967 verabschiedet wurde. Das formuliert die wichtigsten Ziele der Wirtschaftspoli-

tik: stetiges und angemessenes Wirtschaftswachstum; außenwirtschaftliches Gleichgewicht; Preisniveaustabilität; hoher Beschäftigungsstand. Über die Ziele des Stabilitätsgesetzes hinaus gelten die Bewahrung der Umwelt, eine gerechte Einkommensverteilung und die Rückführung der Staatsverschuldung als weitere wichtige Ziele der Wirtschaftspolitik.
Zur Beeinflussung der wirtschaftlichen Entwicklung kann der Staat vielfältige Maßnahmen ergreifen. So kann er insbesondere über Steuerentlastungen und Ausgabensteigerungen die gesamtwirtschaftliche Nachfrage erhöhen und so im Idealfall für mehr Beschäftigung sorgen (Nachfragepolitik). Umgekehrt kann er auch zu einer Verbesserung des Angebots beitragen, indem die Bedingungen für Unternehmen zum Beispiel durch Steuersenkungen oder günstige Kredite verbessert werden (Angebotspolitik).

Ein Werbeplakat zur Sozialen Marktwirtschaft gestalten

Bildet Gruppen. Ihr arbeitet in einer bekannten Werbeagentur und bekommt den Auftrag, im Rahmen einer Kampagne für die Soziale Marktwirtschaft ein Werbeplakat zu gestalten. Alternativ kann auch ein „Warnplakat" zu den negativen Seiten der Sozialen Marktwirtschaft gestaltet werden. Überlegt euch zunächst, welche Art von Plakat ihr gestalten wollt.

Beachtet bei der Umsetzung folgende Punkte:
- Welche Grundbotschaft wollt ihr übermitteln (Textaussage)?
- Wie soll das Plakat aufgebaut werden (Anteil Text / Bild, Farben, Schriften, Gestaltung)?
- Wie sollen Text und Bild miteinander interagieren?
- Welche Stimmungen oder Gefühle sollen provoziert werden?

Diese Hinweise solltet ihr berücksichtigen:
- einfacher Text, klare Sprache, gut lesbare Schrift
- auf komplexe Grafiken oder Bilder verzichten
- wichtige Dinge auf einer Diagonalen platzieren, die von oben links nach unten rechts verläuft
- farblich sollte ein Plakat nicht zu bunt und nicht zu voll gestaltet werden

4.3 Herausforderungen: Ökologie – Gerechtigkeit – Globalisierung

Welches Wachstum brauchen wir?

M 1 Aussagen zu Wachstum

„Die EU will die Krise und vor allem die Jugendarbeitslosigkeit mit einem ‚Pakt für mehr Beschäftigung und Wirtschaftswachstum' bekämpfen."

„Was wir brauchen, ist positives Wachstum – sonst können die sozialen Sicherungssysteme in ihrer jetzigen Form nicht überleben."

„Gewerkschaften fordern Lohnerhöhungen nach Jahren des Wirtschaftswachstums."

Aussagen fiktiv

M 2 Warum brauchen wir Wirtschaftswachstum?

Es gibt eine Reihe von guten Gründen, die sich als Antworten auf diese Frage formulieren lassen:

- *Wachstum erleichtert den Abbau der Arbeitslosigkeit:* Wirtschaftswachstum bedeutet, dass die Unternehmer wieder eine positive Zukunft für ihr Unternehmen erwarten. D. h. sie haben die Hoffnung, in Zukunft wieder mehr Produkte oder Dienstleistungen absetzen zu können. Das führt über kurz oder lang dazu, dass sie dann auch wieder Arbeitsplätze anbieten, denn diese Güter und Dienstleistungen müssen ja erst einmal hergestellt werden.
- *Umweltschutz erfordert Wachstum:* [...] Heute gibt es für Unternehmen viele Auflagen, z. B. für die Abwasserreinigung, Luftfilterung usw. Dies ist für die Unternehmen teuer. Sie können diese Auflagen gut erfüllen, wenn es genügend Wachstum gibt.
- *Wachstum bedeutet steigende Einkommen:* [...] Nur bei Wirtschaftswachstum geht es den Unternehmen so gut, dass sie bereit sind, für ihre Mitarbeiter höhere Löhne zu bezahlen.
- *Wachstum ist Grundlage der sozialen Sicherung:* Wenn die Erwerbsbevölkerung zurückgeht und die Ausgaben für Gesundheit und Rente ständig steigen, muss die Wirtschaft (und damit die Einkommen) wachsen, wenn keine Leistungskürzungen erfolgen sollen.

Statistisches Bundesamt, Wiesbaden, Sachverständigenrat zur Begutachtung der gesamtwirtschaftlichen Entwicklung: Jahresgutachten 1987/88, Ziffern 246 f., 255, 257

M 3 Der ökologische Fußabdruck

Der ökologische Fußabdruck zählt alle Ressourcen, die für den Alltag benötigt werden, und zeigt auf, wie viel Fläche benötigt wird, um all die Energie und Rohstoffe zur Verfügung zu stellen. Anschließend wird dieser Flächenverbrauch auf alle Menschen hochgerechnet und mit den auf der Erde verfügbaren Flächen verglichen.
Einfach ausgedrückt: Dein ökologischer Fußabdruck sagt dir, wie groß die Fläche ist, die du zum Leben brauchst. Da unsere Erde ja nicht unendlich groß ist, haben alle Menschen nur eine gewisse Fläche zur Verfügung. Der Rechner zeigt, ob du mit deiner Fläche auskommst oder ob du gerade „auf zu großem Fuß" lebst. Folgende Fragen müssen dazu beantwortet werden (Auswahl):

- Wie warm ist es in deiner Wohnung / deinem Haus im Winter?
- Wie viele Stunden täglich benutzt du Unterhaltungs-, Kommunikations- und Informationsmedien für private Zwecke?
- Wie lange stehst du pro Woche unter der Dusche (1x baden entspricht 30 Minuten duschen)?
- Wie oft besorgst du durchschnittlich ein neues Kleidungsstück?
- Wie viel Müll produzierst du in einer Woche?
- Wie oft isst du Fleisch?
- Woher kommen die meisten deiner Lebensmittel?
- Welche Entfernungen hast du bei deinen Reisen im letzten Jahr mit welchem Verkehrsmittel zurückgelegt? (in km)

Sine Schnitzler, www.footprint-deutschland.de (12.6.2013)

Im Internet kannst du deinen eigenen Fußabdruck ausrechnen: *www.footprint-deutschland.de*

M 4 „Ein Umdenken ist nötig"

Aus einer Rede von Bundeskanzlerin Angela Merkel auf dem dritten „Petersberger Klimadialog", bei dem Minister aus 31 Staaten zusammenkamen, um die internationalen Klimaverhandlungen vorzubereiten.

Eines ist ganz sicher: Es gibt heute schon sieben Milliarden Menschen auf der Welt, es werden neun Milliarden sein. Die fossilen Rohstoffe sind endlich [= begrenzt]. Es gibt viele gute Gründe, neben dem Klimawandel, an den ich ausdrücklich glaube, auch anders mit den Rohstoffen dieser Erde umzugehen, als wir das heute tun. [...]
Deshalb brauchen wir ein konsequentes Umdenken, insbesondere auch in dem Verständnis von dem, was wir unter „Wachstum" verstehen. Wir haben großes Verständnis dafür, dass sich Wachstum auch in einer Zunahme des Bruttoinlandsproduktes ausdrücken muss. Wir haben das jahrelang so gesehen. [...] Wir sprechen natürlich immer noch auch über quantitatives Wachstum. Aber wir werden die Aufgabe nur schaffen, wenn wir Wachstum mehr als nur als quantitatives Wachstum betrachten.
[...] Ein Wachstum des Bruttoinlandsproduktes, verbunden mit Verschmut-

zung von Flüssen, Zerstörung von Umwelt, Abnahme von verfügbaren Ressourcen für Ernährungsgrundlagen, ist kein wirklich gutes Wachstum im Sinne einer besseren Lebensqualität für die Menschen. Deshalb wird uns ein neues Verständnis von Wachstum auch den Wandel leichter machen. Ich will allerdings selbstkritisch sagen: Die Diskussionen über die Finanz- und Wirtschaftskrise oder auch die Diskussionen, die wir über die Frage führen, was eigentlich Grundlage der Schwierigkeiten im Euro-Raum ist, werden fast ausschließlich unter quantitativen Aspekten geführt.

Angela Merkel, www.bundesregierung.de, 16.7.2013

M 5 Die Zauberformel „Nachhaltige Entwicklung"

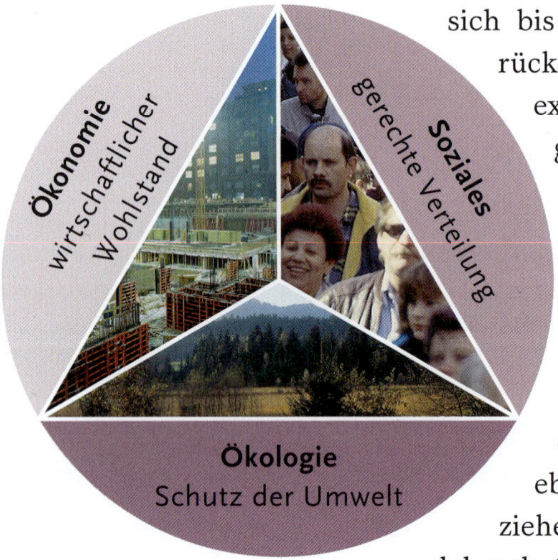

Eine nachhaltige Entwicklung sollte alle drei Dimensionen berücksichtigen.

Das Konzept der Nachhaltigkeit lässt sich bis ins 14. Jahrhundert zurückverfolgen. Schon damals existierte eine „nachhaltige" Forstwirtschaft, die darauf basierte, „nicht mehr Holz zu schlagen, als nachwächst". 1795 formulierte Georg Ludwig Hartig: Die Wälder sind so zu nutzen, „dass die Nachkommenschaft ebensoviel Vorteile daraus ziehen kann, als sich die jetzt lebende Generation zueignet."

1987 legte die „World Commission on Environment and Development" (WCED) („Weltkommission für Umwelt und Entwicklung") unter der Leitung der damaligen norwegischen Ministerpräsidentin Gro Harlem Brundtland ihren Abschlussbericht „Our Common Future" vor. Darin heißt es: „Ohne Absicht und Aussicht auf Rückzahlung borgen wir heute von künftigen Generationen unser ‚Umweltkapital'. Unsere Nachfahren mögen uns ob unseres verschwenderischen Vorgehens verfluchen – unsere Schulden werden sie nicht mehr eintreiben können. Unser Verhalten ist bestimmt von dem Bewusstsein, dass uns keiner zur Rechenschaft ziehen kann. Künftige Generationen haben heute kein Wahlrecht, sie verfügen über keine politische oder finanzielle Macht und sind uns daher ohnmächtig ausgeliefert."

Im Zentrum der Debatten über Nachhaltigkeit steht deshalb in der Regel das Begriffsdreieck (die Trias) Ökologie – Ökonomie – Soziales. Damit ist gemeint, dass alle Umweltmaßnahmen zugleich sozial verträglich sein und die wirtschaftliche Entwicklung fördern sollen.

M 6 Ein besserer Maßstab?

Erklärfilm „Nachhaltigkeit"

Mediencode: 71000-04

Der HDI (Index der menschlichen Entwicklung) wird jährlich von den Vereinten Nationen für derzeit 169 Länder bestimmt.

Er soll die Lebensqualität der Menschen abbilden. Dafür werden Zahlen zur durchschnittlichen Lebenserwartung, zum Bildungsniveau und zum Pro-Kopf-Einkommen ausgewertet.

Der HDI-Wert liegt immer zwischen den Grenzen 0 und 1, wobei diese beiden Grenzen in der Praxis nicht erreicht werden. Er ist ein Indikator für den wirtschaftlich-sozialen Fortschritt eines Landes und in seinem umfassenderen Ansatz besser als das BIP dazu geeignet, den Entwicklungsstand von Ländern zu vergleichen.

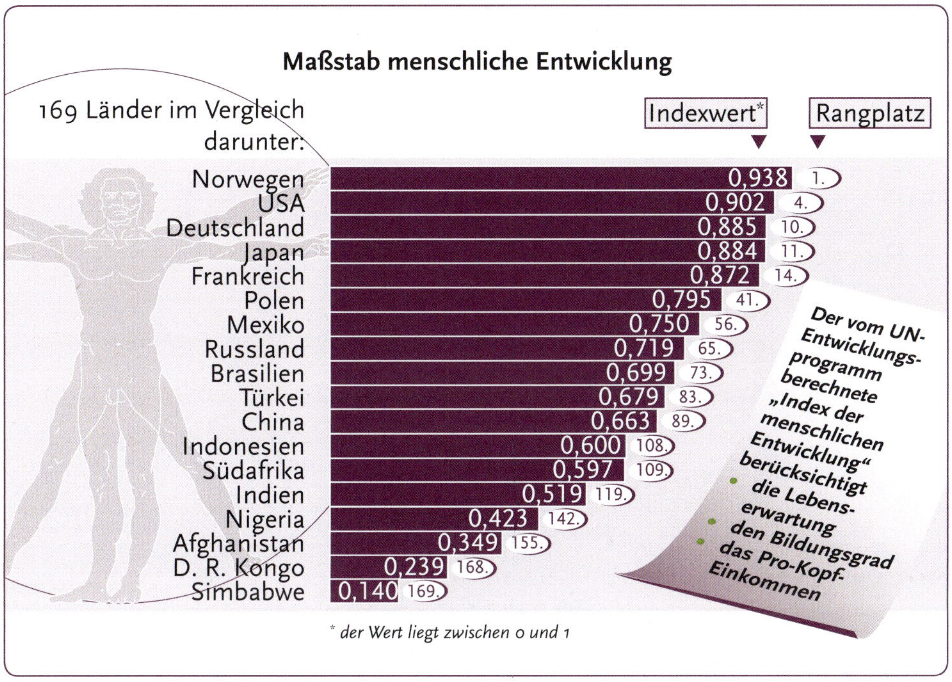

Bergmoser + Höller Verlag AG, Zahlenbilder 603 146; Quelle: UNDP (2010)

M 7 Der Markt als Lösung – Emissionshandel

Manchmal hat die wirtschaftliche Aktivität von Unternehmen und Privatleuten Nebeneffekte für Dritte. Ein solcher Effekt kann die Umweltverschmutzung sein. Autos und Fabriken blasen zum Beispiel das klimaschädliche Gas Kohlendioxid in die Luft. […] Der Schaden für die Umwelt spielt für den Unternehmer zunächst keine unmittelbare Rolle. Er ist auch schwierig zu ermitteln. Aber der Staat hat ein Interesse, dass diese Schäden nicht zu groß werden. Deshalb muss der Staat Regeln erlassen, um Umweltverschmutzung zu verringern oder zu verhindern. […]

Aber es gibt inzwischen auch moderne Ideen, die Verbote und Marktwirtschaft miteinander verbinden. Das geht über den Handel von Verschmutzungsrechten. Jedes Unternehmen, das Dreck in die Luft pusten will, muss dafür ein Verschmutzungsrecht vom Staat kaufen. Diese Rechte werden von der Regierung knapp gehalten. Wenn ein Unternehmen nun eine Filteranlage einbaut, die den Dreck aus der Abluft herausfiltert und deswegen weniger Kohlendioxid ausstößt, kann sie ihr Verschmutzungsrecht an einen Betrieb verkaufen, der

Kohlekraftwerke emittieren große Mengen des klimaschädlichen Gases CO_2.

Negative externe Effekte
Ein negativer externer Effekt tritt auf, wenn die von einer individuellen Handlung verursachten Kosten von der Allgemeinheit getragen werden müssen (verschmutzte Luft eines Kraftwerks, Lärm eines Flugzeuges ...).

noch nicht so sauber produziert. Der darf dann zwar weiterhin Abgase im alten Maße ausstoßen, aber muss für dieses Recht teuer bezahlen.
[...] So wird die Verschmutzung zum Teil der Kalkulation. Dieses System wird in Europa ungefähr so praktiziert.

Winand von Petersdorff, Das Geld reicht nie, Frankfurt a. M., 2. Auflage, 2008, S. 111 ff.

M 8 Der Handel mit Verschmutzungsrechten – ein Beispiel

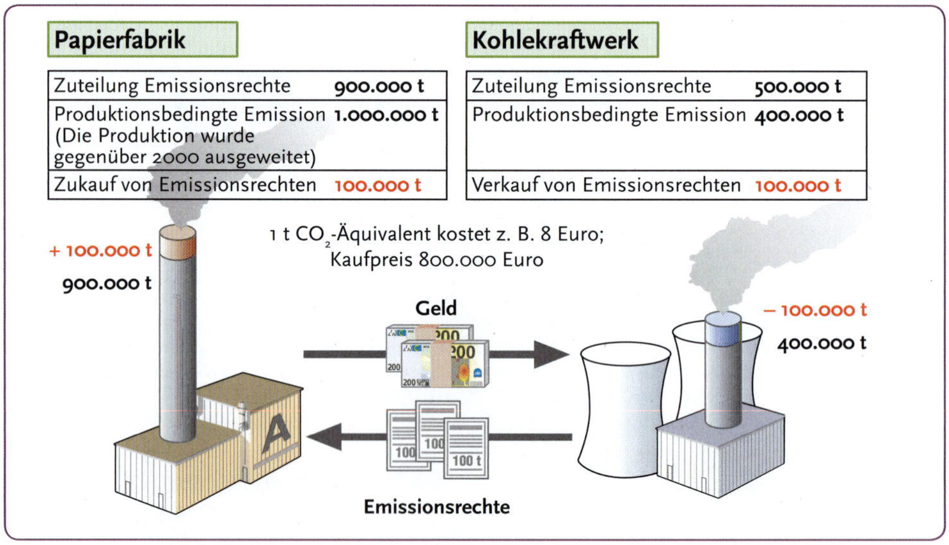

Globus-Grafik 8784

M 9 Umweltpolitische Instrumente – Übersicht

Umweltpolitisches Instrument	Beispiele
Instrumente, die auf **Freiwilligkeit** beruhen, wie z. B. moralische Appelle	• Aufforderung zur Mülltrennung • Informationen durch Gütesiegel
Marktwirtschaftliche Instrumente, d. h. unerwünschtes Verhalten (z. B. Umweltverschmutzung) mit einem Preis belegen bzw. verteuern, erwünschtes Verhalten bezuschussen. Politisch erwünschtes Verhalten lohnt sich für Unternehmen und private Haushalte, wenn dadurch Kosten gesenkt (und Gewinne erhöht) werden können.	• Umweltsteuern wie die Ökosteuern • Subventionen wie bei Einführung des geregelten Drei-Wege-Katalysators • Umweltzertifikate und deren Handel, z. B. das europäische Emissionshandelssystem
Bürokratische Instrumente, d. h. Gebote und Verbote werden gesetzlich verankert	• das gesetzliche Verbot der Verwendung bestimmter Stoffe, wie von FCKW • Umweltzonen in Städten

M 10 Ein Preis für die Umwelt? Der Wert von Ökosystemen

Die Dienste und Ressourcen der Natur kosten nichts. Ihre Ausbeutung für private Interessen verursachen Schäden, die von der Allgemeinheit getragen werden müssen. Deshalb fordern deutsche Forscher, dass für die Nutzung der Ökosysteme ein Preis entrichtet werden sollte, der alle ökonomischen und ökologischen Folgen beinhaltet.

Dazu messen die Forscher etwa die negativen Auswirkungen der menschgemachten Veränderungen an Ökosystemen auf den Wohlstand der Menschen. Sie nennen ein Beispiel aus Thailand. Dort brachte die Umwandlung von Mangrovenwäldern in Shrimpsfarmen den Besitzern einen Privatgewinn von mehr als 1.200 Dollar pro Hektar, wozu 8.400 Dollar staatliche Subventionen kamen.

Die natürlichen Wälder aber brachten einen Nutzen von 12.000 Dollar pro Hektar durch Holz, Fischerei und die Verhinderung von Küstenschäden. Die Wiederherstellung des ursprünglichen Zustands würde 9.000 Dollar pro Hektar kosten. Fazit: Die Abholzung der Mangroven ist nicht nur ökologisch, sondern auch ökonomisch eine schlechte Investition. Die Ökonomisierung (Bewertung) von Ökosystemen trägt dazu bei, dass bessere Entscheidungen getroffen werden. Politiker, Landbesitzer und Investoren würden überzeugt, neue Instrumente zum Schutz der Natur einzuführen und zu akzeptieren.

nach: Ferdinand Knauß, Handelsblatt, 17.11.2009

Aufgaben

1. Erläutere, warum Wirtschaftswachstum als notwendig erachtet wird (M 1, M 2).
2. Stelle dar, wo die Grenzen des Wachstums liegen (M 3, M 4).
3. Stellt euch vor, die Bundesregierung würde zur Schonung von Ressourcen den Preis für einen Liter Benzin um drei Euro verteuern. Diskutiert, ob eine solche Maßnahme im Sinne der Nachhaltigkeit wäre, und zeigt an diesem Beispiel die Schwierigkeiten einer ökologischen Politik auf.
4. Erläutere, warum man beim Emissionshandel von einem umweltpolitischen Instrument des Marktes spricht (M 7, M 8).
5. Eine Klebstofffabrik emittiert umweltschädlichen Rauch. Stelle dar, wie der Staat dagegen vorgehen könnte und worin das Pro und Kontra der jeweiligen Lösungsansätze besteht (M 9).

Manche Ökonomen fordern, den Wert der Umwelt in Euro und Cent auszudrücken. Stelle Vor- und Nachteile eines solchen Verfahrens gegenüber (M 10).

Soziale Marktwirtschaft und Gerechtigkeit

M 11 Niemand muss im Regen stehen …

Karikatur: Aurel

M 12 Das Sozialstaatsgebot im Grundgesetz

Art 1,1 GG
„Die Würde des Menschen ist unantastbar. Sie zu achten und zu schützen ist Verpflichtung aller staatlichen Gewalt."

Art 20,1 GG
„Die Bundesrepublik Deutschland ist ein demokratischer und sozialer Bundesstaat."

Im Grundgesetz, der deutschen Verfassung, werden die Grundrechte der Bürgerinnen und Bürger garantiert und die Organisation des Staates festgelegt. Artikel 20 fasst die wichtigsten Staatsprinzipien zusammen. Das darin enthaltene „Sozialstaatsgebot" verpflichtet den Staat dazu, das Ziel eines sozialen Ausgleichs bei allen staatlichen Maßnahmen zu berücksichtigen. In Verbindung mit dem Grundrecht auf ein menschenwürdiges Leben ergibt sich daraus ein Anspruch des Einzelnen gegen den Staat, für ihn im Falle seiner – verschuldeten oder unverschuldeten – Bedürftigkeit so zu sorgen, dass sein Existenzminimum gesichert ist. Wer zum Beispiel durch Krankheit oder Alter in eine Notlage geraten ist, muss durch die Unterstützung staatlich organisierter Sozialsysteme eine angemessene Behandlung und ausreichende Hilfe bei der Existenzsicherung erhalten. Der Staat ist auch dazu verpflichtet, „Daseinsvorsorge" zugunsten der Bürgerinnen und Bürger zu betreiben, d.h. die Versorgung mit Gas, Wasser, Strom und Schulen, öffentlichen Verkehrsmitteln u. a. sicherzustellen. Er muss dies allerdings nicht immer kostenlos tun, sondern kann dafür eine zumutbare Gegenleistung in Geld fordern.

M 13 Das soziale Sicherungssystem in Deutschland

Das Kernstück des Sozialstaats in Deutschland ist die gesetzliche Sozialversicherung. Sie ist im Sozialgesetzbuch geregelt und schreibt verpflichtend vor, dass jeder Mensch, der in einem regulären Beschäftigungsverhältnis (sozialversicherungspflichtige Vollzeit- und Teilzeittätigkeiten) steht, gegen bestimmte Grundrisiken des Lebens versichert sein muss. Arbeitgeber und Arbeitnehmer beteiligen sich je zur Hälfte an der Finanzierung der Versicherungen. Auf diese Weise ist ein Arbeitnehmer versichert bei Arbeitslosigkeit, bei Krankheit, bei Pflegebedürftigkeit, im Alter, wenn er nicht mehr berufstätig sein kann, und bei Unfällen. Diejenigen, die aus den gesetzlichen Sozialversicherungen keine oder keine ausreichenden Leistungen beziehen können, erhalten im Falle ihrer Bedürftigkeit eine Grundsicherung, die aus allgemeinen Steuermitteln finanziert wird.

Darüber hinaus leistet der Sozialstaat auch in besonderen Lebenslagen Unterstützung, z. B. für Familien, Kinder oder die Ausbildung. Der Sozialstaat wird von dem Grundgedanken der „Solidarität" getragen, d. h. dem Prinzip gegenseitiger Hilfe. Im Bedarfsfall tritt die Gemeinschaft mit ihren Mitteln für den Hilfebedürftigen ein.

Erklärfilm „Gesetzliche Sozialversicherung"

Mediencode: 71000-05

M 14 Die Säulen der sozialen Sicherung

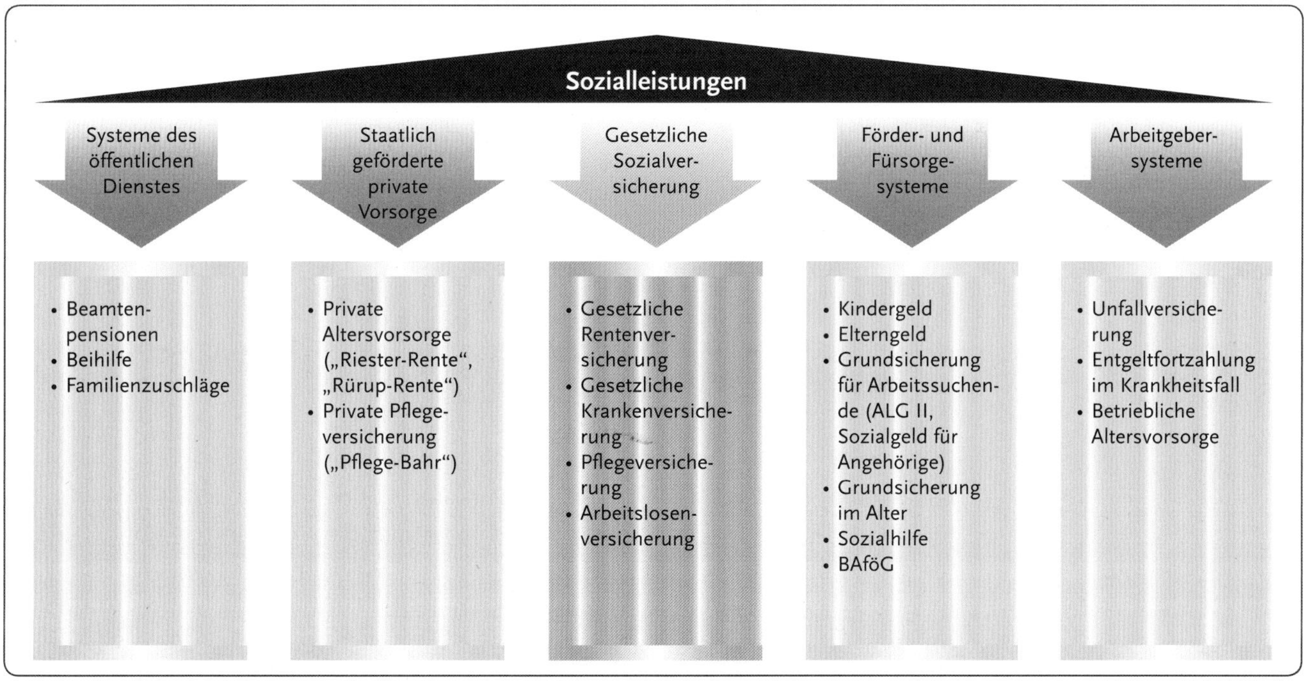

M 15 Arm und Reich in Deutschland

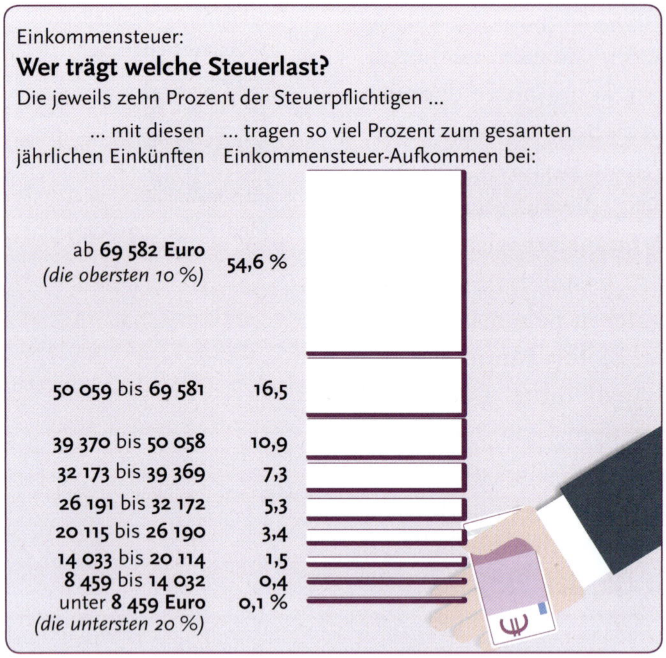

Globus-Grafik 5171; Quelle: BMF, FIT, Stand 2011

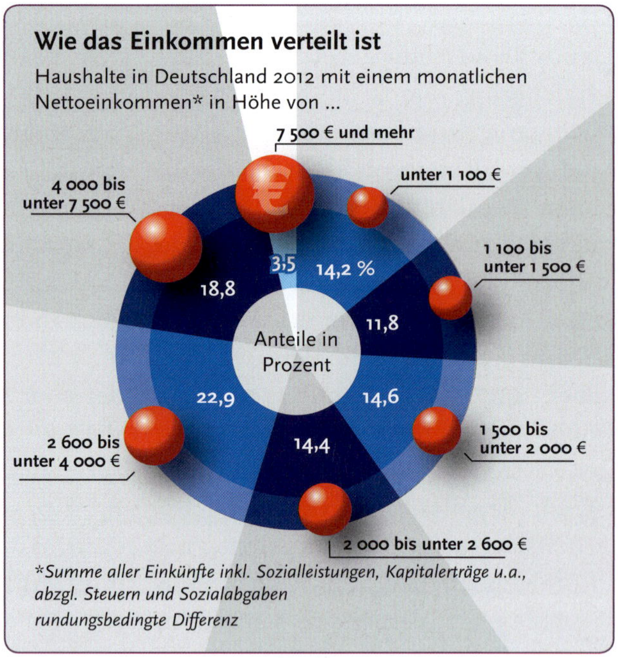

Globus-Grafik 5507; Quelle: GfK GeoMarketing

M 16 Zu wenig, um zu leben?

Immer mehr Menschen in Deutschland mit einem Vollzeit- oder Teilzeitjob verdienen zu wenig, um allein davon leben zu können. Die Zahl der sozialversicherungspflichtigen Arbeitnehmer, die mehr als 800 Euro brutto im Monat nach Hause bringen, aber zur Sicherung des Existenzminimums die staatliche Grundsicherung (Hartz IV) benötigen, ist in den vergangenen vier Jahren kontinuierlich gestiegen. Dies geht nach Informationen der Süddeutschen Zeitung aus neuen Statistiken der Bundesagentur für Arbeit (BA) hervor. Die Daten dürften die aktuelle Mindestlohn-Debatte befeuern: Nach den BA-Angaben gab es 2012 im Jahresdurchschnitt etwa 323.000 Haushalte mit einem sogenannten Hartz-IV-Aufstocker, der ein sozialversicherungspflichtiges Bruttoeinkommen von mehr als 800 Euro bezieht. 2009 waren es noch etwa 20.000 weniger.

Noch deutlicher ist der Anstieg bei den Singles mit einem entsprechenden Verdienst, wie eine Sonderauswertung der BA zeigt: Die Zahl dieser auf Hartz IV angewiesenen, alleinstehenden Vollzeit- oder Teilzeit-Jobber kletterte im gleichen Zeitraum um 38 Prozent auf zirka 75.600. Arbeitnehmer, die ihren Lohn aufstocken müssen, arbeiten vor allem im Handel, in der Gastronomie, im Gesundheits- und Sozialwesen sowie als Leiharbeiter. Insgesamt waren 2012 durchschnittlich etwa 1,3 Millionen Hartz-IV-Bezieher erwerbstätig, etwa genauso viele wie 2009. Knapp

die Hälfte von ihnen hatte nur einen Mini-Job. [...]
Stefan Sell, Professor und Arbeitsmarktexperte an der Hochschule Koblenz, wertet die Aufstocker-Statistik negativ. Arbeitgeber könnten mithilfe des Staates „einen Teil ihrer Lohnkosten auf Kosten der steuerzahlenden Bürger gleichsam sozialisieren – und sich damit gegenüber Unternehmen einen Vorteil verschaffen, die sich ordentlich verhalten wollen", sagte er. Bundesarbeitsministerin Ursula von der Leyen (CDU) hatte jüngst beim Evangelischen Kirchentag erklärt, das Einkommen einer Vollzeitstelle müsse reichen, „dass man davon leben kann". Stundenlöhne „von drei, fünf oder sechs Euro" dürfe es nicht geben.

Die Bundesagentur sieht die Aufstocker-Zahlen nicht negativ: Eine bezahlte Arbeit zu haben, sei besser, als nur von staatlicher Hilfe abhängig zu sein. Außerdem könne dies die Eintrittskarte für eine Stelle sein, die zum Leben reiche, sagte eine BA-Sprecherin. Der Anstieg der Single-Aufstocker könne auch mit höheren Mietkosten und gestiegenen Hartz-IV-Leistungen zu tun haben. „Je höher die Kosten für die Unterkunft und je höher der Hartz-IV-Regelsatz, desto mehr Menschen haben Anspruch auf unsere Hilfe, die vorher ihren Lebensunterhalt allein bestreiten konnten."

Thomas Öchsner, Süddeutsche Zeitung, 8.5.2013

Arbeitslosengeld II (Hartz IV)
Grundsicherung für Arbeitssuchende, die einem Arbeitslosen im Anschluss an den Bezug von Arbeitslosengeld I gewährt wird, wenn er bedürftig ist. Bei der Prüfung der Bedürftigkeit werden das Einkommen und Vermögen des Arbeitslosen sowie seiner in einer Bedarfsgemeinschaft lebenden Angehörigen geprüft. Finanziert wird das Arbeitslosengeld II aus Steuermitteln. Die Leistung setzt sich zusammen aus der Regelleistung, Mehrbedarfe (etwa für Alleinerziehende), Leistungen für Unterkunft und Heizung sowie flankierenden und einmaligen Leistungen. Liegt das Einkommen aus Erwerbstätigkeit unterhalb des Regelsatzes, so hat man Anspruch auf Aufstockung bis zur Regelleistung. Die Regelleistung für einen Erwachsenen beträgt im Jahr 2014 391 Euro, für Partner und Kinder werden Abschläge berechnet.

M 17 Sozialstaat und Gerechtigkeit

Es gibt einen engen Zusammenhang zwischen der sozialen Gerechtigkeit und der sozialen Ungleichheit. Während man Letztere jedoch messen kann, ist die soziale Gerechtigkeit eine Ansichtssache. Der Regierende Bürgermeister von Berlin verdient mehr als ein U-Bahn-Fahrer der Berliner Verkehrsbetriebe. Das ist leicht festzustellen, aber ist es gerecht? Der Regierende Bürgermeister verdient deutlich weniger als ein Profifußballer von Hertha BSC. Ist das gerecht? Letztendlich dreht sich die Frage der sozialen Gerechtigkeit immer um die der Gleichheit. Wie gleich müssen die Bürger, wie unterschiedlich dürfen sie sein, damit eine Gesellschaftsordnung als gerecht empfunden wird? Gerechtigkeit und Gleichheit hängen also zusammen. Aber wo soll die Gleichheit ansetzen, bei den Chancen oder bei den Ergebnissen? Müssen, um ein Bild aus dem Sport zu benutzen, alle zur selben Zeit loslaufen (Chancengerechtigkeit) oder sollen alle zur selben Zeit ankommen (Verteilungsgerechtigkeit)? Darauf gibt es keine einfache und keine allgemeine Antwort. Je nach politischer und weltanschaulicher Position unterscheiden sich die Meinungen hier deutlich. In der Bundesrepublik Deutschland werden beide Ansätze verfolgt. Zum einen sollen alle Gesellschaftsmitglieder die gleichen Chancen haben, im Berufsleben erfolgreich zu sein. Da die beruflichen Möglichkeiten mit wenigen Ausnahmen (wie Berufssportler oder Künstler) über Bildungsabschlüsse vergeben werden, ist es wichtig, dass alle

Kinder dieselben schulischen Chancen haben. Da aber Kinder und Jugendliche nicht nur von der Schule geprägt werden, sondern vor allem vom Elternhaus, bedeutet das, dass diejenigen, die von zu Hause weniger mitbekommen, stärker gefördert werden müssen. Um soziale Gerechtigkeit herzustellen, greift der Staat in Deutschland aber auch bei der Verteilung der materiellen Güter ein, und zwar über das klassische Mittel der Steuern. Wer mehr verdient, zahlt nicht nur mehr Steuern, sondern auch einen höheren Prozentsatz, der Steuertarif ist progressiv. […] Jeder ist seines Glückes Schmied. Diesen Satz haben wir alle schon einmal gehört. Er stimmt oft, aber keineswegs immer. Wir alle sind Faktoren ausgesetzt, die wir nicht beeinflussen können. Das betrifft den Fußgänger, der bei „Grün" über die Ampel geht und dennoch von einem Auto überfahren wird, genauso wie den Werftarbeiter, der über Nacht seinen Arbeitsplatz verliert, weil seine Firma beschlossen hat, die Produktion einzustellen oder zu verlagern.

nach: Eckart D. Stratenschulte, Wirtschaft in Deutschland, Bonn 2006, S. 149 ff.

M 18 Ein Gespräch über 60 Jahre Soziale Marktwirtschaft

In einem Gespräch im Jahr 2008 stritten der damalige FDP-Ehrenvorsitzende Otto Graf Lambsdorff (1926-2009) und der SPD-Linke Ottmar Schreiner (1946-2013) über Erbe, Irrwege und Zukunft der Sozialen Marktwirtschaft.

Herr Schreiner, haben Sie die Soziale Marktwirtschaft positiv oder negativ empfunden?

Schreiner: Ich konnte als erstes Kind einer großen Familie in den Fünfzigerjahren ein Gymnasium besuchen. Die Soziale Marktwirtschaft war ohne Zweifel die ökonomische Grundlage für eine Gesellschaft, die sozialen Aufstieg für die anbot, die wollten und die geistigen Voraussetzungen mitbrachten. Ich habe jedoch große Zweifel, ob dies heute noch der Fall ist.

Lambsdorff: In der Einschätzung der damaligen Chancen liegen Herr Schreiner und ich nicht weit auseinander. […] Im Gegensatz zu Herrn Schreiner bin ich jedoch der Ansicht, dass diese Gesellschaftsordnung heute zu sozial geworden ist. Der Sozialstaat hat die Marktwirtschaft in weiten Teilen außer Kraft gesetzt.

Zu sozial oder zu unsozial, was gilt denn nun?

Schreiner: Unsozial ist die hohe Arbeitslosigkeit. Unsozial ist, dass Millionen Menschen arbeiten, ohne selbst ihr Existenzminimum erwirtschaften zu können. Unsozial ist auch das wachsende Gefälle zwischen Arm und Reich. Und dass die Arbeitnehmerschaft seit zehn, zwölf Jahren von der allgemeinen Wirtschaftsentwicklung abgekoppelt wird. Wer dennoch wie Sie, Graf Lambsdorff, das Wort „sozial" in den letzten Jahren zum Unwort erklärte, hat der Sozialen Marktwirtschaft schweren Schaden zugefügt, weil Sie damit die Spannungen noch vertiefen.

Teilen Sie die Anamnese [hier =

Ansicht], Graf Lambsdorff?

Lambsdorff: Nur mit Einschränkungen. Wir können uns Sozialpolitik nur leisten, wenn wir erfolgreich wirtschaften. Ohne eine erfolgreiche Wirtschaftspolitik gibt es auch nicht genügend Arbeitsplätze. Zu viel Sozialleistungen belasten dagegen die Unternehmen und nehmen den Bürgern auch den Antrieb, sich selbst zu helfen. Da halte ich es mit John F. Kennedy, der einst sagte: „Wenn du nach einer helfenden Hand suchst, dann sieh erst mal an deinem rechten Arm nach, bevor du nach der Hand des Staates greifst."

Schreiner: Trotzdem brauchen wir einen starken Sozialstaat mehr denn je. Die Armut greift in Deutschland um sich, jeder Vierte gilt bereits als armutsgefährdet. [...]

Lambsdorff: Erhard verstand unter „Wohlstand für alle" aber nicht, dass man sein Geld aus der Staatskasse abholt. [...]

Schreiner: Ich kann nicht akzeptieren, wenn Sie eine Umverteilung von einem Drittel für übertrieben halten. Diese Umverteilung ist der wichtigste Beitrag der Sozialen Marktwirtschaft zur politischen Stabilität unserer Demokratie. [...]

Wie schätzen Sie die Zukunftsaussichten unserer Sozialen Marktwirtschaft ein?

Schreiner: Der Mittelstand war einmal die tragende Säule der Sozialen Marktwirtschaft. Jetzt ist sie die am meisten gebeutelte Gruppe. [...] Da sollten wir entlasten. [...] Wir müssen die unsozialen Reformen der vergangenen Jahre zurückdrehen, dann sehe ich wieder eine Perspektive für eine solidarische Gesellschaft.

Lambsdorff: Es wird Sie nicht wundern, wenn ich sage: Wir brauchen noch mehr Agenda 2010. Denn die demografische Alterung ist eine dramatische Entwicklung, die wir mit unserem heutigen Sozialsystem nicht meistern werden. Aber wenn ich 60 Jahre zurückblicke, als Deutschland in Trümmern lag, und sehe, was wir damals erreichten, halte ich die heutigen Herausforderungen für beherrschbar.

Das Interview führten Michael Inacker und Christian Ramthun, Die Zukunft unserer Wirtschaftsordnung, 30.6.2008, auf: www.wiwo.de

Agenda 2010
Bezeichnung des im Jahre 2003 vom damaligen Bundeskanzler Gerhard Schröder vorgestellten und bis 2005 weitestgehend umgesetzten Reformkonzepts der damaligen SPD/Die Grünen-Bundesregierung zur Umgestaltung des deutschen Sozialstaats. Es sah vor allem Leistungskürzungen für Arbeitslose vor.

Aufgaben

1. Erläutere, welche Verpflichtungen für den Staat sich aus dem Sozialstaatsgebot ergeben (M 11 – M 14).
2. Betrachte zunächst die rechte Grafik und nimm Stellung zu der Frage, ob die Einkommensverteilung in Deutschland gerecht ist. Überprüfe dein Urteil mit Hilfe der linken Grafik (M 15).
3. Immer mehr Menschen müssen zusätzlich zu ihrem Arbeitseinkommen staatliche Leistungen beziehen. Wie beurteilst du diese Entwicklung (M 16)?
4. Bewerte die Soziale Marktwirtschaft auf einer Skala von eins bis fünf hinsichtlich der Frage, ob es sich dabei um eine – alles in allem – gerechte Wirtschaftsordnung handelt. Begründe deine Zuordnung (M 12 – M 18).

Chancen und Risiken der Globalisierung

M 19 VW verlagert Jobs nach China

Eröffnung eines neuen Autohauses in China.

Europas größter Autobauer Volkswagen hat seine Belegschaft in Asien in den vergangenen vier Jahren um 134 Prozent vergrößert. Dort schnellte die Mitarbeiterzahl zwischen Ende 2008 und Ende 2012 von knapp 30.000 auf fast 70.000 Beschäftigte. Damit wuchs der Asienanteil an der Personalstärke laut Geschäftsbericht des Dax-Konzerns von 8 auf 13 Prozent. Mit etwa 410.000 Mitarbeitern von den weltweit 550.000 Beschäftigten stellt Europa zwar noch immer den Löwenanteil der VW-Belegschaft. Doch auf dem Heimatkontinent war das Jobwachstum der vergangenen vier Jahre mit 44 Prozent weitaus schwächer [...].

Europas Anteil an der Fahrzeugproduktion des VW-Konzerns verliert immer mehr an Gewicht: Er sackte binnen der vier zurückliegenden Jahre von 62 auf 51 Prozent ab. Das Heimatland Deutschland halbierte seine Bedeutung beim Fahrzeugausstoß sogar: 2008 rollte noch gut ein Drittel (34 Prozent) der Konzerngesamtproduktion in Deutschland vom Band. Ende 2012 wurde nicht einmal mehr jedes fünfte VW-Auto in Deutschland hergestellt (17 Prozent). In Asien schoss der Anteil an der Produktion im gleichen Zeitraum dagegen von 16 auf 29 Prozent. [...]

Bei den Standorten, an denen komplette Autos vom Band rollen, ist das Tempo auf der anderen Seite der Erde ein ganz anderes. 2008 zählte der Konzern fünf Fahrzeugproduktionsstandorte in Asien. Ende 2012 waren es mit 9 fast doppelt so viel. [...] Und der Trend läuft unaufhaltsam weiter: Sieben seiner derzeit zehn weltweit geplanten Werke wird VW in China aus dem Boden stampfen.

Dpa, n-tv, 30.3.2013

Hinweis: Die Materialien M 19 – M 24 können als Ausgangspunkt für ein gemeinschaftskundliches Projekt „Eine Welt“ in Zusammenarbeit mit Erdkunde und Geschichte genutzt werden.

M 20 Internationale Arbeitsteilung – wer profitiert?

komparativ = hier: im Vergleich zu anderen Ländern

Der britische Ökonom Adam Smith, der Begründer der modernen Nationalökonomie, war ein entschiedener Verfechter offener Märkte und des Freihandels, und seine Argumente sind einleuchtend: Durch den Freihandel können Länder ihren „komparativen Vorteil“ nutzen, und alle Nationen profitieren, wenn sich jede auf die Bereiche spezialisiert, in denen sie besonders leistungsfähig ist. Große Handelsräume erlauben Firmen und Individuen, sich weiter zu spezialisieren und noch bessere Leistungen zu erbringen. Stellen wir uns ein kleines Dorf mit nur einem Bäcker vor, betrachten wir dann ein größeres Dorf, das vielleicht zwei oder drei Bäcker hat. Eine größere Stadt kann eine größere Zahl von Bäckern ernähren, einige von ihnen stellen nur Brot her und andere nur Kuchen. Eine noch größere Stadt hat nicht nur Brotbäcker und Konditoren; hier haben die Bäcker so viele Kunden, dass sie sich noch weiter spezialisieren können und eine breite Palette sehr guter Kuchen und Feinschmeckerbrote herstellen. Größere Märkte steigern die Effizienz aller Produzenten und erweitern das Angebotssortiment, aus dem die Verbraucher auswählen können.

Joseph Stiglitz, Die Chancen der Globalisierung, Bonn 2006, S. 96

M 21 Standort Deutschland – Stärken und Schwächen

Im Ranking der industriellen Standortqualität belegt Deutschland unter 45 Ländern derzeit den fünften Platz - seit 1995 hat sich der Standort D damit um neun Ränge verbessert.

Zwar kann die Bundesrepublik mit dem Spitzenreiter USA noch nicht ganz mithalten - die Vereinigten Staaten punkten z. B. mit einer geringen Regulierungsdichte, einem riesigen Markt, wenig Bürokratie und niedrigen Produktionskosten.

Dennoch liegt die deutsche Standortqualität deutlich über dem internationalen Durchschnitt. Dies wird auch durch die Einschätzung der hiesigen Industrieunternehmen bestätigt. Sie geben vor allem der ausreichenden und stabilen Energie- und Rohstoffversorgung gute bis sehr gute Noten, ebenso der Rechtssicherheit und der marktwirtschaftlichen Ordnung. Weitere Pluspunkte sind unter anderem die Nähe zum Kunden, die starke Wissensinfrastruktur, der gut ausgebaute Luftverkehr und die leistungsfähigen Zulieferer.

Schlechte Bewertungen erhält der heimische Standort dagegen in erster Linie für die Kostensituation. Vor allem mit den vergleichsweise hohen Strom- und sonstigen Energiekosten sind viele Industriebetriebe unzufrieden - hier bekommt Deutschland im Schnitt lediglich die Note vier. Aber auch die finanzielle Belastung durch Steuern und die mit der Einhaltung von Umweltstandards verbundenen Kosten schlagen negativ zu Buche. Darüber hinaus zählen etwa der zu geringe Arbeitskräftenachwuchs sowie aufwendige Zulassungs- und Genehmigungsverfahren zu den Schwachpunkten in Sachen industrielle Standortqualität.

Institut der deutschen Wirtschaft Köln, IW-dienst 43, 25.10.2012, S. 1

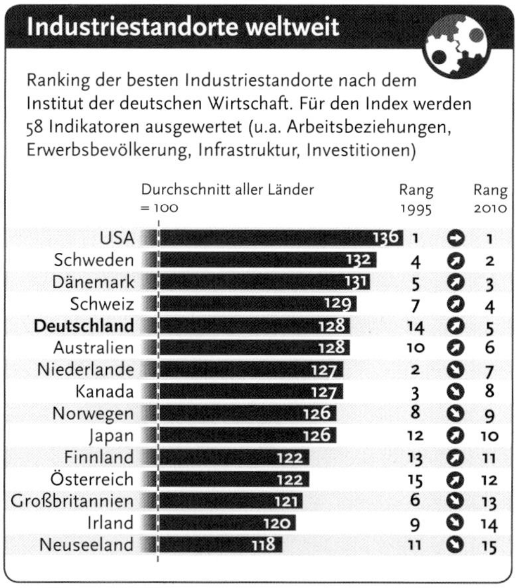

dpa-Grafik 17629; Quelle: IW

M 22 Deutsche Exportwirtschaft – Gewinner der Globalisierung?

Die deutschen Exporteure profitieren enorm von der Globalisierung - und mit ihnen auch die Arbeitnehmer, die direkt oder indirekt für diese Unternehmen arbeiten. [...] Die Bundesrepublik hat als einziges größeres Industrieland ihre Weltmarktposition kontinuierlich ausgebaut, obwohl das Aufholen der Schwellenländer beim globalen Export eigentlich rückläufige Anteile der Industrieländer insgesamt mit sich bringt.

Mehrere Gründe erklären den deutschen Exporterfolg. So spielt die länger anhaltende Lohnzurückhaltung eine wichtige Rolle, aber auch die höhere Wettbewerbsfähigkeit durch Offshoring – die Verlagerung von Funktionen und Prozessen ins Ausland – sowie die Ausrichtung auf wachstumsstarke Märkte. Deutschland scheint sich zudem vor allem mit seiner Spezialisierung auf Investitionsgüter und dem Qualitäts-Markenzeichen „Made in Germany" gewissermaßen zu einem Ausrüster der Schwellenländer zu entwickeln. Da diese aufstrebenden Staaten sich zunehmend industrialisieren, fragen sie hochwertige deutsche Maschinen und andere Investitionsgüter nach. Deutschlands langjährige Spezialisierung auf diese eher traditionellen Branchen erweist sich somit – entgegen anders lautenden Behauptungen – als wichtiger Vorteil.

© IW-Medien, iw-Dossier4, 10.4.2010

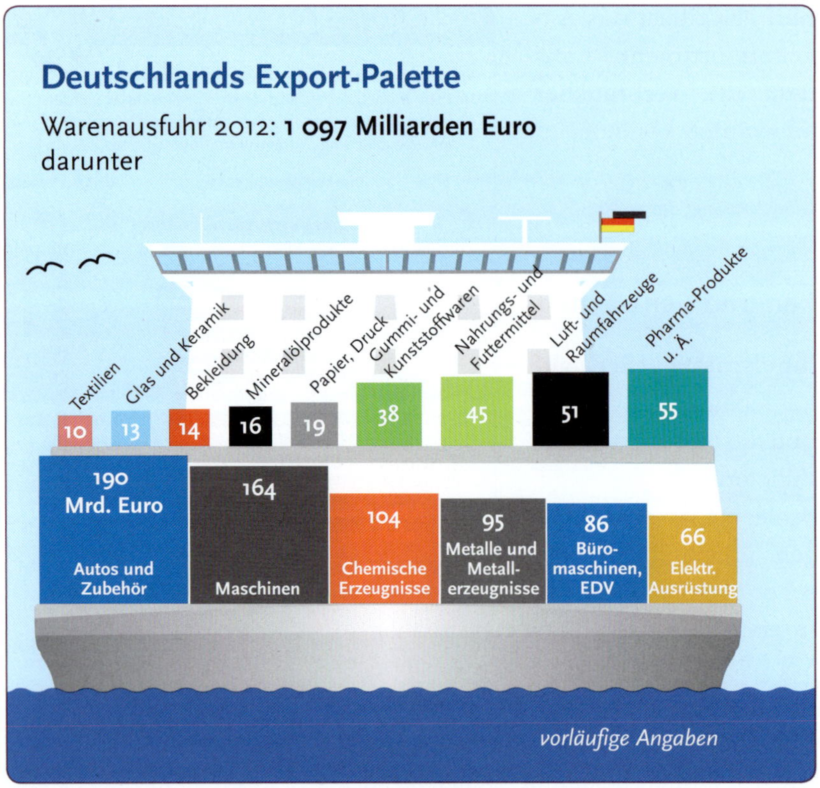

Globus-Grafik 5570; Quelle: Statistisches Bundesamt

M 23 Folgen der Globalisierung für den Arbeitsmarkt

Durch die Globalisierung ist der Arbeitsmarkt oft nicht mehr national oder regional begrenzt, sondern global. Das führt dazu, dass das Arbeitsangebot enorm steigt. Die Lebenshaltungskosten liegen in Asien oft bei nur 20 % der Lebenshaltungskosten in Westeuropa. Dementsprechend groß ist auch die Differenz der Löhne und Gehälter. Der Faktor Arbeit ist in vielen Teilen der Welt also deutlich billiger als in Westeuropa.

Das bedeutet, dass ein deutscher Arbeiter auf dem Arbeitsmarkt nicht nur in Konkurrenz zu anderen deutschen Arbeitern steht, sondern auch in Konkurrenz zu den vielen Arbeitskräften in der ganzen Welt, die ihre Arbeitskraft deutlich billiger anbieten. Diese Lohnschere zwischen Westeuropa und vielen anderen Teilen der Welt führt dazu, dass viele Firmen einfache Produktionstätigkeiten in Billiglohnländer verlegen.

Der einzige Ausweg, um nicht mit Millionen von Billigarbeitern in Konkurrenz zu stehen, ist gut qualifiziert zu sein. Am deutschen Arbeitsmarkt lässt sich dies gut beobachten: Während viele Unternehmer einen Bedarf an gut ausgebildeten Arbeitskräften haben, stehen viele gering qualifizierte Arbeitslose auf der Straße.

Zum (Welt-) Marktpreis können diese Geringqualifizierten ihre Arbeit nicht anbieten, da dieser nicht ausreichen würde, um einen deutschen Lebensstandard zu halten.

Für die Zukunft ist davon auszugehen, dass auch höher qualifizierte Tätigkeiten in Niedriglohnländer verlagert werden. Dies ist zum Beispiel bei IT-Firmen zu beobachten, die Programmierer in Indien beschäftigen. Auch in China sind die Anstrengungen groß, die Qualifikation der Arbeiter zu erhöhen: Jedes Jahr schließen in China sehr viel mehr Studenten ein technisches Studium ab, als in Deutschland.

http://www.globalisierung-infos.de/arbeitsmarkt.html (12.6.2013)

M 24 Keine Angst vor der Globalisierung?

Die Globalisierung hat nicht alle Probleme der Welt gelöst. Sie hat im einen oder anderen Fall zu wirtschaftlichem Abstieg, zu mehr Unsicherheit, zu mehr Stress und zu Unzufriedenheit geführt. Sie hat aber in den letzten fünfzig Jahren den Lebensstandard der Massen insgesamt verbessert. Die meisten Menschen leben länger und gesünder als jemals zuvor in der Weltgeschichte. Der großen Mehrheit geht es materiell wesentlich besser als ihren Vorfahren. Das gilt ganz besonders für Deutschland. Trotzdem glauben viele, dass es ihnen schlechter geht als in früheren Jahren – sie haben zwar nicht in absoluten Größen weniger, aber ihr Abstand zur Spitze ist gewachsen, ihre Besitzstände sind in Gefahr, und sie ziehen den bekannten Status quo der unbekannten Zukunft vor.

Globalisierung ist kein Nullsummenspiel, bei dem der eine nur das gewinnen kann, was der andere verliert. Sie hebt die Boote insgesamt, aber eben nicht alle mit derselben Welle. Deshalb ist die Feststellung richtig, dass sich in den letzten Jahren die Schere zwischen Reich und Arm weiter geöffnet hat. Aber in Asien und Lateinamerika haben gerade die Länder aufgeholt, die sich globalisiert haben. Afrika ist zurückgefallen, denn der Kontinent ist in weiten Teilen von der Globalisierung abgeschnitten. […] Stellenverluste sind nämlich nicht deren Folge, sondern die eines stetigen Strukturwandels, den keine Macht der Welt aufhalten kann. Auch die Globalisierung verhindert nicht, dass Menschen ihre Jobs verlieren. Sie hilft jedoch nachhaltiger als jede Alternative, neue Jobs zu schaffen. Richtig ist, dass sie das Tempo der Veränderungen beschleunigt hat. Das ist aber nicht neu. Der Strukturwandel war schon immer eine feste Konstante der Menschheitsgeschichte. Mal läuft er schneller, mal langsamer, immer aber vernichtet er alte Arbeitsplätze und schafft neue. […]

Thomas Straubhaar, Frankfurter Allgemeine Sonntagszeitung, 10.6.2007

Strukturwandel
Als Strukturwandel bezeichnet man die langfristigen und stetigen Veränderungen in der Wirtschaftsstruktur eines Landes. Sie werden ausgelöst durch veränderte Wettbewerbsbedingungen (wie z. B. durch die Globalisierung), durch technische Erfindungen oder verändertes Nachfrageverhalten. Beständig verschwinden alte Wirtschaftszweige und neue entstehen.

Aufgabe

Bildet Gruppen. Erörtert gemeinsam auf Basis der Materialien M 19 – M 24 die Frage, ob die Globalisierung für Deutschland mehr Chancen oder Risiken birgt.

Was wir wissen

Trotz der unbestrittenen Erfolge der Sozialen Marktwirtschaft steht unser Wirtschaftssystem heute vor einer Reihe von Herausforderungen, die die öffentliche politische Diskussion prägen. Als wichtigste Herausforderung gelten Fragen nach der Umweltverträglichkeit, der Gerechtigkeit und den Folgen der Globalisierung.

Ökologie
M 2 – M 10

Die Soziale Marktwirtschaft ermöglichte in Deutschland nach dem Zweiten Weltkrieg eine beispiellose Wohlstandssteigerung. Wachstum bedeutet für die Befürworter daher bis heute sichere Arbeitsplätze durch steigende Produktion, höheres Einkommen, einen steigenden Lebensstandard und gut ausgebaute soziale Sicherungssysteme. Traditionell gilt dabei das Bruttoinlandsprodukt (BIP) als wichtigste Maßzahl für das Wachstum von Volkswirtschaften. Die einseitige Ausrichtung der Wirtschaftspolitik auf Wachstumsraten stößt jedoch seit geraumer Zeit auf Skepsis. Die Zweifel werden vor allem genährt durch jene Auswirkungen von Produktion und Konsum, die nicht zu einer Erhöhung der gesellschaftlichen Wohlfahrt beitragen. Die Ausbeutung natürlicher Ressourcen, die schwindende Biodiversität und der Klimawandel sind nur einige Beispiele dafür, dass die Kosten des Wachstums im Bruttoinlandsprodukt nur unzureichend abgebildet werden. Alternative Indikatoren versuchen deshalb, „Lebensqualität" nicht nur mit einem gestiegenen Einkommen gleichzusetzen. Das Leitbild der Nachhaltigkeit folgt einem einfachen Grundsatz: Lebe von den Zinsen und nicht vom Kapital. Eine irreparable (nicht umkehrbare) Schädigung des Ökosystems Erde soll verhindert werden, so dass auch zukünftige Generationen ihre Bedürfnisse befriedigen und ihren eigenen Lebensstil wählen können. Um dieses Ziel zu erreichen, stehen dem Staat verschiedene Mittel der Umweltpolitik zur Verfügung.

Gerechtigkeit
M 12 – M 18

Der Markt weist Einkommen nach Leistung, nicht nach Bedürftigkeit zu. Menschen, die nicht in der Lage sind, eigenes Einkommen zu erzielen, wären daher im schlimmsten Fall sich selbst überlassen. In der Sozialen Marktwirtschaft garantiert der Staat jedoch jedem einzelnen ein Existenzminimum. Außerdem sorgt er mit Mitteln der Steuer- und Sozialpolitik für ein gewisses Maß an Umverteilung der Einkommen. Ob die Ungleichverteilung der Einkommen und Vermögen auch ungerecht ist, darüber wird politisch gestritten. Unterschieden werden muss zwischen der Chancengerechtigkeit – sie zielt auf die Schaffung gleicher Startbedingungen – und der Verteilungsgerechtigkeit – sie zielt auf eine möglichst gleiche Verteilung von Einkommen und Vermögen.

Globalisierung
M 19 – M 24

Die wirtschaftliche Globalisierung wird zur Herausforderung für die Soziale Marktwirtschaft, da die Entstehung eines weltweiten Marktes für Waren, Kapital und Dienstleistungen zu einem beschleunigten globalen Strukturwandel führt. Der weltweite Abbau von Handelsbeschränkungen, Innovationen im Bereich der Kommunikationstechnik sowie stark gesunkene Transportkosten ermöglichen eine Intensivierung der internationalen Arbeitsteilung.

Unternehmen sind dadurch heute in der Lage, den Produktionsprozess global zu organisieren. Damit treten die Produktionsstandorte weltweit in Konkurrenz zueinander. Dies führt zu einer Abwanderung von Branchen, deren Produkte auch von gering qualifizierten Arbeitnehmern zu wesentlich niedrigeren Kosten hergestellt werden können. Aktuell gilt der Wirtschaftsstandort Deutschland als sehr wettbewerbsfähig. Stärken sind unter anderem eine hervorragende Infrastruktur, stabile politische und soziale Verhältnisse, Rechtsstaatlichkeit sowie produktive und sehr gut qualifizierte Arbeitnehmer.

Wachstum oder Lebensqualität?

Autobahnbau. Der Landschaftsverbrauch und Umweltbeeinträchtigungen schlagen sich nicht im BIP nieder.

Einen Indikator entwickeln

Zahlreiche Menschen, Politiker und Wissenschaftler in Deutschland glauben, dass das „Bruttoinlandsprodukt“, kurz BIP, als Maßzahl für gesellschaftlichen Wohlstand überholt sei. Deshalb hat der Deutsche Bundestag Ende 2010 eine Studien-Kommission („Enquete-Kommission“) eingerichtet, die den Auftrag hat, mit Blick auf die Messung von Wachstum, Wohlstand und Lebensqualität eine Alternative zum BIP zu entwickeln.

Diese Kommission hat nun den Vorschlag unterbreitet, das BIP um diese Indikatoren zu ergänzen.

Materieller Wohlstand	Soziale Situation des Einzelnen	Ökologie
Das Wirtschaftswachstum (BIP) Die Höhe der Staatsverschuldung Die Verteilung der Einkommen	Lebenserwartung Bildungsabschluss Möglichkeit der demokratischen Mitwirkung Beschäftigung	Grad der Luftverschmutzung Artenvielfalt

Aufgabe

Stellt euch vor, ihr wärt Mitglieder der Kommission. Bildet Gruppen und diskutiert darüber, wie wichtig die einzelnen Indikatoren für euch sind. Vergebt dann Punkte, um die einzelnen Indikatoren zu gewichten. Der wichtigste Indikator erhält 9 Punkte, der unwichtigste 1 Punkt. Vergleicht die Ergebnisse untereinander und einigt euch in der Klasse auf eure neue Wohlstandsmessung.

4.4 Konflikte in der Arbeitswelt

Konfliktfall Lohn – wie verlaufen Tarifverhandlungen?

M 1 Konfliktfall Lohn – das Tauziehen in der Tarifauseinandersetzung

Erste Verhandlungsrunde – keine Annäherung
Die erste Verhandlungsrunde für die 75.000 Stahlbeschäftigten in Nordrhein-Westfalen, Niedersachsen und Bremen am Freitag brachte keine Annäherung zwischen Arbeitgebern und IG Metall.

IG-Metall begründet Forderungen
„Wer mehr Wert schafft, hat auch mehr verdient." Unter diesem Motto starten die Tarifverhandlungen für die rund 75.000 Stahl-Beschäftigten in Nordwestdeutschland. Die IG Metall fordert sieben Prozent mehr Geld, die unbefristete Übernahme der Auszubildenden und eine bessere Altersteilzeit.

Die Arbeit in den Stahlbetrieben ruht
Die IG Metall-Tarifkommission hat entschieden: Am morgigen Mittwoch wird es die ersten Warnstreiks in der nordwestdeutschen Stahlbranche geben.

IG Metall entscheidet über Warnstreiks
Die Arbeitgeber legten auch in der zweiten Stahl-Tarifverhandlung in Gelsenkirchen kein Angebot vor.

Dritte Verhandlung bringt Ergebnis für Beschäftigte
3,8 Prozent höhere Einkommen und die unbefristete Übernahme der Ausgebildeten. Das haben IG Metall und Arbeitgeber heute in der dritten Tarifverhandlung in Düsseldorf für die 75.000 Stahlbeschäftigten in Nordrhein-Westfalen, Niedersachsen und Bremen vereinbart. Der Tarifvertrag zur Altersteilzeit wurde verlängert.

nach: http://www.igmetall.de/cps/rde/xchg/SID-94B13518-B5BDB64D/internet/style.xsl/eisen-und-stahl-2011-8842.htm (12.8.2012)

M 2 Die Gestaltung der Arbeitswelt durch Tarifverträge

Tarifverträge

Arbeitgeberverbände
einzelne Arbeitgeber

Gewerkschaften
(Arbeitnehmerverbände)

Tarifvertrag
regelt: Rechte und Pflichten der Tarifvertragsparteien, Inhalt, Abschluss und Beendigung von Arbeitsverhältnissen, betriebliche und betriebsverfassungsrechtliche Fragen

Manteltarifvertrag
regelt: allgemeine Arbeitsbedingungen wie Arbeit, Urlaub, Kündigungsfristen, Akkord
Laufzeit: mehrere Jahre

Rahmentarifvertrag
regelt: Lohngruppeneinteilung nach Tätigkeitsmerkmalen
Laufzeit: mehrere Jahre

Lohntarifvertrag
regelt: Löhne und Gehälter, Akkordlöhne, Zulagen und Zuschläge
Laufzeit: meist ein Jahr

nach: Bergmoser + Höller Verlag AG, Zahlenbilder 240 021

M 3 Die Tarifautonomie

Die Tarifautonomie überantwortet die Lohnfindung, aber auch die Gestaltung vieler Details der Arbeitswelt den Tarifvertragsparteien. Die Tarifautonomie ist in Art. 9 Abs. 3 Grundgesetz garantiert. Darin heißt es: „Das Recht, zur Wahrung und Förderung der Arbeits- und Wirtschaftsbedingungen Vereinigungen zu bilden, ist für jedermann und für alle Berufe gewährleistet. Abreden, die dieses Recht einschränken oder zu behindern suchen, sind nichtig, hierauf gerichtete Maßnahmen sind rechtswidrig." Tarifvertragsparteien sind Gewerkschaften, einzelne Arbeitgeber sowie Vereinigungen von Arbeitgebern. Der Staat schafft den rechtlichen Rahmen, darf sich aber in die konkreten Auseinandersetzungen der Tarifpartner nicht einmischen. Die Mitglieder der Tarifpartner sind zur Einhaltung der ausgehandelten Tarifverträge verpflichtet. Die Rechte und Pflichten der Tarifparteien werden im Tarifvertragsgesetz genauer geregelt.

M 4 Die Tarifpartner: Arbeitgeberverbände und Gewerkschaften

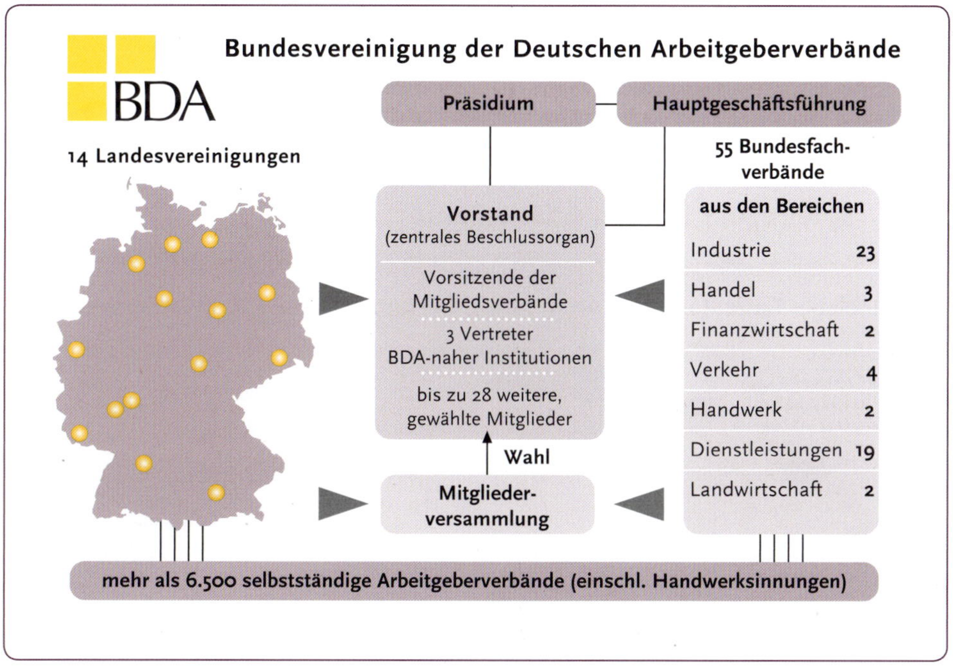

Bergmoser + Höller Verlag AG, Zahlenbilder 236 150 *Quelle: BDA Stand: 2010*

Die Arbeitgeber sind heute in einer Vielzahl von Verbänden und Vereinigungen organisiert. Einer der wichtigsten Dachverbände ist die Bundesvereinigung der Deutschen Arbeitgeberverbände. Als Tarifpartei gegenüber den Gewerkschaften treten einzelne Arbeitgeber oder die Fachverbände der Bundesvereinigung der Deutschen Arbeitgeberverbände auf.

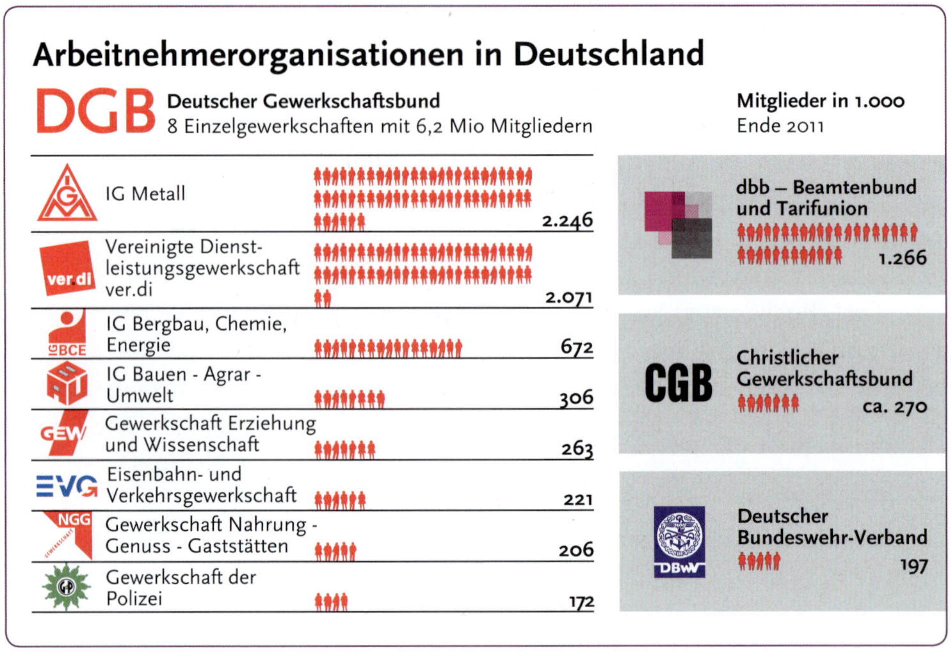

Bergmoser + Höller Verlag AG; Zahlenbilder 240 110

Die Gewerkschaften vertreten die Ansprüche der Arbeitnehmer. Sie sehen ihre Aufgabe vor allem darin, in Tarifverträgen bessere Lohn- und Arbeitsbedingungen zu verankern und die Mitbestimmungsrechte der Arbeitnehmer zu sichern.

M 5 Spielregeln für den Arbeitskampf

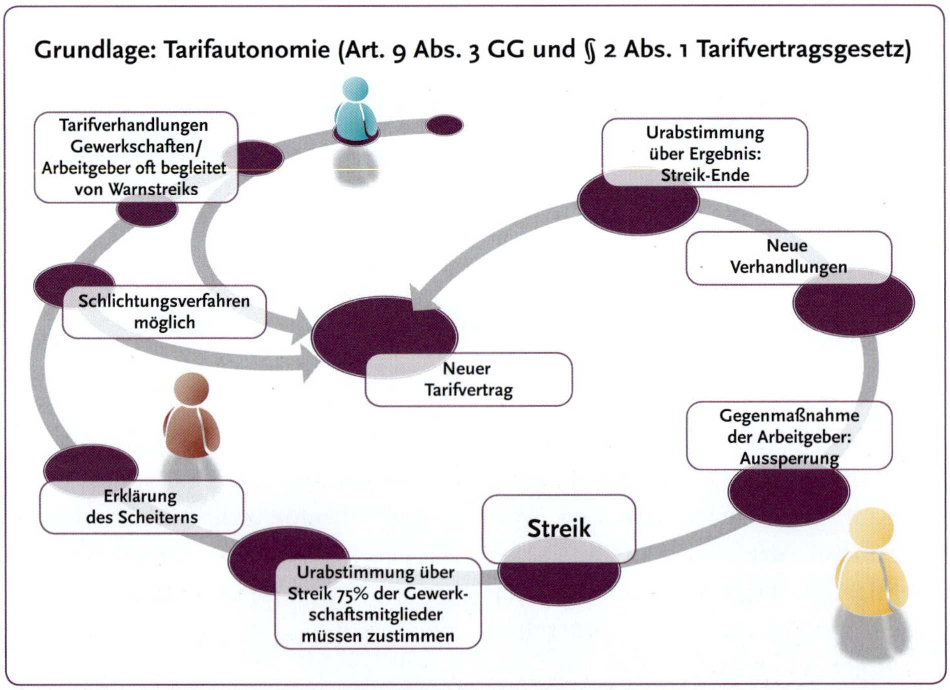

nach: dpa-Grafik 7291

M 6 Kontrovers diskutiert: Argumente in der Lohnpolitik

Die Forderungen in den Tarifverhandlungen gehen von faktischen „Nullrunden" bei den Löhnen bis zur Umverteilung, um den Anteil der Arbeitnehmer am Volkseinkommen zu erhöhen. Dabei lassen sich sowohl bei den Gewerkschaften wie bei den Arbeitgebern unterschiedliche Argumentationslinien feststellen.

Die gewerkschaftliche Position

Im Vordergrund der gewerkschaftlichen Position steht die Erhaltung bzw. Steigerung der Kaufkraft. Die Lohnerhöhungen in der Gesamtwirtschaft sollten mindestens so groß sein wie die Produktivitätsfortschritte plus der zu erwartenden Preissteigerungsrate. Eine noch weitergehende Forderung vertritt die Gewerkschaftslinke: durch Lohnerhöhungen, die über den Verteilungsspielraum hinausgehen („Umverteilungskomponente"), werden die Gewinne der Unternehmen geschmälert und der Anteil der Arbeitnehmer-Einkommen am Volkseinkommen wird verbessert.

Die Arbeitgeber-Position

Ziel der Arbeitgeber ist es, die Lohnerhöhung höchstens am Produktivitätszuwachs auszurichten, um die Lohnkosten zu „stabilisieren". Das heißt: Die Arbeitnehmer sollen nur soviel mehr bekommen, wie sie auch statistisch gesehen pro Stunde mehr leisten (steigende Wertschöpfung). [...] Da die Arbeitgeber auf für sie zu hohe Lohnkosten damit reagieren, dass sie die Preise auf die Kunden abwälzen (Lohn-Preis-Spirale) oder Arbeitnehmer entlassen, fordern die Arbeitgeber im Interesse der Gesamtwirtschaft von den Gewerkschaften „moderate" Lohnforderungen. Noch weiter geht die durch das Kieler Institut für Weltwirtschaft mittlerweile weit verbreitete These, dass eine produktivitätsorientierte Tarifpolitik lediglich in Vollbeschäftigungszeiten akzeptabel sei.

http://www.learn-line.nrw.de/angebote/tarifpolitik/ (20.7.2005)

Arbeitsproduktivität
Arbeitsproduktivität bedeutet, dass sich die Wertschöpfung in Bezug auf den Arbeitseinsatz erhöht hat bzw. das angestrebte Ergebnis mit einer geringeren Menge von Arbeitsstunden erreicht wurde. Einfluss auf die Arbeitsproduktivität haben vor allem technischer Fortschritt und Arbeitsintensität.

Produktivität = Arbeitsergebnis/Arbeitseinsatz

Aufgaben

1. Sortiere die Meldungen über die Tarifverhandlungen in der Metallbranche chronologisch. Ordne die Ereignisse, die genannt werden, anschließend in das Ablaufschema für Tarifkonflikte ein. Beurteile das Ergebnis der Verhandlungen (M 1, M 5).
2. Begründe, warum sich Arbeitgeber und Arbeitnehmer zu großen Interessenverbänden zusammenschließen (M 3 – M 5).
3. Spielt in einem Rollenspiel eine Tarifauseinandersetzung nach. Teilt die Klasse dazu in zwei Gruppen (Arbeitgeber und Gewerkschaften). In eurer Branche sind die Produktivität und die Preise um durchschnittlich 2,5 % gestiegen. Wählt zwei Verhandlungsführer aus, die die Lohnverhandlungen führen. Formuliert eure Ziele für die Verhandlungen und begründet eure Standpunkte. Einigt euch auf ein Ergebnis (M 1 – M 6).

Dokumentiert den Ablauf einer aktuellen Tarifauseinandersetzung.

Konfliktfall Kündigung – die Rolle des Betriebsrates im Unternehmen

M 7 Konfliktfall Kündigung

Für ein mittelständisches Unternehmen, das Werkzeugmaschinen herstellt, hat sich aufgrund der internationalen Situation in den letzten beiden Jahren die wirtschaftliche Lage drastisch verschlechtert.
Die daraus resultierenden Umsatzeinbußen und die nicht mehr ausgelasteten Kapazitäten veranlassen die Unternehmensleitung, bei den Personalkosten Einsparungen vorzunehmen.
Eine Maßnahme betrifft die Dreherei des Unternehmens. Von bisher vier beschäftigten Drehern soll ein Arbeitnehmer entlassen werden.
In der Dreherei sind folgende Arbeitnehmer beschäftigt:

Heiner Schmidt ist 54 Jahre alt und seit 18 Jahren im Betrieb. Er ist verheiratet und hat zwei Kinder, die 16 und 19 Jahre alt sind. Die Ehefrau ist nicht berufstätig. Die Familie hat große finanzielle Belastungen durch den Bau eines Eigenheims. Die Leistungen von Heiner Schmidt werden als zufriedenstellend beurteilt. Der für Heiner Schmidt zuständige Meister ist der Auffassung, dass er sich nicht in die Bedienung der neuen Maschine einarbeiten kann. Sein Bruttomonatslohn beträgt etwa 2.900,- €.

Silke Wortmann, 25 Jahre alt, ist nicht verheiratet und seit acht Jahren im Betrieb. Ihre Leistungen werden mit sehr gut beurteilt. Der Bruttomonatslohn beträgt etwa 2.500,- €.

Michael Hansen, seit zwölf Jahren im Betrieb, ist 38 Jahre alt und verheiratet. Er hat ein Kind (13 Jahre), die Ehefrau ist berufstätig. In seiner Beurteilung steht, dass Michael Hansen mit schwierigen Situationen fertig werden kann. Sein Bruttomonatslohn beträgt etwa 3.100,- €.

Kurt Reiche, 30 Jahre, ist seit einem Jahr im Betrieb und hat Erfahrungen mit modernen Produktionsanlagen und -verfahren. Seine Leistungsbeurteilung ist gut. Sein Bruttomonatslohn beträgt etwa 2.700,- €.

nach: Institut für ökonomische Bildung

Jugendvertretung
In Betrieben mit in der Regel mindestens fünf Arbeitnehmern, die das 18. Lebensjahr noch nicht vollendet haben oder zu ihrer Berufsausbildung beschäftigt sind und das 25. Lebensjahr noch nicht vollendet haben, sind nach dem Betriebsverfassungsgesetz Jugend- und Auszubildendenvertretungen zu wählen (§§ 60 ff BetrVG). Die Jugend- und Auszubildendenvertretung nimmt die spezifischen Interessen der beiden Gruppen wahr und kann Betriebsratsbeschlüsse einmal für die Dauer von einer Woche zwecks Erörterung von Verständigungsmöglichkeiten aussetzen lassen. Sie kann zu allen Betriebsratssitzungen Vertreter entsenden. Der Betriebsrat hat die Jugend- und Auszubildendenvertretung zu Besprechungen zwischen Arbeitgeber und Betriebsrat hinzuziehen, wenn Angelegenheiten der betreffenden Gruppen vom Betriebsrat behandelt werden.

M 8 Kündigungsgründe

Betriebsbedingte Gründe	Personenbedingte Gründe	Verhaltensbedingte Gründe
z. B.: Absatzschwierigkeiten, Rationalisierungsmaßnahmen, Änderung des Produktionsverfahrens, Betriebseinschränkungen ...	z. B.: Fehlende Eignung des Arbeitnehmers, mangelhafte oder abnehmende Leistungsfähigkeit, häufige oder lang andauernde Krankheit ...	Unterlassene oder unberechtigte Krankmeldung, unentschuldigtes Zu-Spät-Kommen, Beleidigung des Arbeitgebers ...

M 7 Die Mitbestimmungsrechte des Betriebsrates

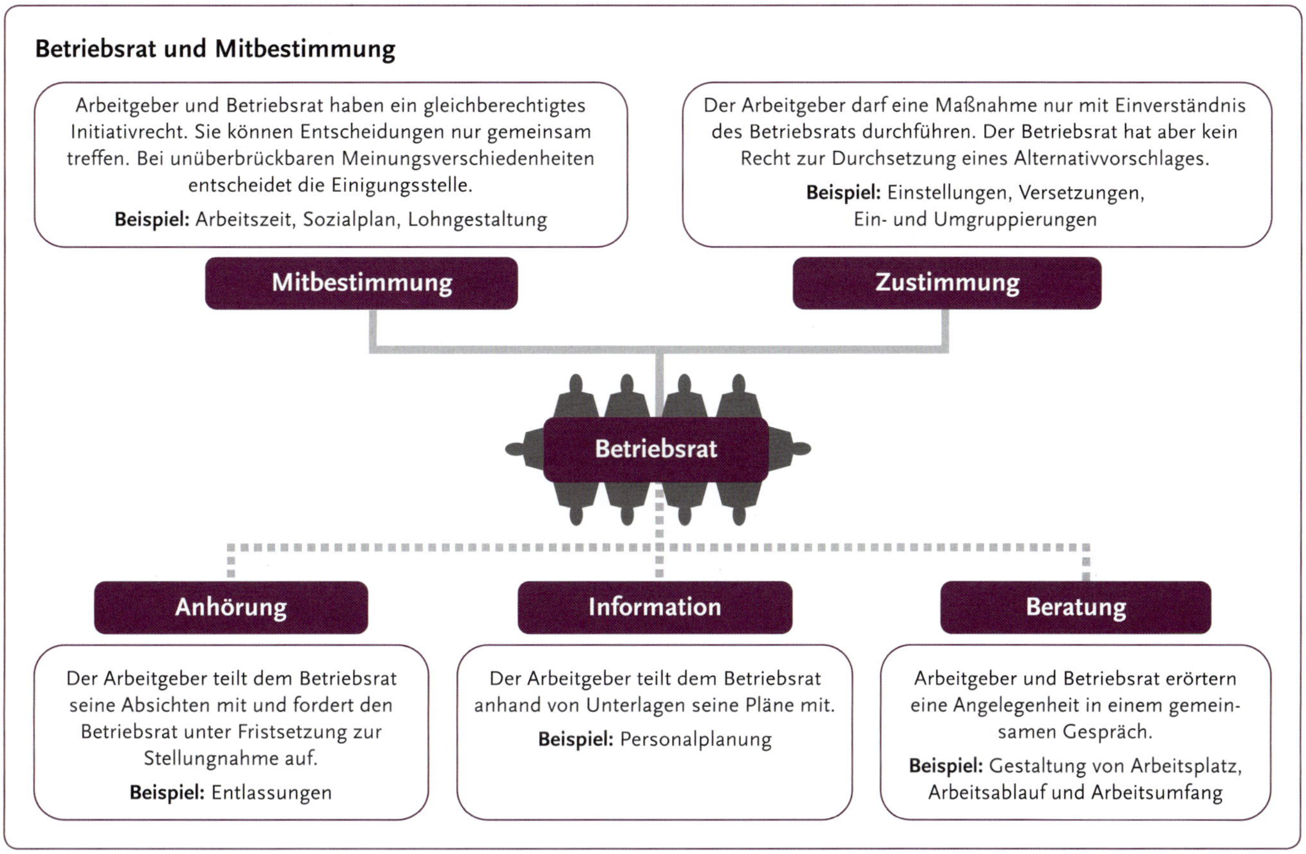

Horst-Udo Niedenhoff, Mitbestimmung in der Bundesrepublik Deutschland, 13. Auflage, Köln 2003, S. 87

Betriebe ab einer bestimmten Größe müssen nach dem Betriebsverfassungsgesetz die Gründung eines Betriebsrats zulassen. Dieser ist das gesetzliche Organ zur Vertretung der Arbeitnehmerinteressen und zur Wahrung der betrieblichen Mitbestimmung gegenüber dem Arbeitgeber in Betrieben des privaten Rechts. Der Betriebsrat hat die Aufgabe, die Beschäftigten bei Einstellungen in Lohn und Gehaltsfragen sowie bei Kündigungen und vielen weiteren Themenbereichen vor der Willkür des Arbeitgebers zu schützen. Arbeitsbedingungen sind mit dem Betriebsrat so zu gestalten, dass sie die Bedingungen aus Recht und Gesetz sowie nach den Tarifverträgen erfüllen. Bei den vielen unterschiedlichen Interessen zwischen Arbeitgebern und Beschäftigten können sich die einzelnen Arbeitnehmer nur schwer allein durchsetzen. Der Betriebsrat jedoch vertritt die Interessen aller Arbeitnehmer und Arbeitnehmerinnen im Betrieb.

Aufgaben

1. Im Fall von M 5 muss der Unternehmer eine Entscheidung treffen. Bildet Zweiergruppen. Dabei vertritt einer die Interessen des Unternehmens, der andere die des Betriebsrates. Ihr habt 10 Minuten Zeit, um euch zu entscheiden. Der Unternehmer teilt seine Entscheidung mit, der Betriebsrat muss dazu gehört werden. Stellt das Ergebnis der Klasse vor.
2. Stelle Vermutungen an, warum der Staat die gesetzliche Pflicht zur Einrichtung eines Betriebsrates geschaffen hat (M 5 – M 7).

Was wir wissen

Tarifkonflikte
M 1 – M 6

In einem Unternehmen haben Arbeitgeber und Arbeitnehmer das gemeinsame Interesse am Erfolg des Unternehmens. Wenn es um die Verteilung des erwirtschafteten Gewinns, um die Arbeitsbedingungen, Arbeitszeiten oder um die Folgen wirtschaftlicher Misserfolge geht, unterscheiden sich die Interessen jedoch.

In der Öffentlichkeit werden besonders die Auseinandersetzungen um die Bezahlung von Arbeitskräften, die Tarifkonflikte, wahrgenommen. Gewerkschaften und Arbeitgebervereinigungen haben das Recht, ohne staatliche Einmischung Tarifverträge auszuhandeln (Tarifautonomie). Die Tarifverhandlungen bestehen aus zahlreichen Schritten, in denen die Tarifparteien versuchen, ihre Interessen durchzusetzen. Endergebnis dieser Verhandlungen sind Tarifverträge, die für den Zeitraum eines oder mehrerer Jahre Löhne und Arbeitsbedingungen ganzer Wirtschaftszweige regeln.

Der Betriebsrat
M 9

Mitarbeiter und Unternehmens- oder Betriebsleitung haben oft auch unterschiedliche Interessen, wenn es um die Gestaltung von Arbeitsverhältnissen geht. Besonders konfliktträchtig sind dabei Personalfragen, insbesondere bei Kündigungen und Fragen der Arbeitszeitregelung. Die Interessenvertretung der Arbeitnehmer im Betrieb ist der von den Arbeitnehmern gewählte Betriebsrat. Ab einer bestimmten Betriebsgröße muss die Einrichtung zugelassen werden. Er hat abgestufte Rechte der Mitwirkung in wirtschaftlichen, personellen und sozialen Angelegenheiten. Die Mitbestimmung im engeren Sinn besteht im Zustimmungsrecht (zum Beispiel bei Einstellungen) und im Mitbestimmungsrecht (zum Beispiel bei der täglichen Arbeitszeit). Bei Kündigungen muss der Betriebsrat angehört werden. Die Kosten für den Betriebsrat trägt der Arbeitgeber.

Jugend- und Auszubildendenvertretung

Auszubildende und junge Beschäftigte haben spezifische Interessen im Betrieb. Die Jugend- und Auszubildendenvertretung (JAV) macht sich stark für eine gute Ausbildung und setzt sich dafür ein, dass die Anliegen jugendlicher Arbeitnehmer und Auszubildender Berücksichtigung bei der Unternehmens- oder Betriebsleitung finden. Alle zwei Jahre wird eine neue JAV von allen Auszubilden bis 25 Jahren und allen jugendlichen Beschäftigten unter 18 Jahren gewählt. Voraussetzung für die JAV-Wahl ist, dass im Betrieb mindestens fünf Wahlberechtigte arbeiten. Außerdem muss es einen Betriebsrat geben, der den Wahlvorstand einberuft. In der Regel arbeiten der Betriebsrat und die Jugend- und Auszubildendenvertrtung eng zusammen.

Was wir können

Aufgabe
Bestimme jeweils die richtige(n) Antwort(en) auf die Fragen.

1. Welche Rolle spielt der Staat bei der Gestaltung der Arbeitsbeziehungen in Deutschland?
a) Der Staat regelt die Gestaltung der Arbeitsbeziehungen in Deutschland.
b) Der Staat hält sich bei der Gestaltung der Arbeitsbeziehungen in Deutschland zurück.
c) Der Staat verhält sich mal so, mal so.

2. Für das Zusammenwirken von Arbeitgebern und Arbeitnehmern gilt:
a) Die Bearbeitung der Konflikte zwischen beiden Seiten liegt allein in den Händen dieser beiden Gruppen.
b) Die Bearbeitung der Konflikte zwischen beiden Seiten liegt in der Hand des Staates.
c) Die Bearbeitung der Konflikte zwischen beiden Seiten liegt in den Händen der beiden Gruppen und des Staates.

3. Die Mitbestimmungsrechte des Betriebsrates gehen besonders weit ...
a) bei wirtschaftlichen Entscheidungen.
b) bei sozialen und personellen Angelegenheiten.
c) bei Fragen der Produktpreisgestaltung.

4. Warum sieht das Arbeitsrecht Schutzrechte für die Arbeitnehmer vor?
a) Weil der einzelne Arbeitnehmer in einer gegenüber dem Arbeitgeber schwächeren Position ist.
b) Weil es in Deutschland grundsätzlich Vertragsfreiheit gibt.
c) Damit es eine ausgewogene Machtbalance zwischen Arbeitgeber und Arbeitnehmer gibt.

5. Welchen Faktoren wird häufig ein Einfluss auf die Höhe der Tariflohnerhöhungen nachgesagt?
a) der Entwicklung der Produktivität
b) der Entwicklung der Börsenkurse
c) der Entwicklung des Preisniveaus

6. Wie verändert sich die Machtposition der Arbeitnehmerorganisationen bei hoher Arbeitslosigkeit?
a) Ihre Position verbessert sich, da nun mehr Arbeitskräfte zur Verfügung stehen.
b) Ihre Position verschlechtert sich, da sich Arbeitgeber durch einen zu starken Lohnanstieg veranlasst sehen, weitere Arbeitsplätze abzubauen.
c) Ob hohe oder niedrige Arbeitslosigkeit spielt für die Arbeitnehmerorganisationen bei Tarifverhandlungen keine Rolle.

BUNDESRAT

ES GEHT UM MEHR
8%
für mehr
Gerechtigke

5

Die politische Ordnung der Bundesrepublik Deutschland

Die Verfassung gibt vor, wie ein Gesetz zu Stande kommt und welche Akteure daran beteiligt werden müssen. Wer darf in Deutschland Gesetze initiieren und beschließen? Wie können die unterschiedlichen Akteure ihre Interessen in den Entscheidungsprozess einbringen?

Kompetenzen

Am Ende dieses Kapitels solltest du Folgendes können:

- verfassungsgemäße politische Partizipationsmöglichkeiten benennen und bewerten
- die Stellung des Bundeskanzlers im politischen System erläutern
- die Arbeitsweise und die Kontrollfunktion des Deutschen Bundestages sowie die Stellung der Abgeordneten des Deutschen Bundestages darstellen
- den Gang der Gesetzgebung an einem Beispiel erläutern und Handlungsalternativen aus unterschiedlichen Perspektiven bewerten
- den Politikzyklus auf ein politisches Problem anwenden
- den politischen Aufbau des Bundeslandes Rheinland-Pfalz kennen und seine Stellung im föderalen System erläutern

Was weißt du schon?

- Sammelt ausgehend von den Bildern alle wichtigen politischen Akteure. Welche haben den größten Einfluss auf die Gestaltung von Politik? Begründet eure Entscheidung.

5.1 Beteiligungsmöglichkeiten in unserer Demokratie

Politik lebt vom Mitmachen

M 1 Kannst du dir vorstellen ...

	Kann ich mir gut vorstellen	Das würde ich nicht tun	Das habe ich schon gemacht
... an Wahlen teilzunehmen?			
... für den Jugendgemeinderat zu kandidieren?			
... Mitglied in einer Partei zu werden?			
... in der SMV mitzuarbeiten?			
... dich in einem Verein zu engagieren?			
... in der Kirche mitzuarbeiten?			
... an einer Unterschriften-sammlung mitmachen?			
... an einer Demonstration teilnehmen?			
... in einer Bürgerinitiative mitzuarbeiten?			
... dich für eine Umweltschutz-gruppe zu engagieren?			
... ein Ehrenamt zu über-nehmen?			

M 2 Mitwirkungsrechte im Grundgesetz

Artikel 5

(1) Jeder hat das Recht, seine Meinung in Wort, Schrift und Bild frei zu äußern und zu verbreiten und sich aus allgemein zugänglichen Quellen ungehindert zu unterrichten. Die Pressefreiheit und die Freiheit der Berichterstattung durch Rundfunk und Film werden gewährleistet. Eine Zensur findet nicht statt.

Artikel 8

(1) Alle Deutschen haben das Recht, sich ohne Anmeldung oder Erlaubnis friedlich und ohne Waffen zu versammeln.

Artikel 9

(1) Alle Deutschen haben das Recht, Vereine und Gesellschaften zu bilden.

(2) Vereinigungen, deren Zwecke oder deren Tätigkeit den Strafge-

setzen zuwiderlaufen oder die sich gegen die verfassungsmäßige Ordnung oder gegen den Gedanken der Völkerverständigung richten, sind verboten.

Artikel 20

(1) Die Bundesrepublik Deutschland ist ein demokratischer und sozialer Bundesstaat.

(2) Alle Staatsgewalt geht vom Volke aus. Sie wird vom Volke in Wahlen und Abstimmungen und durch besondere Organe der Gesetzgebung, der vollziehenden Gewalt und der Rechtsprechung ausgeübt.

Artikel 38

(1) Die Abgeordneten des Deutschen Bundestages werden in allgemeiner, unmittelbarer, freier, gleicher und geheimer Wahl gewählt. Sie sind Vertreter des ganzen Volkes, an Aufträge und Weisungen nicht gebunden und nur ihrem Gewissen unterworfen.

Grundgesetz der Bundesrepublik Deutschland

M 3 Bürger mischen sich ein

Bürger gründen eine Bürgerinitiative gegen den Fluglärm

Hohe Wahlbeteiligung bei der Wahl des Jugendgemeinderats

Der Plan, die Karlsstraße vierspurig auszubauen, löste eine Flut von Leserbriefen aus

Bürger demonstrieren gegen den Bau einer Umgehungsstraße

Knapp 70 % der Wahlberechtigten nehmen an der Bundestagswahl teil

SPD-Parteitag wählt neuen Vorsitzenden

Bürger stimmen bei einem Bürgerentscheid für den Erhalt des Freibads

Schüler verteilen Flugblätter, um auf die Schließung des Schülercafés aufmerksam zu machen

Aufgaben

1. Führt die Umfrage aus M 1 in der Klasse durch und wertet die Ergebnisse aus.
2. Stelle auf der Grundlage von M 2 dar, welche Beteiligungsmöglichkeiten die Bürger in Deutschland haben.
3. Ordnet die in M 3 dargestellten Beteiligungsformen den Artikeln des Grundgesetzes zu und diskutiert, welche Form der Beteiligung euch am wirkungsvollsten erscheint.

Parteien – vertreten sie unsere Interessen?

M 4 Parteien – unbeliebt aber notwendig?

Gerhard Mester, Baaske Cartoons, Müllheim

Volkspartei
Als Volkspartei bezeichnet man eine Partei, die aufgrund ihres Programms für Wähler und Mitglieder aller gesellschaftlichen Schichten und unterschiedlicher Weltanschauungen offen ist.

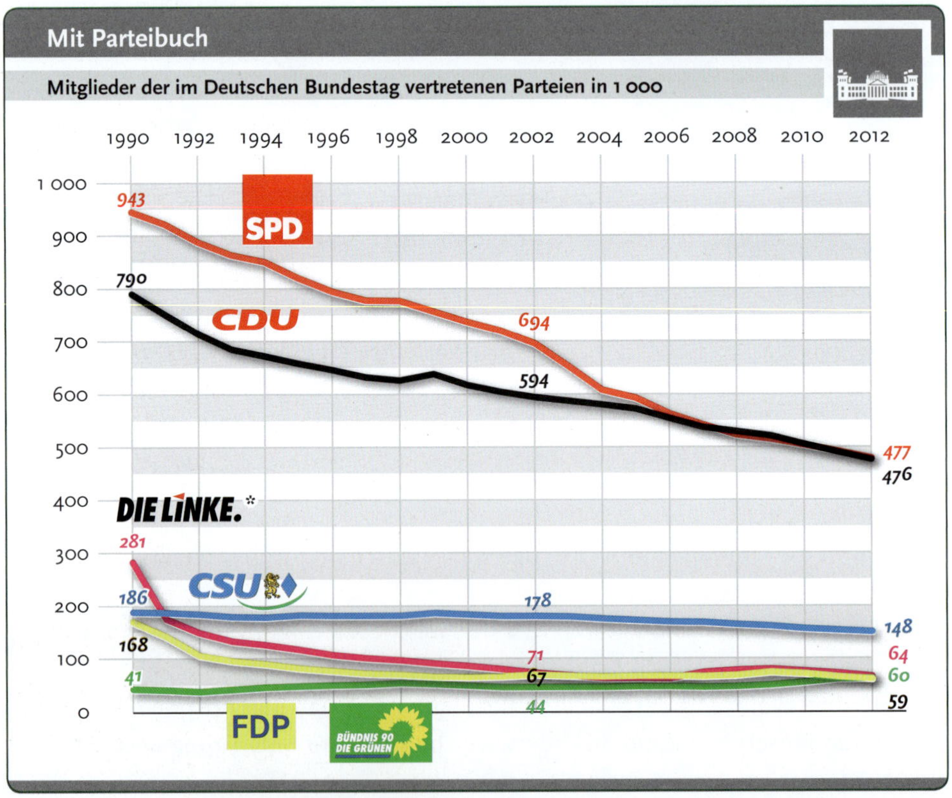

*Globus-Grafik 5884; Quelle: FU Berlin, O. Niedermayer; *2007 Vereinigung von PDS und WASG*

M 5 Die Parteien – Keilriemen des Demokratiemotors?

Stellt man sich die deutsche Demokratie als Dampfmaschine vor, dann sind Parteien der Keilriemen: Sie sorgen dafür, dass Bewegung von einem Teil der Maschine in den anderen kommt – und zurück. Parteien werden deshalb oft auch als demokratisches Bindeglied zwischen Staat und Gesellschaft bezeichnet. Es gibt kaum politische Entscheidungen in Deutschland, an denen sie nicht beteiligt sind. Fast alle Abgeordneten in den Parlamenten gehören einer Partei an – obwohl es die Möglichkeit gibt, direkt für ein Amt zu kandidieren. Die Bundesrepublik Deutschland wird daher häufig als Parteiendemokratie bezeichnet. [...]

Wozu gibt es Parteien?

Parteien sollen der Demokratie beim Funktionieren helfen: Sie sollen sicherstellen, dass die unterschiedlichen Interessen der Bevölkerung in politische Entscheidungen umgesetzt werden und dass umgekehrt die Ideen der Politiker bei den Bürgern ankommen. Zentrale Aufgabe der Parteien ist es, an Wahlen teilzunehmen, politische Ideen und Forderungen in Parteiprogrammen zu bündeln und Personal für politische Ämter bereitzustellen, wie etwa Bundestagsabgeordnete oder Stadträte. Außerdem sollen sie in der Gesellschaft für Akzeptanz der Politiker-Entscheidungen sorgen, die Menschen für Politik interessieren und zum Wählen bewegen. Im Wahlkampf werden Parteien daher besonders aktiv und betonen ihre inhaltlichen und personellen Unterschiede.

Sind Parteien nur gut?

Ob die Parteien diesen Aufgaben gerecht werden, ist umstritten. Derzeit wenden sich viele Menschen frustriert von der Politik ab: Es herrscht „Politikverdrossenheit". Andere kritisieren, dass Parteien auch dort Macht haben und ausüben, wo sie es gar nicht sollen. So reden Parteien bei der Besetzung von Posten mit, deren Vergabe gar nicht durch eine öffentliche Wahl entschieden wird. Das ist zum Beispiel bei Chefredakteuren im öffentlich-rechtlichen Fernsehen oder wichtigen Posten in Ministerien häufig der Fall.

Wie funktionieren Parteien?

Im Inneren sind Parteien Zusammenschlüsse von politisch interessierten Menschen, die nach demokratischen Grundsätzen organisiert sind – so schreibt es das deutsche Parteiengesetz vor. In Parteien wird laufend gewählt: Bevor ein politisches Amt zur öffentlichen Wahl steht, wurde schon parteiintern über die Bewerber abgestimmt. Auch die Parteiführung wird in demokratischen Parteien grundsätzlich gewählt. Jeder Bürger kann Mitglied einer Partei werden, aber er muss sich für eine Partei entscheiden: Mehrfachmitgliedschaften sind in den Parteisatzungen in der Regel untersagt.

Art. 21, 1 Grundgesetz
„Die Parteien wirken bei der politischen Willensbildung des Volkes mit. Ihre Gründung ist frei. Ihre innere Ordnung muss demokratischen Grundsätzen entsprechen. Sie müssen über die Herkunft und Verwendung ihrer Mittel sowie über ihr Vermögen öffentlich Rechenschaft geben."

Parteien in den Nachrichten

Die Parteien erweitern ihre Informationsangebote im Internet

Bundestagsabgeordneter diskutiert mit Schülern über Afghanistan-Einsatz der Bundeswehr

Eine Umfrage alarmiert die Regierung. 2/3 der Befragten sind mit Steuererhöhungen unzufrieden

Politiker aller Parteien diskutieren in Talkshow über Atomkraft

Besuchergruppe im Deutschen Bundestag wird von ihrem Wahlkreisabgeordneten empfangen

Bürgersprechstunde des Landtagsabgeordneten am Freitag von 14-16 Uhr

Bürger wählen Abgeordnete in den Bundestag

Der Parteivorsitzende wirbt mit einer Rede auf dem Parteitag für die Arbeit der Regierung

Insgesamt sind in Deutschland etwa 2,5 Millionen Menschen Mitglied einer Partei. Das sind etwa vier Prozent der Wahlberechtigten. Eine Gruppe von politisch interessierten Menschen gilt nach dem Grundgesetz und Parteiengesetz jedoch nur dann als Partei, wenn sie laufend und dauerhaft Politik machen und in ein Parlament auf Bundes- oder Landesebene gewählt werden will. Dies unterscheidet Parteien von Bürgerinitiativen oder Lobbyverbänden. Parteien werden vom Staat mit Steuergeldern unterstützt und finanzieren sich außerdem durch Mitgliedsbeiträge und Spenden. Die staatliche Teilfinanzierung richtet sich nach der Summe der Mitgliedsbeiträge und Spenden sowie der Anzahl der Wählerstimmen, die für eine Partei abgegeben wurden. 133 Millionen Euro Steuergelder werden so pro Jahr unter den Parteien verteilt. Ohne Parteien liefe in der deutschen Demokratie also gar nichts und aus der Politik-Dampfmaschine käme nur heiße Luft.

Sebastian Gievert, www.bpb.de, 28.8.2009

M 6 Parteien in der Krise?

Auszug aus einem Interview der Zeitung „Neues Deutschland" mit Beatrice von Weizsäcker.

ND: Wie erklären Sie sich die nach wie vor zu geringe Wahlbeteiligung und den Stimmenschwund der sogenannten Volksparteien?

von Weizsäcker: Dies ist die Folge davon, dass sich die großen Volksparteien über die Jahre vom Volk zunehmend abgekoppelt haben. Da ist es kein Wunder, dass sich das Volk von ihnen abwendet.

ND: Und politikverdrossen ist.

von Weizsäcker: Nein, die Bürger sind nicht politikverdrossen, sondern parteienverdrossen. Das ist ein großer Unterschied. Die Menschen sind sehr an Politik interessiert. Schauen Sie ins Internet oder hören Sie die Gespräche im Café – wie oft wird da über Politik geredet, ja gestritten. Die Leute engagieren sich auch viel mehr, als man glaubt. Sie gründen Initiativen, helfen sich gegenseitig im kleinen Kreis, sammeln Unterschriften für oder gegen etwas.

Karlen Vesper (nd), Neues Deutschland, 8.9.2009

zu Aufgabe 2
Die Rede des Parteivorsitzenden müsste der Laufrichtung Institutionen → Bürger zugeordnet werden, da er für sein Programm / seine Position wirbt.

Aufgaben

1. Beschreibe und interpretiere die beiden Materialien aus M 4. Welches politische Problem wird hier dargestellt?
2. „Wenn die Demokratie eine Dampfmaschine ist, dann sind die Parteien der Keilriemen." Übertrage das Bild vom „Keilriemen" in dein Heft, gib dem Keilriemen eine Laufrichtung und ordne die Überschriften der Randspalte der jeweils passenden Laufrichtung zu (M 5).
3. Stelle begründete Vermutungen darüber an, was passiert, wenn die Parteien als Keilriemen der Demokratie geschwächt werden (M 5, M 6).

Methode

M 7 Parteien im Internet – einen Steckbrief erstellen

CDU: www.cdu.de

SPD: www.spd.de

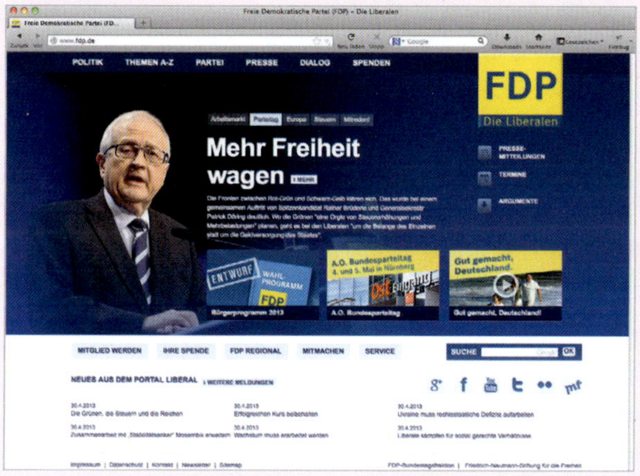

FDP: www.fdp-bundespartei.de

Bündnis 90/Die Grünen: www.gruene.de

Die Linke: www.die-linke.de

Arbeitsauftrag:

Erstelle einen Steckbrief der Parteien, beachte dabei folgende Fragen:

- Wann wurde die Partei gegründet?
- Welche prominenten Mitglieder hat sie?
- Wann und wo war/ist die Partei an der Regierung beteiligt?
- Hat die Partei eine Jugendorganisation?
- Einigt euch auf ein aktuelles politisches Thema (z. B. Einführung von Ganztagsschulen) und recherchiert, was die Parteien dazu auf ihren Homepages sagen.
- Ihr könnt auch den Internetauftritt der Parteien nach verschiedenen Kriterien bewerten.

Interessenverbände – wie beeinflussen sie die Politik?

M 8 Energiewende – die Haltung der Verbände

Im Juni 2011 beschloss die Regierung unter dem Eindruck der Reaktorkatastrophe von Fukushima den Ausstieg aus der Atomenergie (vgl. Seite 214 ff.). Die Reaktion der Verbände fiel unterschiedlich aus.

Die Ereignisse in Japan haben gezeigt, dass die Risiken durch die Nutzung der Atomenergie nicht beherrschbar sind. Die gravierenden Folgen für Menschen, Umwelt und Natur, aber auch für die Wirtschaft, haben deutlich gemacht, dass das „Restrisiko" eines Unfalls eine reale Gefahr darstellt. Die übergroße Mehrheit der Verbraucher in Deutschland will diese Risiken nicht akzeptieren.

Verbraucherzentrale Bundesverband, Stellungnahme zum Atomausstieg, neue Energie- und Klimapolitik 13.4.2011

Der aktuelle Beschluss des Bundestages zum Atomausstieg wird vom Bundesverband Solarwirtschaft e.V. (BSW-Solar) begrüßt. Die gesetzlichen Rahmenbedingungen für die stärkere Nutzung der Solarenergie blieben jedoch insbesondere im Wärmesektor hinter den Erfordernissen zurück.

Pressemitteilung, 30.6.2011

Die Energiewirtschaft fordert von der Bundesregierung ein klareres Konzept zur Umsetzung der Energiewende. „Die Summe der Einzelteile ergibt kein Ganzes", schrieb die Chefin des Bundesverbands der Energie- und Wasserwirtschaft (BDEW), Hildegard Müller, in einem Gastbeitrag in der „Frankfurter Allgemeinen Zeitung" laut Vorabbericht.

Hildegard Müller, dapd, 21.5.2012

Für den Bund für Umwelt und Naturschutz Deutschland (BUND) ist der heutige Beschluss des Bundeskabinetts zum Atomausstieg halbherzig. „Der Atomausstieg dauert viel zu lange, er wird der Neubewertung des atomaren Risikos nach der Katastrophe von Fukushima nicht gerecht. Wenn der Großteil der Atomkraftwerke erst um das Jahr 2020 abgeschaltet wird, muss die Bevölkerung viele weitere Jahre mit der ständigen Gefahr schwerer atomarer Störfälle leben. Hinzu kommen die wachsenden Atommüllberge, für die es bis heute kein Endlager gibt", sagte der BUND-Vorsitzende Hubert Weiger.

Hubert Weiger, BUND-Pressedienst, 6.6.2011

M 9 Was sind Interessenverbände?

Um ihre Interessen besser vertreten zu können, schließen sich einzelne Bürgerinnen und Bürger in Organisationen zusammen. Interessenverbände haben meist eine auf Dauer angelegte, feste Struktur, während Bürgerinitiativen organisatorisch eher lockere und in der Regel zeitlich begrenzte Zusammenschlüsse mit einem ganz konkreten Anliegen sind. Es gibt kaum Sachbereiche des Lebens, in der sich keine Interessenorganisation gebildet hat. Ein durch Vielfalt gekennzeichnetes Verbändewesen ist Merkmal einer funktionierenden pluralistischen Demokratie. Zu den wichtigsten Interessenverbänden gehören v. a. Gewerkschaften und Arbeitgeberverbände. Sofern die Interessenverbände auf die Gesetzgebung und andere politische Aktivitäten Einfluss zu nehmen suchen, werden sie auch als „Pressure-groups" bezeichnet. Im Unterschied zu Parteien stellen Interessenverbände nicht selbst Kandidaten bei der Wahl auf, sondern sie versuchen, indirekt auf Gesetzgebung und Verwaltung Einfluss zu nehmen.

Nach: Schülerduden Politik und Gesellschaft, 5. Aufl., Mannheim u. a., 2005, S. 201

M 10 Tätigkeitsfelder der Interessenverbände

Interessenorganisationen im Wirtschafts- und Arbeitsbereich:	Verbände im sozialen Bereich:
• Branchenverbände, z. B. Bundesverband der Deutschen Industrie (BDI) • Kammern, z. B. die Industrie- und Handelskammern (IHKs) • Arbeitnehmerverbände, z. B. Deutscher Gewerkschaftsbund (DGB) • Verbraucher- und Kundenorganisationen, z. B. Pro Bahn • Berufsverbände, z. B. Verein Deutscher Ingenieure • etc.	• Wohlfahrtsverbände • Deutsches Rotes Kreuz • Deutscher Caritasverband • etc.
Politische und ideelle Verbände und Vereinigungen:	**Verbände öffentlicher Gebietskörperschaften:**
• Greenpeace • Amnesty International • etc.	• Deutscher Städte- und Gemeindetag • etc.

Nach: Wolfgang Rudzio, Das politische System der Bundesrepublik Deutschland, 7. Aufl., Wiesbaden, 2006, S. 61

M 11 Wo nehmen Interessenverbände Einfluss?

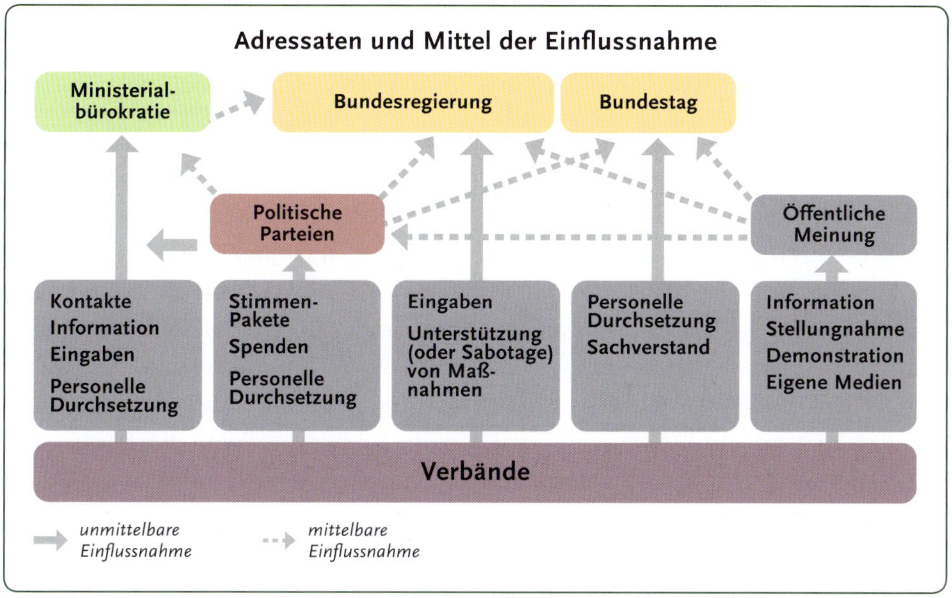

Wolfgang Rudzio, Die organisierte Demokratie, Parteien und Verbände in der Bundesrepublik, Stuttgart 1977, S. 41

Lobbyismus
Der Begriff Lobbyismus bezieht sich auf die Vorhalle des Parlaments, die Lobby. Sie galt insbesondere in US-Amerikanischen und britischen Parlamenten als der klassische Treffpunkt von Interessenvertretern und Abgeordneten. Lobbyismus beschreibt eine Methode der Einwirkung auf politische Interessenvertreter. Dabei geht es meist nicht um die Vermittlung allgemeiner Interessen, sondern um die gezielte Einflussnahme auf Gesetzesvorhaben.

Erklärfilm „Lobbyismus"

Mediencode: 71000-06

M 12 Kontrovers: Haben Interessenverbände zu viel Einfluss?

a) Die Strippenzieher

Cerstin Gammelin hat zusammen mit Zeit-Redakteur Götz Hamann ein Buch herausgebracht: „Die Strippenzieher. Manager, Minister, Medien – Wie Deutschland regiert wird"

fluter: Wer sind diese Lobbyisten?

Cerstin Gammelin: Man kann grob zwei Typen von Lobbyisten unterscheiden. Da sind zum einen langjährige Politiker/innen oder Referenten/innen, die exzellente politische Kontakte haben und dann in die Wirtschaft wechseln, etwa zu VW. Das gilt auch für Mitglieder der rotgrünen Regierung: Ex-Wirtschaftsminister Wolfgang Clement ist Aufsichtsratsmitglied bei der RWE Power AG, sein Vorgänger Werner Müller sitzt seit seinem Ausscheiden aus der Politik als Vorstandsvorsitzender bei der RAG, der Wirtschaftsexperte der Grünen, Rezzo Schlauch, ist nun Beiratsmitglied bei EnBW und eine BMU Staatssekretärin beriet E.on. Oder eben Gerhard Schröder, der jetzt Aufsichtsratsvorsitzender beim russischen Pipeline-Konsortium NEGP ist. Andere Lobbyisten kommen aus der Medienbranche: wie etwa zwei Kollegen vom Spiegel. Einer von ihnen ist inzwischen Politikchef bei EnBW, der andere bei der Deutschen Umwelthilfe.

In welcher Form werden die Medien denn von den Lobbyisten genutzt?

In der Berliner Zeitung war zum Beispiel einmal ein Interview mit Werner Müller, dem damals schon ehemaligen Wirtschaftsminister, in dem es um die Pensionszahlungen ging, die er zu seiner Ministerzeit von seinem früheren Arbeitgeber E.on erhielt. Ein paar Seiten dahinter gab es große Anzeigen von STEAG und RAG: Sie waren redaktionell gestaltet, das Wort Anzeige stand nur ganz klein oben in der Ecke. Zufall, hieß es bei der Berliner Zeitung. Auch Interviews mit Vorstandschefs werden gern von der „positiven" oder „negativen" Berichterstattung abhängig gemacht. Die Energielobby taucht auch gerne zur Bundespressekonferenz auf, wenn entsprechende Themen verhandelt werden. Das ist kein Problem, sie haben ja alle Hausausweise des Bundestages.

Hausausweise?

Lobbyisten melden sich als Interessenvertreter/innen beim Bundestag an. Sie brauchen eine Bürgschaft von fünf Abgeordneten, dann bekommen sie einen Hausausweis und können in alle Bundesgebäude reingehen. In den Sitzungswochen ist der Bundestag voll mit Interessenvertretern/innen aus der Wirtschaft. Momentan gibt es 5.000 Lobbyisten mit Hausausweisen. Zum Vergleich: Nur 2.000 Journalisten/innen besitzen einen solchen Ausweis. Wenn die Lobbyisten schon vor den Räumen sitzen und warten: Da ist doch sofort klar, dass es Mauscheleien gibt.

nach: Cerstin Gammelin / Goetz Hamann, Die Energie der Interessenverbände, in: fluter – Magazin der Bundeszentrale für politische Bildung Nr. 50, Juli/ August 2006

b) Der Kampf für eigene Interessen gehört zur Demokratie

Abgeordnete, Politiker sind immer Teil der Gesellschaft, sie stehen nicht neben ihr oder irgendwie außerhalb. Sie sind immer auch Multiplikatoren der vielfachen Interessenkonflikte, Interessenkollisionen und Interessenkämpfe, die es in der Gesellschaft gibt. Sie können sich nicht heraushalten aus dem, was in ihrem Umfeld geschieht. Wie sollten sie auch? Abgeordnete wollen gestalten. Sie definieren sich selbst als Interessenvertreter – als durch demokratische Wahlen legitimierte Lobbyisten ihrer Wahlkreise nämlich. Kontakte der Abgeordneten zu kundigen Sachwaltern verschiedenster Bereiche sind notwendig, um die Gesetzesarbeit zu qualifizieren. Das Entscheidende an dieser Form von Zusammenarbeit ist die Transparenz, ist die Kontrollierbarkeit. Lobbyismus darf nicht hinter verschlossenen Türen stattfinden. Und für Argumente darf kein Geld fließen. Öffentlichkeit ist das beste Mittel, um gegen Verstöße der politischen Moral vorzugehen. Wir brauchen in der Demokratie eine Kultur der Transparenz, denn erst die ermöglicht den Bürgerinnen und Bürgern qualifizierte Partizipation. Als Beleg für die häufig zu hörende Kritik, dass der Einfluss der Lobbyisten ins Uferlose steige, wird immer wieder die Lobbyliste des Deutschen Bundestages genannt. Auf dieser Liste stehen jene Verbände, die an der Gesetzgebung teilhaben können. Es gibt inzwischen 1.781 Einträge. Gleichwohl: Ich kann diesen Wunsch nach Teilhabe, nach Mitwirkung nicht wirklich kritisieren. Dass sich so viele Lobbyisten an den Bundestag wenden, also an der politischen Kommunikation beteiligt sein wollen, spricht doch nicht gegen das Parlament, sondern für das Parlament, für die Akzeptanz der demokratischen Gesetzgebung und ihrer Verfahren. Der Bundestag ist der zentrale Ort der Demokratie, hier werden die Gesetze beraten und verabschiedet. Es ist doch nur logisch, dass sich die Lobbyisten hier sammeln.

Wolfgang Thierse (SPD), Auszug aus der Rede zur Buchvorstellung „Lobbyismus in Deutschland" am 18.12.2003 in Berlin, Publik-Forum, 03/2004

Aufgaben

1. Beschreibe, wie die verschiedenen Verbände auf die Energiewende reagierten. Arbeite heraus, welche Interessen jeweils dahinter stehen könnten (M 8).
2. Grenze Interessenverbände von Parteien ab (M 9).
3. Sammelt weitere euch bekannte Interessenverbände und ordnet sie den verschiedenen Tätigkeitsfeldern zu. Beschreibt, woraus sich die Macht eines Verbandes ergibt (M 10, M 11).
4. Sind die Aktivitäten der Verbände gut oder schlecht für die Demokratie? Nimm Stellung zu dieser Frage (M 12).

Wählen – warum eigentlich?

M 13 Die Wahlbeteiligung in der Bundesrepublik Deutschland

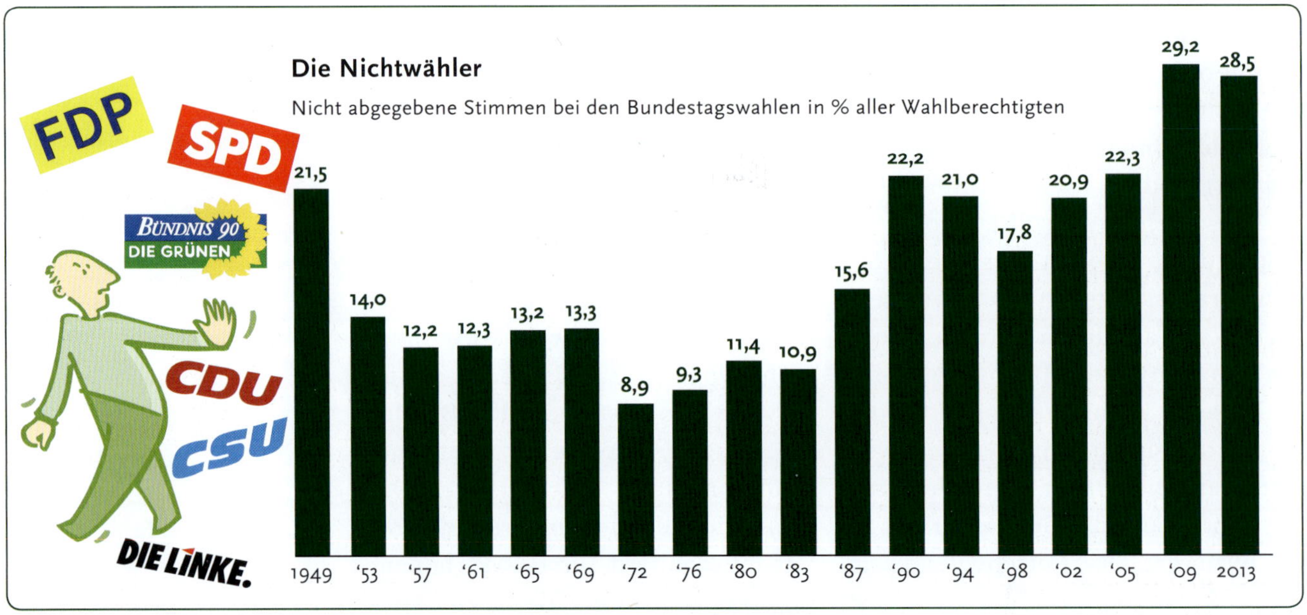

Bergmoser + Höller Verlag AG, Zahlenbilder 88607

M 14 Das Phänomen Nichtwähler

Das Superwahljahr 2009 begann mit einem Rekordtief. Jeder vierte wahlberechtigte Bürger nahm nicht an der Landtagswahl in Hessen teil, so wenige waren es dort noch nie. Auch bei der Europawahl erreichte man mit einer Wahlbeteiligung von 43 Prozent einen Tiefpunkt. […] Die Gründe der mangelnden Wahlbeteiligung sind vielfältig. […] Glaubte man den gängigen Erklärungen der Parteienforscher noch vor einigen Jahren, dass es sich bei Nichtwählern um desinteressierte Demokratiebefürworter oder ungebildete Bürger der untersten Sozialschichten handelt, ist heute jedoch längst bekannt, dass diese Annahmen überholt sind. Nach einer Studie im Nachgang zur Hamburger Bürgerschaftswahl im letzten Jahr stammen Nichtwähler aus allen politischen Lagern. Auch Oskar Niedermayer, Politologe und Leiter des Otto-Stammer-Zentrums an der Freien Universität Berlin, erkennt unterschiedliche Typen von Nichtwählern. Er unterscheidet zwischen vier Gruppen: die politisch desinteressierten Nichtwähler, die keinerlei Verbindung zur Politik haben, die rational abwägenden Nichtwähler, die zu wechselhaftem Wahlverhalten tendieren und sich je nach Bedeutung der Wahl kurzfristig gegen eine Wahlbeteiligung entscheiden, die unzufriedenen Protestwähler, welche dem herrschenden politischen System kritisch gegenüberstehen und sich bewusst gegen eine Wahlbeteiligung entscheiden und schließlich die geringe Gruppe der technischen Nichtwähler, unter denen sich kürzlich verstorbene Bürger sowie jene befinden, die wegen Urlaub oder Krankheit kurzfristig verhindert sind, aber gerne wählen würden.

Diana Kinnert, Die Welt, 17.9.2009

M 15 Kontrovers diskutiert: Wählen gehen?

Mirjam (28) hat noch nie eine Wahl verpasst. Warum denn?

„In einer Gesellschaft wie der unsrigen müssen sich alle Menschen an die geltenden Gesetze halten. Gesetze bestimmen unser Leben, geben uns Freiheiten, schränken uns aber auch ein. Die Abgeordneten im Parlament machen diese Gesetze und deshalb möchte ich die Menschen, die im Parlament sitzen, und die Politik, die sie vertreten, mitbestimmen. Das tue ich, indem ich zur Wahl gehe. Die Politiker sind dann zwar auf vier Jahre gewählt, aber wenn es mir nicht gefällt, was sie tun, dann wähle ich sie nach vier Jahren wieder ab und gebe meine Stimme einer anderen Partei oder einem anderen Kandidaten. Und weil wir Wähler alle so denken, richten sich die Politiker nach uns. Ginge ich nicht mehr zur Wahl, dann wäre mein Einfluss auf die Politik dahin."

Klaus (34) hat sich die letzten vier Jahre an keiner Wahl beteiligt.

„Früher bin ich auch immer zum Wählen gegangen, aber irgendwann hatte ich den Eindruck, dass sich die Politiker und die Parteien immer ähnlicher werden. Es gibt nur noch geringe inhaltliche Unterschiede und jeder kann mit jedem zusammenarbeiten. Ich bin nicht unzufrieden mit unserer Gesellschaft und unserem Staat. Auch wehre ich mich gegen Vorwürfe, ich wäre nicht politisch. Ich engagiere mich durchaus für unsere Gesellschaft und arbeite als Jugendtrainer auch ehrenamtlich. Es ist nicht so, dass politisches Engagement sich nur auf das Wählen bezieht. Ich würde auch gerne über politische Streitfragen direkt abstimmen, so wie die Schweizer Bürger das dürfen. Könnte ich das, dann ginge ich auch wieder ins Wahllokal."

Bei Klassensprecherwahlen ist es selbstverständlich, dass sich alle Schülerinnen und Schüler an der Wahl beteiligen. Überlege, was es für das Amt bedeuten würde, wenn sich beispielsweise nur 50 % einer Klasse an der Wahl beteiligen.

zu Aufgabe 2
Mirjam: „Ich gehe immer wählen und verstehe nicht, dass du freiwillig darauf verzichtest, auf wichtige politische Entscheidungen Einfluss zu nehmen."
Klaus: „Das sehe ich anders, denn du verstehst unter Politik nur ..."

Aufgaben

1. Formuliert zuerst Hypothesen, weshalb wahlberechtigte Bürger nicht mehr wählen gehen. So könnt ihr beginnen: „Menschen bleiben der Wahl fern, weil ..." Überprüft dann eure Hypothesen mit Hilfe von M 14.
2. Mirjam und Klaus vertreten zwei völlig unterschiedliche Meinungen zur Frage, ob man an Wahlen teilnehmen soll. Simuliert ein Streitgespräch zwischen den beiden. Ergänzt dabei eigene Argumente und nehmt abschließend persönlich Stellung (M 15).

Hypothesen = Vermutungen über Zusammenhänge werden in der Wissenschaft als Hypothesen bezeichnet. Eine Hypothese ist also eine unbewiesene Annahme, die erst noch überprüft werden muss.

Welches Wahlsystem soll es sein?

M 16 Wahlsysteme im Vergleich

Art. 38, 1 GG
Die Abgeordneten des Deutschen Bundestages werden in allgemeiner, unmittelbarer, freier, gleicher und geheimer Wahl gewählt.

Sperrklausel oder 5 %-Hürde
Die Parteien müssen 5 % der abgegebenen Zweitstimmen erhalten oder drei Direktmandate erreichen, um in den Deutschen Bundestag einziehen zu können.

Wenn wie in Deutschland ca. 60 Millionen Menschen wählen dürfen, dann muss es ein Verfahren geben, aus dem hervorgeht, wie die einzelnen Stimmen in Parlamentssitze umgewandelt werden. Dieses Verfahren wird als Wahlsystem bezeichnet.

Die Stimmen der Wählerinnen und Wähler müssen in Parlamentsmandate umgerechnet werden. Hierfür gibt es unterschiedliche Methoden mit Vor- und Nachteilen. Bei der Entscheidung für ein Verfahren gilt es abzuwägen: Das Wahlergebnis soll den politischen Willen der gesamten Wählerschaft im Parlament möglichst korrekt abbilden – es soll aber gleichzeitig eine regierungsfähige Mehrheit hervorbringen. Hier gibt es einen Zielkonflikt, denn beides ist nicht gleichzeitig in idealer Weise zu erreichen. Die meisten Wahlsysteme streben deshalb einen Kompromiss an.

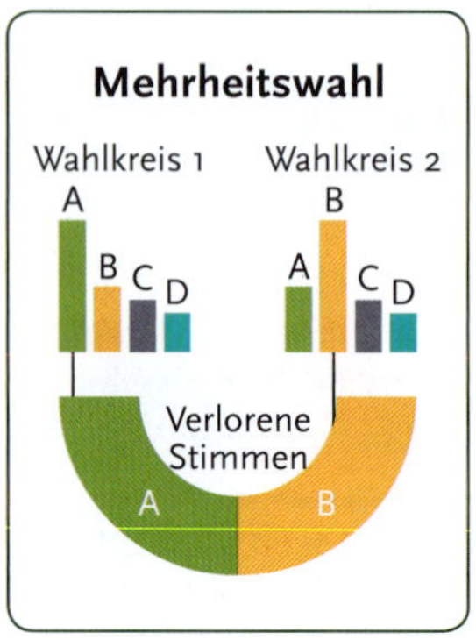

Mehrheitswahl
Zu klaren Mehrheiten führt es meistens, wenn alle Abgeordneten direkt in den Wahlkreisen gewählt werden. Hier spricht man von einem Mehrheitswahlsystem. Wer im Wahlkreis die meisten Stimmen auf sich vereinigen konnte, ist gewählt. Parteilisten gibt es nicht. Die Stimmen für alle nicht gewählten Kandidaten verfallen – sie wirken sich nicht auf die Zusammensetzung des Parlaments aus.
Die Mehrheitswahl begünstigt, wie das Beispiel Großbritannien zeigt, immer die großen Parteien. Kleinere politische Strömungen haben kaum eine Chance, ihre Ideen in die parlamentarische Debatte einzubringen. Die Folge ist, dass sich große Gruppen der Bevölkerung mit ihren Überzeugungen politisch überhaupt nicht vertreten fühlen. Der Vorteil für das politische System: Eine klare absolute Mehrheit für eine Partei ist die Regel. Die Regierungsbildung ist meist kein Problem.
Ein Mehrheitswahlsystem bringt auch ganz andere Parteien hervor: Die Parteien sind weniger mächtig, und die Abgeordneten spielen in ihnen eine wichtige Rolle. Diese sind sehr unabhängig und die Parteizentralen können ihnen kaum etwas vorschreiben.

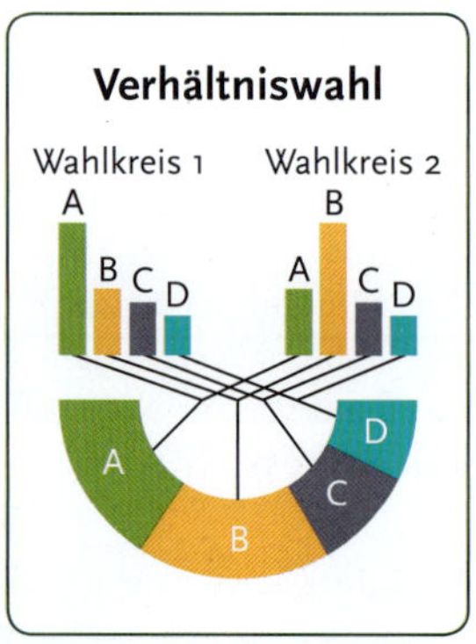

Verhältniswahl
Das Verhältniswahlsystem dagegen kennt überhaupt keine direkt gewählten Wahlkreiskandidaten. Die Stimmberechtigten entscheiden sich für die Kandidatenlisten einer Partei. Jede Partei schickt so viele Abgeordnete ins Parlament, wie es ihrem Anteil an den abgegebenen Wahlstimmen entspricht. Im reinen Verhältniswahlsystem sind deshalb auch sehr kleine Parteien vertreten. Wenn es keine Sperrklausel gibt, entspricht die Zusammensetzung des Parlaments genau der Verteilung der Stimmen auf die Listen, die zur Wahl standen.
Ein reines Verhältniswahlsystem führt – wie es die Geschichte der Wei-

marer Republik gezeigt hat – leicht zur Zersplitterung der Parteienlandschaft. Ein in viele Fraktionen zerfallendes Parlament bringt schwache, wenig stabile Regierungen hervor, die sich auf Mehrparteienkoalitionen stützen müssen. Die Parteiapparate sind in einem solchen System übermächtig, denn die gewählten Abgeordneten sind von ihnen abhängig. Bei der nächsten Wahl wollen sie wieder auf einem aussichtsreichen Listenplatz aufgestellt werden.

Personalisierte Verhältniswahl

Der Bundestag wird auf vier Jahre gewählt, und zwar nach dem Verfahren der sogenannten personalisierten Verhältniswahl. Danach wird die Hälfte der Abgeordneten in einem Wahlkreis direkt gewählt, während die andere Hälfte über die Landeslisten der Parteien in den Bundestag einzieht. Jeder Wähler und jede Wählerin kann zu diesem Zweck zwei Stimmen vergeben. Die Erststimme ist der „personalisierte" Teil des Wahlsystems. Mit ihr wird der oder die Wahlkreisabgeordnete nach dem Prinzip der relativen Mehrheitswahl gewählt. Das bedeutet: Gewählt ist, wer die meisten Stimmen auf sich vereint.

Informationen zur politischen Bildung aktuell, Bundestagswahlen 2002, Bonn 2002, S. 3 f.

a) Sitzverteilung im Bundestag nach der Bundestagswahl 2013

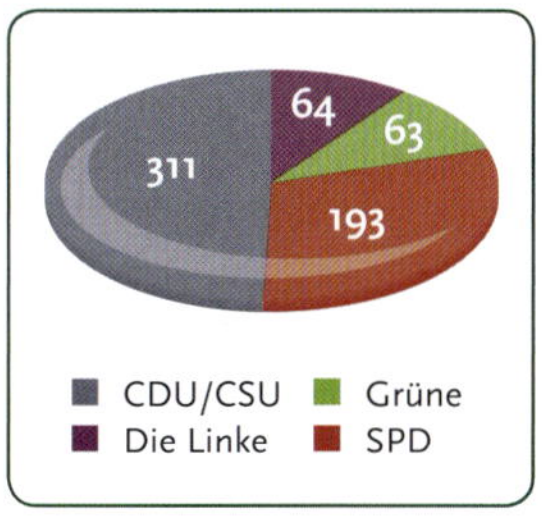

b) Simulation: Sitzverteilung nach Mehrheitswahl in Einer-Wahlkreisen

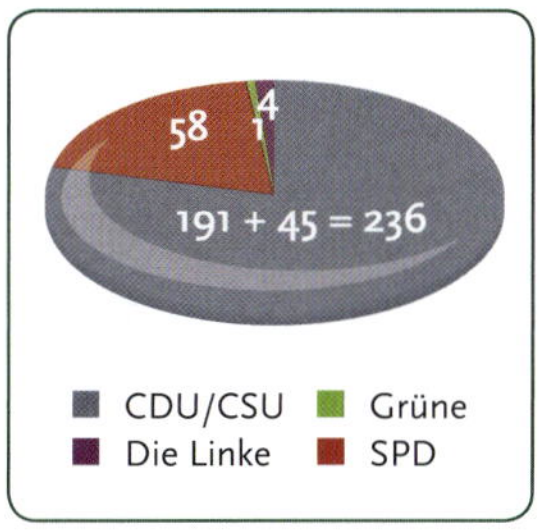

Um die Auswirkungen des Mehrheitswahlrechts auf die Zusammensetzung des Deutschen Bundestags zu simulieren, wird einfach angenommen, dass lediglich die in den 299 Wahlkreisen nach der relativen Mehrheitswahl direkt gewählten Abgeordneten einen Sitz im Parlament erhalten. Unberücksichtigt bleiben muss, dass auch das Wahlsystem die Wahlentscheidung der Wähler beeinflusst.

M 17 Ergebnisse der Bundestagswahlen

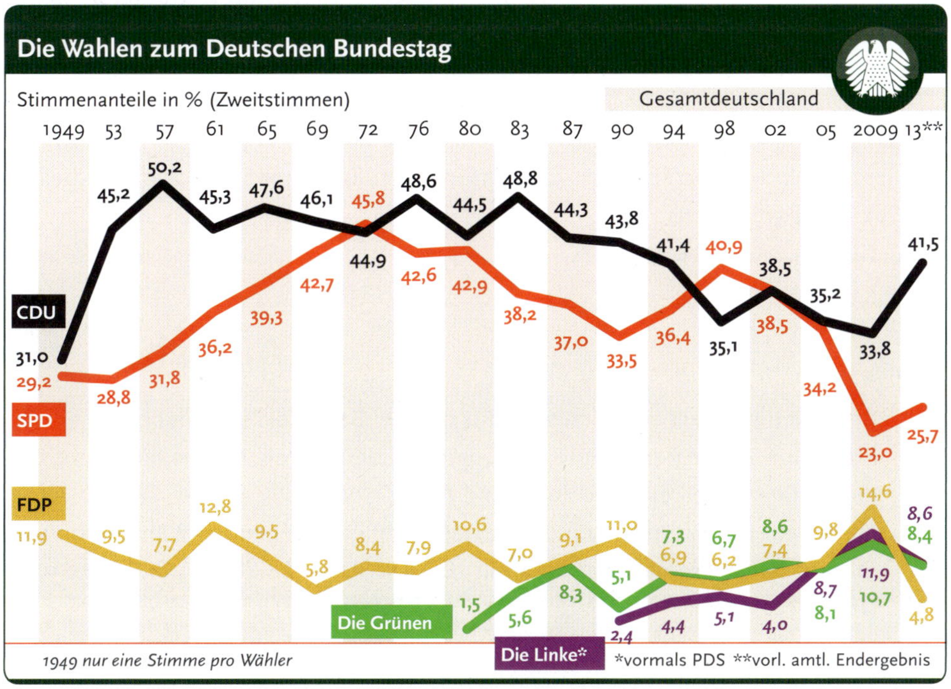

dpa-Grafik 19920

Methode

M 18 Ein politisches Urteil fällen

In einem Land, in dem sehr viele Menschen wählen dürfen, muss es ein Verfahren geben, das bestimmt, wie die abgegebenen Stimmen der Wähler in Parlamentssitze umgewandelt werden. Dafür stehen unterschiedliche Wahlsysteme zur Verfügung, z. B. die Mehrheitswahl und die Verhältniswahl (vgl. M 4). Die Wahlsysteme haben natürlich jeweils ihre Stärken und Schwächen. Wie kann man nun die Stärken und Schwächen eines Wahlsystems beurteilen?
Wahlsysteme müssen u. a. zwei wesentliche Dinge leisten: Zum einen müssen sie für stabile Mehrheiten im Parlament sorgen, damit eine stabile Regierung gewählt werden kann. Zum anderen wünschen sich die Menschen, dass die abgegebenen Stimmen zu einer gerechten Verteilung der Sitze im Parlament führen.
Das Problem besteht nun darin, dass nicht immer beide Ziele erreicht werden können. Ein politisches Urteil fällen bedeutet abzuwägen und dann zu entscheiden, welches Ziel wichtiger ist und vornehmlich erreicht werden soll.
Experten haben für dieses Problem Fachbegriffe geprägt, um die verschiedenen Wege, zu einem Urteil zu kommen, zu verdeutlichen:

Sachurteil	**Werturteil**
Sachurteile fragen, ob politische Entscheidungen zur Lösung eines Problems beitragen. Man untersucht, ob eine politische Maßnahme effizient ist. *Frage: Gelingt es, eine stabile Regierungsmehrheit zu schaffen?*	Werturteile beurteilen politische Entscheidungen nach moralischen Maßstäben. Dabei ist entscheidend, welche Werte (z. B. Freiheit, Gleichheit, Gerechtigkeit, ...) die Menschen vertreten. *Frage: Sind die Wähler in einem gerechten Verhältnis im Parlament repräsentiert?*

Man berücksichtigt bei einem politischen Urteil beide Dimensionen und deshalb enthält ein Urteil immer Sach- und Wertaspekte – allerdings in unterschiedlicher Gewichtung. Häufig besteht zwischen den beiden Aspekten eines Urteils ein Spannungsverhältnis.

Aufgaben

1. Bewerte die unterschiedlichen Wahlsysteme. Berücksichtige dabei die Projektion in der Randspalte und begründe dein Urteil. Nenne die Werte, die für dein Urteil entscheidend sind (M 16 – M 18).
2. Nimm an: Bei der nächsten Bundestagswahl liegt folgendes Wahlergebnis in Mio. Zweitstimmen vor: SPD 18,5; CDU/CSU 19,7; Grüne: 3,8; FDP: 2,9; Die Linke: 1,5.
   a) Berechne die Verteilung der Stimmen in Prozent und die Verteilung der Sitze nach dem Sainte-Laguë/Schepers-Verfahren, wenn 598 Sitze zu vergeben sind (M 19).
   b) Ermittle, welche Parteien (zusammen) eine absolute Mehrheit der Sitze erringen könnten (M 19).
   c) Erläutere, unter welchen Bedingungen die Parteien Überhangmandate bzw. Ausgleichsmandate bekommen würden (M 19).

Erklärfilm „Bundestagswahlen"

Mediencode: 71000-07

M 19 Das Wahlsystem zum Deutschen Bundestag

Die Erststimme und ihre Bedeutung

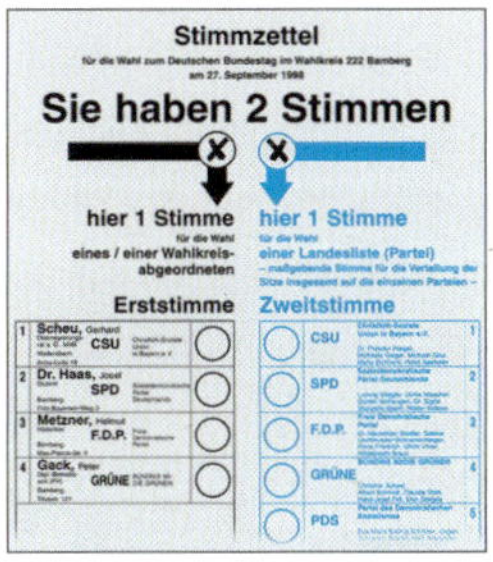

Das Gebiet der Bundesrepublik ist in 299 Wahlkreise eingeteilt. Jeder Wähler entscheidet sich für einen Kandidaten seines Wahlkreises. Gewählt ist, wer mindestens eine Stimme mehr hat als jeder andere Bewerber (*relative Mehrheitswahl*). Ein gewählter Direktkandidat kommt auf jeden Fall ins Parlament, auch wenn seine Partei die 5 %-Hürde nicht schafft.

Die Zweitstimme und ihre Bedeutung

Nach der Gesamtzahl der Zweitstimmen, die für eine Partei bei der Wahl abgegeben werden, richtet sich die Anzahl der Sitze, die diese Partei im Bundestag erhält (*Verhältniswahl*). Die Wähler geben ihre Stimme dabei der Landesliste einer Partei in ihrem Bundesland. 299 Abgeordnete ziehen bei der Sitzverteilung über diese Listen in den Bundestag ein.

Überhangmandate

Hat eine Partei in einem Bundesland mehr Direktmandate errungen als ihr – den Zweitstimmen nach – zustehen, erhält Sie Überhangmandate.
Beispiel: Die Partei B hat im Bundesland Y 28 Direktmandate gewonnen. Nach Zweitstimmen stehen ihr nur 26 Mandate zu. Die zwei fehlenden Sitze erhält die Partei als Überhangmandate. Für die Überhangmandate einer Partei erhalten die anderen Parteien entsprechend der Mehrheitsverhältnisse Ausgleichsmandate. Die Gesamtzahl der Sitze nimmt zu.

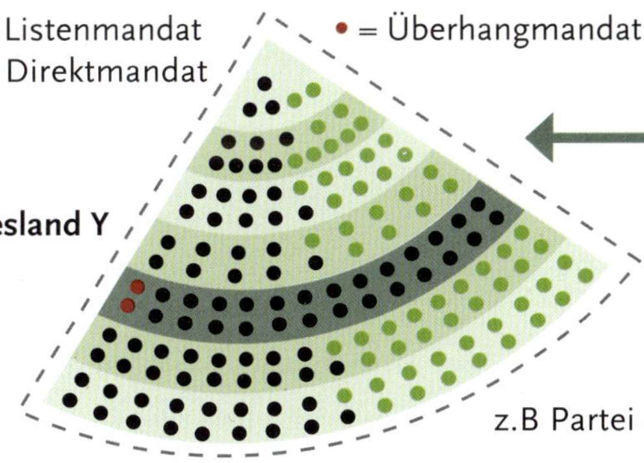

Verteilung der Sitze auf die Parteien

Bei der Vergabe der Sitze werden nur Parteien berücksichtigt, die bundesweit mindestens 5% der Zweitstimmen oder drei Direktmandate errungen haben (*Sperrklausel*).
Wie viele Abgeordnetensitze den Parteien zustehen, wird mithilfe der *Divisormethode mit Standardrundung* (Sainte-Laguë/Schepers) berechnet. Die Stimmen der Parteien, die an der Stimmvergabe teilnehmen, werden dazu durch einen Divisor geteilt. Als Divisor eignet sich die Zahl der durchschnittlich auf einen Sitz entfallenen Stimmen. Die Ergebnisse der Division werden anschließend mit Standardrundung zu ganzen Zahlen auf- oder abgerundet. Die ganzen Zahlen entsprechen der Sitzverteilung. Ist die Summe der Sitze größer/kleiner als die zu vergebenden Sitze, so wird das Verfahren mit einem größeren/kleineren Divisor wiederholt. Beispielrechnung:

Partei	Zweitstimmen	Divisor	Ergebnis	Sitze
A	3.700.000	18.896	195,80	196
B	5.500.000	18.896	291,06	291
C	2.100.000	18.896	111,13	111
598 Sitze zu vergeben	gesamt: 11.300.000	Gesamtstimmenzahl / Gesamtzahl der Sitze	Stimmen für Partei X / Divisor	nach Standardrundung

Die Sitzverteilung nach Zweitstimmen

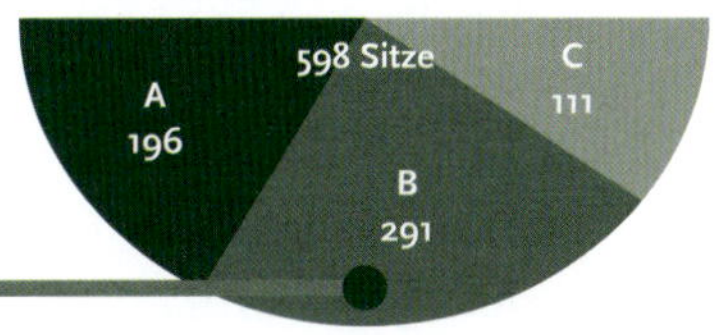

Verteilung der Sitze auf die Landeslisten der Parteien

Der Landesverband einer Partei erhält die Anzahl an Sitzen, die dem Anteil an Zweitstimmen entspricht, der auf seine Landesliste entfiel.

Partei	Sitze insgesamt	Zweitstimmen im Bundesland Y	Gesamtzahl der Zweitstimmen der Partei B		Sitze im Bundesland Y
B	291	x 500.000	: 5.500.000	= 26,45	26

Die Anzahl der errungenen Bundestagssitze wird dann zunächst mit den in dem Bundesland direkt gewählten Wahlkreiskandidaten dieser Partei besetzt (*Direktmandate*), die verbleibenden Sitze mit Kandidaten der Landesliste (*Listenmandate*).

Wahlkampf – beflügelt er die Demokratie?

M 20 Wahlplakate 2013

M 21 Die Bedeutung des Wahlkampfs

Wahlkampf bedeutet konkurrierende Werbung der Parteien um Wählerstimmen. Alle Ziele eines Wahlkampfes sind in der Regel auf drei Aspekte ausgerichtet, wobei natürlich der Wahlsieg das Hauptziel darstellt: das eigene Stammwählerpotenzial optimal zu mobilisieren, Wechselwähler zu binden und den Anteil von Nichtwählern bei der gegnerischen Stammwählerschaft zu erhöhen. Probleme, bei denen man in den Augen der Bürger am besten abschneidet, werden in Wahlkampfzeiten besonders in den Vordergrund gerückt und der Amtsbonus der Regierungschefs genutzt. Wahlkampf ist zunächst einmal besonders verdichtete politische Kommunikation. Sie stellt immer ein Beziehungsgeflecht zwischen dem politischen System, den Medien und der Öffentlichkeit als Publikum der Medien her.

Neben der Bewusstmachung von politischen Problemen lenken die Parteien – oft gleichzeitig und nebeneinander – auch absichtlich von den Problemen ab. Das Buhlen um den Wahlbürger ist seit den neunziger Jahren für die Parteien schwieriger geworden.

Nach: Karl-Rudolf Korte, Wahlen in der Bundesrepublik Deutschland, 4. Aufl., Bonn 2003, S. 112 f.

M 22 Werden die Wahlkämpfe immer „amerikanischer“?

Image = (englisch: „Bild“) bezeichnet das Ansehen bzw. die Ausstrahlung einer Person. Dieses Ansehen sucht man sich v.a. auf einer positiven Emotions- oder Sympathieebene.

Werden die Wahlkämpfe immer „amerikanischer"? Gemeint ist damit dreierlei: eine Personalisierung, eine Professionalisierung und die Tatsache, dass die Medien im Wahlkampf immer wichtiger werden. Alle drei Komponenten sind nicht völlig neu für die Bundestagswahlkämpfe, doch ihre Bedeutung wächst seit den neunziger Jahren dramatisch.

Personalisierung: Wahlkämpfe sind immer mehr auf den Spitzenkandidaten einer Partei ausgerichtet. Die Sachthemen treten immer mehr in den Hintergrund, der Spitzenkandidat verkörpert die Politik und die Ziele seiner Partei. Strategisch ist hier die Person des Amtsinhabers im Vorteil.

Personen repräsentieren politische Botschaften. Je größer das Potenzial an Wechselwählern ist, umso stärker ist der Drang zur Personalisierung. Die Spitzenkandidaten stecken dabei in einer Doppelrolle: Sie sind Hauptdarsteller und zugleich Inhalt der Kampagne. Zu den strategischen Vorbedingungen gehört, dass der Kandidat die geschlossene Unterstützung der Partei und der Anhängerschaft besitzt.

Die Rolle der Medien: Die meisten Bürger erleben Politik nur noch in den Medien. Direkte Parteiwerbung wird kaum beachtet, und Wahlversammlungen erreichen zumeist nur eine kleine, ohnehin überzeugte Minderheit.

Deshalb kommt dem Fernsehen eine besondere Bedeutung zu. Der Fernsehwahlkampf beschränkt sich nicht nur auf Nachrichtensendungen und politische Magazine, erst recht nicht auf Wahlspots der Parteien. Wirkungsvoller ist der Auftritt in Unterhaltungssendungen, dort gilt das Motto: mehr Infotainment als seriöse Information. Bislang wird jedoch diese in den US-Wahlkämpfen bewährte Methode nur zögernd von den politischen Parteien in ihr Konzept aufgenommen.

Als neues Wahlkampfmedium entpuppt sich das Internet. Auch dort errichten die Parteien seit 1998 eine Wahlkampfzentrale. Sie überlegen, wie sich das neue Medium strategisch in ihre Kampagnen einpassen lässt. Schwer zugängliche Wählergruppen scheinen so leichter erreichbar zu sein. Abrufen kann man neben Veranstaltungsterminen aktuelle Reden und Parteiprogramme. Die Mehrheit der Internetbesucher ist jedoch daran interessiert, selber etwas loszuwerden. Deshalb sind besonders die Diskussionsforen der Parteien erfolgreich.

Professionalisierung: Wahlkampf ist nicht mehr allein Sache der Partei oder der Parteizentralen, die eine Wahlkampfkommission einsetzen. Die Parteien ziehen Experten hinzu, die ihnen und ihren Kandidaten beratend zur Seite stehen. Neben den Demoskopen und Sozialwissenschaftlern kommen diese Fachleute zunehmend aus Werbung, Journalismus und Management. Die deutschen Parteien sind dazu übergegangen, PR-Agenturen zu beauftragen, um den Wahlkampf zu steuern, konkret, um das Image der Kandidaten und die Kontakte zu den Medien zu verbessern.

Karl-Rudolf Korte, www.wahlthemen.de (12.7.2005)

Stammwähler
sind stark auf eine Partei festgelegt und bleiben dieser über viele Jahre treu.

Wechselwähler
sind nicht an eine bestimmte Partei gebunden, sondern entscheiden von Wahl zu Wahl neu.

Protestwähler
sind Wähler, die unzufrieden sind mit ihrer Partei. Sie wählen dann oft extreme Parteien, um ihre Unzufriedenheit zu demonstrieren.

M 23 Welche Rolle spielen die Spitzenkandidaten?

Mit den Spitzenkandidaten und ihrer werbewirksamen Vermarktung steht und fällt der Wahlkampf. Sie müssen Glaubwürdigkeit, Sachkompetenz und Vertrauen ausstrahlen.

Die Bewertung des „Images" gründet besonders auf dem Sympathie- und dem Leistungsbereich. Die Spitzenkandidaten sind eine Art Werbesymbol. Sie erhöhen die Mobilisierungschancen der Stammwähler und die Einsatzbereitschaft der Anhänger. Dennoch sollte nicht ausgeblendet werden, dass auch die Spitzenkandidaten den Wahlvorgang nicht allein entscheiden. Es geht immer noch

Die Kanzlerkandidaten der beiden großen Parteien für die Bundestagswahl 2013: Angela Merkel (CDU) und Peer Steinbrück (SPD)

um die Wahl einer politischen Partei. Nichts geht in Deutschland ohne die politischen Parteien, relativ wenig ohne ein dazugehöriges politisches Programm.

Neben dem Image der Kandidaten ist natürlich ihr Bekanntheitsgrad ein wichtiges Kriterium für die Auswahl der Spitzenkandidaten. Andererseits lässt sich die Bekanntheit eines Politikers heute innerhalb kürzester Zeit durch das Fernsehen herstellen. Wenn sich jemand zum Kandidaten küren lässt, beginnt die Medienoffensive. Die Redaktionen möchten im Wettlauf mit der Zeit möglichst vieles – politisch wie privat – über die Person publizieren.

In der „Schlussphasendramatisierung" des Wahlkampfes spielt auch das Duell der Spitzenkandidaten in der Öffentlichkeit eine besondere Rolle. Es bietet für die Wähler eine weitere Möglichkeit der Bewertung. Dazu wurde bei den zurückliegenden Bundestagswahlen häufig eine große Fernsehdiskussion mit den Spitzenkandidaten wenige Tage vor der Wahl durchgeführt.

Karl-Rudolf Korte, www.wahlthemen.de (12.7.2005)

Aufgaben

1. Vergleiche Aussage und Gestaltung der Wahlplakate in M 20.
2. Nenne die Gründe, weshalb die Parteien Wahlkampf betreiben (M 21).
3. „Wahlkampf ist Werbung". Recherchiere im Internet, wie sich die Spitzenpolitiker der Parteien präsentieren. Untersuche, welche Mittel sie anwenden und welches Image sie aufbauen (M 22, M 23).
4. Die Bundestagswahlen, Landtagswahlen, Kommunalwahlen und Europawahlen finden an unterschiedlichen Terminen statt und deshalb ist immer irgendwo eine Wahl in Deutschland. Diskutiert, inwieweit dieser „Dauerwahlkampf" die Arbeit der Bundesregierung erschwert und was man dagegen tun könnte.

Was wir wissen

Wahlen in der repräsentativen Demokratie

Das Grundgesetz legt fest, dass die Bundesrepublik Deutschland eine repräsentative Demokratie ist, in der die Bürger nicht ständig über alle Angelegenheiten selbst abstimmen, sondern Abgeordnete wählen, die sie im Parlament vertreten und dort für sie stellvertretend entscheiden. Wahlen sind deshalb die wichtigste Form der politischen Mitbestimmung in der parlamentarischen Demokratie. Mit der Wahl einer Partei entscheidet der Wähler über die Zusammensetzung des Parlaments und damit (indirekt) über die politische Richtung und Zusammensetzung der Regierung.

Aufgaben der Parteien
M 5

Eine entscheidende Rolle bei der Auswahl und Aufstellung der Kandidaten spielen die politischen Parteien. Zu den Aufgaben der Parteien gehören:

- Mitwirkung: Parteien ermöglichen den Bürgern als Wähler oder als Mitglieder die Teilnahme am politischen Geschehen. Als Parteimitglied kann der Bürger bei Programmformulierungen und bei der Auswahl der Kandidaten mitwirken.
- Meinungsbildung: Parteien nehmen – vor allem mit Hilfe der Medien – auf die öffentliche Meinung Einfluss und fördern die politische Bildung der Bürger.
- Ermöglichung von Wahlen: In den Parteien werden die Interessen und Meinungen der Bürger artikuliert, gebündelt und daraus programmatische Alternativen für Wahlen entwickelt. In der Parteiarbeit wird Führungspersonal ausgebildet, das bei Wahlen auch für die Kandidatur um politische Ämter bereitsteht.
- Integration: Parteien sorgen für eine kontinuierliche Verbindung zwischen Staat und Gesellschaft, indem sie einerseits die Bürgerinteressen gegenüber staatlichen Institutionen artikulieren und andererseits den Bürger über staatliche Entscheidungen aufklären und diese erläutern. Diese Funktion trägt wesentlich zur Stabilität des politischen Systems bei.

Interessenverbände
M 9 – M 12

Interessenverbände sind Zusammenschlüsse von Bürgerinnen und Bürgern in einer auf Dauer angelegten, festen Organisationsstruktur. Es gibt kaum Bereiche des Lebens, in der sich keine Interessenorganisation gebildet hat. Ein durch Vielfalt gekennzeichnetes Verbändewesen ist Merkmal einer funktionierenden pluralistischen Demokratie. Um eine Berücksichtigung der von ihnen vertretenen Interessen zu erreichen, versuchen die Verbandsvertreter gezielt, politische Entscheidungen zu beeinflussen. Naturgemäß konzentrieren sie sich dabei auf die wichtigsten politischen Institutionen wie Ministerien, Bundesregierung und Bundestag, doch nutzen sie auch die indirekte Einflussnahme über die Medien und die Öffentlichkeit. Als „Mittler“ zwischen der Gesellschaft und den staatlichen Institutionen kommt den Verbänden eine wichtige Aufgabe zu, etwa bei der Bereitstellung von Fachinformationen

Was wir wissen

oder bei der Klärung der Frage, ob eine bestimmte politische Entscheidung sachgemäß ist bzw. auf großen Widerstand in der Bevölkerung stößt. So werden die Interessenverbände z. B. regelmäßig in den Ausschüssen des Bundestags gehört. Beachtet werden muss, dass sich viele Interessen (z. B. von Kindern, Arbeitslosen oder Behinderten) nur schwer organisieren lassen und finanzkräftige und mitgliederstarke Verbände mit großen Blockademöglichkeiten bessere Chancen haben, ihre Interessen einzubringen.

Wahlsysteme
M 16

Grundsätzlich kann man zwischen Verhältniswahlsystem und Mehrheitswahlsystem unterscheiden. Bei der reinen Verhältniswahl erhalten die Vertreter der Parteien genauso viele Mandate im Parlament, wie es ihrem Anteil an den abgegebenen Stimmen entspricht. Beim reinen Mehrheitswahlsystem erhalten nur die Kandidaten ein Mandat, die in einem Wahlkreis die meisten Stimmen auf sich vereinigen konnten. In vielen Staaten gibt es Mischformen der beiden Systeme.

Wahlsystem in Deutschland
M 19

Das Wahlsystem der Bundesrepublik Deutschland ist im Bundeswahlgesetz festgelegt. Für die Wahl der 598 Abgeordneten des Bundestages haben die Wähler zwei Stimmen: Mit der Erststimme entscheidet der Wähler nach dem Prinzip der relativen Mehrheitswahl, welcher Wahlkreisabgeordnete einen Sitz im Parlament erhalten soll. Die Zweitstimme, die nach den Prinzipien der Verhältniswahl abgegeben wird, ist die wichtigere Stimme, denn durch sie wird die Zahl der Sitze festgelegt, die jeder Partei im Bundestag zustehen. Hat eine Partei die Sperrklausel (fünf Prozent der Zweitstimmen oder drei Direktmandate) überwunden, so wird die Gesamtzahl der für sie abgegebenen Zweitstimmen in Mandate umgerechnet. Das Wahlsystem zum Deutschen Bundestag wird häufig als „personalisiertes Verhältniswahlrecht“ bezeichnet. Dies verdeutlicht, dass das Stimmenergebnis auf der Verhältniswahl beruht, durch die Erststimme aber die Möglichkeit besteht, direkt einzelne Personen zu wählen (Personalisierung).

Wahlkampf
M 21 – M 23

Im Wahlkampf konkurrieren die Parteien um die Stimmen der Wähler. Um den Wahlsieg zu erringen, müssen die Parteien v.a. die eigenen Stammwähler mobilisieren und potenzielle Wechselwähler und Nichtwähler gewinnen. Die Parteien versuchen, die Wähler von der Überlegenheit ihres Programms und ihres Personals zu überzeugen. Wahlkampf ist wichtig, weil er dem Wähler ermöglicht, sich über die Programme und das politische Personal der Parteien zu informieren. Zu beobachten ist auch in Deutschland, dass Wahlkämpfe immer stärker auf einzelne Personen zugeschnitten sind (Personalisierung), zunehmend von externen Unternehmen und Beratern gelenkt und geführt werden (Professionalisierung) und die Medien eine immer größere Rolle dabei spielen (Mediatisierung, Amerikanisierung).

Was wir können

Wahlen in der DDR

Am 7. Mai 1989 sind die DDR-Bürger wieder einmal aufgerufen, die „Kandidaten der Nationalen Front“ zu wählen. Das Wahlverfahren ist jedoch nur scheinbar demokratisch: Auf einer von der SED abgesegneten Einheitsliste stehen die Kandidaten – die fast keinem der Wähler bekannt sind. Eine Abstimmung über einzelne Wahlvorschläge ist nicht möglich. Es gibt nur die Unterscheidung zwischen Ja-Stimme, Nein-Stimme und ungültiger Stimme für die gesamte Liste. Was nur wenige DDR-Bürger wissen: Eine Nein-Stimme, also eine Ablehnung des Vorschlags wird nur dann anerkannt, wenn der Wähler auf der Liste jeden einzelnen Namen säuberlich durchstreicht. Jede Abweichung von dieser äußeren Form macht den Stimmzettel ungültig. Zwar ist in jedem Wahlbüro eine Wahlkabine aufgebaut, doch werden die Bürger, welche die Kabine tatsächlich benutzen, von den gestellten, linientreuen Wahlhelfern registriert: In einem sozialistischen Staat hat in ihren Augen ein rechtschaffener Mensch nichts zu verbergen. In der Bevölkerung wird der Gang zur Wahlurne deshalb auch zutreffend als „Zettelfalten“ bezeichnet. Es gibt die ungeschriebene Verpflichtung, an der Wahl teilzunehmen, und die Wahlbeteiligung der DDR-Bevölkerung liegt auch ohne die unmittelbare Anwendung von Druckmitteln bei weit über 90 Prozent. Wer jedoch bis 16 Uhr nicht ins Wahllokal kommt, muss damit rechnen, dass ihn Wahlhelfer zu Hause aufsuchen, um die fehlende Stimme abzuholen. Die Wahlkreise konkurrieren untereinander um die höchste Zustimmungsrate. 99 Prozent sollten es am besten sein – und so muss hier und da manipuliert werden.

Aufgabe
International ist es mittlerweile üblich, dass Wahlbeobachter aus anderen Ländern die heimischen Wahlen überprüfen. Stell dir vor, du wärst einer dieser Wahlbeobachter und müsstest die Wahl vom 7.5.1989 in der DDR beobachten.
Beurteile ausgehend vom Bericht über die Wahlen in der DDR, ob die Wahl als demokratisch bezeichnet werden kann und welche Rolle die Parteien bei dieser Wahl spielen.
Verfasse dazu einen Bericht, den du in einer Pressekonferenz der Öffentlichkeit vorstellen willst.

In einem Bericht vom 7. Mai 1989 über die Wahl im Ort Menz (Brandenburg) hält die Staatssicherheit fest, dass der ehemalige Parteivorsitzende der CDU (Name geschwärzt) alle Kandidaten auf dem Wahlzettel durchgestrichen hat.

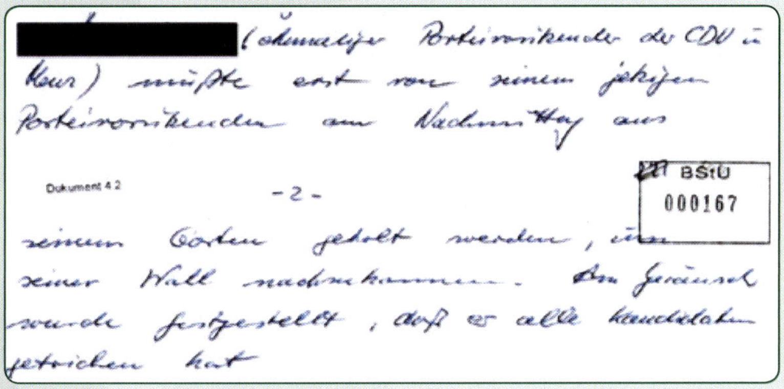
[redacted] (ehemaliger Parteivorsitzender der CDU in Menz) mußte erst von seinem jetzigen Parteivorsitzenden am Nachmittag aus

Dokument 4.2

-2-

BStU 000167

seinem Garten geholt werden, um seiner Wahl nachzukommen. [illegible] wurde festgestellt, daß er alle Kandidaten gestrichen hat

Bruno Zandonella, Thema im Unterricht, Wahlen für Einsteiger, Bundeszentrale für politische Bildung, Juli 2009

5.2 Der politische Entscheidungsprozess

Wie wird die Regierung gebildet?

M 1 Nach der Wahl ist vor der Koalition

- Wahlergebnis: CDU stärkste Partei
- Die Bundesminister werden auf Vorschlag des Bundeskanzlers vom Bundespräsidenten ernannt und entlassen
- SPD lenkt im Streit um Ministerposten und Energiewende ein
- CDU auf der Suche nach Regierungspartner – Sondierungsgespräche mit SPD und Grünen angekündigt
- Der Bundeskanzler und die Bundesminister leisten bei der Amtsübernahme vor dem Bundestag den Amtseid
- Koalitonsvertrag unterzeichnet
- Der Bundeskanzler wird auf Vorschlag des Bundespräsidenten vom Bundestag ohne Aussprache mit der Mehrheit seiner Mitglieder gewählt
- SPD stellt Bedingungen für Koalitionsverhandlungen
- SPD-Mitgliederentscheid – Mehrheit für Koalitionsvertrag
- CDU nimmt Koalitionsverhandlungen mit SPD auf
- Der Gewählte ist vom Bundespräsidenten zu ernennen

M 2 Die Etappen der Regierungsbildung

Nach einer Bundestagswahl wählt der Deutsche Bundestag auf Vorschlag des Bundespräsidenten mit der Mehrheit seiner Mitglieder den Bundeskanzler oder die Bundeskanzlerin. Bis es so weit ist und die neue Bundesregierung ihre Arbeit aufnehmen kann, sind aber meist schon einige Wochen vergangen, in denen intensive Verhandlungen über die Bildung einer mehrheitsfähigen Koalition und das künftige Regierungsprogramm geführt wurden. Aus den bisherigen Bundestagswahlen ging erst einmal eine Partei mit absoluter Mehrheit hervor, die ihr eine Alleinregierung ermöglicht hätte (CDU/CSU 1957); sonst waren zur Mehrheitsbildung stets mindestens zwei Koalitionspartner erforderlich.

Meist stehen die Wunschpaarungen auf Grund fester Koalitionsaussagen schon vor der Wahl fest. Es gibt aber auch Beispiele dafür, dass die Koalitionsfrage bis nach der Wahl offengehalten wurde (so 1969, als sich die FDP in einer kühnen Wende zur Aufnahme von Koalitionsgesprächen mit der SPD entschloss) oder dass der Wahlausgang das angestrebte Bündnis vereitelte (so 2005, als CDU/CSU und FDP die schon sicher geglaubte gemeinsame Mehrheit verfehlten).

Haben sich nach klärenden Vorgesprächen die möglichen Partner gefunden, geht es für sie in den eigentlichen Koalitionsverhandlungen darum, den Vorrat an politischen Gemeinsamkeiten zu ergründen, die groben Züge der gemeinsamen Regierungsarbeit festzulegen und gegebenenfalls ein konkretes Sachprogramm für die einzelnen Politikbereiche zu entwickeln. Darüber hinaus müssen sie sich über personelle Fragen verständigen (insbesondere über die Besetzung der Regierungsposten) und gemeinsame Regeln und Prozeduren für die Zusammenarbeit im Bundestag und in der Regierung, zur Beilegung von Konfliktsituationen usw. vereinbaren.

Das Ergebnis der Verhandlungen wird – mehr oder weniger systematisch, mehr oder weniger ausführlich – in einem Koalitionsvertrag festgehalten, der abschließend durch die Entscheidungsgremien der beteiligten Parteien gebilligt werden muss. Eine solche förmliche Vereinbarung wurde erstmals 1961 zwischen CDU/CSU und FDP geschlossen. Es handelt sich dabei um einen verfassungsrechtlichen Vertrag mit politisch bindender Wirkung, dessen Einhaltung mit rechtlichen Mitteln allerdings nicht erzwungen werden kann. In aller Regel setzen die Koalitionspartner einen Koalitionsausschuss ein, der die Umsetzung der Vereinbarungen laufend überwacht und gegebenenfalls klärend oder ändernd eingreift. Sind die Koalitionsvereinbarungen allgemein zugänglich, wie es heute meist der Fall ist, übt auch die Öffentlichkeit eine Kontrolle darüber aus, wie weit die Koalition ihren selbstgesetzten Versprechen nachkommt.

Die Regierungskoalitionen seit der Wiedervereinigung
CDU/CSU/FDP 1990-98
SPD/Bündnis 90/Die Grünen 1998-2005
CDU/CSU/SPD 2005-2009
CDU/CSU/FDP 2009-2013

M 3 Der Weg zur neuen Regierung

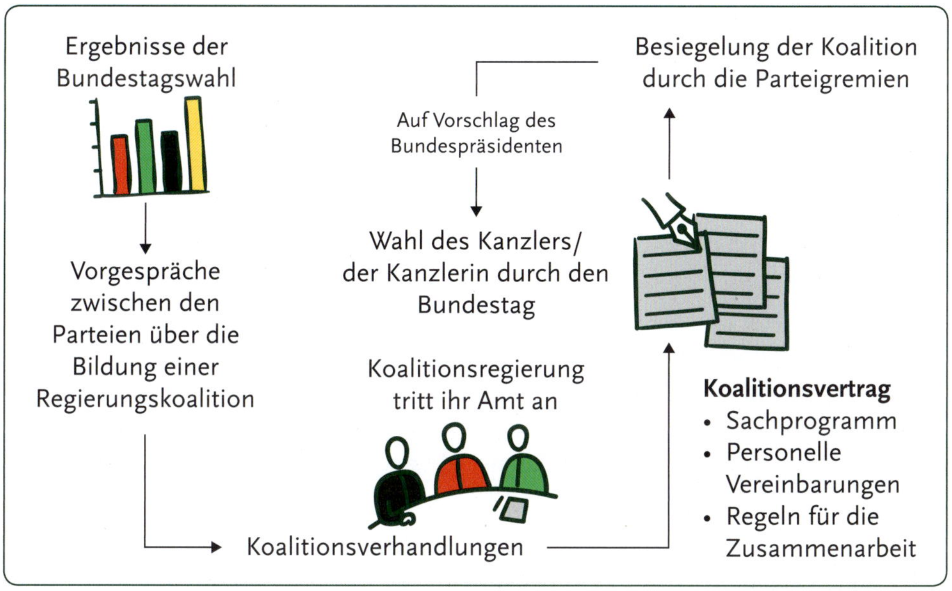

Bergmoser + Höller Verlag AG Zahlenbilder 67253

Aufgaben

1. Bringe die Schlagzeilen in deinem Heft in die richtige chronologische Reihenfolge. Markiere in verschiedenen Farben die formellen (gesetzlich vorgegebenen) und informellen Aspekte der Regierungsbildung (M 1, M 2).
2. Beurteile, welche Vor- und Nachteile der in Deutschland übliche Zwang zur Bildung von Koalitionen hat (M 2, M 3).

Was heißt regieren?

M 4 Was macht ein Bundeskanzler?

M 5 Regieren? Regieren!

Opposition = im Parlament die Gruppe von Abgeordneten, die der Regierungsmehrheit gegenübersteht

Der ehemalige SPD-Vorsitzende Franz Müntefering sagte einmal: „Opposition ist Mist. Lasst das die anderen machen – wir wollen regieren." Alle Politiker wollen regieren! Sie treten in Wahlkämpfen für ihre Parteien an, um eine Mehrheit zu erreichen und „an die Regierung zu kommen". Denn wer regiert, hat die Macht, seine politischen Vorstellungen umzusetzen. Die Regierung hat die Aufgabe der politischen Steuerung. Sie bestimmt, angeführt vom Kanzler / von der Kanzlerin, die Richtlinien der Politik und kann weitreichende Entscheidungen vorbereiten und beeinflussen: Sie kann (zusammen mit der Mehrheit der Abgeordneten im Bundestag) entscheiden, ob Steuern erhöht werden, ob die Bundeswehr zu einem Einsatz ins Ausland geschickt wird, ob soziale Leistungen gekürzt werden oder ob man mehr Geld in Bildung investiert. Die Politiker, die nicht an der Regierung beteiligt sind, haben dagegen nur wenig Einfluss auf die Politik. Sie können meist nur in der Öffentlichkeit sagen, dass sie anderer Meinung sind. Allein die Regierung ist berechtigt, den Kurs des Landes zu bestimmen, und deswegen wollen Politiker regieren.

M 6 Aufbau und Arbeitsweise der Bundesregierung

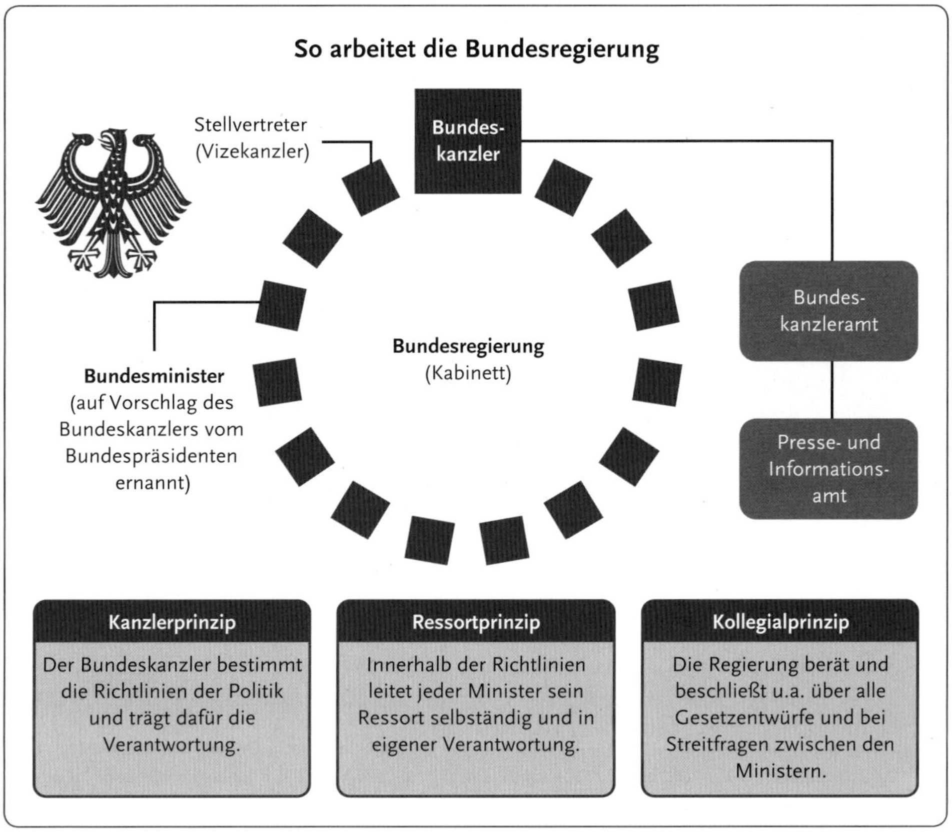

Bergmoser + Höller Verlag AG, Zahlenbilder 67 123

Artikel 65 GG
„Der Bundeskanzler bestimmt die Richtlinien der Politik und trägt dafür die Verantwortung."

M 7 Wie mächtig ist der Bundeskanzler?

Der Bundeskanzler wird häufig als mächtigster politischer Akteur in Deutschland bezeichnet. Dies liegt daran, dass er sowohl gegenüber dem Parlament eine besondere Rolle einnimmt als auch innerhalb der Bundesregierung über eine Sonderstellung verfügt. So wird innerhalb der Bundesregierung nur der Bundeskanzler direkt vom Bundestag gewählt. Alle anderen Mitglieder der Regierung werden auf seinen Vorschlag hin vom Bundespräsidenten ernannt. Damit verfügt er über eine besondere demokratische Legitimation. Innerhalb der Bundesregierung besitzt der Bundeskanzler die Richtlinienkompetenz. Das bedeutet, dass er die Grundlinien der Politik, also die allgemeine politische Ausrichtung der Regierungspolitik, bestimmen kann. Gegen den Willen des Kanzlers kann innerhalb der Regierung keine Entscheidung getroffen werden. Das Kabinett kann ihn nicht einfach überstimmen. Wie der Bundeskanzler diese Richtlinienkompetenz ausfüllen kann, hängt entscheidend von seiner Persönlichkeit, seiner Beliebtheit innerhalb der Bevölkerung und seinem Regierungsstil ab. Seine Macht ist natürlich dann beschränkt, wenn er mit einer Koalition

Legitimation = Rechtfertigung der Ausübung staatlicher Gewalt, hier: durch eine Wahl

Kabinett = die Personen, die die Bundesregierung bilden, d.h. der Bundeskanzler und seine Minister

Kabinettsaal im Bundestag. In den wöchentlichen Kabinettssitzungen werden Gesetzesvorlagen beraten und beschlossen und politische Probleme diskutiert.

aus verschiedenen Parteien regiert, da er auf andere Parteien einen geringeren Einfluss besitzt.

Auch gegenüber dem Parlament verfügt er über eine Sonderrolle. Wenn der Bundeskanzler den Eindruck hat, dass die Mehrheit der Abgeordneten im Parlament seine Politik nicht mehr unterstützt, dann kann er im Deutschen Bundestag die Vertrauensfrage stellen. Wird er nicht mehr von der Mehrheit der Abgeordneten unterstützt, so kann er Neuwahlen herbeiführen. Viele Abgeordnete fürchten bei Neuwahlen um ihre Wiederwahl und werden so den Kanzler eher unterstützen. Aber wehrlos ist das Parlament beileibe nicht. Das Parlament verfügt über ein starkes Machtmittel: das konstruktive Misstrauensvotum. Über das konstruktive Misstrauensvotum kann das Parlament den Kanzler und damit die gesamte Regierung abwählen. Das Parlament muss dazu allerdings einen neuer Kanzler wählen, weswegen das Misstrauensvotum „konstruktiv" - durch die Wahl eines Nachfolgers - und nicht „destruktiv" - durch die reine Abwahl eines Kanzlers - ist.

+ Benenne die derzeitigen Kabinettsmitglieder und deren Ressort.

+ Recherchiere im Grundgesetz, welche Artikel – neben Art. 65 – die Stellung des Bundeskanzlers beschreiben.

Aufgaben

1. Was heißt regieren? Sammelt Überschriften und Berichte aus aktuellen Zeitungen, die deutlich machen, welche politischen Probleme die Bundesregierung gerade bearbeitet (M 4, M 5).
2. Erkläre, welche Prinzipien die Regierungsarbeit leiten (M 6).
3. Der Bundeskanzler gilt als mächtiger politischer Akteur. Was kann er tun, um seine Vorstellungen durchzusetzen? Stelle eine Liste der Machtinstrumente des Bundeskanzlers zusammen. Welches Machtinstrument erscheint dir am wirkungsvollsten? Erstelle eine Hierarchie (M 6, M 7).

Wer kontrolliert die Regierung?

M 8 Die Opposition – Gegenspielerin der Regierung

Die politische Grenzlinie verläuft in erster Linie nicht mehr zwischen dem Parlament auf der einen und der Regierung auf der anderen Seite, die entscheidende Trennungslinie liegt in einem parlamentarischen System zwischen der Regierungs- beziehungsweise Parlamentsmehrheit und der Regierung auf der einen sowie der Opposition auf der anderen Seite. Die Regierungsmehrheit, die heute einen Regierungschef wählt, kann morgen nicht so tun, als ob sie mit dessen Person und Regierung nichts verbinde. Durch eine Verweigerung der Zusammenarbeit mit dem von ihr gestellten Regierungschef würde sie sich selbst einen Fehler bescheinigen – nämlich denjenigen, den falschen Kanzler gewählt zu haben. Die Brücke, über die Parlamentsmehrheit und Regierung im heutigen parlamentarischen Regierungssystem verbunden sind, bilden die Parteien. Jedoch muss dies nicht unbedingt bedeuten, dass Regierung und Parlamentsmehrheit eine absolute Einheit darstellen. Die unterschiedliche Intensität der Beziehungen zwischen diesen beiden Organen hängt in erster Linie ab von der Anzahl der Parteien, die zur Bildung einer Regierung notwendig sind.

Informationen zur politischen Bildung Nr. 227, Parlamentarische Demokratie 1, Neudruck 1993, S. 26 f.

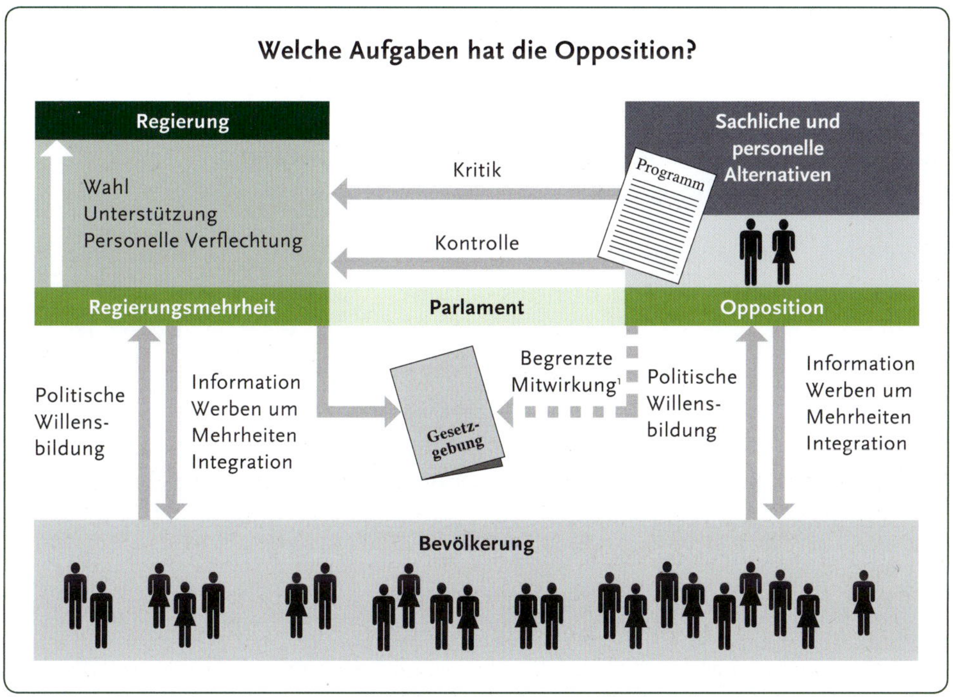

nach: Bergmoser + Höller Verlag AG, Zahlenbilder 67 260, [1]über Ausschüsse, evtl. Bundesrat

M 9 Wie können Abgeordnete die Regierung kontrollieren?

Stelle dir folgende Situation vor: Die Regierung möchte eine allgemeine Maut für PKW einführen und bringt einen entsprechenden Gesetzesvorschlag in den Bundestag ein. Doch viele Abgeordnete, auch der Regierungsparteien, sind damit nicht einverstanden. Wie sollen sie ihre Kritik äußern?

Folgende Maßnahmen stehen den Abgeordneten zur Verfügung:

- ✓ in einer nicht-öffentlichen Versammlung Bedenken gegenüber der Parteispitze äußern
- ✓ in einer Fernsehtalkshow die Regierung offen und hart kritisieren
- ✓ noch nicht veröffentlichte Informationen heimlich und anonym an die Presse geben
- ✓ in einem Fachausschuss des Bundestages hinter verschlossenen Türen Kritik üben
- ✓ im Kreis aller Abgeordneten ihrer Partei (Fraktion) Bedenken äußern
- ✓ eine Aktuelle Stunde im Bundestag beantragen, in der in aller Breite und öffentlich Mitglieder der Regierung Stellung nehmen müssen. Die Debatte wird sogar im Fernsehen übertragen
- ✓ auf einem Parteitag eine Rede halten, in der sie die Politik der Regierung geißeln

M 10 Interview mit dem Bundestagsabgeordneten Ernst-Reinhard Beck

Herr Beck, braucht die Regierung eine Kontrolle durch den Bundestag?

Das System der Gewaltenteilung in Legislative, Exekutive und Judikative bedeutet die Aufteilung staatlicher Gewalt in sich gegenseitig kontrollierende und beschränkende Gewalten. Eine der Hauptaufgaben des Bundestages ist die Kontrolle der Bundesregierung, denn Machtmissbrauch wird am besten durch Machtkontrolle verhindert.

Dem Bundestag stehen verschiedene Kontrollinstrumente zur Verfügung. Welche dieser Instrumente halten Sie für besonders wirkungsvoll?

Neben einer „Aktuellen Stunde" haben die Fraktionen die Möglichkeit, die Regierung mittels „Kleiner Anfragen" und „Großer Anfragen" zu kontrollieren. Darüber hinaus können Fraktionen die Einsetzung von Untersuchungsausschüssen beantragen, in denen Verfehlungen geklärt wer-

Untersuchungsausschuss
Die Abgeordneten des Bundestages können einen Untersuchungsausschuss bilden, wenn mindestens ein Viertel aller Abgeordneten zustimmen. Ziel des Ausschusses ist die Aufklärung politischer Missstände.

den sollen. Dem einzelnen Abgeordneten steht die Möglichkeit offen, vier schriftliche Anfragen pro Monat und bis zu zwei mündliche Fragen pro Sitzungswoche zu stellen. Als schärfste Form der Kontrolle steht dem Parlament das konstruktive Misstrauensvotum zur Verfügung. In diesem Fall wählt die Mehrheit der Mitglieder des Bundestages einen neuen Kanzler. All diese Instrumente werden vorwiegend von der Opposition eingesetzt. Die Regierungsfraktionen kontrollieren eher nicht in der Öffentlichkeit.

Nehmen aus Ihrer Sicht auch die Regierungsfraktionen ihr Recht, die Regierung zu kontrollieren, wahr?

Die Mitglieder der Regierungsfraktionen üben ihr Kontrollrecht über ihre eigene Regierung eher intern – in Fraktions- und Arbeitsgruppensitzungen – aus. Selten sind daher schriftliche oder mündliche Fragen an die Regierung.

Inwieweit wird die öffentliche Wirkung bei der Auswahl der Instrumente in der Fraktion berücksichtigt?

Bei der Auswahl der Instrumente ist die öffentliche Wirkung von entscheidender Bedeutung. Die größte Wirkung erzielt man, wenn das Fernsehen das Thema aufgreift.

Interview des Autors Erik Müller mit Ernst-Reinhard Beck über die Wahrnehmung der Kontrollrechte des Bundestags durch die Abgeordneten

Ernst-Reinhard Beck sitzt für die CDU im Deutschen Bundestag.

Aufgaben

1. Versetze dich in einen Abgeordneten der Regierungsfraktion und der Opposition. Entscheide auch mithilfe von M 9, welche Maßnahmen die beiden treffen sollen, um Kritik an der Regierung zu üben. Wähle dazu die Maßnahmen aus, die dir am sinnvollsten erscheinen und begründe deine Auswahl.
2. Überprüfe die folgenden Aussagen zur Kontrolle der Regierung. Stimmen sie? Begründe deine Entscheidungen (M 9, M 10).
   - Hauptaufgabe des Bundestages ist die Kontrolle der Regierung.
   - Bei der Auswahl der Kontrollmöglichkeiten ist die öffentliche Wirkung von entscheidender Bedeutung.
   - Nur die Opposition kontrolliert die Regierung.
   - Regierung und Parlament sind nicht vollständig voneinander getrennt.

zu Aufgabe 2
Entwirf weitere Aussagen zur Kontrolle der Regierung und lasse sie von deinem Nachbarn überprüfen.

Wie frei ist ein Abgeordneter?

M 11 Die Streitfrage: Mopedfahren schon ab 15 Jahren?

Ein Gesetzentwurf der Bundesregierung sieht vor, dass künftig bereits 15-Jährige einen Führerschein der Klasse M erwerben dürfen. Dieser erlaubt das Fahren von Mopeds und kleineren vierrädrigen Gefährten wie Quads mit einer Höchstgeschwindigkeit von bis zu 45 Stundenkilometern. Bislang durften 15-Jährige nur auf 25 Stundenkilometer gedrosselte Mofas fahren. Die Regierung will damit die Mobilität von Jugendlichen vor allem auf dem Land verbessern. Die Entscheidung ist umstritten und in vielen Internet-Foren wird darüber diskutiert, ob Jugendliche damit nicht überfordert sind.

Stephan (8.7.2010 16:04)
Na endlich ... Ich sehe das mal aus Sicht der schnelleren Verkehrsteilnehmer: Mofas sind extreme Verkehrsbehinderer (weil sie nicht mal auf den Fahrradweg dürfen!), da man sie bei unserer hohen Verkehrsdichte oft nur mit hohem Risiko oder längere Zeit gar nicht überholen kann. Gut, dass das bald ein Ende hat. Davon abgesehen reizt es die Jugendlichen dann auch sicher deutlich weniger, ihr Fahrzeug zu frisieren.

Heidi (7.7.2010 19:08)
Ich finde die Idee absolut super. Ich muss sonst meine Tochter noch ein Jahr lang zum Reiten fahren (12 Kilometer Landstraße). Mit dem Mofa ist es deutlich gefährlicher.

Gerd (7.7.2010 17:34)
Es ist doch unverantwortlich, dass die Jugend, die sich sonst auch kaum an Regeln hält, jetzt eine Lizenz zum Schnellfahren bekommt.

Anne (7.7.2010 16:56)
Sind unsere Politiker jetzt völlig verrückt geworden? Seit in Österreich 15-Jährige Moped fahren dürfen, steigt die Zahl der Moped-Unfälle dort sprunghaft. Und das wollen wir jetzt auch bei uns?

Ralf (8.7.2010 20:02)
Ich habe eine Schreinerei auf dem Land in einem kleinen Dorf. Busse gibt es nicht. Also habe ich Probleme, Azubis zu bekommen, weil diese oft nicht mobil sind. Wenn die in Zukunft Moped fahren dürfen, wäre mir damit sicher geholfen.

M 12 Der Abgeordnete – wie soll er entscheiden?

Der Deutsche Bundestag soll entscheiden, ob der Mopedführerschein bereits für 15-Jährige eingeführt werden soll. Diese Entscheidung ist nicht unumstritten und die Abgeordneten werden von unterschiedlicher Seite beeinflusst. Irgendwann muss der Abgeordnete aber wissen, ob er dem Gesetz zustimmt oder nicht. Sein Problem ist dabei, dass er es nicht allen recht machen kann.

Elterngruppe
Du vertrittst eine Gruppe von Eltern aus dem Wahlkreis des Abgeordneten. Ihr habt euch zusammengeschlossen, da ihr davon überzeugt seid, dass es viel zu gefährlich ist, eure Kinder schnelle Mopeds fahren zu lassen. Erfahrungen aus Österreich haben gezeigt, dass es zu vielen schweren Unfällen kommt. Der Abgeordnete will kommendes Wochenende in den Wahlkreis kommen und ihr plant bereits eine Kundgebung auf dem Marktplatz, um auf eure Forderung aufmerksam zu machen.

Fraktionsführer der Regierungspartei
Die Mehrheit der Abgeordneten und auch die Regierung sind dafür, die Altersgrenze abzusenken. Innerhalb der Fraktion gibt es aber einige Abgeordnete, die sich nicht sicher sind, ob sie dem Vorschlag zustimmen. Der Bundeskanzler hat mit dir telefoniert und er wünscht sich, dass die Fraktion im Bundestag geschlossen zustimmt und das Thema damit endlich erledigt ist.

Einfacher Abgeordneter der Regierungsfraktion
Du bist Mitglied des Verkehrsausschusses und musst bald entscheiden, ob du für oder gegen den Gesetzentwurf stimmst. Im Vorfeld setzen sich verschiedene Menschen mit dir in Verbindung, um deine Entscheidung zu beeinflussen.

Azubi in einem Betrieb auf dem Land
Du bist 15 Jahre alt und um in die Berufsschule zu kommen, musst du sehr weit fahren. Mit dem Bus ist das fast nicht zu schaffen. Ein Moped würde dir sehr helfen. Du hast bereits mit den anderen Berufsschülern gesprochen und dabei gemerkt, dass es sehr vielen von ihnen auch so geht wie dir.

Vorsitzender der Handwerkskammer der ländlichen Region
Viele eurer Auszubildenden haben große Schwierigkeiten, den Ausbildungsbetrieb oder die Berufsschule mit öffentlichen Verkehrsmitteln zu erreichen. Deine Hoffnung ist, dass sich diese Situation entspannen würde, wenn 15-Jährige bereits Moped fahren dürften.

Fraktion
Die Fraktionen sind Vereinigungen von mind. 5 % der Mitglieder des Bundestages, die derselben Partei angehören. Mit dem Fraktionsstatus sind bestimmte Rechte verbunden.

Gruppe
Abgeordnete, deren Zusammenschluss nicht Fraktionsstärke erreicht, können sich zu Gruppen zusammenschließen. Gruppen haben weniger Rechte als Fraktionen.

Art. 38, 1 GG
(1) Die Abgeordneten des Deutschen Bundestages werden in allgemeiner, unmittelbarer, freier, gleicher und geheimer Wahl gewählt. Sie sind Vertreter des ganzen Volkes, an Aufträge und Weisungen nicht gebunden und nur ihrem Gewissen unterworfen.

M 13 Die Vertreter des Volkes

Die Abgeordneten des Deutschen Bundestags sind stellvertretend für die Bürgerinnen und Bürger in Deutschland gewählt, um für das Volk die richtigen Entscheidungen zu treffen. Wir geben ihnen bei der Wahl mit unserer Stimme den Auftrag, die Interessen der ganzen Bevölkerung im Parlament zu vertreten. Mit unserem Votum für einen Abgeordneten ist aber keinesfalls ein konkreter Auftrag verbunden – etwa wie sich ein Abgeordneter bei einer bestimmten Abstimmung verhalten soll. Das ist das Prinzip des freien Mandats – und im Grundgesetz festgeschrieben.
Wenn wir die Abgeordneten für vier Jahre in den Bundestag wählen, dann treffen wir diese Entscheidung aber nicht nur wegen ihrer Person, sondern auch aufgrund ihrer Zugehörigkeit zu einer politischen Partei. Bei der Zweitstimme wird es besonders deutlich: Damit wählen wir eine Partei, keine Person. Das hat einen Grund: Parteien spielen in einer Demokratie eine wichtige Rolle. Wenn wir einen Politiker wählen, dann gibt uns seine Mitgliedschaft in einer Partei Aufschluss über seine politischen Überzeugungen und Ziele. Im besten Fall wissen wir also, für welches politische Programm der einzelne Kandidat steht. Um solche Interessen aber auch im Parlament durchzusetzen, bilden Abgeordnete Fraktionen.
Wenn es nun also um Abstimmungen geht, erwarten die Fraktionen in der Regel von ihren Mitgliedern, dass sie so votieren, wie es zuvor beschlossen wurde. Das bezeichnet man als Fraktionsdisziplin. Einen rechtlichen Zwang, im Sinne der eigenen Fraktion auftreten oder abstimmen zu müssen, gibt es jedoch nicht. Das freie Mandat sichert somit die individuelle Verantwortlichkeit der Abgeordneten und die Fraktionsdisziplin seine kollektive Verantwortlichkeit. Aber es gibt auch Abstimmungen – oft über Fragen, die besonders das Gewissen jedes einzelnen Abgeordneten berühren – bei denen die Fraktionsdisziplin bewusst aufgehoben ist.

dpa, http://www.bundestag.de/btg_wahl/wahlinfos/abgeordnete/index.jsp (20.11.2010)

Aufgaben

1. Formuliere ausgehend von den Kommentaren in M 11 Argumente für bzw. gegen das Absenken der Altersgrenze für den Moped-Führerschein.
2. Bildet Gruppen und teilt die fünf Rollen untereinander auf. Stellt euch vor, der Abgeordnete hat euch alle in seine Bürgersprechstunde eingeladen. Ihr müsst nun versuchen, ihn von eurer Position zu überzeugen. Im Anschluss an das Streitgespräch muss der Abgeordnete sich entscheiden und seine Entscheidung vor der Klasse begründen (M 12).
3. In Art. 38, 1 GG steht, dass die Abgeordneten des Deutschen Bundestages in ihren Entscheidungen frei und nur ihrem Gewissen unterworfen sind. Arbeite heraus, warum der Abgeordnete in der Praxis der Parlamentsarbeit auch die Wünsche seiner Fraktion berücksichtigen muss (M 13).

Überlege, wie sich die Stellung der Abgeordneten verändert, wenn die Regierung nur über eine knappe Mehrheit verfügt.

zu Aufgabe 3
Stelle das Spannungsverhältnis, in dem sich die Abgeordneten befinden, in einer Zeichnung oder Karikatur dar.

Wie arbeitet der Deutsche Bundestag?

M 14 Wo sind die Abgeordneten?

Bundestagsdebatten finden häufig vor leeren Rängen statt. Auch in der Öffentlichkeit werden sie kaum wahrgenommen. Politik-Talkshows erzielen dagegen regelmäßig hohe Einschaltquoten.

M 15 Der Deutsche Bundestag im Zentrum der Demokratie

Der Bundestag ist das einzige direkt gewählte Verfassungsorgan des Bundes. Er steht damit im Zentrum der deutschen Demokratie. Die übrigen Verfassungsorgane werden vom Bundestag bestellt.

Der Bundestag ist eine Mischform aus Arbeitsparlament und Redeparlament. Im Plenum finden richtungweisende politische Debatten statt. Und „hinter den Kulissen" arbeiten die Ausschüsse.

In den Plenarsitzungen finden die öffentlichkeitswirksamen Auseinandersetzungen statt. Diese Parlamentsdebatten dienen vor allem dazu, die Wähler über die verschiedenen Positionen der im Bundestag vertretenen Parteien zu informieren. Rederecht haben alle Abgeordneten sowie Mitglieder der Bundesregierung und des Bundesrates. Zu besonderen Anlässen dürfen auch hohe Staatsgäste im Plenarsaal sprechen.

Das Plenum nimmt wichtige **Kontrollrechte** des Parlaments wahr: In aktuellen Stunden, großen Anfragen, Regierungsbefragungen und Fragestunden befassen sich die Abgeordneten mit aktuellen Themen oder fordern mündliche Stellungnahmen der Bundesregierung ein.

Im Plenum wird schließlich auch über Gesetzesvorlagen abgestimmt. Der Bundestag ist beschlussfähig, wenn mindestens die Hälfte der Abgeordneten anwesend ist.

In den **Ausschüssen** können die Abgeordneten in kleinerer Runde die Gesetzesvorlagen diskutieren und den hinzugezogenen externen Sachverständigen zuhören. Die Fraktionen entsenden die Experten unter ihren Abgeordneten in die Ausschüsse. Dieses geschieht entsprechend ihren Kräfteverhältnissen im Parlament. Die Ausschüsse erarbeiten die Vorlagen, die anschließend dem Plenum zur Abstimmung vorgelegt werden. Die anderen Fraktionsmitglieder werden durch ihre Vertreter in den Ausschüssen über die Vorlagen infor-

miert und übernehmen häufig deren Rat.
Man unterscheidet zwischen den ständigen Ausschüssen und einer Anzahl von Ausschüssen, die nur im Bedarfsfall eine Rolle spielen. Diese werden wieder aufgelöst, nachdem sie ihre Aufgabe bewältigt haben. Im Grundgesetz ist nur die Bildung von Ausschüssen für Angelegenheiten der Europäischen Union, auswärtige Angelegenheiten und für Verteidigung festgeschrieben. Die Anzahl der ständigen Ausschüsse des Bundestages lag in der Legislaturperiode 2009-2013 bei 22. Oft entsprechen die Ausschüsse den in der Regierung vertretenen Fachministerien.
Das Parlament ist ebenfalls für die Gesetzgebung, die Verabschiedung des Haushalts und die Schaffung einer Regierung durch die Wahl des Bundeskanzlers zuständig. Eine weitere Hauptaufgabe ist die Kontrolle der Exekutive. Hierzu dienen nicht zuletzt **Untersuchungsausschüsse**.

Nach: http://www.bpb.de/politik/grundfragen/24-deutschland/40441/aufgaben-bundestag (28.8.2013)

M 16 Die Organisation des Deutschen Bundestags

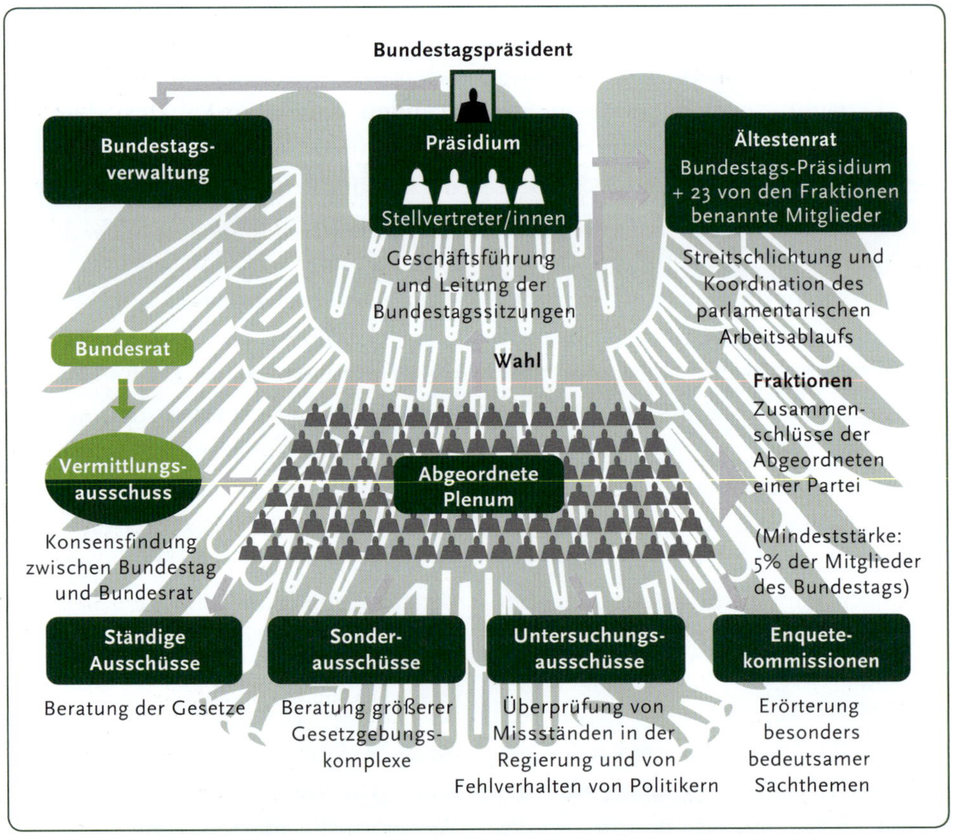

nach: Bergmoser + Höller Verlag AG, Zahlenbilder 64 110

M 17 Ist die Kritik am Parlament berechtigt?

Abgeordnete sind verpflichtet, an Ausschusssitzungen zu den Gesetzen teilzunehmen, die ihr Ausschuss (z. B. der Verteidigungsausschuss) gerade bearbeitet. Sie müssen Fachleute hören und umfangreiches Informationsmaterial durcharbeiten, das ihr Mitarbeiterstab oder der wissenschaftliche Dienst des Bundestages zusammengetragen haben; es kostet sie Zeit, etwa im Arbeitskreis ihrer Fraktion eine kritische Anfrage an die Bundesregierung zu formulieren oder sich um Kontakte zu den Medien zu kümmern, ohne die sie ihre Anliegen nicht wirksam vertreten können. Auch für die Einzelinteressen und Probleme der Bürgerinnen und Bürger setzen sich die Abgeordneten oft in mühsamer Kleinarbeit ein. Die Arbeit im Wahlkreis erfordert zusätzlichen Zeitaufwand.

Da muss die Plenumsdebatte oft zurückstehen. Dort werden nach getaner Ausschussarbeit häufig die allen Abgeordneten bereits bekannten Argumente ausgetauscht, die niemanden, der sich monate-, manchmal jahrelang mit einer Frage auseinandergesetzt hat, noch zu einem Meinungswandel veranlassen können. Trotzdem sind diese Debatten kein überflüssiges Ritual: Die Sprecherinnen und Sprecher der Fraktionen reden bewusst „zum Fenster hinaus", um der Öffentlichkeit die Gründe für ihre Sachentscheidungen zu vermitteln und so die in der Demokratie wichtige Transparenz zu ermöglichen.

Ein weiteres Stereotyp der Parlamentskritik behauptet, dass die Parlamentarierinnen und Parlamentarier zu viel streiten und zu wenig Einigkeit beweisen. Wie wenig das mit der Realität zu tun hat, zeigt schon die Statistik der Bundestagsgesetzgebung. Die meisten Gesetze werden nämlich im Einvernehmen von den [...] Fraktionen verabschiedet. In den Augen der Öffentlichkeit decken freilich die Meinungsverschiedenheiten über die Steuerpolitik, die Rentenreform, die Arbeitsförderung, die Gesundheitspolitik oder die Zuwanderung die Gemeinsamkeiten auf anderen Gebieten zu. Solche Themen erfordern weitreichende Weichenstellungen und die Abstimmung mit den Interessen großer gesellschaftlicher Gruppen. [...]

Die Präsentation der Politik in den Medien trägt ein Übriges zur kritischen Haltung der Bevölkerung gegenüber der (Partei-) Politik bei: Im Kampf um Einschaltquoten und Verkaufszahlen am Kiosk geben die Medien dem Zwang zu Verknappung, zu Dramatisierung und Zuspitzung immer stärker nach.

Ursula Münch, in: Information zur politischen Bildung aktuell, Bundestagswahlen 2002, Bonn 2002, S. 7

Transparenz = Durchsichtigkeit, hier: Nachvollziehbarkeit einer Entscheidung

Stereotyp = etwas, was ständig wiederkehrt

zu Aufgabe 3
Verwende die genannten Begriffe als Hilfestellung.

Aufgaben

1. Die beiden Bilder aus M 14 können auch als Vorwurf an die Abgeordneten verstanden werden. Formuliere, welcher Vorwurf hier erhoben wird.
2. Erläutere, warum man den Bundestag als Mischung aus Rede- und Arbeitsparlament bezeichnen kann (M 15).
3. Entwirf eine kurze Rede aus der Sicht eines Abgeordneten, in der er sich gegen die Parlamentskritik zur Wehr setzt (M 15 – M 17).

Methode

M 18 Dimensionen des Politischen unterscheiden

Politik aus unterschiedlichen Blickwinkeln

Was ist Politik? Um zu ordnen, was man alles unter Politik verstehen kann, haben Wissenschaftler sich der englischen Sprache bedient, denn dort gibt es drei verschiedene Bezeichnungen für das Wort „Politik“: polity, policy und politics. Alle Begriffe werden im Deutschen mit „Politik“ übersetzt, doch meinen sie jeweils verschiedene Aspekte von Politik.

Policy steht für die **Inhalte** von Politik. Der Begriff policy beschreibt, was eine Partei oder Regierung erreichen oder tun will, es geht um das Programm. Dazu gehören politische Themenfelder wie Familien-, Hochschul- oder auch Außenpolitik. In der Wissenschaft werden diese Bereiche als Politikfelder bezeichnet. Untersucht man ein bestimmtes Politikfeld, z. B. die Wirtschaftspolitik, dann spricht man von policy-Analyse.
Wenn die Bürger von guter oder schlechter Politik sprechen, dann meinen sie meist die policy-Dimension der Politik. Sie loben oder kritisieren z. B. die Schulpolitik der Landesregierung.

Den **Prozess der Meinungs- und Entscheidungsfindung** bezeichnet man als **politics**. Er ist durch unterschiedliche Interessen und Akteure geprägt. Wer sich in diesem Prozess durchsetzen kann, entscheidet über die inhaltliche Ausgestaltung der Politik, bestimmt also die policy-Dimension der Politik. Der Prozess der Meinungs- und Entscheidungsfindung umfasst sowohl die Auseinandersetzung in den Medien und in der Öffentlichkeit als auch die Debatte und das Ringen in den Parlamenten. Es geht um Mehrheiten und Kompromisse und auch um die Macht, seine Meinung durchsetzen zu können. Politics bezeichnet demnach den Prozess, wie eine Entscheidung ausgehandelt wird und zustande kommt.

Der **Rahmen**, in dem dieser Prozess der Entscheidungsfindung stattfindet, wird als **polity** bezeichnet. Politische Entscheidungen werden in Institutionen getroffen, die nach bestimmten Regeln arbeiten. So beschließt der Bundestag als Institution die Gesetze. Die Art und Weise, wie Gesetze entstehen – der Gang der Gesetzgebung – ist wiederum genau festgelegt. Zur polity-Dimension gehören also auch die Grenzen, die der Politik gesetzt sind. Im Grundgesetz werden die Menschen- und Bürgerrechte garantiert. Diese Rechte dürfen durch politische Entscheidungen nicht beschränkt werden. So bildet Art. 1 des Grundgesetzes, die Garantie der Menschenwürde, einen übergeordneten Rahmen für die Politik. Auch muss sich die Politik an geltende Gesetze halten. Es geht also um Gesetze, Regeln, Werte und Verfahren. Der Gestaltungsspielraum der Politik ist deshalb nicht unbegrenzt.

Übersicht

Bezeichnung	Erscheinungsform	Merkmale	Ziel	Dimension
Policy	Programme, Inhalte, Politikfelder	Verwirklichung von Politikzielen, Inhalte von Gesetzen, Problemlösen	Gestaltung des öffentlichen Lebens	Inhalt
Politics	Interessen, Konflikte	Macht, Aushandlung, Beteiligung, Entscheidung	Durchsetzung der eigenen Interessen	Prozess
Polity	Verfassung, Gesetze, Institutionen	Entscheidungsverfahren, Regeln	Ordnung, Sicherung von Grundrechten	Rahmen

Politikdimensionen-Rallye

1. Infostand einer politischen Partei
2. Maßnahmen zum Hochwasserschutz
3. Debatte im rheinland-pfälzischen Landtag
4. Schüler-Demonstration vor dem Landtag in Mainz
5. Baufertigstellung der Umgehungsstraße
6. parteiinterne Diskussionen zur Bildungsreform
7. Grundgesetz
8. Durchführung einer Bildungsreform
9. Kindergeld
10. Streik
11. Bundestagswahl
12. Urheberrechtsgesetz
13. Kandidaten-Redegefecht im Fernsehen („TV-Duell")

Rallye-Regeln:

1. Die Klasse wird in drei gleich große Gruppen aufgeteilt. Jede Gruppe erhält eine Kennfarbe, z.B. rot, gelb, grün und startet an einer von drei vorbereiteten Stationen. An jeder Station befindet sich jeweils ein Auslagetisch für Präsentationskarten (oder eine magnetische Tafel oder ein Flipchart). Je eine Station steht dabei für „polity", „politics" und „policy".
2. Jede Gruppe wird mit den inhaltlich gleichen 13 Kärtchen von rechts ausgestattet, aber jede Gruppe erhält die Karten in ihrer jeweils eigenen Farbe.
3. Nachdem sich jede Gruppe an einer Station platziert hat, berät sie für fünf Minuten, welche ihrer Karten sie an der gerade aufgesuchten Station mit der Schrift nach unten liegen lassen soll, um die Politikbeispiele der jeweiligen Politikdimension richtig zuzuordnen. Nach fünf Minuten muss die Entscheidung per Gruppendiskussion gefallen sein, denn dann wird (gegen den Uhrzeigersinn) zur nächsten Station aufgerückt, wo sich der Vorgang wiederholt, bevor jede Gruppe dann nach weiteren fünf Minuten ihre verbleibenden Karten an der dritten Station ablegt.
4. Schließlich wird ausgewertet: Jede Gruppe bekommt pro richtig gelegtes Kärtchen einen Punkt. Diskutiert in der Klasse, welche Kärtchen welcher Farbe nicht richtig abgelegt wurden und sammelt die Punkte.

Nach: http://wiki.zum.de, Stichwort: Lernspiele im Sprachunterricht, Abruf am 24.4.2011 und http://www.sn.schule.de, Abruf am 24.4.2011

Was wir wissen

Regieren
M 5

Die Bundesregierung mit dem Kanzler an der Spitze hat die zentrale Aufgabe der politischen Führung. Einerseits soll der Wille der Parlamentsmehrheit von der Regierung in praktische Politik umgesetzt werden. Andererseits formt die Regierung den Mehrheitswillen des Parlaments auch durch politische Initiativen entscheidend mit.

Stellung des Bundeskanzlers
M 6, M 7

In der Regierung hat der Bundeskanzler eine hervorgehobene Stellung. Er bestimmt nach Art. 65 GG „die Richtlinien der Politik und trägt dafür die Verantwortung" (Kanzlerprinzip), d. h. er legt umfassende Ziele fest (wie z. B. große Reformvorhaben). Darüber hinaus macht er dem Bundespräsidenten Vorschläge zur Ernennung und Entlassung von Kabinettsmitgliedern. Innerhalb der Richtlinien leiten die Minister ihr Ministerium selbständig (Ressortprinzip). Abgeschwächt wird das Kanzlerprinzip auch durch das Kabinettsprinzip. So berät und beschließt das Kabinett als Ganzes über alle Gesetzesentwürfe und entscheidet bei Streitfragen über die Zuständigkeit zwischen einzelnen Ministerien.

Kontrolle der Regierung
M 8 – M 10

Gewaltenverschränkung

Eine wichtige Aufgabe des Bundestags ist die Kontrolle der Regierung. Dies ist die Hauptaufgabe der Opposition. In der Praxis der Parteiendemokratie bilden nämlich die Regierung mit dem Bundeskanzler und die Regierungsparteien, die ja die Mehrheit im Parlament haben, eine Handlungseinheit. Man spricht in diesem Zusammenhang auch von Gewaltenverschränkung. Zwar üben auch die eigenen Abgeordneten Kritik an der Regierung, doch tun sie dies meist nicht öffentlich. So werden die Kontrollinstrumente des Bundestages wie Kleine und Große Anfrage, Aktuelle Stunden, Fragestunden, Untersuchungsausschüsse etc. hauptsächlich von der Opposition in Anspruch genommen. Außerdem kann die Opposition ihre Kritik wirksam über die Medien äußern und sich dort als die bessere Alternative präsentieren.

Stellung der Abgeordneten
M 13

Abgeordnete, die derselben Partei angehören, schließen sich im Bundestag zu einer Fraktion zusammen. Die Fraktionen sind die politische Heimat für die Abgeordneten und bilden den organisatorischen Rahmen der Arbeit im Bundestag, denn anders wäre der Bundestag wohl kaum entscheidungsfähig. Bei Abstimmungen folgen die Abgeordneten in der Regel der von der Fraktion festgelegten Linie (Fraktionsdisziplin), obwohl sie eigentlich nach Art. 38 GG in ihren Entscheidungen frei sind (freies Mandat).

Arbeitsweise des Bundestages
M 15 – M 17

Der Bundestag ist ein Arbeitsparlament, d. h. die Hauptarbeit der Abgeordneten findet nicht im Plenum des Bundestages statt, sondern in den Fachausschüssen, die sich mit der Ausarbeitung von Gesetzen beschäftigen. Dort beraten die Abgeordneten, hören Fachleute an, diskutieren die Gesetzentwürfe und verändern diese.

Was wir können

Insgesamt 3.592 Kleine Anfragen an die Bundesregierung

In der 17. Wahlperiode (2009-2013) regierte eine schwarz-gelbe Koalition unter Kanzlerin Angela Merkel. SPD, Bündnis'90/Grüne und DIE LINKE bildeten die Opposition. Insgesamt stellten die Fraktionen des Deutschen Bundestags in dieser Wahlperiode 3.592 Kleine Anfragen, davon die SPD 457, die Grünen 1.434 und DIE LINKE 1.659. Große Anfragen gab es insgesamt 54, davon 24 von der SPD, 14 von DIE LINKE und 13 von Bündnis'90/Die Grünen.

Deutscher Bundestag, Referat Parlamentsdokumentation, 1.9.2013

Fragerechte des Bundestags

Große Anfrage

Schriftliche Anfrage zu einem größeren politischen Themenkomplex durch eine Fraktion bzw. mindestens 5 % der Abgeordneten

An die Beantwortung durch die Bundesregierung schließt sich in der Regel eine Debatte vor dem Bundestag an.

Kleine Anfrage

Schriftliche Anfrage zu konkreten Einzelthemen durch eine Fraktion bzw. mindestens 5 % der Abgeordneten

Die Antwort erfolgt schriftlich durch das jeweils zuständige Bundesministerium.

Fragestunde

Einzelfragen zur mündlichen oder schriftlichen Beantwortung, von einzelnen Abgeordneten eingebracht

Mündliche Beantwortung in den beiden wöchentlichen Fragestunden des Bundestags

Möglichkeit für die Abgeordneten, mit Zusatzfragen nachzuhaken

Haupfunktionen:

- **Beschaffung von Informationen**
- **öffentliche Herausforderung der Regierung durch die Opposition**
- **Gelegenheit, die Haltung der Opposition darzulegen**

Aktuelle Stunde

Politische Debatte mit Kurzbeiträgen zu einem aktuellen Thema auf Verlangen einer Fraktion bzw. von mindestens 5 % der Abgeordneten oder nach Vereinbarung

Redezeit für die Abgeordneten: 5 min; Gesamtdauer: 1 Stunde + Redezeit der Regierung

nach: Bergmoser + Höller Verlag AG, Zahlenbilder 66 250

Aufgabe

Erkläre, weshalb die Fraktionen die parlamentarischen Fragerechte so unterschiedlich stark einsetzen. Wähle für deine Erklärung Begriffe aus dieser Begriffswolke aus:

Abgeordnete | Bundestag | Öffentlichkeit | Legislative | Gewaltenverschränkung

Gewaltenteilung | Opposition | Wahlen | Kontrollrechte | Kontrolle | Exekutive

5.3 Das Zusammenwirken der Verfassungsorgane im Gesetzgebungsprozess

Das Problem – Energiesicherheit in Deutschland

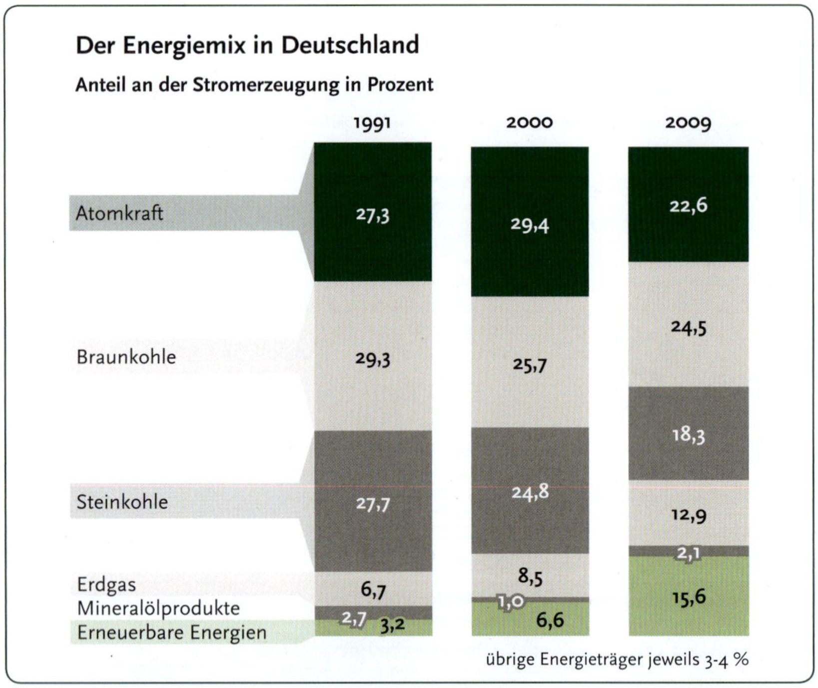

dpa-Grafik 13330; Quelle: Arbeitsgemeinschaft Energiebilanzen (AGEB)

A. Problem und Ziel: Die nuklearen Folgen der Erdbebenkatastrophe in Japan bedeuten einen Einschnitt für die friedliche Nutzung der Kernenergie auch in Deutschland. Im Lichte dieser Ereignisse hat die Bundesregierung mit den Ministerpräsidenten der Länder, in denen Kernkraftwerke betrieben werden, die Sicherheit aller deutschen Kernkraftwerke durch die Reaktor-Sicherheitskommission [...] überprüfen lassen und zudem durch eine Ethikkommission „Sichere Energieversorgung" einen gesellschaftlichen Dialog zu den Risiken der Nutzung der Kernkraft und zu der Möglichkeit eines beschleunigten Übergangs in das Zeitalter der erneuerbaren Energien angestoßen. Die Bundesregierung hat unter Einbeziehung der Ergebnisse der Reaktor-Sicherheitskommission und der Ethikkommission „Sichere Energieversorgung" sowie des absoluten Vorrangs der nuklearen Sicherheit beschlossen, die Nutzung der Kernenergie zum frühestmöglichen Zeitpunkt zu beenden.

Bundestag, Drucksache 17/6070; Gesetzentwurf der Fraktionen der CDU/CSU und FDP

M 1 Der Streit um die Atomenergie

Die rot-grüne Bundesregierung unter Bundeskanzler Gerhard Schröder hatte 2002 den geordneten Ausstieg aus der Atomkraftnutzung beschlossen. Die Laufzeit der bestehenden Atomkraftwerke wurde auf durchschnittlich 32 Jahre seit ihrer Inbetriebnahme festgelegt.

Nach dem Wahlsieg der CDU/CSU und FDP im Jahr 2009 einigten sich die neuen Regierungsparteien im Koalitionsvertrag auf eine Neuausrichtung der Atompolitik. Im Herbst 2010 verabschiedete die Regierungskoalition im Rahmen ihres „Energiekonzeptes" ein äußert umstrittenes Gesetz, das die Atomenergie als „Brückentechnologie" sah und in Abkehr von den Plänen der Vorgängerregierung eine Verlängerung der Laufzeiten für Atomkraftwerke beinhaltete.

Infolge der Reaktorkatastrophe von Fukushima in Japan im Frühjahr 2011 vollzog die Regierung jedoch eine erneute Kehrtwende. Die beschlossene Laufzeitverlängerung für Atomkraftwerke wurde wieder zurückgenommen. Stattdessen brachten die Regierungsparteien unter Angela Merkel ein Gesetz für den beschleunigten Ausstieg aus der Atomkraft auf den Weg.

M 2 Abschied vom Kern: Strittig sind nur noch Details

Fast ein halbes Jahrhundert hat die Atomenergie Politik und Nation gespalten. Unzählige teils leidenschaftlich, teils verbitterte Debatten wurden im Bundestag geführt. Doch jetzt ist alles anders. Noch nie waren sich die Fraktionen so einig. Diese Einigkeit über den Atomausstieg kam so plötzlich, dass die Redner versuchten, Unterschiede zu finden, wo es längst keine mehr gab. SPD-Fraktionschef Frank-Walter Steinmeier warf lediglich der Kanzlerin „Unaufrichtigkeit und falsches Pathos" vor. Um dann aber zu betonen, dass sie einer Meinung seien: Sie sei „genau dort jetzt angekommen, wo Rot-Grün die Dinge schon gestaltet" habe.

[...] Was Tschernobyl nicht vermochte, das machte Fukushima nun mehr als deutlich: „Die Risiken der Kernenergie sind nicht beherrschbar", brachte es Bundeskanzlerin Angela Merkel (CDU) auf den Punkt. „Wer das erkennt, muss eine neue Bewertung vornehmen. Ich habe eine neue Bewertung vorgenommen", sprach Merkel vergangenen Donnerstag in ihrer Regierungserklärung „Der Weg zur Energie der Zukunft" vor dem Bundestag. [...]

Das Tempo, in dem die Bundesregierung aus der Kernenergie aussteigen will, ist (Gregor Gysi) hingegen zu gering: Die letzten Atomkraftwerke sollen laut Merkel bis 2022 vom Netz genommen werden. Für den Chef der Linksfraktion bedeutet diese Tatsache „elf weitere Jahre Fukushima-Risiko". Ein kompletter Ausstieg sei bereits bis 2014 möglich. Seine Fraktion stellte einen entsprechenden Antrag. Jürgen Trittin, Fraktionschef von Bündnis90/Die Grünen, kritisierte Details der Kabinettsbeschlüsse: „Bei all diesen Gesetzen gibt es massiven Änderungsbedarf." Seine Fraktion will die Kernkraftwerke bis 2017 abschalten. In einem weiteren Antrag verlangt sie, auf eine sogenannte Kaltreserve zu verzichten. Als Zugeständnis an die Bundesnetzagentur will die Regierung ein Atomkraftwerk, das zeitnah abgeschaltet werden soll, nur auf Stand-by-Modus herunterfahren. Wirtschaftsminister Philipp Rösler (FDP) entgegnete auf Steinmeiers Kritik, dass die Berücksichtigung der Versorgungssicherheit im Konzept von „Rot-Grün" komplett gefehlt hätte, aber „im Sinne von Netzstabilität" notwendig sei. „Ein Blackout wäre volkswirtschaftlich nicht zu verantworten", betonte auch Gerda Hasselfeldt, Vorsitzende der CSU-Landesgruppe: „Der Strom darf nicht ausfallen." Und aller gegenseitiger Kritik zum Trotz setzte sich, fast am Ende einer turbulenten Woche, Einigkeit durch.

Verena Renneberg, Das Parlament, 14.6.2011

Abgeordnete stimmen am 30.6.2011 im Deutschen Bundestag über den Ausstieg aus der Atomenergie ab.

Fast ein halbes Jahrhundert hat die Atomenergie Politik und Nation gespalten. Erstellt in Zusammenarbeit mit Geschichte eine Ausstellung/ Wandzeitung über den Atomstreit in der Bundesrepublik Deutschland.

Recherchiere den Ablauf der Atomkatastrophe von Fukushima und beschreibe, welche Folgen der Reaktorunfall für Mensch und Umwelt hatte.

Aufgaben

1. Erstelle eine kurze Chronologie zur Atomgesetzgebung und nenne jeweils stichwortartig den Grund für die Gesetzesvorhaben (M 1).
2. Erläutere, wie die Debatte über das neue Atomgesetz im Bundestag verlief. Worin waren sich die Parteien einig, worüber wurde gestritten (M 2)?

Das neue Atomgesetz in der Diskussion

M 3 Stellungnahmen zum Gesetz

„Ich bin gegen die Nutzung der Kernenergie, da immer noch ungeklärt ist, was mit dem Atommüll geschehen soll."

„Die Atomkraft ist im Betrieb eine saubere Technologie. So kann klimafreundlich Energie erzeugt werden."

„Atomkraft ist nicht sicher und deshalb nicht zu verantworten. Das wissen wir seit den Katastrophen von Tschernobyl und Fukushima."

„Solange die regenerativen Energien noch nicht so weit sind, brauchen wir die Atomkraft. Stromausfälle kann sich ein Industrieland wie Deutschland nicht leisten."

„Atomkraftwerke können billig Strom produzieren. Davon profitiere ich als Konsument."

M 4 Kontrovers diskutiert: der Ausstieg aus der Atomkraft

a) Sicher ist sicher

Die Briten haben einen wunderbaren Ausdruck: „elephant in the room". Ein Elefant, den keiner sieht, der aber dennoch Debatten bestimmt – meist als unsichtbarer Bremser. Die Kernkraft war so ein „elephant in the room" in Deutschland: Sie dominierte über Jahre hinweg den Diskurs, sie machte Energiepolitik zur Frage von Macht und Prinzipien. Entscheidungen über Atompolitik hatten dadurch eine Halbwertzeit von allerhöchstens zwei Legislaturperioden; sicher war in dieser Frage nur die Unsicherheit. Diese Zeit ist nun vorbei, zum Glück. Mit dem schwarz-gelben Ausstieg könnte es bald erstmals eine Atomentscheidung mit Aussicht auf Bestand geben. Erstmals ist Investoren damit ein Mindestmaß an Kalkulierbarkeit gegeben. Für den deutschen Strommarkt ist dies das wichtigste Signal: Wer hier investieren will, weiß wieder, woran er ist. Daneben tritt eine andere Sicherheit, deren Bedeutung sich in der Katastrophe in Fukushima aufs Neue manifestiert hat. Die deutschen Kernkraftwerke mögen gut gepflegt gewesen sein doch die Abschaltung der sieben ältesten Anlagen plus Krümmel macht das Leben in diesem Land objektiv sicherer. Ob die anderen Reaktoren teils noch bis 2022 hätten laufen müssen, mag umstritten sein. Dass es fixe Enddaten für sie gibt, ist gut.

Der Kampf für und gegen Kernkraft hat viele Kräfte gebunden in diesem Land; er hat die energiepolitische Debatte in einem Maße bestimmt, das zur Bedeutung dieser Energieform in keinem Verhältnis mehr stand. Der Ausstieg setzt diese Kräfte nun frei. Sie werden gebraucht werden: für eine Energieversorgung ohne unüberschaubare Risiken und Müll für Generationen, ohne Raubbau an fossilen Ressourcen. Der Weg ist steinig, aber das Ziel stimmt.

Zeitgleich zur Debatte im Bundestag fordern Menschen vor dem Brandenburger Tor den Ausstieg aus der Kernenergie.

b) Ein Bärendienst

Die Wende von der Wende in der Energiepolitik ist und bleibt ein populistisches Manöver. So schrecklich die Bilder vom Unglück in Fukushima auch waren – die Sicherheit der 17 deutschen Kernkraftwerke wurde dadurch nicht berührt. Wir leben weder auf einer Erdbebenspalte, noch müssen wir mit Tsunamis rechnen. Es geht einzig und alleine um unsere veränderte Wahrnehmung. Rund 70 Prozent der Deutschen sprechen sich inzwischen gegen Kernenergie aus, ohne dass sich an den objektiven Bedingungen für die Reaktorsicherheit hierzulande etwas verändert hätte. Die Physikerin Merkel weiß das. Aber die Politikerin Merkel fürchtet sich.

Die Bundesregierung folgt dem Meinungsumschwung in fast panischer Weise. Wissenschaftlich sorgfältig erarbeitete Energieszenarien für die nächsten 40 Jahre werden über den Haufen geworfen. Acht Kraftwerke gehen von heute auf morgen vom Netz und werden ohne weitere Prüfung stillgelegt. Die anderen Anlagen folgen im Abstand weniger Jahre. Klagen die Konzerne erfolgreich gegen diese Enteignung, kann das den Steuerzahler Milliarden kosten. Zugleich importieren wir Atomstrom aus Frankreich, damit unser Netz stabil bleibt.

Merkel hat vor der aktuellen Angst einer Mehrheit kapituliert. Doch der Union wird dieses Einknicken nichts nutzen, weil Gegner wie Anhänger das hastige Wendemanöver als solches durchschauen. Auch der Sache selbst, nämlich einer klimafreundlichen, sicheren und bezahlbaren Energieversorgung, hat die Kanzlerin mit ihrer Atomwende einen Bärendienst erwiesen. Es wird Jahrzehnte dauern, bis die Kernenergie durch erneuerbare Energie ersetzt wird. So lange steigen der CO_2-Ausstoß ebenso wie die Strompreise. Die Rechnung kommt noch.

Michael Bauchmüller (a), Daniel Goffart (b), Das Parlament 14.6.2011

Aufgaben

1. Nimm Stellung zu den Aussagen aus M 3. Welche leuchten dir ein und welche nicht? Überprüfe die Aussagen mithilfe einer Internetrecherche. Teilt euch dazu in Gruppen und präsentiert eure Ergebnisse im Plenum.
2. a) Stelle die Argumente aus M 3 und M 4 gegenüber.
   b) Ist der Ausstieg aus der Atomkraft die richtige Entscheidung? Verfasse eine begründete Stellungnahme in Form eines Leserbriefs.

⊕ Analysiere den Streit um das neue Atomgesetz und unterscheide dabei die drei Dimensionen des Politischen.

Wie verläuft der Gesetzgebungsprozess?

M 5 Etappen der Gesetzgebung

Mit Gesetzen versucht die Politik das gesellschaftliche Leben zu regeln und Probleme zu lösen. Das Gesetzgebungsverfahren verläuft immer nach einem strengen Muster. Wie dieses Verfahren abläuft und wer daran beteiligt ist, zeigt folgendes Schaubild.

Die meisten Gesetze, die in den Bundestag eingebracht werden, sind Vorlagen der Regierung. Die Entwürfe werden in den zuständigen Fachministerien erarbeitet.

Generell können Gesetzentwürfe von der Bundesregierung, aus dem Bundestag oder vom Bundesrat eingebracht werden.

Die erste Beratung im Plenum des Bundestages dient der Begründung des Gesetzesvorhabens und der Erörterung der Grundsätze der Vorlage. Es erfolgt noch kein Beschluss.

Der Gesetzentwurf wird anschließend an die fachlich zuständigen Ausschüsse überwiesen und dort intensiv beraten. Dort können in sogenannten „hearings" auch Experten von außerhalb zu einem Gesetz gehört werden. Der Ausschuss kann dann dem Plenum eine Abänderung, Annahme oder Ablehnung des Entwurfs empfehlen.

Die zweite Lesung (Beratung) des Entwurfs erfolgt auf der Grundlage der Ausschussempfehlung. Über die einzelnen Bestimmungen wird dann abgestimmt.

Die dritte Lesung schließt sich unmittelbar an. Anschließend erfolgt die Schlussabstimmung.

Das im Bundestag beschlossene Gesetz wird dann dem Bundesrat zugeleitet. Die Zustimmung des Bundesrats ist erforderlich, wenn es sich um ein Zustimmungsgesetz handelt, in der Sache also Bund und Länder zuständig sind. Bei einem Einspruchsgesetz kann der Bundestag einen Einspruch des Bundesrats in einer weiteren Abstimmung überstimmen.

Bei Uneinigkeit über ein Zustimmungsgesetz und einer drohenden Ablehnung kann der Vermittlungsausschuss angerufen werden, der einen Kompromissvorschlag erarbeitet, über den Bundestag und Bundesrat erneut abstimmen. Bundestag und Bundesrat entsenden je 16 ihrer Mitglieder in den Vermittlungsausschuss. Können sich die Vertreter dabei nicht einigen, ist das Gesetz – wenn es sich um ein zustimmungspflichtiges Gesetz handelt – gescheitert.

Nach der Verabschiedung des Gesetzes wird es dem zuständigen Minister und dem Bundeskanzler zur Unterzeichnung vorgelegt.

Anschließend muss noch der Bundespräsident das Gesetz unterzeichnen. Er kann seine Unterschrift nur verweigern, wenn er der Auffassung ist, dass das Gesetz gegen die Verfassung verstößt.

Das Gesetz wird im Bundesgesetzblatt verkündet und tritt in Kraft.

M 6 Auf den Weg gebracht – das neue Atomgesetz

Einigung im Kanzleramt: Die schwarz-gelbe Regierungskoalition hat ein neues Konzept für den Ausstieg aus der Kernenergie bis zum Jahr 2022 vorgelegt.

Nun hat auch der Bundespräsident das Gesetz unterschrieben. Das teilte das Bundespräsidialamt in Berlin mit. Damit kann die Regelung in Kraft treten.

Kabinett beschließt Atom-Ausstieg: Atommeiler laufen nur noch bis ins Jahr 2022. Ausbau erneuerbarer Energie und des Stromnetzes sollen in dem Gesetzentwurf gefördert werden.

Der Bundestag berät in zweiter und dritter Lesung über das Atomgesetz und stimmt darüber ab.

Die Bundeskanzlerin begründet in einer Regierungserklärung vor dem Bundestag, warum das Atomgesetz erneut geändert werden soll. Der Bundestag berät in erster Lesung darüber.

Der Bundesrat stimmt dem Atomausstieg zu.

Das Gesetz zum Automausstieg wird an die zuständigen Ausschüsse überwiesen.

Vor der zweiten und dritten Lesung des von den Koalitionsfraktionen CDU/CSU und FDP in den Bundestag eingebrachten Entwurfs eines dreizehnten Gesetzes zur Änderung des Atomgesetzes hat der Ausschuss für Umwelt, Naturschutz und Reaktorsicherheit über den Entwurf diskutiert und Experten angehört.

Erklärfilm „Gesetzgebung“

Mediencode: 71000-08

Aufgaben

1. Ordne die Meldungen den Stationen des Gesetzgebungsverfahrens zu und begründe deine Entscheidung (M 5, M 6).
2. Stelle dir vor, du würdest einen Interessenverband (z. B. Greenpeace oder den Bundesverband Energie- und Wasserwirtschaft) vertreten. An welcher Stelle des Gesetzgebungsprozesses würdest du versuchen, Einfluss zu nehmen? Begründe deine Entscheidung (M 5, M 6).

Methode

M 7 Wie man politische Prozesse analysieren kann – der Politikzyklus

Modelle sind wichtige Instrumente, mit denen wir die politische Wirklichkeit vereinfacht abbilden können, um sie besser zu verstehen. Im Modell wird nur das Wichtigste dargestellt. Der Politikzyklus ist ein solches Modell und ihm liegt ein gewisses Verständnis von Politik zugrunde: Politik wird hier als eine (endlose) Kette von Versuchen zur Bewältigung gesellschaftlicher Probleme verstanden.

Viele Probleme werden von der Politik gelöst. Es gibt aber auch Probleme, die die Politik dauerhaft beschäftigen, wie z. B. die Energiepolitik.

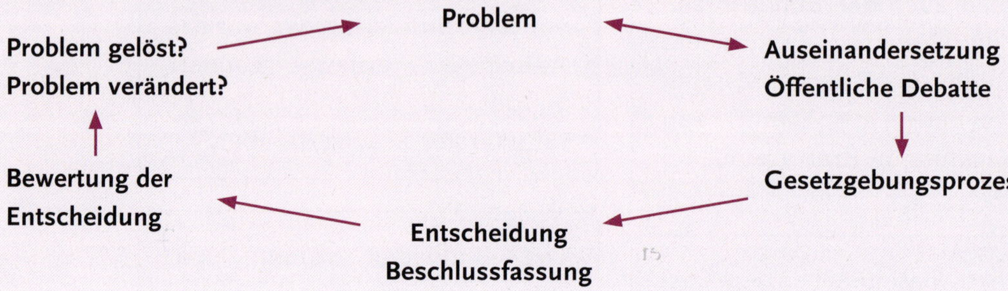

Am Beginn des Politikzyklus steht ein Problem, mit dem sich die Politik beschäftigen muss. Es wird öffentlich darüber gestritten, was man tun soll. Dabei spielen auch die Medien eine ganz wichtige Rolle. Es folgt das Gesetzgebungsverfahren in Bundestag und Bundesrat. Ist eine Entscheidung getroffen, dann wird diese wieder in der Öffentlichkeit diskutiert und bewertet. Wenn das Problem damit beseitigt werden kann, dann wird der Politikzyklus nur einmal durchlaufen. Verändert sich das Problem oder sind die getroffenen Maßnahmen nicht wirksam, dann beginnt der Zyklus von vorn. Deshalb spricht man davon, dass Politik eine (endlose) Kette von Versuchen ist, gesellschaftliche Probleme zu lösen.

Kategorien	**Schlüsselfragen**
Problem	Worin besteht das Problem? Welche Aufgabe hat die Politik zu lösen?
Auseinandersetzung Öffentliche Debatte	Was wirkt auf die Auseinandersetzung ein? Welche Interessen haben die Akteure? Welche Interessenkonflikte und Interessenkonstellationen gibt es? Welche Ziele verfolgen die beteiligten Akteure? Welche Lösungsmöglichkeiten werden diskutiert? Wie sind die Machtkonstellationen?
Gesetzgebungs- prozess	Greift der Gesetzgeber das Problem auf? Wie versuchen die Interessen Einfluss auf den Gesetzgebungsprozess zu nehmen?
Entscheidung Beschlussfassung	Zu welchen Ergebnissen hat die Auseinandersetzung geführt? Welche Akteure/Interessen konnten sich durchsetzen?
Bewertung der Entscheidung	Welche Akteure bewerten das Ergebnis positiv? Welche negativ? Welche Interessen und Wertvorstellungen beeinflussen die Bewertung?
Problem gelöst? Problem verändert?	Ist das Problem gelöst oder ist nur die Problemlage verändert? Greift der Vollzug der Entscheidung an den Ursachen an oder werden nur die Folgen bekämpft? Schafft es das Problem erneut auf die politische Agenda?

Der Bundesrat im Gesetzgebungsverfahren

M 8 Warum gibt es den Bundesrat?

In einem föderalen Staat schließen sich mehrere Gliedstaaten zu einem Bündnis zusammen. So bilden die 16 deutschen Länder gemeinsam einen Bundesstaat, die Bundesrepublik Deutschland. In einem Bundesstaat ist der Gesamtstaat für alles zuständig, was einheitlich geordnet werden muss. Darauf sollte er sich aber auch beschränken, denn die übrigen Angelegenheiten sollen die Gliedstaaten selbst regeln. In Deutschland ist der Bundesrat das Bindeglied zwischen Bund und Ländern. Er ist die Interessenvertretung der Länder auf Bundesebene. Er ist ein Verfassungsorgan des Bundes, besteht aber aus Vertretern der Länder. Über den Bundesrat können die Länder in vielen Fällen die Gesetzgebung des Bundes beeinflussen. Auch in Angelegenheiten der Europäischen Union können die Länder mitwirken. Ihre Mitwirkungsrechte sind dabei genau festgelegt. Der Bundesrat kann keine Änderungen an einem vom Bundestag beschlossenen Gesetz vornehmen. Stimmt er dem Gesetz aber nicht zu, so kann er den Vermittlungsausschuss anrufen. Bei Zustimmungsgesetzen ist die Zustimmung des Bundesrates zwingend erforderlich. Zustimmungsbedürftig sind insbesondere verfassungsändernde Gesetze, aber auch alle Gesetze, die die Finanzen und Verwaltungszuständigkeit der Länder betreffen.

vgl. dazu auch Kap. 5.4

Stimmenverteilung im Bundesrat	
Nordrhein-Westfalen	6
Bayern	6
Baden-Württemberg	6
Niedersachsen	6
Hessen	5
Sachsen	4
Rheinland-Pfalz	4
Berlin	4
Sachsen-Anhalt	4
Thüringen	4
Brandenburg	4
Schleswig-Holstein	4
Mecklenburg-Vorpommern	3
Hamburg	3
Saarland	3
Bremen	3

Die Länder der Bundesrepublik Deutschland

Aufgaben

1. Wende den Politikzyklus auf das Problem der Atompolitik an (M 1 – M 8) und beantworte die Schlüsselfragen. Achte dabei besonders darauf, wie die Reaktorkatastrophe von Fukushima die Wahrnehmung des Problems verändert hat (M 7).
2. Der Gesetzgebungsprozess in Deutschland ist sehr kompliziert. Sammle Argumente, die für bzw. gegen das Verfahren sprechen (M 5 – M 8).
3. Recherchiere im Internet, welche aktuellen Mehrheitsverhältnisse im Bundesrat gegeben sind. Prüfe, ob der Bundesrat einen Gesetzentwurf des Bundestags blockieren könnte (M 8).

Der Bundespräsident – Makler oder Mahner in der Politik?

M 9 Die verfassungsrechtliche Stellung des Bundespräsidenten

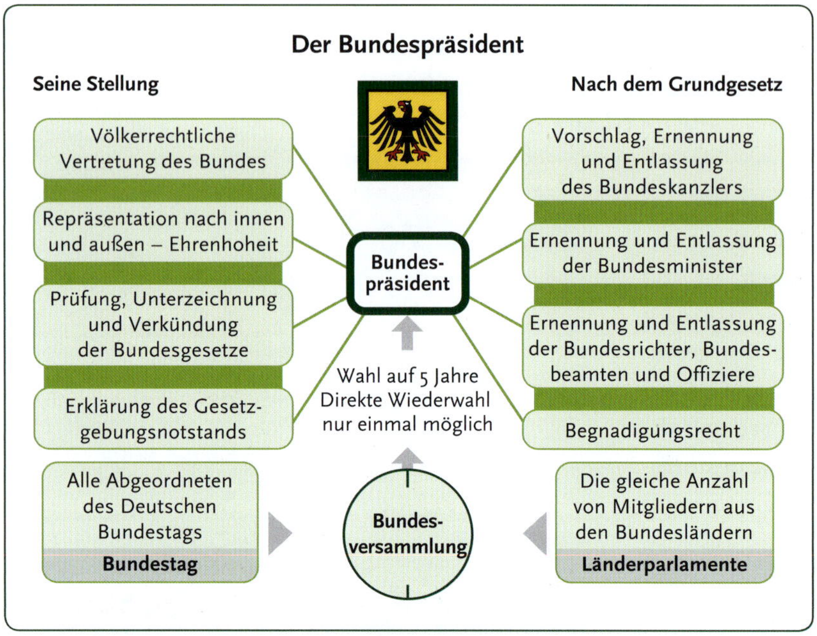

© Bergmoser + Höller Verlag AG, Zahlenbilder 67 100

Trotz seiner geringeren Machtfülle verfügt der Bundespräsident über vielfältige Wirkungsmöglichkeiten, die sich aus seinen grundsätzlichen Aufgaben wie aus seiner persönlichen Autorität herleiten. Der Bundespräsident vertritt den Bund völkerrechtlich und schließt im Namen des Bundes Verträge mit anderen Staaten ab. Nach einem entsprechenden Beschluss des Bundestages ruft er den Verteidigungsfall aus. Im Gesetzgebungsverfahren fällt ihm die Aufgabe zu, die Bundesgesetze auszufertigen und zu verkünden. Dabei hat er das Recht, sie auf ihre Übereinstimmung mit dem Grundgesetz zu überprüfen. Im Falle des Gesetzgebungsnotstands (Art. 81 GG) kann er zur Lösung des zwischen Regierung und Bundestag entstandenen Konflikts beitragen. Weitgehend eingeschränkt ist aber das Recht des Bundespräsidenten zur Auflösung des Bundestags (Art. 63, 68 GG).

Auf Vorschlag des Bundespräsidenten wählt der Bundestag den Bundeskanzler. Nach der Wahl nimmt der Bundespräsident die Ernennung des Kanzlers vor und ernennt auf dessen Vorschlag auch die Bundesminister. Nicht zu unterschätzen ist die Rolle, die der Bundespräsident als oberster Repräsentant des Staates spielt. Durch Gespräche und Gesten, Empfänge und Ehrungen, Reisen und Reden trägt er maßgeblich zu dem Bild bei, das man sich im In- und Ausland von der Bundesrepublik macht.

Erich Schmidt Verlag, Zahlenbilder 67100

Erklärfilm „Bundespräsidentenwahl“

Mediencode: 71000-09

M 10 Der Bundespräsident – ein politisches Amt?

Ernst Benda (CDU) war von 1971 bis 1983 Präsident des Bundesverfassungsgerichts.

SZ: Welchen politischen Handlungsspielraum gibt das Grundgesetz dem Bundespräsidenten?

Benda: Er kann die notwendigen politischen Entscheidungen selbst nicht fällen. Die sind Sache des Gesetzgebers. Der Bundespräsident kann politische Tätigkeiten anregen und unterstützen. Er kann als ehrlicher Makler zwischen den politischen Parteien vermitteln und sie veranlassen, sich den gemeinsamen Fragen zu stellen.

SZ: Wie weit kann und darf der Makler auch als Mahner auftreten?

Benda: Der Makler ist immer auch ein Mahner. Selbstverständlich kann und soll er mahnen. Es gehört gerade zu den wichtigsten Aufgaben des Bundespräsidenten, die politisch Handelnden auf die großen Probleme des Landes hinzuweisen.

SZ: Wie konkret kann der Mahner werden?

Benda: Der Bundespräsident kann auch Anregungen geben, wie die großen Probleme gelöst werden können.

SZ: Haben die bisherigen Bundespräsidenten diese Mahner-Rolle ausgefüllt?

Benda: Dies hängt natürlich sehr von den einzelnen Persönlichkeiten ab. Unvergessen ist die so genannte Ruck-Rede des Bundespräsidenten Herzog im Jahr 1997. Sie hat bisher keine unmittelbaren Aktionen ausgelöst, obwohl sie der Sache nach eine dringende Mahnung an alle politisch Aktiven gewesen ist, tätig zu werden.

Interview: Helmut Kerscher, Süddeutsche Zeitung, 15.3.2005

M 11 Soll der Bundespräsident vom Volk gewählt werden?

Sollte der Bundespräsident direkt vom Volk gewählt werden? Darüber streiten die Politiker Dieter Wiefelspütz (SPD) und Jörg van Essen (FDP).

Blickpunkt: Herr van Essen, warum will die FDP eine Direktwahl des Präsidenten? Sind wir mit dem bisherigen Verfahren nicht gut gefahren?

van Essen: Durchaus. Es war ja auch nach den Erfahrungen der Weimarer Republik, in der der Reichspräsident fast so etwas wie ein Ersatzkaiser mit weitgehenden Befugnissen war, eine sehr bewusste Entscheidung unserer Verfassungsmütter und -väter. Sie wollten eine repräsentative Figur mit eingeschränkten Rechten. Daran wollen wir auch keine Änderungen vornehmen. Aber wir glauben, nach fünfzig Jahren stabiler Demokratie sollten wir darüber nachdenken, wie wir die Menschen stärker in die politischen Entscheidungen einbeziehen können. Wir halten die Wahl des Bundespräsidenten für ein solches Feld. [...]

Wiefelspütz: [...] Wir haben mit dem bisherigen Verfahren immer sehr überzeugende Personen in das Amt des Bundespräsidenten gewählt. Sie waren immer Persönlichkeiten, die das ganze Volk repräsentiert haben. [...] [E]ine Direktwahl des Bundespräsidenten passt nicht in unser Staatsgefüge, weil es dann Spitzenpolitiker unterschiedlicher Legitimation gäbe: der eine, der Bundespräsident, vom Volk gewählt, der andere, der eigentlich politisch mächtigere Bundeskanzler, indirekt vom Parlament gewählt. Das passt nicht zusammen.

http://www.bundestag.de/bp/2003/bp0306/0306044, 19.12.2007

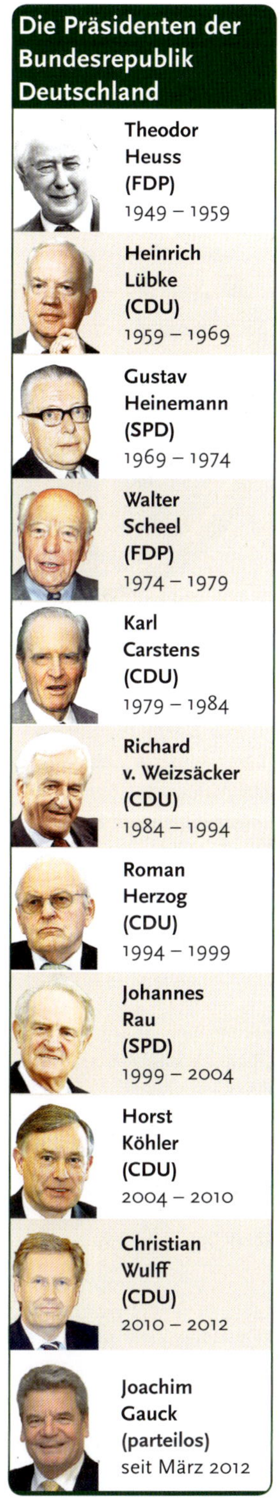

dpa-Grafik 16197

Aufgaben

1. Der Bundespräsident – ein politisches Amt? Erläutere, wie der Bundespräsident die Politik beeinflussen kann (M 9, M 10).
2. Beurteile, ob der Bundespräsident direkt gewählt werden sollte (M 11).

Die Gewaltenteilung

M 12 Für Putin steht das Urteil fest

Michail Chodorkowski im Gerichtssaal. Dem ehemaligen Manager des großen Energiekonzerns Jukos wird zur Last gelegt, 218 Millionen Tonnen Öl unterschlagen zu haben. Die Staatsanwaltschaft fordert 14 Jahre Haft, die Verteidigung Freispruch.

Das Urteil steht noch aus – aber für Russlands Premier ist klar: Der ehemalige Jukos-Chef Chodorkowski sei ein Dieb und gehöre ins Gefängnis, sagte Putin im Fernsehen. Chodorkowskis Anwalt bedankte sich – das sei die klarste Antwort auf die Frage nach der Unabhängigkeit des Gerichts. [...] Putin scheint damit mehr zu wissen als andere. Denn die Urteilsverkündung im zweiten Prozess gegen Chodorkowski war überraschend vertagt worden. [...] Chodorkowskis Anwalt Wadim Kluwgant glaubt nicht, dass Putin aus Versehen vor so großem Publikum von einem Schuldspruch gesprochen hat. Nicht ohne Ironie erklärte er: „Dass ER das für sich vor langer Zeit entschieden hat, ist kein Geheimnis. Dass er aber der ganzen Welt mitteilt, dass die Schuld bewiesen ist, obwohl das Gericht noch nicht entschieden hat – und das auch noch in dem Moment, in dem das Gericht sich zurückzogen hat – das ist die beste und klarste Antwort auf die Frage, ob das Gericht frei und unabhängig ist oder wie stark Druck ausgeübt wurde", erklärte Kluwgant. „Für diese Klarheit bin ich Wladimir Wladimirowitsch wirklich dankbar."

http://www.tagesschau.de/ausland/chodorkowski164.html (12.3.2011)

M 13 Das Prinzip der geteilten Macht

Lange Zeit haben die Menschen darunter gelitten, dass sie von Politikern oder Monarchen regiert wurden, die sehr viel Macht hatten. Diese Herrscher konnten mehr oder weniger frei entscheiden, was in einem Staat passieren sollte. Sie konnten Steuern erheben, Gesetze erlassen, Kriege beginnen und die Freiheiten ihrer Untertanen beliebig einschränken. Da diese Herrscher eine allumfassende, absolute Macht besaßen, nannte man diese Herrschaftsform Absolutismus. Damit es den Menschen besser gehen konnte, musste diese Macht gebrochen werden. Man musste also eine „politische Spielregel" erfinden, die verhindert, dass wenige Menschen in einem Staat zu viel Macht bekommen. Diese Spielregel nennt sich Gewaltenteilung. Das Prinzip der Gewaltenteilung ist denkbar einfach. Es gibt verschiedene Institutionen in einem Staat, unter denen die Macht aufgeteilt ist. Keine dieser Institutionen ist so mächtig, dass sie die anderen beiden Institutionen bestimmen oder gar beherrschen kann. Man spricht deshalb auch von einem System geteilter Macht.

Doch welche Institutionen sind dies und über welche Macht verfügen sie? An erster Stelle steht die Legislative, d. h. die gesetzgebende Gewalt. In unserem Land sind dies der vom Volk gewählte Bundestag und der

Bundesrat, die Gesetze beschließen können. Dies geschieht in einem komplizierten Verfahren, das dazu beitragen soll, dass nicht eine Partei zu viel Einfluss auf die Gesetze nehmen kann.

Die nächste Gewalt ist die Exekutive, d. h. die Regierung und die Verwaltung. Jeder kennt Vertreter dieser Gewalt, denn sie begegnen uns im Alltag bspw. als Polizisten, die darüber wachen, dass die Regeln in unserer Gesellschaft eingehalten werden. Auf Bundesebene stellt die Regierung – also der Bundeskanzler und die Minister mit ihren Ministerien – die Exekutive dar.

Die dritte Gewalt ist die Judikative, d. h. die rechtsprechende Gewalt. Verstößt jemand gegen die Gesetze, dann landet er vor Gericht. Dort sorgen Richter und Staatsanwälte dafür, dass die Täter bestraft werden. Die Richter sind dabei allerdings an die Gesetze gebunden – und diese Gesetze können sie nicht selbst verabschieden. Das war früher anders: Manche Herrscher konnten selbst die Gesetze bestimmen und ausführen – eine unabhängige Justiz gab es nicht und so waren die Menschen der Willkür ausgeliefert.

Oftmals werden die Medien als „vierte Gewalt" bezeichnet, denn sie kontrollieren ebenfalls die Politik, indem sie kritisch über politische Maßnahmen berichten und Skandale aufdecken.

Ein weiteres Element der Gewaltenteilung stellt der Föderalismus dar. Der Bund darf nicht alles alleine entscheiden, sondern muss bei vielen politischen Problemen die Bundesländer mit einbeziehen. Dies macht zwar das Regieren manchmal kompliziert, verhindert aber, dass die Politiker in Berlin zu viel Macht bekommen. Da Bund und Länder sich nicht auf einer Ebene befinden, spricht man in diesem Zusammenhang auch von vertikaler Gewaltenteilung.

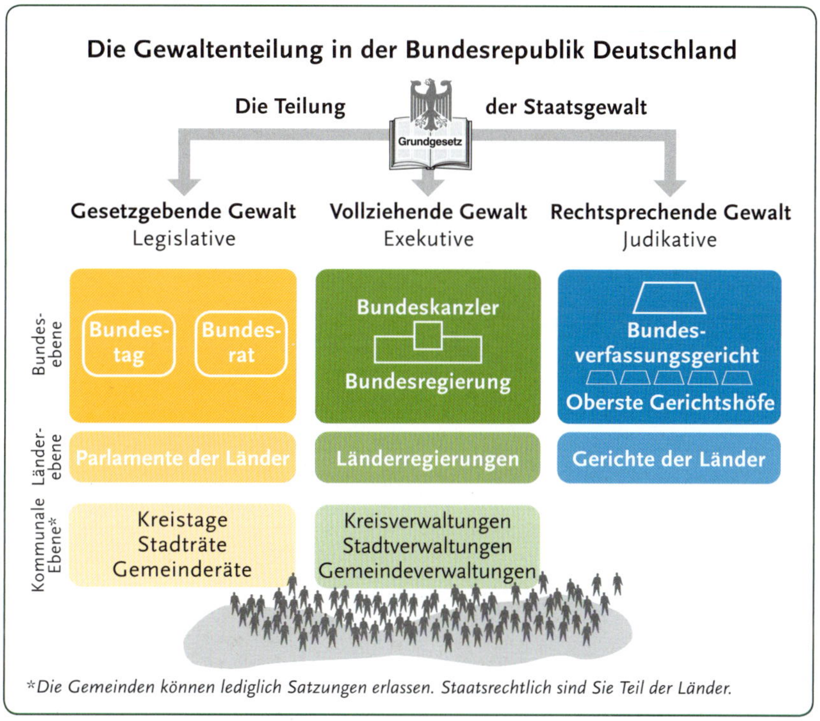

Bergmoser + Höller Verlag AG, Zahlenbilder 61 110

Aufgaben

1. Das Prinzip der Gewaltenteilung sorgt für ein System aus Macht und Kontrolle. Überlegt euch, über welche Macht die einzelnen Verfassungsorgane in Deutschland verfügen und wer sie jeweils kontrolliert. Gestaltet dazu ein Plakat (M 12, M 13).
2. Bewertet ausgehend vom Prinzip der Gewaltenteilung den Fall des ehemaligen Jukos-Chefs Michail Chodorkowski (M 12, M 13).
3. Erläutere, wie auch der Föderalismus zur Gewaltenteilung in Deutschland beiträgt (M 13).

Das Bundesverfassungsgericht – Hüter der Verfassung oder Ersatzgesetzgeber?

M 14 Das Bundesverfassungsgericht als Gesetzgeber?

BVerfG billigt den europäischen Rettungsschirm ESM

Das Bundesverfassungsgericht entscheidet: Hartz-IV-Sätze sind verfassungswidrig, weil sie Grundrechte verletzen

Das Bundesverfassungsgericht hat das reformierte Bundeswahlgesetz in zentralen Punkten für verfassungswidrig erklärt

M 15 Die Aufgaben des Verfassungsgerichts

Das Bundesverfassungsgericht wird nur auf Antrag tätig. Ein Katalog von Verfahrensarten schreibt vor, wann das Gericht angerufen werden kann. Die Einzelheiten sind im Grundgesetz und im „Gesetz über das Bundesverfassungsgericht" geregelt. Die wichtigsten Verfahren im Überblick:

Die Verfassungsbeschwerde

Jeder, der sich durch die öffentliche Gewalt in seinen Grundrechten verletzt fühlt, kann eine Verfassungsbeschwerde erheben. Sie kann sich gegen die Maßnahme einer Behörde, gegen das Urteil eines Gerichts oder gegen ein Gesetz richten.

Die Verfassungsbeschwerde bedarf der Annahme zur Entscheidung. Sie ist anzunehmen, wenn ihr grundsätzliche verfassungsrechtliche Bedeutung zukommt, wenn die geltend gemachte Grundrechtsverletzung besonderes Gewicht hat oder wenn der Beschwerdeführerin oder dem Beschwerdeführer durch die Versagung der Entscheidung zur Sache ein besonders schwerer Nachteil entsteht. Über diese Annahmevoraussetzungen hat das Bundesverfassungsgericht vor einer Entscheidung über die Verfassungsbeschwerde selbst zu befinden.

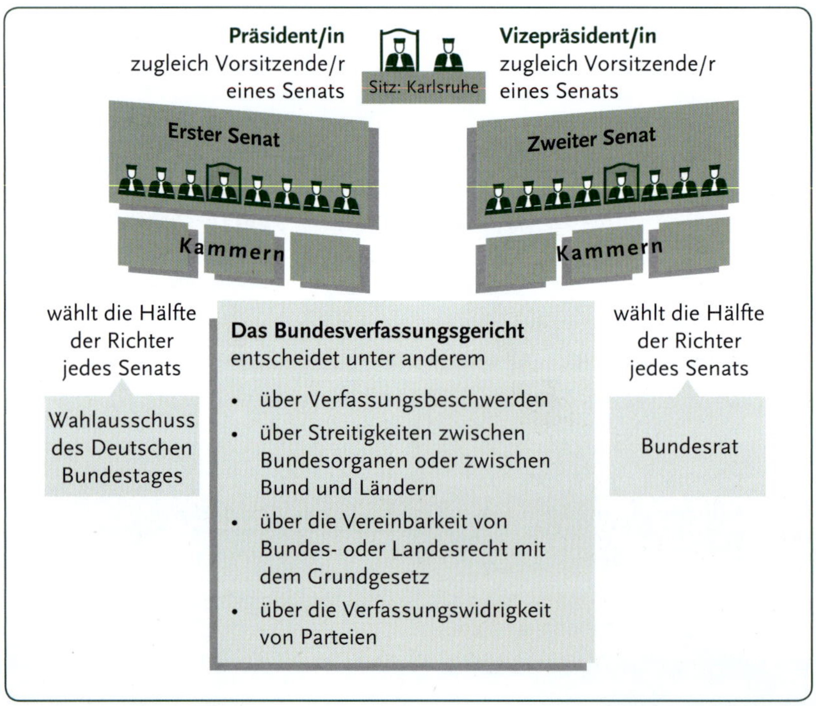

Bergmoser + Höller Verlag AG, Zahlenbilder 129 015

Die Verfassungsbeschwerde ist in der Regel erst zulässig, nachdem die Beschwerdeführerin oder der Beschwerdeführer die sonst zuständigen Gerichte erfolglos angerufen hat. Verschiedene Einlegungsfristen sind zu beachten. Die Verfassungsbeschwerde muss schriftlich eingereicht und begründet werden.

Das Normenkontrollverfahren

Nur das Bundesverfassungsgericht darf feststellen, dass ein Gesetz mit dem Grundgesetz nicht vereinbar ist. Wenn ein anderes Gericht ein Gesetz für verfassungswidrig hält und es deshalb nicht anwenden will, muss es zuvor die Entscheidung des Bundesverfassungsgerichte einholen (konkrete Normenkontrolle). Darüber hinaus können die Bundesregierung, eine Landesregierung oder ein Drittel der Mitglieder des Bundestages die Verfassungsmäßigkeit einer Rechtsnorm überprüfen lassen (abstrakte Normenkontrolle).

Der Verfassungsstreit

Das Bundesverfassungsgericht kann auch dann angerufen werden, wenn zwischen Verfassungsorganen oder zwischen Bund und Ländern Meinungsverschiedenheiten über die gegenseitigen verfassungsmäßigen Rechte und Pflichten bestehen (Organstreit, Bund-Länder-Streit). Gegenstand eines Organstreits können beispielsweise Fragen des Parteien-, Wahl- oder Parlamentsrechts sein. Im Bund-Länder-Streit geht es häufig um Kompetenzprobleme. Ferner ist das Gericht unter anderem auch für Wahlprüfungsbeschwerden, Parteiverbote und Verfassungsbeschwerden von Gemeinden zuständig.

http://www.bundesverfassungsgericht.de/organisation/verfahren.html (12.4.2013)

Wegweisende Urteile

Menschenwürde
Keine Abwägung Leben gegen Leben: Diesem Grundsatz fiel am 4. Mai 2010 das Luftsicherheitsgesetz, das den Abschuss gekaperter Passagierflugzeuge erlaubte, zum Opfer.

Privatsphäre
Meine Daten gehören mir. Dieses „Grundrecht auf informationelle Selbstbestimmung" entwickelte das Gericht im „Volkszählungsurteil" vom 15. Dezember 1983. Es wurde grundlegend für den Datenschutz. Am 3. März 2004 kassierten die Richter teilweise den „großen Lauschangriff", das Abhören von Wohnungen. Es gebe einen unantastbaren „Kernbereich privater Lebensgestaltung".

Religion
Das Kruzifix muss raus: Am 16. Mai 1995 fiel das bayerische Schulgesetz, das Kruzifixe im Klassenzimmer vorschrieb.

Meinung
Polemik darf sein: Am 10. Oktober 1995 hob das Gericht den Rang der Meinungsfreiheit hervor. Anlass war das Tucholsky-Zitat „Soldaten sind Mörder".

M 16 Das Bundesverfassungsgericht mischt mit

Karikatur: Klaus Stuttmann

M 17 Hat das Gericht zu viel Macht?

Warum bestimmt eigentlich Karlsruhe über die Gleichstellung von Homosexuellen, die Familienpolitik oder das Steuerrecht? [...] Und überhaupt: Wie politisch darf das Verfassungsgericht sein?

Die Kritik am Bundesverfassungsgericht ist nicht neu. Im Gegenteil: Sie ist so alt wie das Bundesverfassungsgericht selbst. Doch der Kritik liegt ein Missverständnis zugrunde. Das Bundesverfassungsgericht war nie unpolitisch. Schon seit seiner Gründung im Jahr 1949 lag es immer wieder im Streit mit der Legislative und der Exekutive. Seit mehr als sechs Jahrzehnten steht das Gericht deshalb unter Generalverdacht der Einmischung in die Politik sowie der verfassungsrechtlichen Knebelung des Gesetzgebers. [...]

In der Theorie heißt es, „das Bundesverfassungsgericht wacht über die Einhaltung des Grundgesetzes". Doch die Praxis sieht ganz anders aus. Das Bundesverfassungsgericht ist eben nicht nur Garant für die Menschenwürde und die Grundrechte. Die Verfassungsrichter wachen nicht nur darüber, dass in der Politik die demokratischen Spielregeln eingehalten werden, etwa im Wahlrecht oder bei den Kontrollrechten des Parlaments gegenüber der Regierung.

Vielmehr ist das Bundesverfassungsgericht ein politisches Gericht, es urteilt nicht nur über politische Entscheidungen, sondern macht auch Politik. [...]

Der politische Einfluss des Gerichts ist groß, schließlich gibt es kaum noch eine politische Entscheidung, die ohne Zutun des Bundesverfassungsgerichts gefällt wird. Schon im Gesetzgebungsverfahren wissen alle Beteiligten, ein Kläger findet sich nach der Verabschiedung eines Gesetzes immer. [...] Doch die Parteien sind vor allem auch selber schuld daran, dass das Bundesverfassungsgericht so viel Macht hat und ihnen deshalb immer wieder vorschreibt, welche Politik sie zu machen haben.

Einerseits neigt die Politik dazu, unpopuläre Entscheidungen nach Karlsruhe zu delegieren, etwa bei der Europäischen Integration. Immer wieder werden politische Streitfragen nach Karlsruhe getragen, weil sich die Politik nicht traut, den Wählern reinen Wein einzuschenken. Anderseits ist das Bundesverfassungsgericht zu einem Kampfplatz der Opposition verkommen. Wann immer diese politische Mehrheitsentscheidungen nicht akzeptiert will, wie zuletzt bei der Einführung des Betreuungsgeldes, ruft sie nach einem Urteil aus Karlsruhe, um so die verlorene politische Auseinandersetzung zu verlängern.

Christoph Seils, Cicero, März 2013

Aufgaben

1. Erläutere, welche Aufgaben das Bundesverfassungsgericht im politischen System der BRD erfüllt (M 15).
2. Ordne die Beispiele in M 14 den einzelnen Verfahren des Bundesverfassungsgerichts zu. Begründe deine Entscheidung.
3. „Das Bundesverfassungsgericht mischt sich zu sehr in die Politik ein!" „Erst die Politik verleiht Karlsruhe seine Macht!" Suche Argumente für die beiden Thesen und stelle sie in einer Tabelle gegenüber. Diskutiert die beiden Thesen. Entscheide dich abschließend für eine Position.

Was wir wissen

Gesetze

Politik beschäftigt sich mit der Lösung von Problemen und Konflikten, die für die Gesellschaft von Bedeutung sind. Damit die Lösung für alle Gesellschaftsmitglieder verbindlich ist, wird sie häufig in Form von Gesetzen herbeigeführt. Gesetze enthalten Regeln, denen sich die Betroffenen nicht entziehen können. Sie schützen die Menschen (z. B. Lebensmittelgesetz), ordnen das gesellschaftliche Zusammenleben (z. B. im Bereich des Luft- und Straßenverkehrs) und steuern das Verhalten der Menschen (z. B. Gesetz zur Besteuerung von Zigaretten).

Gang der Gesetzgebung
M 5, M 8

Die Gesetzgebung ist ein langwieriger Prozess, an dem Bundesregierung, Bundestag und Bundesrat mitwirken. Aber auch einzelne Interessengruppen versuchen, über ihre Interessenorganisationen oder die öffentliche Meinung Einfluss zu nehmen. Das Initiativrecht haben Bundesregierung, Bundesrat und Bundestag (mindestens fünf Prozent der Abgeordneten). Die meisten Initiativen kommen von der Bundesregierung. Die Entwürfe werden von den Fachministerien ausgearbeitet, vom Kabinett abgesegnet und in den Bundestag eingebracht. Nach den Beratungen im Plenum (1. Lesung) wird der Entwurf an die Ausschüsse verwiesen. Dort findet eine intensive Beratung statt. Experten können befragt, strittige Themen ausdiskutiert und Kompromisse gefunden werden. Unter anderem hier versuchen Interessenverbände, Gesetze in ihrem Sinne zu beeinflussen. Der überarbeitete Entwurf kommt zur 2. und 3. Lesung und zur Beschlussfassung ins Plenum zurück. Anschließend wird im Bundesrat beraten und abgestimmt. Am Ende muss der Bundespräsident das Gesetz unterzeichnen, damit es in Kraft treten kann. Im Bundesanzeiger wird es veröffentlicht.

Politikzyklus
M 7

Politik kann als (endloser) Versuch zur verbindlichen Lösung gesellschaftlicher Probleme oder Konflikte gesehen werden. Am Anfang steht dabei ein ungelöstes Problem. Ob es sich tatsächlich um ein politisches Problem handelt und wie dieses zu lösen ist, darum wird öffentlich diskutiert. Es folgt der formale Gesetzgebungsprozess. Die parlamentarische Mehrheit macht einen Vorschlag, wie das Problem allgemeinverbindlich gelöst werden soll. Ist das Gesetz vom Bundestag (und Bundesrat) verabschiedet, so muss es umgesetzt werden. Dabei wird es diskutiert und bewertet. Ist das Problem gelöst, so endet der Politikzyklus. Erfolgt eine Neubewertung des Problems, dann beginnt der Zyklus von Neuem.

Der Bundespräsident
M 9

Der Bundespräsident wird von der Bundesversammlung (durch Vertreter des Bundestags und der Länder) auf fünf Jahre gewählt. Um seine überparteiliche Stellung nicht zu gefährden, lässt er eine Parteimitgliedschaft oder berufliche Verpflichtungen für die Dauer seiner Amtszeit ruhen. Zu seinen Aufgaben gehören:

- völkerrechtliche Vertretung des Bundes und Abschluss von Verträgen mit anderen Staaten im Namen des Bundes
- Prüfung, Unterzeichnung und Verkündung von Gesetzen

Was wir wissen

- Vorschlag, Ernennung und Entlassung des Bundeskanzlers
- Ernennung und Entlassung der Bundesminister
- Begnadigungsrecht

Bedeutung des Amtes
M 10, M 11

Bei diesen Aufgaben handelt es sich weitestgehend um formale Kompetenzen, denn der Bundespräsident hat dabei nur einen geringen Entscheidungsspielraum, es sei denn, er hat begründete Zweifel an der Verfassungsmäßigkeit eines Vorgangs oder eines Gesetzes. Dann kann er seine Unterschrift verweigern. Der tatsächliche Einfluss des Bundespräsidenten beruht auf seiner Überzeugungskraft und seinem Ansehen in der Öffentlichkeit. Gelegentlich wird die Frage nach einer Direktwahl des Bundespräsidenten aufgeworfen.

Die Gewaltenteilung
M 13

Durch die Gewaltenteilung, also die Aufteilung der Staatsgewalt auf verschiedene Organe und Personen, sollen Machtkonzentration und Missbrauch politischer Macht verhindert werden. Sie ist ein Grundprinzip der Demokratie. Bei der klassischen Gewaltenteilung werden die drei grundlegenden Staatsfunktionen, die gesetzgebende Gewalt (Legislative), die ausführende Gewalt (Exekutive) und die rechtsprechende Gewalt (Judikative) unabhängigen Staatsorganen (Parlamenten, Regierung, Gerichten) zugewiesen. In der politischen Praxis ergeben sich jedoch Abweichungen von der strikten Gewaltenteilung, da z.B. die Regierung (Exekutive) und Teile des Parlaments (Mehrheitsfraktionen) als Einheit handeln (Gewaltenverschränkung). Darüber hinaus erfolgt eine weitere Teilung der Staatsgewalt auch durch den föderalen Aufbau Deutschlands (vertikale Gewaltenteilung).

Das Bundesverfassungsgericht
M 15, M 17

Das Bundesverfassungsgericht ist oberster Hüter der Verfassung. Es ist allen anderen Verfassungsorganen (Bundestag, Bundesregierung, Bundesrat, Bundespräsident) gegenüber selbstständig, unabhängig und diesen gleichgeordnet.
Ihm kommen wichtige Aufgaben zu:

- Es entscheidet bei Streitigkeiten zwischen obersten Verfassungsorganen (Organstreit);
- es entscheidet, ob Bürger in ihren Grundrechten verletzt wurden (Verfassungsbeschwerden);
- es kontrolliert bestehende Gesetze hinsichtlich ihrer Übereinstimmung mit der Verfassung (konkrete und abstrakte Normenkontrolle);
- und es entscheidet, ob eine Partei verboten werden soll (Parteiverbot).

Durch seine Rechtsprechung konkretisiert das höchste Gericht die Bestimmungen des Grundgesetzes und entwickelt sie weiter. Kritik erfährt das Gericht, wenn es dem Gesetzgeber detaillierte Lösungsvorschläge unterbreitet („Ersatzgesetzgeber“) oder der Verdacht entsteht, die Opposition benutze das Gericht, um unliebsame politische Mehrheitsentscheidungen zu blockieren (Justizialisierung von Politik). Doch genießt das Bundesverfassungsgericht nach wie vor sehr hohes Ansehen. Der Sitz des 1951 gegründeten Gerichts ist Karlsruhe.

Schlagzeilen zuordnen

Bundesaußenminister fordert eine Welt ohne Atomwaffen
Staaten sollen abrüsten.

Atomkraftwerke sollen länger laufen
Der Bundestag berät darüber, ob die Laufzeiten für Atomkraftwerke verlängert werden sollen.

Volksentscheid in Bayern
Die Bürger Bayerns stimmen per Volksentscheid für ein strengeres Rauchverbot.

Viele Schulgebäude in schlechtem Zustand
Zur Sanierung fehlt jedoch in vielen Gemeinden das Geld.

45.000 Lehrer fehlen
Jetzt sollen Pensionäre unterrichten.

Alterung der Gesellschaft
In Ostdeutschland mehr offene Lehrstellen als Bewerber.

Mehrwertsteuer für Hoteliers
Abgeordnete der CDU fordern, dass die Entscheidung, Übernachtungen nur mit dem ermäßigten Mehrwertsteuersatz zu belasten, zurückgenommen wird.

Entscheidung des höchsten Gerichts
Das Bundesverfassungsgericht verwarf eine Verfassungsbeschwerde gegen das Erbschaftssteuergesetz.

Aufgabe
Ordne die Meldungen den einzelnen Phasen des Politikzyklus zu und begründe deine Entscheidung.

5.4 Das Land Rheinland-Pfalz im föderalen System

Sitzenbleiben in der Schule – eine Frage der Leistung oder des Bundeslandes?

Hinweis:
Die Materialien M 1 – M 9 können als Ausgangspunkt für ein gemeinschaftliches Projekt „Rheinland-Pfalz" in Zusammenarbeit mit Erdkunde und Geschichte genutzt werden.

M 1 Bundesländer streiten um die Ehrenrunde

In Hamburg ist das Sitzenbleiben schon abgeschafft, in Rheinland-Pfalz steht ein Modellversuch bevor, und nun peilt auch die neue rot-grüne Koalition in Niedersachsen neue Lösungen für lernschwache Kinder an. Mittelfristig wolle man die Ehrenrunde für Schüler abschaffen, sagte die designierte niedersächsische Kultusministerin Frauke Heiligenstadt (SPD). [... Sie] verwies auf die guten Erfahrungen, die man mit dem Verzicht aufs Durchfallen an integrierten Gesamtschulen gemacht habe: „Wir haben an den Schulen die niedrigste Schulabbrecher-Quote überhaupt."

Blanker Unsinn - heißt es dagegen aus Bayern zu den Überlegungen. [...] Kultusminister Spaenle warnte vor Änderungen: „Man entkleidet sich ohne Not eines pädagogischen Instruments, das den Schülern die Möglichkeit bietet, Versäumtes nachzuarbeiten. Das hat nichts mit Strafe zu tun."

http://www.tagesschau.de/inland/sitzenbleiben100.html (16.2.2013)

M 2 Für welche Gesetze sind die Länder zuständig?

Ausschließliche Gesetzgebung des Bundes (Art. 71, 73 GG)

Die Gesetzgebungsbefugnis liegt in diesen Bereichen beim Bund, z.B.:

- Auswärtige Angelegenheiten
- Verteidigung, Zivilschutz
- Staatsangehörigkeit
- Pass, Melde-, Ausweiswesen
- Währungs- und Geldwesen
- Zölle und Außenhandel
- Deutsche Bahn, Luftverkehr
- Post und Telekommunikation
- Terrorabwehr
- Waffen-, Sprengstoffrecht
- Nutzung der Kernenergie

Konkurrierende Gesetzgebung (Art. 72, 74 GG)

Länder besitzen Gesetzgebungsbefugnis, solange und soweit der Bund von seiner Gesetzgebungszuständigkeit nicht durch Gesetz Gebrauch gemacht hat, z.B.:

- Bürgerliches Recht, Strafrecht
- Personenstandswesen
- Aufenthaltsrecht für Ausländer
- Arbeitsrecht
- Wirtschaftsrecht
- Straßenverkehr

Die Länder können in einigen Bereichen abweichende Regelungen treffen, z.B.:

- Jagdwesen, Naturschutz
- Hochschulzulassung, Hochschulabschlüsse

Ausschließliche Gesetzgebung der Länder (Art. 70 GG)

Länder haben das Recht zur Gesetzgebung, soweit das Grundgesetz nicht dem Bund Gesetzgebungsbefugnisse erteilt, z.B.:

- Kultur
- Polizeiwesen
- Schul- und Bildungswesen
- Gesundheitswesen
- Presse
- Hörfunk, Fernsehen
- Kommunalwesen
- Strafvollzug
- Versammlungsrecht

Gemeinschaftsaufgaben (Art. 91a GG)

Bund wirkt bei der Erfüllung von Aufgaben mit

- regionale Wirtschaftsstruktur
- Agrarstruktur, Küstenschutz

Bund

Land

Autorengrafik

M 3 Kommentar: Ein deutscher Sadismus

Der deutsche Föderalismus ist so, dass er sogar die alten Spruchweisheiten Lügen straft: „Variatio delectat" sagen die Lateiner. Vielfalt macht Freude. Die Vielfalt gibt es in Deutschland, die Freude nicht: Die 16 Bundesländer leisten sich 16 verschiedene Bildungssysteme. Das ist keine schöne Abwechslung. Wem macht es Freude, wenn in Deutschland einige tausend verschiedene Lehrpläne gelten? Wem macht es Freude, wenn jedes Bundesland seine eigenen Hochschulen betreibt? Wenn hier Studiengebühren erhoben werden und dort nicht?

Wem macht es Freude, wenn ein Lehrer aus Hamburg nicht in München unterrichten darf, weil ihm ein Seminarschein fehlt? Und wer hat Freude daran, dass ein Umzug mit schulpflichtigen Kindern von Hamburg nach München einer Auswanderung nach Australien gleichkommt? Wer hat sein Vergnügen, wenn ein Juniorprofessor leichter von Berlin nach Bologna wechselt, als von Berlin nach Potsdam? Und wem macht es Spaß, dass jedes Land seine Schulformen festlegt und die Ausbildung seiner Lehrer regelt? Der Spaß beschränkt sich auf die 16 Kultusminister und ihre Bürokratien.

Die Anforderungen im Gymnasium weichen so stark voneinander ab, dass Jugendliche besser in Köln bleiben, wenn Väter oder Mütter eine neue Arbeitsstelle in München antreten. Ist das die Bürgernähe, von der Landespolitiker reden, wenn sie den Föderalismus verteidigen? Dieser Bildungsföderalismus ist praktizierte Bürgerferne, er ist schikanös, er ist eine staatsrechtliche Spielform des Sadismus: Er quält die Lehrer, er quält die Eltern und er quält die Schüler.

Heribert Prantl, Süddeutsche Zeitung, 17.5.2010

Thomas Plaßmann, Baaske Cartoons, Müllheim

Sadismus = Lust auf Quälerei und Grausamkeit

Aufgaben

1. Ist Sitzenbleiben eine sinnvolle pädagogische Maßnahme? Stellt euch dazu auf einer Streitlinie in eurem Klassenzimmer auf. Diskutiert anschließend im Plenum (M 1).
2. „Würde ich in Hamburg leben, dann könnte ich nicht sitzenbleiben! Das ist ungerecht!" Nimm Stellung zu dieser Aussage. Würdest du eine bundesweit einheitliche Lösung bevorzugen?
3. Beurteile die Aussage des Kommentators in M 3, der Bildungsföderalismus sei „Sadismus".

Warum gibt es den Föderalismus in Deutschland?

Zur Vertiefung:
Erklärfilm
„Länderfinanzausgleich“

Mediencode: 71000-10

M 4 Eine Geschichte von Macht und Ohnmacht

Wie kein anderes Land legt die Bundesrepublik Wert auf ihren föderalen Charakter. Das hat historische Wurzeln. [...]

Im Gegensatz zu den französischen Nachbarn westlich des Rheins hat es auf dem Gebiet der Deutschen immer föderale Strukturen gegeben. Während die Franzosen schon früh Paris zu ihrer Hauptstadt und zum Sitz einer starken Zentralregierung machten, waren östlich des Rheins die Landesfürsten die eigentlichen Herrscher.

Mit der föderalen Tradition der Deutschen wurde erstmals zur Zeit des Nationalsozialismus gebrochen. Die Nazi-Führung machte sich bald nach der sogenannten „Machtübernahme“ vom 30. Januar 1933 an die Gleichschaltung der Länder. [...] Damit hatte die Nazi-Führung in Berlin die gesamte Macht an sich gerissen, um sich über die Belange der Länder je nach politischem Willen hinwegsetzen zu können.

[...] Nach dem Desaster des Zweiten Weltkriegs sollte eine Machtkonzentration in Händen der Zentralregierung für die Zukunft ausgeschlossen werden. Deshalb legte der Parlamentarische Rat bei der Ausarbeitung des Grundgesetzes großen Wert darauf, dass die Rechte der Länder geschützt und garantiert werden. Zugleich sollte durch eine starke Gesetzgebungskompetenz der Länder eine Kontrolle der Zentralregierung etabliert werden. Durch unterschiedliche politische Machtverhältnisse in Bund und Ländern ist diese gegenseitige Kontrolle bis heute quasi garantiert.

Aber es gab von Anfang an auch Bedenken und Strukturfehler, die den deutschen Föderalismus vor große Probleme gestellt haben. Größe und Wirtschaftskraft der Länder waren so unterschiedlich, dass es permanente Ausgleichsleistungen geben musste. Deshalb hatten schon die Alliierten in den 1950er Jahren Änderungsbedarf beim Zuschnitt der Länder erkannt und bei der Bundesregierung angemahnt. Aber diese und alle anderen diesbezüglichen Versuche sind gescheitert – zuletzt in Berlin und Brandenburg, die 1996 einen Fusionsversuch starteten, der in einer Volksbefragung scheiterte.

[...] Aber der Wunsch nach einer Reform des Föderalismus ist groß, denn bei bestimmten Konstellationen der Mehrheitsverhältnisse ist ein Regieren fast unmöglich geworden. Deshalb hat die große Koalition aus Union und SPD 2006 ein Reformpaket verabschiedet, das den Ländern

GG Artikel	Was dazu im Grundgesetz steht
20	„Die Bundesrepublik Deutschland ist ein demokratischer und sozialer Bundesstaat“
79	Das bundesstaatliche Prinzip darf nicht aufgehoben oder geändert werden
30	Eigenstaatlichkeit der Länder
50 23	Mitwirkung der Länder an der Gesetzgebung des Bundes und in Angelegenheiten der Europäischen Union durch den Bundesrat
70-74	Gesetzgebung: Aufteilung der Zuständigkeiten zwischen Bund und Ländern
83-91d	Zuordnung der staatlichen Verwaltungsaufgaben, Gemeinschaftsaufgaben, Verwaltungszusammenarbeit
104a-109a	Finanzhoheit. Verteilung des Steueraufkommens zwischen Bund und Ländern, unabhängige Haushaltswirtschaft, gemeinsame Verpflichtung zur Haushaltsdisziplin

einerseits Kompetenzen entzieht, ihnen aber andererseits auch weiterhin starke Mitsprache garantiert. Das gilt vor allem für die Bildungspolitik, die ausschließlich Ländersache ist. Auch beim Beamtenrecht, beim Strafvollzug und im Umweltrecht haben die Länder Kompetenzen bekommen bzw. für sich erhalten können. Insgesamt ist aber der Anteil von Gesetzen, denen die Länder zustimmen müssen, von über 50 auf 33 Prozent gesunken.

Matthias von Hellfeld, Deutsche Welle, 20.1.2012

M 5 Förderalismus – Pro und Kontra

Die landsmannschaftlichen, geschichtlichen, wirtschaftlichen und kulturellen Eigenheiten können so besser erhalten und weiterentwickelt werden.

Chancen und Wettbewerb der politischen Parteien werden dadurch gefördert, dass sie trotz Minderheitsposition im Gesamtstaat die politische Verantwortung in Gliedstaaten übernehmen können.

Die Gliedstaaten stehen zwangsläufig im Wettbewerb zueinander. Konkurrenz belebt. Erfahrungsaustausch fördert den Fortschritt und beugt bundesweiten Fehlentwicklungen vor.

Der Föderalismus erfordert langwierige Verhandlungen, um zu gemeinsamen Lösungen zu kommen. Darüber kann viel kostbare Zeit vergehen.

Wechselseitige Kontrolle, gegenseitige Rücksichtnahme und Kompromisszwang verhindern oder erschweren doch zumindest Extrempositionen. Der Föderalismus wirkt ausgleichend und damit auch stabilisierend.

Die in dieser Weise verflochtene Staatstätigkeit ist kompliziert und manchmal für den Bürger schwer zu überschauen.

Zur klassischen horizontalen Trennung der Staatsgewalten (Legislative – Exekutive – Judikative) kommt im Bundesstaat die vertikale Gewaltenteilung zwischen dem Gesamtstaat und den Gliedstaaten hinzu.

Die staatlichen Organe sind regionalen Problemen im Bundesstaat näher als im Einheitsstaat. Vergessene „Provinzen" gibt es nicht.

Die Gliederung in kleinere staatliche Einheiten schafft mehr Bürgernähe und eröffnet mehr Chancen zur Mitbestimmung.

nach: Konrad Reuter, Bundesrat und Bundesstaat – Der Bundesrat der Bundesrepublik Deutschland, 13. Auflage, 2006, S. 7 ff.

Aufgaben

1. Erläutere, weshalb der Föderalismus eine starke Stellung in Deutschland hat (M 4).
2. Ist der deutsche Föderalismus noch zeitgemäß? Ordne die Argumente aus M 4 und M 5 der Pro- und Kontra-Seite zu. Begründe, welche Argumente dich am meisten und am wenigsten überzeugen.

Politik für Rheinland-Pfalz – Wir machen's einfach?

M 6 Landesregierung hat einige Aufgaben zu lösen

Malu Dreyer, Ministerpräsidentin

Julia Klöckner, Vorsitzende der CDU-Fraktion im Landtag von Rheinland-Pfalz

Demografischer Wandel, Fachkräftemangel, Verschuldung der Kommunen. In ihrer ersten Rede als Ministerpräsidentin will sich Malu Dreyer (SPD) vor allem mit Strukturproblemen in Rheinland-Pfalz befassen. Nach fast zwei Jahrzehnten unter der Regie von Kurt Beck werden von Dreyer neue Töne erwartet.

Politische Baustellen gibt es genug für die neue rheinland-pfälzische Ministerpräsidentin Malu Dreyer. Die Zukunft des insolventen Nürburgrings ist weiterhin ungeklärt. Landschaftsprägende Brücken- und Fernstraßenprojekte in touristischen Regionen wie am Mittelrhein, im Pfälzer Wald oder in der Eifel sind stark umkämpft. Vor allem aber drücken riesige Schuldenberge, die das Land und die Kommunen an Rhein und Mosel aufgehäuft haben. Um zu sparen, sollen seit Langem überall in Rheinland-Pfalz Gemeindeverwaltungen zusammengelegt werden – dagegen regt sich viel Widerstand. Die Opposition spricht von „Zwangsfusionen". Ein Thema, das Malu Dreyer heute in ihrer Regierungserklärung ansprechen wird:

„Zwangsfusionen ist aus meiner Sicht ein bisschen ein Kampfbegriff. Es ist jetzt ein erster Schritt gemacht, auch weil wir Veränderungen brauchen. Es wird die Frage sein, wie gehen wir eigentlich die weiteren Schritte und wie können wir dort auch Bürgerinnen und Bürgerinnen einbeziehen? Und dazu werde ich mich ganz sicher in der Regierungserklärung äußern."

Äußern wird sich Malu Dreyer sicher auch zum Arbeitskräftemangel in Rheinland-Pfalz. Die Mainzer CDU-Oppositionsführerin Julia Klöckner kritisiert, dass das Land in bestimmten Berufen in der Vergangenheit zu wenig Ausbildung gefördert hat, obwohl der Mangel sich seit Langem abzeichnet. Dafür macht Klöckner auch die Sozialdemokratin Malu Dreyer mitverantwortlich, die Arbeits- und Sozialministerin war, bevor sie jetzt vom Mainzer Landtag zur Ministerpräsidentin gewählt wurde:

„Das heißt, wir sind auf Fachkräfte von außen angewiesen. Wir haben hier einen Fachkräftemangel im Pflegebereich, wir haben einen Fachkräftemangel im Ingenieurbereich. Und es fällt auf, dass viele Fachkräfte, die hier arbeiten, in anderen Bundesländern leben. Davon kann Rheinland-Pfalz nicht ewig zehren, wir müssen uns selbst anstrengen."

Aufmerksam wird heute auch registriert werden, was Malu Dreyer zu den Zukunftschancen in den Regionen mit starkem Bevölkerungsverlust sagen wird. In bestimmten ländlichen Gebieten etwa der Westpfalz oder der Eifel gibt es sogenannte „sterbende Dörfer". Dort stehen immer mehr Häuser leer, weil die Jugend fehlt. Malu Dreyer will dennoch keine Dörfer in den strukturschwachen Regionen des Landes aufgeben:

„Dörfer werden sich verändern, sie werden es natürlicherweise tun und die Aufgabe der Politik ist es, überall eine Art Basisversorgung sicherzustellen. Das wird nicht in jedem Dorf sein, das ist heute schon nicht in jedem Dorf."

Basisversorgung statt üppige öffentliche Infrastruktur: Dreyers parlamentarische Gegenspielerin Julia Klöckner von der CDU hätte sich gewünscht, dass die rot-grüne Mainzer Landesregierung da mit gutem Beispiel vorangeht. Doch Malu Dreyer habe da jetzt schon eine Chance verpasst, kritisiert Klöckner:

„Sie hätte das zeigen können durch eine Kabinettsverkleinerung. Denn das Kabinett ist ja vergrößert worden zu Beginn der Legislatur, trotz Schuldenbremse und obwohl die Bevölkerungszahlen geringer werden in Rheinland-Pfalz. Und leider hat Frau Dreyer da schon eine Chance verpasst, sie hätte da schon ein ganz klares Zeichen setzen können."

Ludger Fittkau, Deutschlandradio, 2.2.2013

M 7 Die Verfassung des Landes Rheinland-Pfalz im Überblick

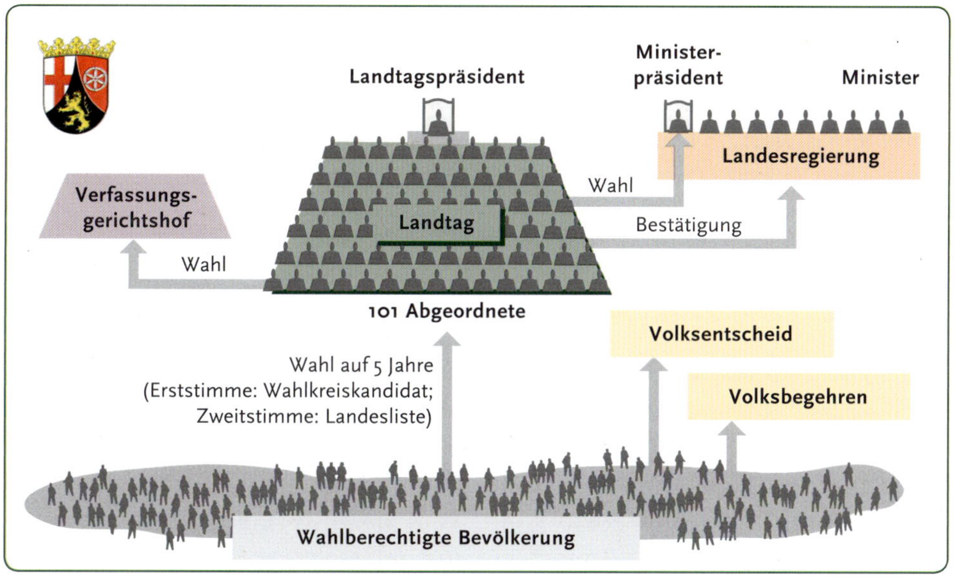

© Bergmoser + Höller Verlag AG, Zahlenbilder 71020

Aufgaben

1. Arbeite aus der Regierungserklärung heraus, welche Probleme und Herausforderungen das Bundesland Rheinland-Pfalz in den kommenden Jahren bewältigen muss und wo sich politische Konflikte abzeichnen (M 6).
2. Erstellt ein alternatives Regierungsprogramm, das 5 – 10 Punkte umfasst. Überlegt für jeden eurer Punkte, ob er wohl mehrheitsfähig wäre.

Der Landtag in Rheinland-Pfalz

M 8 Landtag debattiert über den Sinn des Sitzenbleibens

Abstimmung im Landtag in Mainz.

Rheinland-Pfalz – Wenn es nach dem Willen der CDU-Opposition geht, muss die Regierung beim Thema Sitzenbleiben nachsitzen. Und wenn man der Argumentation von Rot-Grün folgt, müssen die Christdemokraten noch so manche Ehrenrunde in Sachen Bildungspolitik drehen. Die Landtagsdebatte zum Thema Sitzenbleiben wurde höchst temperamentvoll geführt.

Dabei versuchte Bildungsministerin Doris Ahnen (SPD) der CDU sämtlichen Wind aus den Segeln zu nehmen. „Das Sitzenbleiben wird nicht abgeschafft", stellte die Sozialdemokratin klar. Das Land startet nach ihrer Lesart lediglich einen Modellversuch. Bei diesem soll ausgelotet werden, ob „eine bessere individuelle Förderung das Sitzenbleiben in letzter Konsequenz überflüssig macht", erläuterte Ahnen. [...]

Die oppositionelle CDU hält die rot-grüne Initiative für wenig sinnvoll. „Das Abschaffen des Sitzenbleibens verschärft die Probleme und verschiebt sie in die Zukunft", argumentierte der CDU-Bildungspolitiker Guido Ernst. Eine Klassenwiederholung kann seiner Ansicht nach auch „ein positiver Neustart sein. Denn es ist belastend, immer der Letzte zu sein, der etwas versteht", so der Christdemokrat. Und er ergänzte: „Ehrenrunden können den Sinn für Eigenverantwortung schärfen."

Dietmar Brück, Rhein-Zeitung, 8.3.2013

M 9 Der Landtag im politischen Prozess

Welche Aufgaben hat der Landtag?
Der Landtag Rheinland-Pfalz ist das oberste Organ der politischen Willensbildung im Land. Seine 101 Mitglieder werden alle fünf Jahre vom Volk gewählt.
Die wichtigsten Aufgaben des Landtags sind:

- die öffentliche Diskussion der unterschiedlichen Interessen der Bevölkerung
- die Wahl des Ministerpräsidenten und die Bestätigung der Landesregierung
- die parlamentarische Kontrolle der Landesregierung und der ihr nachgeordneten Verwaltung die Festlegung des Landeshaushalts und die Landesgesetzgebung.

Wie arbeitet der Landtag?
Einmal im Monat tagt der Landtag zwei oder drei Tage als Ganzes (Plenum), um Gesetze und Anträge zu beraten und zu beschließen, aktuelle Themen zu erörtern und Fragen an die Regierung zu stellen. In der Zeit zwischen den Plenarsitzungen tagen die Ausschüsse. Sie sind kleine, spezialisierte Arbeitsgremien, in denen die Abgeordneten die Detailarbeit leisten und Empfehlungen für das Plenum erarbeiten.

Vorstand und Ältestenrat sind die Leitungsgremien des Landtags. Sie bereiten den Arbeitsplan des Landtags, die Tagesordnung und den Ablauf der Plenarsitzungen vor.
Die Abgeordneten der gleichen Partei schließen sich zu Fraktionen zusammen. Die Fraktionen sind also die politischen Gliederungen des Landtags. Die Fraktionen koordinieren die Arbeit ihrer Mitglieder. Sie ermöglichen ihnen, sich auf bestimmte Politikbereiche zu spezialisieren, sie führen die Auffassungen der Fraktionsmitglieder zu den Themen, die im Landtag behandelt werden, zu gemeinsamen Standpunkten zusammen und sie bringen gemeinsamen Initiativen, Anträge und Anfragen im Landtag ein.

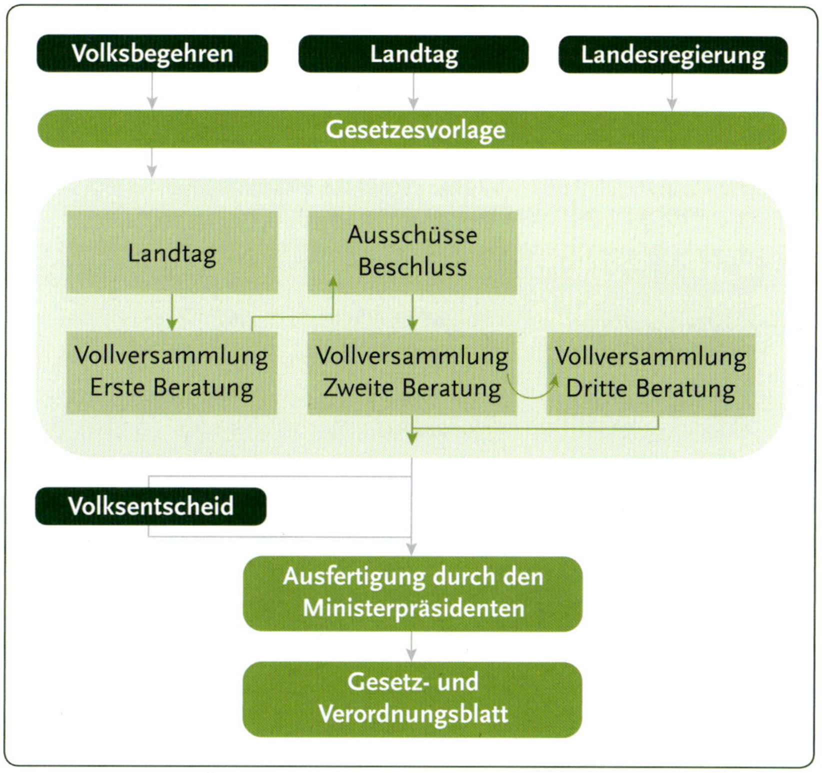

Wie entscheidet der Landtag? Die Gesetzgebung

Die Gesetzgebung wird nach Artikel 107 der Landesverfassung durch das Volk im Wege des Volksentscheids und durch den Landtag ausgeübt.
Gesetzesvorlagen können durch die Landesregierung, aus der Mitte des Landtags oder im Wege eines Volksbegehrens eingebracht werden. Letzteres war in Rheinland-Pfalz noch nicht der Fall. Gesetzesvorlagen aus der Mitte des Landtags können Fraktionen oder acht Abgeordnete einbringen.
In der Regel werden Gesetzesvorlagen im Plenum des Landtags in zwei Lesungen beraten; verfassungsändernde Gesetze müssen in drei Lesungen beraten werden.
Der vom Plenum des Landtags verabschiedete Gesetzesbeschluss wird von dem Präsidenten des Landtags dem Ministerpräsidenten zugeleitet. Der Ministerpräsident fertigt das Gesetz aus und verkündet es binnen eines Monats im Gesetz- und Verordnungsblatt.

www.landtag.rlp.de (10.2.2013)

zu Aufgabe 2
Hier könnt ihr eure Recherche beginnen:
http://www.spdfraktion-rlp.de
http://www.cdu-fraktion-rlp.de
http://www.gruene-fraktion-rlp.de
http://www.landtag-rp.de

Tipp
Auf der Startseite des Landtags gibt es einen informativen Film zum politischen System von Rheinland-Pfalz.

Aufgaben

1. Erstellt ein Lernplakat zur Stellung und den Aufgaben des Landtages in Rheinland-Pfalz. Beantwortet dazu die Leitfragen in M 9.
2. Dokumentiert eine aktuelle Debatte im Landtag zu einem schulischen Thema (M 8).

Was wir wissen

Rheinland-Pfalz – eine parlamentarische Demokratie
M 7

Das Land Rheinland-Pfalz versteht sich als „demokratischer und sozialer Gliedstaat Deutschlands" (Art. 74 Abs. 1 Landesverfassung). Das politische System entspricht dem Typ der repräsentativen parlamentarischen Demokratie. Die in der Landesverfassung vorgesehenen direktdemokratischen Elemente Volksbegehren und Volksentscheid spielten aufgrund der bestehenden hohen Hürden (Quoren, Kosten) praktisch keine Rolle.

Der Landtag – Wahlsystem und Aufgaben
M 7, M 9

Der Landtag wird auf fünf Jahre bestellt und besteht aus 101 Mitgliedern. Hinzu kommen gegebenenfalls Überhang- und Ausgleichsmandate. Die Abgeordneten werden wie auf Bundesebene nach den Grundsätzen einer mit der Personenwahl verbundenen Verhältniswahl gewählt. Dem Landtag obliegt die Aufgabe der Gesetzgebung sowie die Wahl und Kontrolle der Landesregierung.

Landesregierung
M 6, M 7

Die Landesregierung ist ein Kollegialorgan (Ministerrat; Kollegialprinzip). Den Vorsitz im Ministerrat führt der Ministerpräsident (Richtlinienkompetenz). Die Landesminister leiten ihr Ressort selbstständig (Ressortprinzip).

Bei der Bildung und Abberufung der Landesregierung kommt dem Landtag ein stärkeres Mitspracherecht zu als dem Bundestag gegenüber der Bundesregierung. So wählt das Landesparlament mit der Mehrheit seiner Mitglieder den Ministerpräsidenten, und dieser ernennt die Landesminister. Die Landesregierung als Ganzes bedarf jedoch vor der Übernahme der Geschäfte noch der ausdrücklichen Bestätigung durch die einfache Mehrheit des Landtags.

Gewaltenteilung durch Föderalismus
M 4

Durch die Aufteilung staatlicher Macht zwischen dem Bund und den Ländern wird die klassische Gewaltenteilung in Legislative, Exekutive und Judikative durch eine vertikale Gewaltenteilung ergänzt. Die Aufteilung der Macht zwischen dem Bund und den Ländern stellt ebenso ein Instrument zur Machtbeschränkung des Staates dar.

Föderalismus in der Kritik
M 5

Die wichtigsten Argumente für bzw. gegen den Föderalismus sind:
Pro:
- Verhinderung zu großer Machtkonzentration beim Bund
- Stärkere Berücksichtigung regionaler Interessen
- Mehr Mitwirkungsmöglichkeiten für die Bürger
- Es entsteht ein Wettbewerb zwischen den Ländern um die besten politischen Konzepte und Lösungen

Kontra:
- Ungleiche Bildungs- und Lebenschancen in den Ländern
- Hoher Kosten- und Arbeitsaufwand durch die Doppelung der staatlichen Organe
- Unklare Verantwortlichkeiten
- Blockade von Reformen durch unterschiedliche politische Kräfteverhältnisse und Dauerwahlkampf in Deutschland

Wider die Föderalismuskritik –
Für einen Wettbewerb zwischen den Bundesländern

Egal, ob es um das Abitur, ganz allgemein um Schulsysteme, um die Lehrerausbildung, das Hochschulwesen, die Lebensmittelaufsicht, die Atomaufsicht, den Verfassungsschutz, den öffentlich-rechtlichen Rundfunk oder den Straßenbau geht – stets scheint es Argumente dafür zu geben, warum gerade in diesem Bereich Schluss sein sollte mit der Bundesstaatlichkeit.
Erstaunlicherweise setzen dabei Menschen, die sonst dem Staat kritisch gegenüberstehen, ein großes Vertrauen in den Zentralstaat. Wenn erst einmal die entsprechenden Zuständigkeiten in einer Bundesbehörde gebündelt seien, dann – so die Vorstellung – laufe alles wie am Schnürchen. Dabei zeigt die Lebenserfahrung bei bereits zentralisierten Aufgaben: Das ist mitnichten so. Im Gegenteil: Wenn auf Bundesebene etwas schief läuft, dann läuft es in einem viel größeren Maßstab schief.
Nehmen wir als Beispiel die Schulpolitik. Sicherlich mag es nervig sein, wenn bei einem Umzug von Oldenburg nach Stuttgart Schüler und Eltern mit neuen Anforderungen konfrontiert werden. Es kann auch sein, dass in einem Gymnasium in Bayern höhere Ansprüche gestellt werden als in einem Gymnasium in Berlin. [...] Zentralismus bringt nicht automatisch bessere Ergebnisse: Das französische Schulsystem mit seinen zentralstaatlich festgelegten Prüfungen erweist sich in den Pisa-Untersuchungen als keineswegs leistungsfähiger als das deutsche, föderalistische.
Von Markus Reiter, http://www.dradio.de/dkultur/sendungen/politischesfeuilleton/1682212/ (12.6.2013)

Aufgabe
Nenne ausgehend vom Text die Argumente für und wider den Föderalismus in Deutschland. Entscheide dich abschließend für eine Position und begründe deine Entscheidung.

Taxiordnung der Landeshauptstadt Mainz
vom 18.12.2001

§ 4 Ordnung auf den Taxiplätzen

(1) Auf den Taxiplätzen dürfen nur dienstbereite Taxen stehen. Sie sind in der Reihenfolge ihrer Ankunft aufzustellen.
(2) Jede Lücke ist sofort durch Nachrücken des nächsten Taxis zu schließen.
(3) Das Taxi muss so aufgestellt sein, dass der jeweilige Fahrgast unbehindert ein- und aussteigen kann.
(4) Alle Taxen müssen stets fahrbereit sein und so aufgestellt werden, dass sie den Verkehr nicht behindern.
[...]

Denkmalschutzgesetz (DSchG) Rheinland-Pfalz

§ 2 Pflicht zur Erhaltung und Pflege

(1) Eigentümer, sonstige Verfügungsberechtigte und Besitzer sind verpflichtet, die Kulturdenkmäler im Rahmen des Zumutbaren zu erhalten und zu pflegen. [...]
(2) Die Zumutbarkeit ist unter Berücksichtigung der durch die Eigenschaft als Kulturdenkmal begründeten Situationsgebundenheit im Rahmen der Sozialbindung des Eigentums und dessen Privatnützigkeit zu bestimmen. [...]

Sparkassengesetz (SpkG) Rheinland-Pfalz

§ 2 Aufgaben, öffentlicher Auftrag

(1) Die Sparkassen haben als kommunale Wirtschaftsunternehmen die Aufgabe, vorrangig im Gebiet ihres Errichtungsträgers die Versorgung mit geld- und kreditwirtschaftlichen Leistungen zu sichern.
(2) Die Sparkassen stärken als öffentliche Banken den Wettbewerb im Kreditgewerbe. Sie erbringen ihre Leistungen für die Bevölkerung, die Wirtschaft, den Mittelstand und die öffentliche Hand nach wirtschaftlichen Grundsätzen und den Anforderungen des Marktes. Die Sparkassen fördern die Vermögensbildung breiter Bevölkerungsschichten sowie die Erziehung junger Menschen zu eigenverantwortlichem wirtschaftlichem Verhalten. Sie tragen zur Verbesserung der Eigenkapitalausstattung insbesondere junger und mittelständischer Unternehmen im Geschäftsgebiet bei. [...]

Straßenverkehrs-Zulassungs-Ordnung (StVZO)

§ 67 Lichttechnische Einrichtungen an Fahrrädern

(1) Fahrräder müssen für den Betrieb des Scheinwerfers und der Schlussleuchte mit einer Lichtmaschine ausgerüstet sein, deren Nennleistung mindestens 3 W und deren Nennspannung 6 V beträgt (Fahrbeleuchtung). Für den Betrieb von Scheinwerfer und Schlussleuchte darf zusätzlich eine Batterie mit einer Nennspannung von 6 V verwendet werden (Batterie-Dauerbeleuchtung). Die beiden Betriebsarten dürfen sich gegenseitig nicht beeinflussen.

Straßenverkehrs-Ordnung (StVO)
§ 8 Vorfahrt
(1) An Kreuzungen und Einmündungen hat die Vorfahrt, wer von rechts kommt. Das gilt nicht, wenn die Vorfahrt durch Verkehrszeichen besonders geregelt ist (Zeichen 205, 206, 301, 306) oder für Fahrzeuge, die aus einem Feld- oder Waldweg auf eine andere Straße kommen.

Grundgesetz
Art. 1
(1) Die Würde des Menschen ist unantastbar. Sie zu achten und zu schützen ist Verpflichtung aller staatlichen Gewalt.

6 Recht und Rechtsprechung

Überall, wo Menschen zusammen leben, geben sie sich eine Ordnung. In modernen Demokratien ist diese Ordnung überwiegend in Form von Gesetzen niedergelegt. Diese enthalten Vorschriften darüber, wie Menschen sich in bestimmten Situationen verhalten müssen, wie sie ihr Gemeinwesen organisieren oder wirtschaftlich zusammenarbeiten. Jugendliche haben eine besondere Stellung innerhalb der Rechtsordnung, da sie besonders schutzbedürftig sind.

Kompetenzen

Am Ende dieses Kapitels solltest du Folgendes können:

- Grundlagen und Aufbau unserer Rechtsordnung beschreiben
- Aufgaben des Rechts erläutern
- Altersbezogenheit von ausgewählten Rechtsregeln darstellen
- einen Gerichtsbesuch vorbereiten und auswerten
- Erscheinungsformen und Ursachen von Jugendkriminalität analysieren
- Angemessenheit und Sinn von Strafen beurteilen

Was weißt du schon?

- Überlegt, welchen Zweck die einzelnen Regelungen erfüllen sollen.
- Diskutiert anschließend, ob ihr die Gesetze für notwendig erachtet.

6.1 Jugendliche vor dem Gesetz

Eine Tat – viele Folgen

M 1 Rico B. rastet aus

Am vergangenen Mittwoch fuhr Rico B. (16) mit seinem Freund Mark S. im Regionalexpress 1187 von Mainz nach Ingelheim. Da Mark S. keinen gültigen Fahrausweis gelöst hatte, steckte Rico Mark, nachdem er selbst kontrolliert worden war, seine Monatskarte zu. Der kontrollierende Zugbegleiter Hartmut M. erkannte jedoch, dass es sich bei dem Ausweis nicht um das Eigentum Marks handelte und stellte Rico zur Rede. Rico begann indes, den Zugbegleiter übel zu beschimpfen. Hartmut M. rief daraufhin die zuständige Bahnpolizei und übergab Rico B. an der nächsten Haltestelle den wartenden Beamten, die ihn in Gewahrsam nahmen.

Aus dem Strafgesetzbuch (StGB)

§ 185 Beleidigung
Die Beleidigung wird mit Freiheitsstrafe bis zu einem Jahr oder mit Geldstrafe und, wenn die Beleidigung mittels einer Tätlichkeit begangen wird, mit Freiheitsstrafe bis zu zwei Jahren oder mit Geldstrafe bestraft.

§ 263 Betrug
(1) Wer in der Absicht, sich oder einem Dritten einen rechtswidrigen Vermögensvorteil zu verschaffen, das Vermögen eines anderen dadurch beschädigt, dass er durch Vorspiegelung falscher oder durch Entstellung oder Unterdrückung wahrer Tatsachen einen Irrtum erregt oder unterhält, wird mit Freiheitsstrafe bis zu fünf Jahren oder mit Geldstrafe bestraft.
(2) Der Versuch ist strafbar.

Jugendgerichtsgesetz (JGG)
§ 1 Persönlicher und sachlicher Anwendungsbereich
(1) Dieses Gesetz gilt, wenn ein Jugendlicher oder ein Heranwachsender eine Verfehlung begeht, die nach den allgemeinen Vorschriften mit Strafe bedroht ist.
(2) Jugendlicher ist, wer zur Zeit der Tat vierzehn, aber noch nicht achtzehn, Heranwachsender, wer zur Zeit der Tat achtzehn, aber noch nicht einundzwanzig Jahre alt ist.
§ 3 Verantwortlichkeit
Ein Jugendlicher ist strafrechtlich verantwortlich, wenn er zur Zeit der Tat nach seiner sittlichen und geistigen Entwicklung reif genug ist, das Unrecht der Tat einzusehen und nach dieser Einsicht zu handeln. [...]

M 2 Das Gerichtsverfahren – der Weg bis zur Verurteilung

Der Angeklagte durchlief in den ersten beiden Lebensjahren mehrere „Pflegestellen" und wurde dann adoptiert. Seit Beginn der Pubertät zeigte er ein problematisches Sozialverhalten, das zu einem Dauerclinch mit den Eltern führte, aber auch mit seinen Lehrern und Rektoren der von ihm bisher besuchten Schulen. Eine Unterbringung in einer Wohngruppe konnte nicht realisiert werden, da er weder zur Schule ging, noch eine Arbeit hatte. Strafrechtlich war der Angeklagte bereits viermal in teilweise nicht unerheblicher Art und Weise in Erscheinung getreten. An einem Sommertag gegen 12:16 Uhr wurden der Angeklagte sowie sein Freund im Zug 32082 von Mainz Hbf nach Ingelheim von dem Prüfbeamten kontrolliert. Da der Freund keinen gültigen Fahrausweis bei sich hatte, steckte ihm der Angeklagte, nachdem er selbst kontrolliert worden war, seine Schülermonatskarte zu, damit sein Freund gegenüber dem Beamten den Eindruck erwecken konnte, er sei ebenfalls im Besitz eines Fahrausweises. Die Täuschungshandlung wurde jedoch bemerkt. Hierauf beleidigte der Angeklagte den Beamten mit den Worten: „Leck mich am Arsch". Wenig später rief er ihm das Wort „Hurensohn" zu. Am Bahnhof in Ingelheim wurde er der (1) übergeben. Die Staatsanwältin beantragte beim (2) keine Untersuchungshaft – es bestand keine Fluchtgefahr. Außerdem war die Verhältnismäßigkeit nicht gegeben. Sie erhob beim zuständigen Gericht (3). Nun musste sich auch der hinzugezogene (4) mit dieser Angelegenheit befassen. Er konnte wegen der früheren Verurteilungen des Angeklagten, da der Angeklagte 16 Jahre und 10 Monate alt war und da an seiner strafrechtlichen Verantwortlichkeit keinerlei Zweifel bestanden, keine (5) bewirken, wie es der Angeklagte gerne gehabt hätte. Das Gericht prüfte die Anklageschrift und eröffnete das Hauptverfahren. In der (6) wurde der Bahnbeamte als Zeuge vernommen. In den Plädoyers forderte die Staatsanwältin eine (7). Sein Rechtsanwalt forderte eine (8). Der Angeklagte verzichtete auf sein Schlusswort. Die (9) verkündete dann das (10). Für das Gericht lag es nahe, gegen den Angeklagten einen Dauerarrest von 2 Wochen zu verhängen, da die in der Vergangenheit überlegten und verhängten Sanktionen den Angeklagten nicht so beeindruckt hätten, dass er sich von der Begehung weiterer Straftaten hätte abhalten lassen. Andererseits sah das Gericht die schwierige persönliche Situation des Angeklagten. Da die Problembereiche nach Auffassung des Gerichts durch das Herausgehen aus der Familie und die Hilfestellung durch andere im Rahmen des „betreuten Jugendwohnens" aufgefangen und begleitet werden könnten, hat das Gericht dem Angeklagten eine entsprechende Weisung erteilt. Der Verteidiger verzichtete darauf, (11) einzulegen.

zu Aufgabe 2
Sammle mögliche Argumente eines Plädoyers und schreibe diese jeweils auf ein Kärtchen. Bringe nun die Argumente in eine überzeugende Reihenfolge, indem du die Kärtchen ordnest.

Aufgaben

1. Ordne die Begriffe aus M 3 den entsprechenden Leerstellen in M 2 zu.
2. Entwirf ein kurzes Plädoyer aus der Sicht der Staatsanwältin (M 2).
3. Hältst du das Urteil in M 2 für gerecht? Diskutiert den Fall in der Klasse.

M 3 Wichtige Begriffe aus dem Gerichtsverfahren

Polizei
Die Polizei nimmt den Straftäter fest.

Staatsanwalt
Der Staatsanwalt erhebt beim zuständigen Gericht Anklage gegen einen Beschuldigten. In der Gerichtsverhandlung vertritt der Staatsanwalt die Anklageseite.

Ermittlungsrichter
Der Ermittlungsrichter kann z.B. bei Fluchtgefahr oder Wiederholungsgefahr Untersuchungshaft anordnen.

Verteidiger
In einem Gerichtsverfahren hat jeder Angeklagte das Recht, sich durch einen Rechtsanwalt verteidigen zu lassen. Der Verteidiger hat eine Schweigepflicht und ist außerdem verpflichtet, die Interessen des Angeklagten zu vertreten.

Bewährungsstrafe
Bei Bewährung wird der Verurteilte von der Vollstreckung der Strafe verschont. In der Bewährungszeit steht er unter der Aufsicht eines Bewährungshelfers, der die Aufgabe hat, Beratung und Hilfe anzubieten.

Beweisaufnahme
In der Beweisaufnahme werden Zeugen vernommen und die Indizien geprüft.

Richter/Urteil
Der Richter spricht das Urteil. Er entscheidet damit, ob eine Strafe verhängt wird (und über die Höhe des Strafmaßes) oder ob ein Freispruch erfolgen kann.

Verfahrenseinstellung
Eine Einstellung des Verfahrens muss erfolgen, wenn dem Angeklagten keine Schuld nachgewiesen werden kann.

Rechtsmittel
Nachdem ein Urteil gesprochen wurde, können bei der nächst höheren Instanz eingelegt werden:
- *Berufung* (inhaltliche Überprüfung eines Urteils), wenn der Angeklagte oder der Staatsanwalt das Urteil als nicht angemessen betrachten;
- *Revision* (formale Überprüfung eines Urteils), wenn eine Verletzung von Rechtsvorschriften vorliegt.

Jugendstrafe
Die Jugendstrafe ist ein Freiheitsentzug in einer Jugendstrafanstalt mit einer Dauer von mindestens sechs Monaten und höchstens fünf Jahren. Bei außergewöhnlich schweren Straftaten sind zehn Jahre möglich.

Anklage
Die Anklage beim zuständigen Gericht leitet das Gerichtsverfahren ein.

M 4 Instanzen eines Jugendstrafprozesses

Jugendrichter
Jugendrichter sind Richter mit besonderer Ausbildung. Die Öffentlichkeit ist von Verfahren gegen Jugendliche grundsätzlich ausgeschlossen, die Eltern können teilnehmen. Bei Verhandlungen gegen Heranwachsende (18-21 Jahre) kann die Öffentlichkeit auf Antrag ausgeschlossen werden.

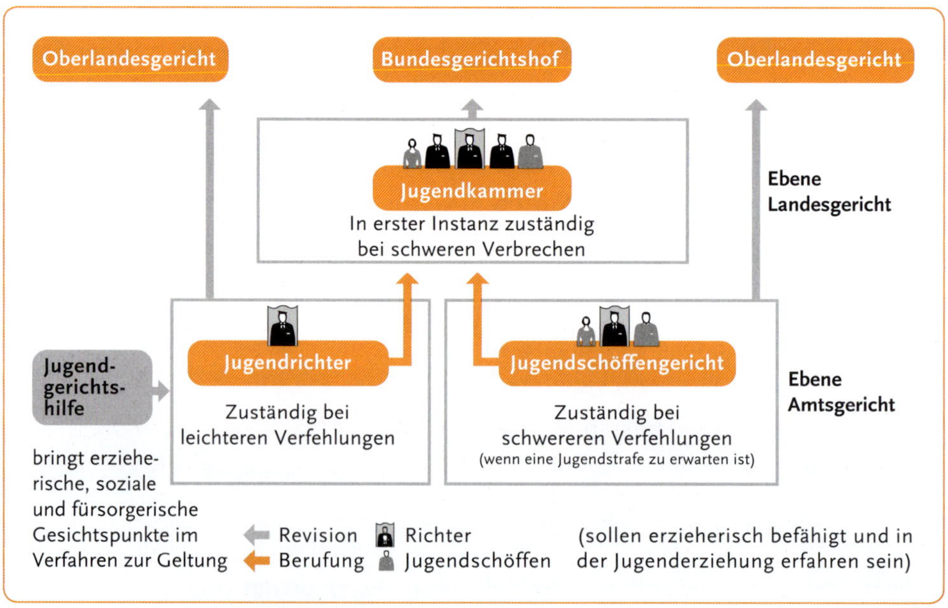

Bergmoser + Höller Verlag 129520

M 5 Vorbereitung und Auswertung eines Gerichtsbesuchs

Vorbereitung eines Gerichtsbesuchs

Gerichtsverhandlungen sind in der Regel öffentlich, so dass sie auch von Schulklassen besucht werden können. Bei einem solchen Besuch kann man einen guten Eindruck davon gewinnen, wie ein Strafprozess abläuft und wie sich die einzelnen Beteiligten vor Gericht verhalten. Bei der Auswahl der Gerichtsverhandlung solltet ihr allerdings darauf achten, dass die Verhandlung auch für einen Besuch geeignet ist. Sucht euch am besten eine Verhandlung vor dem Jugendgericht aus. Bei einer günstigen Terminwahl ist der Jugendrichter sicher bereit, nach der Verhandlung auf eure Fragen zu antworten. Termin deshalb frühzeitig absprechen! Fragt auch beim Jugendrichter, wie lange die Verhandlung voraussichtlich dauern wird und ob mit einem Urteilsspruch zu rechnen ist. Überlegt, welche Punkte euch bei dem Besuch besonders interessieren. Der folgende Beobachtungsbogen kann euch dabei helfen.

Beobachtungsbogen für einen Gerichtsbesuch

1. Aufruf der Sache durch den Vorsitzenden, dem die Verfahrensleitung obliegt.
Worum geht es bei der Verhandlung?

2. Befragung des Angeklagten zu seinen Personalien
Ergebnisse der Befragung notieren

3. Verlesung des Anklagesatzes durch den Staatsanwalt
Was wird dem Angeklagten zur Last gelegt?
Auf welche Vorschriften beruft sich der Staatsanwalt?

4. Vernehmung des Angeklagten zur Person und zur Sache
Worüber wird der Angeklagte vom Vorsitzenden belehrt?

5. Die Beweisaufnahme
Mit welchen Hinweisen eröffnet der Vorsitzende die Beweisaufnahme?
Wie verläuft die Vernehmung der Zeugen ab?
Welche Fragen stellen andere Verfahrensbeteiligte?
Was sagen die Zeugen und Sachverständigen zur Sache aus?

6. Plädoyer des Staatsanwalts oder Klägers (und ggf. des Nebenklägers)
Wie argumentiert dieser?

7. Plädoyer des Verteidigers
Wie argumentiert der Verteidiger?
Was spricht seines Erachtens zu Gunsten des Angeklagten?

8. Letztes Wort hat der Angeklagte
Was sagt der Angeklagte?

9. Urteilsberatung
Wie lange dauert diese?

10. Verkündung des Urteils
Wie fällt das Urteil aus?
Wie wird es begründet?

11. Abschließende persönliche Stellungnahme des Beobachters
Dauer der gesamten Verhandlung
Wie führt der Vorsitzende die Verhandlung?
Eindrücke und offene Fragen

Recht und Gerechtigkeit in Gerichtsverfahren

M 6 Polizei ließ Verdächtigen zu lange schmoren

Beurteile, inwieweit es sich bei dem in M 6 geschilderten Fall um ein Beispiel für Gewaltenteilung handelt.

Es war der seit Jahren höchste Sachschaden bei einer Straftat in Gießen, den die Unbekannten am 16. Juli 2011 bei einer Aktion am Rande der damaligen NPD-Demonstration anrichteten. Bis heute sind die Täter, die bei ihrem Angriff auf eine Filiale der Volksbank und das Haus der Studentenverbindung Chattia einen Schaden in Höhe von 150.000 Euro verursachten, nicht gefasst. Wie die AZ jetzt erfuhr, ging einer der Verdächtigen [...] im Nachgang der Ereignisse gerichtlich gegen die Polizei vor – und bekam teilweise Recht.

In einem Verfahren entschied das Gießener Amtsgericht [...], dass der Frankfurter an dem besagten Samstag im Juli 2011 zu lange von der Polizei festgehalten worden war, nämlich bis fast 23 Uhr. Die Polizei habe den Verdächtigen über die erkennungsdienstlichen Maßnahmen hinaus über Stunden „bloß verwahrt". Daher gab das Amtsgericht der Feststellungsklage des Mannes, wonach seine Festnahme rechtswidrig gewesen sei, teilweise statt. [...] Fünf Personen nahm die Polizei [...] in Haft, darunter den späteren Kläger, gegen den ein „vager Anfangsverdacht" bestand. Der indes war nicht zu erhärten, trotzdem verblieb der Mann auch nach der Spurensicherung noch stundenlang im Gewahrsam der Polizei. Nach Meinung des Amtsgerichts aus nicht nachvollziehbaren Gründen, denn ein Freiheitsentzug zur erkennungsdienstlichen Behandlung müsse sich auf das dazu unbedingt notwendige Zeitmaß beschränken.

Mö, Gießener Allgemeine Zeitung, 15.2.2013

M 7 Grundsätze der Rechtsprechung und des Strafrechts

Aufgabe der Rechtsprechung ist die Wahrung und Durchsetzung des Rechts. Dafür hat der Staat Gerichte eingerichtet. Sie entscheiden bei Rechtskonflikten zwischen Staat und Bürger und zwischen einzelnen Bürgern in einem Verfahren nach festgelegten Regeln, was rechtens ist. [...]

Das Grundgesetz garantiert in einer Reihe von Verfassungsbestimmungen eine Rechtsprechung nach den Prinzipien des Rechtsstaates.

Richterliche Unabhängigkeit (Art. 97 GG)

Die Rechtsprechung ist nach Art. 92 GG den Richtern anvertraut. Richter sind unabhängig und nur dem Gesetz unterworfen (Art. 97 GG). Sie unterliegen bei der Wahrnehmung ihrer Aufgaben keinerlei Weisungen. [...]

Richter können nicht abgesetzt oder versetzt werden. Eine Dienstaufsicht sorgt lediglich dafür, dass sie ihre Amtsgeschäfte ordnungsgemäß erledigen. Nur bei schweren Dienstpflichtverletzungen, etwa Unterschlagung von Beweismaterial, kann ein Richter entlassen werden. […]

Recht auf den gesetzlichen Richter (Art. 101 GG)
[…] Das Grundgesetz verbietet Ausnahmegerichte. Es darf beispielsweise keine Sondergerichte geben, die nur politische Straftaten oder nur Sittlichkeitsdelikte aburteilen. Durch Gesetz ist geregelt, welches Gericht für eine Sache zuständig ist, zum Beispiel das Amtsgericht, das Verwaltungsgericht, das Arbeitsgericht. Auch innerhalb der Gerichte legt ein Geschäftsverteilungsplan fest, welcher Richter einen Fall zu übernehmen hat. Es wäre unzulässig, einen Fall dem nach dem Geschäftsverteilungsplan zuständigen Richter zu entziehen und einem anderen zu übertragen, weil dieser als besonders streng oder milde gilt. […]

Anspruch auf rechtliches Gehör (Art. 103 GG)
Wer vor Gericht steht, als Partei in einem Zivilprozess oder als Angeklagter in einem Strafverfahren, muss Gelegenheit haben, sich zu dem Sachverhalt zu äußern. […]

Garantien für das Strafverfahren (Art. 103 GG)
Zu den elementaren Grundsätzen eines Rechtsstaates gehören zwei Garantien, die für das Strafverfahren gelten: das Verbot der Rückwirkung und das Verbot der Doppelbestrafung.
Die präzise Formulierung von Art. 103 Abs. 2, der „Magna Charta des Strafrechts", geht auf den römischen Rechtsgrundsatz „Nullum crimen, nulla poena sine lege" (Kein Verbrechen, keine Strafe ohne Gesetz) zurück. Das Rückwirkungsverbot hatte und hat eine zentrale Bedeutung bei der Ahndung von Verbrechen des nationalsozialistischen Herrschaftssystems und des SED-Staates. Täter können nur wegen solcher Verbrechen zur Rechenschaft gezogen werden, die auch damals schon strafbar waren, das gilt zum Beispiel für Mord.
Ein rechtmäßig bestrafter oder freigesprochener Täter kann wegen derselben Tat nicht noch einmal angeklagt werden. Nur bei besonders schwerwiegenden Gründen, etwa wenn entscheidende neue Beweise vorliegen, ist eine Wiederaufnahme des Verfahrens zulässig. […]

Rechtsgarantien bei Freiheitsentziehung (Art. 104 GG)
Freiheitsentziehung, das Festhalten einer Person, kann nur von einem Richter angeordnet werden. Die Polizei benötigt zur Verhaftung eines Verdächtigen einen richterlichen Haftbefehl. Sie kann ihn vorläufig festnehmen, wenn er auf frischer Tat ertappt wurde oder Fluchtgefahr besteht. Spätestens am folgenden Tage muss der Festgenommene einem Richter vorgeführt werden, der über Freilassung oder Fortdauer der Haft entscheidet.

Horst Pötzsch, Die Deutsche Demokratie, 5. überarbeitete und aktualisierte Auflage, Bonn 2009, S. 134-136.

Der Schutz eines Beschuldigten vor Willkür hat eine lange Tradition. Stelle in einem Referat die Inhalte und den historischen Zusammenhang der „Habeas Corpus Akte" und der „Magna Charta" dar.

Aufgaben

1. Erläutere, gegen welche Grundsätze des Rechtsstaats in M 6 verstoßen wurde.
2. Zeige auf, inwiefern der Fall dennoch ein Beleg für einen funktionierenden Rechtsstaat ist (M 6, M 7).

Unterschiede zwischen zivil- und strafrechtlicher Verantwortlichkeit

M 8 Vandalismus an der Schule

Heiko (15) und Bruno (13) kennen sich schon aus dem Kindergarten und sind ein eingeschworenes Team. Als die Zeugnisse fällig sind und Heiko entsetzt ein „wird nicht versetzt nach Klasse 10" in seinem Zeugnis lesen muss, entscheidet er, es der Schule „heimzuzahlen". Bruno ist selbstverständlich mit von der Partie. Da Bruno auf seinen Bruder Charlie (6) aufpassen muss, beschließt er, diesen einfach mitzunehmen. Gegen 22:00 Uhr ziehen sie los. Da sie es nicht schaffen, in die Schule einzudringen, werfen sie aus Frust sechs Fensterscheiben ein und besprühen die Eingangstür mit Graffiti. Dabei werden sie von Passanten beobachtet, die umgehend die Polizei alarmieren. Der Schaden beläuft sich nach vorläufigen Schätzungen der Polizei auf circa 5.000 €.

M 9 Was sagt das Gesetz?

Strafgesetzbuch (StGB)

§ 303

Sachbeschädigung

(1) Wer rechtswidrig eine fremde Sache beschädigt oder zerstört, wird mit Freiheitsstrafe bis zu zwei Jahren oder mit Geldstrafe bestraft.

Bürgerliches Gesetzbuch (BGB)

§ 823

Schadensersatzpflicht

(1) Wer vorsätzlich oder fahrlässig das Leben, den Körper, die Gesundheit, die Freiheit, das Eigentum oder ein sonstiges Recht eines anderen widerrechtlich verletzt, ist dem anderen zum Ersatz des daraus entstehenden Schadens verpflichtet.

§ 828

Minderjährige

(1) Wer nicht das siebente Lebensjahr vollendet hat, ist für einen Schaden, den er einem anderen zufügt, nicht verantwortlich.

(2) Wer das siebente, aber nicht das zehnte Lebensjahr vollendet hat, ist für den Schaden, den er bei einem Unfall mit einem Kraftfahrzeug, einer Schienenbahn oder einer Schwebebahn einem anderen zufügt, nicht verantwortlich. Dies gilt nicht, wenn er die Verletzung vorsätzlich herbeigeführt hat.

(3) Wer das 18. Lebensjahr noch nicht vollendet hat, ist, sofern seine Verantwortlichkeit nicht nach Absatz 1 oder 2 ausgeschlossen ist, für den Schaden, den er einem anderen zufügt, nicht verantwortlich, wenn er bei der Begehung der schädigenden Handlung nicht die zur Erkenntnis der Verantwortlichkeit erforderliche Einsicht hat.

Jugendgerichtsgesetz (JGG)

§ 1

Persönlicher und sachlicher Anwendungsbereich

(1) Dieses Gesetz gilt, wenn ein Jugendlicher oder ein Heranwachsender eine Verfehlung begeht, die nach den allgemeinen Vorschriften mit Strafe bedroht ist.

(2) Jugendlicher ist, wer zur Zeit der Tat vierzehn, aber noch nicht achtzehn, Heranwachsender, wer zur Zeit der Tat achtzehn, aber noch nicht einundzwanzig Jahre alt ist.

§ 3

Verantwortlichkeit

Ein Jugendlicher ist strafrechtlich verantwortlich, wenn er zur Zeit der Tat nach seiner sittlichen und geistigen Entwicklung reif genug ist, das Unrecht der Tat einzusehen und nach dieser Einsicht zu handeln. [...]

M 10 Stufen der Deliktsfähigkeit

Deliktsfähigkeit

Deliktsfähigkeit ist die Fähigkeit einer Person, wegen einer unerlaubten Handlung, bei der ein Schaden entstanden ist, haftbar (Pflicht zum Schadensersatz) gemacht werden zu können.

Deliktsunfähig	Beschränkt deliktsfähig	Voll deliktsfähig
Minderjährige unter sieben Jahren und Personen, deren freie Willensbetätigung krankheitsbedingt augeschlossen ist.	Minderjährige zwischen 7 und 18 Jahren (Spezialfall zwischen 7 und 10: Minderjährigenhaftung bei vorsätzlich verursachtem Verkehrsunfall) und Taubstumme.	Volljährige (ab 18 Jahren)

M 11 Stufen der Strafmündigkeit

Strafmündigkeit

Die alters- und geistesbedingte Fähigkeit, für das Unrecht einer strafbaren Handlung einzustehen.

Strafunmündig	Strafmündig nach Jugendgerichtsgesetz (JGG)	Strafmündig
Personen unter 14 Jahren sind strafrechtlich nicht verantwortlich.	Personen mit Vollendung des 14. Lebensjahres sind bedingt verantwortlich, nämlich falls die „Strafreife“ vorhanden ist, also „die Fähigkeit, das Unrecht der Tat einzusehen und nach dieser Einsicht zu handeln“ (§ 3 JGG).	Erwachsene sind voll strafmündig, doch wird bei Heranwachsenden (18 – 21 Jahre) in der Regel das Jugendstrafrecht angewendet. Ab dem 21. Geburtstag muss das Erwachsenenstrafrecht angewendet werden.

Wegen der Schwere der strafrechtlichen Sanktionen liegt die Altersgrenze für die Verantwortlichkeit im Strafrecht im Vergleich zur Deliktsfähigkeit im Zivilrecht höher.

Aufgaben

1. Schreibe für jede der an der Tat (M 8) beteiligten Personen ein knappes Gutachten, in dem du darauf eingehst, welche Rechtsfolgen für die Personen jeweils möglicherweise zu erwarten sind. Unterscheide dabei zivil- und strafrechtliche Folgen (M 8 – M 11).
2. Erkläre, warum eine Tat zivil- und strafrechtliche Folgen haben kann.

Zivil- und Strafprozess im Vergleich

M 12 Wie unterscheiden sich Zivil- und Strafprozess?

Auch im Prozessrecht werden die Unterschiede zwischen Zivilrecht und Strafrecht, das zum öffentlichen Recht gehört, deutlich.

Der **Zivilprozess** dient der Feststellung, Durchsetzung und Sicherung privater Ansprüche (z. B. Einhaltung vertraglicher Pflichten). Er findet vor den Zivilgerichten (Amtsgericht, Landgericht, Oberlandesgericht, Bundesgerichtshof) statt, die zur ordentlichen Gerichtsbarkeit gehören. Der Zivilprozess unterscheidet sich grundsätzlich von anderen Prozessarten, etwa dem Strafprozess. Der Zivilprozess wird durch die Parteien selbst in Gang gesetzt, nämlich durch Erhebung der Klage (z. B. durch Brunos Schule, die den Schaden an dem Gebäude ersetzt haben möchte). Die Wahrheit wird nicht von Amts wegen ermittelt, sondern das Gericht entscheidet aufgrund der Tatsachen, die die streitenden Parteien dem Gericht unterbreiten. Nur wenn die Parteien sich uneins sind, erhebt das Gericht (auf Antrag) Beweis. Das Gericht ist an die Anträge der Parteien gebunden. Sie bestimmen im Wesentlichen den Gang und Ablauf des Verfahrens. Es ist deutlich, dass im Zivilprozess die Gerichte eher die Rolle eines Vermittlers oder Schiedsrichters übernehmen. Das Urteil soll einen gerechten Ausgleich zwischen den Parteien herbeiführen.

Bei einer Verletzung des Rechts droht im Rechtsstaat die Verfolgung durch die staatlichen Vollzugsorgane. Sitzung des Jugendgerichts im Prozess gegen zwei jugendliche Straftäter (Landgericht Kiel). Aus Gründen des Persönlichkeitsschutzes sind die Gesichter der Angeklagten (links im Bild) nicht zu sehen.

Sinn und Zweck des **Strafprozesses** ist es, Schuld oder Unschuld des Angeklagten festzustellen und gegebenenfalls den Verurteilten einer der Schwere der Tat entsprechenden Strafe zuzuführen. Das Verfahren folgt einem festgelegten Ablauf. Herr des Ermittlungsverfahrens ist die Staatsanwaltschaft, doch übernimmt meist die Polizei die Aufgabe der Ermittlung des Tathergangs. Die Strafverfolgungsbehörden (Polizei, Gerichte, Staatsanwaltschaft) sind von Amts wegen verpflichtet, die Strafverfolgung einzuleiten, wenn ein strafrechtlich relevanter Sachverhalt bekannt wird, bspw. wenn die Polizei einen Einbruch beobachtet. Viele Straftaten werden aber auch von Privatpersonen zur Anzeige gebracht, z. B. weil sie Opfer oder Zeuge einer Straftat geworden sind. Gibt es einen hinreichenden Tatverdacht, so erhebt die Staatsanwaltschaft Anklage und es folgt ein gerichtliches Strafverfahren im Rahmen der ordentlichen Gerichtsbarkeit. Die Polizei muss nunmehr alle be- und entlastenden Tatsachen zusammentragen, die es nachher dem Gericht ermöglichen zu entscheiden, ob eine Straftat vorgelegen hat oder nicht. Erst im gerichtlichen Verfahren wird die Schuld des Täters festgestellt und das Strafmaß festgelegt.

M 13 Ablauf eines Zivil- und eines Strafprozesses

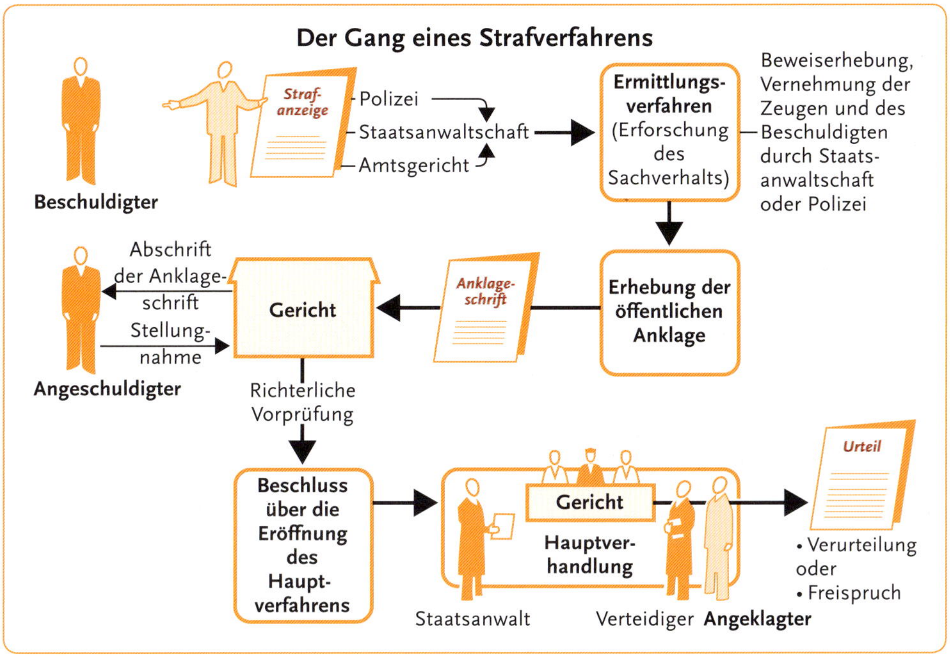

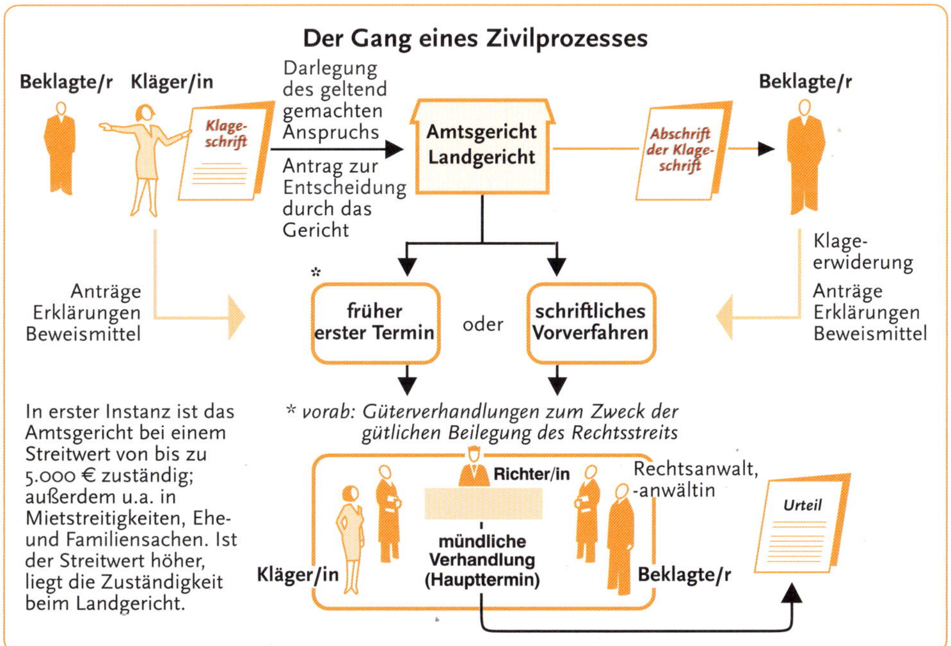

Aufgabe

Vergleiche Straf- und Zivilprozess und nenne die Gemeinsamkeiten und Unterschiede (M 12, M 13). Erkläre die Unterschiede auch mit Hilfe deines Wissens über den Aufbau unserer Rechtsordnung.

Arbeite zunächst wahlweise nur mit den Grafiken oder nur mit dem Text.

Ursachen für Jugendkriminalität

M 14 Jugendkriminalität in den Schlagzeilen

Betrunkener 15-Jähriger fährt Auto zu Schrott

Er verlor die Kontrolle über das zuvor gestohlene Fahrzeug, das mit Totalschaden im Straßengraben landete.

Zwei Personen leicht verletzt

15-Jähriger beschießt Passanten mit Soft-Air-Gewehr

Gegen ihn wird nun wegen gefährlicher Körperverletzung und Verstoßes gegen das Waffengesetz ermittelt.

Straftaten gefilmt

Die Kriminalpolizei ermittelt derzeit gegen zwölf Jugendliche im Alter von 14 bis 17 Jahren. Die jungen Täter dokumentierten ihre Straftaten zum Teil mit ihren Fotohandys.

16-Jähriger ging mit Messer auf Mitschüler los

Bei einem Streit mit seinem Mitschüler geriet ein 16-Jähriger derart in Wut, dass er mit einem Messer auf seinen zwei Jahre jüngeren Mitschüler losging.

Junge Sprayer verunstalten Gebäude

Ende März haben Unbekannte in Flensburg mehrere Gebäude mit Graffiti verunstaltet. Die jugendlichen Täter konnten inzwischen ermittelt werden. Sie wurden angezeigt.

Jugendliche Einbrecherbande gestellt

In Elmshorn hat die Polizei vier jugendliche Einbrecher festgenommen. Sie sind zwischen 14 und 16 Jahre alt und stehen im Verdacht, zweimal in ein Einfamilienhaus eingebrochen zu sein.

M 15 Verurteilte Personen nach Straftaten und erkannter Strafe

Straftat[1]	Anzahl					
	Davon nach					
	Insgesamt	allgemeinem Strafrecht		Jugendstrafrecht		Darunter waren vorbestraft
		Freiheitsstrafe[2]	Geldstrafe	Jugendstrafe	Zuchtmittel[3]	
Straftaten nach dem Strafgesetzbuch	31.345	5.496	21.746	954	3.149	14.631
Friedensverrat, Hochverrat, Gefährdung des demokratischen Rechtsstaates §§ 80-92 b	57	8	33	2	14	34
Widerstand gegen die Staatsgewalt §§ 111-121	247	49	167	8	23	129
Straftaten gegen die öffentliche Ordnung §§ 123-145 d	2.199	111	1.946	9	133	610
Geld- und Wertzeichenfälschung §§ 146-152 a	23	15	5	3	0	11
falsche uneidliche Aussage und Meineid §§ 153-163	388	102	210	12	64	168
falsche Verdächtigung §§ 164, 165	194	23	135	4	32	85
Straftaten gegen den Personenstand, die Ehe und Familie §§ 169-173	215	190	25	0	0	108
Straftaten gegen die sexuelle Selbstbestimmung §§ 174-184 f	392	218	107	44	23	138
Beleidigung §§ 185-200	1.074	67	903	18	86	583
Straftaten gegen das Leben §§ 211-222	89	38	43	6	2	15
Straftaten gegen die körperliche Unversehrtheit §§ 223-231	4.447	1.151	2.075	304	917	2.229
Straftaten gegen die persönliche Freiheit §§ 232-241 a	615	66	488	13	48	289
Diebstahl und Unterschlagung §§ 242-248 c	5.721	1.315	3.136	263	1.007	3.268
Raub und Erpressung §§ 249-256	403	185	5	154	59	286
Begünstigung und Hehlerei §§ 257-262	263	52	169	6	36	119
Betrug und Untreue §§ 263-266 b	8.287	1.208	6.702	55	322	4.303
Urkundenfälschung §§ 267-282	879	200	608	15	56	424
Insolvenzstraftaten §§ 283-283 d	101	15	86	0	0	28
Sachbeschädigung §§ 303-305 a	779	37	506	20	216	436
gemeingefährliche Straftaten §§ 306-323 c	4.802	432	4.243	18	109	1.305
Straftaten gegen die Umwelt §§ 324-330 d	105	3	102	0	0	39
sonstige Straftaten	65	11	52	0	2	24
Straftaten nach dem Straßenverkehrsgesetz	2.397	328	1.782	15	272	1.368
Straftaten nach anderen Bundes- und Landesgesetzen	5.210	1.346	3.378	108	378	2.446
Straftaten insgesamt	38.952	7.170	26.906	1.077	3.799	18.445

[1] Sofern einzelne Paragraphen nachgewiesen sind, handelt es sich um Regelungen des Strafgesetzbuches. [2] Einschließlich Strafarrest.
[3] Einschließlich Erziehungsmaßregeln.

Statistisches Bundesamt, www.destatis.de, Stand: 2011

M 16 Jugendkriminalität: Gewalt kommt nicht von ungefähr

Ist Gewalt ein Teil der jugendlichen Entwicklung?

Ja, sehr häufig, vor allem bei jungen Männern. Dabei geht es meist darum, bewusst Normen der Erwachsenen zu brechen, sich abzugrenzen, zu emanzipieren; aber auch darum, erwachsenes Verhalten zu antizipieren, wie Psychologen sagen. Jugendliche wollen erwachsen wirken, wozu auch gehören kann, ein Auto zu fahren, wenn man erst 16 ist und es einem nicht gehört. Umfragen zeigen, dass 90 Prozent aller männlichen Jugendlichen mindestens eine Straftat begangen haben. Die Phase beginnt im Alter von zehn bis vierzehn Jahren, erreicht den Höhepunkt bei 17- bis 18-Jährigen und nimmt ab 20 wieder ab. Allerdings kann sie länger dauern, zum Beispiel wenn die Betroffenen kein festes soziales Umfeld und keine Perspektive haben wie einen Ausbildungs- oder Arbeitsplatz, und/oder wenn sie viel trinken. […]

Werden Kinder, die von ihren Eltern geschlagen werden, selbst zu Schlägern?

Die Gefahr ist groß. Dabei zählt nicht nur, ob die Kinder selbst Prügel bekommen, sondern auch, ob sie sehen, dass die Eltern ihre Konflikte auf diese Art austragen. Sie sind einerseits Opfer, die sich als ohnmächtig erleben. Andererseits lernen sie modellhaft, Probleme ebenso gewaltsam zu lösen. Sie entwickeln dadurch grundsätzlich eine höhere Akzeptanz für Gewalt. Viele Studien belegen, dass Kinder, die Gewalt erfahren, selbst aggressiver sind. Außerdem machen sie früh die Erfahrung, dass sich mit Gewalt Forderungen durchsetzen lassen, dass sie also erfolgreich ist. Und sie verschafft ihnen Anerkennung – wenn auch in Form von Angst bei ihren Opfern. Der Wunsch, zu erniedrigen, ist bei jugendlichen Intensivtätern oft zu beobachten.

Gibt es Erziehungsstile, die Gewalt fördern?

Leider. In der Wissenschaft heißt diese Erziehung „inkonsistent", das meint: ohne klare Normen. Heute darf das Kind fernsehen, morgen nicht, übermorgen bekommt es sogar Prügel, wenn es fernsehen will. Für Kinder ist nicht erkennbar, was richtig und was falsch ist, da die Eltern jedes Mal anders reagieren. Studien zeigen, dass dies einer der wichtigsten Faktoren für spätere Gewalttätigkeit ist. Wer keine Normen verinnerlicht, kann sie bei anderen Menschen nicht erkennen und das Verhalten anderer nicht vorausahnen und „sozial korrekt" reagieren. Solche Kinder werden deswegen auch von Gleichaltrigen ausgegrenzt oder gar geschlagen. Außerdem können sie nicht das Gefühl entwickeln, Kontrolle über ihr Leben zu haben.

Kai Biermann, Die Zeit, 23.9.2009

Harmlose Prügelei oder Vorstufe einer kriminellen Karriere? Die Ursachen für Jugendkriminalität sind vielfältig.

emanzipieren = aus Abhängigkeit / Bevormundung befreien

antizipieren = vorwegnehmen

Aufgaben

1. Ordne die in den Zeitungsmeldungen genannten Fälle den einzelnen Straftatengruppen zu (M 14, M 15).
2. Vergleiche die Zahlen in der Tabelle. Nenne eine Zahl, die du bemerkenswert findest und versuche, eine Erklärung dafür zu geben (M 15).
3. Welche der in M 16 genannten Ursachen für Jugendkriminalität hältst du für besonders überzeugend. Begründe!

Welchen Sinn hat Strafe?

M 17 Warum muss Strafe sein?

A: „Ich denke v. a. an ganz junge Straftäter, 14- und 15-Jährige, die von zu Hause nicht gerade das Beste mitbekommen haben. Wenn man diesen noch unfertigen Menschen lediglich die Härte des Gesetzes zeigte, würden sie nichts lernen. Mit einer Strafe sollte eine Einsicht vermittelt werden. Gerade Jugendliche sollte man v. a. auch erziehen, damit sie sich bessern können."

B: „Stellen Sie sich einfach mal vor, dass Ihrem Kind ein großes Unrecht angetan wurde, dass Sie tatenlos zusehen mussten, wie Ihr Kind unter der Tat litt. Glauben Sie wirklich, dass Sie in diesem Moment an den Täter oder die Gesellschaft denken können?
Ich für meinen Teil wäre nur noch an der Verurteilung des Täters interessiert."

C: „Ich sehe einen anderen Punkt als besonders wichtig an. Wir leben ja schließlich nicht für uns alleine, sondern in einer Gesellschaft. Bei der Bestrafung von Menschen wirkt dies auf andere und zeigt ihnen, dass der Staat über wirksame Mechanismen verfügt und man sich auf eine angemessene Strafe einstellen muss."

Christian Hallas, Jugend und Kriminalität – Probleme und Lösungsansätze, in: RAAbits Sozialkunde Politik, I/E2, Reihe 3, Stuttgart 2007, S. 16

M 18 Unterschiedliche Strafzwecke

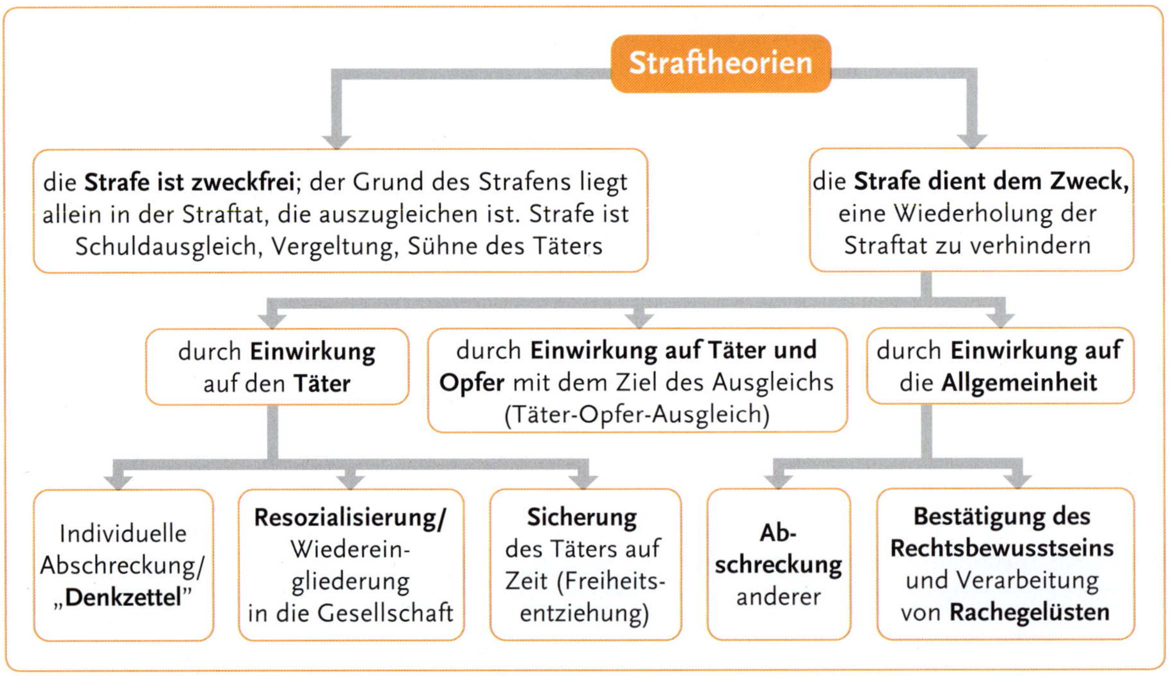

M 19 Rechtsfolgen von Jugendstraftaten

Maßnahmen	Art der Durchführung oder Wirkung	Gründe der Rechtsfolgeanforderung
A. Erziehungsmaßregeln (§ 9 JGG) 1. Weisungen 2. Erziehungsbeistandschaft 3. Fürsorgeerziehung	• Gelten nicht als Strafen, kein Eintrag ins Strafregister • Gebote und Verbote zur Regelung der Lebensführung, z. B. Arbeitsstelle annehmen, in einem Heim wohnen u. a.; durch gerichtlich bestellte Erziehungsbeistände, z. B. Helfer des Jugendamts, Verwandte, Lehrer u. a. • In Erziehungsheimen oder in fremden Familien	• Einmalige Straftaten, die durch Umstände der Lebensführung wesentlich mitverursacht wurden • Wenn mangelnde elterliche Erziehungsmöglichkeit als Tätermerkmal festgestellt wird • Wenn bei einer 17-Jährigen die Familie eine drohende Verwahrlosung nicht aufhalten kann
B. Zuchtmittel (§ 13 JGG) 1. Verwarnung 2. Auflagen 3. Jugendarrest	• Gelten nicht als Strafen • Förmliche Zurechtweisung des Täters aufgrund eines Jugendstrafprozesses • Verpflichtungen, die dem Jugendlichen das Unrecht eindringlich in Erinnerung rufen, z. B. Dienst in gemeinnützigen Einrichtungen • Freizeitarrest bis zu 5 Freizeiten • Kurzarrest bis 6 Tage, Dauerarrest bis 4 Wochen	• Einmalige Straftaten, für die der Jugendliche in seiner Person selbst verantwortlich ist • Schäden aus Übermut – Wiedergutmachung und persönliche Entschuldigung • Delikte aus mangelnder Selbstkontrolle bei besonderer Gelegenheit, z. B. leichter Diebstahl, Körperverletztung u. a.
C. Jugendstrafe (§ 17, 18 JGG) 1. Freiheitsentzug von bestimmter Dauer	• Bei „schädlicher Neigung“, d. h. wenn Erziehungsmaßregeln und Zuchtmittel nicht ausreichen • Mind. 6 Monate, höchstens 10 Jahre, Strafaussetzung und vorzeitige Entlassung möglich zur Bewährung	• Schwere Straftaten mit hohem Schuldgehalt • Insbesondere bei Heranwachsenden und Feststellung „schädlicher Neigung“ z. B. bei Wiederholungstätern
D. Maßregeln der Besserung und Sicherung (§ 7 JGG)	• Meist begleitend zu den Maßnahmen A bis C, z. B. Entziehungskur bei Drogen, Führungsaufsicht, Entziehung der Fahrerlaubnis	• Im Zusammenhang mit bestimmten Straftaten

Horst Becker, Stundenblätter Recht, Stuttgart 1990, Arbeitsblatt 10

M 20 Aus dem Polizeibericht

+ + + Die sechzehnjährige Schülerin A. zerkratzte in leicht alkoholisiertem Zustand nach einer Party die Tür eines parkenden Mercedes. In der Befragung gab sie an, sie könne „solche Leute“ nicht leiden. Die Polizei schätzt den Schaden auf 2.500 €. + + +

+ + + Beim Klauen erwischt wurde der 14-jährige M., der in einem Kaufhaus die CD der Gruppe „One Direction“ in seiner Jacke versteckt hatte und sich damit an der Kasse vorbeischleichen wollte. + + +

+ + + Die 15-jährige B. warf „zum Spaß“ einen großen Stein von einer Autobahnbrücke. Dabei starb eine Mutter von drei Kindern. + + +

+ + + Der Jugendliche S. (17 Jahre) schlug einen gleichaltrigen Jungen so zusammen, dass das Opfer mit Verletzungen ins Krankenhaus eingeliefert werden musste. + + +

+ + + Der drogenabhängige D. (18) bedrohte einen Passanten mit einem Messer, um diesen zur Herausgabe seines Smartphones zu zwingen. + + +

Aufgaben

1. Ordne die Aussagen der Personen den Strafzwecken zu (M 17, M 18).
2. Als Richter sollt ihr Maßnahmen nach dem Jugendstrafrecht verhängen. Begründet eure Maßnahme mit Hilfe der Straftheorien (M 18 – M 20).

Wirkt Strafe? Strafvollzug zwischen Sühne und Resozialisierung

M 21 Offener Vollzug – Knast ohne Gitter

Etwa 5.000 Jugendliche im Alter von 14 bis 20 Jahren verbringen einen Teil ihrer Jugendzeit als Strafgefangene im Knast. Die Rückfallquote, d. h. die Wahrscheinlichkeit, wieder straffällig zu werden, liegt für inhaftierte Jugendliche bei 78 Prozent.

Seit neun Monaten wohnt Ivan im Seehaus. [...] Die Einrichtung ist ein sogenannter Jugendstrafvollzug in freien Formen. Man könnte auch sagen: Es ist ein Jugendknast ohne Gitter, ohne Mauern. Die 14- bis 23-Jährigen, die hier wohnen, haben sich aus einem gewöhnlichen Knast heraus für das Seehaus beworben. Sie verbringen dann ihre gesamte Haftzeit in der Einrichtung. Das Seehaus ist nicht lascher als das Leben hinter Gittern - aber es hat mehr mit dem wahren Leben in Freiheit zu tun.

Ivan ist 19, er stammt aus Kasachstan. Mit seiner Mutter und Schwester kommt er im Alter von sechs Jahren nach Deutschland, der Vater bleibt in der Heimat. Seine kriminelle Karriere beginnt früh. Ladendiebstähle, Fahrraddiebstähle, Schlägereien auf der Straße, in der Schule.

„Alle hatten Angst und Respekt vor dir und man musste sich einfach beweisen in der Gruppe“, sagt Ivan rückblickend. Er ist ein hagerer junger Mann, der jünger wirkt als er ist, sein Gesicht hat jungenhafte Züge. Lange meinen es die Richter gut mit ihm, vielleicht zu gut. Er wird immer wieder zu Bewährungsstrafen verurteilt, kommt mit einem blauen Auge davon. Die letzte Chance, immer wieder.

Wegen schwerer gemeinschaftlicher Körperverletzung und Hehlerei landet er schließlich im Jugendknast Adelsheim, bemüht sich um einen Platz im Projekt „Chance“ des Seehauses. Die Einrichtung ist Mitglied der Diakonie und orientiert sich an christlichen Normen und Werten. Strafe in Freiheit, Freiheit als Strafe. Kann das funktionieren? [...] Das Hauptziel des Projekts ist die Resozialisierung der Jugendlichen. Sie werden trainiert für ein späteres Leben in Freiheit - und ohne Kriminalität. Um das zu erreichen durchlaufen die Straftäter ein hartes, konsequentes erzieherisches Trainingsprogramm.

Der Tag ist auf die Minute genau geplant. Er beginnt morgens um 5.45 Uhr und endet um 22 Uhr. „Wir sind sehr streng, aber wir haben die Jungs auch sehr gern“, sagt Abrell. Die Jugendlichen leben in Wohngemeinschaften. Sie sind Teil der Mitarbeiterfamilien und deren Kindern.

Viele der Straftäter kommen aus zerrütteten Familien, haben im Heim gelebt und erleben zum ersten Mal ein normales Familienleben - mit gemeinsamen Mahlzeiten, Regeln, Absprachen, Zuwendung. Die Integration in die Familien ist Teil des Resozialisierungsprozesses des Seehauses.

Ein weiteres Ziel ist es, den Straftätern einen Schulabschluss zu ermöglichen. Außerdem können sie eine Ausbildung in der hauseigenen Schreinerei, Zimmerei oder Metallwerkstatt beginnen. Bislang haben alle Jugendlichen nach der Maßnahme einen Ausbildungs- oder Arbeitsplatz gefunden.

Samuel Asiedu Poku, Der Spiegel, 5.5.2011

Offener Vollzug
Anstalten des offenen Vollzuges haben keine oder nur verminderte Vorkehrungen gegen Flucht. Das Leben im offenen Vollzug ist den allgemeinen Lebensverhältnissen weit stärker angeglichen als im geschlossenen Vollzug. Der offene Vollzug ist in besonderer Weise dazu geeignet, den Übergang des Gefangenen in die Freiheit zu erleichtern, z. B. durch Arbeit außerhalb der Anstalt.

M 22 Probleme des Jugendstrafvollzugs

Zu den größten Problemen des Jugendstrafvollzugs gehört das Spannungsverhältnis zwischen dem Vollzugsziel, die Jugendlichen zu befähigen, künftig ein Leben ohne Straftaten in sozialer Verantwortung zu führen, und der Unterbringung in einem streng reglementierten Umfeld mit gleichzeitiger Vollversorgung. […]

Das fremdbestimmte Leben der Gefangenen führt meist […] dazu, dass sich eine so genannte Gefangenensubkultur entwickelt. Das heißt, die Häftlinge unterwerfen sich einer Ordnung, die deutlich von den offiziellen Regeln abweicht und Gewalt als statusbestimmendes Mittel definiert. Diesen Problemen sollen der offene Vollzug oder der Jugendstrafvollzug in freien Formen entgegenwirken. […]

Der offene Vollzug zeichnet sich gegenüber dem geschlossenen Vollzug durch verminderte oder fehlende bauliche und technische Vorkehrungen gegen eine Flucht aus. Die Jugendlichen bleiben dem Status nach zwar Strafgefangene. Der Vollzug findet aber außerhalb einer Haftanstalt in Einrichtungen der Jugendhilfe, also in Heimen oder in Wohngemeinschaften mit Hauseltern statt. Dahinter steht die Idee, Sicherung nicht durch Gitter und Mauern zu erreichen, sondern durch fachlich gut ausgebildetes Personal. […]

Es ist grundsätzlich zu begrüßen, wenn versucht wird, den Vollzug der Jugendstrafe so frei wie möglich zu gestalten. […] Eine Auswertung des baden-württembergischen Projektes „Chance" hat gezeigt, dass die Jugendlichen erkennbare Fortschritte erzielten, was ihr Kontaktverhalten, ihre Empathiefähigkeit und ihr Leistungsverhalten betrifft. Außerdem konnte festgestellt werden, dass Subkulturen sich in dieser freieren Vollzugsform viel weniger ausprägen konnten. Das wiederum bedeutet, dass der Vollzug in freien Formen auch als Schutzraum für schwächere Jugendstrafgefangene geeignet ist. […]

Der Vollzug in freien Formen ist dennoch kein Allheilmittel, sondern kann nur Teil eines viel breiteren Angebots im Jugendstrafvollzug sein. So darf man nicht unterschätzen, dass eine freiere Ausgestaltung des Vollzuges die Jugendlichen in einzelnen Bereichen ungleich mehr belastet. Es gibt weniger Rückzugsmöglichkeiten und die Freizeit ist sehr engmaschig reguliert. Manch einen kann das Konzept auch aus persönlichen Gründen überfordern. Die Folge ist nach bisherigen Erfahrungen eine hohe Quote von bis zu 51 Prozent der Jugendlichen, die teils auf eigenen Wunsch aus einem Vollzug in freien Formen ausgenommen und in eine geschlossene Jugendvollzugsanstalt zurückverlegt wurden.

Dr. Tobias Block , Alescha Lara Savinsky, Legal Tribune ONLINE, 8.10.2012

Empathie = Einfühlsvermögen

Aufgaben

1. Arbeite die Vorteile des offenen Strafvollzugs heraus (M 21, M 22).
2. Nimm Stellung zur Forderung, den geschlossenen Strafvollzug komplett abzuschaffen (M 21, M 22).

Alternative Strafmethoden

M 23 Der Täter-Opfer-Ausgleich

Ziel des TOA ist es, die negativen Auswirkungen einer Straftat unter Einschaltung eines neutralen Schlichters außergerichtlich zu beseitigen oder doch wenigstens zu verringern. Täter und Opfer erhalten deshalb Gelegenheit, im Gespräch über den Vorfall eine für beide Seiten akzeptable Konfliktlösung zu suchen, die mit einer einvernehmlichen Schadenswiedergutmachung verbunden ist.

Die Besonderheit des TOA ist es, dass sowohl Opfer als auch Täter von seiner erfolgreichen Durchführung profitieren. Den Interessen der Opfer werden im Rahmen des TOA naturgemäß mehr Beachtung geschenkt als bei einem „normalen" Verfahrensablauf, den sie nicht selten vor allem damit verbinden, ihren Zeugenpflichten nachkommen zu müssen, ohne selbst eine vielleicht erhoffte – materielle oder immaterielle – Genugtuung zu erfahren. Der Beschuldigte seinerseits kann in zweierlei Hinsicht von einem TOA profitieren. Zum einen kann dieser zu einem vergleichsweise glimpflichen Ausgang des Verfahrens führen. Zum anderen kann und soll die Konfrontation mit dem nicht selten traumatischen Erlebnis auf Opferseite wiederum dazu beitragen, Verantwortung für das Tun zu übernehmen, alternative Konfliktlösungsstrategien zu erlernen und im günstigen Fall einer künftigen Straftat vorzubeugen. [...] Zugleich kann der Täter dem Opfer zeigen, dass er dessen Betroffenheit durch die Tat ernst nimmt und dass ihm die Tat leid tut.

In den letzten etwa zehn Jahren ist in Rheinland-Pfalz ein flächendeckendes Netz von Konfliktschlichtungsstellen eingerichtet worden, wobei Staatsanwaltschaften und Gerichte bei der Beauftragung zur Durchführung eines TOA insbesondere auf ein Netz von freien Trägern der Straffälligenhilfe zurückgreifen können. Zur Durchführung des TOA wird in der Praxis regelmäßig wie folgt verfahren: Der von Seiten der Staatsanwaltschaft oder des Gerichts mit der Durchführung des TOA betraute Vermittler versucht zunächst sowohl bei Täter als auch Opfer die Bereitschaft zu einer einvernehmlichen Konfliktschlichtung auszuloten. [...]

Das Gelingen oder das Scheitern des TOA wird der beauftragenden Behörde sodann seitens der ersuchten Stelle mitgeteilt. Die Mediation bei den Konfliktschlichtungsstellen hat zuletzt in der Mehrzahl der Verfahren zu einer Aussöhnung der Konfliktparteien geführt.

Nach: http://www.mjv.rlp.de (12.3.2013)

§ 46a StGB
Hat der Täter
1. in dem Bemühen, einen Ausgleich mit dem Verletzten zu erreichen (Täter-Opfer-Ausgleich), seine Tat ganz oder zum überwiegenden Teil wiedergutgemacht oder deren Wiedergutmachung ernsthaft erstrebt oder
2. in einem Fall, in welchem die Schadenswiedergutmachung von ihm erhebliche persönliche Leistungen oder persönlichen Verzicht erfordert hat, das Opfer ganz oder zum überwiegenden Teil entschädigt, so kann das Gericht die Strafe nach § 49 Abs. 1 mildern oder, wenn keine höhere Strafe als Freiheitsstrafe bis zu einem Jahr oder Geldstrafe bis zu 360 Tagessätzen verwirkt ist, von Strafe absehen.

M 24 Schüler als Richter

Die Straftaten, mit denen sich die „Schülerrichter" befassen müssen, sind zu 90 Prozent Ladendiebstähle – vom Lippenstift bis zum MP3-Player. Aber auch Schwarzfahren, Fahren ohne Führerschein, Sachbeschädigung, Missbrauch von Notrufen oder Körperverletzung gehören zu den Delikten. Die Staatsanwaltschaft kann solche „leichten Fälle" den Teen Courts aus jeweils drei Schülern zuweisen. Wenn die Beschuldigten die vom Schülergremium vorgeschlagene Maßnahme erfolgreich hinter sich bringen, wird das Verfahren im Regelfall ohne Erhebung einer Anklage eingestellt.

Grundidee des „kriminalpädagogischen Jugendprojekts" ist, dass sich jugendliche Täter im Gespräch mit Gleichaltrigen eher vom Unrecht ihrer Tat überzeugen lassen. „Am Anfang ist es ihnen meist peinlich, aber dann ist das Eis meist schnell gebrochen", sagt Nucklies. Viele seien sogar froh, dass ihnen endlich jemand einmal richtig zuhöre und ihnen Hilfestellung zur Bewältigung ihrer Probleme anbiete. Der Diplomsportler Nucklies hält sich bei den meist 40- bis 60-minütigen „Verhandlungen" im Hintergrund. Da er im Gegensatz zu den Schülern die Akte des „Angeklagten" kennt, kann er bei Bedarf eingreifen: „Wenn ich merke, dass geschwindelt wird, kann ich ihnen sagen: Fasst doch da nochmal nach!"

Bei den Sanktionen sind die bisher tätigen 24 „Schülerrichter" in Hessen sehr kreativ. So musste ein Ladendieb, der Schreiner werden wollte, die Ahndung von Diebstählen im Mittelalter recherchieren – und einen Handpranger bauen. Ein Jugendlicher, der mit seinem frisierten Mofa zu schnell gefahren war, musste den Bremsweg mit 45 Stundenkilometern berechnen und bei der Versicherung nachfragen, welcher Schaden bei einem Unfall übernommen worden wäre. Andere Delinquenten mussten auf ein T-Shirt einen Spruch gegen Diebstahl sticken oder malen. Zum Strafenkatalog gehören auch das Einkassieren des Handys, das Ablegen eines Sportabzeichens oder die Arbeit im Altenheim. [...]

Die Wiesbadener CDU-Bundestagsabgeordnete Kristina Köhler lobt die engagierte Arbeit in der hessischen Landeshauptstadt. „Wenn das Projekt in Limburg auch erfolgreich ist, werde ich mich dafür einsetzen, dass es auf ganz Hessen ausgedehnt wird", sagt Köhler. Auch bundesweit versuche sie, dafür zu werben – denn bislang gibt es Teen Courts nur in einigen wenigen Städten mit Schwerpunkten in Bayern, Nordrhein-Westfalen sowie in Hamburg.

dpa, www.main-netz.de, 20.5.2008

Aufgaben

1. Beschreibe, welche Vorteile für Opfer, Täter und die Gesellschaft mit dem Täter-Opfer-Ausgleich verbunden sind (M 23).
2. Seit längerem wird diskutiert, so genannte Schülergerichte auch in Rheinland-Pfalz einzuführen. Verfasse einen Leserbrief für eine Tageszeitung, in dem du für bzw. gegen dieses Vorhaben plädierst (M 24).

Was wir wissen

Jugendliche vor Gericht
M 2 – M 4, M 7

Wird eine Straftat angezeigt, so kommt es zu einem Strafverfahren und gegebenenfalls zur Verurteilung durch ein Gericht. Fälle von Jugendkriminalität werden vor speziellen Jugendgerichten verhandelt.
Für den Täter bedeutet eine Verurteilung den Verlust von Freiheit und Ehre. Zur Verhinderung von Willkür hat deshalb der Angeklagte während des Gerichtsverfahrens vom Grundgesetz garantierte Rechte, die von den Gerichten beachtet werden müssen. Die Bindung der Justiz an Recht und Gesetz ist ein zentrales Wesensmerkmal des Rechtsstaats.

Rechtliche Verantwortlichkeit
M 9 – M 11

Die zivilrechtliche Verantwortlichkeit ist bis zur Vollendung des 18. Lebensjahres eingeschränkt. So haften Kinder unter sieben Jahren nicht für einen Schaden, den sie durch eine unerlaubte Handlung verursacht haben. Sie sind nicht deliktsfähig. Von der Vollendung des siebenten bis zur Vollendung des 18. Lebensjahres sind Jugendliche beschränkt deliktsfähig und können nur für ihr Handeln verantwortlich gemacht werden, wenn sie die erforderliche Reife und Einsicht besaßen, ihre Verantwortlichkeit zu erkennen.

Im Strafrecht, mit dessen Hilfe der Staat wichtige Rechtsgüter (Leben, Gesundheit, Eigentum) schützt, sind Jugendliche bis zur Vollendung des 14. Lebensjahres nicht schuldfähig und daher strafunmündig. Ab dem 14. Lebensjahr gilt die eingeschränkte Strafmündigkeit. Jugendliche können dann für eine Tat verantwortlich gemacht werden, wenn sie die erforderliche Reife besaßen, das Unrecht ihres Handelns zum Tatzeitpunkt zu erkennen. Die volle Strafmündigkeit gilt ab dem 18. Lebensjahr, doch wird das Jugendstrafrecht meist auch noch auf Heranwachsende bis zur Vollendung des 21. Lebensjahres angewendet.

Straf- und Zivilprozess
M 12, M 13

Auch im Gerichtsverfahren wird der Unterschied zwischen Privatrecht und öffentlichem Recht deutlich. So ist der Ablauf eines Strafprozesses streng geregelt. Um den Rechtsfrieden aufrechtzuerhalten, muss der Staat Straftaten verfolgen und die Täter zur Rechenschaft ziehen. Im Zivilprozess haben die streitenden Parteien einen großen Einfluss auf den Ablauf des Verfahrens. Aufgabe des Gerichts ist es hier, einen verbindlichen und gerechten Ausgleich zwischen den Parteien herbeizuführen.

Jugendkriminalität
M 16

Unter Jugendkriminalität versteht man die Summe der strafbaren Handlungen, die von Jugendlichen und Heranwachsenden begangen werden. Die Ursachen von Jugendkriminalität sind vielfältig. Instabile soziale und familiäre Verhältnisse, Gewalterfahrungen, Gruppenzwang und die spezifischen Probleme von Heranwachsenden führen dazu, dass Jugendliche häufiger als Erwachsene gegen Gesetze verstoßen. Bei der überwiegenden Zahl junger Menschen ist die Jugendkriminalität aber eine vorübergehende Erscheinung. Deshalb begegnet der Staat bei einer Bestrafung Jugendlichen auch mit größerer Nachsicht. Das Jugendstrafrecht misst der Erziehung zentrale Bedeutung bei und weist daher ein breiteres Spektrum an Sanktionsmöglichkeiten auf als das Erwachsenenstrafrecht. Im Vordergrund steht die Wiedereingliederung des Jugendlichen in die Gesellschaft (Resozialisierung).

Strafzwecke
M 17 – M 19, M 23

Bei der Verhängung einer Strafe berücksichtigen die Gerichte unterschiedliche Strafzwecke. Bei der Vergeltung wird die Strafe in Bezug zur Schwere der Tat gesetzt und dem Opfer bzw. der Gesellschaft ein Ausgleich für erlittenes Unrecht verschafft. Von der Bestrafung des Täters soll zudem eine abschreckende Wirkung auf die Gesellschaft ausgehen (allgemeine Prävention). Die individuelle Prävention zielt darauf, den Täter von weiteren Straftaten abzuhalten, ihn zur Reue zu bewegen und seine Resozialisierung zu ermöglichen. Bemüht sich der Täter nach der Straftat selbst um einen Ausgleich mit dem Opfer, so besteht bei minderschweren Straftaten die Möglichkeit, die Strafe zu mildern bzw. ganz davon abzusehen (Täter-Opfer-Ausgleich).

Strafvollzug
M 22

Beim Vollzug der Strafe stehen die Strafzwecke in einem gewissen Widerspruch. So bereiten die Haftbedingungen in geschlossenen Einrichtungen nur unzureichend auf ein Leben in Freiheit vor. Mit offenen bzw. flexiblen Vollzugsformen lässt sich das Ziel der Wiedereingliederung in die Gesellschaft meist besser erreichen.

Misshandlung von Seniorin löst Debatte über Jugendgewalt aus

Die Misshandlung einer 83-jährigen Rentnerin durch zwei 13-Jährige in München hat eine Debatte über Jugendgewalt ausgelöst. […] Der Kinderpsychologe Wolfgang Bergmann sprach am Donnerstag von einer Zunahme von Gewalttaten bei Jugendlichen und nannte als Grund dafür einen „restlosen Verfall" der Kultur. Unterdessen forderte die Junge Union Bayern eine Absenkung der Strafmündigkeit auf zwölf Jahre für bestimmte Fälle. „Diese soll nur für Taten gegen das Leben oder die körperliche Unversehrtheit gelten", sagte der stellvertretende Landesvorsitzende und Leiter des Fachbereichs Innere Sicherheit, Karlheinz Roth. Wenn ein 13-Jähriger imstande sei, ein derartiges Verbrechen zu begehen, solle er sich nicht hinter dem Schutzschild der altersbedingten Unmündigkeit verstecken können. „Durch ihre Tat beweisen die Täter eine perfide Reife, der die Gesellschaft begegnen muss", sagte Roth.

Nach: ddp-bay, www.themenportal.de (11.3.2010)

Aufgabe

Lest zunächst die Zeitungsmeldung. Führt dann eine Debatte zu der Frage, ob das Strafmündigkeitsalter auf zwölf Jahre herabgesetzt werden sollte. Folgende Aspekte sollten dabei Berücksichtigung finden: rechtliche Verantwortlichkeit, Strafmündigkeit, Straftheorien, Strafvollzug.

6.2 Unsere Rechtsordnung

Welche Rechte hat ein Mensch?

M 1 Auszug aus der Menschenrechtskonvention

Artikel 1: *Alle Menschen sind frei und gleich an Würde und Rechten geboren. [...]*
Artikel 2: *Jeder hat Anspruch auf alle in dieser Erklärung verkündeten Rechte und Freiheiten, ohne irgendeinen Unterschied, etwa nach Rasse, Hautfarbe, Geschlecht, Sprache, Religion, politischer oder sonstiger Anschauung, nationaler oder sozialer Herkunft, Vermögen, Geburt oder sonstigem Stand. [...]*
Artikel 3: *Jeder hat das Recht auf Leben, Freiheit und Sicherheit der Person.*
Artikel 4: *Niemand darf in Sklaverei oder Leibeigenschaft gehalten werden; [...].*
Artikel 5: *Niemand darf der Folter oder grausamer, unmenschlicher oder erniedrigender Behandlung oder Strafe unterworfen werden.*
Artikel 7: *Alle Menschen sind vor dem Gesetz gleich und haben ohne Unterschied Anspruch auf gleichen Schutz durch das Gesetz. [...]*
Artikel 9: *Niemand darf willkürlich festgenommen, in Haft gehalten oder des Landes verwiesen werden.*
Artikel 10: *Jeder hat [...] Anspruch auf ein gerechtes und öffentliches Verfahren vor einem unabhängigen und unparteiischen Gericht. [...]*
Artikel 13: *1. Jeder hat das Recht, sich innerhalb eines Staates frei zu bewegen und seinen Aufenthaltsort frei zu wählen. 2. Jeder hat das Recht, jedes Land, einschließlich seines eigenen, zu verlassen und in sein Land zurückzukehren.*
Artikel 14: *1. Jeder hat das Recht, in anderen Ländern vor Verfolgung Asyl zu suchen und zu genießen. [...]*
Artikel 16: *[...] Eine Ehe darf nur bei freier und uneingeschränkter Willenseinigung der künftigen Ehegatten geschlossen werden. Die Familie ist die natürliche Grundeinheit der Gesellschaft und hat Anspruch auf Schutz durch Gesellschaft und Staat.*
Artikel 17: *1. Jeder hat das Recht, sowohl allein als auch in Gemeinschaft mit anderen Eigentum innezuhaben. [...]*
Artikel 18: *Jeder hat das Recht auf Gedanken-, Gewissens- und Religionsfreiheit; [...]*
Artikel 19: *Jeder hat das Recht auf Meinungsfreiheit und freie Meinungsäußerung; [...]*
Artikel 20: *1. Alle Menschen haben das Recht, sich friedlich zu versammeln und zu Vereinigungen zusammenzuschließen. [...]*
Artikel 21: *1. Jeder hat das Recht, an der Gestaltung der öffentlichen Angelegenheiten seines Landes unmittelbar oder durch frei gewählte Vertreter mitzuwirken. [...]*
Artikel 22: *Jeder hat als Mitglied der Gesellschaft das Recht auf soziale Sicherheit [...].*
Artikel 23: *1. Jeder hat das Recht auf Arbeit, auf freie Berufswahl, auf gerechte und befriedigende Arbeitsbedingungen sowie auf Schutz vor Arbeitslosigkeit. [...]*
3. Jeder, der arbeitet, hat das Recht auf gerechte und befriedigende Entlohnung. [...]
Artikel 26: *1. Jeder hat das Recht auf Bildung. [...]*

Resolution 217 A (III) der UN-Generalversammlung vom 10. Dezember 1948

M 2 Woher kommen die Menschenrechte?

Im Grunde ist die Geschichte der Menschenrechte eine Geschichte immer wiederkehrenden Zorns. Sie handelt von der Verzweiflung machtloser Menschen, von Niederlagen, aber auch von hart erkämpften Siegen und Revolutionen. Seit Jahrhunderten flammt die Idee universeller Rechte immer wieder dort auf, wo die Unterdrückung groß ist. Martin Luther King, der für die Gleichberechtigung von Afroamerikanern kämpfte, die chinesischen Demonstranten, die auf dem Platz des Himmlischen Friedens Demokratie forderten, aber auch Schüler und Studenten, die heute für bessere Bildung auf die Straßen gehen – sie alle entwickelten die Idee der Menschenrechte zu unterschiedlichen Zeiten und an unterschiedlichen Orten fort. Natürlich gibt es auch immer wieder Rückschläge und vor allem Opfer – beim Tian'anmen-Massaker gingen die chinesischen Machthaber 1989 mit Panzern gegen die Demonstranten vor, sie töteten viele Hundert Menschen und erstickten so die Demokratiebewegung. Den Menschen in der DDR jedoch gelang im selben Jahr ihre friedliche Revolution. Der Historiker Michael Geyer sagt deshalb, die Menschenrechte wüchsen nicht kontinuierlich, sondern ähnlich wie die Wirtschaft in zyklischen Bewegungen. Man könnte auch sagen, sie sind wie Lava, die immer wieder heftig und an verschiedenen Stellen ausbricht, dann voranströmt, die Erde verformt und irgendwann erkaltet. [...]

Es dauerte (lange) bis erstmals ein Vorläufer der Menschenrechte in einem modernen Verfassungsdokument auftauchte. Damals (im 13. Jahrhundert) wurde Europa von absolutistischen Herrschern regiert, die zwar einzelnen Ständen in der Gesellschaft Rechte zusprachen, aber niemals auf die Idee gekommen wären, jeden ihrer Untertanen gleich zu behandeln. Doch in England brodelte es um 1215 herum. Die Barone stritten mit dem König und erkämpften sich schließlich die Magna Charta, die erstmals festlegte, dass kein freier Mann ohne Gerichtsurteil eingesperrt werden durfte. Knapp 400 Jahre später wurden diese Rechte in der sogenannten Habeas Corpus Akte noch einmal verstärkt. Seitdem war jeder Untertan der englischen Krone vor willkürlicher Verfolgung geschützt.

Die bislang wohl wichtigste Epoche der Menschenrechte war jedoch das 18. Jahrhundert. Wenn man so will, gab es damals gleich mehrere heftige Eruptionen und Lavaströme. Innerhalb von nur wenigen Jahren entstanden zwei der wichtigsten Menschenrechtsdokumente der Neuzeit. Die Siedler in Amerika befreiten sich 1776 von ihrem Mutterland, da sie die Herrschaft der britischen Krone als willkürlich und anmaßend empfanden. Neben den unveräußerlichen Rechten wie Freiheit und „Streben nach Glück" [...] schrieben sie auch freie Wahlen in ihren ersten Verfassungsdokumenten nieder.

Nur wenig später, 1789, griffen auf der anderen Seite des Atlantischen Ozeans Bürgermilizen Waffenlager

Nelson Mandela kämpfte gegen das rassistische Apartheidregime in Südafrika. Mit 24 Jahren trat er dem African National Congress bei, einer Organisation, die für die Gleichberechtigung kämpfte. Er wurde wegen Widerstands verurteilt und 28 Jahre lang eingesperrt. Nach dem Ende der Apartheid wurde Nelson Mandela 1994 der erste schwarze Präsident Südafrikas.

Mahatma Gandhi war der Kopf der indischen Unabhängigkeitsbewegung. Er überzeugte seine Anhänger, die Brutalität der Polizei und Soldaten nicht mit Vergeltung zu beantworten und gewaltfreien Widerstand zu leisten. Die Unabhängigkeit von den britischen Kolonialherren erreichten die Inder 1947.

Daw Aung San Suu Kyi ist die Anführerin im gewaltlosen Kampf gegen das Militärregime in Myanmar. Die Politikerin setzt sich seit den späten 1980er-Jahren für Demokratie ein. Obwohl sie 1991 den Friedensnobelpreis erhielt, stand sie lange Zeit unter Hausarrest.

und Militärstellungen an, um sich gegen die Ausbeutung durch den französischen König zu wehren. In der französischen Nationalversammlung verabschiedeten die Revolutionäre eine „Erklärung der Menschen- und Bürgerrechte“, die radikaler war, als alles bisher. Das Recht auf Freiheit, Sicherheit und Widerstand gegen Unterdrückung wurde nicht nur für Franzosen, sondern für alle Menschen aller Länder und Staatsformen niedergeschrieben. Doch die Jahre der Französischen Revolution entpuppten sich als Jahre des Mordens und der Gewalt. Als die Schriftstellerin Olympe de Gouges darauf hinwies, dass die Frauen noch immer keine Rechte hatten, wurde ihr von den Revolutionären der Kopf auf der Guillotine abgeschlagen.

Kaum hundert Jahre später tauchte ein neues Problem auf. Es war die Zeit der Industrialisierung – in immer größer werdenden Fabriken schufteten Menschen für Hungerlöhne, ohne rechtlich geschützt zu sein. Die Unterdrückung durch den Staat war auf einmal nicht mehr die alleinige Quelle der Unfreiheit, die Machtverhältnisse begannen zu zersplittern. Als Gegenpol zu Fabrikbesitzern und Industriellen entstand in Deutschland die Arbeiterbewegung, aus der die heutige SPD hervorging. Deren Kampf richtete sich nun verstärkt auf die wirtschaftlichen und sozialen Rechte wie angemessene Mindestlöhne, ausreichend Freizeit und Zugang zu Bildung.

Es ist bemerkenswert, dass die individuellen Freiheitsrechte nur wenig später in manchen Ländern in Vergessenheit gerieten. [...] In Nazi-Deutschland zählte der Einzelne nicht viel. [...] Was folgte, waren in kurzen Abständen die größte Katastrophe der menschlichen Geschichte und der größte Sieg der Menschenrechtsidee. Nachdem im Zweiten Weltkrieg, den Deutschland 1939 begonnen hatte, halb Europa zu Trümmern geschossen und 55 Millionen Menschen gestorben waren, war die Einsicht innerhalb der neu gegründeten UNO groß, dass nur ein Dokument wie die Allgemeine Erklärung der Menschenrechte ein klares Bekenntnis gegen einen mordenden und unterdrückenden Staat sein könnte.

Es war wie so oft in den vergangenen Jahrhunderten: Auf die politische Krise folgte ein neues menschenrechtliches Dokument, das sich wie flüssige Lava über die historischen Schichten legte. Doch anzunehmen, dass es einen automatischen Mechanismus von Aktion und Reaktion gäbe, wäre von Grund auf falsch. Egal ob in politischen Gremien, in Hörsälen, Fabriken oder auf der Straße – ohne den Widerstand und den Kampf Einzelner bewegte sich nie etwas voran.

Fabian Dietrich, in: fluter – Magazin der Bundeszentrale für politische Bildung, Ausgabe 29/2008, S. 7 f.

M 3 Drei Generationen von Menschenrechten

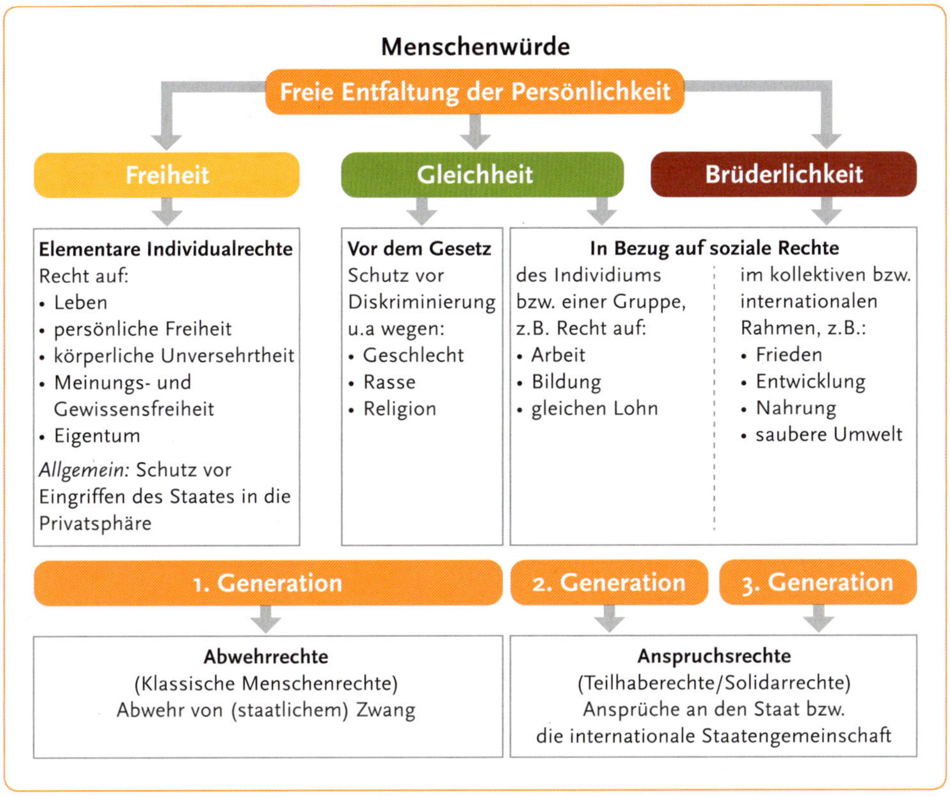

Axel Herrmann, Menschenwürde, Menschenrechte, Thema im Unterricht, Lehrerheft 11/1997, S. 7

Aufgaben

1. Ordne die Aussagen und Situationen in der Randspalte den einzelnen Menschenrechten (M 1) zu. Formuliere selbst Aussagen oder Situationen zu drei weiteren Menschenrechten.
2. Stellt die Geschichte der Menschenrechte in einem Zeitstrahl dar (M 2).
3. Die Menschenrechte werden in verschiedene Generationen eingeteilt (M 3). Ordne die einzelnen Menschenrechte (M 1)den verschiedenen Generationen von Menschenrechten zu und begründe deine Entscheidung.
4. Welches Menschenrecht ist dir persönlich am wichtigsten? Wähle eines aus und begründe vor der Klasse, warum es so wichtig ist.

Menschenrechte im Alltag

- Wenn du anderer Meinung bist, sage es!
- Wir schützen Fremde, versprochen!
- Studiere ein Semester in England.
- Sage, was dir wichtig ist!
- Du kannst lernen und werden, was du willst.
- Die Würde des Menschen ist unantastbar. (Art. 1 GG)
- Bestimme über dein eigenes Leben.
- Wahlbeteiligung bei der Landtagswahl hoch.

Politik betrifft uns 6/2011

Grundrechte und Grundgesetz

M 4 Grundrechte im Grundgesetz

© Bergmoser + Höller Verlag AG, Zahlenbilder 60 110

M 5 Besondere Merkmale der Grundrechte

„Die Würde des Menschen ist unantastbar. Sie zu achten und zu schützen ist Verpflichtung aller staatlichen Gewalt" – mit diesem Satz beginnt nach der Präambel nicht nur der Grundrechtsteil, sondern der gesamte Text des Grundgesetzes. Die Menschenwürde ist der Grund dafür, dass es die Menschenrechte gibt, sagt Artikel 1 des Grundgesetzes. Sie sind „Grundlage jeder menschlichen Gemeinschaft, des Friedens und der Gerechtigkeit in der Welt". Das Grundgesetz selbst spricht also zuerst von Menschenrechten. Dann aber heißt es in Artikel 1, Absatz 3: „Die folgenden Grundrechte binden Gesetzgebung, vollziehende Gewalt und Rechtsprechung als unmittelbar geltendes Recht." Das Grundgesetz nennt also beides, die Grund- und die Menschenrechte, denn beide Begriffe benennen etwas sehr Ähnliches, aber nicht das Gleiche. Der Begriff der Menschenrechte kommt ursprünglich aus der Philosophie und der Staatstheorie. Seit dem 19. Jahrhundert hat sich mit Schwerpunkt in der westlichen Welt die Vorstellung durchgesetzt, dass jeder Mensch von Geburt an Rechte hat. Das geht auf die Aufklärung und den Humanismus zurück, die diese Menschenrechte als Teil der menschlichen Natur ansahen, aus christlicher Sicht sind sie von Gott gegeben. Sie sind unveräußerlich, das heißt, auf sie kann niemand verzichten, sie sind

unteilbar und gelten weltweit. Diese Rechte hat der Mensch also, auch ohne dass der Staat sie gewährt. Deshalb sind sie ungeschriebenes Recht, ihre Grenzen sind also auch nicht genau definiert. Eine Definition aber haben alle Mitgliedstaaten der Vereinten Nationen unterschrieben: die Allgemeine Erklärung der Menschenrechte von 1948.
Grundrechte sind etwas ganz Ähnliches: Ihrem Inhalt nach sind sie oft identisch mit den Menschenrechten. Der Unterschied besteht darin, dass der Staat selbst sie anerkannt hat, sie sind staatlich garantiert, so wie es die Grundrechte im Grundgesetz sind. Dadurch, dass der Staat sie anerkennt, haben sie in ihrer Formulierung eine konkretere Form bekommen und sind – je nach Staat und System – für den Einzelnen einklagbar und durchsetzbar. Das Grundgesetz bezieht sich also auf die Idee der Menschenrechte und stellt klar, dass es sie mit den Grundrechten umsetzen will.

Gudula Geuther, in: Informationen zur politischen Bildung 305, Grundrechte, Bundeszentrale für politische Bildung, 1/2010

M 6 Das Grundgesetz als „Hausordnung"

Das Grundgesetz trat am 23.5.1949 in Kraft. Seit dem Beitritt der DDR am 3.10.1990 gilt das GG als Verfassung für die gesamte Bundesrepublik Deutschland. Eine Verfassung regelt – mehr oder weniger ausführlich – die Grundordnung eines Staates, insbesondere auch die Grundwerte und dessen Staatsform. So schreibt das Grundgesetz ausdrücklich fest, dass die Bundesrepublik Deutschland eine Demokratie, ein Bundesstaat, ein Rechtsstaat und ein Sozialstaat zu sein hat. Auch werden die Aufgaben und Befugnisse der obersten ständigen Verfassungsorgane (Bundestag, Bundesregierung, Bundesrat, Bundespräsident Bundesverfassungsgericht) und die wichtigsten Bestimmungen zur Stellung der Bürger niedergelegt. Das Grundgesetz kann deshalb auch als die „Hausordnung" unseres Staates umschrieben werden, da es die Werte und Regeln enthält, die unser Zusammenleben bestimmen.
An den Anfang des Grundgesetzes setzten die Verfassungsgeber bewusst das Bekenntnis zur unantastbaren Würde des Menschen, die der Staat zuallererst zu achten und zu schützen hat. Es folgt ein Katalog von Grundrechten, die jedem zustehen und die der Staat nicht antasten darf. Sie sind nicht bloß schöne Worte, sondern unmittelbar geltendes Recht. Parlament, Regierung und Rechtsprechung müssen sich an die Grundrechte und an die Verfassung halten und alle Gesetze müssen mit dem Grundgesetz vereinbar sein.

Aufgaben

1. Wähle ein Grundrecht aus und erläutere mit Hilfe eigener Recherchen seine genaue Bedeutung (M 4).
2. Arbeite den Unterschied zwischen Menschen- und Grundrechten heraus (M 5).
3. Erkläre, warum man das Grundgesetz auch als „Hausordnung" für unseren Staat bezeichnen kann (M 6).

Grundrechte im Widerstreit – wie darf der Staat handeln?

M 7 Folter in Deutschland? Der Fall Gaefgen

Magnus Gaefgen wurde am 28. Juli 2003 wegen Mordes an dem 11-jährigen Jakob Metzler zu einer lebenslangen Freiheitsstrafe verurteilt.

27. September 2002: In Frankfurt wird der elf Jahre alte Bankierssohn Jakob von Metzler von dem mit ihm bekannten 27-jährigen Jura-Studenten Magnus Gaefgen unter einem Vorwand in seine Wohnung gelockt und dort erstickt. Daraufhin legt Gaefgen die Leiche in den Kofferraum seines Autos, fährt zur Villa der Eltern des Jungen und wirft einen Erpresserbrief mit einer Lösegeldforderung in Höhe von einer Million Euro in die Zufahrt. Dann versteckt er die Leiche des Jungen unter einem Steg an einem See.

29. September 2002: Die Familie zahlt das geforderte Lösegeld. Die Polizei beobachtet Gaefgen bei der nächtlichen Geldübergabe und observiert ihn, um den Aufenthaltsort des Jungen zu erfahren.

30. September 2002: Da Gaefgen keine Versuche macht, seine Geisel aufzusuchen, und stattdessen eine Reise bucht, wird er am Nachmittag festgenommen.

01. Oktober 2002: Gaefgen führt die Polizei im Verhör auf falsche Spuren. Der Frankfurter Polizeivizepräsident Wolfang Daschner lässt ihm am Morgen durch einen Polizeibeamten Schmerzen androhen, Schmerzen, die er noch nie erlebt habe, um den Aufenthaltsort des Kindes zu erfahren. Daraufhin nennt Gaefgen das wahre Versteck, ohne dass die Drohung wahr gemacht werden muss. Die Leiche wird gefunden. Daschner fertigt einen schriftlichen Aktenvermerk über seine Vorgehensweise an und informiert zugleich die Staatsanwaltschaft.

M 8 „Es gibt Dinge, die sehr wehtun" – Ein Interview mit Wolfgang Daschner

Der damalige Vize-Polizeipräsident Daschner wurde am 20. Dezember 2004 wegen der Folterdrohungen zu einer Geldstrafe auf Bewährung verurteilt. Der Europäische Gerichtshof für Menschenrechte rügte das milde Urteil in einer Entscheidung vom 1. Juni 2010.

SPIEGEL: Herr Daschner, warum haben Sie als Polizist ein Verbrechen angeordnet?

Daschner: Um das Leben des Jungen zu retten. [...] Wir gingen davon aus, dass Jakob von Metzler in absoluter Lebensgefahr war, wir hatten keine Zeit mehr zu verlieren. In dieser Situation gibt es zwei Möglichkeiten: Die Hände in den Schoß zu legen ist eine mit der Folge, dass quasi unter den Augen der Polizei das Kind stirbt oder schwere gesundheitliche Schäden eintreten. Und Magnus G. war nicht bereit, uns den Aufenthaltsort zu sagen. Den Fall würde ich als unterlassene Hilfeleistung einstufen, wenn nicht sogar als Tötung durch Unterlassen. Der Staat hat [...] die Verpflichtung, von seinen Bürgern Unrecht abzuwehren.

SPIEGEL: Aber nur im rechtlich klar definierten und erlaubten Rahmen.

Daschner: Opfer und Angehörige haben Anspruch darauf, dass die Polizei alles tut, um weitere Schäden zu vermeiden. Deshalb blieb aus meiner Sicht nur die Entscheidung, dafür zu sorgen, dass der Aufenthaltsort des Kindes bekannt wird. [...]

SPIEGEL: Sie haben betont, Sie würden sich wieder so verhalten. Fordern Sie eine rechtliche Absicherung solcher Methoden?

Daschner: Ich habe klargestellt, dass eine derartige Maßnahme nur im absoluten Ausnahmefall ergriffen werden kann, wenn es keine anderen Möglichkeiten gibt, Menschenleben zu retten oder schwere gesundheitliche Beeinträchtigungen zu verhindern. Ob man dazu eine gesetzliche Ermächtigung schaffen muss oder ob die vorhandenen rechtlichen Grundlagen ausreichen, mögen die Rechtsgelehrten entscheiden. Ich gehe nach wie vor davon aus, dass das hessische Polizeigesetz wie in allen Bundesländern nicht nur den Auftrag, sondern auch die Befugnis zur Abwehr von Gefahren enthält. Und je schwerwiegender die Gefahr, desto eher muss auf das Polizeigesetz zurückgegriffen werden können.

Interview: Wilfried Voigt, Der Spiegel, 24.2.2003

unmittelbarer Zwang = die Einwirkung auf Personen oder Sachen durch körperliche Gewalt, ihre Hilfsmittel und durch Waffen.

M 9 Rechtliche Bestimmungen

Art. 5 Allgemeine Erklärung der Menschenrechte
Niemand darf der Folter oder grausamer, unmenschlicher oder erniedrigender Behandlung oder Strafe unterworfen werden.

Art. 1 Abs. 1 Grundgesetz
Die Würde des Menschen ist unantastbar. Sie zu achten und zu schützen ist Verpflichtung aller staatlichen Gewalt.

Art. 2 Abs. 2 Grundgesetz
Jeder hat das Recht auf Leben und körperliche Unversehrtheit. Die Freiheit der Person ist unverletzlich. In diese Rechte darf nur auf Grund eines Gesetzes eingegriffen werden.

Art. 104 Abs. 1 Grundgesetz
[...] Festgehaltene Personen dürfen weder seelisch noch körperlich misshandelt werden.

§ 136a Strafprozessordnung (StPO)
(1) Die Freiheit der Willensentscheidung und der Willensbetätigung des Beschuldigten darf nicht beeinträchtigt werden durch Misshandlung [...]. Zwang darf nur angewandt werden, soweit das Strafverfahrensrecht dies zulässt.

§ 12 Hessisches Gesetz über die öffentliche Sicherheit und Ordnung (HSOG)
(2) Unter den in den §§ 52 bis 55 der Strafprozessordnung genannten Voraussetzungen ist die betroffene Person zur Verweigerung der Auskunft berechtigt. Dies gilt nicht, wenn die Auskunft für die Abwehr einer Gefahr für Leib, Leben oder Freiheit einer Person erforderlich ist.

§ 52 HSOG
(1) Unmittelbarer Zwang kann von den Polizeibehörden [...] angewendet werden, wenn andere Zwangsmittel nicht in Betracht kommen oder keinen Erfolg versprechen oder unzweckmäßig sind [...]. (2) Unmittelbarer Zwang zur Abgabe einer Erklärung ist ausgeschlossen.

Aufgabe

Simuliert eine Gerichtsverhandlung, in der Wolfgang Daschner sich verantworten muss. Bildet dazu zwei Gruppen für die Rollen der Staatsanwaltschaft und der Verteidigung. Eine weitere Gruppe bereitet sich auf die Rolle des Richters und seiner zwei Beisitzer vor. Erarbeitet in euren Gruppen auf der Grundlage der Materialien M 7 – M 9 die Plädoyers für die Anklage sowie für die Verteidigung. Bestimmt ein Mitglied eurer Gruppe, das das Plädoyer hält und am Ende ein Strafmaß für Daschner fordert.

Zuerst erfolgt das Plädoyer des Staatsanwaltes, dann das der Verteidigung, abschließend Urteilsspruch und Urteilsbegründung des Richterkollegiums.

Welche Aufgaben hat das Recht?

M 10 Wozu brauchen wir Regeln?

Fall 1: Mützen und Kappen während des Unterrichts

Während der letzten Monate werden vor allem in den Jahrgangsstufen 8 und 9 regelmäßig Mützen und Kappen im Unterricht aufbehalten. Lehrer bemängeln das unpassende Erscheinungsbild im Unterricht. Sie empfinden es auch als Missachtung ihrer Person, wenn junge Menschen vor ihnen die Kopfbedeckung aufbehalten.

Fall 2: Ball zerstört zentralen Schulcomputer

Schon zum zweiten Mal ist ein hart aufgepumpter Lederball durch das geöffnete Fenster der Schulleiterin geflogen und hat den Rechner samt Monitor umgestoßen und größere Teile der Festplatte zerstört. Das häufige Ballspielen auf den Pausenhöfen und um das Schulgebäude herum hat bereits mehrere Glasscheiben zerstört und auch anderen Sachschaden verursacht.

Fall 3: Streit um den Ausflug ins Erlebnisbad

Die Planung des nächsten Wandertages hat in der Klasse 8a für viel Ärger gesorgt. Die Mehrheit möchte gerne in ein Erlebnisbad fahren, in dem es eine Riesen-Wasserrutsche und andere Attraktionen gibt. Zwei Schülerinnen haben bereits gesagt, dass ihre Eltern da aus religiösen Gründen bestimmt nicht mitspielen werden, drei weitere Schüler haben sich wegen des hohen Eintrittspreises beschwert.

M 11 Was sind Gesetze?

Wenn wir von Rechtsregeln sprechen, so meinen wir meist Gesetze. Gesetze werden in einem vorgeschriebenen Verfahren von den Parlamenten, zum Beispiel dem Bundestag, beschlossen. Gesetze sind allgemeinverbindliche Handlungsanweisungen und müssen von allen Betroffenen eingehalten werden. Aufgeschrieben sind die Gesetze zu allen möglichen Lebensbereichen in Gesetzbüchern (Grundgesetz, Bürgerliches Gesetzbuch, Strafgesetzbuch, Sozialgesetzbuch, ...). Ende 2009 umfassten allein die Bundesgesetze 1.924 Gesetze mit insgesamt 76.382 Artikeln und Paragrafen. Hinzu kommen die Gesetze und Rechtsverordnungen der 16 Bundesländer und auch das Recht der Gemeinden (Satzungen). Die Gesamtheit aller gültigen Gesetze bezeichnet man als Rechtsordnung. Nicht alle Gesetze sind gleich wichtig. Das wichtigste Gesetz in Deutschland ist das Grundgesetz. In ihm stehen nämlich die wichtigsten Spielregeln für das Zusammenleben der Menschen und den Aufbau des Staates in Deutschland. Alle Gesetze, die in Deutschland erlassen werden, müssen mit dem Grundgesetz vereinbar sein.

M 12 Aufgaben des Rechts

Die wichtigste Aufgabe des Rechts ist die verbindliche Ordnung des Zusammenlebens der Menschen. Wenn es Konflikte zwischen den Menschen gibt, so hilft das Recht, diese zu lösen. Deshalb gibt es zum Beispiel viele Regeln, die das Verhältnis von Vermietern und Mietern betreffen, denn zwischen diesen Parteien gibt es häufig Streit. Auch im Straßenverkehr muss jeder Teilnehmer wissen, was erlaubt ist und was nicht, sonst bräche schnell Chaos auf den Straßen aus. So sichert das Recht Frieden und Sicherheit in einer Gesellschaft. Wie wichtig diese Aufgabe ist, wird erst deutlich, wenn man sich eine Gesellschaft vorstellt, in der es kein Recht bzw. niemanden gibt, der für die Einhaltung des Rechts sorgt. Sehr schnell würden sich manche Menschen rücksichtslos verhalten oder gar Streit mit Gewalt austragen. Es würden das Recht des Stärkeren, Willkür und Unsicherheit herrschen. Auch wenn es zunächst widersinnig klingt: Das Recht sichert so auch unsere Freiheit, denn die Freiheit beginnt erst da, wo das Recht dafür sorgt, dass uns andere Menschen nicht willkürlich Schaden zufügen können. Damit das Recht eingehalten wird, muss es durchgesetzt werden. Allein der Staat, vertreten durch die Staatsanwaltschaft, durch Polizei und Gerichte, stellt sicher, dass sich die Menschen auch an die Gesetze halten. Deshalb spricht man auch vom Gewaltmonopol des Staates. In einer Demokratie müssen sich dabei aber Behörden, Polizei und Gerichte selbst auch an das geltende Recht halten. Mit Hilfe der unabhängigen Gerichte kann jeder Einzelne überprüfen lassen, ob der Staat auch im Einklang mit den Gesetzen handelt.

zu Aufgabe 3
Sammle Beispiele, wie das Recht dazu beiträgt, dass die Menschen friedlich zusammenleben können.

Aufgaben

1. Bildet Gruppen und setzt euch mit den in M 10 geschilderten Fällen auseinander. Entscheidet, ob das Problem durch a) eine allgemein geltende Regel oder b) individuelle Vereinbarung der Betroffenen gelöst werden soll. Solltet ihr euch für den Lösungsweg a) entscheiden – formuliert die allgemeine Regel schriftlich. Begründet und vergleicht eure Ergebnisse.
2. In Aufgabe 1 habt ihr selbst allgemeine Regeln formuliert. Nennt nun die Gemeinsamkeiten und Unterschiede zwischen euren Regeln und echten Gesetzen (M 10, M 11).
3. Stelle zusammen, welche Aufgaben (man spricht auch von Funktionen) das Recht erfüllt (M 12).

Wie ist unsere Rechtsordnung aufgebaut?

Für viele Lebensbereiche gibt es rechtliche Regelungen.

M 13 Der Aufbau unserer Rechtsordnung

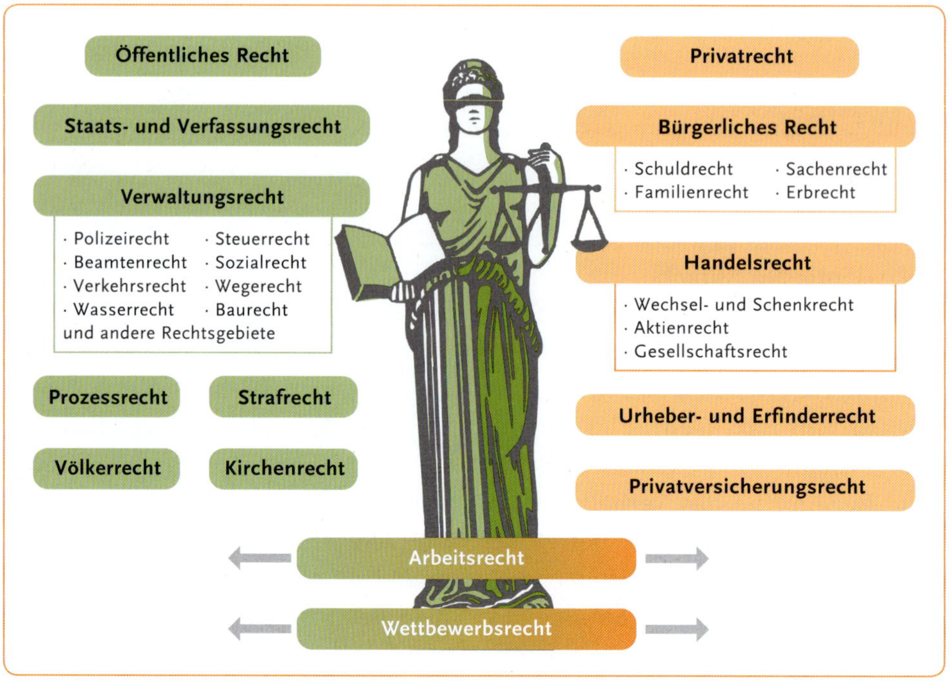

© Bergmoser + Höller Verlag, Zahlenbilder 128020

Das in Deutschland geltende Recht wird allgemein eingeteilt in die beiden großen Rechtsgebiete Privatrecht und öffentliches Recht. Das Privatrecht (oder Zivilrecht) regelt die Rechtsbeziehungen der einzelnen Bürger untereinander. Bei der Gestaltung ihrer Rechtsbeziehungen sind die Bürger frei und gleichberechtigt (Privatautonomie). Kern des Privatrechts ist das bürgerliche Recht, das im Bürgerlichen Gesetzbuch niedergelegt ist. Es enthält Regelungen für den bürgerlichen Alltag, z. B. Kauf und Verkauf, Verträge, Leihe und Schenkung, Eheschließung und Scheidung usw. Das öffentliche Recht regelt die Beziehungen des Einzelnen zur öffentlichen Gewalt (Verwaltung, Polizei, Gerichte) und die Beziehungen der öffentlichen Gewalten zueinander, z. B. zwischen Bund und Land. Der öffentlichen Gewalt gegenüber ist der einzelne Bürger untergeordnet (z. B. müssen Steuern entrichtet werden). Doch kann der Einzelne gegen eine Maßnahme der öffentlichen Gewalt klagen, wenn er sich ungerecht behandelt fühlt.

M 14 Das Gerichtswesen in Deutschland

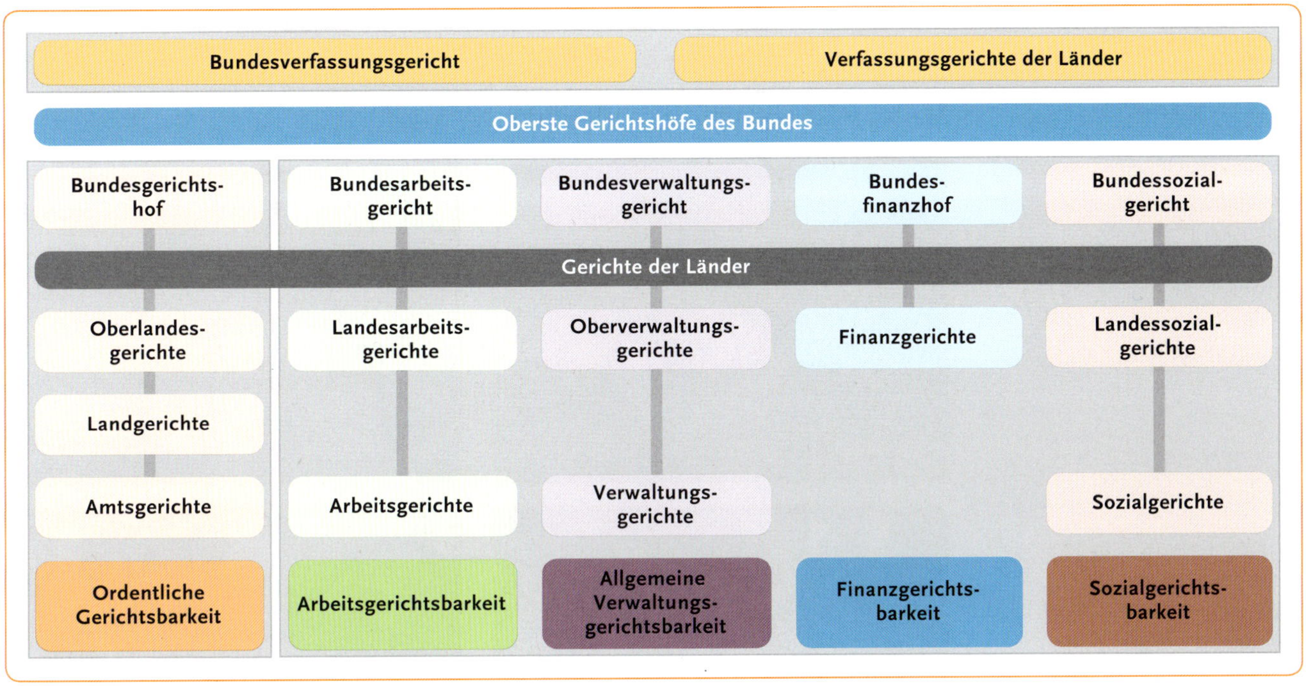

© Bergmoser + Höller Verlag, Zahlenbilder128010

Das Gerichtswesen in Deutschland ist in mehrere Zweige gegliedert. Neben der Verfassungsgerichtsbarkeit sind das die ordentliche Gerichtsbarkeit, die Verwaltungs-, Arbeits-, Sozial- und Finanzgerichtsbarkeit. Da Deutschland ein Bundesstaat ist, sind die Gerichte zwischen Bund und Ländern aufgeteilt. Die Gerichte des Bundes sind dabei übergeordnet. Das Bundesverfassungsgericht und die Verfassungsgerichte der Länder entscheiden über die Auslegung der Verfassung (Grundgesetz) und über die Vereinbarkeit von normalen Gesetzen mit der Verfassung. Straf- und Zivilverfahren werden bei denen ordentlichen Gerichten geführt. Alle anderen Verfahren bei den besonderen Gerichten.

Aufgaben

1. Entwickelt in Partnerarbeit ein Tafelbild, das die Unterschiede zwischen Privatrecht und öffentlichem Recht anschaulich darstellt (M 13).
2. Entscheide, welcher Gerichtszweig für die Verhandlung folgender Streitfälle zuständig wäre (M 14):
   - Herr Heinzeler klagt gegen die fehlerhafte Berechnung seines Hartz-IV-Bescheides.
   - Frau Ziller wird wegen Diebstahls angeklagt.
   - Der Bundesrat ist der Ansicht, dass er am Gesetzgebungsverfahren zum Atomausstieg beteiligt werden muss, der Bundestag bestreitet dies.
   - Herr Müller möchte sich gegen eine fällige Steuernachzahlung wehren.
   - Frau Tumb möchte einklagen, dass sie die Äpfel vom Baum des Nachbarn behalten darf, wenn sie auf ihr Grundstück fallen.
   - Herr Barnetta möchte gegen seine fristlose Entlassung klagen.
3. Erkundet, welche Gerichte sich in eurer Stadt befinden bzw. wo die nächsthöheren Gerichte zu finden sind.

Das Jugendschutzgesetz – wie werden Jugendliche in der Öffentlichkeit geschützt?

M 15 Was dürfen Jugendliche?

Kennt ihr euch aus im Jugendschutz? Geht davon aus, dass die abgebildeten Personen 16 Jahre alt sind. Entscheidet dann für jedes Bild: „erlaubt" oder „nicht erlaubt". Überprüft anschließend eure Antworten mit Hilfe von M 17.

M 16 Der Sinn des Jugendschutzes

Pflege und Erziehung der Kinder und Jugendlichen gehören zu den wichtigsten Aufgaben und Pflichten der Eltern oder erziehungsberechtigten Personen. Gesetzliche Bestimmungen zum Jugendschutz machen den Auftrag des Staates und der Gesellschaft deutlich, Eltern und Erzieher in der Erfüllung ihrer Aufgaben zu unterstützen und das Anrecht des Kindes auf Erziehung zu sichern. Kinder und Jugendliche sind vor finanzieller Ausbeutung, seelischen Zwängen und Gefährdungen durch Abhängigkeiten zu schützen. Bestimmungen zum Jugendschutz sind keine Strafinstrumente gegen junge Menschen, sondern wenden sich zunächst an den Erwachsenen, um ihn anzuhalten, nachteilige Einflüsse auf die Entwicklung der Kinder und Jugendlichen abzuwenden. Dabei müssen die Gesetzgeber zwei Erziehungsziele gegeneinander abwägen. Einerseits hat jeder Mensch auch schon früh ein Recht auf freie Entfaltung seiner Persönlichkeit. Andererseits sind die Eltern und letztlich auch der Staat verpflichtet, Schaden von Kindern und Jugendlichen abzuwenden.

nach: http://www.pg-muenster.de/kzpt/kzpt-juschu.html (12.6.2011)

M 17 Bestimmungen zum Schutz Jugendlicher

Übersichtliche Darstellung der Vorschriften des Jugendschutzgesetzes vom 23.07.2002 (gültig ab 01.09.2007)
Auszug: Abschnitt 2: Jugendschutz in der Öffentlichkeit, Abschnitt 3: Jugendschutz im Bereich der Medien

Geschützte Altersgruppen		**Kinder**		**Jugendliche**				**Kinder:** Personen unter 14 Jahren **Jugendliche:** Personen unter 18 Jahren
		unter 14 Jahre		ab 14 Jahre		ab 16 Jahre		
Gefährdungsbereiche		**ohne** Begleitung einer erziehungsbeauftragten Person	**in** Begleitung einer erziehungsbeauftragten Person	**ohne** Begleitung einer erziehungsbeauftragten Person	**in** Begleitung einer erziehungsbeauftragten Person	**ohne** Begleitung einer erziehungsbeauftragten Person	**in** Begleitung einer erziehungsbeauftragten Person	**Ausnahmsweise erlaubt**
§ 4 Abs. 1 + 2	**Aufenthalt in Gaststätten**	☹ nicht erlaubt	☺ erlaubt	☹	☺	☺ bis 24 Uhr	☺	In der Zeit zwischen 5 und 23 Uhr, um eine Mahlzeit oder ein Getränk einzunehmen (§ 4 Abs. 1). Ausnahmen kann die zuständige Behörde genehmigen (§4 Abs. 4).
§ 4 Abs. 3	**Aufenthalt in Nachtbars und Nachtclubs**	☹	☹	☹	☹	☹	☹	
§ 5 Abs. 1	**Anwesenheit bei öffentlichen Tanzveranstaltungen** z. B. Disco	☹	☺	☹	☺	☺ bis 24 Uhr	☺	Ausnahmen kann die zuständige Behörde genehmigen (§5 Abs. 3).
§ 5 Abs. 2	**Tanzveranstaltungen anerkannter Träger der Jugendhilfe** oder bei künstl. Betätigung oder zur Brauchtumspflege	☺ bis 22 Uhr	☺	☺ bis 24 Uhr	☺	☺ bis 24 Uhr	☺	
§ 6	**Anwesenheit in Spielhallen Teilnahme an Glücksspielen**	☹	☹	☹	☹	☹	☹	Bei Volks- und Schützenfesten, Jahrmärkten u. ä., sofern Gewinne nur in Waren von geringerem Wert bestehen (§6 Abs. 2).
§ 9 Abs. 1.1	**Abgabe und Verzehr branntweinhaltiger Getränke** (auch alkoh. Mixgetränke o. überwiegend branntweinhaltige Lebensmittel)	☹	☹	☹	☹	☹	☹	
§ 9 Abs. 1.2	**Abgabe und Verzehr anderer alkoholischer Getränke** z. B. Bier, Wein u. ä.	☹	☹	☹	☺*)	☺	☺	*) **Nur** in Begleitung einer personensorgeberechtigten Person (Eltern/Vormund) (§9 Abs. 2).
§ 10	**Abgabe und Konsum von Tabakwaren**	☹	☹	☹	☹	☹	☹	
§ 11	**Besuch öffentlicher Filmveranstaltungen** nur nach Freigabekennzeichnung: ohne Altersbeschränkung ab 6 / 12 / 16 J.	☺ ab 6 J. bis 20 Uhr	☺	☺ bis 22 Uhr	☺	☺ bis 24 Uhr	☺	Filme, die mit „Info- oder Lehrprogramm" gekennzeichnet sind (§11 Abs. 1); bei Filmen „ab 12 J." Anwesenheit für über 6-Jährige möglich in Begleitung einer personensorgeberechtigten Person (Eltern/Vormund) (§11 Abs. 2).
§ 12	**Abgabe von Datenträgern mit Filmen oder Spielen** nur nach Freigabekennzeichnung: ohne Altersbeschränkung ab 6 / 12 / 16 J.	☺	☺	☺	☺	☺	☺	Datenträger, die mit „Info- oder Lehrprogramm" gekennzeichnet sind (§12 Abs. 1).
§ 13	**Spielen an elektronischen Bildschirmspielgeräten ohne Gewinnmöglichkeit** nur nach Freigabekennzeichnung: ohne Altersbeschränkung ab 6 / 12 / 16 J.	☺	☺	☺	☺	☺	☺	Bildschirmspielgeräte, die mit „Info- oder Lehrprogramm" gekennzeichnet sind (§13 Abs. 1).

Öffentlichkeit: Alle Orte, die jedermann ohne weiteres zugänglich sind und der Teilnehmerkreis, auch der eingeschränkte, untereinander nicht in rechtlicher oder sonstiger Bedeutsamkeit steht.
Personensorgeberechtigte Person sind Vater, Mutter (also Eltern) oder der Vormund.
Erziehungsbeauftragte Person nimmt Erziehungsaufgaben nach Vereinbarung mit den Eltern wahr, z. B. die Begleitung des Jugendlichen in eine Disco. Das kann jede Person über 18 Jahre sein, die in der Lage ist, die vereinbarten Erziehungsaufgaben zu erfüllen.

Aufgaben

1. Erkläre, welche Ziele mit dem Jugendschutz in der Bundesrepublik Deutschland verfolgt werden (M 16).
2. Diskutiert, welche Bestimmungen des Jugendschutzgesetzes ihr lockern oder verschärfen würdet. Begründet eure Entscheidung mit den grundsätzlichen Zielen des Jugendschutzes (M 17).

Was wir wissen

Menschenrechte
M 1 – M 6

Menschenrechte gelten als „angeborene" Rechte jedes einzelnen Menschen, unabhängig davon, in welchem Staat der Welt er lebt. Allen Menschenrechten zu Grunde liegt die Vorstellung, dass die Würde des Menschen nicht verletzt werden darf. In Deutschland sind die Menschenrechte als Grundrechte in unserer Verfassung, dem Grundgesetz, verankert. Sie bilden die Grundlage unserer Rechtsordnung. Deshalb darf auch staatliches Handeln nicht gegen die Menschenrechte verstoßen. Die Idee der Menschenrechte hat sich über viele Jahrhunderte entwickelt und wird heute allgemein anerkannt. Allerdings gibt es einzelne Staaten, die die Menschenrechte als westlich-abendländisch geprägte Rechtsvorstellung betrachten.

Recht
M 11

Das Zusammenleben der Menschen in einem Gemeinwesen (Staat) erfordert verbindliche Verhaltensregeln für jeden Einzelnen. Ein Großteil dieser Regeln sind Gesetze, die von den Parlamenten erlassen werden und deren Einhaltung mit Hilfe von Staatsanwaltschaft, Polizei und Gerichten erzwungen werden kann (staatliches Gewaltmonopol). Die Gesamtheit der in Deutschland gültigen Gesetze und Rechtsregeln bezeichnet man als Rechtsordnung. Das wichtigste Gesetz unserer Rechtsordnung ist unsere Verfassung, das Grundgesetz. Alle anderen Gesetze müssen mit dem Grundgesetz vereinbar sein.

Aufgaben des Rechts
M 12

Ganz allgemein ordnet das Recht das menschliche Zusammenleben (z. B. im Straßenverkehr). Da das Recht sagt, was erlaubt ist und was nicht, werden Konflikte vermieden oder lassen sich in einem geordneten Verfahren lösen, notfalls mit Hilfe der Gerichte. So trägt das Recht zur Sicherung des Friedens in der Gesellschaft bei. Es verbietet Vergeltung und Faustrecht und gewährleistet so die Freiheit jedes Einzelnen. Auch hilft es, Gerechtigkeit in einer Gesellschaft zu verwirklichen, denn vor dem Gesetz müssen alle Menschen gleich behandelt werden.

Rechtsgebiete
M 13

Man unterscheidet das öffentliche Recht vom Privatrecht. Das öffentliche Recht regelt das Verhältnis des Staates zum Einzelnen und das Verhältnis staatlicher Organe untereinander, wobei in Bezug zu den Bürgern ein Über- bzw. Unterordnungsverhältnis gilt. Im Privatrecht (oder Zivilrecht), das die Beziehungen der Menschen zueinander regelt, sind die einzelnen Bürgerinnen und Bürger gleichberechtigt.

Gerichtswesen
M 14

Das Gerichtswesen umfasst die Verfassungsgerichtsbarkeit (z. B. Bundesverfassungsgericht), ordentliche Gerichtsbarkeit (Zivil- und Strafgerichtsbarkeit) und besondere Gerichtsbarkeit (z. B. Finanz- oder Verwaltungsgerichtsbarkeit).

Jugendschutz
M 16, M 17

Das Jugendschutzgesetz (JuSchG) zeigt die Schutzfunktion des Rechts. Es schützt Minderjährige vor gesundheitlichen und sittlichen Gefahren in der Öffentlichkeit und den Medien. So sind der Aufenthalt in Gaststätten und Diskotheken, das Rauchen oder der Genuss von Alkohol abhängig vom Alter beschränkt oder verboten.

Totale Freiheit?

Bei einer Familienfeier schwärmt dein älterer Cousin Jakob davon, dass er einer Studentengruppe beigetreten sei, die für absolute Freiheit und Anarchie eintritt. In einem Politiklexikon liest du zu Hause zum Stichwort „Anarchie" folgenden Eintrag:

Anarchie LEXIKON

Das griechische Wort „anarchos" bedeutet übersetzt so viel wie „Herrschaftslosigkeit" oder „Gesetzlosigkeit". Eine Gesellschaft, in der Anarchie herrscht, ist eine Gesellschaft, in der niemand das Sagen hat. Hier gibt es keine staatliche Gewalt, keine gewählten Volksvertreter in einem Parlament, keine Monarchie oder irgendeine sonstige Herrschaftsform. Diejenigen, die eine Anarchie wollen (man nennt sie Anarchisten), treten für die totale Freiheit des Menschen ein. Es soll keine Regeln geben, keiner soll über den anderen herrschen und man soll nicht nach Gesetzen leben, die von anderen Menschen oder einer Regierung gemacht werden.

Gerd Schneider, Christiane Toyka-Seid, Das junge Politiklexikon, 3. Aufl., Bonn 2008, S. 14

Aufgabe

Du bist beunruhigt über die Aktivitäten deines Cousins. Verfasse eine E-Mail an Jakob, in der du ihm die Vorteile einer funktionierenden Rechtsordnung erläuterst.

EU-Führerschein

Die dritte EG-Führerscheinrichtlinie bringt uns die Einführung neuer Fahrerlaubnisklassen, Änderungen des Führerscheinformates, der Gültigkeit sowie modifizierte Sicherheitsmerkmale. Seit 2013 wurde der neue EU-Führerschein in allen Mitgliedsstaaten eingeführt. Die Einführung der EU Fahrerlaubnis in Kartenform soll die Vielzahl der Führerscheinarten reduzieren.

Feinstaub

Seit 2005 gilt die EU-Richtlinie zur Verringerung des Schadstoffausstoßes in Ballungsräumen. Zu diesem Zweck wurden von der EU Grenzwerte festgelegt. Seit dem Sommer 2008 bekommen wir diese Richtlinie durch die zunehmende Schaffung von städtischen Umweltzonen (momentan ca. 50 in Deutschland) zu spüren. Diese dürfen nämlich nur mit entsprechender Plakette befahren werden.

EU-Biosiegel

Auch was öko ist, bestimmt die EU. Jedenfalls bestimmt sie es auch. Seit 1.7.2010 gibt es das neue EU-Bio-Logo. Lebensmittel, die damit gekennzeichnet sind, dürfen nicht gentechnisch verändert oder mit chemischen Pflanzenschutzmitteln behandelt worden sein. Tiere müssen artgerecht gehalten und mit ökologisch produziertem Futter gefüttert worden sein.

Kroatien wird 28. Mitgliedsstaat

Am 1. Juli 2013 wurde Kroatien 28. Mitglied der EU. Am 5. Dezember 2011 hatte der Rat für Allgemeine Angelegenheiten der EU die Aufnahme Kroatiens beschlossen. Die kroatische Bevölkerung stimmte in einem Referendum am 22. Januar 2012 für den EU-Beitritt. Der Deutsche Bundestag und der Deutsche Bundesrat stimmten 2013 für den Beitritt, so wie zuvor alle anderen Mitgliedsstaaten der EU.

7

Politik in der Europäischen Union

Europäische Politik bestimmt unser Leben in Deutschland mehr, als wir denken. Im europäischen „Haus“ befinden sich nunmehr 28 Staaten und weitere Staaten wollen Mitglied der Europäischen Union werden.

Kompetenzen

Am Ende dieses Kapitels solltest du Folgendes können:

- Meilensteine in der Entwicklung der EU und Ziele der europäischen Integration kennen
- Beispiele für Einflussnahmen der EU auf das Leben in den Mitgliedstaaten nennen
- demokratische Mitwirkungsmöglichkeiten im europäischen Willensbildungs- und Entscheidungsprozess einschätzen und nutzen
- wichtige politische Organe der EU und den Entscheidungsprozess beschreiben
- Errungenschaften und Gefährdungen der europäischen Integration beurteilen

Was weißt du schon?

- Übertrage die Karte in dein Heft. Benenne die Staaten der Europäischen Union.
- Europa bedeutet für mich … – Finde mit Hilfe der Beispiele möglichst viele Satzergänzungen, die zeigen, welche Bedeutung für dich die Europäische Union hat.

7.1 Die Europäische Union – „in Vielfalt geeint"?

Leben in Europa – gibt es eine europäische Jugend?

Hinweis: Die Materialien in den Kapiteln 7.1 und 7.2 können als Ausgangspunkt für ein gemeinschaftskundliches Projekt „Europa" in Zusammenarbeit mit Erdkunde und Geschichte genutzt werden.

M 1 Freizeit in Europa

Jugendliche Polen beim Grillen während eines Festivals.

Flashmob zu Ehren von Michael Jackson in Paris

DreamHack (LAN-Party) in Jönköping/Schweden

World youth day 2010 in Rom

M 2 Was eint, was trennt die Jugend Europas?

„Die Pfade werden kurviger", der französische Soziologe Vincenzo Cicchelli über die Jugend Europas, was sie eint, was sie trennt – und woran sie sich in diesen unsicheren Zeiten orientieren kann.

Le Monde: Haben die jungen Europäer eine gemeinsame Kultur?
Cicchelli: Ja. Die Jugendlichen hören die gleiche Musik – Rock, Pop, Rap –, sie lesen die gleichen Comicbücher, tragen die gleiche Kleidung, spielen die gleichen Videospiele, und sie machen ausgiebig Gebrauch von den neuen Kommunikationsmitteln: Internet, Chat, SMS, soziale Netzwerke.

Es ist eine Kultur des Kontakts, unmittelbar und abgeschirmt von den Eltern, die sich entfalten konnte, weil die Familie sie zugelassen hat, sie selber nutzt und weil die Erziehung sich vor allem stark verändert hat. Sie ist nicht mehr an Autorität gebunden, sondern an eine ausgehandelte Autonomie. Alle Untersuchungen zeigen, dass Junge und Erwachsene nunmehr gemeinsame Werte haben, die weder der religiöse Glaube noch der Gehorsam sind, sondern die Autonomie, der Respekt vor anderen, die Toleranz, die Sorge um sich.

Le Monde: Führen die Jugendlichen also von einem Ende zum anderen Europas das gleiche Leben?

Cicchelli: Nein, die Unterschiede zwischen den Ländern bleiben unverkennbar. Skandinavien zum Beispiel ist geprägt von einer starken Vorstellung von Autonomie, mit einem frühzeitigen Weggang von den Eltern, aber mit einem staatlich geförderten Studium: diese lange Zeitspanne vor dem Eintritt ins Berufsleben wird positiv erlebt, wie eine Experimentierphase, in der die Jugendlichen reisen, arbeiten, studieren können. In den südlichen Ländern ist es hingegen die Familie, die das Studium finanziert, den Kindern hilft, sich niederzulassen, was erklärt, warum sie das Elternhaus später verlassen. Aber heute erschüttert diese Generation eine massive Arbeitslosigkeit, die mehr als die Hälfte der jungen Spanier betrifft, 30 Prozent der Italiener. Und es ist kein Zufall, dass man in diesen Ländern ‚die Empörten' trifft, die ‚eine Arbeit, eine Zukunft' wollen. Frankreich nimmt eine Mittelstellung ein, wo der Staat das Studium finanziert und ein Wohngeld zahlt, das die familiären Zuschüsse ergänzt. Großbritannien hat eine Sonderstellung, aufgrund seiner liberalen Option, die die jungen Leute drängt, sich finanziell sehr früh selbst zu tragen und sich für kurze, übrigens teure, Studien zu entscheiden – auch wenn die Krise dieses Modell verändert.

Le Monde: Erasmus und die immer häufigeren Aufenthalte in den Ländern Europas – tragen sie dazu bei, eine neue Kultur zu formen?

Cicchelli: Ein bisschen, aber Erasmus betrifft sehr wenige Studenten, weniger als zwei Prozent. Die Austausche tragen gleichwohl dazu bei, ein Generationsbewusstsein zu entwickeln. Es entsteht auch ein europäischer Markt des Studiums und der Diplome, mit Studenten, die ihre Abschlüsse jenseits der Grenzen ihres Heimatlandes machen ...

Interview: Isabelle Rey-Lefebvre, Süddeutsche Zeitung, 31.5.2012

ERASMUS

Das Programm ERASMUS richtet sich an **Hochschulen** und ist auf die Lehr- und Lernbedürfnisse von Studierenden ausgerichtet. Auch Einrichtungen und Organisationen, die allgemeine oder **berufliche Bildungslehrgänge mit Fachhochschulniveau** anbieten, können sich beteiligen. Das Programm ist mit einem Etat von **3,114 Milliarden Euro** ausgestattet. Ziel ist es, bis 2013 drei Millionen Studierenden die Möglichkeit zu geben, einen Teil ihres Studiums im Ausland zu absolvieren.

Nationale Agentur für ERASMUS ist der Deutsche Akademische Austauschdienst (DAAD)
→ *http://eu.daad.de*

Aufgaben

1. Stellt in einer Tabelle, ausgehend von M 1, M 2 und euren Erfahrungen mit Jugendaustauschen, Gemeinsamkeiten und Unterschiede jugendlicher Lebenswelten in Europa gegenüber.
2. Stelle zusammen, welche Vorteile ein Praktikum, ein Auslandsjahr oder ein Studium im Ausland bringen kann.

Informiert euch über europäische Bildungsprogramme. Ladet dazu ehemalige Praktikanten und Studenten ein, und befragt diese nach ihren Erfahrungen.

Warum gibt es die Europäische Union?

M 3 Das europäische Haus

Auf dem Soldatenfriedhof in Lommel in Belgien liegen aus dem Zweiten Weltkrieg 38.560 und aus dem Ersten Weltkrieg 542 gefallene deutsche Soldaten begraben. Er ist der größte Soldatenfriedhof des Zweiten Weltkriegs in Westeuropa.

Rehabilitation = Wiedereingliederung eines Kranken

Die Europäische Union lässt sich anschaulich mit dem Bild eines großen Hauses vergleichen. Die ersten Bewohner des Hauses waren die sechs Gründerstaaten der EU (Deutschland, Frankreich, Italien, Belgien, Niederlande und Luxemburg), die 1952 bereit waren, ihre Entscheidungsgewalt (Souveränität) über die Kohle- und Stahlindustrie und damit über die Produktion von Waffen einer zentralen europäischen Behörde zu überlassen. Die sechs Staaten haben gleichsam den ersten Vertrag (Montanunion) für das Zusammenleben im gemeinsamen Haus geschlossen – die Hausordnung. Bis heute wurde diese Hausordnung, die die Prinzipien des Zusammenlebens beschreibt, durch zahlreiche Verträge erweitert. Immer mehr vormals nationale Entscheidungen und Regelungen wurden so in gemeinsames politisches Handeln überführt (Vergemeinschaftung).

Parallel dazu wurde das Haus weiter ausgebaut (Erweiterung der EU). Heute umfasst das Haus 28 Bewohner und weitere Staaten wollen beitreten. Um das Zusammenleben in der Hausgemeinschaft zu regeln und zu fördern, müssen gemeinsame politische Institutionen geschaffen werden – die politischen Organe der EU. Für die Weiterentwicklung der Hausordnung, den Entwurf und den Ausbau des Hauses, sind die Architekten, die Staats- und Regierungschefs der EU-Staaten zuständig. Über die Einhaltung der Hausordnung wacht die Europäische Kommission und der Europäische Gerichtshof. Das Europäische Parlament und der Ministerrat beschließen Regeln auf der Grundlage der Verträge, welche die Politik der EU-Staaten bestimmen.

Warum war gerade nach 1945 die Zeit für die europäische Integration gekommen?

Angesichts des Leids und Elends zweier Weltkriege auf europäischem Boden wollten die Menschen in Europa endlich Frieden. Ein schneller Wiederaufbau des zerstörten Europa und die Steigerung des Wohlstands waren nur durch wirtschaftliche Kooperation und die Schaffung größerer Wirtschaftsräume zu bewerkstelligen. Ferner mussten die alten europäischen Großmächte angesichts einer neuen Weltordnung, die durch die Supermächte USA und Sowjetunion bestimmt wurde, befürchten, wirtschaftlich und politisch an den Rand gedrängt zu werden. Die Integration diente insofern der Selbstbehauptung Europas. Für Deutschland stellte die Aufnahme in die europäische Staatengemeinschaft einen entscheidenden Schritt zur Rehabilitation und zur Anerkennung dar.

Was hält die Staaten im europäischen Haus zusammen?

Die Europäer haben aus der durch Krieg und Feindschaft geprägten europäischen Geschichte gelernt, dass Frieden und Wohlstand auf Dauer nur durch ein Miteinander möglich sind. Auf der Grundlage der Menschenrechte und der Demokratie soll Europa in Vielfalt geeint das Wohlergehen der Menschen fördern. Einig sind sich die Mitgliedsstaaten nämlich in ihren gemeinsamen Zielen. Erstens wollen sie erreichen, dass es allen EU-Ländern wirtschaftlich gut geht und die Menschen in Wohlstand leben können. Zweitens kümmern sie sich darum, dass in Europa und der Welt Frieden und Sicherheit herrschen. Drittens haben sie sich vorgenommen, allen in der EU lebenden Menschen die gleichen demokratischen Grundrechte und Grundfreiheiten zu garantieren, ein Leben ohne Diskriminierungen und mit Chancengleichheit für alle. Viertens sollen nach dem Motto „in Vielfalt geeint" die Kulturen und Traditionen der unterschiedlichen Staaten respektiert werden.

M 4 Das europäische Haus im Bau – Meilensteine

Im Jahr 1951 gründeten sechs Staaten die „Europäische Gemeinschaft für Kohle und Stahl" (EGKS), auch „Montanunion" genannt.

Mitten in Rom am 25. März 1957, 18 Uhr. Draußen, auf dem Kapitolsplatz, hat sich trotz strömenden Regens eine riesige Menschenmenge versammelt. Drinnen, im festlichen Saal des alten Konservatorenpalasts, herrschen Stolz, Freude und auch etwas Erleichterung: Noch bis zur allerletzten Minute hat man um die Einzelheiten gefeilscht. Jetzt sitzen die Vertreter Belgiens, Deutschlands, Frankreichs, Italiens, Luxemburgs und der Niederlande an einem langen Tisch und unterzeichnen die Verträge zur Gründung der Europäischen Wirtschaftsgemeinschaft (EWG). Zum Abschluss schenkt der Bürgermeister von Rom allen Teilnehmern eine goldene Medaille. In den Dokumenten, die „Römische Verträge" genannt werden, steht, dass die sechs Länder nicht nur bei Kohle und Stahl, sondern in der gesamten Wirtschaft zusammenarbeiten wollen. Am gleichen Abend gründeten die sechs Länder übrigens auch die Europäische Atomgemeinschaft (EAG oder Euratom). Damit wollten sie erreichen, dass die Kernkraft in Europa friedlich genutzt würde, also zum Beispiel in Kernkraftwerken, und nicht etwa zur Herstellung gefährlicher Atomwaffen. In den folgenden Jahren traten immer mehr Länder den Europäischen Gemeinschaften (EG) bei, wie sich das Bündnis ab 1967 nannte. 1992 vereinbarten die mittlerweile zwölf Mitgliedsländer in der niederländischen Stadt Maastricht, sich nicht nur wirtschaftlich, sondern auch politisch enger zu-

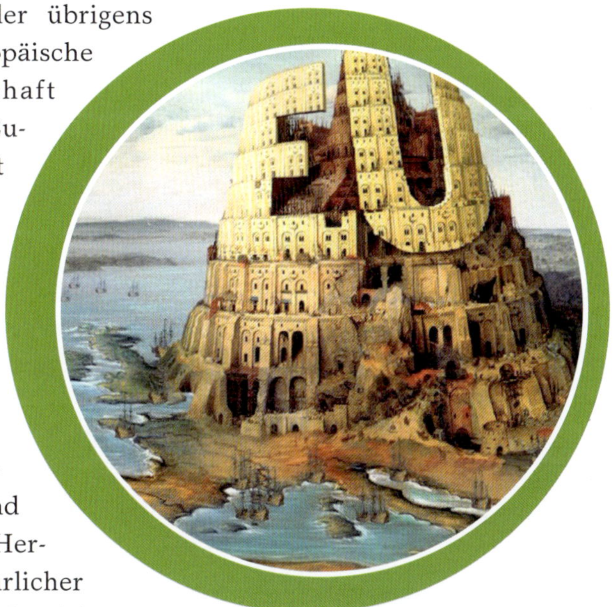

Die Europäische Union – ein unvollendetes Bauwerk.

Erweiterungen

1973 Dänemark, Großbritannien, Irland
1981 Griechenland
1986 Spanien und Portugal
1995 Finnland, Österreich, Schweden
2004 Estland, Lettland, Litauen, Malta, Polen, Slowakei, Slowenien, Tschechische Republik, Ungarn, Zypern
2007 Bulgarien, Rumänien
2013 Kroatien

sammenzuschließen. 1993 trat dieser „Vertrag von Maastricht" in Kraft und begründete die „Europäische Union". „Union" kommt vom lateinischen Wort „unio", „Vereinigung". Mit dieser Namensänderung wollten die Europäer zeigen, dass sie nun noch näher zusammengerückt waren. 2002 führte die EU eine gemeinsame Währung ein und machte damit einen weiteren großen Schritt: Heute klimpert in 18 EU-Ländern der Euro im Geldbeutel. Am Anfang, mit nur wenigen Mitgliedern, konnte die EU leicht und schnell Entscheidungen treffen. Als immer mehr Länder der EU beitraten, die alle eine eigene Meinung hatten, wurde das immer schwieriger. Doch wie sollte die EU handlungsfähig bleiben, wenn in Zukunft sogar noch mehr Länder beitreten würden? Der Versuch, in einer eigenen „Verfassung" neue Spielregeln für die EU festzulegen, klappte nicht. Die Wähler in Frankreich und in den Niederlanden waren dagegen. 2007 nahmen die 27 EU-Staaten einen neuen Anlauf und unterzeichneten in der portugiesischen Hauptstadt schließlich den „Vertrag von Lissabon". Mit 287 Seiten ist der ganz schön umfangreich. Im Vertrag stehen nicht nur neue Abstimmungsregeln. Der Vertrag stärkt auch die Rolle des Europäischen Parlamentes, in dem die direkt gewählten Abgeordneten sitzen. Er gibt auch den Auftrag, die Grundrechte jedes einzelnen Bürgers zu schützen, beispielsweise das Recht auf Bildung oder Gesundheit. Außerdem kann jeder EU-Bürger ein neues Gesetz auf den Weg bringen – vorausgesetzt, er hat vorher eine Million Unterschriften gesammelt. Am 1. Dezember 2009 ist der Vertrag von Lissabon in Kraft getreten. Im Juli 2013 trat Kroatien als 28. Mitgliedsland der EU bei.

nach: Europa kinderleicht, Europäische Union 1995-2012, S. 18 ff. (Die Verantwortung für die Anpassung der Daten liegt ausschließlich beim C.C.Buchner Verlag.)

M 5 Ein Projekt ohne Vorbild

Am 13.12.2007 unterzeichneten die Vertreter der Mitgliedstaaten der EU den Vertrag von Lissabon. Er trat am 1.12.2009 in Kraft.

Für das europäische Einigungsprojekt gab es weder ein Vorbild noch einen fertigen Bausatz, verbunden mit einem festen Zeitplan und einem klaren Ziel. Die Einigung vollzog sich daher nicht durch einen einzigen, großen historischen Akt, sie bedurfte zahlreicher Anläufe und vieler Kompromisse. Es gab am Anfang auch keine Entscheidung darüber, nach welchem Leitbild Europa gestaltet werden sollte: Die einen hatten einen Bundesstaat im Sinn – also eine Föderation mit abgestuften Zuständigkeiten zwischen der Zentrale und den Gliedern, ausgestattet mit Regierung und Parlament. Andere strebten nur einen Staatenbund an – eine lockere Verbindung ohne Aufgabe wichtiger Zuständigkeiten durch die Nationalstaaten an eine europäische Behörde. Die Zusammenarbeit sollte durch die nationalen Regierungen bewerkstelligt werden. Dann gab es diejenigen, die zunächst nur ganz enge, spezifische Bereiche an Europa übertragen wollten, zum Beispiel die Zuständigkeit für Zölle, für die Landwirtschaft oder die Wettbe-

werbskontrolle. Falls sich die Integration in einem solchen spezifischen Ausschnitt bewähren würde, könnte man vorsichtig weitere Funktionen an Europa abgeben.
Die Europapolitik ließ vieles von diesen Alternativen über lange Zeit unentschieden in der Schwebe. Kein Anhänger des Europagedankens sollte verprellt werden, nur weil seine eigene programmatische Überzeugung nicht weiter auf der Tagesordnung stand. So nahm der Einigungsprozess einen Mischcharakter an – von allen Überzeugungen fand etwas seinen Niederschlag. In der Konsequenz bedeutet dies: Wer Europa verstehen will, dem ist nicht ein einfaches Konzept als Orientierung anzubieten. Die vielen geglückten kleinen Schritte und die vielen fehlgeschlagenen Versuche haben sich ohne jede Gesetzmäßigkeit in Europa ereignet, gleichsam wie die Ablagerungen in Tropfsteinhöhlen, die Ausformungen von Küstenformationen oder die Jahresringe der Bäume. Wer Europa verstehen will, kommt nicht umhin, diese „Jahresringe" der Entwicklungsschritte abzutasten.

Werner Weidenfeld, Europa leicht gemacht. Antworten für junge Europäer, Bonn 2007, S. 96

M 6 Europäische Symbole

Die zwölf kreisförmig angeordneten Sterne der europäischen Flagge symbolisieren Vollkommenheit, Vollständigkeit und Einheit. Die Sterne auf der Flagge stehen daher für die Harmonie der europäischen Völker. Die Zahl der Sterne hat nichts mit der Anzahl der Mitgliedstaaten zu tun.
Seit 1972 ist der letzte Satz von Ludwig van Beethovens 9. Symphonie die Hymne des Europarats. Bei der Komposition ließ sich Beethoven von Schillers Gedicht „Ode an die Freude" inspirieren.
Offizielle Hymne der Europäischen Union ist die „Ode an die Freude" seit 1986. Die Hymne hat bisher keinen offiziellen Text und kann daher nicht gesungen, sondern nur instrumental gespielt werden.

Europatag
Am 9. Mai 1950 unterbreitete Robert Schuman, damaliger französischer Außenminister, seinen Vorschlag für ein Vereintes Europa als unerlässliche Voraussetzung für die Aufrechterhaltung friedlicher Beziehungen (Schuman-Erklärung). Dieser Tag gilt als Grundstein der heutigen Europäischen Union.

Motto der EU
„In Vielfalt geeint" – dies ist das offizielle Motto bzw. der offizielle Slogan der Europäischen Union.
Der Vertrag über eine Verfassung für Europa enthält erstmals einen offiziellen Leitspruch für die Europäische Union.

Aufgaben

1. Sammelt Merkmale, die Europa für euch als einheitlichen Raum definieren.
2. Die Europäische Union lässt sich anschaulich mit dem Bild eines Hauses vergleichen. Das Fundament bilden die gemeinsamen Werte und Ziele. Im Erdgeschoss wohnen die Gründerstaaten. In den oberen Geschossen wohnen die hinzugekommenen Mitglieder. An der Hausfassade stehen die Meilensteine, die das Leben im europäischen Haus prägen und prägten. Zeichnet in Gruppen das europäische Haus auf ein großes Plakat. Vergleicht eure Ergebnisse (M 3 – M 5).
3. Braucht die EU gemeinsame Symbole? Diskutiert diese Frage in Gruppen (M 6).

Die Europäische Union – eine Friedensgemeinschaft?

Umstrittene Auszeichnung
Die hohe Auszeichnung für die Europäische Union ist nicht unumstritten. Drei frühere Preisträger, der südafrikanische Erzbischof Desmond Tutu, der argentinische Menschenrechtler Adolfo Peréz Esquivel und die nordirische Friedensaktivistin Mairead Maguire forderten in einem gemeinsamen Schreiben die Stockholmer Nobelstiftung auf, die Verleihung des Friedensnobelpreises an die EU zurückzuziehen. Sie erklärten, dass die EU „eindeutig kein Vorkämpfer für den Frieden" sei, und dass der Wille des Preisstifters Alfred Nobel durch die Entscheidung des Komitees verfälscht würde. „Die EU strebt nicht nach der Verwirklichung von Nobels globaler Friedensordnung ohne Militär", schrieben sie weiter. Die EU gründe kollektive Sicherheit auf militärischen Zwang und die Durchführung von Kriegen.
(taz, 4.12.12)

M 7 Die EU erhält den Friedensnobelpreis – „Vom Krieg zum Frieden: eine europäische Geschichte"

Rede des Präsidenten des Europäischen Rates Van Rompuy anlässlich der Verleihung des Friedensnobelpreises an die Europäische Union, Oslo, 10.12.2012:

Verleihung des Friedensnobelpreises 2012 an die Europäische Union, vertreten durch den Präsidenten des Europäischen Rates Herman Van Rompuy, den Kommissonspräsidenten José Manuel Durão Barroso und den Präsidenten des Europaparlaments Martin Schulz (v.l.).

Eure Majestäten, Königliche Hoheiten, verehrte Staats- und Regierungschefs, verehrte Mitglieder des Norwegischen Nobelpreis-Komitees, Exzellenzen, meine Damen und Herren, voller Demut und Dankbarkeit nehmen wir hier gemeinsam den Friedensnobelpreis im Namen der Europäischen Union entgegen. In Zeiten der Unsicherheit erinnert dieser Tag die Menschen in Europa und der ganzen Welt an den ureigensten Zweck der Europäischen Union: die Brüderlichkeit zwischen den europäischen Nationen jetzt und in Zukunft zu stärken. Dies ist unsere Aufgabe. Dies war die Aufgabe der Generationen vor uns. Und dies wird die Aufgabe der Generationen nach uns sein. [...]

Der Krieg ist so alt wie Europa. Unser Kontinent trägt die Narben von Speeren und Schwertern, Kanonen und Gewehren, Schützengräben und Panzern. Für unsere Tragödie fand Herodot vor 2500 Jahren folgende Worte: „Im Frieden begraben die Söhne ihre Väter. Im Krieg begraben die Väter ihre Söhne". Nach zwei schrecklichen Kriegen, die unseren Kontinent und die Welt in den Abgrund gestürzt haben, verwirklichte Europa doch einen dauerhaften Frieden. In jenen dunklen Tagen lagen die Städte in Trümmern und die Herzen vieler Menschen waren voll Trauer und Verbitterung. [...]

Natürlich hätte der Friede auch ohne die Union nach Europa kommen können. Vielleicht. Wir werden es niemals erfahren. Aber er wäre ganz anders gewesen. Wir haben dauerhaften Frieden, keinen frostigen Waffenstillstand. [...]

Hier kommt die „Geheimwaffe" der Europäischen Union ins Spiel: Eine einzigartige Methode, unsere Interessen so eng miteinander zu verknüpfen, dass ein Krieg nahezu unmöglich wird. Durch ständige Verhandlungen zu immer mehr Themen zwischen immer mehr Ländern gemäß der goldenen Regel von Jean Monnet: „Mieux vaut se disputer autour d'une table que sur un champ de bataille." („Es ist besser, sich am Verhandlungstisch zu streiten, als auf dem Schlachtfeld.")

http://ec.europa.eu/deutschland/press/pr_releases/11060_de.htm (12.3.2013)

Beurteile die Einwände der Menschenrechtler zur Verleihung des Nobelpreises.

M 8 Frieden – langweilig?

Karikatur: Chappatte

M 9 Wie schafft die EU Frieden?

Die europäische Geschichte führte schließlich zu der Erkenntnis, dass es nicht möglich war, durch Kriege eine dauerhafte politische Ordnung in Europa zu bilden. Im Friedensschluss wurde immer zugleich der Keim zur Vorbereitung des nächsten Krieges gelegt. Vor diesem Hintergrund konnte sich nach dem 2. Weltkrieg das Konzept der Integration entfalten – als kluge Strategie der Verflechtung ehemals verfeindeter Staaten. Flankiert wurde der schmerzhafte Verzicht auf staatliche Souveränität durch ein Programm der Wohlstandsentwicklung über den Aufbau eines gemeinsamen Marktes. Zentral war auch die Idee, dass kleine Staaten nicht mehr Objekte der Machtpolitik ihrer größeren Nachbarn sein sollten. Europäische Integration hat sich in diesem Sinne als eine Sicherheitsgemeinschaft entwickelt, die ihren Mitgliedern Schutz vor Bevormundung und Unterwerfung durch die unmittelbaren Nachbarn versprach. Garant für den Frieden ist dabei das hohe Maß an wirtschaftlicher und politischer Verflechtung, das weltweit ohne Beispiel ist. Gemeinsame Institutionen ermöglichen die friedliche Konfliktlösung, da sie gleichrangige Chancen der Mitwirkung und Entscheidung garantieren.

⊕ Entwerft ein Plakat, auf dem die Leistungen der EU für den Frieden in Europa beworben werden.

Aufgaben

1. „Die EU hat Europa über 60 Jahre Frieden gebracht und damit die größte Errungenschaft europäischer Integration". Erläutere mit Hilfe der Rede anlässlich der Verleihung des Friedensnobelpreises diese These (M 7).
2. Nimm zur Aussage der Karikatur (M 8) Stellung.
3. Arbeite heraus, wie die EU den Frieden in Europa garantiert (M 9). Ergänze weitere Aspekte.

Eine gemeinsame Außen- und Sicherheitspolitik für die EU?

M 10 Syrien – Pulverfass im Nahen Osten

Bashar al-Assad (geb. 1965) ist seit 2000 Staatspräsident Syriens.

Syrien-Konflikt
Am 15. März 2011 begannen die Proteste gegen Syriens Machthaber Baschar al-Assad. Der anfänglich friedliche Konflikt hat sich zu einem Bürgerkrieg entwickelt. Staatspräsident Assad weigert sich noch immer, sein Amt abzugeben und versucht unter Aufbietung aller militärischer Mittel den Widerstand zu brechen. Gegen Aufständische und auch gegen Zivilisten geht Assad mit Streubomben und Langstreckenraketen vor. Gezielt wird die Infrastruktur in den befreiten Gebieten zerstört – sogar die Lebensmittelversorgung von Zivilisten ist Ziel der Angriffe. Die Vereinten Nationen gehen im März 2013 von bislang insgesamt 70.000 Toten aus.

B- / C-Waffen = biologische / chemische Waffen

Nach über vier Jahrzehnten der Assad-Herrschaft hat sich in Syrien ein enormes soziales und sozioökonomisches Spannungspotenzial aufgebaut, das weit unterschätzt worden ist. Ähnlich wie einst Jugoslawien und der Balkan gleicht heute der syrische Vielvölkerstaat einem hochbrisanten Pulverfass. Aufgrund der internationalen Verstrickungen syrischer Politik könnten die militärischen Auseinandersetzungen der Beteiligten zu erheblichen Veränderungen der gesamtstrategischen Lage in Nahost führen. Nachbarländer, Milizen, Widerstandskämpfer, Separatisten und Dschihadisten sind mittlerweile in die Auseinandersetzungen involviert. Der Ausgang der Krise ist völlig ungewiss - sie könnte sich noch über Jahre hinziehen.

Bereits jetzt wird über Zukunftsszenarien des Landes spekuliert. Zu befürchten sind der Staatszerfall und ein nachhaltiges Machtvakuum (ähnlich Somalia); die Aufsplittung in Milizterritorien („Libanonisierung") oder neue staatliche Einheiten („Balkanisierung"); die zunehmende regionale Einflussnahme von Islamisten; ein unkontrolliertes Auseinanderbrechen bestehender Bündnissysteme mit Veränderungen im strategischen Gleichgewicht; ein neuer Stellvertreterkrieg im Sinne des Kalten Krieges; ein Überschwappen der Unruhen auf Nachbarländer sowie eine unkontrollierte Weiterverbreitung von B- und C-Waffen.

Der syrischen Regierung wurde von der westlichen Staatengemeinschaft oftmals vorgeworfen, mit terroristischen Organisationen und Staaten zu kooperieren. Eine zügige Distanzierung der westlichen Welt vom Assad-Regime war die Folge, als im Lande Anfang 2011 die ersten Unruhen aufkamen. Heute setzt sich das westliche Lager weitgehend geschlossen für die Ablösung des syrischen Staatschefs ein und hat klar Stellung zugunsten der Opposition bezogen. Eine bedeutende Aufwertung wurde der Opposition zuteil, als sie Ende 2012 von Frankreich und Großbritannien als legitime Vertretung des syrischen Volkes anerkannt wurde. Der Vorgang war gewagt, ist doch die Frage nach der Legitimität der Opposition bis heute nicht geklärt. Assad jedenfalls gilt im Westen seither als disqualifiziert und wird als Verhandlungspartner abgelehnt. Ein Großteil der verzeichneten hohen Verluste an Menschenleben im Bürgerkrieg legt der Westen ihm und seinem Regime zur Last.

Kinan Jaeger, Rolf Tophoven, bpb.de, 14.2.2013

M 11 Die gemeinsame Außen- und Sicherheitspolitik der EU – viele mischen mit

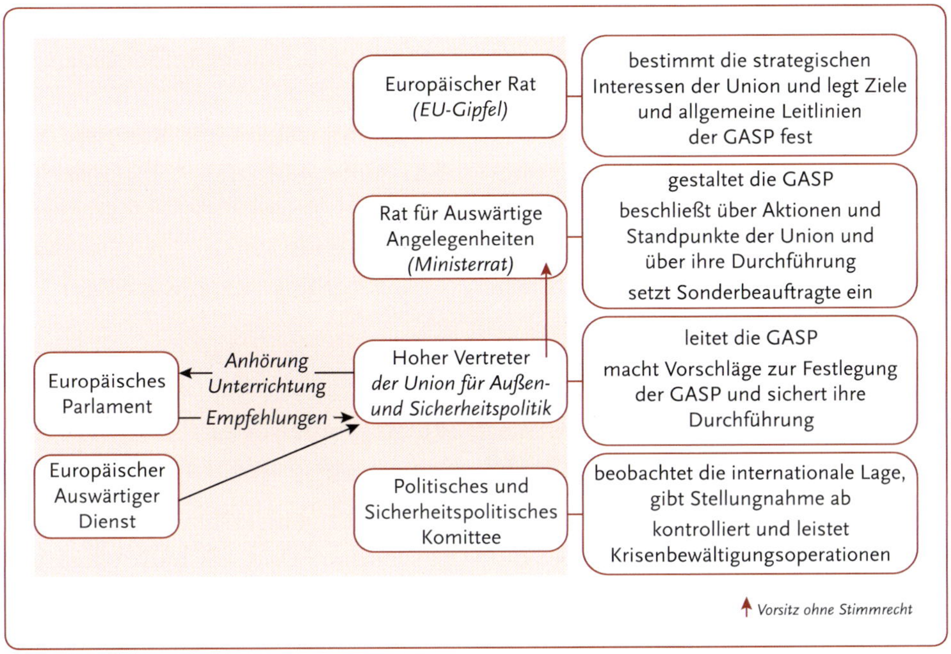

© Bergmoser + Höller Verlag AG, Zahlenbild 715 200

Der „EU-Außenminister“
Bei der Durchführung der GASP nimmt der Hohe Vertreter der EU für Außen- und Sicherheitspolitik eine Schlüsselrolle ein, der die EU auch gegenüber Drittstaaten und internationalen Organisationen vertritt. Der Hohe Vertreter, umgangssprachlich auch als „EU-Außenminister“ bezeichnet, ist zugleich Vorsitzender des Außenministerrates und Vizepräsident der Europäischen Kommission; er vereint dadurch die außenpolitischen Kompetenzen beider Organe. Ferner ist ihm der europäische auswärtige Dienst unterstellt.

M 12 Der Bürgerkrieg in Syrien – wer will was in Nahost?

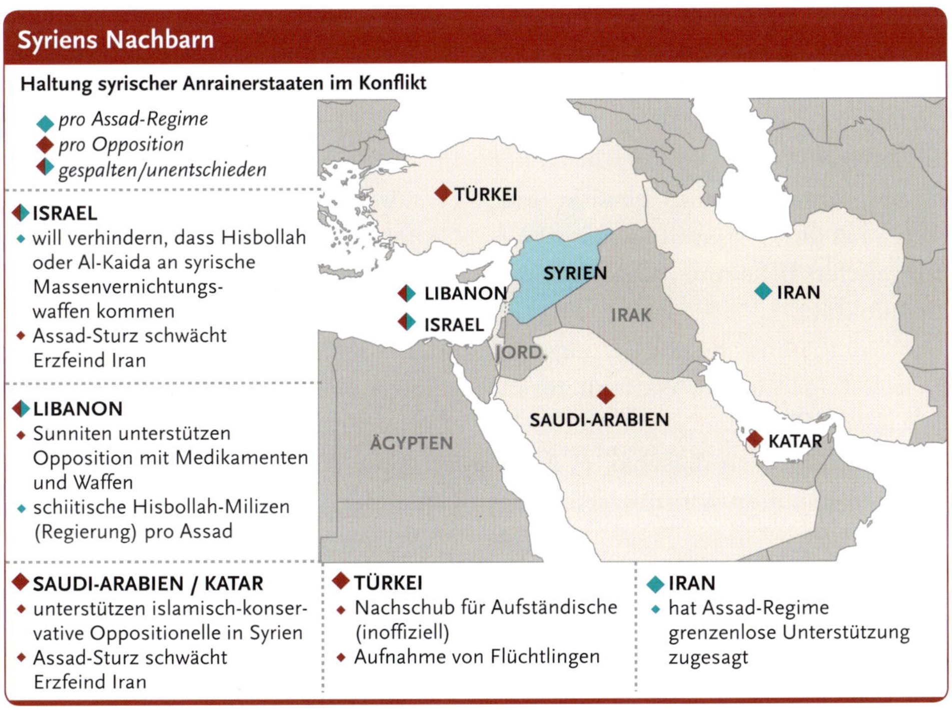

dpa-Grafik 17185

Erklärfilm „Syrienkonflikt“

Mediencode: 71000-11

M 13 Interventionsmöglichkeiten der Europäischen Union

Die EU verfügt nicht über ein stehendes Heer. Vielmehr stützt sie sich im Rahmen ihrer Gemeinsamen Außen- und Sicherheitspolitik (GASP) auf Ad-hoc-Streitkräfte, die von den EU-Ländern für folgende Einsatzzwecke gestellt werden:

- gemeinsame Abrüstungsmaßnahmen
- humanitäre Aufgaben und Rettungseinsätze
- militärische Beratung und Unterstützung
- Konfliktverhütung und Friedenserhaltung
- Kampfeinsätze im Rahmen der Krisenbewältigung einschließlich Frieden schaffender Maßnahmen und Operationen zur Stabilisierung der Lage nach Konflikten.

M 14 Waffenlieferungen für die Aufständischen – EU kann sich nicht einigen

Embargo
Eine staatlich angeordnete Zwangsmaßnahme, mit der der Güterhandel mit einem bestimmten Staat unterbunden wird, meist als Druckmittel gegen Völkerrechtsverletzungen oder um das betreffende Land zu bestimmten Handlungen zu zwingen bzw. es davon abzuhalten. Die EU verhängte ab 15.11.2011 ein Ölembargo und ein Landeverbot für Flugzeuge der syrischen staatlichen Airline. Die Vermögen von Angehörigen des Assad-Regimes wurden eingefroren. Mit 50 Firmen darf kein Handel mehr getrieben werden. Im Mai 2013 lief das Embargo aus, weil sich die Staaten nicht auf eine Verlängerung einigen konnten.

Die Staats- und Regierungschefs der Europäischen Union streiten über die von Frankreich und Großbritannien verlangten Waffenlieferungen an die Aufständischen in Syrien. Beim EU-Gipfel in Brüssel zeichnete sich keine gemeinsame Linie ab.

Nachdem Bundeskanzlerin Angela Merkel bereits gebremst hatte, lehnte Österreichs Bundeskanzler Werner Faymann den Vorstoß klar ab. „Ich glaube, man kann in einem Konflikt, indem man Waffen liefert, zu keiner Lösung kommen." Das bewirke nur, dass auch die Gegenseite wieder Waffen geliefert bekomme, sagte der Sozialdemokrat.

Auch der finnische Regierungschef Jyrki Katainen lehnte Waffenlieferungen an die Rebellen gegen den syrischen Präsidenten Baschar al-Assad ab. „Bisher hatten wir eine sehr tragfähige Linie in dieser Frage. Und ich erwarte keine Änderung dieser Linie", sagte er vor Beginn des Gipfels. Er warnte vor einer außenpolitischen Spaltung der EU: „Wir haben versucht, eine gemeinsame Außenpolitik zu schaffen. Und ich hoffe, dass wir die stärken können, indem wir auch eine gemeinsame Politik gegenüber Syrien haben."

Frankreichs Präsident François Hollande hatte gefordert, das EU-Waffenembargo aufzuheben, um die syrische Opposition bewaffnen zu können. Notfalls werde Frankreich alleine vorgehen. „Alle Absichten, eine politische Lösung zu finden, einen politischen Übergang zu finden, sind zerstört", sagte er. Am Rande des EU-Gipfels wiederholte er seine Position: Die syrischen Rebellen hätten Frankreich zugesichert, dass von der EU gelieferte Waffen nicht in falsche Hände geraten würden. Wegen dieser Zusicherungen „könnten wir uns vorstellen, das Embargo aufzuheben", so Hollande.

Auch der britische Premier Cameron hat sich dafür ausgesprochen, das Verbot von Waffenlieferungen an die Aufständischen in Syrien aufzuheben. Die Gegner des syrischen Präsiden-

ten Baschar al-Assad müssten vom EU-Waffenembargo ausgenommen werden. „Wir möchten mit ihnen zusammenarbeiten und versuchen, sicherzustellen, dass sie das Richtige tun", sagte der Premier.
Gipfelchef Herman Van Rompuy räumte nach den Gesprächen in Brüssel Differenzen ein: „Wir sind mitten in einer Debatte. Es ist normal, dass man unterschiedliche Ansichten vertritt."

Nach: Süddeutsche.de/AFP/dpa/Reuters/sks, 15.3.2013

M 15 Kontrovers diskutiert: Pro und Kontra Waffenembargo gegen Syrien

Die **Gegner** des Embargos sehen in Waffenlieferungen an die Aufständischen eine Möglichkeit zur schnellen Beendigung des Konflikts und ein für die Zukunft wichtiges politisches Signal. Der Stabschef der oppositionellen „Freien Syrischen Armee", Brigadegeneral Salim Idriss, behauptet, das Regime würde dann „innerhalb eines Monats zusammenbrechen". „Wir brauchen Waffen und Munition, um das Töten zu stoppen, um uns und unsere Bürger zu verteidigen." Die Opposition sei mittlerweile so gut organisiert, dass sie auch dafür garantieren könne, dass Waffen nicht in falsche Hände gerieten: Wer den Rebellen zehn Gewehre leihe, bekomme ich auch zehn Gewehre zurück.

Die **Befürworter** des Waffenembargos fürchten, dass Waffenlieferungen an die Rebellen die Krise verschärfen würden. Die Waffen aus der EU könnten dazu führen, dass die bisherigen Waffenlieferanten Syriens – Russland und der Iran – ihre eigenen Lieferungen noch verstärkten. Zudem sei die Lage in Syrien zu unübersichtlich: Zur Koalition der Opposition gehörten auch islamistische Gruppen, denen man keine Waffen überlassen wolle. Auf Garantien der Opposition könne man sich in dieser Frage nur begrenzt verlassen.

http://www.eu-info.de/dpa-europaticker/229240.html (12.2.2013)

Aufgaben

1. Stelle die wichtigsten Fakten zum Syrien-Konflikt zusammen und beschreibe die Interessen der Beteiligten (M 10 – M 14).
2. Erläutere, welche Institutionen und Akteure die Außenpolitik der EU gestalten (M 11, M 14).
3. Soll die EU das Waffenembargo aufgeben? Stellt die Argumente gegenüber und erläutert an diesem Beispiel die Schwierigkeiten einer gemeinsamen europäischen Außenpolitik (M 10 – M 15).
4. Diskutiert, ob die EU im Syrien-Konflikt weitere Maßnahmen ergreifen sollte (M 13).

Wie groß soll das europäische Haus werden?

M 16 Der Stand der Erweiterungsdebatte

*Globus-Grafik 3216; * Beitrittsverhandlungen laufen; ** Beitrittskandidaten noch ohne Verhandlungen*

Als weitere potenzielle Kandidatenländer gelten Albanien, Bosnien und Herzegowina, Serbien und Kosovo.

M 17 Erweiterung – wozu?

Im Verlaufe der vergangenen 50 Jahre hat die Europäische Union ihre innere Integration kontinuierlich vertieft und gleichzeitig neue Mitglieder aufgenommen. Meistens liefen diese beiden Prozesse parallel zueinander. Dadurch ist die heutige EU, die 28 Mitgliedstaaten und eine Bevölkerung von ca. 500 Millionen Menschen zählt, sicherer, wohlhabender und einflussreicher geworden als die ursprüngliche Europäische Wirtschaftsgemeinschaft mit ihren sechs Mitgliedern und einer Bevölkerung von weniger als 200 Millionen Menschen. Eine wachsende Mitgliedschaft war von Anfang an ein Wesenselement der europäischen Integration. Die Debatte über die Erweiterung ist so alt wie die EU selbst. Bei jeder Aufnahme eines neuen Mitglieds verändert sich die EU. Das Nachdenken darüber, was aus uns werden könnte, zwingt uns dazu, auch darüber nachzudenken, was wir heute sind und was wir morgen sein wollen. Die Aufnahme von Ländern Mittel- und Osteuropas und des Mittelmeerraums in den Jahren 2004 und 2007 hat sich für die EU als großer Erfolg erwiesen, auch wenn sie von manchen zum Sündenbock für allerlei soziale und wirtschaftliche Probleme in der EU gemacht wird. Die letzte Erweiterungsrunde hat den Raum des Friedens, der Stabilität und der Demokratie in Europa ausgedehnt und durch die Vergrößerung von Märkten, die Schaffung neuer Geschäftsmöglichkeiten und die Integration schnell wachsender Volkswirtschaften in den Binnenmarkt die europäische Wirtschaft gestärkt. Die EU ist heute die größte Wirtschaftszone der Welt. Der größere Binnenmarkt und die neuen wirtschaftlichen Chancen haben den Wohlstand und die Wettbewerbsfähigkeit der Europäer gesteigert.

Olli Rehn, in: Die Erweiterung verstehen, Europäische Gemeinschaften, 2007, S. 1

M 18 Wer kann Mitglied werden?

Der Vertrag von Lissabon legt die Grundsätze für die Aufnahme neuer Mitgliedstaaten fest. In Art. 6 Abs. 1 heißt es: „Die Union beruht auf den Grundsätzen der Freiheit, der Demokratie, der Achtung der Menschenrechte und Grundfreiheiten sowie der Rechtsstaatlichkeit; diese Grundsätze sind allen Mitgliedstaaten gemeinsam." Jeder europäische Staat, der diese Grundsätze achtet, kann beantragen, Mitglied der Union zu werden. Im Jahr 1993 hat der Europäische Rat auf seiner Tagung in Kopenhagen außerdem Beitrittskriterien festgelegt, die 1995 vom Europäischen Rat in Madrid bestätigt wurden (Kopenhagener Kriterien):

- Politische Kriterien: stabile Institutionen, die die Rechtsstaatlichkeit, die Menschenrechte und die Achtung und den Schutz von Minderheiten garantieren.
- Wirtschaftliche Kriterien: eine funktionsfähige Marktwirtschaft und die Fähigkeit, dem Wettbewerb und den Marktkräften in der EU standzuhalten.

- Fähigkeit zur Erfüllung der Verpflichtungen aus der EU-Mitgliedschaft und zur Übernahme der Ziele der politischen Union sowie der Wirtschafts- und Währungsunion.
- Übernahme des gesamten europäischen Rechtsbestands und dessen wirksame Anwendung mittels geeigneter Verwaltungs- und Justizstrukturen.

M 19 Was denken die Bürger?

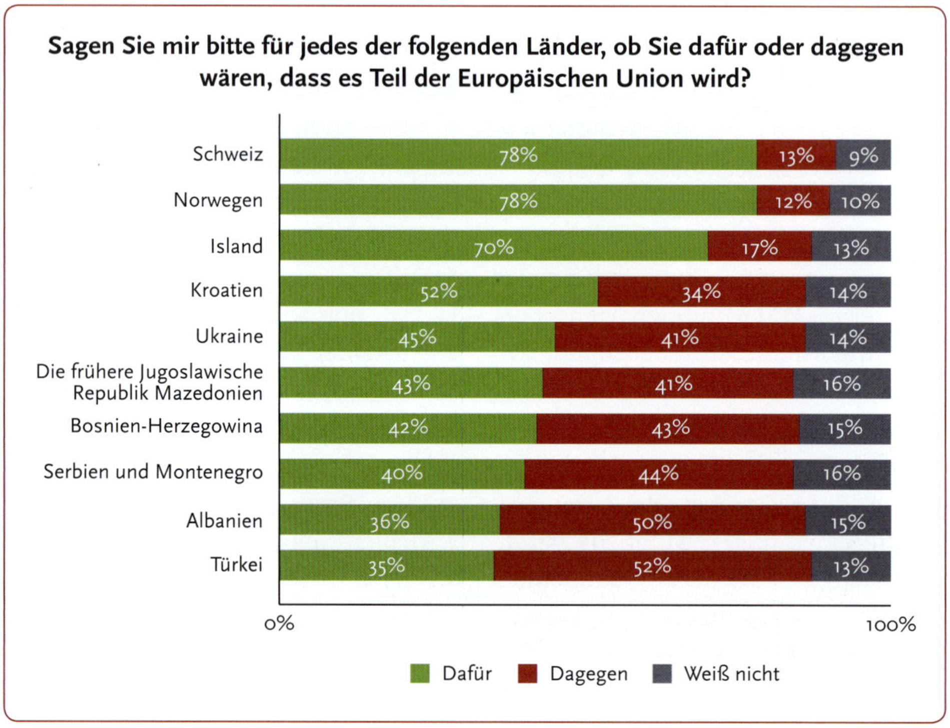

Eurobarometer 63, Juli 2005, S. 29

Aufgaben

1. Fasse die Begründungen für die stetige Erweiterung der EU zusammen (M 17, M 18).
2. Vergleicht die Einstellungen der Bürger zur Mitgliedschaft und diskutiert mögliche Erklärungen für die unterschiedlichen Einstellungen (M 19).
3. Diskutiert, wie groß das europäische Haus werden soll. Hat die EU bereits eine kritische Größe erreicht oder kann sie noch viele weitere Staaten aufnehmen (M 17 – M 20)?

Methode

M 20 Karikaturen interpretieren – Wie groß soll das europäische Haus werden?

Gerhard Mester, Baaske Cartoons, Müllheim

Gerhard Mester, Baaske Cartoons, Müllheim

Thomas Plaßmann, Baaske Cartoons, Müllheim

Eine Karikatur stellt zeichnerisch ein aktuelles Thema aus Politik, Gesellschaft oder Wirtschaft dar. Der Karikaturist interpretiert in überspitzter Weise einen Sachverhalt, sodass versteckt seine Sicht des Problems deutlich wird.

Vorgehen bei der Karika-Tour

Hängt die Karikaturen an den Wandseiten eures Klassenzimmers aus.

In kleinen Gruppen betrachtet ihr nun die einzelnen Darstellungen.

Nach 2 – 3 Minuten wechseln die Gruppen auf ein Signal des Lehrers im Uhrzeigersinn zur nächsten Karikatur. Diese wird unter der gleichen Fragestellung betrachtet. Wenn der Rundgang mit der Kurzbesprechung der übrigen Karikaturen abgeschlossen ist, werden die Bilder abgehängt. Der Lehrer lässt nun jede Gruppe verdeckt eine Karikatur ziehen. Mithilfe eines Frage-Leitfadens bespricht nun jede Gruppe ausführlich „ihre" Karikatur.

Leitfragen

1. Was stellt der Zeichner oder die Zeichnerin dar?
   → Aussage oder Thema der Karikatur
2. Wie und mit welchen Mitteln (Figuren, Objekte, Symbole) wird das Thema dargestellt?
   → Zeichnerische Elemente
3. Ist aus der Karikatur eine bestimmte Einstellung, Position oder Deutung des Zeichners oder der Zeichnerin erkennbar?
   → Tendenz der Karikatur
4. Wie beurteilt ihr die Aussage?
   → Eigene Position
5. Welche Fragen ergeben sich für euch aus der Karikatur?
   → Weitere Fragen
6. Einigt euch auf eine Kernaussage
   → Kernaussage

Was wir wissen

Jugendliche in Europa
M 2

In vielen Bereichen haben sich die Lebensrealitäten der Jugendlichen in Europa angeglichen. Von einer einheitlichen europäischen Jugendkultur kann man jedoch nicht sprechen, weil sich die wirtschaftlichen und kulturellen Lebensverhältnisse von Jugendlichen in den europäischen Ländern zum Teil erheblich unterscheiden.

Friedensprojekt Europa
M 3

Das friedliche Zusammenleben der Nationen auf dem Europäischen Kontinent ist vor allem für die jüngere Generation eine Selbstverständlichkeit geworden, doch führten die die Europäer jahrhundertelang gegeneinander Krieg. Erst nach den schrecklichen Erfahrungen des Zweiten Weltkriegs reifte die Idee eines vereinten und friedlichen Europas. Durch die gemeinsame Kontrolle kriegswichtiger Industrien (Montanunion) war der Grundstein für eine dauerhafte friedliche Kooperation zwischen den europäischen Staaten gelegt.

Entwicklung der EU
M 4

Gemeinsame Werte
M 5

Charakteristisch für die Entwicklung des europäischen Hauses ist seit der Unterzeichnung der Römischen Verträge im Jahr 1957 ein Wechselspiel von Vertiefung und Erweiterung. Immer mehr Politikbereiche wurden in die Zuständigkeit der Europäischen Union übertragen und immer mehr Staaten wurden in die EU aufgenommen. Das Fundament der europäischen Einigung sind die gemeinsamen Werte: Wahrung der Menschenrechte, Frieden, Freiheit, Rechtsstaatlichkeit und Demokratie. Die europäische Integration bescherte Europa die längste Friedensepoche in ihrer bisherigen Geschichte.

Gemeinsame Außenpolitik
M 7, M 9, M 11, M 13

Die Gemeinsame Außen- und Sicherheitspolitik der EU (GASP) unterliegt einem komplizierten Abstimmungsprozess. Die grundlegende Ausrichtung der EU-Außenpolitik wird vom Europäischen Rat, also den Staats- und Regierungschefs der Europäischen Union, festgelegt. Die Umsetzung der Vorgaben in Beschlüsse erfolgt durch den Rat der Außenminister (unter Vorsitz des Hohen Vertreters) oder durch die Verteidigungsminister. Die Europäische Kommission unterbreitet in ihrem Zuständigkeitsbereich (z. B. Entwicklungspolitik, Humanitäre Hilfe und Nachbarschaftspolitik) ebenfalls Vorschläge zur Außenpolitik. Das „Gesicht" der Gemeinsamen Außenpolitik ist der „Hohe Vertreter", der die Beschlüsse umsetzt. Da dieser in allen drei Institutionen vertreten ist, soll ein einheitlicheres Auftreten der EU nach außen erreicht werden.

Erweiterung der EU
M 16 – M 18

Neben den sechs Gründerstaaten haben heute schon 22 weitere Staaten (Stand: 2013) im europäischen Haus ihren Platz gefunden. Doch wirft jede Erweiterung Fragen nach den damit verbundenen Vor- und Nachteilen auf. Kritiker von Erweiterungen verweisen regelmäßig auf die drohende Unregierbarkeit der EU, die negativen Auswirkungen auf die heimischen Arbeitsmärkte, auf die finanziellen Folgen und die kulturellen Unterschiede zwischen Mitglieds- und Kandidatenländern. Allerdings hat die EU gezeigt, dass sie auch große Erweiterungsrunden wie die Osterweiterung 2004 verkraften kann.

Soll die Türkei in die EU?

Fakten

	BIP/Kopf	Arbeitslosen-quote	Inflation	Bevölkerungs-wachstum	Wirtschafts-wachstum	Einwohner
Dtl.	32.143 €	6,8 %	2,0 %	0,1 %	0,7 %	81,8 Mio.
EU	25.592	11,1	2,6	4,3	-0,3	504,2
Türkei	13.400	9,8 (2011)	7,8	1,2	3,0	74,7

Stand: 2012, Quelle: Wirtschaftskammer Österreich

Argumente

Die Türkei ist heute etwa so wohlhabend wie Portugal zum Zeitpunkt der EU-Aufnahme.

In zehn Jahren hat die Türkei 80 Millionen Einwohner und damit mindestens so viele wie Deutschland. Oder wie derzeit die zehn neuen EU-Staaten zusammen. Die Türkei ist zu groß. Sie wäre mittelfristig das bevölkerungsreichste EU-Land und hätte damit auch die meisten Stimmen.

Die Türkei gehört nicht zu Europa. Die Türkei ist ein muslimisches Land, ihre Aufnahme würde die europäische Identität gefährden. Europa endet am Bosporus. Mit einer EU-Mitgliedschaft der Türkei wären der Iran und der Irak unsere direkten Nachbarn.

Ein Beitritt der Türkei würde das politische System, die Demokratie und die wirtschaftlichen Reformen in der Türkei stabilisieren.

Die Türkei ist wirtschaftlich zu unterentwickelt. Ihre Mitgliedschaft können wir uns nicht leisten. Mit einem Sechstel der deutschen Wirtschaftskraft ist die Türkei so arm, dass nach Berechnungen der EU-Kommission jedes Jahr zwischen 16,5 und 27,5 Milliarden Euro in die Türkei fließen müssten.

Ein rascher Beitritt der Türkei würde eine Brücke zwischen dem christlich geprägten Europa und dem islamischen Nahen Osten schlagen. Eine demokratische und rechtsstaatliche Türkei wird auch als Modell für die islamische Welt eine große Anziehungskraft gewinnen.

Wir haben der Türkei den Beitritt seit 1963 versprochen und müssen glaubwürdig bleiben.

Mit der Türkei als Regionalmacht im Nahen und Mittleren Osten würde Europa zum „Global Player“ und könnte den Vereinigten Staaten in der islamischen Welt eine eigene Sicherheitspolitik entgegensetzen.

Aufgabe

Sollte die Türkei der EU beitreten? Erörtere unter Zuhilfenahme der Fakten und der genannten Argumente die möglichen Vor- und Nachteile eines Beitritts und nimm abschließend Stellung.

7.2 Wie demokratisch ist die EU?

Wer entscheidet in der EU – der lange Weg einer EU-Verordnung

M 1 Billig telefonieren im Ausland? Die EU macht's möglich

Das Problem: Hohe Roamingkosten im Ausland

Einst ein teurer Urlaubsspaß – telefonieren mit dem Handy

Die Entwicklung und anschließende Verbreitung des Handys in der Bevölkerung versprach jedem unbegrenzte Mobilität beim Telefonieren. Sobald man sich jedoch bis zum Jahr 2006 mit seinem Handy außer Landes bewegte, wurde es teuer. Der Grund hierfür lag in den sogenannten Roaminggebühren. Mit Roaming wird die Nutzung eines fremden Mobilfunknetzes bezeichnet.

Roamingkosten im Juli 2005

Gespräch von	nach	Kosten pro Minute
Österreich	Frankreich	1,- €
Italien	Lettland	0,51 €
Malta	Polen	5,00 €
Österreich	Deutschland	1,70 €
Deutschland	England	1,24 €

www.tariftip.de (Stand: Juli 2005)

Kommission legt Verordnungsvorschlag zum Auslandsroaming vor

Bereits 2007 erließ die EU eine erste Verordnung zur Senkung der Roaminggebühren. Im **September 2008** hat die EU-Kommission einen Bericht über die Durchführung der Roamingverordnung von 2007 sowie einen Vorschlag zur Änderung dieser Verordnung von 2007 im Ministerrat und im Parlament eingebracht. Dies ist nötig gewesen, da die Verordnung von 2007 vorgesehen hat, die Regelungen im Juni 2010 wieder außer Kraft zu setzen. Im Bericht stellt die Kommission fest, dass zu befürchten sei, dass mit Ablauf der Roamingverordnung Nr. 717/2007 die Preise wieder steigen werden. Die Kommission schlägt deshalb u.a. vor, die Roamingverordnung um weitere drei Jahre bis ins Jahr 2013 zu verlängern, wobei auch weiterhin die Obergrenzen für die Entgelte für das Auslandsroaming jedes Jahr weiter linear (um jeweils drei Cent) abgesenkt werden sollen. Darüber hinaus sieht die Kommission aber auch Handlungsbedarf im Bereich der Textnachrichten („Short Message Service", SMS), die bisher von der Verordnung nicht erfasst waren. Die Kommission schlägt daher vor, die Roamingverordnung Nr. 717/2007 auf SMS auszudehnen und zum 1. Juli 2009 Preisobergrenzen für das SMS-Roaming einzuführen. Die Vorschläge hat die Kommission bereits in einen ausformulierten **Verordnungsentwurf** gegossen.

Europäisches Parlament verabschiedet Roamingverordnung

Die Deckelung von Preisen für Mobilfunk-Textnachrichten (SMS) und Daten-Downloads im EU-Ausland (Roaming) ist unter Dach und Fach. Das Europäische Parlament hatte den entsprechenden Kommissionsvorschlägen nach einer politischen Einigung zwischen Parlament und Rat in seiner Plenartagung im **April 2009** mit überwältigender Mehrheit (646 Ja-Stimmen, 22 Nein-Stimmen und 9 Enthaltungen) zugestimmt.

Der Einfluss der Mitgliedstaaten – der Rat der Europäischen Union (Ministerrat)

Die Minister der 27 EU-Mitgliedstaaten verabschiedeten im **Juni 2009** einstimmig die neuen EU-Roamingvorschriften. Die neuen EU-Roamingvorschriften werden für die Verbraucher zu weiteren Preissenkungen um bis zu 60 % führen – und zwar ab 1. Juli 2009. Dadurch werden die Verbraucher für den SMS-Versand im EU-Ausland garantiert nicht mehr als 0,11 € (ohne MwSt.) bezahlen müssen. Nach den neuen Vorschriften müssen die Mobilfunkbetreiber Roaminganrufe nach den ersten 30 Sekunden nun sekundengenau abrechnen, anstatt pro Minute, was die Mobilfunkrechnungen um bis zu 24 % senken dürfte. Mit der Annahme im Rat ist der letzte Schritt des Gesetzgebungsverfahrens abgeschlossen, sodass der Präsident des Europäischen Parlaments und der Vorsitzende des Rates die Verordnung am 18.6.2009 förmlich unterzeichnen konnten. Einige Tage später wurde sie dann im Amtsblatt der EU veröffentlicht. Da die neuen Bestimmungen in einer EU-Verordnung enthalten sind, galten sie ab 1. Juli 2009 unmittelbar in allen 27 EU-Mitgliedstaaten.

Der EuGH – letzte Instanz in der EU: Roamingverordnung rechtskräftig

Nach dem positiven Urteil im **Juni 2010** des Europäischen Gerichtshofs zur Roamingverordnung bekräftigt die EU ihr Vorhaben, Roaminggebühren abzuschaffen. Als Reaktion auf das Urteil des Europäischen Gerichtshofs, dass die EU-Roamingverordnung gültig und angemessen sei, hat die Kommission angekündigt, Roaminggebühren im EU-Raum bis 2015 auf Null drücken zu wollen. Die Handybetreiber T-Mobile, Vodafone, O_2 und Orange hatten in Großbritannien Klage gegen die Verordnung eingelegt. Als Begründung nannten sie den ungerechtfertigten Eingriff in den freien Markt. Der EuGH sah einen solchen nicht gegeben und merkte an, dass die Anbieter vor der Verordnung zum Teil das Fünffache der tatsächlichen Kosten für Roaming verlangt hatten.

Wann wird die EU tätig?
Die EU soll sich nur um Dinge kümmern, die sie besser regeln kann als die Mitgliedsländer. In Artikel 5 des EG-Vertrages heißt es: „In den Bereichen, die nicht in ihre ausschließliche Zuständigkeit fallen, wird die Gemeinschaft nach dem Subsidiaritätsprinzip nur tätig, sofern und soweit die Ziele der in Betracht gezogenen Maßnahmen auf der Ebene der Mitgliedstaaten nicht ausreichend erreicht werden können und daher wegen ihres Umfangs oder ihrer Wirkungen besser auf Gemeinschaftsebene erreicht werden können.“ Das Subsidiaritätsprinzip dient nicht nur der Erhaltung der Eigenständigkeit der EU-Staaten, es hilft auch, ein Stückchen „EU-Bürokratie“ abzubauen. Die Europäische Kommission muss bei jeder Gesetzesinitiative nachweisen, dass sie die jeweilige Aufgabe besser lösen kann als die Regionen oder die Mitgliedstaaten.

Das Subsidiaritätsprinzip verhindert, dass die EU zu viel Macht erhält. Beurteile diese These.

M 2 Die EU-Organe im Überblick

Das EU-Parlament

Das Europäische Parlament wird von den Bürgern der Europäischen Union gewählt, um ihre Interessen zu vertreten. Seine Ursprünge gehen zurück bis in die 50er Jahre und zu den Gründungsverträgen. Seit 1979 werden die Europaabgeordneten von den Bürgern direkt gewählt.

Die Wahlen finden alle fünf Jahre statt. Jeder EU-Bürger, wo immer in der EU er lebt, hat das aktive und passive Wahlrecht. Das Parlament vertritt somit den demokratischen Willen der Bürger der Union (über 500 Mio. Menschen) und macht ihre Interessen gegenüber den anderen EU-Organen geltend. Dem gegenwärtigen Parlament gehören 750 Abgeordnete + 1 Präsident aus allen 28 EU-Mitgliedstaaten an. Das Parlament hat drei wesentliche Aufgaben: Es teilt sich die gesetzgebende Gewalt mit dem Rat in vielen Politikbereichen. Durch die direkte Wahl des Parlaments wird die demokratische Legitimierung des europäischen Rechts gewährleistet. Es übt eine demokratische Kontrolle über alle Organe der EU und insbesondere über die Kommission aus. Es stimmt der Benennung der Kommissionsmitglieder zu oder lehnt sie ab und kann einen Misstrauensantrag gegen die gesamte Kommission einbringen. Es teilt sich die Haushaltsbefugnis mit dem Rat und kann daher Einfluss auf die Ausgaben der EU ausüben. In letzter Instanz nimmt es den Gesamthaushalt an oder lehnt ihn ab. Der offizielle Sitz des Europäischen Parlaments ist in Strassburg. Hier finden zwölfmal im Jahr die Plenarsitzungen statt. Die Ausschüsse und Fraktionen tagen allerdings in Brüssel, wo ebenfalls Plenarsitzungen stattfinden. D. h. an vier Tagen im Monat müssen alle Parlamentarier samt Mitarbeitern und Akten nach Strassburg reisen. Für die verschiedenen Arbeits- und Tagungsorte sind historische Gründe verantwortlich.

Das EU-Parlament in Strassburg / Frankreich

Der Ministerrat

Der Rat ist das wichtigste Entscheidungsgremium der EU. Er vertritt die Mitgliedstaaten, und an seinen Tagungen nehmen die Fachminister aus den nationalen Regierungen der EU-Staaten teil. Die Zusammensetzung der Ratstagungen hängt vom zu behandelnden Sachgebiet ab. Stehen zum Beispiel Wirtschaftsfragen auf der Tagesordnung, so kommen die Wirtschafts- und Finanzminister der einzelnen Länder im ECOFIN-Rat zusammen. Alle im Rat vertretenen Minister sind befugt, für ihre Regierungen verbindlich zu handeln. Außerdem sind die im Rat tagenden Minister ihrem nationalen Parlament sowie den von ihm vertretenen Bürgern gegenüber politisch verantwortlich. Dies gewährleistet die demokratische Legitimierung der Ratsbeschlüsse. Je nachdem, in welchen Politikbereich die Vorlagen fallen, über die der Rat entscheidet, sieht der Vertrag von Lissabon verschiedene Abstimmungsverfahren vor. Der Rat der EU entscheidet entweder einstimmig, mit einfacher oder qualifizierter Mehrheit. Grundsätzlich ab 1.11.2014 gilt, dass eine qualifizierte Mehrheit erreicht ist, wenn drei Bedingungen erfüllt sind: Zustimmen müssen mindestens 55 Prozent der Mitglieder im Rat, die mindestens 15 Staaten repräsentieren und gemeinsam mindestens 65 Prozent der EU-Bevölkerung abbilden. Vier Staaten können eine Sperrminorität bilden. Bis dahin gilt noch die alte Regelung aus dem Vertrag von Nizza (Stimmengewichtung).

Sitz des EU-Ministerrates: Justus-Lipsius-Gebäude in Brüssel

Die Europäische Kommission

Die Kommission ist von den nationalen Regierungen unabhängig. Sie vertritt und wahrt die Interessen der gesamten EU. Die Kommission erarbeitet Vorschläge für neue europäische Rechtsvorschriften, die sie dem Parlament und dem Rat vorlegt. Sie ist auch die Exekutive der EU, d. h. sie ist für die Umsetzung der Beschlüsse des Parlaments und des Rates verantwortlich. Dies bedeutet, dass sie das Tagesgeschäft der Europäischen Union führt: Umsetzung der politischen Maßnahmen, Durchführung der Programme und Verwaltung der Mittel. Die Kommission besteht aus 28 Männern und Frauen. Jeder EU-Mitgliedstaat stellt ein Kommissionsmitglied. Die Neubesetzung der Kommission erfolgt alle fünf Jahre innerhalb von sechs Monaten nach der Wahl des Europäischen Parlaments. Die Kommission ist dem Parlament gegenüber politisch rechenschaftspflichtig. Es kann der Kommission als Ganzes das Misstrauen aussprechen und sie so zum Rücktritt zwingen. Die Europäische Kommission hat im Wesentlichen vier Aufgaben: Sie macht dem Parlament und dem Rat Vorschläge für neue Rechtsvorschriften. Sie setzt die EU-Politik um und verwaltet den Haushalt. Sie sorgt (gemeinsam mit dem Gerichtshof) für die Einhaltung des europäischen Rechts. Sie vertritt die Europäische Union auf internationaler Ebene, zum Beispiel durch Aushandeln von Übereinkommen zwischen der EU und anderen Ländern.

Das Gebäude der EU-Kommission in Brüssel

Der Europäische Gerichtshof

Der EuGH ist das höchste europäische Gericht im Gerichtssystem der Europäischen Union und hat u. a. die Aufgabe, auf Antrag zu prüfen, ob die Rechtsakte der Europäischen Union rechtmäßig sind (Nichtigkeitsklagen) und die Mitgliedstaaten ihren Verpflichtungen aus den Verträgen nachkommen (Vertragsverletzungsverfahren). Jedes EU-Mitgliedsland entsendet einen Richter auf sechs Jahre mit der Möglichkeit der Verlängerung der Amtszeit. Der Präsident des EuGH wird von den EuGH-Richtern ebenfalls auf sechs Jahre gewählt. Der EuGH-Präsident kann uneingeschränkt wiedergewählt werden.

Die Haupttürme des Europäischen Gerichtshofes in Luxemburg

Der Europäische Rat

Im Europäischen Rat treffen sich die Staats- und Regierungschefs der EU-Mitgliedstaaten, der Präsident des Europäischen Rates und der Präsident der Europäischen Kommission.

Der Europäische Rat ist die höchste Repräsentanz der Europäischen Union. Bei den Gipfeltreffen werden die Leitlinien der EU-Politik festgelegt und Fragen, die auf unterer Ebene (d. h. von den Ministern bei einer normalen Ministerratstagung) nicht geregelt werden konnten, gelöst.

Der Europäische Rat darf nicht mit dem Ministerrat (Rat der Europäischen Union) verwechselt werden.

Der Europäische Rat trifft sich mindestens zweimal im Jahr in Brüssel.

M 3 So funktioniert die Europäische Union

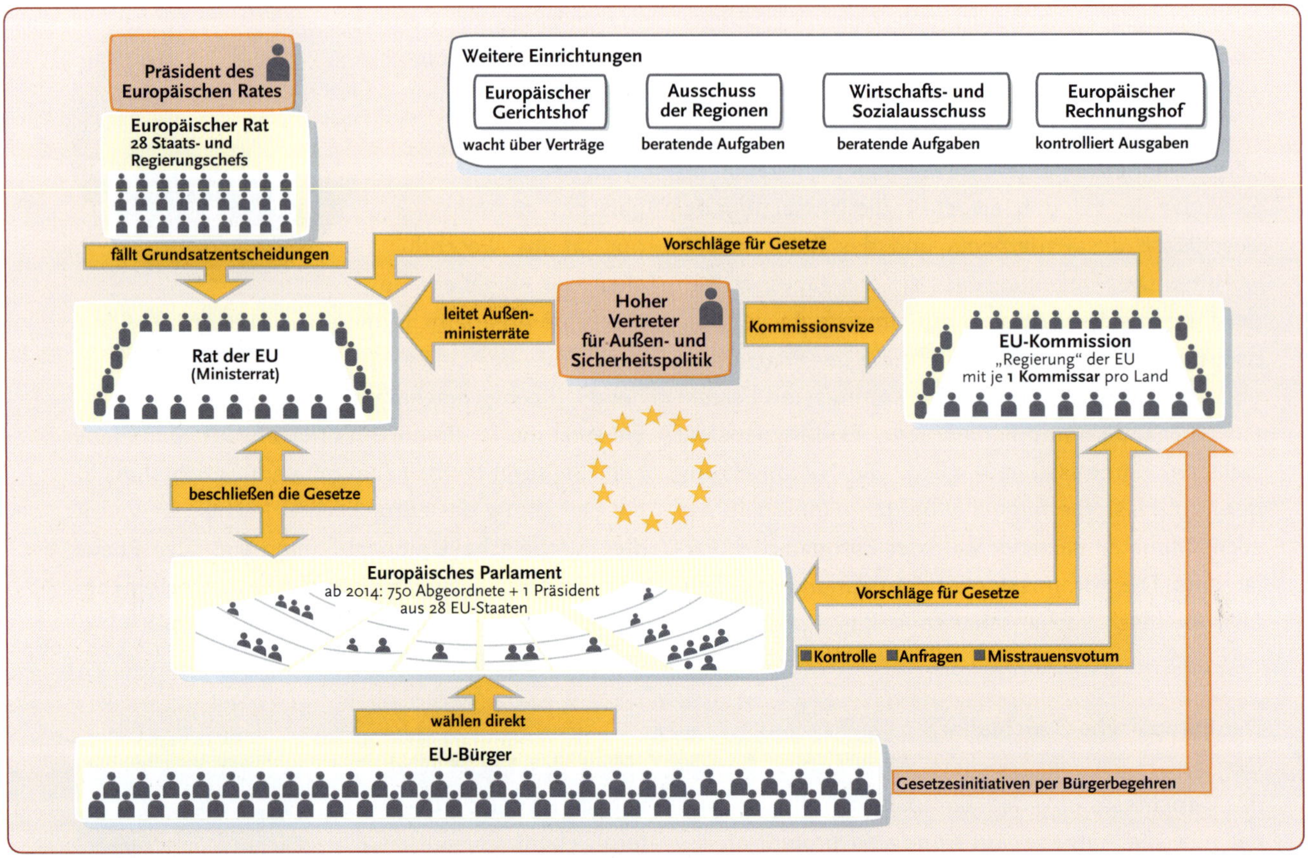

dpa-Grafik 11064

M 4 Arten von gemeinschaftlichen Rechtsakten

Beispiele:
Verordnung
Neue Sicherheitszigaretten sollen Raucher vor dem Flammentod schützen. Die deutsche Tabakindustrie darf seit 17. November 2011 gemäß einer EU-Verordnung nur noch Zigaretten mit „verminderter Zündneigung" verkaufen.

- **Verordnungen** sind ab dem Zeitpunkt ihrer Verabschiedung auf Gemeinschaftsebene für jedermann verbindlich; sie gelten unmittelbar in jedem Mitgliedstaat und müssen nicht erst in nationales Recht umgesetzt werden.
- **Richtlinien** legen Ziele fest, wobei es Aufgabe der Mitgliedstaaten ist, diese auf nationaler Ebene anzuwenden; sie geben den Mitgliedstaaten Ergebnisse verbindlich vor, stellen ihnen jedoch frei, wie sie diese erreichen.
- **Beschlüsse** beziehen sich auf ganz bestimmte Themen; sie sind in allen ihren Teilen für diejenigen verbindlich, an die sie gerichtet sind. Eine Entscheidung kann an alle Mitgliedstaaten, einen Mitgliedstaat, ein Unternehmen oder eine Einzelperson gerichtet sein.
- **Empfehlungen** und **Stellungnahmen** sind nicht rechtsverbindlich; sie geben lediglich den Standpunkt der Organe zu einer bestimmten Frage wieder.

Europäische Union, 1995 – 2011, http://ec.europa.eu/publications/booklets/eu_glance/G8/de.pdf (12.1.2011)

M 5 Das Gesetzgebungsverfahren in der EU

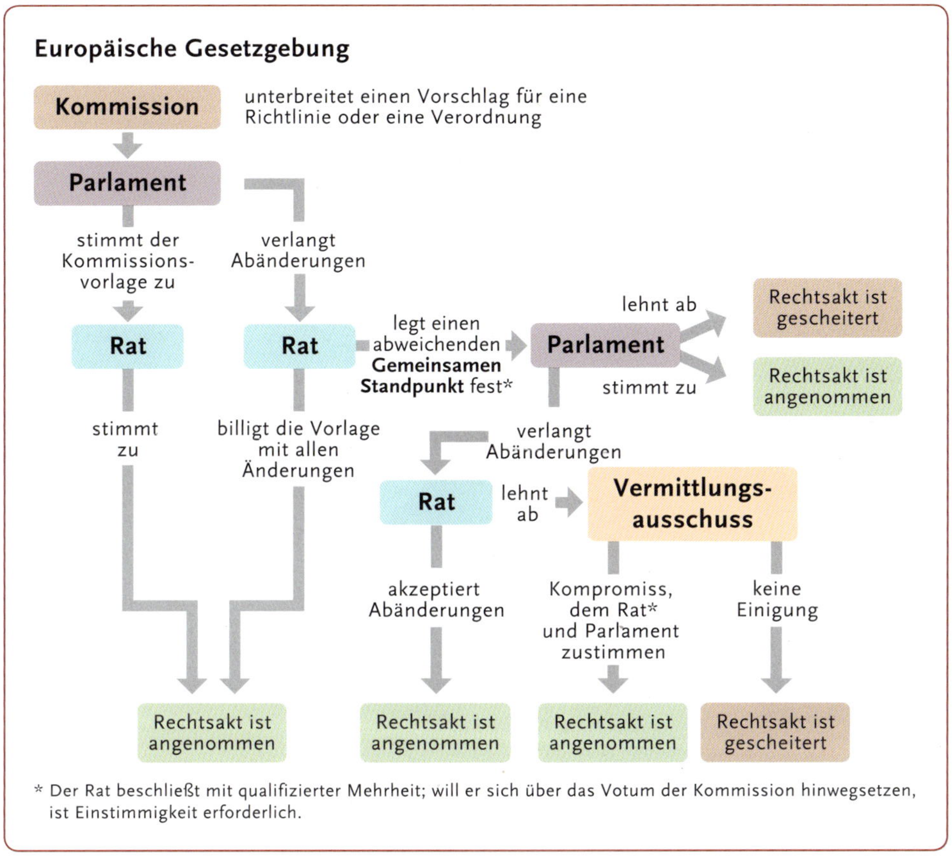

Bergmoser + Höller Verlag AG, Zahlenbilder 715420

Aufgaben

1. Beschreibe den Weg der Roamingverordnung von 2009 (M 1) anhand der Grafik M 12. Welche Institutionen sind wie an der Entscheidung beteiligt?
2. Ordne folgende Umschreibungen den europäischen Institutionen zu: europäischer Steuermann, Motor der EU, europäischer Schiedsrichter, Interessenvertretung der Staaten, Stimme der EU-Bürger (M 2 – M 5).
3. Vergleiche die Funktionen der EU-Organe (Legislative, Exekutive, Judikative) mit den entsprechenden Organen in Deutschland. Welche Gemeinsamkeiten, welche Unterschiede gibt es (M 2 – M 5)?

Richtlinie
Im Juli 1999 verabschiedete die EU eine Richtlinie, die die Hühnerhaltung in kleinen Legebatterien bis 1.1.2012 aus dem EU-Raum verbannen sollte. Während Deutschland die Umstellung bereits Anfang 2010 durch eine nationale Verordnung vollzogen hat, leben im EU-Ausland nach brancheninternen Schätzungen noch 100 Millionen Legehennen in verbotenen Käfigen.

Beschluss
Die EU-Außenminister in Brüssel beschlossen im Dezember 2011 Vermögenssperren und Einreiseverbote für weitere elf syrische Unternehmen und zwölf Personen, um die syrische Führung zu einem Ende der Gewalt gegen Oppositionelle zu zwingen.

Empfehlung
Um Schäden durch UV-Strahlung weitestgehend zu verhindern und Verbraucher besser zu schützen, wurden 2010 EU-Empfehlungen zum Sonnenschutz erlassen. Nach den aktuellen Empfehlungen zum UV-Schutz sollen Sonnenschutzpräparate in der EU eine UVA/UVB Schutzbalance von 1:3 erfüllen.

Braucht Europa mehr Beteiligung seiner Bürger?

Deutschland entsendet 96 Abgeordnete ins Europaparlament. Nachdem das Bundesverfassungsgericht die 3%-Hürde bei Europawahlen Anfang 2014 für verfassungswidrig erklärt hatte, konnten bei den Wahlen am 25.5.2014 zahlreiche kleine Parteien Abgeordnetensitze erringen. Die Wahlbeteiligung stieg gegenüber 2009 auf 48,1%.

M 6 Das Europa-Parlament

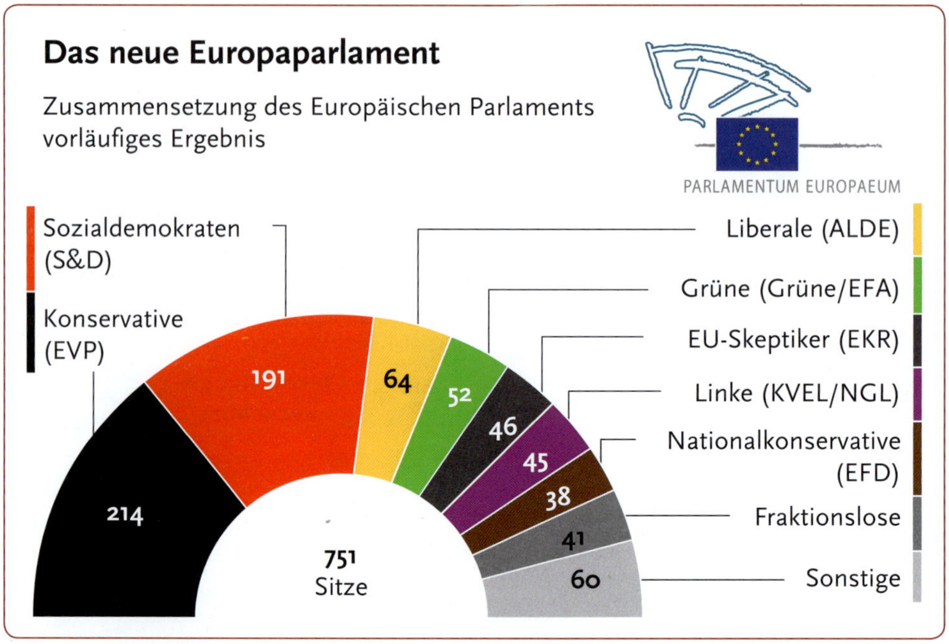

dpa-Grafik 20989; Quelle: Europaparlament/TNS/Scytl

M 7 Hat Europa ein Demokratiedefizit?

Die Partizipation im Sinne der Teilnahme an den alle fünf Jahre stattfindenden Wahlen zum Europäischen Parlament (EP) verfolgt das Ziel, den Bürgerinnen und Bürger durch ihre Stimmabgabe die Möglichkeit zu geben, direkt und unmittelbar Einfluss zu nehmen auf die Zusammensetzung des Europäischen Parlaments. Dies schafft eine Form der direkten Legitimation der vom EP künftig mit verantworteten EU-Politik. Da das Europäische Parlament das einzige, direkt gewählte Organ der EU ist, sind die Europa-Wahlen die Gelegenheit, der Europäischen Union eine gesamteuropäische Legitimation zu vermitteln. Seit 1979, als das Europäische Parlament zum ersten Mal direkt gewählt worden ist, ist die Wahlbeteiligung in allen Mitgliedstaaten der EU kontinuierlich gesunken. 2009 gingen durchschnittlich nur noch ca. 43 % der Wähler zur EU-Wahl. Da immer mehr politische und rechtliche Kompetenzen von den Mitgliedstaaten auf die EU-Ebene übertragen worden sind und inzwischen fast jedes Politikfeld in irgendeiner Art und Weise von der EU-Rechtsetzung betroffen ist, stellt sich die Frage, wie Entscheidungen der EU demokratisch legitimiert sind. In der Öffentlichkeit und vor allem in den Europa-Wissenschaften wird seit den 1990er-Jahren darüber diskutiert, wie das sogenannte Demokratiedefizit der EU abgebaut werden kann. Der Begriff unterstellt, dass die EU – verglichen mit „normalen" politischen Systemen – ein geringeres Maß an demokratischer Legitimität vorzuweisen habe, weil das Europäische Parlament, trotz der politischen Stärkung seiner Kontroll- und Mitwirkungsrechte in den vergangenen Jahrzehnten, noch immer kein richtiges Parlament sei.

Nach: Martin Grosse Hüttmann, Deutschland und Europa, Politische Partizipation in Europa, Heft 62, 2011, S. 28 ff.

M 8 Die EU als vielschichtiges Gebilde

Die Europäische Union wird häufig als „Mehrebenensystem" beschrieben. Diese Bezeichnung hat sich inzwischen eingebürgert, weil damit deutlich gemacht werden kann, dass die Europäische Union und die nationalen politischen Systeme über mehrere Ebenen miteinander verwoben und verflochten sind. So bildet die Europäische Union und ihre Organe gewissermaßen die „äußerste Hülle" des Mehrebenensystems, dann kommen die nationalen politischen Systeme, dann die Regionen bzw. die Länder wie Rheinland Pfalz oder Baden-Württemberg und schließlich auch die Kommunen.

Im Vertrag von Lissabon, der wie eine Verfassung den Aufbau der EU regelt, steht, dass die „Arbeitsweise der Union auf der repräsentativen Demokratie beruht. Die Bürgerinnen und Bürger sind auf Unionsebene unmittelbar im Europäischen Parlament vertreten. Die Mitgliedstaaten werden im Europäischen Rat von ihrem jeweiligen Staats- oder Regierungschef und im Rat von ihrer jeweiligen Regierung vertreten, die ihrerseits in demokratischer Weise gegenüber ihrem nationalen Parlament oder gegenüber ihren Bürgerinnen und Bürgern Rechenschaft ablegen müssen. Alle Bürgerinnen und Bürger haben das Recht, am demokratischen Leben der Union teilzunehmen. Die Entscheidungen werden so offen und bürgernah wie möglich getroffen. Politische Parteien auf europäischer Ebene tragen zur Herausbildung eines europäischen politischen Bewusstseins und zum Ausdruck des Willens der Bürgerinnen und Bürger der Union bei." (Art. 10 EUV)

Aufgaben

1. Beurteile, ob man in der EU von einem Demokratiedefizit sprechen kann M 6 – M 8. Berücksichtige dabei insbesondere, wie der Wille der Bürger in die Institutionen der EU übertragen wird.
2. Würdet ihr euch an der Unterschriftenaktion gegen das Vorhaben der EU beteiligen? Sammelt Argumente, die für oder gegen eine Unterstützung der Initiative sprechen (Randspalte).
3. Beurteile, ob die Europäische Bürgerinitiative die Distanz zwischen Bürger und der EU und damit das Demokratiedefizit verringern kann (Randspalte).

Europäische Bürgerinitiative

Mit der Europäischen Bürgerinitiative können EU-Bürger die Europäische Kommission direkt zum Handeln auffordern. Die EU-Volksbegehren sind damit vergleichbar mit Verfahren direkter Demokratie wie die Bürger- oder Volksbegehren in Deutschland auf kommunaler oder Landesebene.

Damit eine EU-Bürgerinitiative erfolgreich ist, müssen sich mindestens eine Million Bürger aus sieben Ländern eintragen. EU-Volksbegehren sind seit 2009 möglich. Starten müssen eine solche Initiative mindestens sieben wahlberechtigte EU-Bürger mit Wohnsitz in sieben verschiedenen EU-Ländern. Die Unterschriftensammlung selbst läuft maximal zwölf Monate – über das Internet oder schriftlich. Die EU muss sich bei Erfolg mit dem Thema befassen und hat maximal drei Monate Zeit, zu reagieren. Eine formelle Antwort ist Pflicht, ein Gesetzgebungsverfahren muss die Kommission aber nicht zwingend einleiten. Erstmals überhaupt hat ein EU-Volksbegehren im Frühjahr 2013 die nötige Zahl von einer Million Unterschriften erreicht. Die Initiative „Wasser ist ein Menschenrecht – Right 2 Water" richtet sich gegen EU-Pläne zur Privatisierung der Wasserversorgung.

Erkundigt euch, wie die Kommission auf das erfolgreiche Bürgerbegehren reagierte.

Was wir wissen

Demokratiedefizit der EU?
M 6 – M 8

Da die EU-Bürger lediglich ihre eigenen nationalen Abgeordneten in das EU-Parlament wählen können, ist ihr Einfluss auf die Zusammensetzung des EU-Parlaments begrenzt. Außerdem hat das Parlament wiederum nur beschränkten Einfluss auf das sehr komplizierte Gesetzgebungsverfahren in der EU. Eine direkte Beteiligung der Bürger an der Gesetzgebung ist nicht vorgesehen. Deshalb wird der EU häufig der Vorwurf gemacht, sie habe ein Demokratiedefizit. Mit der Einführung eines Europäischen Bürgerbeauftragten und zuletzt der Europäischen Bürgerinitiative, mit der ein Gesetzgebungsverfahren durch die Bürger angeregt werden kann, sollen die Beteiligungsmöglichkeiten verbessert werden.

Institutionen der EU – Gesetzgebung
M 8 – M 12

Grundsätzlich hat nur die Europäische Kommission das Recht, Gesetzesvorschläge einzubringen. Allerdings können das Europäische Parlament, der Ministerrat und der Europäische Rat die Kommission auffordern, tätig zu werden. Die Kommission sorgt als Verwaltungsbehörde für die Umsetzung des Gemeinschaftsrechts in den Mitgliedstaaten und überwacht die Einhaltung des europäischen Rechts.

EU-Kommission

Ein Gesetzesvorschlag der Kommission wird in einem mehrstufigen Verfahren von Rat und Europäischem Parlament beraten. Sofern es im regulären Verfahren nicht zu einer Einigung zwischen Rat und Europäischem Parlament kommt, tritt der Vermittlungsausschuss in Aktion.

Ministerrat

Der Rat der Europäischen Union setzt sich aus den Fachministern der Mitgliedstaaten zusammen, die die jeweiligen nationalen Interessen durchzusetzen versuchen, dabei aber einen Kompromiss mit der Europäischen Kommission und dem Europäischen Parlament finden müssen (institutionelles Dreieck). Der Ministerrat wird auch als Hauptgesetzgeber bezeichnet, weil ohne eine Einigung im Ministerrat keine Gesetze verabschiedet werden können und er in einigen Bereichen (noch) alleine entscheiden kann.

EU-Parlament

Das Europäische Parlament gilt als Sprachrohr der Bürger der EU, da die Abgeordneten von den EU-Bürgern direkt gewählt werden. Ihm kommen wichtige Aufgaben zu: Es entscheidet über den Haushalt der EU und kontrolliert die Arbeit von Kommission und Rat. Außerdem ist es am Gesetzgebungsverfahren beteiligt.

Europäischer Rat

Die Staats- und Regierungschefs der Mitgliedsländer bilden den Europäischen Rat. Er ist nicht am Gesetzgebungsprozess beteiligt, sondern legt zusammen mit dem Kommissionspräsidenten die Leitlinien und allgemeinen Ziele der Union fest.

Europäischer Gerichtshof

Wichtigstes rechtsprechendes Organ ist der Europäische Gerichtshof, der darüber entscheidet, ob die Handlungen der EU-Organe und der Mitgliedstaaten mit den EU-Verträgen übereinstimmen.

Planspiel „Roamingtarife“

Immer selbstverständlicher wird die Übertragung von großen Datenmengen über das Handy, z. B. für das Versenden von Urlaubsbildern oder die Nutzung des Internets. Die Preise der Mobilfunkanbieter dafür sind noch immer sehr hoch und für jedes Land unterschiedlich. Die EU möchte eine 3. Roamingverordnung zur Vereinheitlichung und weiteren Verbilligung dieser Dienste für den Verbraucher durchsetzen.

Aufgabe

Bildet fünf Gruppen (Kommission, Rat, Parlament, Mobilfunkkonzerne, Moderatoren) und arbeitet eure Argumentation ausgehend von den Rollenkarten weiter aus. Simuliert dann den genauen Ablauf des Gesetzgebungsverfahrens. Überlegt für eure Institution Strategien der Verhandlungsführung für die einzelnen Phasen des Verfahrens. Bei Uneinigkeit bildet sich der Vermittlungsausschuss.

Rollenkarten

Mobilfunkanbieter

Wehren sich gegen erneute Eingriffe in ihre Tarife. Fürchten um ihre Konzerngewinne. Wenden sich mit ihren Protesten an alle beteiligten Institutionen in allen Phasen des Gesetzgebungsprozesses.

Europäisches Parlament

Will für die Verbraucher eine Verbilligung und Vereinheitlichung der Kosten für Datentransfers im Ausland, nicht aber im Inland durchsetzen.

Vermittlungsausschuss

Der Vermittlungsausschuss greift ein, wenn Rat und Parlament nach der zweiten Lesung eines Vorschlags nicht zu einer Einigung gelangen.
Der Ausschuss, der sich je zur Hälfte aus Mitgliedern des Rates oder ihren Stellvertretern und aus Vertretern des Parlaments zusammensetzt, steht unter dem gemeinsamen Vorsitz des Präsidenten des Parlaments und des Präsidenten des Rats. Ziel des Vermittlungsausschusses ist es, sich auf einen für beide Parteien annehmbaren Text zu einigen.
Die Kommission nimmt ebenfalls an den Verhandlungen des Vermittlungsausschusses teil.

Kommission

Will eine starke Verbilligung des Datentransfers im Inland und im Ausland für die Verbraucher erreichen. Vor allem eine Angleichung der Tarife im Inland und anderen Mitgliedstaaten.

Ministerrat

Eine deutliche Mehrheit der Mitgliedstaaten (vor allem Großbritannien) lehnt den Vorstoß der Kommission ab. Die weitere Senkung der Gebühren gefährde die Existenz und Investitionskraft der Mobilfunkanbieter. Im Übrigen seien die Tarife nicht überhöht.

Moderation

Zeigt den Ablauf des Gesetzgebungsverfahrens auf. Beruft Sitzungen ein. Protokolliert Ergebnisse. Setzt Zeitlimits. Am Schluss: Rückblick auf die Vorgehensweise.

7.3 Die Wirtschafts- und Währungsunion – ein großer Integrationsfortschritt?

Ein gemeinsamer Markt für Europa

M 1 Europa im Alltag

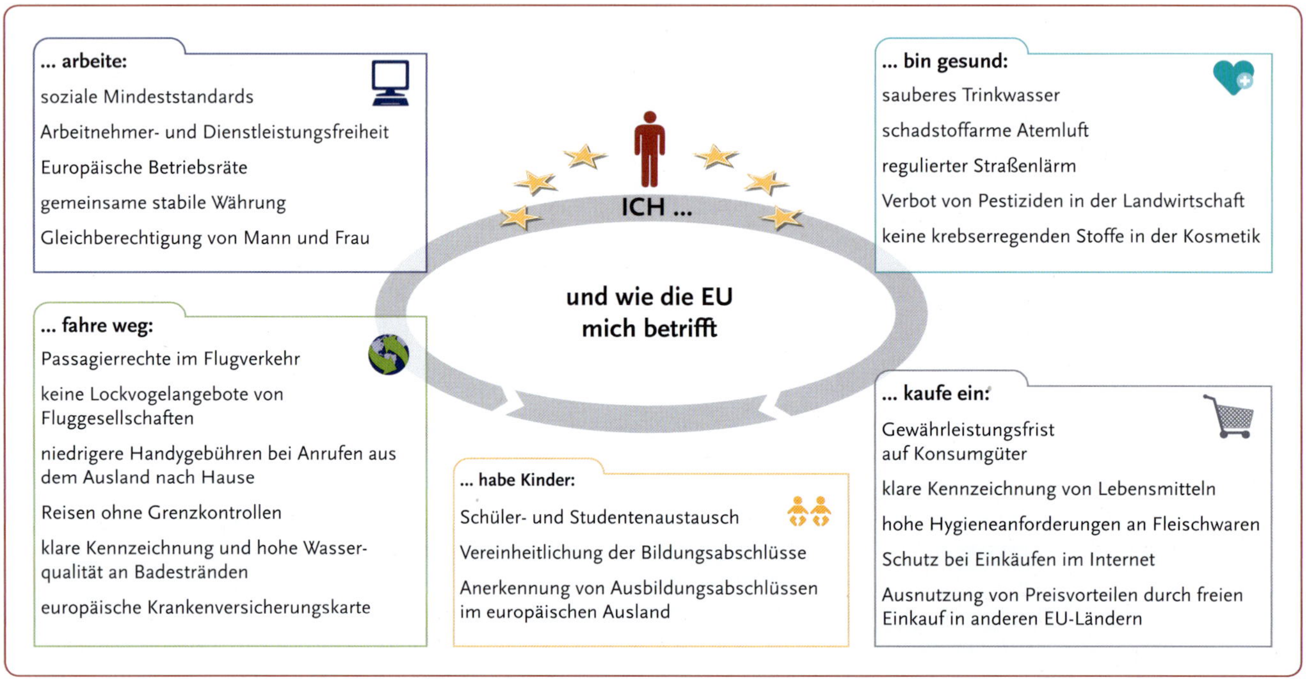

Bundeszentrale für politische Bildung, 2009, www.bpb.de

M 2 Der Europäische Binnenmarkt – ein riesiger Marktplatz

Vier Freiheiten

Freier Personenverkehr
- Wegfall von Grenzkontrollen
- Harmonisierung der Einreise-, Asyl-, Waffen- und Drogengesetze
- Niederlassungs- und Beschäftigungsfreiheit für EU-Bürger
- verstärkte Außenkontrolle

Man kann sich die EU wie einen riesigen Marktplatz vorstellen. Da können sich Personen, Waren, Geld und Dienstleistungen frei bewegen. Diesen gemeinsamen Markt, den so genannten „Binnenmarkt", gibt es seit 1993. Er hat dazu geführt, dass die EU heute der größte Wirtschaftsraum der Welt ist. Auf keinem anderen Gebiet arbeitet die Europäische Union so eng zusammen wie in der Wirtschaft. Der Binnenmarkt hat viele Vorteile. So können EU-Bürger ohne Probleme in einem anderen Mitgliedsland wohnen, studieren, arbeiten, ein Unternehmen gründen oder ihre Rente genießen. EU-Bürger und -Unternehmen dürfen ein Bankkonto im europäischen Ausland eröffnen, ein Haus kaufen, Kredite aufnehmen oder Geld investieren. Ganz wichtig für den gemeinsamen Markt ist, dass die EU-Länder untereinander keine Zölle mehr verlangen. Stell dir als Beispiel einen Schuhhersteller vor: Dieser kann jetzt seine Schuhe nicht mehr nur den rund 80 Millionen Deutschen, sondern allen

480 Millionen EU-Bürgern zum gleichen Preis verkaufen. Um die größere Nachfrage zu befriedigen, muss er mehr Stiefel und Sandalen produzieren. Dafür stellt die Firma neue Mitarbeiter ein – so schafft der Binnenmarkt neue Arbeitsplätze. Gleichzeitig senkt das Schuhunternehmen die Preise. Sonst schnappen ihm nämlich die vielen neuen Konkurrenten aus ganz Europa die Kunden weg. In der Wirklichkeit ist genau dies geschehen. So sind Flüge und Telefongespräche seit Einführung des Binnenmarkts erheblich billiger geworden. Spezielle Behörden überwachen den Wettbewerb, dass sich die Unternehmen nicht heimlich zusammensetzen und gemeinsam einen überhöhten Preis festlegen, zu dem dann alle Bürger die Waren kaufen müssen. Es ist auch verboten, dass ein einzelner Staat den freien Wettbewerb verfälscht, indem er etwa bestimmte Unternehmen finanziell unterstützt (subventioniert).

Europa kinderleicht, Europäische Gemeinschaften 2009, S. 42

Freier Warenverkehr
- Wegfall von Grenzkontrollen
- Harmonisierung oder gegenseitige Anerkennung von Normen und Vorschriften
- geplante Harmonisierung der indirekten Steuern

Freier Dienstleistungsverkehr
- Liberalisierung der Finanzdienste
- Harmonisierung der Banken und Versicherungsaufsicht
- Öffnung der Transport- und Telekommunikationsmärkte

Freier Kapitalverkehr
- größere Freizügigkeit für Geld- und Kapitalbewegungen
- Schritte zu einem gemeinsamen Markt für Finanzdienstleistungen
- Liberalisierung des Wertpapierverkehrs

M 3 Der Europäische Binnenmarkt – Erfolgsmodell mit Tücken?

Der Binnenmarkt der Europäischen Union ist sicherlich eine der großen Errungenschaften der europäischen Integration. [...] So einfach allerdings das Prinzip ist, so kompliziert und umstritten ist seine Umsetzung. [...] In jedem Land regelt eine Vielzahl von Gesetzen und Vorschriften den Warenverkehr, dabei handelt es sich um Sicherheitsstandards, um Umweltauflagen und um Vorschriften des Verbraucherschutzes. [...] Da ist zum Beispiel die Geschichte mit dem Apfelwein, die gut die Tücken des Binnenmarkts illustriert. Für Waren, also auch für Getränke, muss es klare Definitionen geben. Jeder Supermarktkunde weiß, wenn auf einem Obstsaft „Saft" steht, besteht er zu 100 Prozent aus Fruchtsaft, ohne den Zusatz von Wasser und Zucker. Ob der Saft aus Spanien oder aus Deutschland kommt, ist egal. In gleicher Weise hat man auch festgelegt, dass Wein aus Trauben hergestellt sein muss. Das ist der Apfelwein natürlich nicht, er ist also kein Wein. Jedem deutschen Verbraucher ist das selbstverständlich klar, aber was ist mit einem Kunden in Großbritannien, der die Flasche sieht und „...wein" liest? Deshalb wollte die Europäische Kommission im Interesse der Verbraucherinformation untersagen, den Apfelwein so zu nennen – ein Vorhaben, das nach Protesten aus Deutschland übrigens zu den Akten gelegt wurde.

Eckart D. Stratenschulte, Der Europäische Binnenmarkt – Erfolgsmodell mit sozialer Schieflage?, in: http://www.bpb.de, 12.08.2010

Aufgaben

1. Entscheidet mit Hilfe des Ampelspiels, welche Regelungen der EU ihr für hilfreich (grün) oder überflüssig (rot) haltet, gelb steht für „weiß nicht, keine Meinung" (M 1).
2. Erkläre, was ein Binnenmarkt ist und wie er funktioniert (M 2, M 3).
3. Die EU wird bisweilen kritisiert, weil sie in ihren Regulierungen für den Binnenmarkt zu weit gehe. Erläutere am Beispiel des Apfelweins die grundlegenden Probleme des Binnenmarktes und nimm Stellung, ob du diese Regelung für notwendig oder übertrieben hältst (M 3).

Der Euro – (k)eine Erfolgsgeschichte?

M 4 Die Euroländer

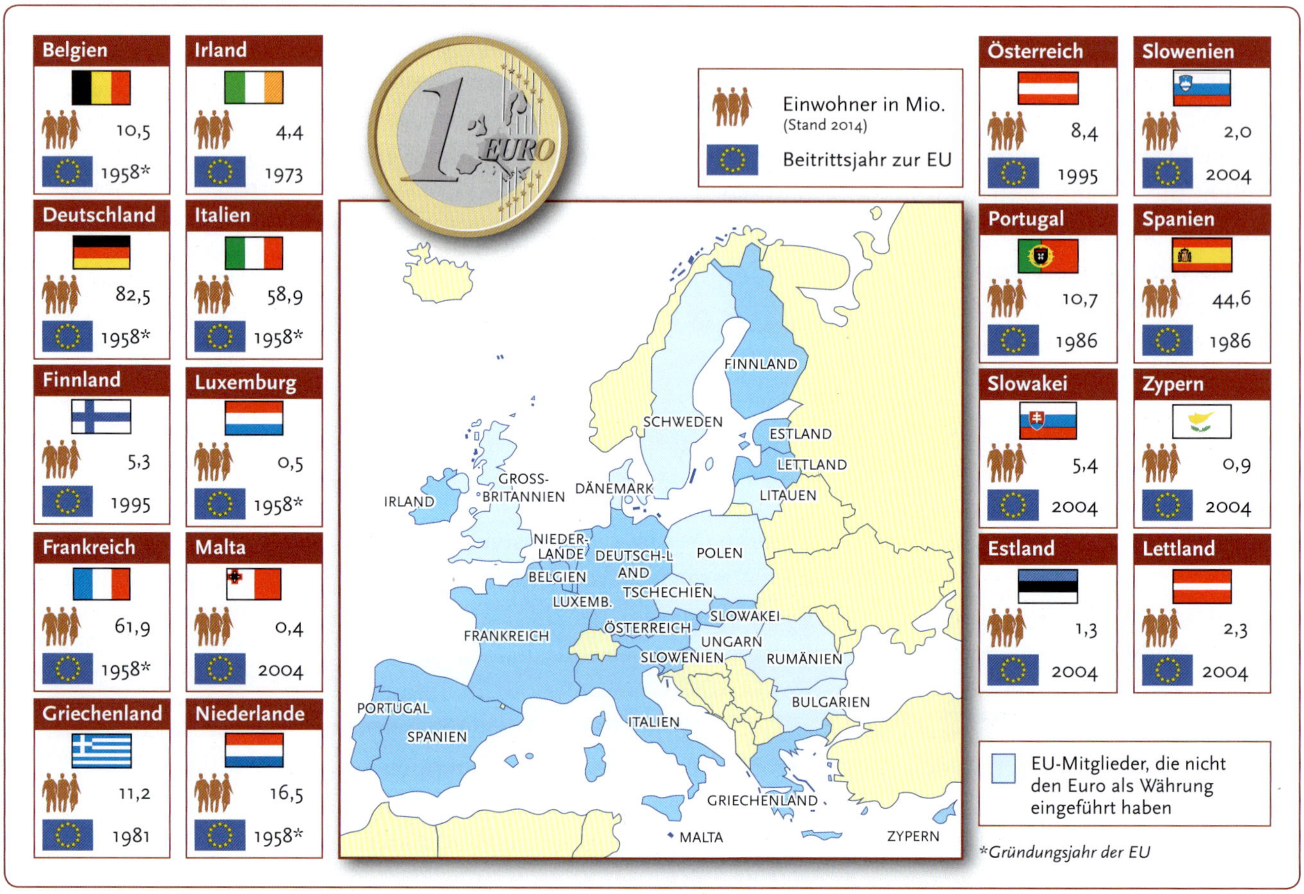

Globus-Grafik 3538

M 5 Der Euro – unsere gemeinsame Währung

Wer schon mal nach Polen oder Ungarn gefahren ist, hat sich vielleicht gewundert, dass die Reisenden dort erst einmal auf die Bank mussten, um ihr Geld in Zloty oder Forint umzutauschen. Schließlich sind wir es mittlerweile gewöhnt, in Urlaubsländern wie Spanien oder Frankreich mit der gemeinsamen europäischen Währung zu bezahlen: dem Euro. Der Euro ist eine der wichtigsten Währungen der Welt. Unsere Gemeinschaftswährung hat einige Vorteile. Unternehmen haben es leichter, Waren im Ausland zu kaufen oder zu verkaufen. Und wenn man in Portugal im Supermarkt steht, weiß man sofort, ob das Eis am Stiel teurer ist als zu Hause oder nicht. Auch entfallen die Umtauschgebühren für andere Währungen.

Die Einführung der gemeinsamen Währung war für die Europäische Union ein gewaltiger Schritt, der Euro sollte zu einem Symbol der europäischen Integration werden und so ein gemeinsames europäisches Wir-Gefühl (Identität) stiften.

An der Währungsunion können nur Staaten teilnehmen, die einander in ihrer wirtschaftlichen Entwicklung ähnlich sind. Um dies zu gewährleisten, hat der Vertrag von Maastricht für die Aufnahme von Ländern in die EWWU feste Kriterien definiert, die sogenannten Konvergenzkriterien.

Konvergenz bezeichnet dabei die allmähliche Annäherung der Teilnehmerländer in wichtigen wirtschaftlichen Grunddaten (Staatsverschuldung, Inflation, Zinsen). Dies ist notwendig, da Spannungen zwischen Ländern entstehen können, wenn sie sich wirtschaftlich unterschiedlich entwickeln. Um dies zu verhindern, wurde außerdem der Stabilitäts- und Wachstumspakt (kurz: Euro-Stabilitätspakt) im Vertrag von Amsterdam 1997 verankert. Der Stabilitäts- und Wachstumspakt fordert von den Euroländern in wirtschaftlich normalen Zeiten einen annähernd ausgeglichenen Staatshaushalt, damit in wirtschaftlich ungünstigen Zeiten Spielraum besteht, durch eine Erhöhung der Staatsausgaben die Wirtschaft zu stabilisieren (Neuverschuldung maximal drei Prozent des Bruttoinlandsprodukts, Schuldenstand maximal 60 Prozent des Bruttoinlandsprodukts). Bei Verstößen gegen diese Regeln drohen dem Mitgliedsland Geldstrafen.

In der Folge der Finanzmarktkrise 2009/2010 wurde deutlich, dass einige Staaten, vor allem Griechenland, trotz der Vorgaben des Stabilitätspaktes sehr hohe Staatsverschuldungen entstehen ließen. Dies führte zu einem starken Wertverlust des Euro gegenüber anderen Währungen und brachte die gesamte Währungsunion ins Wanken.

Währungsunion
Eine Währungsunion ist ein Zusammenschluss von Staaten mit unterschiedlichen Währungen zu einem einheitlichen Währungsraum. Im Gegensatz zu einer Währungsreform bleibt bei der Währungsunion der Wert des Geldes erhalten. Die beteiligten Währungen werden lediglich nach einem bestimmten Austauschverhältnis in die neue Währung umgerechnet.

M 6 Die Entwicklung des Eurokurses

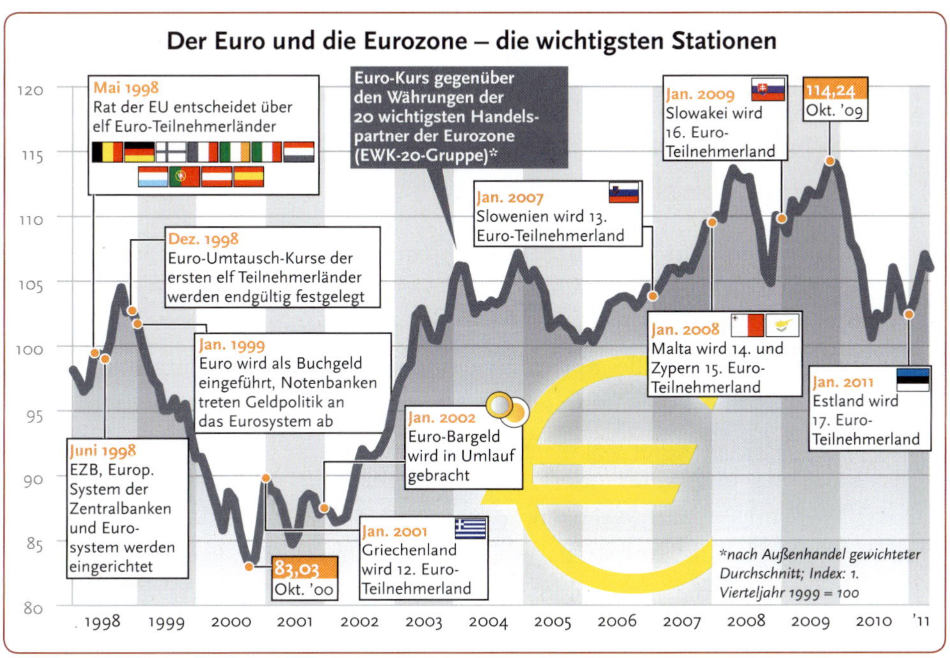

Globus-Grafik 4358; Quelle: Deutsche Bundesbank

M 7 Welche Auswirkungen haben schwankende Wechselkurse?

Eine Währung ist, vereinfacht ausgedrückt, das Geld, welches in einem Währungsraum als Zahlungsmittel gilt. Es gibt heute über 160 Währungen auf der Welt. Wenn man von einer harten Währung spricht, meint man, dass diese Währung ihre Kaufkraft im Währungsgebiet erhält (Binnenwert der Währung), also über Jahre hinweg die Preise für die Güter nicht oder nur leicht steigen. Es herrscht dann eine geringe Inflation. Eine im Binnenwert harte Währung ist im Allgemeinen auch im Austauschverhältnis (Wechselkurs) zu anderen Währungen stark. Wechselkurse geben das Austauschverhältnis zweier Währungen an. Feste Wechselkurse werden von den Regierungen vereinbart und sollen mittelfristig Schwankungen der Kurse verhindern. Bei freien Wechselkursen bildet sich der Kurs jeden Tag neu aufgrund von Devisenangebot und Devisennachfrage auf den Devisenmärkten. Bekommt man z. B. für einen Euro 2 US-Dollar statt bisher 1,50 USD, dann ist der Euro stärker geworden, er ist aufgewertet worden. Dies führt z. B. dazu, dass Reisen in die USA für Deutsche billiger werden, die Reisen von US-Bürgern ins Euroland hingegen sich verteuern. Komplizierter sind die Auswirkungen auf den Handel. Ein starker Euro führt zu einer Verteuerung der deutschen Exporte in die USA. Warum ist das so? Der amerikanische Importeur bezahlt die deutschen Waren in USD. Der deutsche Exporteur möchte seine Gewinne aus dem Verkauf seines Exportgutes anschließend in Euro umtauschen. Bei einem starken Euro und schwachen USD bekommt er im Devisentausch weniger Euro. Das verringert seine Gewinne. Dies kann den Exporteur dazu bewegen, die Preise für seine Produkte zu erhöhen, was einen Rückgang des Absatzes zur Folge haben kann. Die positive Seite des starken Euro ist, dass die Einfuhren nach Deutschland aus dem Dollarraum sich verbilligen. Öl und Gas, für Deutschland wichtige Einfuhrgüter, werden in Dollar bezahlt. Bei einem starken Euro verringern sich die Kosten.

M 8 Die Europäische Zentralbank

Welche Aufgaben hat die Europäische Zentralbank?

Die EZB

- legt Leitzinssätze für die Eurozone fest und kontrolliert die Geldmenge;
- verwaltet die Währungsreserven der Eurozone und kauft oder verkauft Währungen, um Wechselkurse im Gleichgewicht zu halten;
- sorgt dafür, dass die nationalen Behörden die Finanzmärkte und -institute angemessen beaufsichtigen und dass Zahlungssysteme reibungslos funktionieren;
- genehmigt den Zentralbanken in den Ländern der Eurozone die Ausgabe von Banknoten;
- beobachtet die Preisentwicklung und beurteilt das daraus entstehende Risiko für die Preisstabilität.

http://europa.eu/about-eu/institutions-bodies/ecb/index_de.htm (12.3.2013)

Erklärfilm „Leitzins“

Mediencode: 71000-12

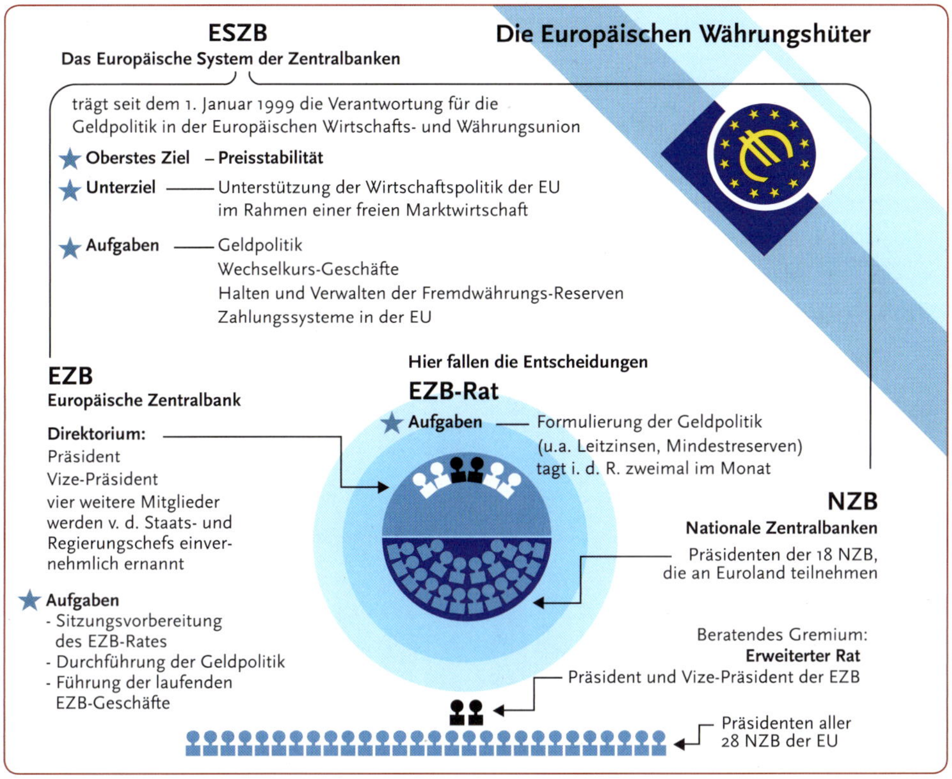

Globus-Grafik 3480

Aufgaben

1. Erläutere, welche Voraussetzungen erfüllt sein müssen, damit ein Land an der Währungsunion teilnehmen kann (M 2).
2. Beschreibe die Entwicklung des Eurokurses und beurteile, ob man diesbezüglich von einer Erfolgsgeschichte sprechen kann (M 3).
3. M 4 beschreibt eine „harte" Währung. Formuliere den Text neu für eine „weiche" Währung. Beginne ab Zeile 5: „Wenn man von einer weichen Währung spricht, ..."
4. Beschreibe Aufbau und Aufgaben der EZB (M 5).
5. Befürwortest du die Rückkehr zu einer eigenen Währung (M 6)? Begründe deinen Standpunkt.

Wohin steuert die Währungsunion?

M 9 Sorgenkinder der Eurozone

Stabilitätspakt
Im Stabilitäts- und Wachstumspakt haben sich die Euro-Teilnehmer verpflichtet, ihr jährliches Haushaltsdefizits auf 3 % ihres Bruttoinlandsprodukts (BIP) und den Stand ihrer öffentlichen Verschuldung auf 60 % ihres BIPs zu begrenzen.

Haushaltsdefizit
Ein Haushaltsdefizit (auch Budgetdefizit) entsteht, wenn die Summe der Ausgaben in einem Haushaltsjahr die Summe der Einnahmen überschreitet. Die Differenz (Defizit) muss durch die Aufnahme von Schulden beglichen werden.

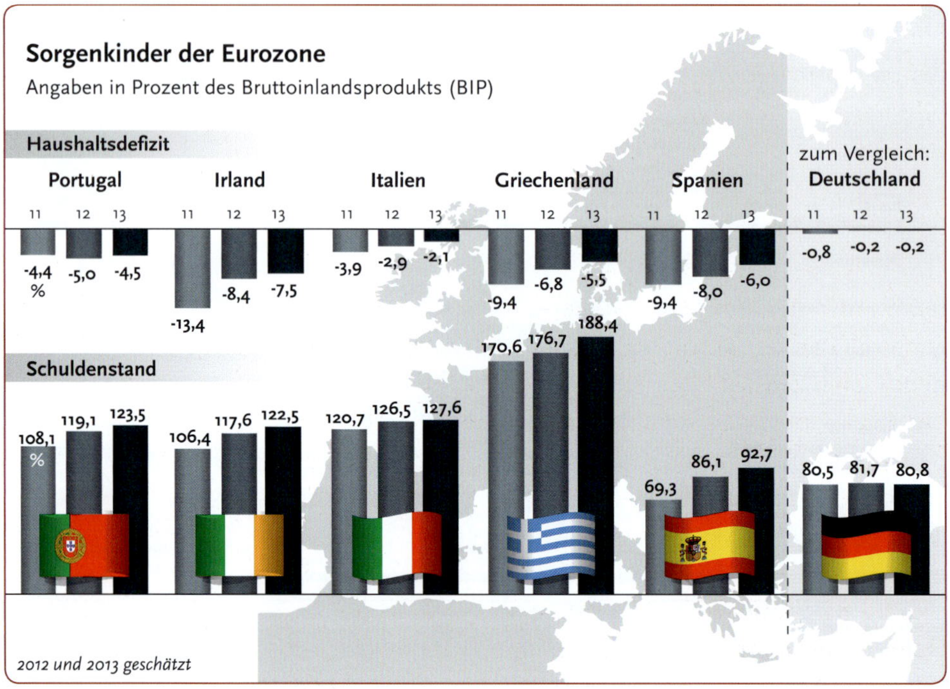

Globus-Grafik 5405; Quelle: EU-Kommission

M 10 Wie ist die Eurokrise entstanden?

Staatsbankrott
Ein Staatsbankrott (auch Staatsinsolvenz) liegt dann vor, wenn ein Staat fällige Forderungen (Gehälter, Zinsen, Schuldentilgung etc.) nicht mehr bedienen kann bzw. wenn die Staatsregierung erklärt, fällige Forderungen nur noch teilweise erfüllen zu können.

Erklärfilm „Staatsverschuldung"

Mediencode: 71000-13

Einige Euroländer haben in den vergangen Jahren extrem hohe Schuldenberge angehäuft. Griechenland, Italien und Irland etwa gehören zu den zehn am höchsten verschuldeten Staaten der Welt. Ihre Verbindlichkeiten sind höher als ihre jährliche Wirtschaftsleistung. Die Gründe für die prekäre Lage sind vielfältig. Einige Staaten – allen voran Griechenland – haben den Eurobeitritt genutzt, um günstige Darlehen aufzunehmen. Mussten sie früher mit ihren eigenen Währungen hohe Zinsen zahlen, ermöglichte ihnen die Zugehörigkeit zur Währungsunion eine attraktive Finanzierung. Das ging jedoch nur gut, solange der Schuldenstand nicht übermäßig stieg. Genau das passierte allerdings infolge der Finanzkrise 2008 und der anschließenden Rezession. Die steigenden Schulden allein hätten die Eurozone wohl noch nicht ins Wanken gebracht. Schließlich haben Länder wie die USA oder Japan höhere Verbindlichkeiten als der Durchschnitt der Euroländer. Anders als diese Staaten können die Euro-Mitglieder ihr Geld aber nicht abwerten – also im Vergleich zu anderen Währungen verbilligen – um ihre Schulden zu reduzieren und ihre Waren billiger ins Ausland zu verkaufen. Deshalb ist es in einer Währungsunion extrem wichtig, dass alle Teilnehmer eine möglichst einheitliche Wirtschafts- und Finanzpolitik betreiben. Diesen Aspekt haben die Gründungsväter des Euro zu wenig berücksichtigt. Sie haben zwar Schuldenobergrenzen im so genannten Stabilitätspakt vereinbart. Richtig ernst hat die aber kaum jemand genommen.

Stefan Kaiser und Sven Böll, Vorhang auf für den nächsten Rettungsakt, in: http://www.spiegel.de, 20.7.2011

M 11 Wie hilft der Euro-Rettungsschirm?

Um Geld aufzunehmen, geben Staaten Staatsanleihen aus. Private Anleger und Banken können diese zu einem festen Zinssatz kaufen. Je größer das Risiko, dass der Staat das so geliehene Geld nicht mehr zurückzahlen kann, desto höhere Zinsen muss er dafür bezahlen. Deshalb wird es für einen Staat mit ohnehin hoher Verschuldung immer schwerer, frisches Geld zu erhalten. Niemand möchte ihm mehr etwas leihen. Doch jetzt kommt der Rettungsschirm ins Spiel. Der Rettungsschirm ist eine Art Bürgschaft für den schlechten Schuldner. Er wirkt wie ein Notfallsystem: Er kann direkt mit Geld aushelfen, wenn ein Staat in finanzielle Schwierigkeiten gerät, weil z. B. eine Bank pleite gegangen ist. Der Staat ist deshalb wieder „kreditwürdig". Deshalb erhöht sich die Wahrscheinlichkeit, dass er selbst zu niedrigeren Zinsen wieder Geld aufnehmen kann. In Ausnahmefällen kann der ESM auch selbst Staatsanleihen von Krisenstaaten kaufen.

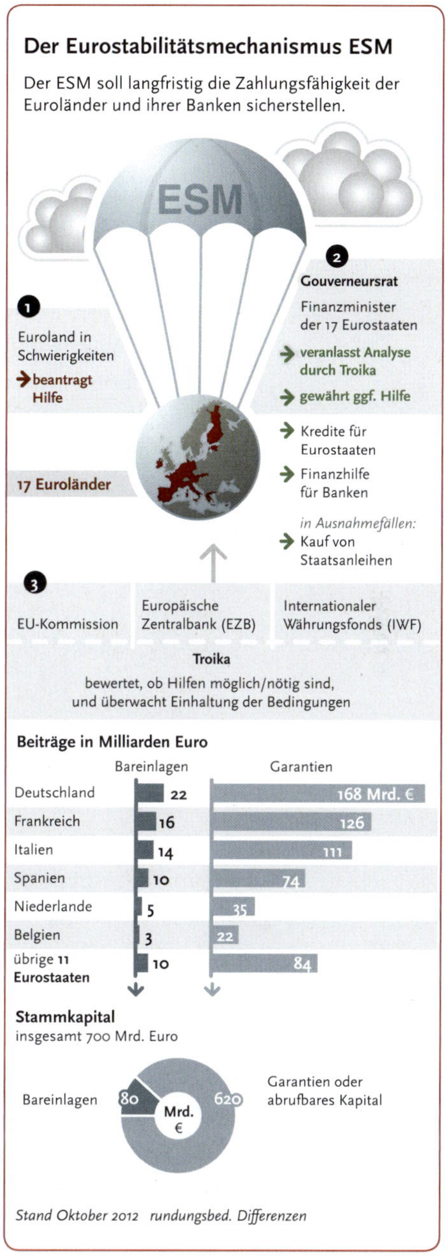

Globus-Grafik 5278; Quelle: Bundesfinanzministerium

Aufgaben

1. Beschreibe die Entwicklung der Staatsschulden in den Krisenstaaten und in Deutschland im Hinblick auf die Stabilitätskriterien (M 9).
2. Erläutere die Ursachen der europäischen Schuldenkrise (M 9, M 10).
3. Beschreibe die Funktionsweise des Europäischen Stabilitätsmechanismus (M 11).

Erklärfilm „Eurokrise"

Mediencode: 71000-14

Was wir wissen

Binnenmarkt
M 1 – M 3

Ein Binnenmarkt bezeichnet ein abgegrenztes Gebiet, in dem Menschen ungehindert wirtschaften können. Normalerweise findet sich ein solches Gebiet nur innerhalb von Staaten, doch haben sich die Mitglieder der EU nach einem Abkommen von 1993 dazu entschlossen, einen gemeinsamen Markt zu gründen. Ziel des Binnenmarktprojektes war der Abbau sämtlicher Hindernisse, die dem grenzüberschreitenden Handel im Wege standen. Der Binnenmarkt basiert auf den so genannten vier Freiheiten: dem ungehinderten Austausch von Waren und Dienstleistungen, dem unbeschränkten Kapitalverkehr, der freien Wahl des Arbeitsplatzes sowie dem ungehinderten Personenverkehr (Wegfall von Grenzkontrollen). Um einen vollständigen Binnenmarkt zu erreichen, mussten viele Vorschriften angeglichen werden. In einigen Bereichen, wie bei der Anerkennung verschiedener Berufsabschlüsse, ist der Binnenmarkt bis heute noch nicht vollendet.

Der Euro
M 4 – M 6

Seinen vorläufigen Höhepunkt erreichte der Prozess der stufenweisen Integration mit der Wirtschafts- und Währungsunion, die 2002 zur Einführung des Euro als gemeinsames Zahlungsmittel in Europa führte. Die Teilnahme an der Europäische Währungsunion setzt bis heute die Erfüllung so genannter Konvergenzkriterien voraus: Die Preise in den Ländern müssen stabil sein und die Verschuldung muss sich in festgelegten Grenzen halten. Die Befürworter der gemeinsamen Währung sahen darin die Krönung des Binnenmarktes und einen entscheidenden Schritt zu einer Vertiefung der europäischen Integration. Außerdem sollte ein Gegengewicht zur Dominanz des US-Dollars geschaffen werden.

Die EZB
M 8

Die für den Euro verantwortliche Notenbank ist die Europäische Zentralbank (EZB) mit Sitz in Frankfurt am Main. Ihr oberstes Entscheidungsgremium ist der EZB-Rat, dem die sechs Mitglieder des EZB-Direktoriums sowie die Gouverneure der nationalen Notenbanken der Euroländer angehören. Die EZB ist unabhängig und keinen politischen Weisungen unterworfen. Sie ist für die Geldpolitik im Euroraum zuständig. Ziel der Geldpolitik der EZB ist die Sicherung der Geldwertstabilität nach innen (in der Praxis wird darunter verstanden, dass die jährliche Teuerungsrate der Verbraucherpreise mittelfristig 2 % nicht übersteigen soll) und nach außen (angemessene Wechselkurse, vor allem gegenüber dem US-Dollar).

Die Eurokrise und der Europäische Stabilitätsmechanismus
M 9 – M 11

Vor allem als Folge der Finanz- und Wirtschaftskrise (2007-2010), aber auch wegen mangelnder Haushaltsdisziplin, waren seit 2010 eine ganze Reihe von Eurostaaten in Zahlungsnöte geraten: Die Zinsen, die sie am Markt zahlen mussten, um sich Geld leihen zu können, stiegen immer mehr an. Um die gemeinsame Währung zu sichern, haben die Euro-Länder den Europäischen Stabilisierungsmechanismus ESM („Rettungsschirm") ins Leben gerufen. Er leiht Geld an in Not geratene Staaten, die am Kapitelmarkt keine oder nur sehr teure Kredite bekommen würden. Die Vergabe von Krediten ist allerdings an strenge Sparauflagen gebunden.

Auseinandersetzung mit Szenarien zur Zukunft Europas – Quo vadis Europa?

Erläuterungen zu den einzelnen Szenarien:

Titanic: Das Titanic-Szenario beschreibt eine wesentliche Gefährdung bis hin zur Auflösung der europäischen Integration. Die Europäische Union ist nach diesem Szenario nicht fähig, den inneren und äußeren Herausforderungen gerecht zu werden. Innerhalb der Union nehmen die Interessenunterschiede und die Leistungsunterschiede der Mitgliedstaaten insbesondere durch die Erweiterungen immer weiter zu. Die Verteilungskämpfe werden schärfer und die Wertvorstellungen der einzelnen Mitgliedstaaten scheinen unüberbrückbar. Die bestehenden Strukturen und Institutionen der EU erweisen sich als ungeeignet für die große Zahl von Mitgliedstaaten. Das Modell der EU ist gescheitert.

Offener Gravitationsraum: Wesentliches Merkmal dieses Szenarios ist eine Gruppe von Mitgliedstaaten, die sich dem Ziel einer kontinuierlichen Integrationsvertiefung verpflichtet hat. Die ganzheitlichen Reformbemühungen scheitern an den unterschiedlichen Interessen der Mitgliedstaaten. Dennoch hält eine Mehrheit der Mitgliedstaaten am grundsätzlichen Ziel der Fortentwicklung der EU in Richtung einer politischen Union fest. Sie wählt mit Duldung der anderen Mitgliedstaaten den Weg weiter vertiefter Kooperation, jedoch wird den anderen Mitgliedstaaten die Möglichkeit der Teilnahme an der vertieften Zusammenarbeit zu einem späteren Zeitpunkt gegeben.

Kerneuropa: Dieses Szenario basiert auf der Annahme, dass die Mitgliedstaaten sich nicht mehr auf neue gemeinsame Ziele hinsichtlich der zukünftigen Entwicklung der Europäischen Union einigen können. Der Gedanke einer großen, föderativen politischen Union aller Mitgliedstaaten geht verloren. In einigen Staaten nehmen Nation und Region in ihrer identitätsstiftenden Bedeutung wieder zu. Diese blockieren aufgrund ihres Mitspracherechts in den europäischen Institutionen eine weitergehende Integration. Schließlich entschließt sich eine überzeugte Gruppe von Mitgliedstaaten zur Zusammenarbeit außerhalb der Strukturen der Europäischen Union.

Supermacht Europa: Die Staaten sind bereit, der EU immer weiterreichende Kompetenzen in zentralen Politikbereichen zu übertragen (Innen-, Außen-, Verteidigungs-, Wirtschafts- und Sozialpolitik), weil sie davon ausgehen, dass sich die Nationalstaaten nur über den Zusammenschluss in der EU im internationalen Wettbewerb behaupten können. Wirtschaftliche Leistungsfähigkeit, Rechtsstaatlichkeit, ein Wertesystem mit großer internationaler Ausstrahlungs- und Anziehungskraft und erweiterte militärische Fähigkeiten verschaffen der EU eine beachtliche Handlungsbasis. Auf der Grundlage eines sich immer stärker ausprägenden „Wir-Gefühls" entwickelt sich die EU in Richtung eines europäischen Bundesstaates mit eigener Staatsqualität.

Methode Monnet: Dieses Szenario schreibt das Muster des Einigungsprozesses der vergangenen Jahre fort. Nach dem Scheitern der Verfassung erweist sich die ständige Suche nach einem kleinsten gemeinsamen Nenner als das beherrschende Prinzip des Integrationsprozesses, der flickenhaft und unvollständig bleibt. Trotz ihrer institutionellen Schwächen und den unterschiedlichen Interessen der Mitgliedstaaten zerfällt die Union nicht. Die bisherigen Erfolge (Frieden, Binnenmarkt, Schengen-Region) halten die Union so zusammen, dass immer wieder Kompromisse und kleine Fortschritte möglich sind.

Nach: Franco Algieri u.a., Centrum für angewandte Politikforschung, München

Aufgabe

Bildet Gruppen. Lest die Szenarien zur Zukunft der Europäischen Union aufmerksam. Einigt euch dann in der Gruppe auf

- ein Szenario, das ihr für wünschenswert für die zukünftige Entwicklung der EU haltet;
- ein Szenario, das ihr für wahrscheinlich für die zukünftige Entwicklung der EU haltet.

Begründet eure Entscheidungen ausführlich.

Konfliktkarte 2012

Länder, in denen 2012 Krieg herrschte:
z. B. Afghanistan, Elfenbeinküste, Indien, Irak, Jemen, Libyen, Mexiko, Myanmar, Nigeria, Pakistan, Somalia, Sudan, Südsudan, Syrien, Türkei

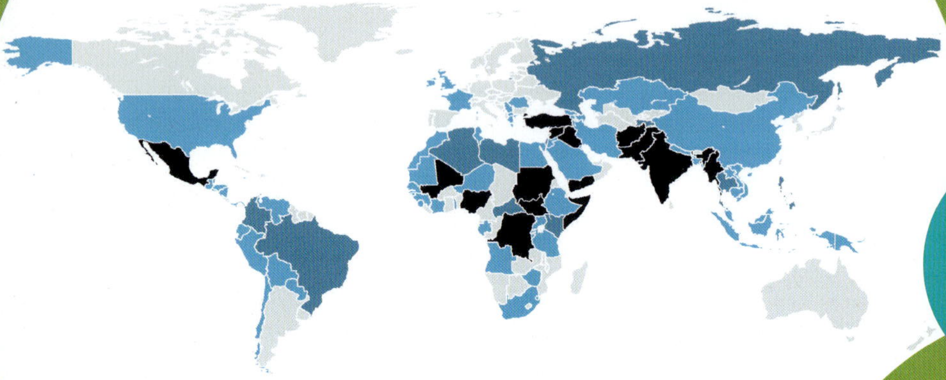

- Kein Gewaltkonflikt
- Krise
- Ernste Krise
- Krieg

Die von mehr als einem Konflikt betroffenen Länder sind entsprechend der höchsten Intensität eingefärbt.

Nach: HIK, Konfliktbarometer 2012

8

Frieden und Sicherheit

Die zahlreichen Kriege und Konflikte auf der Welt zeigen, dass bis heute Frieden und Sicherheit alles andere als selbstverständlich sind. Umweltzerstörung und Klimaveränderungen, Kriege und Konflikte, Hunger und Armut bedrohen die Menschen weltweit. Durch die Globalisierung, die man auch als Entgrenzung der Welt bezeichnet, wirken sich Krisen irgendwo auf der Welt auf die gesamte Weltgemeinschaft aus.

Kompetenzen

Am Ende dieses Kapitels solltest du Folgendes können:

- ausgewählte Gefährdungen von Frieden und Sicherheit kennen und beurteilen
- verschiedene Institutionen und Akteure internationaler Politik kennen sowie deren Möglichkeiten zur Konfliktlösung in der internationalen Politik einschätzen
- einen Konflikt mit geeigneten Methoden untersuchen
- Maßnahmen der Friedenssicherung beurteilen

Was weißt du schon?

- Ergänze folgenden Satz in Einzelarbeit:
  – Frieden bedeutet für mich ...
- Mit euren Ergebnissen könnt ihr (in Partnerarbeit oder Gruppenarbeit) einen „Friedensbaum“ gestalten, der im Laufe der Unterrichtsreihe ergänzt oder verändert wird. Dazu sammelt ihr auf separaten Zetteln die Merkmale und Voraussetzungen für Frieden und heftet die Zettel in Baumform auf ein Plakat: Was bildet den „Stamm“, was die „Äste“, was sind die „Blätter“ oder „Früchte“?

8.1 Bedrohungen für den Weltfrieden

Terrorismus – der neue Krieg?

M 1 Was ist transnationaler Terrorismus?

Anschlag mit Verkehrsflugzeugen auf das World Trade Center in New York am 11.9.2001. Fast 3.000 Menschen verloren dabei ihr Leben. Die Terrororganisation Al-Qaida übernahm die Verantwortung dafür.

Aus einem Interview mit Dr. Ulrich Schneckener. Er ist Forschungsgruppenleiter der Forschungsgruppe „Globale Fragen" an der Stiftung Wissenschaft und Politik in Berlin. Das Interview führte Hanna Huhtasaari.

Der transnationale Terrorismus unterscheidet sich vom herkömmlichen Terrorismus in erster Linie dadurch, dass er eine internationale Zielsetzung verfolgt. Das heißt: transnationalen Terrornetzwerken – wie etwa Al-Qaida oder anderen Gruppen – geht es darum, eine internationale oder regionale Ordnung zu verändern. Den meisten herkömmlichen und lokalen Terrorgruppen geht es hingegen darum, ein konkretes politisches Regime zu ändern.

Ein weiterer Aspekt ist, dass transnationaler Terrorismus eine Form von transnationaler Ideologie braucht. Hier spielt der Islamismus eine wesentliche Rolle. Der Islamismus erlaubt es, Menschen unterschiedlichster Nationalität und Kultur miteinander in Verbindung zu setzen. Die transnationale Ideologie schafft eine Offenheit der Netzwerke, weil sich hier im Prinzip jeder beteiligen kann, der sich dieser Ideologie verschreibt. Das gilt beispielsweise auch für Menschen, die zum Islam übergetreten sind. Diese Form der Ideologie dient sozusagen der Netzwerkausbreitung. Und drittens unterscheiden sich transnationale Netzwerke in ihrer Mitgliederstruktur von herkömmlichen Gruppen. Klassische Terrorgruppen sind oftmals von einer Nation dominierte Gruppierungen, in denen relativ wenig Ausländer vertreten sind. In den transnationalen Netzwerken ist diese Unterscheidung zwischen In- und Ausländern gar nicht vorhanden: Sie sind multinationale Unternehmen. Der letzte Aspekt ist der Netzwerkcharakter selber, also die Organisationsstruktur. […]

Grundsätzlich spielen Medien für den Terrorismus eine große Rolle. Der Terrorismus setzt darauf, psychologische Effekte zu erzeugen: Schrecken, Panik, das Gefühl von Unsicherheit. Das lässt sich nicht durch den Terrorakt selbst erreichen, sondern nur durch die mediale Berichterstattung über den Akt und über das Phänomen Terrorismus. Diffuse Ängste können im Wesentlichen eigentlich nur gefördert werden, weil Terroristen einen medialen Zugang haben. Heute ist es so, dass Terroristen in der Lage sind, sich diesen medialen Zugang selbst zu schaffen. Die Terroristen verfügen über eigene Verbreitungskanäle, in denen sie ihre eigenen Inhalte ohne jede Redaktion eins zu eins senden und verbreiten können. Hier ist das Internet ein zentraler Punkt, aber natürlich auch Videobänder, eigene TV-Sender, Chatrooms oder ganz herkömmliche Publikationsformen.

http://www.bpb.de/themen/5Y4QJS,0,0,Terrorismus_setzt_auf_psychologische_Effekte.html (20.9.2007)

Al-Qaida
Name eines losen, weltweit operierenden islamistischen Terrornetzwerks, das seit 1993 zahlreiche schwere Terroranschläge in mehreren Staaten verübt hat, darunter die Anschläge auf das World Trade Center und das Pentagon in Washington im September 2001. Der Anführer, Osama bin Laden, konnte 2011 in Pakistan von US-Streitkräften getötet werden.

M 2 Die neuen Kriege

Als Krieg bezeichnet man einen gewaltsamen Massenkonflikt, der in der Regel folgende Merkmale aufweist: An den Kämpfen sind zwei oder mehr bewaffnete Streitkräfte beteiligt, wobei es sich mindestens auf einer Seite um reguläre staatlich gelenkte Einheiten handeln muss; auf beiden Seiten muss die Kriegführung planmäßig und zentral gesteuert werden und die bewaffneten Operationen müssen sich mit einer gewissen Kontinuität ereignen. Andernfalls handelt es sich lediglich um bewaffnete Konflikte.

Krieg bedeutet immer, dass Interessenkonflikte gewaltsam ausgetragen werden. Kriegsursachen sind häufig die Bekämpfung einer staatlichen Ordnung, Grenzstreitigkeiten, Autonomiebestrebungen, Konflikte um Ressourcen oder unterschiedliche Ideologien.

Führen zwei Staaten gegeneinander Krieg, so spricht man von zwischenstaatlichem Krieg. Kämpfen verschiedene Bevölkerungsgruppen innerhalb eines Staates gegeneinander, so handelt es sich um einen Bürgerkrieg. Ein neueres Phänomen ist der sogenannte asymmetrische Krieg. Bei dieser Form des Krieges tragen lokale Warlords, Rebellen- und Guerillagruppen, „Befreiungsarmeen" oder internationale Terrornetzwerke Gewalt in die Mitte auch fremder Gesellschaften hinein, um die staatliche Ordnung, eine Besatzungsmacht oder eine Bevölkerungsgruppe zu bekämpfen. Ein fruchtbares Umfeld zur Planung ihrer Aktivitäten finden diese Organisationen in schwachen Staaten, die Recht und Ordnung nicht oder nicht mehr durchsetzen können, weil zum Beispiel das nötige Geld zur Bezahlung von Polizisten und Richtern fehlt. Gebiete, die nur mangelhaft unter staatlicher Kontrolle stehen, werden als Rückzugs- und Ruheräume, als Orte für Trainings- und Ausbildungscamps genutzt. Auch lassen sich in solchen Staaten leichter illegale Geschäfte vom Drogenhandel bis zur Geldwäsche betreiben, um die eigene Anhängerschaft zu finanzieren. Die Staatengemeinschaft steht vor der schwierigen Frage, wie sie mit dieser Form der Gewalt, bei der die Grenzen zur Kriminalität fließend sind, umgehen sollen.

Abschiedsvideo eines Selbstmordattentäters. Selbstmordattentate gehören zur Strategie islamistischer Terrorgruppen.

Frieden
Der Begriff bedeutet zunächst nur die Abwesenheit von Krieg (negativer Frieden). Doch herrscht Einigkeit darüber, dass Frieden mehr ist als kein Krieg. Positiver Frieden ist erst dann gegeben, wenn Interessenkonflikte dauerhaft gewaltlos ausgetragen werden und ein Zustand der Gerechtigkeit herrscht.

Aufgaben

1. Werte die Tageszeitung nach aktuellen Meldungen zum Terrorismus aus und berichte in der Klasse darüber.
2. Erkläre den Unterschied zwischen transnationalem und herkömmlichem Terrorismus (M 1).
3. Stelle auch anhand des Bildes in M 1 dar, welche Bedeutung die Medien für den Terrorismus haben.
4. Beurteile, um welche Form des Krieges es sich beim internationalen Terrorismus handelt (M 2).

Ordne zu, welche Elemente eures Friedensbaumes (Auftaktseite) dem negativen und positiven Frieden zuzuordnen sind

Massenvernichtungswaffen – bedrohen sie den Weltfrieden?

M 3 Die Verbreitung von Massenvernichtungswaffen

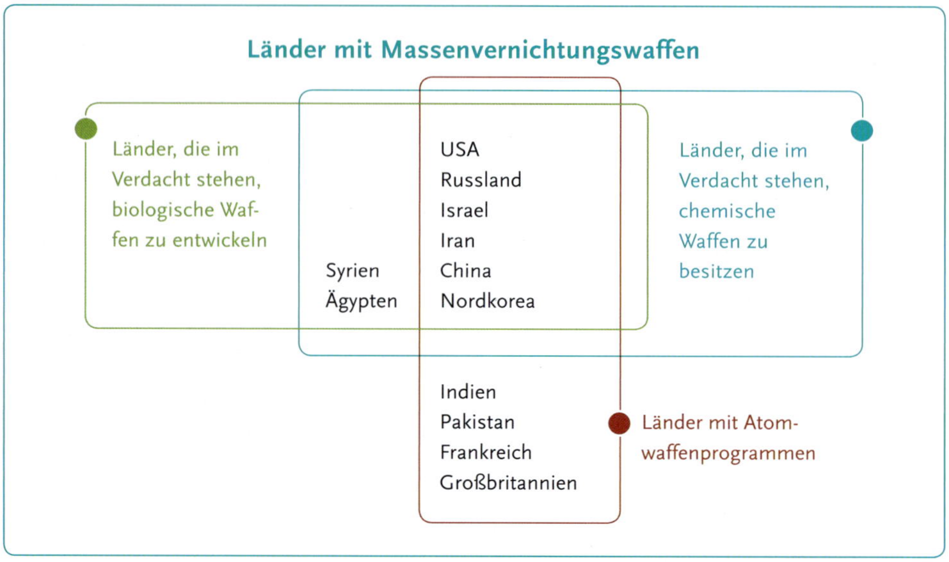

Frieden und Sicherheit, Schülerheft, hrsg. von der Aktionsgemeinschaft Jugend und Bildung, 2009/10, S. 6

Nuklear- und andere Massenvernichtungswaffen (biologische, chemische Waffen) werden (wieder) zu einer zunehmenden Bedrohung für die Weltgemeinschaft, wenn sie in die Hände von Herrschaftssystemen gelangen, die wenig oder keine Skrupel hätten, diese selbst einzusetzen oder radikalen Terroristen in die Hände zu spielen. Diese Gefahr ist besonders bei schwachen Staaten gegeben, die von Zerfall und Bürgerkrieg bedroht sind, wie zum Beispiel Pakistan.

Dass Staaten und nichtstaatliche Akteure in den Besitz von Nuklear- und Trägertechnologien kommen können, ist kein Geheimnis mehr, seit Nordkorea mithilfe des pakistanischen Nuklearwissenschaftlers A. Q. Kahn das Wissen zum Bau einer Atombombe erlangte. Je mehr schwache Staaten über Nukleartechnik oder Nuklearwaffen verfügen, desto schneller wächst die Gefahr der unkontrollierten Weiterverbreitung (Proliferation). Hinzu kommt, dass diese Staaten durch die rasante Entwicklung der Trägerraketen mit immer größeren Reichweiten zu einer globalen Bedrohung werden können.

Zusätzlich besteht die Gefahr, Terroristen könnten sogenannte schmutzige Bomben einsetzen. Dabei handelt es sich um konventionelle Sprengsätze, die mit radioaktiven Substanzen versetzt sind. Die unmittelbaren Folgen einer Explosion wären so schlimm wie die einer herkömmlichen Bombe. Doch könnten die freigesetzten Substanzen ein ganzes Stadtzentrum radiologisch verseuchen. Die psychologische Wirkung wäre verheerend.

M 4 Spät kann zu spät sein – droht ein Krieg gegen Iran?

dpa-Grafik 13255

Im Frühjahr 2013 drohte Israel offen damit, den Iran anzugreifen, um dessen Atomanlagen zu zerstören. Noch immer ist unklar, ob der Iran den Besitz von Atomwaffen anstrebt. „Ob wir den Iran erfolgreich angreifen können?“ Der israelische Ex-General lacht leise: „Da können Sie sicher sein.“ [...] Netanjahu wolle dadurch verhindern, „dass das Schicksal Israels von Amerika abhängt“. Doch auch in Washington drohen Obamas Minister mit Krieg, um das Land zu stoppen, das mutmaßlich auf dem Weg zur Atommacht ist. [...]

Und jetzt noch das angekündigte Öl-Embargo der EU - ein Sanktionsbündel das selbst die Israelis beeindruckt: Je nach Schätzung kaufen die Europäer 20 bis 30 Prozent des iranischen Öls. Darauf sollen die Iraner ab Juli sitzen bleiben. Der Westen glaubt, dass der Iran unter dem Deckmantel seines zivilen Atomprogramms intensiv den Bau von Atombomben vorbereitet. Andy Terrill, Dozent am War College, einer Washingtoner Kaderschmiede für die amerikanische Offizierselite, sagt: „Natürlich ist der Iran ganz generell an ziviler Atomkraft interessiert“. „Das verbirgt aber nicht die Tatsache, dass die Führung dermaßen viel Geld investiert und alles so gut bewachen und verbergen lässt - teils weit unter der Erde - dass man nur von einem Waffenprogramm ausgehen kann.“ [...]

Die andere Möglichkeit: Die Welt findet sich mit der iranischen Bombe ab. Viele Geheimdienstler glauben jetzt schon, dass „der Zug abgefahren ist“. Auch mit der Sowjetunion habe man sich schließlich arrangiert. Den Einsatz der Bombe könnte sich der Iran sowieso nicht leisten - der Gegenschlag wäre tödlich. Doch die Machtverhältnisse im Nahen Osten könnten sich dramatisch verschieben.

Nach: Christian Kreutzer, t-online, 3.2.2012

Netanjahu = Benjamin Netanjahu, israelischer Ministerpräsident von 1990-1998 und seit 2009.

Aufgaben

1. Erläutere, worin die besonderen Bedrohungen von Massenvernichtungsmitteln heute zu sehen sind (M 3).
2. Arbeite die unterschiedlichen Lösungsansätze zum Atomstreit mit dem Iran heraus. Bildet dann Gruppen und stellt allgemein die Vorteile und Risiken der Lösungsansätze gegenüber (M 4).
3. Stelle dar, wie sich der Atomkonflikt mit dem Iran seit 2013 entwickelte (eigene Recherchen).

Gescheiterte Staaten als Sicherheitsrisiko? Der Fall Somalia

M 5 Informationen zu Somalia

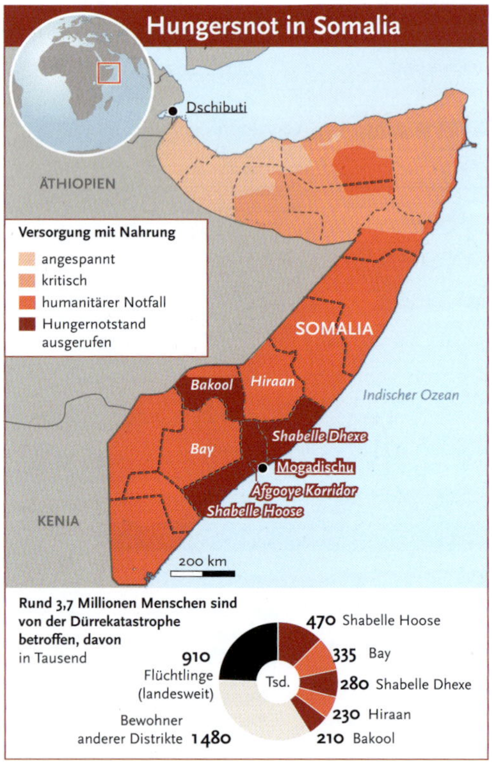

Pro-Kopf-Einkommen
Somalia 2002: $226 (Deutschland: ca. $36.000)
(von den 14 Ländern, deren Bruttoinlandsprodukt pro Kopf 2008 weniger als 1.000 US-Dollar beträgt, liegen 13 in Afrika)

Human Development Index des UNDP
Somalia wird zurzeit nicht bewertet. Die letzte Wertung stammt aus dem Jahr 2001: von 163 gewerteten Ländern lag Somalia auf Platz 161 (Deutschland aktuell Platz 9). Der Index setzt sich zusammen aus: Lebenserwartung, Alphabetisierungsrate, reale Kaufkraft pro Kopf

Verstädterung / Migration
Die meisten Somalier sind Nomaden. In den wenigen fruchtbaren Gegenden leben auch Bauern. Im Jahr 2010 lebten ca. 37 % der Somalier in Städten. 1 Mio. Somalier sind aus ihrem Land geflüchtet.

Bildung
Schätzungsweise 13 % der Jungen und 7 % der Mädchen besuchen eine Schule. Unterricht findet heute in Abwesenheit eines offiziellen Bildungssystems hauptsächlich in Koranschulen und privaten Einrichtungen statt.

Privateigentum
Ohne ein formelles Gewalt- und Rechtssystem kann auch das Eigentumsrecht nicht gewährleistet werden. Der Schutz des privaten Eigentums hängt von der privaten Fähigkeit ab, dieses zu schützen.

dpa-Grafik 15135, Quelle: OCHA, World Food Programme

Die Küste vor Somalia gilt aufgrund der Bedrohung durch Piraten als eines der gefährlichsten Gewässer der Welt. Besonders im Golf von Aden – zwischen dem Jemen und dem Norden Somalias –, der eine zentrale Schifffahrtsroute vor allem für Öllieferungen aus dem Nahen Osten bildet.

M 6 Hungersnot in Ostafrika: Selbst schuld? Von wegen!

Somalia, das ist doch der Piratenstaat, in dem die Regierung nicht einmal die eigene Hauptstadt Mogadischu kontrolliert. Ein Land, in dem islamistische Milizen den Ton angeben. Kein Wunder, dass sie dort hungern. Das ist nicht einmal völlig falsch. Aber es ist zu einfach. Diese Hungersnot ist mit großer Wahrscheinlichkeit nicht die Fortschreibung von etwas Altem, sondern der Beginn von etwas Neuem, der Anfang einer Globalisierung, die nicht durch Warenströme oder Nachrichten vermittelt wird – sondern durch Kohlendioxid in der Erdatmosphäre. Es sind amerikanische Flugzeuge, deutsche Autos und chinesische Kraftwerke, die Dürre und Hunger am Horn von Afrika verursachen oder zumindest dazu beitragen. Dies ist auch unsere Katastrophe. [...] In der Katastrophe am Horn von Afrika (ist) das wiederzuerkennen, was Klimaforscher seit vielen Jahren vorhergesagt und immer häufiger auch beobachtet haben: die Folgen eines zunehmend unregelmäßigen Monsuns, der die Lebensgrundlage der Menschen in trockenen Erdregionen zerstört.

Frank Drieschner, Die Zeit, 14.7.2011

M 7 Somalia – ein gescheiterter Staat

Im Zuge zunehmender Islamisierung der Somali-Region kam es schon im 16. Jahrhundert zu kriegerischen Handlungen gegen den nördlichen, christlichen Nachbarn Äthiopien, die bis heute andauern. Die Folgen dieser Kriege zwischen Somalia und seinen Nachbarländern Äthiopien und Kenia sind ungeklärte Grenzverläufe, die relativ große Zersplitterung der Bevölkerungsgruppe der Somali und der andauernde Kampf um die Vorherrschaft in der Region, welcher im somalischen Bürgerkrieg von 1991 seinen letzten, bis heute nachwirkenden Höhepunkt erfahren hat. Seither ist es keiner Regierung gelungen, ihre Macht zu behaupten. Im Februar 2011 startete die mit internationaler Hilfe in Mogadischu etablierte Übergangsregierung eine Offensive gegen die islamistischen Milizen Al Shabaab und Hizbul Islam. Diese finanzierten sich u.a. über Steuern, die sie in der Hauptstadt von Händlern und Firmen erpressten. Dem Staat fehlte das Geld, seine Sicherheitskräfte zu entlohnen, woraufhin viele zu Hause blieben oder zu den Milizen überliefen. Darum sind Attentate und Gewalt nach wie vor Alltag in Mogadischu.

Gescheiterter Staat
Staat mit zusammengebrochener Staatlichkeit, d. h. staatliches Gewaltmonopol, staatliche Dienstleistungen und politische Ordnung sind nicht mehr oder nur teilweise vorhanden.

M 8 Von Fischen, Fischern und Piraten

„Früher waren wir ehrliche Fischer, aber seit Fremde unsere Meere leer fischen, müssen wir nach anderen Wegen suchen, um zu überleben", sagt Abdullah Hassan, 39 Jahre alt. Er lebt in der sogenannten Welthauptstadt der Piraterie, dem ehemaligen Fischerdorf Eyl mit seinen 18.000 Einwohnern im halbautonomen Gebiet Puntland im früheren Somalia. Mit dem Zusammenbruch der staatlichen Autorität in Somalia wurde die fischreiche Küste vor Somalia interessant für asiatische und europäische Fischtrawler. Da keine staatlichen Behörden die ausländischen Fischerboote davon abhalten konnten, wurden selbst die küstennahen Gebiete illegal und mit besonders brutalen Methoden so überfischt, dass die Lebensgrundlagen der somalischen Fischer faktisch vernichtet wurden. Die ökologischen Folgen der Überfischung sind ebenso katastrophal wie die wirtschaftlichen und sozialen. Die Piraterie hat sich deshalb zu einer alternativen Lebensgrundlage entwickelt, die finanziell einträglich ist und für viele Somalis einen Ausweg aus den ärmlichen Verhältnissen darstellt.

Piraterie
Die Piraterie vor der Küste Somalias am Horn von Afrika bedroht wichtige internationale Schifffahrtsrouten sowie die Lieferung von Nahrungsmittelhilfe für Millionen Somalier. Rund tausend Piraten operieren von der Küste Somalias aus im Indischen Ozean und im Roten Meer. Sie kapern Schiffe und deren Besatzungen und erpressen Lösegeld für die Freigabe.

Aufgaben

1. Bearbeitet die Texte M 5 / M 6, M 7 und M 8 in Gruppen. Stellt jeweils dar, welche Ursachen und welche Folgen das im Text geschilderte Problem für den somalischen Staat und gegebenenfalls andere Staaten hat.
2. Bildet anschließend neue Gruppen, in denen jeweils mindestens ein Mitglied aus den alten Gruppen vertreten ist. Arbeitet nun gemeinsam eine Concept-Map aus, die die Zusammenhänge zwischen den von den einzelnen Gruppenmitgliedern eingebrachten Aspekten aufzeigt. Vergleicht eure Ergebnisse.
3. Wie könnte Somalia geholfen werden? Sammelt gemeinsam Vorschläge und bewertet sie mit Hilfe einer Punktabfrage.

Was wir wissen

Frieden – keine Selbstverständlichkeit

Frieden im engeren Sinne bedeutet die Abwesenheit von Krieg und Gewalt. Im weiteren Sinne ist Frieden ein Zustand, in dem Menschen unter Anerkennung und Wahrung der Menschenrechte frei von Unterdrückung zusammenleben können und Konflikte gewaltfrei gelöst werden. Doch nicht überall leben die Menschen friedlich zusammen.

Terrorismus
M 1

Seit den verheerenden terroristischen Anschlägen in den USA am 11. September 2001 gilt der internationale Terrorismus als eine der größten sicherheitspolitischen Herausforderungen der Gegenwart. Terroristen wollen durch geplante Gewaltanwendung (auch und gerade gegen Zivilisten) Angst und Schrecken erzeugen, um so politische oder religiöse Ziele zu erreichen. Ein Beispiel für ein global agierendes terroristisches Netzwerk ist Al-Qaida. Der islamisch-fundamentalistische Terrorismus kann als Abwehrbewegung gegenüber der Ausbreitung westlicher demokratischer Werte und Lebensweisen verstanden werden.

Wandel des Kriegsbildes
M 2

Klassische Kriege sind eine Form des Konfliktaustrags zwischen Staaten, in denen die Konfliktparteien organisiert und systematisch, unter Einsatz der Armee und umfangreicher militärischer Mittel, Gewalt gegeneinander anwenden. Diese Kriege, die noch Anfang des vergangenen Jahrhunderts unvorstellbares Leid über die Menschheit brachten, sind heute jedoch die Ausnahme. Gewaltsame Konflikte werden heute dagegen häufig als „neue" oder „asymmetrische" Kriege" bezeichnet. Die neuen Kriege tragen die Merkmale von Bürgerkriegen, denn meist kämpfen private Gruppen (Warlords, lokale Stammesfürsten, Guerillabewegungen oder Terrorgruppen) gegen andere Gruppen oder staatliche Einrichtungen.

Massenvernichtungswaffen
M 3, M 4

Eine große Gefahr geht außerdem von der Verbreitung atomarer, biologischer und chemischer Waffen aus. Immer mehr Staaten streben den Besitz von Massenvernichtungswaffen an, um mehr Macht zu erlangen oder potenzielle Gegner abzuschrecken. Dadurch werden Rüstungswettläufe in einigen Regionen in Gang gesetzt und die Gefahr verstärkt, dass instabile Staaten oder Terrorgruppen in den Besitz solcher Waffen gelangen. Es ist dann nicht auszuschließen, dass diese Waffen auch eingesetzt werden.

Gescheiterte Staaten
M 5 – M 8

Gescheiterte Staaten, in denen es keine staatlichen Strukturen mehr gibt, können nicht für ihre innere und äußere Sicherheit sorgen. Sie müssen häufig eine Vielzahl von Problemen bewältigen, die sich gegenseitig verstärken. Ethnische Konflikte, Konflikte um Ressourcen, Umweltzerstörung, Armut und Vertreibung münden häufig in einen Teufelskreis der Gewalt, der zur Destabilisierung einer ganzen Region führen kann.

Bedrohungen des Friedens und der Teufelskreis der Konfliktursachen

Innerstaatliche und zwischenstaatliche Kriege werden aus dem Streben ethnischer oder religiöser Gruppen nach mehr politischer Unabhängigkeit oder sogar Eigenstaatlichkeit geführt. Für ohnehin wirtschaftlich und politisch angeschlagene Staaten besteht die Gefahr des Staatszerfalls.

Die weltweite Verknappung wirtschaftlicher Ressourcen wie Rohöl oder gar der lebensnotwendigen Ressource Wasser birgt für die Zukunft das Risiko zwischenstaatlicher oder innerstaatlicher Ressourcenkonflikte.

Hunger und Elend als Folge von Naturkatastrophen, die nicht zuletzt durch den Klimawandel hervorgerufen werden, haben gewaltsame Verteilungskämpfe zur Folge. Hohes Bevölkerungswachstum und nicht-demokratische staatliche Strukturen verschärfen die Situation in den betroffenen Ländern.

Migrationswellen bringen häufig auch die Nachbarstaaten in wirtschaftliche Schwierigkeiten. Die Instabilitäten eines Landes breiten sich so auf ganze Regionen aus.

Das technische Wissen und die Bestandteile, die benötigt werden, um Massenvernichtungswaffen zu bauen, sind heute auf einem globalen schwarzen Markt insbesondere in schwachen Staaten zu erwerben.

Internationale Bandenkriminalität und politisch oder anderweitig motivierter internationaler Terrorismus können die innere Sicherheit von Staaten erheblich gefährden.

Aufgaben

1. Erstellt eine Skizze, die die Bedrohungen des Friedens und die Vernetzung der Konfliktursachen (Teufelskreis) im 21. Jahrhundert verdeutlicht (Einzelarbeit).
2. Bildet anschließend Gruppen und einigt euch auf einen Aspekt eurer Skizzen. Erstellt dann ein Plakat, das aufzeigt, welche Handlungsmöglichkeiten es gibt, um das dargestellte Problem zu lösen.

8.2 Wie kann der Friede gesichert werden?

Welche Rolle soll die NATO im Syrienkonflikt spielen?

M 1 Schlagzeilen

Syrien-Konflikt: Türkei erwägt NATO-Bündnisfall

Nach tödlichen Zwischenfällen ist die Lage an der syrisch-türkischen Grenze extrem angespannt. Der EU-Abgeordnete Elmar Brok sieht die Gefahr, dass die Türkei militärisch aktiv werden könnte. Der türkische Premierminister Recep Tayyip Erdoğan denkt bereits laut über einen NATO-Bündnisfall nach.

www.euractiv.de, 12.4.2012

Konflikt mit Syrien: NATO verlegt „Patriot"-Raketen in die Türkei

Die NATO unterstützt die Türkei beim Schutz gegen mögliche Angriffe aus Syrien. Die Allianz schickt „Patriot"-Raketen. Das haben die Außenminister des Militärbündnisses jetzt beschlossen.

Der Spiegel, 4.12.2012

NATO erwägt Militäreinsatz – Deutschland bremst

Greift die NATO bald im Syrien-Konflikt ein? Die USA, Großbritannien und die Türkei treiben einen militärischen Einsatz voran. Deutschland hingegen sieht eine Intervention im Bürgerkrieg skeptisch.

Die Welt, 26.12.2012

M 2 Die NATO-Staaten

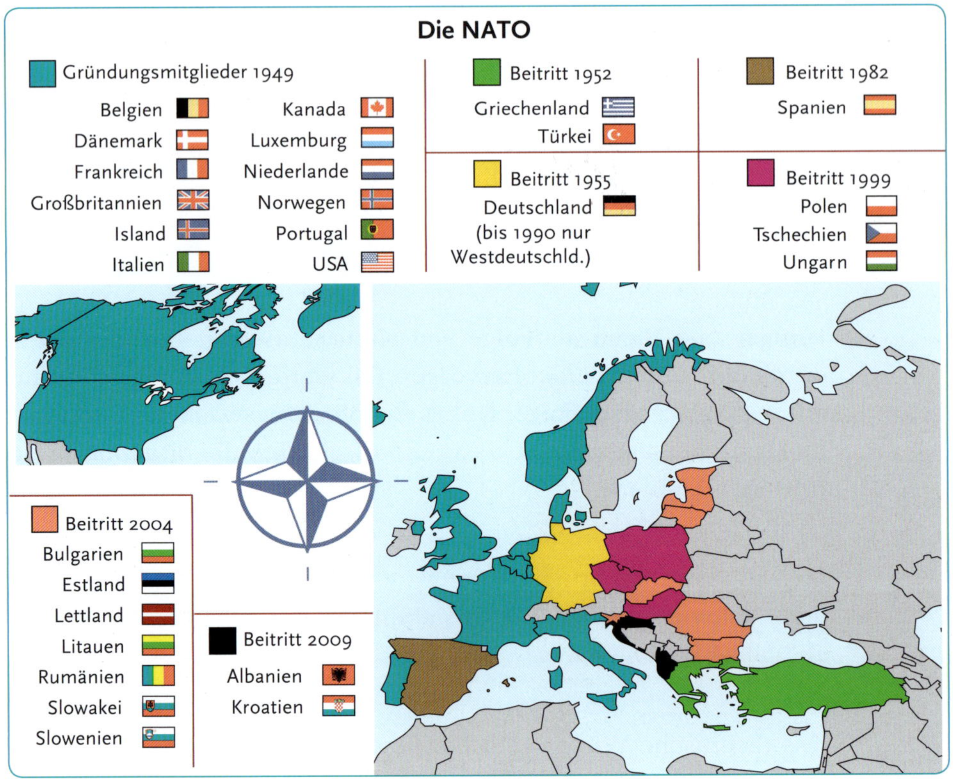

Globus Grafik 2727

M 3 Aus dem NATO-Vertrag

Beistandsklausel: Art. 5

Die Parteien vereinbaren, dass ein bewaffneter Angriff gegen eine oder mehrere von ihnen in Europa oder Nordamerika als ein Angriff gegen sie alle angesehen werden wird; sie vereinbaren daher, dass im Falle eines solchen bewaffneten Angriffs jede von ihnen in Ausübung des in Artikel 51 der Satzung der Vereinten Nationen anerkannten Rechts der individuellen oder kollektiven Selbstverteidigung der Partei oder den Parteien, die angegriffen werden, Beistand leistet, indem jede von ihnen unverzüglich für sich und im Zusammenwirken mit den anderen Parteien die Maßnahmen, einschließlich der Anwendung von Waffengewalt, trifft, die sie für erforderlich erachtet, um die Sicherheit des nordatlantischen Gebiets wiederherzustellen und zu erhalten.

A. Randelzhofer (Hg.), Völkerrechtliche Verträge, Berlin 2007

M 4 Die Türkei, Syrien und der NATO-Bündnisfall

Die NATO-Statuten erlauben die gemeinsame Verteidigung eines Mitglieds des Bündnisses. Nach dem Beschuss des NATO-Landes Türkei mit syrischen Granaten könnte dieser Fall theoretisch eintreten. Jürgen Liminski im Gespräch mit dem Politikwissenschaftler Cornelius Vogt von der Deutschen Gesellschaft für Auswärtige Politik.

Jürgen Liminski: Die Eskalation im Nahen Osten – was muss passieren, damit für die NATO der Bündnisfall eintritt?

Cornelius Vogt: Na ja, man muss hier unterscheiden zwischen Theorie auf der einen Seite und Praxis auf der anderen Seite. In der Theorie genügt gewissermaßen der Blick in die Statuten der NATO und insbesondere in den Washingtoner Vertrag und da im ganz besonderen eben den Artikel fünf, der den Bündnisfall gewissermaßen versucht zu umreißen. Zur Praxis kann man sagen, na ja, es kommt immer auf den Einzelfall an, denn im Washingtoner Vertrag ist ja nur festgehalten, dass die Parteien des Vertrages, also die Mitglieder der NATO, alles tun sollen, um die Sicherheit des nordatlantischen Gebietes wiederherzustellen und zu erhalten, und sie sollen genau das machen, was sie dafür als erforderlich erachten, und genau bei dieser Formulierung stellt sich natürlich ein ganz großes Fragezeichen. Das kann also alles heißen, ich sage mal salopp von der Beileidskarte bis hin zur Entsendung eigener Soldaten zur Verteidigung eines Verbündeten.

Jürgen Liminski: Im Fall Libyen wurde zwar der Bündnisfall nicht erklärt, aber dennoch haben NATO-Partner den Rebellen geholfen und damit den Sturz des Diktators beschleunigt. Braucht man überhaupt den Bündnisfall, oder können einzelne NATO-Partner nicht auch ohne Erklärung eingreifen, eben so wie in Libyen?

Vogt: Das ist richtig, so wie Sie das beschreiben. Prinzipiell sind natürlich gerade die demokratisch verfassten westlichen Länder auch ihren eigenen Bevölkerungen gegenüber in der Pflicht, solche Entscheidungen über Krieg und Frieden zu legitimieren, und da gibt es verschiedene Wege: zunächst einmal die Charta der Vereinten Nationen mit dem Artikel 51 und letztlich dem Recht einer jeden Nation, sich selbst zu verteidigen gegen einen Angriff auf die eigene territoriale Integrität. Das ist eine Möglichkeit, so etwas zu legitimieren, und das wäre hier beispielsweise ja schon infrage gewesen mit diesem Zwischenfall an der türkisch-syrischen Grenze. Eine andere Möglichkeit ist, über eine Resolution des Sicherheitsrates der Vereinten Nationen zu gehen. Das müsste dann eine Resolution sein, in der in irgendeiner Form ein Wortlaut drin sein müsste, der den Einsatz aller notwendigen Mittel, so heißt es dann häufig, erlaubt, um Sicherheit wieder herzustellen. Nach einer solchen Resolution sieht es momentan im Fall Syrien nicht aus. Die Blockadehaltung von Russland und China dazu ist ja hinlänglich bekannt. Auf der anderen Seite gibt es auch, denke ich, innerhalb des westlichen Bündnisses einige Zurückhaltung, was eine Intervention in Syrien angeht.

http://www.dradio.de/dlf/sendungen/interview_dlf/1884256/, 5.4.2013

Erstellt ein Referat zu Entwicklung und Stand des Syrien-Konflikts.

Aufgaben

1. Erläutere, auf welcher rechtlichen Grundlage eine NATO-Intervention in Syrien möglich wäre (M 3, M 4).
2. Diskutiert, ob die NATO in den Syrien-Konflikt eingreifen sollte (M 3, M 4).

Die NATO – ein Verteidigungsbündnis mit Zukunft?

M 5 Rückblick: Entstehung der NATO

Am 19.9.2013 hält der NATO-Generalsekretär Anders Fogh Rasmussen eine Rede zur Zukunft der NATO.

Am 4. April 1949 unterzeichneten in Washington zehn westeuropäische Staaten sowie die USA und Kanada den Nordatlantikvertrag und gründeten damit die NATO (North Atlantic Treaty Organization). Der Kalte Krieg zwischen den von der Sowjetunion dominierten kommunistischen Staaten Osteuropas und dem nichtkommunistischen Westen war bereits voll entbrannt. Sieben weitere Staaten, unter ihnen die Bundesrepublik Deutschland, traten in den Folgejahren dem Bündnis bei.

Zu Zeiten des Kalten Krieges galt die NATO bei den Staaten des Warschauer Pakts, die bereits wenige Jahre nach seinem Ende ihr Interesse an einer Mitgliedschaft bekundeten, als aggressives Bündnis. Ziemlich genau 40 Jahre lang war es die Hauptaufgabe der NATO, einen potenziellen Gegner durch die eigene militärische Stärke abzuschrecken. Etwaige Angriffsabsichten sollten angesichts der Vergeltungsmöglichkeiten der Nordatlantischen Allianz von vornherein entmutigt werden. Als Voraussetzung für einen Erfolg dieser Politik galt, dass die Mitglieder der NATO weitaus höher gerüstet waren, als das etwa heute der Fall ist.

Informationen zur politischen Bildung Nr. 274, Internationale Beziehungen II, Bonn 1/2002, S. 18 ff.

M 6 Die NATO – ein Bündnis im Wandel

Nach dem Ende des Ost-West-Konfliktes und dem Zusammenbruch des Warschauer Paktes sah sich die NATO einem völlig neuen internationalen Umfeld gegenüber, das das Selbstverständnis und die strategische Ausrichtung des Verteidigungsbündnisses grundsätzlich in Frage stellte. Drei Entwicklungen waren für den Wandel und den Fortbestand der NATO prägend:

Mit dem Ende des Kalten Krieges stellte sich die Frage, wie die NATO mit ehemaligen, nun unabhängigen Staaten des Warschauer Paktes umgehen sollte. Diese strebten nun eine Mitgliedschaft in der NATO an, um Sicherheit vor dem aus ihrer Sicht (über)mächtigen Russland zu erhalten. Die NATO vergrößerte ihr Bündnisgebiet nach und nach immer weiter nach Osten und versuchte gleichzeitig, das Verhältnis zu Russland nicht zu stark zu belasten.

Gleichzeitig brach vor den Toren Westeuropas ein Krieg im ehemaligen Jugoslawien (1991 - 1999) aus. Die NATO entschloss sich erstmals zum Eingreifen auch außerhalb ihres eigenen Bündnisgebietes. Von den Vereinten Nationen wurde das Eingreifen legitimiert. So erfolgte der erste Kampfeinsatz in der Geschichte der NATO im August 1995 in Bosnien-Herzegowina.

Schon einige Jahre später stellte sich

eine neue Herausforderung: Wie sollte die NATO den Völkermord im Kosovo verhindern, wenn kein Mandat der Vereinten Nationen – Russland hatte in diesem Fall ein Veto im UN-Sicherheitsrat eingelegt – die NATO zum Eingreifen ermächtigte? Angesichts der sich abzeichnenden humanitären Katastrophe entschloss sich das Bündnis 1999, nunmehr auch ohne Mandat der Vereinten Nationen, Mord und Vertreibungen mit militärischen Mitteln zu verhindern. Spätestens nach dem Eingreifen im Kosovo zeigte sich, dass die NATO neben der Verteidigung des Bündnisgebietes ihre Aufgabe nun darin sah, in ganz Europa für Sicherheit und Stabilität zu sorgen, in Ausnahmefällen auch dann, wenn kein Mandat der Vereinten Nationen den Einsatz legitimierte. Die Anschläge vom 11. September 2001 auf die USA ließen auch diese Strategie als veraltet erscheinen. Zum ersten Mal in der Geschichte der NATO wurde der Bündnisfall festgestellt und die NATO engagiert sich seitdem auch im fernen Afghanistan. Insgesamt hat sich die NATO damit zu einer globalen Sicherheitsorganisation gewandelt, die ihre Ziele folgendermaßen definiert: „Der wesentliche und fortdauernde Zweck der NATO [...] besteht darin, die Freiheit und Sicherheit aller ihrer Mitglieder mit politischen und militärischen Mitteln zu erreichen [...]. Die Verwirklichung dieses Ziels kann durch Krisen und Konflikte, die die Sicherheit des euro-atlantischen Raums berühren, gefährdet werden." (Strategisches Konzept von 1999)

M 7 Bundeswehrbeteiligung an NATO-Missionen

30.06.1995 – 19.06.1996	Ex-Jugoslawien SHARP GUARD (WEU / NATO-Operation)
20.12.1996 – 19.06.1998	Bosnien-Herzegowina JOINT GUARD / SFOR
24.03.1999 – 10.06.1999	Ex-Jugoslawien ALLIED FORCE
13.04.1999 – 10.06.1999	Albanien und Mazedonien ALLIED HARBOUR
10.06.1999 – heute	Kosovo JOINT GUARDIAN/ KFOR
12.06.1999 – 24.08.1999	Adria ALLIED HARVEST
27.09.2001 – 15.12.2002	Mazedonien AMBER FOX
12.10.2001 – 16.05.2002	Nordamerika EAGLE ASSIST (AWACS)
26.10.2001 – heute	Mittelmeer ACTIVE ENDEAVOUR
01.01.2002 – heute	Afghanistan ISAF
16.12.2002 – 31.03.2003 (Übergabe an EU)	Mazedonien ALLIED HARMONY
4.12.2012 – heute	Türkei ACTIVE FENCE

Bundesministerium der Verteidigung (www.bmvg.de)

Stelle Ziele und Verlauf einer ausgewählten NATO-Mission vor.

M 8 Die NATO-Strategie

Die NATO-Staaten haben in der portugiesischen Hauptstadt Lissabon im November 2010 eine neue Bündnisstrategie für das kommende Jahrzehnt beschlossen. Zentrale Punkte der neuen Strategie sind:

Neuartige Bedrohungen:
Die NATO reagiert mit der neuen Strategie auf „neuartige Bedrohungen" wie Angriffe von Terroristen, von Hackern aus dem Internet (sogenannte Cyber-Attacken) oder Mittelstreckenraketen.

Kollektive Verteidigung:
Grundprinzip bleibt die „kollektive Verteidigung" nach Artikel 5 des Nordatlantik-Vertrags von 1949. Ein bewaffneter Angriff auf einen oder mehrere Mitgliedstaaten ist danach ein Angriff auf alle. Diesen Bündnisfall hat die NATO nur einmal nach den Terrorangriffen auf die USA vom 11. September 2001 ausgerufen.

Ziel der atomaren Abrüstung:
Auf deutsches Drängen verankerte die NATO erstmals das Ziel der atomaren Abrüstung in ihrer Strategie. Dazu heißt es: „Wir sind entschlossen, eine sicherere Welt für alle anzustreben und die Bedingungen für eine Welt ohne Atomwaffen zu schaffen."

Festhalten am Prinzip der Abschreckung:
Atommächte wie Frankreich und die USA setzten durch, dass das Prinzip der Abschreckung ein zentrales Element der Strategie bleibt: „Solange Atomwaffen existieren, wird die NATO eine nukleare Allianz bleiben", heißt es in dem Text.

Neue Raketenabwehr:
Ein neuer NATO-Raketenschirm soll weite Teile Europas schützen. Dazu heißt es: „Wir entwickeln unsere Fähigkeit, unsere Bevölkerung und unser Territorium gegen einen Angriff mit ballistischen Raketen zu schützen." Der Iran wird auf Druck der Türkei nicht ausdrücklich als Bedrohung genannt.

Annäherung an Russland:
Die Allianz betont, die NATO stelle „keinerlei Bedrohung für Russland dar". Dies hatte Moskau angesichts der Osterweiterung des Bündnisses so empfunden. Kooperieren will das Bündnis beim Raketenschirm: „Wir suchen aktiv eine Zusammenarbeit mit Russland und anderen euro-atlantischen Partnern im Bereich der Raketenabwehr", heißt es in dem Text.

Krisenbewältigung:
Bei internationalen Krisen will die Allianz auch künftig eine Rolle spielen, allerdings will sie die Lehren aus dem blutigen Einsatz in Afghanistan ziehen. „Die NATO wird sich engagieren, wenn es möglich und nötig ist, um eine Krise zu verhindern oder zu bewältigen", heißt es in dem Text, ohne den bisher größten NATO-Einsatz ausdrücklich zu nennen.

AFP, www.n-tv.de/politik/dossier/Die-neue-Nato-Strategie-article1972961.html (30.10.2010)

M 9 Kommentar: Ein Großbündnis dämmert dahin

Nach vier Kriegen in zwei Jahrzehnten seit dem Untergang der Sowjetunion weiß die Nato weniger denn je, was sie ist und was sie sein will. Weder die Einsätze gegen die serbischen Aggressoren in Bosnien und im Kosovo noch die Befreiung Libyens und schon gar nicht der mehr als zehnjährige Krieg in Afghanistan haben die Allianz zusammengeschweißt und ihr einen neuen Sinn gegeben. Ohne ihren Gründungsfeind Russland ist die Nato weiterhin ein zerbröselndes Bündnis. [...]

Gemeinsam ist den Alliierten offensichtlich nur noch die Neigung, ihre Probleme zu verdrängen. Eine ehrliche Debatte über den Zustand des Bündnisses könnte nämlich der Anfang von dessen Ende sein. Denn das Problem der Allianz ist ihre tiefwurzelnde Uneinigkeit. Es fehlt den Partnern ein gemeinsames Verständnis davon, was Sicherheit in der veränderten Welt heißt, was Bedrohungen sind, und wie man auf sie reagiert.

Über den Kampf gegen den Terrorismus, über das Eingreifen in Bürgerkriege bis hin zu den am Horizont aufscheinenden Konflikten um die knapper werdenden Rohstoffe gibt es in der NATO so viel verschiedene Meinungen wie Mitglieder. Die geopolitischen Interessen zumindest der großen Bündnisländer decken sich nicht immer. So ist die Allianz zu einer multinationalen Organisation mit militärischen Fähigkeiten verkommen, die man sich weiter hält, weil man sie hat. Ein Bündnis ist das nicht.

Alle Versuche, der NATO eine neue Identität zu geben, sind bisher gescheitert. Das strategische Konzept ist ein Meisterwerk in der Verschleierung der Gegensätze. Und seit der Erweiterung nach Osten zieht sich ein zusätzlicher Riss durch die NATO: Ihre östlichen Mitglieder sehen in Russland immer noch die größte Gefahr, während die westlichen Staaten Moskau zu einem engen Partner machen wollen.

Das alles passt nicht zusammen und es lässt sich auch mit noch so schönen Worten nicht passend machen. [...]

Will die NATO noch etwas bewegen, dann wird sie Klarheit über ihren Zustand schaffen müssen. Am Ende könnte zwar die Erkenntnis stehen, dass die Allianz keine mehr ist. Aber dieses Risiko ist erträglicher als die Aussicht auf weitere Jahre im politischen Koma.

Martin Winter, Süddeutsche Zeitung, 22.5.2012

Burkhard Mohr, Baaske Cartoons, Müllheim (Text geändert)

Aufgaben

1. Beschreibe, wie sich die NATO im Laufe ihrer Geschichte verändert hat und gib jeweils die Gründe dafür an (M 5 – M 8).
2. Erkläre, warum die NATO in der Kritik steht (M 9).
3. Sollte man die NATO abschaffen? Diskutiert diese Forderung von NATO-Kritikern.

Die Vereinten Nationen – Garant für den Weltfrieden?

M 10 Was sind die Vereinten Nationen?

Das UN-Hauptquartier in New York.

Nach dem Zweiten Weltkrieg wurde 1945 die „United Nations Organization" (auf Deutsch „Vereinte Nationen", abgekürzt UNO oder VN) mit Sitz in New York gegründet. Man wollte verhindern, dass sich solche Weltkriege wiederholen. Heute sind fast alle Staaten der Erde in der UNO. Wenn es Probleme zwischen Staaten gibt, versucht die UNO zu vermitteln und damit einen Krieg zu verhindern. Die Ziele der UNO sind: die Erhaltung des Weltfriedens und die internationale Sicherheit, die freundschaftliche Zusammenarbeit der Mitglieder sowie der Schutz der Menschenrechte.

Der Sicherheitsrat trägt die Hauptverantwortung, wenn es darum geht, dass Streitigkeiten zwischen Ländern beigelegt werden sollen. Im Sicherheitsrat sind immer die USA, Russland, China, Frankreich und England vertreten.

Sie sind ständige Mitglieder. Andere Länder gehören nur zeitweise zum Sicherheitsrat. Die ständigen Mitglieder des Sicherheitsrates können ein Veto gegen Resolutionen einlegen, die von der Mehrheit der Mitgliedstaaten gefasst wurden. Damit wird dann dieser Beschluss aufgehoben.

aus: Gerd Schneider/Christine Toyka-Seid, Politik-Lexikon für Kinder, Bonn 2006, S. 281

M 11 Der Sicherheitsrat der Vereinten Nationen

UN-Charta
Die Charta der Vereinten Nationen aus dem Jahr 1945 verbietet Gewalt (Kapitel I, Artikel 2). Es gelten nur zwei Ausnahmen: das Recht zur Selbstverteidigung im Fall eines bewaffneten Angriffs und der Einsatz von Waffengewalt, der vom UN-Sicherheitsrat durch eine sogenannte Resolution legitimiert wird. Eine UN-Resolution kommt jedoch nur zu Stande, wenn die fünf ständigen Mitglieder des UN-Sicherheitsrats (USA, Russland, China, Großbritannien und Frankreich) zustimmen.

Bergmoser + Höller Verlag AG, Zahlenbilder 615124

M 12 Mögliche Maßnahmen der UNO zur Friedenssicherung

→ **Friedensschaffende Maßnahmen**
Diplomatische Maßnahmen zur friedlichen Lösung eines Konflikts. Neben der Bereitstellung guter Dienste, Vermittlung und Schlichtung können sie auch diplomatische Isolationsmaßnahmen und Sanktionen umfassen.

→ **Friedenserzwingende Maßnahmen**
Maßnahmen zur Wiederherstellung des Friedens in Konfliktgebieten unter Einsatz militärischer Mittel. Die Zustimmung der Konfliktparteien ist nicht erforderlich.

→ **Friedenserhaltende Maßnahmen**
Aktivitäten zur Eindämmung, Entschärfung und/oder Beendigung von Feindseligkeiten zwischen Staaten oder in Staaten durch Intervention einer neutralen dritten Partei unter internationaler Organisation und Leitung. Militärische Streitkräfte und zivile Organisationen können die politische Streitbeilegung ergänzen und für die Wiederherstellung und Wahrung des Friedens sorgen. Friedenserhaltende Maßnahmen beinhalten die Stationierung einer Friedenstruppe im Krisengebiet. Die Zustimmung der Konfliktparteien ist erforderlich.

→ **Friedenskonsolidierende Maßnahmen**
Maßnahmen zur Bestimmung und Förderung von Strukturen, die geeignet sind, den Frieden zu festigen und zu konsolidieren, um das Wiederaufleben eines Konflikts zu verhindern. Diese können sowohl militärisches als auch ziviles Eingreifen erfordern.

Eine klare Grenzziehung zwischen den einzelnen „Typen" von Maßnahmen ist häufig schwierig. Friedenserhaltung setzt in vielen Fällen zunächst einmal die Schaffung von Frieden voraus, zugleich können vorausgehende oder begleitende „friedenserzwingende Maßnahmen" unerlässlich sein.

Arbeitsgemeinschaft Jugend und Bildung e.V. (Hg.), Frieden und Sicherheit, Wiesbaden 2003, S. 24

M 13 Die Blauhelmsoldaten – Markenzeichen der UNO

Die bekannten „Blauhelmsoldaten" der VN übernehmen in der Regel Aufgaben der Friedenserhaltung (Peace-Keeping). Dies bedeutet im Gegensatz zur Friedenserzwingung, dass die Soldaten den nach Beendigung eines Konflikts in einer Krisenregion oft brüchigen Frieden sichern sollen. Für das klassische Peace-Keeping gelten folgende Leitsätze:

- Die Entsendung erfolgt nur im Konsens mit den Konfliktparteien. Die Konfliktparteien müssen den Konflikt beenden wollen und sich einig über die Rolle der Blauhelmsoldaten sein (z. B. Sicherung der Grenze, Bildung einer Pufferzone zwischen den Konfliktparteien, Polizeiaufgaben, Beobachtung von Wahlen).
- Die Verantwortung für den Einsatz liegt bei den Vereinten Nationen, genauer beim VN-Generalsekretär, der die politische und operative Verantwortung trägt.
- Für die Blauhelmsoldaten gilt, dass sie strikt unparteiisch sein müssen, weshalb sich Länder, die in der Region eigene Interessen verfolgen, an den Missionen nicht beteiligen sollten.
- Die Blauhelmsoldaten dürfen nur leichte Waffen zur Selbstverteidigung tragen, um keiner Partei einen Vorwand zu bieten, die Soldaten in die Kampfhandlungen miteinzubeziehen.

Neben diesen reinen VN-Missionen gibt es noch viele Missionen, die zwar

⊕ Erkläre den Unterschied zwischen einem Bündnis (NATO) und einem System kollektiver Sicherheit (UNO).

Erklärfilm „Vereinte Nationen"

Mediencode: 71000-15

von den VN legitimiert sind (also ein VN-Mandat haben), aber von einzelnen Staaten (z. B. den USA), Bündnissen oder regionalen Organisationen wie der NATO oder der EU durchgeführt werden.

M 14 Blauhelme – im Einsatz weltweit

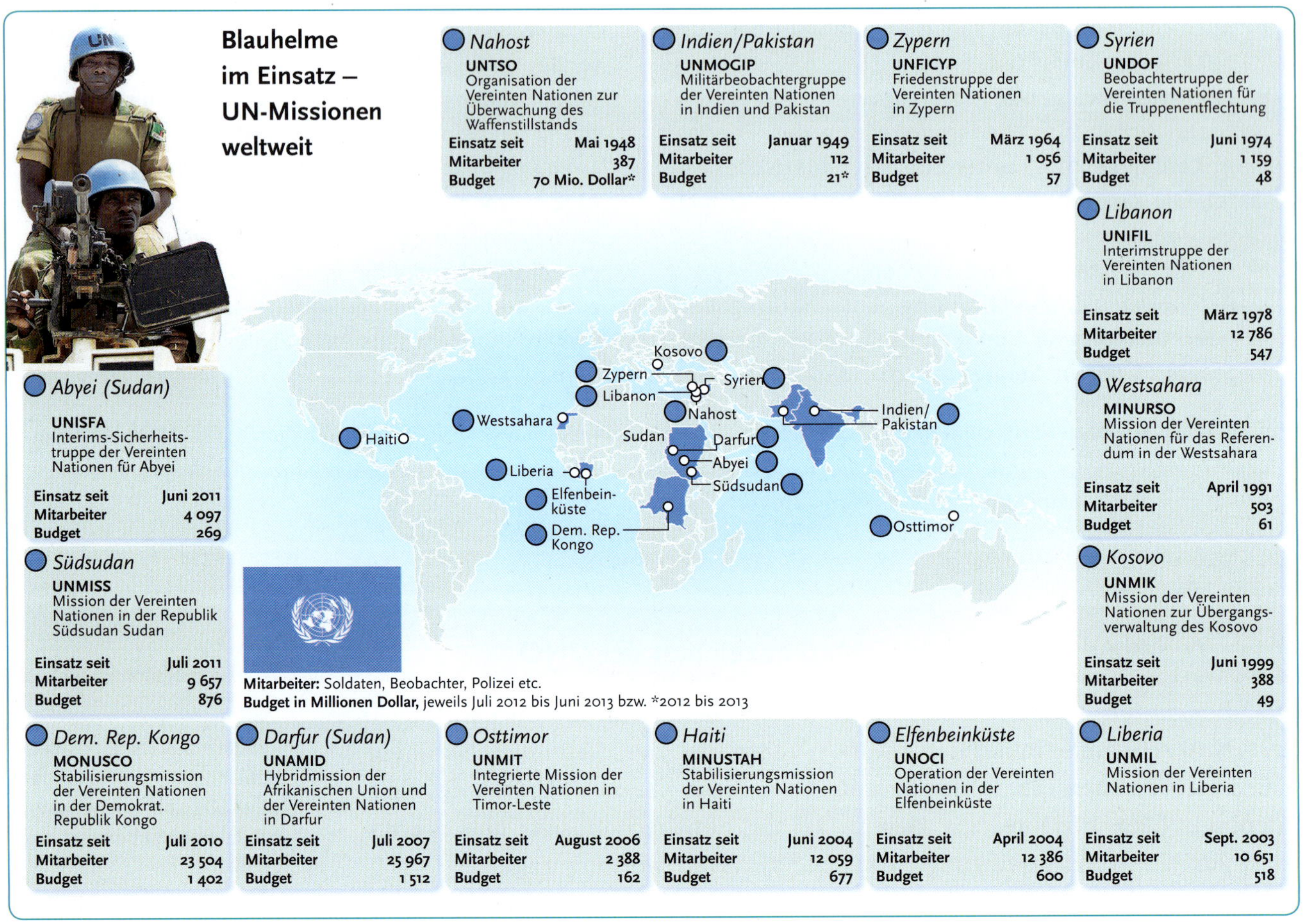

Globus-Grafik 5387; Quelle: UN; Stand: Oktober 2012

M 15 Seltenes Votum: Sicherheitsrat verurteilt Gewalt in Syrien

Der UNO-Sicherheitsrat hat seltene Einigkeit im Syrien-Konflikt gezeigt. Er forderte sowohl Rebellen als auch die Assad-Regierung auf, die Gewalt unverzüglich einzustellen. Unterdessen wächst der Druck auf das wichtigste UNO-Gremium, Hilfslieferungen auf syrisches Gebiet zu erlauben. Der Krieg in Syrien hat im UNO-Sicherheitsrat immer wieder für heftige Debatten gesorgt, an deren Ende selten ein Ergebnis stand. Nun hat das mächtigste UNO-Gremium sich auf eine scharfe Verurteilung der Gewalt im Bürgerkriegsland geeinigt. Es forderte […] ein sofortiges Ende der Gewalt in Syrien. In einer Erklärung verurteilte das Gremium Menschenrechtsverletzungen sowohl durch die syrische Regierung als auch durch

Stelle Auftrag und Arbeit einer aktuellen UN-Blauhelm-Mission vor.

die Rebellen. „Die eskalierende Gewalt ist vollkommen inakzeptabel und muss sofort gestoppt werden", hieß es in der Erklärung. Bislang hat sich der Sicherheitsrat nicht auf eine einheitliche Position in dem Konflikt verständigen können. Russland und China verhinderten mit ihrem Veto eine Verurteilung oder Maßregelung der Regierung von Präsident Baschar al-Assad. Bislang gab es Verurteilungen von wenigen konkreten Vorfällen, wie dem Massaker in Hula im Mai 2012 und oder den Beschuss von türkischem Staatsgebiet im vergangenen Herbst.

fab/AP/Reuters, Spiegel Online, 19.4.2013

M 16 Probleme der Friedenssicherung durch die Vereinten Nationen

Die ursprüngliche und durchaus erfolgreiche Ausrichtung der VN auf die Verhinderung zwischenstaatlicher Kriege hat sich mit dem Wandel des Kriegsbildes in Richtung innerstaatlicher Auseinandersetzungen radikal verändert. Gemäß Kapitel VII der Charta stünde den VN ein hinreichendes Instrumentarium an Maßnahmen bei Bedrohung oder Bruch des Friedens zur Verfügung, in der Praxis wurde aber von diesen Bestimmungen bisher kaum Gebrauch gemacht. Da den Vereinten Nationen keine eigenen Truppen zur Verfügung stehen, dürfte eine zu beobachtende Praxis die Relevanz der VN im Bereich der Friedenssicherung nachhaltig bestimmen: die Tendenz, dass sich insbesondere die leistungsfähigen Industriestaaten verstärkt Friedensmissionen mandatieren lassen (oder auch nicht), um sie dann in eigener Vernatwortung durchzuführen. Dies führt zu einer Konzentration ihrer Kräfte auf Länder und Regionen, die für die betroffenen Staaten von unmittelbarem Interesse oder von Bedeutung sind. Den VN droht dabei nur noch eine Restkompetenz für vergessene Konflikte zuzufallen, für die sie dann – wie z. B. in Afrika zu beobachten – von den Industriestaaten zudem nur zögerlich unterstützt werden.

Johannes Varwick, Aus Politik und Zeitgeschichte, B 43/2004

Thesen zur Rolle der UNO

Die Vereinten Nationen können auf viele erfolgreiche Blauhelm-Einsätze zurückblicken.

Wenn es den Weltsicherheitsrat nicht gäbe, müsste man ihn erfinden. Nur so kommen doch alle an einen Tisch.

Streng militärische Aufgaben überfordern die Vereinten Nationen.

Die Stärke der Vereinten Nationen ist der zivile Aufbau.

Der Sicherheitsrat kann keine Kriege verhindern.

Der Sicherheitsrat kann Waffenstillstand erzwingen und Verhandlungen in Gang setzen.

Der Weltsicherheitsrat blockiert sich doch oft durch das Vetorecht, das jedem der fünf ständigen Mitglieder zusteht.

Aufgaben

1. Beschreibe Aufbau und Ziele der Vereinten Nationen (M 10, M 11).
2. Erläutere, unter welchen Bedingungen die Blauhelmsoldaten der UNO eingesetzt werden können (M 12 – M 14).
3. Arbeitet in Gruppen. Einigt euch auf eine der in der Randspalte gestellten Thesen und schreibt auf, warum ihr sie für zutreffend / nicht zutreffend haltet. Diskutiert anschließend Stärken und Schwächen der UNO (M 11 – M 16).

Die Bundeswehr – weltweit im Einsatz für die Sicherheit Deutschlands?

M 17 Momentaufnahme aus Afghanistan

M 18 ISAF – Stabilisierung und Wiederaufbau in Afghanistan

Operation Enduring Freedom
Die Operation Enduring Freedom („dauerhafte Freiheit") ist die erste und bisher einzige militärische Großoperation der USA als Reaktion auf die Anschläge vom 11. September 2001. Sie begann am 7.10.2001 mit dem Krieg gegen die Taliban in Afghanistan. Viele Streitkräfte von Verbündeten der USA nehmen mit verschiedenen Aufgaben an der Operation teil. Die erste Kriegsphase endete mit dem Fall der Hauptstadt Kabul und der Provinzhauptstädte Kandahar und Kunduz Ende 2001.

Erst Ende 2001 konnten die Kräfte der sogenannten „Nordallianz", unterstützt von den Vereinigten Staaten von Amerika und Großbritannien im Rahmen der Operation Enduring Freedom, das Taliban-Regime in Kabul stürzen. Die größten ethnischen Gruppen in Afghanistan einigten sich im Dezember 2001 während einer Konferenz auf dem Petersberg bei Bonn auf eine Übergangsregelung bis zum Aufbau dauerhafter stabiler Regierungsinstitutionen in Afghanistan. Das Petersberger Abkommen wurde Grundlage für die Resolution 1623 des Sicherheitsrats der Vereinten Nationen, der noch im Dezember 2001 die Aufstellung der International Security Assistance Force (ISAF) beschloss. Diese Mission steht unter Führung der NATO und auch die Bundeswehr beteiligt sich seit 2002 an diesem Einsatz. Ziel der ISAF ist die Unterstützung der afghanischen Regierung sowie die Herstellung und Wahrung der inneren Sicherheit in Afghanistan. Außerdem soll der Wiederaufbau des Landes und funktionierender demokratischer Regierungs- und Verwaltungsstrukturen (z.B. Polizei, Gerichte) begleitet werden. Die Resolution des Sicherheitsrates erlaubt dabei „friedenserzwingende Maßnahmen", also Maßnahmen zur Wiederherstellung des Friedens in Konfliktgebieten unter Anwendung militärischer Mittel. Ca. 90.000 Soldaten aus zahlreichen Ländern beteiligen sich an der Mission. Nach anfänglichen Erfolgen beim Wiederaufbau und der Befriedung zumindest von Teilen des Landes hat sich die Sicherheitslage in Afghanistan bis zum Jahr 2010 wieder deutlich verschlechtert, sodass immer mehr Beobachter von einem Krieg in Afghanistan sprechen, an dem auch deutsche Soldaten beteiligt sind.

M 19 Aus dem Alltag der Bundeswehr in Afghanistan

Seit 2002 sind mehr als 50 Bundeswehrsoldaten im Einsatz in Afghanistan ums Leben gekommen. Das Wiedererstarken der Taliban auch im Norden des Landes verhindert den weiteren Wiederaufbau des Landes. Ein Soldat berichtet von seinem Einsatz:

Als ich im März nach Kunduz kam, habe ich mir geschworen, alle meine Männer wieder nach Hause zu bringen. Das Versprechen konnte ich nicht halten. Am Karfreitag gerieten wir in Isa Khel, das ist ein kleines Dorf in der Taliban-Hochburg Chahar Darreh, in einen Hinterhalt. Es ging alles sehr schnell. Innerhalb von Sekunden wurden wir von mehreren Seiten angegriffen, drei meiner Kameraden fielen, es war der schwerste Tag meines Lebens. [...] Der Gegner nutzt unsere Schwäche, dass wir gut sichtbar sind, gnadenlos aus. Am Anfang wollten wir noch etwas erreichen, dem Gegner vielleicht ein Stück des Raumes wegnehmen. Doch nach dem Tod meiner Männer fragen wir uns manchmal, ob es das noch wert ist. Warum unser Leben riskieren, wenn die Taliban doch gleich wiederkommen, sobald wir weg sind? Wir kämpfen um unser Leben und um unseren Auftrag, wenn es den überhaupt noch gibt. Am Ende kämpfen wir hier in Kunduz vor allem ums eigene Überleben. Dafür, dass nicht weitere meiner Männer sterben, dass ich wenigstens den Rest meiner Truppe nach Hause bringen kann. Wir haben gelernt zu töten und tun dies auch. Wer auf uns schießt, den erschießen wir. Doch so einfach ist es oft nicht. Jeder von uns kennt den Auftrag, wir sollen die Zivilbevölkerung so gut wie es geht schützen, schließlich kämpfen wir ja für sie. Doch wie macht man das, wenn man beschossen wird? Wie soll ich meinen Männern erklären, dass sie mit dem Schießen warten sollen, bis wir in Lebensgefahr sind?

Fallschirmjägerbataillon 373, Der Spiegel, 19.4.2010

M 20 Erfolge der Entwicklungs- und Aufbauarbeit in Afghanistan

Entwicklungspolitisch sind in Afghanistan aus Sicht der Bundesregierung große Erfolge erzielt worden. Einige Beispiele:

Bildung:
Fast sieben Millionen Mädchen und Jungen wurden eingeschult. Mehr als 100.000 Lehrer wurden eingestellt – viele befinden sich noch in der Ausbildung. 200.000 Schüler lernen in neu gebauten Schulen. Die Provinzen Nordafghanistans – dem Schwerpunktgebiet der deutschen Entwicklungszusammenarbeit – weisen die höchsten Einschulungsraten im Land auf.

Gesundheit:
Die Kindersterblichkeit ist deutlich gesunken. Jedes Jahr überleben zusätzlich 100.000 Kinder mehr.

Trinkwasserversorgung:
900.000 Menschen wurde – zum Teil

Die Bundeswehr in Afghanistan

Bundeswehr-Kontingent
Zahl der Soldaten

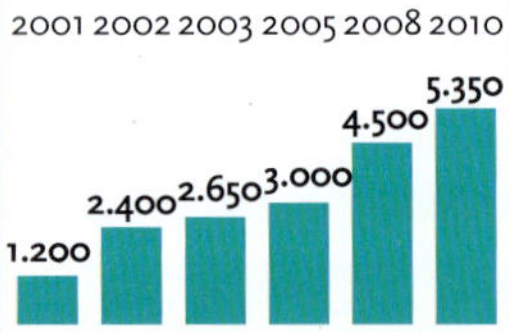

Chronologie

22.12.2001 Zustimmung des Bundestags zum ISAF-Einsatz

20.12.2002 Verdoppelung des Kontingents und Einsatzverlängerung

27.08.2003 Aufstockung um 250 zusätzliche Soldaten

28.09.2005 Einsatzausweitung auch auf andere Gebiete neben Kabul und dem Norden

16.10.2008 Weitere Truppenaufstockung und Einsatzverlängerung

04.09.2009 Bundeswehr ordnet Luftangriff auf Tanklastzüge an

12.10.2009 Trauerfeier für den 36. getöteten deutschen Soldaten

09.02.2010 Bundeskabinett beschließt Kontingenterweiterung um 850 Soldaten auf 5.350

26.01.2012 Der Bundestag beschließt, die Truppenstärke der Bundeswehr schrittweise zu reduzieren. Ein endgültiger Abzug aus Afghanistan ist bis 2014 vorgesehen.

dpa-Grafik: 12113

zum ersten Mal überhaupt – Zugang zu Strom und sicherem Trinkwasser ermöglicht.

Wirtschaft:
Afghanistan beeindruckt durch zweistellige Raten wirtschaftlichen Wachstums; der grenzüberschreitende Handel nimmt kontinuierlich zu. 60.000 Mikrokredite wurden mit Förderung durch die deutsche Entwicklungszusammenarbeit an kleine und mittlere Unternehmen vergeben.

Verkehrsinfrastruktur:
Insbesondere im ländlichen Raum haben 1,3 Millionen Menschen durch den Bau von Infrastruktur Einkommens- und Beschäftigungsmöglichkeiten gefunden.
Einer aktuellen Umfrage zufolge glauben 70 Prozent der Afghanen, dass sich ihr Land in die richtige Richtung bewegt.

http://www.bmz.de/de/presse/pm/2010/januar/pm_20100128_15.html (10.10.2010)

M 21 Der Auftrag der Bundeswehr

Wie die Bundeswehr eingesetzt werden darf, ist im Grundgesetz der Bundesrepublik Deutschland festgehalten. Es besagt, dass die Bundeswehr in erster Linie zur Verteidigung des Landes eingesetzt werden soll, sich aber auch an bewaffneten Auslandseinsätzen beteiligen darf. Als Voraussetzung für den Einsatz im Ausland gilt ein Beschluss eines „Systems gegenseitiger Sicherheit" (UNO) oder eines Verteidigungsbündnisses (NATO, EU) und die Zustimmung des Bundestags. Im Innern darf die Bundeswehr nur zur Amtshilfe bei Naturkatastrophen eingesetzt werden oder wenn der Bestand der Bundesrepublik Deutschland z. B. durch Aufständische gefährdet wird und die Polizei die Lage nicht mehr kontrollieren kann.

Das Bundesverteidigungsministerium hat die allgemeinen Aufgaben der Bundeswehr so beschrieben:

- die außenpolitische Handlungsfähigkeit zu sichern,
- einen Beitrag zur Stabilität im europäischen und globalen Rahmen zu leisten,
- die nationale Sicherheit und Verteidigung zu gewährleisten,
- zur Verteidigung der Verbündeten beizutragen und
- die multinationale Zusammenarbeit und Integration zu fördern.

Als konkrete Aufgaben bedeutet dies für die Bundeswehr:

- Internationale Konfliktverhütung und Krisenbewältigung, einschließlich des Kampfes gegen den internationalen Terrorismus,
- Unterstützung von Bündnispartnern,
- Schutz Deutschlands und seiner Bürgerinnen und Bürger,
- Rettung und Evakuierung,
- Partnerschaft und Kooperation,
- Hilfeleistungen (Amtshilfe, Naturkatastrophen, besonders schwere Unglücksfälle).

M 22 Kontrovers diskutiert: Soll die Bundeswehr in Afghanistan bleiben?

Nach vielen Jahren Krieg in Afghanistan werden die Zweifel am Erfolg größer.

Pro: Dem Land beim Wiederaufbau helfen

Und es ist ja auch richtig – nach acht Jahren fällt die Bilanz äußerst mager aus: Korruption durchzieht das Land wie eh und je. Die radikalen Islamisten bedrohen Afghanen wie Alliierte, kriminelle Machenschaften ziehen sich bis hinauf in die oberen Regierungsämter. Und die Demokratie funktioniert, zumindest nach westlichem Verständnis, mehr schlecht als recht. Doch rechtfertigen diese Umstände einen schnellen Rückzug vom Hindukusch? – frei nach dem Motto: Wir haben es probiert, aber es hat nicht funktioniert. Die Antwort muss Nein lauten, denn Aufgeben wäre feige und verantwortungslos. Die Alliierten haben ihren Einmarsch 2001 auf zwei Versprechen gegründet. Eines war an sich selbst gerichtet: das Taliban-Regime zu verjagen und damit dem Terror, der mit deren Hilfe möglich wurde, den Boden zu entziehen. Das andere ging an die internationale Gemeinschaft, vor allem aber an Afghanistan: dem Land beim Wiederaufbau zu helfen, um ihm eine Perspektive jenseits von Armut und Gotteskriegern zu ermöglichen.

Nils Kruse, Stern, 22.9.2009

Kontra: Mehr als genug tote Soldaten

Trotz ihres ehrlichen Engagements ist es der Bundeswehr weder gelungen, die Brutstätten des Terrors zu vernichten, noch schafften es die Soldaten, das Land mit Waffengewalt zu befrieden. Im Gegenteil: Experten schätzen die Zahl der Terror-Camps allein im afghanisch-pakistanischen Grenzgebiet auf bis zu 1500. Dutzende Provinzen sind für ausländische Truppen zu „no go-areas" geworden, in denen die Taliban völlig ungeniert und ungehindert herrschen. Und mehr als 60 Prozent der Afghanen lehnten den Einsatz der ausländischen Truppen in ihrem Land ab. Die Ablehnung hat sich in den vergangenen zwei Jahren sogar noch verstärkt. Warum also sollten deutsche Soldaten in Afghanistan bleiben? Um wirtschaftliche Strukturen zu fördern, von denen bislang hauptsächlich die radikal-islamistischen Warlords oder irgendwelche kriminellen Provinzfürsten profitieren? Um die politische Macht eines eitlen und korrupten Präsidenten zu erhalten, der frei ist von jeglicher demokratischer Zukunftsvision und eigener Handlungsfähigkeit? Oder um sich für die sinnlose „Wir ziehen das jetzt durch"-Strategie mancher Bundespolitiker von den Taliban bei immer neuen Anschlägen abknallen zu lassen? 35 tote Soldaten, die der Afghanistan-Einsatz bislang forderte, sollten mehr als genug sein.

Manuela Pfohl, Stern, 22.9.2009

⊕ Untersuche mit Hilfe der Methode auf der folgenden Seite einen internationalen Konflikt (Beispiel Afghanistan, Syrien, ...) und beschreibe Ursachen, Akteure, Verlauf und Lösung des Konflikts.

Aufgaben

1. Eine afghanische Schulklasse befragt dich, warum die Bundeswehr in ihrem Land ist. Entwirf einen Kurzvortrag, in dem du diese Frage beantwortest (M 18 – M 21).
2. Führt eine Diskussion (Podiumsdiskussion, amerikanische Debatte) zur Frage, ob die Bundeswehr in Afghanistan bleiben oder abziehen sollte (M 22).

Methode

M 23 Analyse eines internationalen Konflikts

Wie analysiert man einen internationalen Konflikt?

In jedem Konflikt lassen sich drei Aspekte ausmachen:
- ein Widerspruch, d. h. eine Unvereinbarkeit von Zielen, Interessen bzw. Bedürfnissen,
- ein den Konflikt anzeigendes und allzu oft verschärfendes Verhalten (z. B. Konkurrenz, Aggressivität, Hass, Gewalt) der Konfliktparteien sowie
- eine auf den Konflikt bezogene und diesen – bewusst oder unbewusst – rechtfertigende Einstellung/Haltung. Diese ist eng verbunden mit den Wahrnehmungen und Annahmen der Konfliktparteien in Bezug auf ihre eigene Stellung im Konflikt und die Bewertung der anderen Parteien (z. B. Feindbilder).

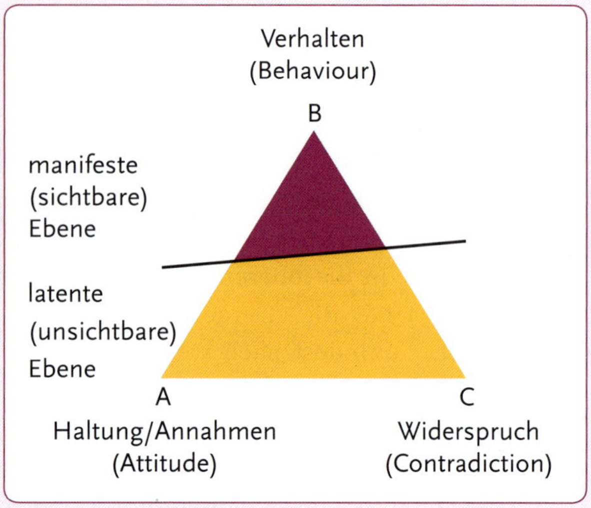

Konfliktdreieck nach Johan Galtung

Die drei Komponenten können im sogenannten Konfliktdreieck anschaulich dargestellt werden. Dieses weit verbreitete Werkzeug der Konfliktanalyse wurde von Johan Galtung entwickelt, einem der Mitbegründer der Friedens- und Konfliktforschung. Das Dreieck verdeutlicht den unauflöslichen Zusammenhang zwischen den drei Komponenten jedes Konflikts. Es wird erkennbar, dass ein „objektiver" Widerspruch allein nicht ausreicht, um einen Konflikt zu begründen. Mindestens eine Partei muss sich auch dieses Widerspruchs, konkret der Unvereinbarkeit ihrer Bedürfnisse, subjektiv bewusst sein und in ihrem Verhalten und ihrer Haltung auf eine Veränderung der für sie unbefriedigenden Situation dringen. Das Modell zeigt, dass eine erfolgreiche Konfliktbearbeitung an allen drei Ecken ansetzen muss.

Leitfragen zur Untersuchung eines Konflikts:

1. **Worin besteht der Gegenstand des Konflikts (Widerspruch) und worum wird gestritten?**
   – Vorgeschichte des Konflikts?
   – Wer sind die Akteure?
   – Welche Interessen und Ziele verfolgen sie?
2. **Welche Haltungen haben die Konfliktparteien?**
   – Wie begründen (legitimieren) die Konfliktparteien ihre Ziele (Tradition, Religion, Recht ...)?
   – Welche Einstellung haben die Akteure zu den verschiedenen Mitteln der Konfliktlösung?
3. **Wie verhalten sich die Konfliktparteien?**
   – Welche Standpunkte werden formuliert und mit welchen Mitteln werden diese durchgesetzt (Propaganda, Einschüchterung, militärische Mittel)?
   – Wie reagieren die Konfliktparteien auf unterschiedliche Mittel der Konfliktlösung?
4. **Welche Folgen ergeben sich für die Wahl einer geeigneten Konfliktlösung?**
   – Wie kann dem Konflikt begegnet werden?
   – Wie kann eine dauerhafte Konfliktlösung aussehen?
   – Welche Maßnahmen sind zu ergreifen?
5. **Welche Folgen hat dies für mein eigenes politisches Handeln?**
   – Was kann ich tun?

Der internationale Strafgerichtshof – Chance für Frieden und Gerechtigkeit?

M 24 Anspruch und Wirklichkeit

Verbrechen gegen das Völkerrecht werden von Menschen und nicht von abstrakten Wesen begangen und nur durch Bestrafung jener Einzelpersonen, die solche Verbrechen begehen, kann den Bestimmungen des Völkerrechts Geltung verschaffen werden.

Internationales Militärtribunal von Nürnberg, Prozess gegen die Hauptkriegsverbrecher, Urteil vom 1. Oktober 1946, Band 1, S. 189, 249

M 25 Der Internationale Strafgerichtshof

Der 1. Juli 2002 ist für viele Völkerrechtler und Menschenrechtsverfechter ein herausragendes Datum, denn seitdem gibt es den Internationalen Strafgerichtshof (ICC) mit Sitz in Den Haag. Seine komplette Arbeitsfähigkeit hat dieses bislang „fehlende Glied" des internationalen Rechts zwar erst einige Zeit später erlangt, aber [...] zum ersten Mal müssen Massenmörder, die früher mit einiger Sicherheit unbehelligt blieben, nun eine rechtmäßige Aburteilung wegen individueller Vergehen fürchten. Dieses Gericht ist die erste ständige Rechtsinstanz, die Einzelpersonen für schwere Menschenrechtsverletzungen [...] zur Verantwortung ziehen kann [...], und gilt deshalb [...] als eine der bedeutsamsten Entwicklungen im Menschenrechtsschutz der letzten fünfzig Jahre. [...] Der ICC folgt dem Prinzip der Komplementarität: Er ersetzt nicht die Rechtsprechung auf nationaler Ebene, sondern ergänzt sie lediglich, er zieht ein Verfahren nur an sich, wenn ein Land nicht willens oder in der Lage ist, eine bestimmte Straftat zu verfolgen (Artikel 17). Der ICC kann auch keine Verfahren nationaler Gerichte überprüfen. Er ist allein für schwere Pflichtverletzungen gegenüber der internationalen Gemeinschaft zuständig und darf sich laut Statut einer Sache nur dann zuwenden, wenn der Staat, auf dessen Territorium sich die Tat ereignete, oder wenn das Land, dessen Staatsangehörigkeit der mutmaßliche Täter besitzt, die Jurisdiktion des Gerichts anerkannt hat (Art. 12). Er ist befugt, aufgrund einer Staatenbeschwerde, einer Entscheidung des Sicherheitsrats oder der Initiative des Anklägers tätig zu werden (Artikel 13). [...] Verbrechensarten: Die Jurisdiktion beschränkt sich auf vier besonders schwere Verbrechen (Artikel 5): Völkermord, Kriegsverbrechen, Verbrechen gegen die Menschlichkeit und Aggression (oder Verbrechen des Angriffskrieges). [...] Im Unterschied zum Internationalen Gerichtshof, der seinen Sitz ebenfalls in Den Haag hat und vor allem Streitfälle zwischen Staaten regelt, kann der ICC nur Individuen aburteilen. Die beiden Ad-

Völkerrecht
Das Völkerrecht ist ein Sammelbegriff für alle Rechtsnormen, die das Verhältnis der (unabhängigen) Staaten untereinander und die Beziehungen zwischen den einzelnen Staaten und den internationalen Organisationen regeln. Im Gegensatz zum nationalen Recht kann das Völkerrecht nicht von einer zentralen Gewalt durchgesetzt werden, sondern ist von der Anerkennung der jeweiligen Staaten abhängig. [...] Von zentraler Bedeutung sind die Verfassung der Vereinten Nationen (UN-Charta) von 1945, die Menschenrechtserklärung der Vereinten Nationen, die Konventionen und Abkommen des Europarates.
Klaus Schubert, Martina Klein, Das Politiklexikon, Stichwort: Völkerrecht, 5. Auf., 2011, S. 317

ICC = International Criminal Court

Jurisdiktion = Rechtssprechung

Jurisdiktion
rechtssprechende Gewalt

USA und weitere Staaten gegen den ICC
Die USA sind der härteste, aber nicht alleinige Kritiker des ICC. Weitere Staaten wie die Volksrepublik China, Indien, Iran, Israel, Kuba, Nordkorea, Pakistan, Russland, Syrien und die Türkei haben das Römische Statut ebenso nicht ratifiziert. Durch den Abschluss bilateraler Verträge mit ICC-Vertragsparteien und anderen Staaten versuchen die USA eine Auslieferung von US-Staatsangehörigen an den ICC vorsorglich auszuschließen. Eine Zusammenarbeit mit dem Gericht wird US-Behörden verboten.

hoc-Tribunale [= für diesen Zweck speziell eingerichtet] für das ehemalige Jugoslawien (Den Haag) und Ruanda (Arusha) gelten als Vorläufer – auch bei der Arbeitsweise – für den Internationalen Strafgerichtshof, nur dass ihre Befugnisse geografisch begrenzt sind, während der ICC theoretisch (und von seinen Befürwortern gewünscht) überall auf der Welt „Zugriff" hat. Es ist ein ständiges Gericht.

Friederike Bauer, Der internationale Strafgerichtshof, in: Deutsche Gesellschaft für die Vereinten Nationen e.V., UN Basis Informationen, September 2004, S.1-6

M 26 Aufbau und Arbeitsweise des ICC

Rechtsgrundlage des ICC ist ein völkerrechtlicher Vertrag, dem jeder Staat freiwillig beitreten kann. Dieser Vertrag ist die Gründungsurkunde des ICC (s. Art. 1). Nach dem Ort, wo dieser Vertrag 1998 beschlossen wurde, nennt man ihn das „Römische Statut". Der ICC ist ein eigenständiges völkerrechtliches Organ, aber mit den UN durch einen Kooperationsvertrag verbunden. Sein oberstes Organ ist die „Versammlung der Vertragsstaaten". Der ICC ist ein unabhängiges Gericht. Einmal im Amt, unterliegen die Richter keinen Weisungen. Politische Einflüsse sollen so weit als möglich ausgeschlossen bleiben. Das Statut räumt dem Sicherheitsrat der UN zwei Befugnisse ein: 1. Antrag auf Einleitung von Ermittlungen nach Kap. VII der UN-Charta, wobei das Gericht bei der Ergebnisfindung unabhängig ist.
2. Ersuchen auf zeitweiligen Aufschub von Ermittlungen oder der Strafverfolgung auf der Grundlage des Statuts für ein Jahr (mit Verlängerungsmöglichkeit), wenn eine entsprechende Resolution des Rates nach Kap. VII der UN-Charta zugrunde liegt.

Nach: Nürnberger Menschenrechtszentrum, Der Weg zum Internationalen Strafgerichtshof, 2006, S. 11

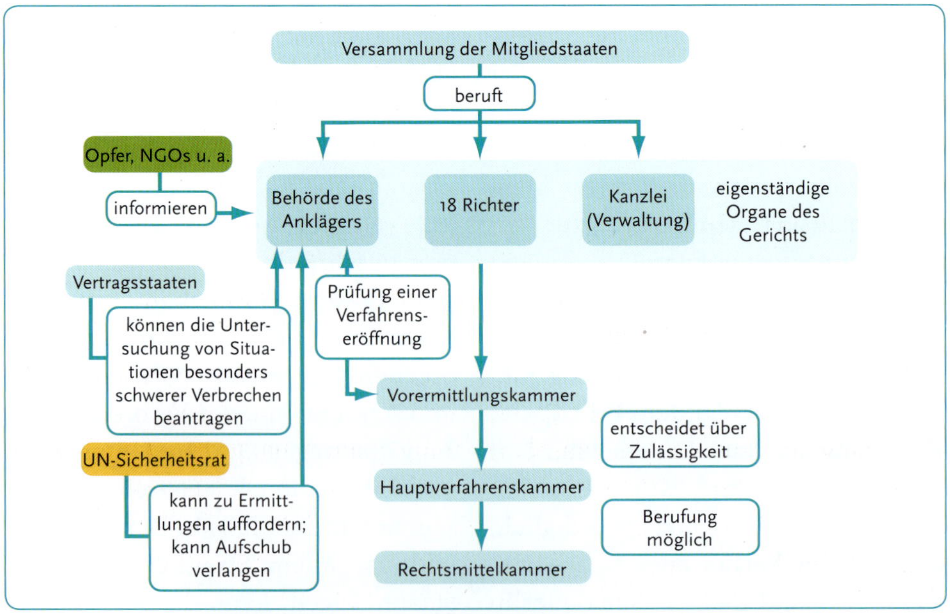

M 27 Wie straft der ICC?

Der Internationale Strafgerichtshof (ICC) kann gemäß Artikel 77 des Römischen Statuts folgende Gefängnisstrafen verhängen:

- Freiheitsentzug bis zu einer Höchstdauer von 30 Jahren;
- lebenslangen Freiheitsentzug, wenn dies durch die außergewöhnliche Schwere des Verbrechens und die persönlichen Verhältnisse des Verurteilten gerechtfertigt ist.

Daneben kann der Gerichtshof:

- Geldstrafen verhängen;
- anordnen, den Erlös, das Eigentum und die Vermögensgegenstände einzuziehen, die unmittelbar oder mittelbar aus dem angeklagten Verbrechen stammen, unbeschadet der Rechte gutgläubiger Dritter.

Ingomar Hauchler u. a. (Hg.), Globale Trends 2004/2005, Frankfurt 2003, S. 256

Liberias früherer Staatspräsident Charles Taylor wurde wegen Anstiftung und Beihilfe zu Kriegsverbrechen am 26.4.2012 zu 50 Jahren Haft verurteilt.

Thomas Lubanga, ehemaliger Rebellenführer in der Demokratischen Republik Kongo, wurde am 10.7.2012 wegen der Verpflichtung von Kindersoldaten zu einer Haftstrafe von 14 Jahren verurteilt.

M 28 Kritikpunkte gegenüber dem ICC

Die Hauptkritikpunkte der USA am ICC sind folgende:

- Eingriffe in die staatliche Souveränität durch das Territorialprinzip (Zuständigkeit des ICC auch für Straftaten, die durch Staatsangehörige von Nicht-Unterzeichnerstaaten auf dem Territorium eines Unterzeichnerstaates begangen worden sein sollen) und das Komplementaritätsprinzip (Befugnis des ICC, eigenmächtig eine Beurteilung des Willens und der Fähigkeit der Strafverfolgungsorgane des betroffenen Staates abschließend vorzunehmen).
- Es fehle noch eine Definition des Tatbestands der Aggression im Statut.
- Die Kompetenzen des Sicherheitsrats würden umgangen.
- Es fehle eine demokratische Legitimation durch die Vereinten Nationen. Die weit überwiegende Mehrheit der Mitgliedstaaten setze sich aus totalitär geführten Staaten zusammen.
- Der rechtliche Schutz genüge nicht den Anforderungen der amerikanischen Verfassung, in der eine Jury eines der obersten Prinzipien sei.

Aufgaben

1. Beschreibe das Selbstverständnis, den Aufbau und die Arbeitsweise des Internationalen Strafgerichtshofs (M 25, M 26).
2. Erläutere im Zusammenhang mit den Befugnissen die Beziehung des ICC zum Sicherheitsrat der UN (M 25, M 26).
3. Fasse die Kritik der USA am ICC zusammen und nimm Stellung, ob du sie für berechtigst hältst (M 27, M 28).

Was wir wissen

Die NATO
M 2 – M 9

Die NATO wurde im April 1949 als politisch-militärisches Verteidigungsbündnis der westlich-demokratischen Staaten gegen die Ausdehnung des sowjetischen Einflussbereichs gegründet. Die Mitgliedsländer gehen eine gegenseitige Beistandsverpflichtung bei einem bewaffneten Angriff auf ein Mitglied ein. Aufgrund der veränderten Sicherheitslage hat die NATO 1999 eine neue Strategie beschlossen. Sie beinhaltet das ganze Spektrum militärischer Handlungsmöglichkeiten (Friedenserzwingung, Friedenserhaltung, Friedenskonsolidierung) auch außerhalb des Bündnisgebietes und – in Ausnahmefällen – ohne Mandat der Vereinten Nationen.

Die Vereinten Nationen
M 10 – M 16

Die Vereinten Nationen wurden am 24.10.1945 von 51 Staaten als globale Friedensorganisation gegründet. Heute sind fast alle Länder der Welt Mitglied der VN. Zu ihren Zielen gehört insbesondere die Wahrung des Weltfriedens und der internationalen Sicherheit durch ein allgemeines Gewaltverbot. Der Sicherheitsrat ist das wichtigste Organ der VN. Allein seine Beschlüsse (Resolutionen) sind für alle Staaten bindend. Der Sicherheitsrat besteht aus fünf ständigen Mitgliedern (USA, Großbritannien, Frankreich, China und Russland) und zehn nichtständigen Mitgliedern. Jedes ständige Mitglied ist mit einem Vetorecht ausgestattet, kann also Entscheidungen des Sicherheitsrates blockieren.

In der Generalversammlung haben alle Mitgliedstaaten eine Stimme. Die Generalversammlung kann jedoch nur Empfehlungen verabschieden, die völkerrechtlich nicht verbindlich sind.

Die Handlungsmöglichkeiten der VN lassen sich folgendermaßen umschreiben: friedensschaffende Maßnahmen (diplomatische Aktivitäten, Vermittlung, Schlichtung, politische Isolierung); friedenserzwingende Maßnahmen (wirtschaftliche Sanktionen, Einsatz von Waffengewalt); friedenserhaltende Maßnahmen (Überwachung eines Waffenstillstandes, Trennung der Konfliktparteien, Wahrnehmung von Polizeiaufgaben); friedenskonsolidierende Aufgaben (Aufbau zivil- und rechtsstaatlicher Strukturen, gemeinsame Projekte, Durchführung von Wahlen).

Rolle und Aufgaben der Bundeswehr
M 18 – M 22

Die Bundeswehr sieht heute ihre Hauptaufgabe weniger in der Landesverteidigung als vielmehr in der Abwehr möglicher Risiken für die Sicherheit Deutschlands und seiner Bündnispartner weltweit. Im Rahmen der Vereinten Nationen, der NATO oder der Europäischen Sicherheits- und Verteidigungspolitik nimmt Deutschland Aufgaben bei der Sicherung des Friedens wahr. Im Rahmen der von den Vereinten Nationen legitimierten und der NATO geführten „International Security Assistance Force“ beteiligt sich die Bundeswehr an der Befriedung des Landes und am Wiederaufbau staatlicher Strukturen in Afghanistan. Der Einsatz in Afghanistan ist jedoch politisch umstritten.

Was wir können

Der am 1. Juli 2002 in Den Haag errichtete ICC ist die erste internationale und ständige Rechtsinstanz, die Einzelpersonen für schwere Menschenrechtsverletzungen wie Völkermord, Verbrechen gegen die Menschlichkeit oder Kriegsverbrechen zur Verantwortung ziehen kann. Der ICC ist kein Organ der Vereinten Nationen, sondern wurde von den beteiligten Staaten als unabhängige Instanz errichtet und ausgestattet; sie üben die Kontrolle aus. Die Richter und der Chefankläger werden auf neun Jahre gewählt (keine Wiederwahl).

Der Internationale Strafgerichtshof
M 25 – M 28

Konfliktfälle und ihre Regelung

1 Die ethnische Mehrheit eines Landes terrorisiert die Minderheiten, mehr als 100.000 Menschen werden grausam getötet oder gezwungen, in die Nachbarländer zu fliehen. Wirtschaftssanktionen und diplomatische Bemühungen werden von den Machthabern ignoriert.

2 Ein Land mit einem autoritären Regime wird verdächtigt, Atomwaffen zu produzieren. Es weigert sich, internationale Inspektionen zuzulassen.

3 Nach einem verheerenden Bürgerkrieg haben sich die Bürgerkriegsparteien einigen können und einen Friedensvertrag geschlossen, doch ist der Friede noch brüchig. Immer wieder kommt es zu Verletzungen des Waffenstillstandes durch einzelne Gruppen.

4 Ein Land beherbergt Terroristen, die wiederholt internationale Attentate mit großen Opferzahlen ausgeführt haben. Es weigert sich, die Terroristen auszuliefern.

5 Das Militär eines Landes marschiert in einem Nachbarland ein und besetzt staatliche Einrichtungen. Die Rohstoffvorkommen werden ausgebeutet und die Bevölkerung schikaniert.

Aufgabe

Ihr seid Regierungsberater und sollt entscheiden, welche Maßnahmen zur Konfliktlösung in den folgenden Fällen ergriffen werden sollen. Es kann sich dabei auch um eine Abfolge von Maßnahmen handeln. Entscheidet gegebenenfalls auch, welche internationale Organisation zur Durchführung der Maßnahmen betraut werden soll. Begründet eure Entscheidung ausführlich. Beachtet dabei auch mögliche Konsequenzen eurer Entscheidung.

Kleines Politiklexikon

Abgeordnete
Die gewählten Mitglieder eines Parlaments.

Arbeit
Der Begriff umschreibt in erster Linie Erwerbsarbeit. Diese sichert die Lebensgrundlage der Arbeitnehmerinnen und Arbeitnehmer und ihrer Familien. Wurde sie in früheren Zeiten vor allem als Mühsal und Plage empfunden, so ist die Arbeit heute ein wichtiger Bestandteil der Identität, denn in der Arbeit kann der Mensch seine Fähigkeiten unter Beweis stellen. Arbeit verleiht dem Leben einen Sinn.

Arbeitslosengeld
Unterstützungsleistung für arbeitslose Arbeitssuchende. Zu unterscheiden ist zwischen Versicherungsleistungen aus der Arbeitslosenversicherung (das ist in Deutschland das Arbeitslosengeld I, das in der Regel für ein Jahr gezahlt wird) und aus Steuergeldern finanzierten Mindestsicherungssystemen (dazu gehört das Arbeitslosengeld II, Hartz IV).

Armut
Von absoluter Armut spricht man, wenn einer Person weniger als 1,25 US-Dollar (ca. 1 Euro) pro Tag zur Verfügung steht. Von relativer Armut spricht man, wenn das Einkommen weniger als 50 % des Durchschnittseinkommens in einem Land (Staat) beträgt.

Asylrecht
Recht eines Ausländers, durch Gestattung des Aufenthalts in einem fremden Staat, vor unmittelbarer Bedrohung geschützt zu werden. In der Bundesrepublik Deutschland grundsätzlich durch Art. 16a I GG politisch Verfolgten garantiert.

Atypisches Beschäftigungsverhältnis
Unter atypischen Arbeitsverhältnissen werden Arbeitsverhältnisse verstanden, die vom Normalarbeitsverhältnis (unbefristete, sozialversicherungspflichtige Vollzeitstelle) abweichen. Darunter fallen Formen der Teilzeitarbeit, befristete Arbeitsverhältnisse, Leiharbeit und Telearbeit. Diese können für die betroffenen Arbeitnehmer/innen zu arbeitsrechtlichen Benachteiligungen, zu Wettbewerbsnachteilen auf dem Arbeitsmarkt (zum Beispiel mangelnde Weiterbildungs- und Aufstiegschancen) sowie geringeren Löhnen führen.

Bedürfnis
Bedürfnis ist der Wunsch, einen Mangel zu beseitigen. So liegt dem Bedürfnis zu trinken Durst als Mangelempfinden zugrunde.

Beruf
Tätigkeit, die ein Mensch in der Regel gegen Entgelt erbringt bzw. für die er ausgebildet, erzogen oder berufen ist. Im Allgemeinen dient die Ausübung eines Berufes der Sicherung des Lebensunterhaltes.

Binnenmarkt
Ein Wirtschaftsraum, in dem einheitliche Bedingungen für den Verkehr von Waren, Dienstleistungen und Kapital herrschen. Bürger können ihren Wohn- und Arbeitsort frei wählen. Der Binnenmarkt in der EU wurde zum 1. Januar 1993 verwirklicht.

Bruttoinlandsprodukt (BIP)
Messgröße, mit der die wirtschaftliche Leistungskraft eines Landes dargestellt wird. Das BIP umfasst den Geldwert aller in einem Jahr innerhalb der Landesgrenzen für den Endverbrauch produzierten Waren und Dienstleistungen (von Inländern und Ausländern). Um das BIP pro Kopf zu erhalten, teilt man das BIP eines Landes durch die Zahl der Einwohner.

Bürgerinitiative
Lockerer, zeitlich befristeter Zusammenschluss von Bürgerinnen und Bürgern, die wegen eines bestimmten Anliegens Einfluss auf die Politik nehmen möchten.

Bürgerliches Gesetzbuch (BGB)
In ihm stehen die wichtigsten rechtlichen Regelungen, die das Zusammenleben der Bürger betreffen, z. B. zu den Rechten und Pflichten beim Kaufvertrag.

Bund (Bundesstaat)
Der Zusammenschluss mehrerer Staaten zu einem Gesamtstaat, zum Beispiel die Bundesrepublik Deutschland mit allen Bundesländern.

Bundeskanzler
Der Chef der Bundesregierung. Er bestimmt die Richtlinien der Politik und trägt die Verantwortung dafür.

Bundespräsident
Das Staatsoberhaupt der Bundesrepublik. Er repräsentiert Deutschland nach außen. Außerdem gehören zu seinen Aufgaben die Ernennung und Entlassung der höchsten Staatsbeamten und die Unterzeichnung der vom Bundestag verabschiedeten Gesetze.

Bundesrat
Der Bundesrat ist ein Teil der Legislative. Über ihn wirken die Länder an der Gesetzgebung des Bundes mit. Der Bundesrat muss bei Gesetzen, die Länderinteressen berühren oder die Verfassung ändern, zustimmen, damit diese in Kraft treten können. Bei anderen Gesetzen kann er Einspruch erheben, der aber vom Bundestag überstimmt werden kann.

Bundestag
Name des deutschen Parlaments, s. dort!

Bundesverfassungsgericht
Höchstes deutsches Gericht mit Sitz in Karlsruhe. Das Bundesverfassungsgericht wacht darüber, dass Parlamente, Regierungen und Gerichte in Deutschland das Grundgesetz einhalten. Jeder Bürger kann eine Verfassungsbeschwerde beim Bundesverfassungsgericht einreichen.

Demografischer Wandel
So werden die Veränderungen in der Bevölkerungszusammensetzung hin-

sichtlich ihrer Größe und Struktur (z. B. Alterszusammensetzung) bezeichnet.

Demokratie
Das Wort stammt aus dem Griechischen und bedeutet Herrschaft des Volkes. Die Beteiligung aller Bürgerinnen und Bürger an allen Abstimmungen kann nur in sehr kleinen Staatsgesellschaften verwirklicht werden (direkte Demokratie). Wo dies nicht möglich ist, wählt das Volk Vertreter (Repräsentanten), die für das Volk handeln (repräsentative Demokratie).

Dienstleistungsgesellschaft
Eine Gesellschaft, in der der größte Teil der Bevölkerung nicht mehr im landwirtschaftlichen und industriellen, sondern im tertiären Sektor arbeitet.

Einkommen
Allgemein meint man damit das Arbeitseinkommen für Erwerbstätigkeit (Lohn, Gehalt, Gewinn). Darüber hinaus gibt es auch Einkommen als Entgelt für die Bodennutzung (Miete, Pacht) oder als Entgelt für die Nutzung von Kapital (Sparzinsen, Kreditzinsen). Einkommen, die der Staat ohne Gegenleistung bezahlt, nennt man Transfereinkommen.

Entwicklungsländer
Länder, die besonders arm sind. Kennzeichen dieser Länder sind häufig eine hohe Staatsverschuldung, daher sind auch das Gesundheits- und Bildungssystem häufig schlecht ausgestattet. Die Menschen sind schlechter ernährt und leben kürzer.

Europäische Union
Die Gemeinschaft von heute (2009) 27 europäischen Staaten wurde 1957 als Wirtschaftsbündnis gegründet. Neben der gemeinsamen Politik in allen wirtschaftlichen Bereichen wurde im Vertrag von Maastricht (1992) auch eine Zusammenarbeit in der Außen- und Sicherheitspolitik sowie der Justiz- und Innenpolitik beschlossen.

EU-Organe
Zu den wichtigsten Organen der Europäischen Union – vergleichbar mit den Verfassungsorganen in der Bundesrepublik Deutschland – gehören der Ministerrat, die Europäische Kommission, das Europäische Parlament, der Europäische Gerichtshof und der Europäische Rechnungshof. Der Europäische Rat hat eine große Bedeutung für die Entwicklung der Europäischen Union.

Europäische Zentralbank (EZB)
Die EZB wurde am 1.6.1998 gegründet und bildet zusammen mit den nationalen Notenbanken das Europäische System der Zentralbanken. Die EZB ist von politischen Weisungen unabhängig und seit der Einführung des Euro am 1.1.1999 für die Geldpolitik im Euro-Raum zuständig. Ihre Hauptaufgabe ist es, die Preisstabilität zu garantieren. Darüber hinaus unterstützt sie auch die allgemeine Wirtschaftspolitik.

Exekutive
Die ausführende Gewalt, d. h. Regierung und Verwaltung.

Föderalismus
Gliederung eines Staates in Gliedstaaten (in der Bundesrepublik Deutschland die Bundesländer) mit eigener Verfassung, Regierung und Parlament. Bezeichnet auch das Bestreben, die Rechte der Gliedstaaten zu wahren.

Familie
Gemeinschaft, die bei uns in der Regel aus den Eltern und Kindern besteht. Im weiteren Sinne ist eine Familie eine Gruppe von Menschen unterschiedlicher Generationen, die unter einem Dach zusammenleben, füreinander Verantwortung übernehmen und sich gegenseitig unterstützen. In unserer Gesellschaft gibt es viele unterschiedliche Formen der Familie: Kleinfamilie, Patchworkfamilie, Großfamilie, allein erziehende Mütter oder Väter mit ihren Kindern, Stieffamilie usw.

Fraktion
Vereinigung im Parlament, die aus den Abgeordneten einer Partei besteht. Auch Mitglieder verschiedener Parteien, die gleichgerichtete politische Ziele verfolgen, können sich zu einer Fraktion zusammenschließen.

Fünf-Prozent-Klausel
Vorschrift, dass alle Parteien bei einer Wahl mindestens fünf Prozent der gültigen Zweitstimmen erhalten müssen, um ins Parlament zu kommen, bzw. um an der Sitzverteilung teilnehmen zu können.

Geld
Geld ist ein allgemein anerkanntes und gültiges Zahlungsmittel, mit dem man Waren oder Dienstleistungen erwerben kann. Geld ist Tauschmittel, Wertaufbewahrungsmittel, Wertübertragungsmittel und Recheneinheit.

Geldpolitik
Ziel der Geldpolitik ist die Stabilität des Geldwertes (also eine niedrige Inflationsrate). Daneben soll die Geldpolitik auch die allgemeine Wirtschaftspolitik unterstützen. Die Geldpolitik ist Sache der Europäischen Zentralbank.

Gemeinde
Die Gemeinden (Kommunen) bilden das unterste politische Gemeinwesen in der Bundesrepublik Deutschland. Gemeinden besitzen das Recht der Selbstverwaltung (Art. 28 GG) und regeln im Rahmen der Gesetze alle Angelegenheiten der örtlichen Gemeinschaft in eigener Verantwortung.

Generationenvertrag
Bezeichnung für das Grundprinzip der gesetzlichen Rentenversicherung, nach dem der heute arbeitende Teil der Gesellschaft für die Rentenzahlungen an den nicht mehr arbeitenden Teil aufkommt.

Gerechtigkeit
Einstellung, Prinzip, Zustand, bei dem jede Person das erhält, was ihr zusteht. Wie dieser Zustand zu erreichen ist, ist umstritten. So unterscheidet man Chancengerechtigkeit, Leistungsgerechtigkeit, Bedarfsgerechtigkeit und Teilhabegerechtigkeit.

Geschäftsfähigkeit
Die Fähigkeit, gültige Rechtsgeschäfte abzuschließen. Die beschränkte Geschäftsfähigkeit beginnt mit der Vollendung des 7. und endet mit der Vollendung des 18. Lebensjahres. Mit Vollendung des 18. Lebensjahres erhält man die volle Geschäftsfähigkeit.

Gesellschaft
Eine Gesellschaft bezeichnet einen relativ dauerhaften Verbund von Gemeinschaften/Gruppen, die innerhalb einer politischen und wirtschaftlichen Ordnung leben und gemeinsame Normen und Werte teilen.

Gesetz
Ein Gesetz ist eine verbindliche Vorschrift, die das Ziel hat, das Zusammenleben der Menschen zu regeln. Es muss in einem dafür vorgesehenen Verfahren rechtmäßig zu Stande kommen. Gesetze werden von den Parlamenten (Bundestag, Landtag, Gemeindevertretung) beschlossen.

Gewaltenteilung
Verteilung der drei Gewalten Gesetzgebung (Legislative), Verwaltung (Exekutive) und Gerichtsbarkeit (Judikative) auf verschiedene, voneinander unabhängige Staatsorgane. In der Regel sind dies Parlament, Regierung und Verwaltung und eine unabhängige Richterschaft. In der Bundesrepublik Deutschland ist die klassische Gewaltenteilung teilweise durchbrochen (Gewaltenverschränkung).

Gewerkschaft
Freiwilliger Zusammenschluss von Arbeitnehmern, um gemeinsame wirtschaftliche, soziale und berufliche Interessen besser durchsetzen zu können.

Gleichberechtigung
Gleichberechtigt sind Menschen, wenn sie die gleichen Rechte haben. Der Begriff kann sich auf das Verhältnis von Frauen und Männern beziehen, aber auch auf Ausländer, Behinderte usw. Häufig besteht zudem ein Unterschied zwischen dem rechtlichen Anspruch und dem tatsächlichen Zustand.

Globalisierung
Die wachsende Verflechtung der Weltwirtschaft, ermöglicht u.a. durch die Ausweitung der Kommunikationsmedien und enger Verkehrsverbindungen. Die G. bewirkt auch in einigen Bereichen eine Vereinheitlichung der Lebensstile.

Grundgesetz
Die Verfassung der Bundesrepublik; sie regelt den Aufbau, die Aufgaben und das Zusammenspiel der Staatsorgane. Im Grundgesetz werden auch die Grundrechte garantiert.

Grundrechte
In der Verfassung garantierte Rechte, die für jeden Einzelnen gewährleistet werden, wie zum Beispiel die Meinungsfreiheit, die Versammlungsfreiheit und die Menschenwürde.

Güter
Güter sind ganz allgemein Mittel (z. B. Waren, Dienstleistungen, Rechte), mit denen Bedürfnisse befriedigt werden können. Sie haben einen Preis und sind in der Regel nicht unbegrenzt verfügbar. Nur wenige Güter auf der Erde (z. B. Luft, Sand in der Wüste) sind freie Güter, d. h. unbegrenzt vorhanden.

Haushalt
Die genaue Aufstellung der geplanten Einnahmen und Ausgaben für einen bestimmten Zeitraum (meist das kommende Jahr). Die Einnahmen werden nach den Quellen unterschieden, die Ausgaben nach dem Zweck der Verwendung.

Herrschaftsformen
Herrschaftsformen charakterisieren die tatsächliche Art und Weise der Herrschaftsausübung und berücksichtigen hierbei unter anderem, welche Personen oder Gruppen politische Macht ausüben. So übt in der Demokratie das Volk die politische Herrschaft aus.

Inflation
Prozess anhaltender Preisniveausteigerungen bzw. anhaltender Geldentwertung.

Integration
Im allgemeinen Sprachgebrauch versteht man darunter die Eingliederung oder Einbindung eines (fremden) Einzelnen oder einer Minderheit in eine größere Gruppe.

Interessenverband
Organisatorisch fester Zusammenschluss von Personen in einen bestimmten Lebensbereich, die ihre gemeinsamen Interessen in der Öffentlichkeit durchsetzen wollen. Dazu versuchen sie u. a. auf die Gesetzgebung Einfluss zu nehmen. Im Gegensatz zu Parteien nicht wählbar.

Internationaler Strafgerichtshof
Der Internationale Strafgerichtshof (IStGH) mit Sitz in Den Haag hat am 1. Juli 2002 seine Arbeit aufgenommen. Seine Hauptaufgabe ist die Verfolgung und Bestrafung schwerster Verbrechen mit internationaler Bedeutung von einzelnen Personen. Dazu gehören Völkermord, Verbrechen gegen die Menschlichkeit und Kriegsverbrechen. Er wird nur dann tätig, wenn der betroffene Staat nicht selbst Anklage erhebt. Die Rechtsprechung des IStGH ist nur für Staaten verbindlich, die das Gericht unterstützen.

Judikative
Die rechtsprechende Gewalt; sämtliche Gerichte der Bundesrepublik Deutschland.

Jugendstrafrecht
Das Jugendstrafrecht ist ein besonderes Strafrecht für Jugendliche, das im Jugendgerichtsgesetz (JGG) geregelt ist. Es findet Anwendung auf Jugendliche zwischen 14 und 18 Jahren. Auf Heranwachsende zwischen 18 und 21 Jahren kann es angewendet werden. Kinder unter 14 Jahre sind strafunmündig. Während Erwachsene mit Haft- oder Geldstrafen bestraft werden, sieht das JGG einen breiten Katalog von Strafmöglichkeiten vor, der Strafzweck der Erziehung steht im Vordergrund.

Kabinett
Der Kanzler, die Minister und politischen Beamten (Staatssekretäre).

Klimawandel
Mit dem Begriff Klimawandel bezeichnen wir heute meist die von natürlichen Schwankungen unabhängige Erderwärmung. Sie hat schwerwiegende Folgen für Menschen, Tiere und Pflanzen: Teile der Erde werden zu Wüsten, die Gefahr von Hurrikanen und Sturmfluten steigt, Tierarten werden aussterben.

Knappheit
Knappheit entsteht dadurch, dass unsere Wünsche und Bedürfnisse unbegrenzt, die vorhandenen Güter auf der Erde jedoch begrenzt sind. Knappheit ist also letztlich der Grund für die wirtschaftliche Betätigung des Menschen. Güter zur Befriedigung von Bedürfnissen müssen von den Menschen hergestellt werden, die Preise der Güter sind ein Gradmesser für ihre Knappheit.

Koalition
Zusammenschluss zweier oder mehrerer Parteien, die gemeinsam eine Regierung bilden und Gesetzentwürfe ausarbeiten.

Konflikt
Ein Konflikt ist ein Spannungszustand zwischen zwei oder mehreren Personen. Er entsteht dadurch, dass es zwischen den Personen oder Personengruppen unterschiedliche Zielvorstellungen und Interessen gibt, die zunächst unvereinbar gegeneinander stehen. Wenn man einige Regeln beim Streiten beachtet, können Konflikte leichter gelöst werden.

Konstruktives Misstrauensvotum
Der Bundestag kann den Bundeskanzler nur durch die Wahl eines neuen Kanzlers (konstruktiv!) zum Rücktritt zwingen.

Legislative
Die gesetzgebende Gewalt; sie wird in der Bundesrepublik Deutschland von Bundestag und Bundesrat ausgeübt (auf Landesebene von den Länderparlamenten).

Mandat
Auftrag; der Wähler beauftragt durch die Wahl einen Politiker, seine Interessen zu vertreten.

Markt
Der reale oder virtuelle Ort, an dem Angebot und Nachfrage nach Gütern und Leistungen aufeinandertreffen und Preise gebildet werden (z. B. Automarkt, Börse). Das Grundprinzip des Marktes ist der Tausch.

Marktwirtschaft
In der Marktwirtschaft steuern Angebot und Nachfrage, Wettbewerb und freie Preisbildung den Wirtschaftsprozess. Das Privateigentum an den Produktionsmitteln wird garantiert.

Massenmedien
Sammelbezeichnung für Presse, Rundfunk, Fernsehen und Internet. Allgemein Kommunikationsmittel, mit denen Informationen durch Schrift, Ton oder Bild einseitig an ein sehr breites Publikum übermittelt werden können.

Mediendemokratie
Form der Demokratie, in der die Artikulation und Diskussion von politischen Problemen in erster Linie von den Medien angestoßen und vermittelt wird.

Mehrheitswahlrecht
Danach ist gewählt, wer in seinem Wahlkreis die Mehrheit der Stimmen erhalten hat, die Minderheiten werden nicht berücksichtigt. Relative Mehrheit: Gewählt ist, wer die meisten Stimmen hat. Absolute Mehrheit: Gewählt ist, wer mehr als die Hälfte der Stimmen erzielt. Qualifizierte Mehrheit: Eine vereinbarte Mehrheit, z. B. 2/3 der Stimmen, muss erreicht werden.

Menschenrechte
Das sind die persönlichen Rechte, die jedem Menschen von Geburt an zustehen, z. B. das Recht auf Meinungsfreiheit.

Migration
Im Laufe der Geschichte haben sich immer wieder kleinere oder größere Gruppen von Menschen oder ganze Völker auf Wanderungen begeben. Dies hatte ganz unterschiedliche Gründe: So wurden die Menschen aus religiösen oder politischen Motiven verfolgt, andere waren arm und sahen für sich und ihre Kinder keine Zukunft mehr in ihrer Heimat. Alle diese Wanderungen (lat. migrare = wandern) nennt man Migration.

Monopol
Unter einem Monopol versteht man eine Marktform, in der ein Unternehmen als alleiniger Anbieter auftritt oder einen so großen Marktanteil besitzt, dass er allein die Preise kontrollieren kann und damit über eine besondere Marktmacht gegenüber den Nachfragern bzw. Konsumenten verfügt.

Nachhaltigkeit
Der Begriff bedeutet, dass man nicht mehr von einem Rohstoff (der Natur) verbrauchen soll, als nachwachsen kann. In Bezug auf die Umwelt heißt das, dass man den Ausgangszustand für die folgenden Generationen bewahren soll und die Umwelt nicht durch Abgase und Müll irreparabel schädigen darf.

NATO
(engl. North Atlantic Treaty Organization, Nordatlantikpakt)
Das Verteidigungsbündnis zwischen den USA, Kanada und den westeuropäischen Staaten wurde am 4.4.1949 gegründet. Die Mitglieder verpflichten sich im Falle eines Angriffs auf einen Mitgliedstaat zum gegenseitigen Beistand. Wichtigstes Gründungsmotiv war die Abwehr der Expansionsabsichten des Kommunismus, insbesondere die Verteidigung gegenüber der Sowjetunion und seinen Verbündeten. Heute hat die NATO zum Ziel, Frieden und Freiheit weltweit zu verteidigen, z. B. auch im Auftrag der Vereinten Nationen.

Ökologie
So bezeichnet man die Wissenschaft von den Wechselbeziehungen zwischen den Lebewesen und ihrer Umwelt.

Ökonomisches Prinzip
Das ökonomische Prinzip besagt, dass die vorhandenen Mittel (Geld, Zeit) optimal eingesetzt werden sollen, um ein bestimmtes Ergebnis zu erreichen. Bei vorgegebenen Mitteln soll ein möglichst hoher Ertrag erzielt werden (Maximalprinzip). Bei einem vorgegebenen Ertrag sollen möglichst geringe Mittel eingesetzt werden (Minimalprinzip).

Opposition
Alle Personen und Gruppen, die der Regierung im Parlament gegenüberstehen und sie kritisieren.

Parlament
Die Versammlung der vom Volk gewählten Abgeordneten. Das Parlament regt Gesetze an, bewilligt sie und kontrolliert die Regierung. In einer parlamentarischen Demokratie nimmt vor allem die Opposition die Kontrollfunktion wahr, da die Mehrheit im Parlament die Regierung trägt.

Parteien
Politische Gruppen, die über einen längeren Zeitraum Einfluss auf die politische Willensbildung nehmen. Sie sind bereit, in Parlamenten und Regierungen Verantwortung zu übernehmen.

Politik
Politik bedeutet die allgemeinverbindliche oder auf Allgemeinverbindlichkeit zielende Problemlösung oder Gestaltung des Gemeinwesens. Unterschieden werden drei Dimensionen der Politik: policy (Inhalte), polity (Rahmen), politics (Konflikte).

Preisbildung
Prozess, in dem sich in einer Marktwirtschaft auf den Märkten die Preise bilden. Preisbildung ist abhängig von Marktform und Anzahl der Anbieter und Nachfrager. Sie vermittelt zwischen Produktion und der Befriedigung bestehender Bedürfnisse.

Pressefreiheit
Garantie für die freie Berichterstattung und Veröffentlichung von Informationen und Meinungen. Sie ist im deutschen Grundgesetz festgeschrieben (Art. 5 GG) und gilt als Grundlage der Demokratie, da sich die Bürger nur mithilfe der Informationen an politischen Entscheidungen beteiligen können.

Rechtsfähigkeit
Mit der Geburt ist der Mensch Träger von Rechten und Pflichten.

Rechtsstaat
Ein Rechtsstaat ist ein Staat, in dem die öffentliche Gewalt an eine objektive Rechtsordnung gebunden ist. In einem Rechtsstaat ist die Macht des Staates begrenzt, um die Bürger vor gesetzloser Willkür zu schützen.

Schülervertretung
Die Schülervertretung (häufig SV abgekürzt) vertritt die Interessen der Schülerinnen und Schüler bei der Gestaltung des schulischen Lebens. Alle Schülerinnen und Schüler können an ihrer Interessenvertretung mitwirken. Die Gruppe der Klassen- und Jahrgangsstufensprecher bildet den Schülerrat, der das Schulsprecher-Team und die Vertreter in die verschiedenen Konferenzen wählt.

Soziale Marktwirtschaft
Wirtschaftsordnung in Deutschland. Die Soziale Marktwirtschaft verbindet die Freiheit auf dem Markt mit der Idee des sozialen Ausgleichs. Der Einzelne soll größtmögliche Freiheit haben, seine wirtschaftlichen Beziehungen nach seinen eigenen Interessen zu gestalten. Gleichzeitig greift der Staat in das Wirtschaftsgeschehen ein, wenn der Markt zu unerwünschten Ergebnissen führt. So schützt der Staat den wirtschaftlich Schwächeren, garantiert den Wettbewerb und betreibt Umweltpolitik. Die Soziale Marktwirtschaft wurde nach dem Zweiten Weltkrieg von dem Wirtschaftsprofessor Alfred Müller-Armack und von Ludwig Erhard, dem ersten deutschen Bundeswirtschaftsminister, entwickelt.

Sozialstaat
Bezeichnung für einen Staat, der seinen Bürgern ein Existenzminimum sichert, wenn sie in Not geraten sind, und für einen gerechten Ausgleich zwischen Reichen und Bedürftigen sorgt. In Deutschland geschieht dies z. B. durch die Sozialversicherungspflicht und durch staatliche Unterstützung, wie Sozialhilfe, Kindergeld oder Ausbildungs- und Arbeitsförderung.

Sozialversicherungssystem
Bezeichnung für die Gesamtheit gesetzlicher Pflichtversicherungen in Deutschland (Arbeitslosen-, Renten-, Kranken-, Pflege- und Unfallversicherung). Die Sozialversicherung versichert den Einzelnen gegen Risiken für seine Existenz. Sie ist organisiert nach dem Solidarprinzip. Sozialversicherungspflichtig sind alle abhängig Beschäftigten. Die Versicherungsbeiträge teilen sich Arbeitgeber und Arbeitnehmer.

Staat
Mit dem Begriff bezeichnet man eine Vereinigung vieler Menschen (Staatsvolk) innerhalb eines durch Grenzen bestimmten geografischen Raumes (Staatsgebiet) unter einer unabhängigen (souveränen) Staatsgewalt, die von den Staatsorganen (Regierung, Parlamente, Gerichte, Polizei) ausgeübt wird.

Staatsangehörigkeit
Zugehörigkeit zu einem Staat. Als Staatsbürger besitzt man bestimmte Rechte und Pflichten in dem jeweiligen Land. So darf man wählen oder gewählt werden, muss aber auch Steuern bezahlen oder zum Beispiel Wehr- oder Zivildienst leisten.

Steuern
Steuern sind Zwangsabgaben, die der Staat von seinen Bürgern und Unternehmen ohne eine spezielle Gegenleistung erhebt. Sie sind die Haupteinnahmequelle des Staates.

Streitbare/wehrhafte Demokratie
Begriff für eine Demokratie, die Mittel bereithält, um gegen Feinde der Demokratie vorzugehen. So können in Deutschland zum Beispiel Parteien oder Vereine verboten werden, die sich gegen die freiheitliche demokratische Grundordnung wenden.

Strukturwandel
Veränderungen der wertmäßigen Beiträge der einzelnen Wirtschaftssektoren (Land- und Forstwirtschaft, verarbeitendes Gewerbe und Dienstleistungen) zur Wirtschaftsleistung eines Landes. Der Anteil des Dienstleistungsbereichs nimmt dabei in Deutschland ständig zu. Beschleunigt und verstärkt wird der Strukturwandel durch neue Technologien sowie den zunehmenden internationalen Wettbewerb.

Subsidiaritätsprinzip
Prinzip, nach dem ein Problem auf der Ebene gelöst werden soll, auf der es entsteht. „Was der Einzelne tun kann, sollen nicht andere für ihn tun." Erst wenn auf dieser Ebene keine Abhilfe möglich ist, soll die nächst höhere Ebene sich des Problems annehmen (Familie, Gemeinde, Land, Bund, EU).

Tarifvertragsparteien
Dazu zählen Gewerkschaften (vertreten die Arbeitnehmer) und Arbeitgeberverbände (vertreten die Arbeitgeber). Im Rahmen der Tarifautonomie handeln diese beiden Interessengruppen in eigener Verantwortung Tarifverträge aus, die Löhne, Arbeitszeiten und sonstige Arbeitsbedingungen regeln sollen. Der Staat darf sich nicht einmischen.

Transfereinkommen
Als Transfereinkommen bezeichnet man Einkommen, welches durch den Staat oder andere Institutionen bereitgestellt wird, ohne dass eine konkrete Gegenleistung erfolgt. (Beispiel: Sozialhilfe, Arbeitslosengeld II etc.)

Unternehmen
Dauerhafte organisatorische Einheit zur Produktion bzw. zur Erbringung von Dienstleistungen, die mehrere Betriebe umfassen kann. Je nach Träger werden private, öffentliche oder gemeinwirtschaftliche Unternehmen unterschieden, je nach Rechtsform Einzel-, Personen- und Kapitalgesellschaften.

Verbände
Organisierte Gruppen, die auf die Politik Einfluss nehmen möchten, ohne politische Verantwortung zu übernehmen. Zur Verfolgung gemeinsamer Interessen werden Zusammenschlüsse gebildet, z. B. Berufsverbände.

Verbraucherschutz
Maßnahmen zum Schutz der Gesundheit der Verbraucher und zur Stärkung ihrer Rechte als Konsumenten. Mit bestimmten Gesetzen (z.B. zur Kennzeichnung von Lebensmitteln oder zur Gewährleistung), aber auch durch eine verbesserte Information und Aufklärung (z.B. durch Produktsiegel und Warentests) soll die Position der Verbraucher gegenüber den Anbietern verbessert werden.

Vereinte Nationen
(engl. United Nations Organization) Nach dem Zweiten Weltkrieg gegründete kollektive Sicherheitsorganisation zur Wahrung des Weltfriedens und der Menschenrechte. Fast alle Staaten sind Mitglieder der UNO.

Verhältniswahlrecht
Jede Partei bekommt so viele Sitze im Parlament, wie sie prozentual Stimmen von den Wählern erhalten hat. Auch Minderheiten werden berücksichtigt.

Vermittlungsausschuss
Bundesrepublik Deutschland: Ausschuss, der tätig wird, wenn ein Gesetzesbeschluss des Bundestages auf Einwände des Bundesrates stößt. Bundestag und Bundesrat entsenden je die Hälfte der 32 Mitglieder. Aufgabe des Vermittlungsausschusses ist es, Kompromisse auszuarbeiten. Europäische Union: Ausschuss, der tätig wird, wenn nach der Zweiten Lesung eines Gesetzes keine Einigung zwischen Europäischem Parlament und Ministerrat erzielt werden kann. Der Vermittlungsausschuss setzt sich aus den Mitgliedern des Rates und ebenso vielen Vertretern des Europäischen Parlaments zusammen, Vertreter der EU-Kommission nehmen beratend teil.

Vier Freiheiten
Wirtschaftliche Freiheiten des europäischen Binnenmarktes: Freiheit des Warenverkehrs, Personenfreizügigkeit, Dienstleistungsfreiheit, freier Kapital- und Zahlungsverkehr.

Volkspartei
Partei, die aufgrund ihres Programms für Wähler und Mitglieder aller gesellschaftlichen Schichten unterschiedlicher Weltanschauungen offen ist.

Währungsunion
Zusammenschluss souveräner Staaten mit vorher unterschiedlichen, aber ähnlich starken Währungen zu einem einheitlichen Währungsgebiet. Im Gegensatz zu einer Währungsreform bleibt der Geldwert beim Übergang zu einer Währungsunion erhalten.

Wahlen
Verfahren der Berufung von Personen in bestimmte Ämter durch Stimmabgabe einer Wählerschaft. In Demokratien werden die wichtigsten Staatsämter durch Wahlen besetzt. Demokratische Wahlen müssen die Bedingungen allgemein, frei, gleich und geheim erfüllen. Das genaue Wahlverfahren (Verhältniswahl, Mehrheitswahl) ist meist in Wahlgesetzen geregelt.

Werbung
Im wirtschaftlichen Sinne die Bekanntmachung von Gütern oder Dienstleistungen mit der Absicht, bei den Konsumenten eine Kaufhandlung auszulösen. Wird dies versteckt gemacht, spricht man von Schleichwerbung.

Wirtschaftskreislauf
Modell, in dem die Tauschvorgänge zwischen den Wirtschaftssubjekten (private Haushalte, Unternehmen, Staat, Banken; erweiterte Darstellung umfasst auch das Ausland) dargestellt werden.

Wirtschaftsordnung
Setzt sich zusammen aus den Regeln und Institutionen, die die Rahmenbedingungen wirtschaftlichen Handelns abstecken. Klassisch werden v. a. Fragen der Eigentumsrechte, der Preisbildung und der Steuerung von Wirtschaftsprozessen entschieden.

Wirtschaftssektoren
Die Wirtschaftswissenschaften unterteilen die Produktionsbereiche einer Volkswirtschaft in drei Wirtschaftssektoren: Der primäre Sektor beinhaltet die Produktgewinnung der Land- und Forstwirtschaft sowie Fischerei. Im sekundären Sektor werden Produkte hergestellt oder verarbeitet (Industrie und Handwerk, Bergbau und Baugewerbe). Der tertiäre Sektor umfasst die Dienstleistungen, zum Beispiel Handel, Verkehr, Kultur, Bildung und Gesundheitswesen.

Zentralverwaltungswirtschaft/ Planwirtschaft
Bezeichnung für Wirtschaftssysteme (z. B. der DDR), deren Produktion durch zentrale Pläne (einer staatlichen Planungsbehörde) gelenkt wird. Es gibt kein Privateigentum an Produktionsmitteln.

Register

Bildnachweis

Einband - dpa Picture Alliance/Wolfgang Kumm; TU Chmenitz/Pressestelle; dpa Picture Alliance/Maurizio Gambazini; Das Fotoarchiv/Xinhua, Essen, http://www.academic.de; S. 8 - Anne-Frank-Realschule, Düsseldorf, iStockphoto/skynesher, Berlin mr-Kartografie.de; S. 11 - iStockphoto/blaneyphoto, Berlin, iStockphoto/falcatraz, Berlin, iStockphoto/jaroon, Berlin, Wildner + Designer, Fürth; S. 17 - Erik Müller, Rottenburg; S. 18 - Keystone Pressedienst/Mai-Inken Knackfuss, Hamburg; S. 23 - Horst Pötzsch, Die Deutsche Demokratie, 4. Aufl., Bonn 2005; S. 26 - Bundesministerium des Inneren, Berlin, iStockphoto/Ola Dusegard, Berlin, iStockphoto/chrisjo, Berlin, iStockphoto/Mike Clarke, Berlin, iStockphoto/cosmonaut, Berlin, iStockphoto/Forrest Woodv, Berlin, iStockphoto/Freeze Frame, Berlin, Wildner + Designer, Fürth; S. 29 - dpa Picture Alliance/AP, Hamburg, Deutscher Bundestag, Berlin; S. 31 - Rhein-Zeitung Koblenz, Frey Pressebild, Koblenz; S. 32 - iStockphoto/Turgut Erkisi, Berlin, iStockphoto/Jonny Greig, Berlin, iStockphoto/laflor, Berlin, iStockphoto/grady reese, Berlin; S. 33 - www.jugendgemeinderat-hassloch.de; S. 34 - Mittelrhein-Verlag GmbH, Rhein-Zeitung, Koblenz; S. 36 - dpa/Kay Nietfeld; S. 38 - Baaske Cartoons/Mester, Mühlheim; S. 44 - iStockphoto/asiseeit, Berlin, iStockphoto/jhorrocks, Berlin, iStockphoto/monkeybusinessimages, Berlin, iStockphoto/Mark Papas, Berlin, iStockphoto/purmar, Berlin, iStockphoto/sieto, Berlin; S. 45 - iStockphoto/asiseeit, Berlin; S. 48 - dpa-Info Grafik, Frankfurt, akg-images, Berlin; S. 49 - Thinkstock/iStockphoto, Berlin; S. 52 - iStockphoto/Ingrald Kaldhussaeter, Berlin; S. 54 - iStockphoto/richyrichimages, Berlin; S. 56 - Baaske Cartoons/Plaßmann, Mühlheim; S. 58 - dpa Info-Grafik, Frankfurt; S. 60 - dpa Info-Grafik, Frankfurt, Baaske Cartoons/Plaßmann, Mühlheim; S. 61 - Henrike Holzwarth, München; S. 64 - Baaske Cartoons/Plaßmann, Mühlheim; S. 65 - Statistisches Bundesamt, Wiesbaden; S. 66 - Baaske Cartoons/Plaßmann, Mühlheim; S. 67 - dpa Info-Grafik, Frankfurt; S. 68 - Thomson Reuters/Stringer, Berlin; S. 70 - Wildner + Designer, Fürth; S. 73 - Rudolf Schoepper, Baaske Cartoons/Plaßmann, Mühlheim; S. 74 - dpa/Zentralbild, Waltraud Grubitzsch, Frankfurt, Thinkstock/digital vision, Berlin, Thinkstock/iStockphoto, Berlin, Thinkstock/Wavebreak Media, Berlin; S. 76 - dpa Info-Grafik, Frankfurt; S. 78 - Peter Gaymann, Köln; S. 80 - Bergmoser + Höller Verlag AG, Aachen; S. 82 - Statista, Das Statistikportal; S. 84 - dpa Picture-Alliance, Frankfurt; S. 86 - Thinkstock/iStockphoto, Berlin; S. 89 - Baaske Cartoons/Plaßmann, Mühlheim; S. 92 - Ed Stein, Denver; S. 94 - Titanic, Berlin; S. 95 - dpa-Picture Alliance, Michael Kappeler; S. 102 - dpa-akg-images, Berlin; S. 104 - iStockphoto/amphotora;
S. 107 - dpa Info-Grafik, Frankfurt, Sony Picture/Cinetext, Frankfurt; S. 109 - Adam Opel AG, Rüsselsheim; S. 110 - dpa Info-Grafik; S. 115 - www.fair-zieht-an.de; S. 116 - iStockphoto/Linser, Berlin; S. 117 - dpa Info-Grafik, Frankfurt; S. 118 - Wildner + Designer, Fürth; S. 124 - Keystone Pressedienst/Stefan Oelsner, Hamburg, Stadtarchiv Frankfurt-Oder, www.amazon.de; S. 125 - www.library.hbs.edu/hc/collections/kress_img/adam_smith2.htm; S. 131 - F.A.Z./F.A.Z.-Grafik Walter; S. 132 - DIZ/Süddeutscher Verlag, Bilderdienst, München; S. 134 - dpa/Herold, Frankfurt; S. 135 - DIZ/Süddeutscher Verlag, Bilderdienst, München; S. 140 - dpa Info-Grafik, Frankfurt; S. 143 - dpa Info-Grafik, Frankfurt; S. 148 - Wildner + Designer, Fürth; S. 149 - Bergmoser + Höller Verlag AG, Aachen; S. 150 - dpa Info-Grafik, Frankfurt; S. 152 - Aurel/Cartoon Studio, Ludwigsburg; S. 154 - dpa Info-Grafik, Frankfurt; S. 158 - dpa Picture Alliance/Gero Breloer, Frankfurt; S. 160 - dpa Info-Grafik, Frankfurt; S. 163 - Artur Architekturbilder GmbH, Köln; S. 164 - nach: Bergmoser + Höller Verlag AG, Aachen; S. 165 - Bergmoser + Höller Verlag AG, Aachen; S. 166 - Bergmoser + Höller Verlag AG, Aachen, dpa-Grafik, Frankfurt; S. 172 - dpa/Arno Burgi, Frankfurt, dpa/Uli Deck, Frankfurt, dpa/EPA/Bildfunk, Frankfurt, dpa/Hannibal Hauschke, Frankfurt, iStockphoto/tobi, iStockphoto/Andreas Weber; S. 176 - Baaske Cartoons/Mester, München, dpa Info-Grafik, Frankfurt; S. 179 - www.cdu.de, www.fdp-bundespartei.de, www.gruene.de, www.die-linke.de, www.spd.de; S. 184 - Bergmoser + Höller Verlag AG, Aachen; S. 187 - dpa-Grafik, Frankfurt; S. 190 - www.bilder.cdu.de, DiG/TRIALON, Berlin, www.gruene.de/service/webbanner-logos.html, www.piraten.de, www.spd.de; S. 192 - iStockphoto/Ed Stock; S. 197 - Bergmoser + Höller Verlag AG, Aachen; S. 198 - Bundesarchiv, Koblenz, dpa, Tim Bratzemeier, Frankfurt, dpa/Daniel Karmann, Frankfurt, phototek.net GbR, Berlin; S. 199 - Bergmoser + Höller Verlag AG, Aachen; S. 200 - dpa Picture Alliance/Peer Grimm, Frankfurt; S. 201 - Bergmoser + Höller Verlag AG, Aachen; S. 203 - wikipedia/Lauren Chaperon; S. 207 - dpa/Wolfgang Kumm, Frankfurt, Norddeutscher Rundfunk, Hamburg; S. 208 - Bergmoser + Höller Verlag AG, Aachen; S. 213 - Bergmoser + Höller Verlag AG, Aachen; S. 214 - dpa-Grafik/AGEB; S. 217 - dpa/Rainer Jensen, Frankfurt; S. 221 - Wildner + Designer, Fürth; S. 222 - Bergmoser + Höller Verlag AG, Aachen; S. 223 - dpa-Grafik, Frankfurt; S. 224 - dpa/EPA/Dimitry Khrupov, Frankfurt; S. 225 - Bergmoser + Höller Verlag AG, Aachen; S. 226 - Bergmoser + Höller Verlag AG, Aachen; S. 227 - Klaus Stuttmann, Berlin; S. 233 - Baaske Cartoons/Plaßmann, Mühlheim; S. 236 - www.wikipedia.de; S. 237 - Bergmoser + Höller Verlag AG, Aachen; S. 238 - dpa Picture Alliance/Fredrik von Erichsen, Frankfurt; S. 242/243 - Ostkreuz - Agentur der Fotografen/Christian Pankratz, Berlin; S. 244 - dpa/ZB/Arno Burgi, Frankfurt; S. 246 - Bergmoser + Höller Verlag AG, Aachen; S. 252 - dpa, Frankfurt; S. 253 - Bergmoser + Höller Verlag AG, Aachen; S. 254 - Statistisches Bundesamt, www.destatis.de; S. 255 - Bildagentur Mauritius images, Peter Enzlinger, Mittenwald; S. 258 - Look, Die Bildagentur der Fotografen/Bethel/Fath, München; S. 260 - Wildner+ Designer, Fürth; S. 265 - Getty Images/Media 24/Gallo Images, München, wikipedia/http:www.dinodia.com; S. 268 - Bergmoser + Höller Verlag AG, Aachen; S. 270 - dpa Picture Alliance/epa-Bildfunk, Arne Dedert, Frankfurt, dpa Picture Alliance/Boris Roessler, Frankfurt; S. 272 - Fotoagentur Caro/Riedmitter, Berlin; Fotoagentur Caro/Oberheide, Berlin S. 274 - Bergmoser + Höller Verlag AG, Aachen; S. 275 - Bergmoser + Höller Verlag AG, Aachen; S. 276 - iStockphoto/Igor Koralchuk, Visum/Christopher Clem, Hamburg, Your Photo Today/John Powel, Taufkirchen; Your Photo Today/Marco Polo; S. 280 - iStockphoto, www.wikipedia.de; S. 282 - dpa Picture Alliance/Julie Goujon, Mikael Fritzon; S. 285 - Wieslaw Smętek, Hamburg; S. 286 - dpa/LUSA/Luca Inacio Rosa, Frankfurt; S. 288 - ddp images/SIPA; S. 289 - Chappatte in „Le Temps", Geneva - www.globecartoon.com, S. 290 - www.wikipedia.org , S. 291 - Bergmoser + Höller Verlag AG, Aachen; dpa Info-Grafik, Frankfurt; S. 294 - dpa Info-Grafik, Frankfurt; S. 296 - Eurobarometer 63; S. 297 - Gerhard Mester, Baaske Cartoons/Plaßmann, Mühlheim; S. 300 - iStockphoto/stask; S. 302 - Eucon European Communication, Brüssel, wikipedia.org; S. 303 - DIZ/Süddeutscher Verlag, Bilderdienst/AP, München, Ullstein-Bild/Caro/Bastian, Berlin, www.eu2007.eu; S. 304 - dpa-Grafik, Frankfurt; S. 305 - Bergmoser + Höller Verlag AG, Aachen; S. 310 - Bundeszentrale für politische Bildung, www.bpb.de; S. 312 - dpa Info-Grafik, Frankfurt; S. 313 - dpa Info-Grafik, Frankfurt; S. 315 - dpa Info-Grafik, Frankfurt; S. 316 - dpa Info-Grafik, Frankfurt; S. 317 - dpa Info-Grafik, Frankfurt; S. 320 - dpa Picture Alliance/AP, Mary Altaffer, Hamburg, DIZ/Süddeutscher Verlag, Bilderdienst/AP, München, dpa Picture Alliance/ATP/EPA/JiminLai, Tannen Maury, Frankfurt, Ullstein-Bild/Phalanx Fotoagentur, Berlin; S. 322 - dpa Picture Alliance/AP, Chaosoi Cheong, Hamburg; S. 323 - dpa Picture Alliance/ATP/EPA, Frankfurt; S. 325 - dpa Info-Grafik, Frankfurt; S. 326 - dpa Info-Grafik, Frankfurt; S. 330 - dpa Info-Grafik, Frankfurt; S. 332 www.nato.int; S. 335 - Baaske Cartoons/Mohr, Mühlheim; S. 336 - Bergmoser + Höller Verlag AG, Aachen, dpa Picture Alliance/DB, Thomas Burmeister, Frankfurt; S. 338 - dpa Info-Grafik, Frankfurt; S. 340 - dpa Picture Alliance/EPA-Bildfunk/NATO/Isaf Handout; S. 342 - dpa Info-Grafik, Frankfurt; S. 343 - Der Spiegel, Hamburg;